합격을 위한 기적 같은 선물
또기적 합격자료집

혼자 공부하기 외롭다면?
온라인 스터디 참여

모든 궁금증 바로 해결!
전문가와 1:1 질문답변

1년 내내 진행되는
이기적 365 이벤트

도서 증정 & 상품까지!
우수 서평단 도전

간편하게 한눈에
시험 일정 확인

합격까지 모든 순간 이기적과 함께!

이기적 365 EVENT

QR코드를 찍어 이벤트에 참여하고 푸짐한 선물 받아가세요!

1 기출문제 복원하기

이기적 책으로 공부하고 시험을 봤다면 7일 내로 문제를 제보해 주세요!

2 합격 후기 작성하기

당신만의 특별한 합격 스토리와 노하우를 전해 주세요!

3 온라인 서점 리뷰 남기기

온라인 서점에서 책을 구매하고 평점과 리뷰를 남겨 주세요!

4 정오표 이벤트 참여하기

더 완벽한 이기적이 될 수 있게 수험서의 오류를 제보해 주세요!

※ 이벤트별 혜택은 변경될 수 있으므로 자세한 내용은 해당 QR을 참고해 주세요.

기적의 적중률, 여러분의 참여로 완성됩니다
기출 복원 EVENT
영진닷컴 쇼핑몰
30,000원
기출 복원하기 ▶
전원 지급
N Pay
네이버페이 포인트 쿠폰
최대 20,000원
1 이기적 수험서로 공부하고 시험에 응시했다면 누구나 참여 가능
2 응시일로부터 7일 이내 복원 문제만 인정(수험표 첨부 필수!)
3 중복, 누락, 허위 문제는 당첨 대상에서 제외
※ 이벤트별 혜택은 변경될 수 있으므로 자세한 내용은 해당 QR을 참고해 주세요.

합격까지 함께 걸어갈 선생님 N

ERP 전문강사(PTE) 한선생님 공식채널

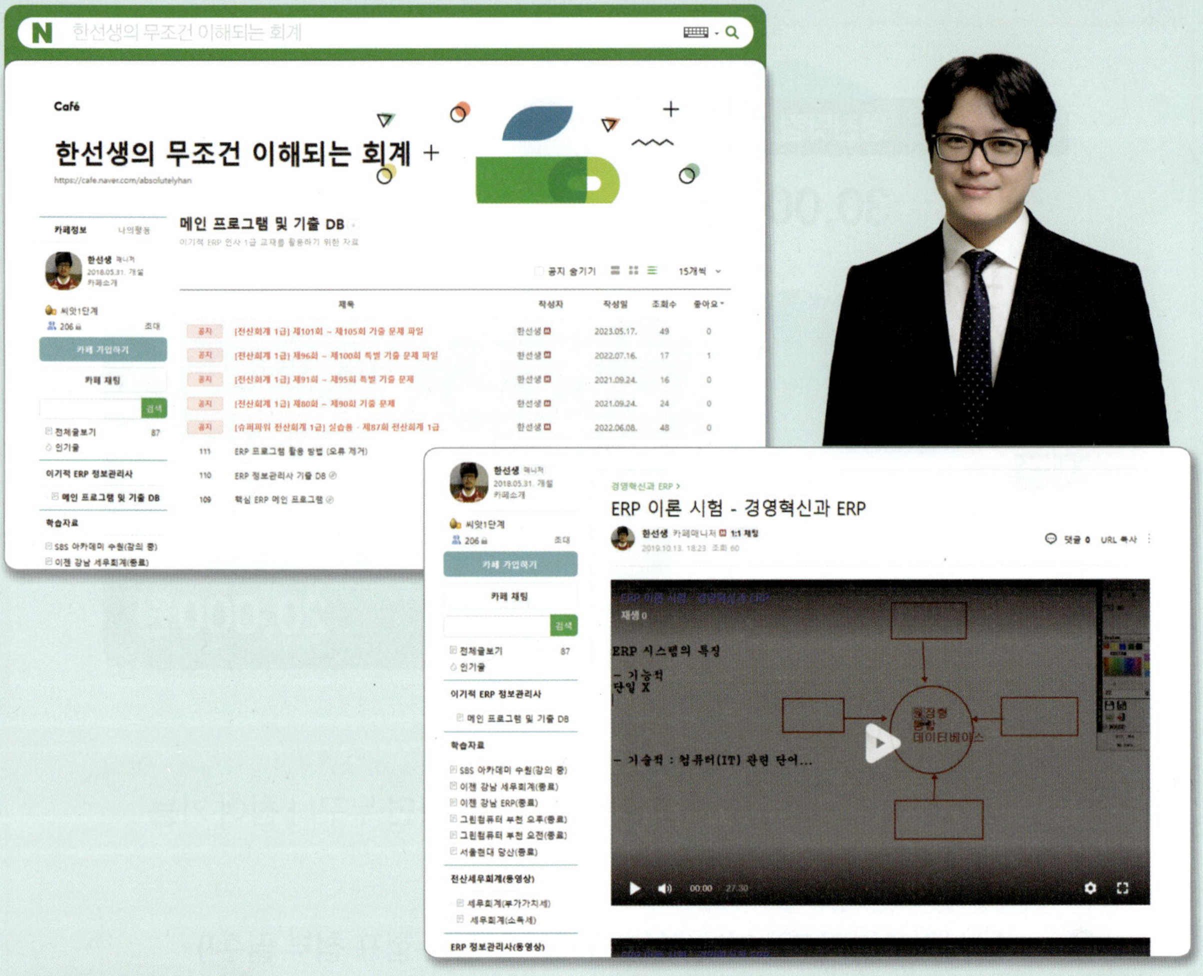

한선생님 채널에서는!

- ERP 인사 1급 실무 학습에 필요한 메인 프로그램 및 DB 다운로드
- ERP 인사 1급 단기 합격을 위한 무료 동영상 강의 제공
- 저자가 직접 답변하는 1:1 질문 게시판 운영

◀ 선생님 채널 바로가기

한선생의 무조건 이해되는 회계

ERP 정보관리사
인사 1급 기본서

차례

출제빈도에 따라 분류하였습니다.
- **상** : 반드시 보고 가야 하는 이론
- **중** : 보편적으로 다루어지는 이론
- **하** : 알고 가면 좋은 이론

▶ **합격 강의**

이론의 빈출 개념만 압축 정리한 '핵심 이론 강의'와 '최신 기출문제 6회분 해설 강의'를 무료로 제공합니다. 이기적 유튜브 채널(youtube.com/@ydot0789)이나 한선생님 유튜브 채널(youtube.com/@teacher-han)에 접속하여 시청할 수 있습니다.

부록 BONUS 또기적 합격자료집

- 시험장 스케치
- 스터디 플래너
- 이론 핵심요약
- 빈출 기출지문 OX 퀴즈

※ **참여 방법**: '한선생의 무조건 이해되는 회계' 검색 → 한선생의 무조건 이해되는 회계(cafe.naver.com/absolutelyhan) 접속
→ '이기적 ERP 정보관리사' 메뉴 → 자료 받기

이 책의 구성

핵심 이론만 압축 정리

이론을 확인하는 기출문제

시험에 출제되는 필수 개념 & 기능만
빠르게 완벽 정리

이론 학습 후 연계 기출문제로
실력 점검 & 약점 보완

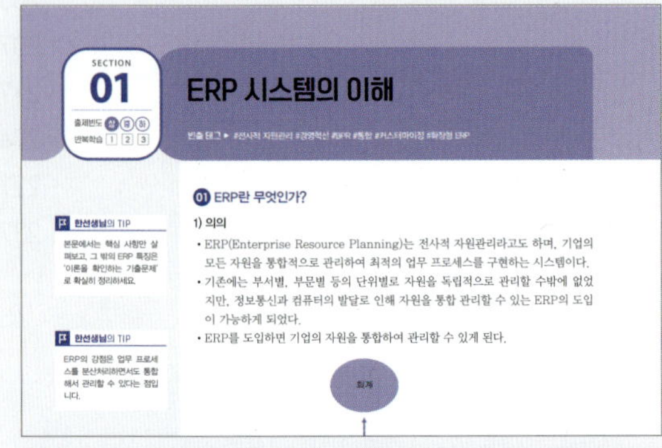

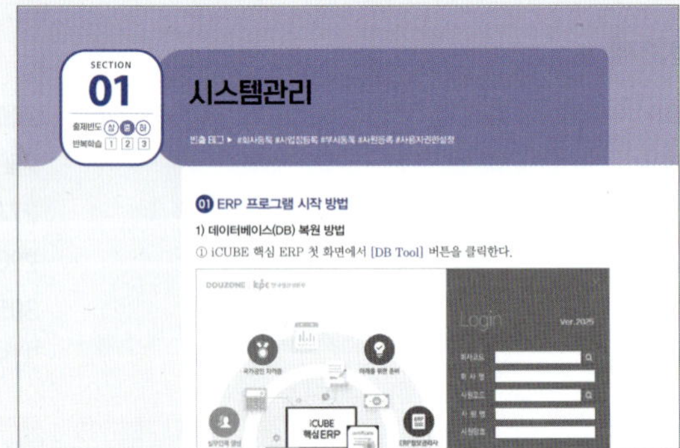

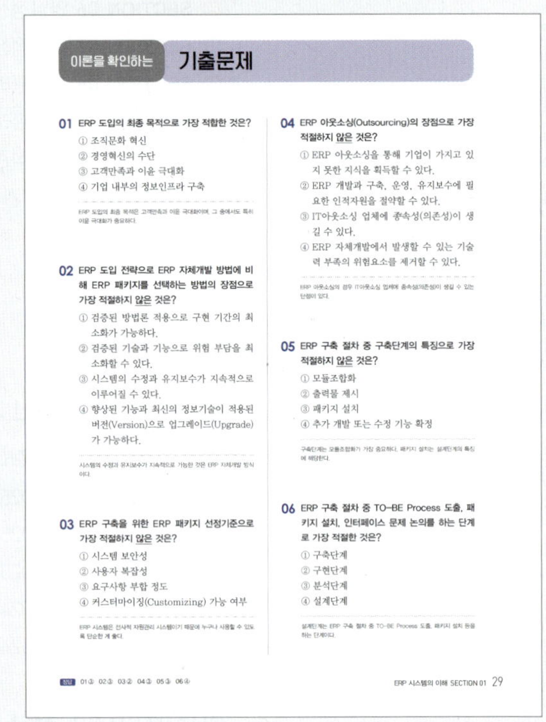

❤ 단기 합격을 위한 압축 이론 정리

❤ 보충 학습을 위한 다양한 학습 TIP 제공

❤ 실무 메뉴별 상세한 작업 과정 수록

❤ 실무 연습문제로 빈출 유형 파악

💙 이론 연계 기출문제 풀이로 실력 확인

💙 자세한 해설로 중요 개념 한 번 더 체크

💙 주관식 문제까지 한 번에 정복

💙 오답 피하기로 틀린 지문까지 완벽 정리

2024~2025년 최신 기출문제

또기적 합격자료집

최신 기출문제 6회분 풀이로
실전 완벽 대비

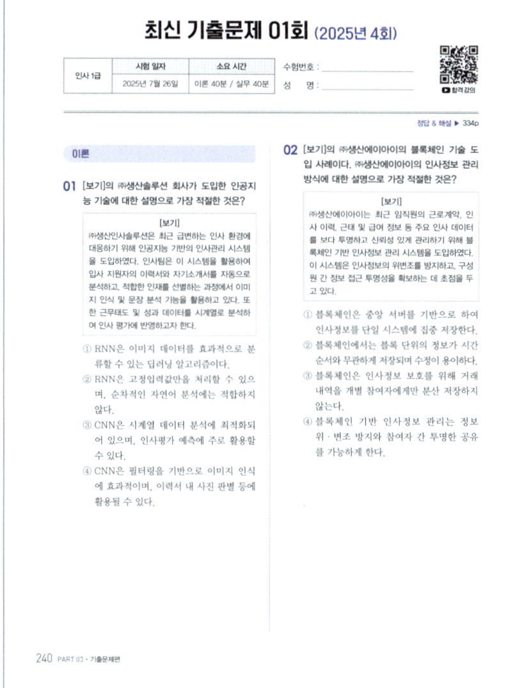

도서 구매자 특별 제공
이론 핵심요약 + 기출 OX 퀴즈

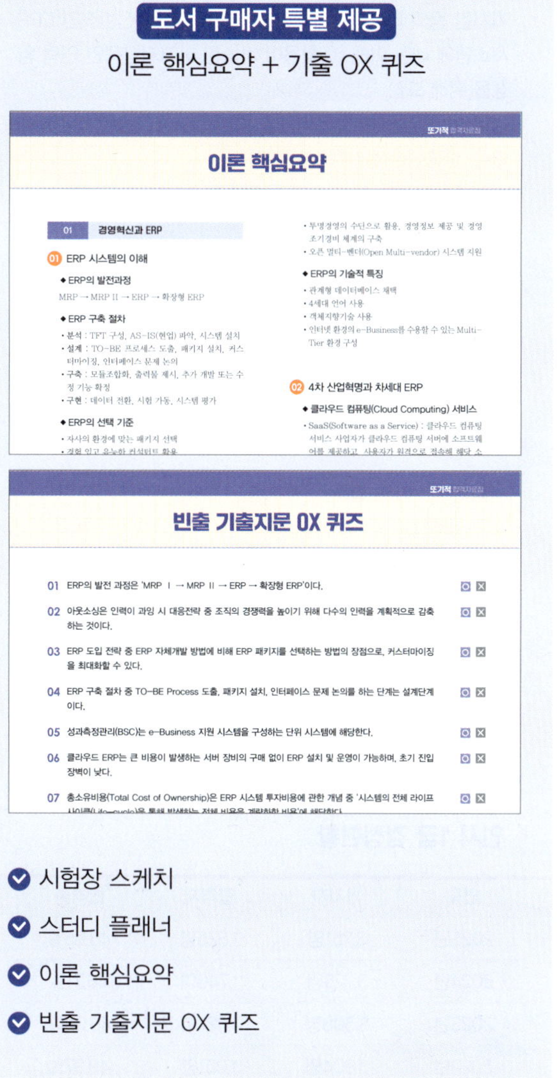

- 2024~2025년 최신 기출문제 수록
- 총 6회분 문제 풀이로 실전 감각 극대화
- 명확한 해설로 문제의 핵심 간파
- 오답 피하기로 빈틈 없이 완벽 정리

- 시험장 스케치
- 스터디 플래너
- 이론 핵심요약
- 빈출 기출지문 OX 퀴즈

시험의 모든 것

시험 알아보기

● 자격 소개

- 기업의 모든 업무가 통합적으로 이루어져 업무 중복, 업무대 기시간 등의 비부가가치 활동을 제거하는 등 전반적인 ERP 시스템에 대한 이해 및 활용이 가능한 미래지향적인 인력 양성을 위해 도입
- 경영 이론 및 ERP 실무역량을 평가하는 국가공인 민간자격으로, 한국생산성본부에서 시행
- 회계, 인사, 생산, 물류는 각 독립된 자격시험

● 응시 자격

제한 없음

● 인사 1급 시험 방식

- 시험 영역 : 이론, 실무
- 출제 형태
  - 이론 : 객관식 및 주관식 혼합 출제(차등배점)
  - 실무 : 객관식 4지선다 출제(각 4점)
- 시험 시간 : 이론 40분, 실무 40분
- 문항수 : 이론 33문항, 실무 25문항
- CBT(Computer Based Testing), IBT(Internet Based Testing) 방식으로 진행

● 인사 1급 검정현황

연도	응시자	합격자	합격률
2025년	3,751명	1,825명	48.65%
2024년	3,725명	1,740명	46.71%
2023년	3,508명	1,627명	46.38%
2022년	3,904명	1,951명	49.97%
2021년	3,832명	2,222명	57.99%

출제 기준

● 출제 기본 방향

- ERP 정보관리사(1급) 자격에 응시하는 자들에게는 ERP 정보관리를 수행할 관계 지식과 관련 지식을 중심으로 평가를 하는 것이 중요
- ERP 정보관리사(1급) 자격시험 출제 범위는 인적자원관리의 확보와 보상, 개발 그리고 유지(노사관계)에 필요한 이론적 지식과 실무지식을 필요로 하기 때문에, 이러한 관련 지식을 파악하고 있는가의 여부에 초점을 맞춤

● 인사 1급 출제 범위

인적자원관리의 확보	인적자원관리의 정의와 내용, 인력계획, 직무관리, 채용계획
인적자원의 보상 (임금 및 복리후생관리)	임금관리의 의의, 임금체계 및 형태, 복지후생과 4대 사회보험, 소득세와 연말정산
인적자원의 개발	인적자원의 개발, 조직개발
인적자원의 유지 (노사관계)	근로시간의 관리, 노사관계론
관련 법규의 이해	근로기준법, 노동조합 및 노동관계조정법, 산업안전법

● 실무 프로그램

- 더존 iCUBE 핵심 ERP
- 영림원 SystemEver

접수 및 응시

접수 기간

한국생산성본부 홈페이지(license.kpc.or.kr)의 시험 회차별 온라인 또는 방문접수 기간 확인

시험 일정

한국생산성본부 홈페이지(license.kpc.or.kr)의 시험 회차별 일정 확인

시험 접수

- 한국생산성본부 홈페이지(license.kpc.or.kr)에서 접수
- 시험 일정 확인 후 원하는 날짜에 접수

응시료

- 40,000원(부가가치세 포함 및 결제대행수수료 1,000원 별도)
- 동일 등급 2과목 동시 접수 시 70,000원

합격 결정기준

- 이론 · 실무 평균 70점 이상
- 이론 · 실무 각 60점 미만 시 과락

시험 응시

수험표, 신분증을 필히 지참하고 고사장에 30분 전에 입실

합격 발표

발표 안내

- 한국생산성본부 홈페이지(license.kpc.or.kr)에서 발표
- 응시 익일부터 3주차 화요일 공고

자격증 발급

- 한국생산성본부 홈페이지(license.kpc.or.kr)에서 연중 상시 신청 가능
- 카드형 자격증 발급, 발급비 6,900원
- 접수 완료 후 카드제작 기간을 포함하여 14일 내외 소요
- 합격 확인서를 필요로 하는 경우, 자격취득확인서 무료 발급

자격 특전

- 학점은행제 학점 인정 : 1급 6학점, 2급 4학점
- 생활기록부 등재
  - 기술 관련 국가공인 민간자격 'ERP 정보관리사'
  - 고등학교 재학 중 취득한 경우 '자격증 및 인증 취득상황'에 기입 가능
- 군가산점제 : 병무청 현역 군지원(모병) 대상자 복무선정

ERP 마스터 제도(ERP Master)

- ERP 정보관리사 4개 종목(2급 이상) 자격 취득자
- ERP MASTER 증서 수여

※ 시험과 관련된 사항은 시행처를 다시 한 번 확인하세요.

고사장 및 시험 관련 문의

- 시행처 : 한국생산성본부
- 홈페이지 : license.kpc.or.kr

📞 **1577-9402**

이론편 기본을 정확히, 개념부터 흔들림 없이!

33문항

이론 영역은 경영혁신과 ERP, 인적자원관리의 확보, 임금 및 복리후생 관리, 인적자원의 개발, 노사관계에서 출제되며 대체로 고르게 다루어지지만, 이 중 '인적자원관리의 확보' 파트의 비중이 상대적으로 높습니다. 최근에는 차세대 ERP인 클라우드, 빅데이터, RPA 등과 관련된 문제도 출제되는 추세이며, 기존의 단순 암기형 문항에서 벗어나 협업·사례형 문항이 늘어나는 경향이 있습니다. 또한 객관식과 주관식이 혼합하여 출제되므로, 개념 암기뿐 아니라 주관식 답안을 작성하는 연습도 반드시 필요합니다.

01 경영혁신과 ERP
10%
빈출 태그 ERP 시스템, 경영혁신, BPR, 4차 산업혁명, 차세대 ERP, 클라우드, 빅데이터

02 인적자원관리의 확보
28%
빈출 태그 인적자원관리, 과학적 관리법, 인력계획, 수요와 공급, 직무관리, 채용계획

03 인적자원의 보상
23%
빈출 태그 임금관리, 임금체계, 임금형태, 복지후생, 국민보험, 건강보험, 고용보험, 산재보험, 소득세, 연말정산

04 인적자원의 개발
19%
빈출 태그 인사고과, 교육훈련, 경력관리, 조직개발, 리더십

05 인적자원의 유지
20%
빈출 태그 법정근로시간, 소정근로시간, 노사관계, 노동조합, 단체교섭

PART 02

실무편 속도는 반복에서, 정확도는 익숙함에서!

실무 영역은 꾸준히 출제되는 범위가 비교적 고정되어 있어, 자주 나오는 메뉴를 중심으로 충분히 연습하면 고득점이 가능합니다. 특히 '급여관리, 기초환경설정, 인사관리' 관련 문제가 높은 비중을 차지하므로, 해당 메뉴의 입력 · 수정 · 조회 과정을 반복 연습하는 것이 중요합니다. 실무 영역은 프로그램을 직접 사용하여 풀이하는 방식이므로, 단순히 정답만 확인하기보다 메뉴 이동 경로와 입력 순서까지 함께 익혀야 합니다. 또한 제한 시간 안에 모든 문항을 해결해야 하므로, 반복 학습을 통해 문제당 소요 시간과 처리 순서를 스스로 조절하는 연습이 필수입니다.

01 시스템관리
8%
빈출 태그 회사등록, 사업장등록, 부서등록, 사원등록, 사용자권한설정

02 기초환경설정
16%
빈출 태그 호봉테이블등록, 급/상여지급일자등록, 지급공제항목등록, 인사/급여환경설정, 인사기초코드등록

03 인사관리
16%
빈출 태그 인사정보등록, 인사기록카드, 교육평가, 인사발령(사원별), 사원정보현황, 근속년수현황

04 급여관리
32%
빈출 태그 근태결과입력, 상용직급여입력및계산, 급여대장, 급/상여이체현황, 항목별급상여지급현황, 연간급여현황, 수당별연간급여현황

05 사회보험관리
0%
빈출 태그 사회보험, 취득, 상실

06 연말정산관리
2%
빈출 태그 근로소득, 원천징수, 연말정산, 근로소득원천징수부

07 퇴직정산관리
8%
빈출 태그 퇴직기준설정, 평균임금, 퇴직금, 퇴직금산정, 퇴직금추계액

08 세무관리
4%
빈출 태그 근로소득, 기타소득, 원천징수이행상황신고서, 지방소득세특별징수명세/납부서, 신고서생성

09 전표관리
4%
빈출 태그 계정과목, 사원계정, 임원계정, 전표집계및생성

10 일용직관리
8%
빈출 태그 일용직, 사원등록, 일용직급여, 일용직급여지급일자, 일용직급여입력및계산

11 사업/기타/이자배당소득관리
2%
빈출 태그 사업소득, 기타소득, 이자배당소득, 소득자별소득현황

Q&A

Q ERP 정보관리사 시험의 시행처는 어디인가요?

A ERP 정보관리사 시험은 한국생산성본부에서 시행하고 있습니다. 시험 전에 반드시 한국생산성본부 홈페이지(license.kpc.or.kr)를 방문하여 궁금한 사항이나 시험 내용을 확인하세요.

Q ERP 정보관리사 시험은 어떻게 접수하나요?

A 한국생산성본부 홈페이지(license.kpc.or.kr)에서 접수할 수 있습니다. ERP 정보관리사 시험은 연 6회 시행되며, 원하는 회차의 접수기간 내에 인터넷 접수 또는 해당 지역센터에 방문접수가 가능합니다. 방문접수의 경우, 해당 지역센터에 먼저 전화문의를 한 후 방문하면 됩니다.

Q 시험 접수 이후 고사장을 변경하고 싶어요.

A 원서접수 기간 내에는 고사장 변경이 가능합니다. 접수한 해당 지역센터에 연락하여 변경 요청을 하면 됩니다. 고사장 변경은 시험 세팅과도 관련이 있으므로, 반드시 접수한 지역센터로 문의해 자세한 안내를 받으세요.

Q 실무 프로그램에 대해 알고 싶어요.

A 실무 영역은 더존 iCUBE 핵심 ERP와 영림원 SystemEver 중 한 가지를 선택하여 응시합니다. 이기적 교재는 '더존 iCUBE 핵심 ERP'를 기준으로 집필되었으므로, 해당 프로그램을 중심으로 준비하면 됩니다.

Q 시험장에 무엇을 가져가야 하나요?

A 시험장에는 신분증과 수험표를 지참하여 가시기 바랍니다. 신분증과 수험표가 없으면 시험 응시를 할 수 없으니 반드시 준비해야 합니다.

Q ERP 정보관리사 자격증의 보수교육은 어떻게 진행되나요?

A 보수교육은 기술자격 취득자의 기술 및 역량 유지를 위해 5년마다 시행되는 정기교육으로, 자격 관련 변경 사항과 최신 기술 정보를 보충해 주는 과정입니다. ERP 정보관리사 자격 취득자는 합격일로부터 5년이 지나기 전 보수교육을 이수해야 하며, 이수 시 자격이 자동 갱신됩니다. 자세한 내용과 신청 방법은 한국생산성본부 홈페이지(license.kpc.or.kr)의 [자료실] – [보수교육] – [ERP 정보관리사] 메뉴를 참고해 주세요.

※ 시험에 관한 내용은 시행처 사정에 따라 변경될 수 있으니 자세한 사항은 한국생산성본부 홈페이지(license.kpc.or.kr)에서 확인하시기 바랍니다.

"인사가 만사다."

기업주는 기업이 수행해야 할 모든 업무를 직접 수행할 수 없습니다. 결국 다른 사람에게 일을 맡기고 업무를 수행하도록 해야 합니다. 많은 사업주들이 한결같이 가장 어려운 점으로 꼽는 것도 바로 '사람을 관리하는 일'입니다. 작은 가게부터 어느 정도 규모가 있는 기업까지, 사람을 뽑고, 함께 일하고, 또 잘 이끌어가는 과정이 가장 큰 고민거리인 것입니다. 본 교재는 ERP 정보관리사 인사 1급 시험 대비서이지만, 그 안에는 실제 기업 경영에도 적용할 수 있는 인사관리 이론과 개념이 풍부하게 담겨 있습니다. 단순 자격증 교재를 넘어, 인사업무 전반에 대한 좋은 길잡이가 되기를 바랍니다.

"ERP 프로그램은 기업의 업무 전반을 IT 기술로 처리하는 최첨단 시스템입니다."

과거, 컴퓨터와 IT 기술이 발달하기 전에는 기업의 모든 업무를 사람이 직접 처리해야 했습니다. 자연스럽게 업무에 많은 노력이 투입되는 것은 물론이고, 그 정확성도 담보할 수 없었습니다. 여러 경영혁신 시도가 이어졌지만 큰 성과를 얻지 못하던 중, IT 기술의 발전과 함께 등장한 것이 바로 ERP 시스템입니다. ERP 정보관리사 시험은 이러한 ERP 시스템을 다루기 위한 기본적인 지식과 실무 능력을 검증하는 시험입니다. 본 교재를 통해 ERP 시스템이 낯선 대상이 아니라, 현장에서 함께 활용할 수 있는 친숙한 도구로 느껴지는 계기가 되기를 기대합니다.

"오랜 시간의 강의 노하우를 가득 담은 교재"

저자는 오랜 기간 많은 학생들과 수업을 진행하며, 어떻게 하면 더 쉽고 재미있게 설명할 수 있을지 끊임없이 고민해 왔습니다. 그 과정에서 쌓인 수많은 강의 노하우를 이 교재에 최대한 담았습니다. 따라서 이 책은 저자 혼자의 결과물이 아닙니다. 강의실에서 함께 웃고, 질문하고, 고민해 준 수많은 학생들의 경험과 피드백이 더해진 결과물이라고 생각합니다.

본 교재가 ERP 정보관리사 인사 1급을 준비하는 모든 수험생에게 실질적인 도움이 되길 바라며, 여러분의 합격과 성장을 진심으로 응원합니다.

저자 *한선생*

프로그램 설치 및 사용 방법

01 메인 프로그램 및 데이터베이스(DB) 다운로드

1. ERP 실무를 연습하기 위해서는 ① 메인 프로그램(더존 iCUBE 핵심 ERP)과 ② 기출문제 데이터베이스 (DB) 두 가지가 모두 필요합니다.

2. 네이버 카페 '한선생의 무조건 이해되는 회계(cafe.naver.com/absolutelyhan)'에 접속한 후, 왼쪽 메뉴 에 [이기적 ERP 정보관리사] → [메인 프로그램 및 기출 DB] 게시판을 클릭합니다.

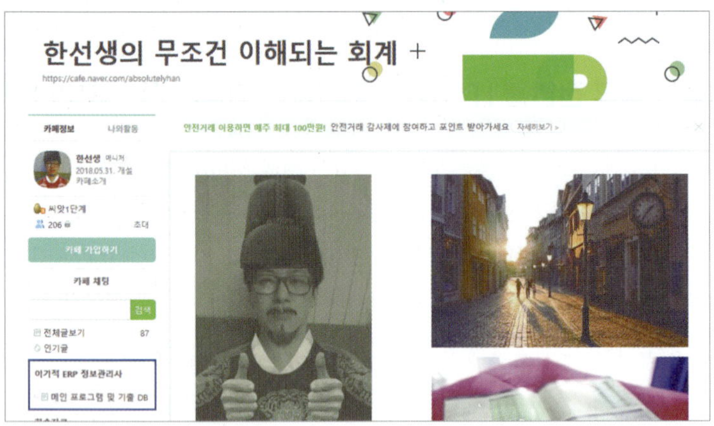

3. 해당 게시판에서 '핵심 ERP 메인 프로그램'과 'ERP 정보관리사 기출 DB' 게시글을 각각 클릭하여 첨부된 파일을 다운로드합니다.

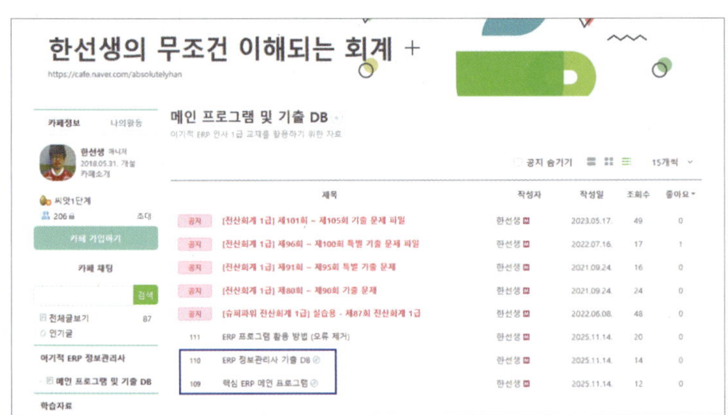

 메인 프로그램(더존 iCUBE 핵심 ERP) 설치 방법

1. 메인 프로그램은 최초에 1회만 설치하면 됩니다. 이후에는 기출문제 DB를 바꾸어가며 복원(설치)하여 문제를 풀게 되므로, 기출문제 DB만 매번 변경됩니다.

2. 설치 방법을 잘 모르거나 설치 과정에서 오류가 발생하는 경우, 카페의 'ERP 프로그램 활용 방법(오류 제거)' 게시물을 클릭하여 동영상 안내를 참고하세요.

3. 다운로드한 '핵심 ERP 프로그램' 폴더를 더블 클릭하여 연 후, 'CoreCubeSetup.exe' 파일을 실행합니다.

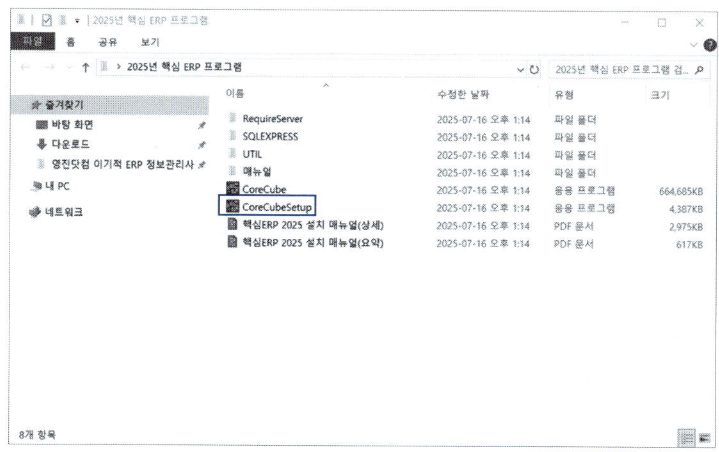

4. 자동으로 4단계에 걸쳐 설치 전 사양체크가 진행됩니다.

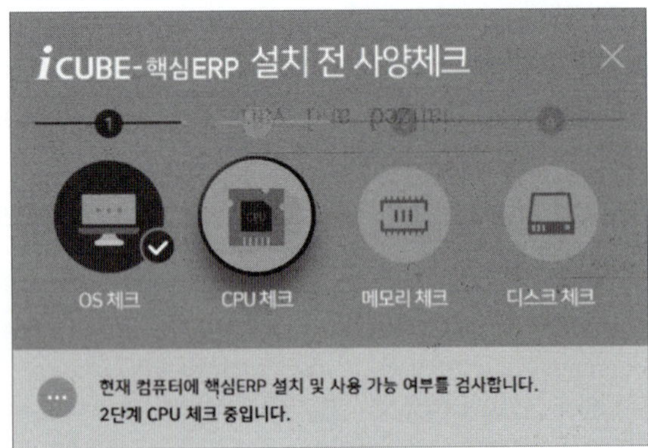

5. 이후 사용권 조항에 동의하고 안내에 따라 진행하면 설치가 완료됩니다.

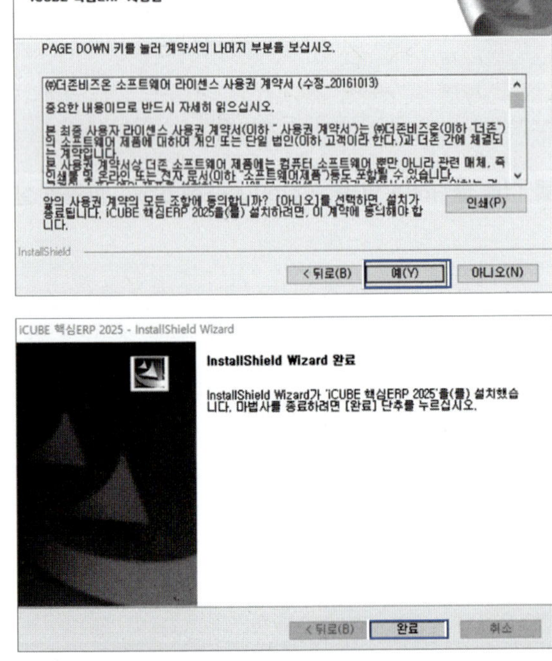

※ 단, Windows 11 환경에서는 핵심 ERP 프로그램이 정상적으로 설치되지 않는 경우가 많습니다(현재 핵심 ERP 프로그램은 Windows 10 환경에 최적화되어 있습니다).

 기출문제 데이터베이스(DB) 복원 방법

1. iCUBE 핵심 ERP 첫 화면에서 오른쪽 하단의 [DB Tool]를 클릭합니다(회사코드, 회사명 등은 입력되어 있어도 상관없으며, 처음 설치한 경우에는 비어 있습니다).

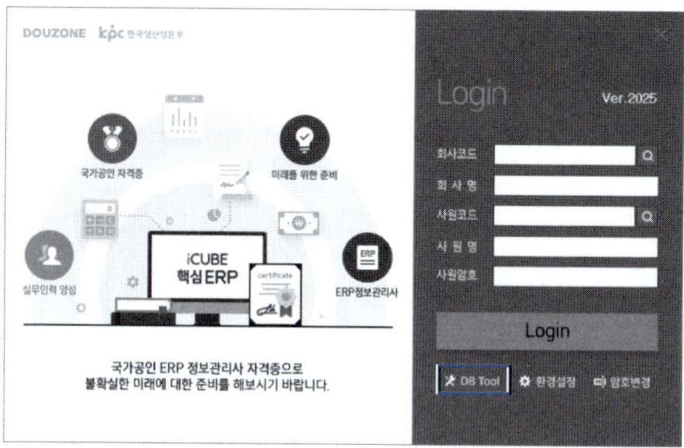

2. 왼쪽 하단의 [연결설정]을 클릭한 후, [Window 인증]을 확인합니다.

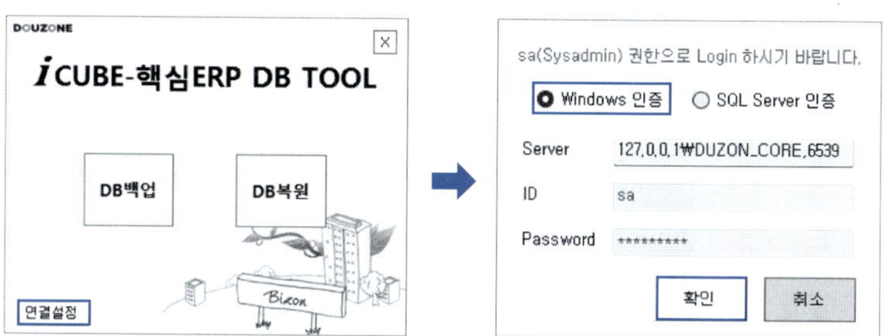

3. iCUBE 핵심 ERP DB TOOL 화면에서 [DB 복원]을 클릭합니다. [다른백업폴더 복원]을 선택한 후 [확인]을 눌러 DB 복원을 진행합니다(이때 '※ 현재 연결되어 있는 핵심 ERP DB는 삭제됩니다.'라는 팝업 창이 뜨면 [예]를 클릭합니다).

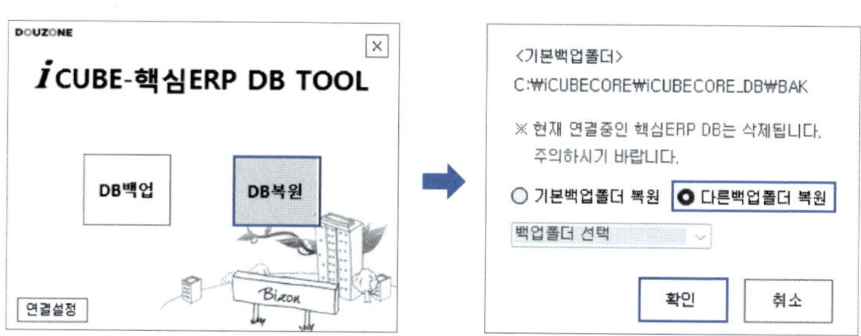

4. 폴더 찾아보기 창에서 복원할 기출문제 DB 폴더를 선택하고 [확인]을 클릭합니다(단, 다운받은 DB 자료의 압축은 미리 해제해 두어야 합니다). 'DB 복원이 완료되었습니다.'라는 창이 뜨면 [확인]을 누른 후, 열린 창을 모두 닫습니다.

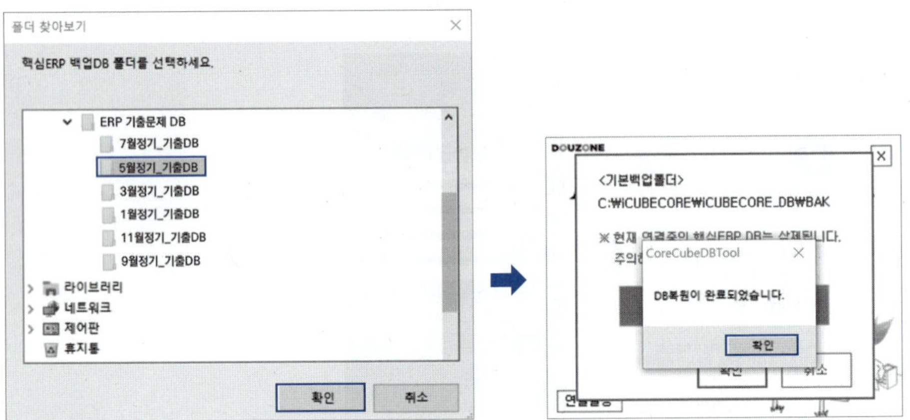

5. iCUBE 핵심 ERP 메인 프로그램을 다시 실행합니다. 회사코드와 사원코드를 각각 오른쪽 돋보기 버튼을 눌러 선택합니다. 사원암호는 입력하지 않고 [Login]을 클릭합니다. 이 과정에서 오류가 발생하는 경우에는 카페의 'ERP 프로그램 활용 방법(오류 제거)' 게시물을 클릭하여 동영상 안내를 참고하세요.

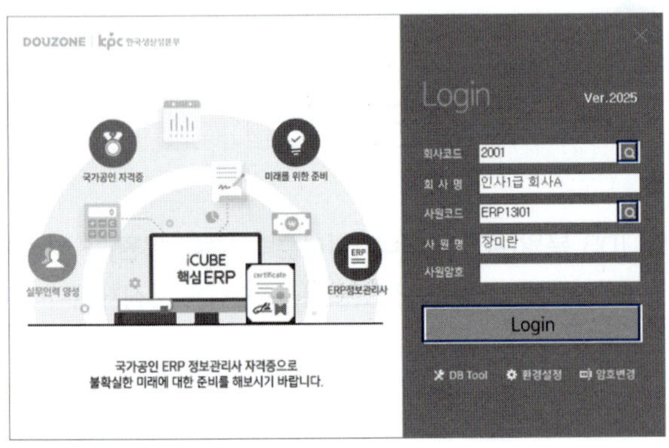

※ **회사코드와 사원코드**
- 회사코드 : 홀수 회차는 회사A, 짝수 회차는 회사B를 선택합니다.
  - **예** 2025년 3회라면? → 회사A 선택
- 사원코드 : 사원은 항상 '장미란'을 선택합니다.

6. ERP 프로그램의 왼쪽 메뉴들을 활용하여 ERP 기출문제를 연습합니다(단, 메뉴 검색 기능은 실제 시험용 프로그램에서는 없으므로, 검색창을 이용한 연습은 피하고 실제 메뉴 경로를 찾아 들어가는 방식으로 연습하세요).

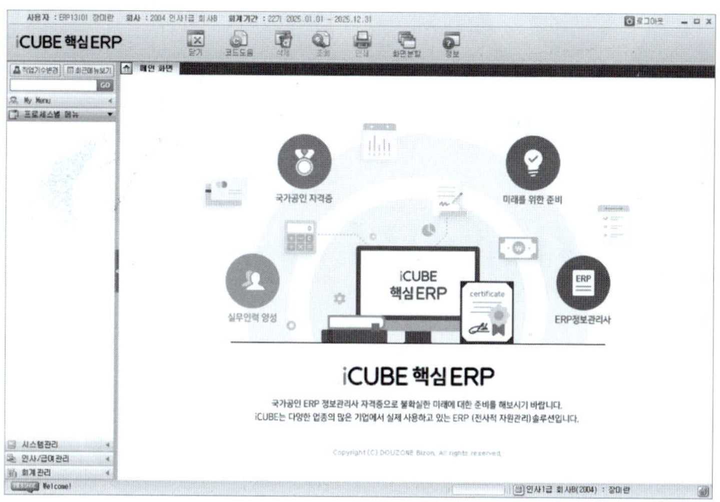

04 핵심 ERP 프로그램과 실제 시험 환경의 차이점

1. 핵심 ERP 프로그램은 ERP 정보관리사 수험자의 실무 학습을 돕기 위해 제작된 교육용 프로그램으로, 실제 시험 프로그램에는 없는 여러 편의 기능을 제공합니다.

2. 실제 시험에서 당황하지 않도록, 아래의 차이점을 반드시 미리 확인해 두세요.

구분	핵심 ERP 프로그램 (교육 프로그램)	수험자용 프로그램 (시험 프로그램)
검색 기능	○	× (메뉴 검색 불가)
바로가기 기능	○	△ (일부 기능 제한)
실기 메뉴 위치	화면 왼쪽 위치	화면 오른쪽 위치

이론편

핵심 이론 강의 제공

시험 전 반드시 알아야 할 개념만 엄선하여 '핵심 이론 강의'로 구성했습니다. 저자이신 한선생님이 직접 강의하는 동영상 강의는 이기적 영진닷컴 유튜브 채널(youtube.com/@ydot0789)이나 한선생님 유튜브 채널(youtube.com/@teacher-han)에서 시청할 수 있으며, QR 코드를 통해서도 바로 접속하여 시청할 수 있습니다.

01

경영혁신과 ERP

학습 방향

CHAPTER 01은 ERP 이론 시험의 초반 핵심 파트로, 개념을 정확히 이해하면 대부분의 문제를 맞힐 수 있는 영역입니다. 본 내용을 집중적으로 정리하면 시험 합격에 필요한 점수 확보에 큰 도움이 되므로, 그야말로 '합격의 열쇠'가 되는 부분입니다.

출제빈도

| SECTION 01 | 상 | 60% |
| SECTION 02 | 상 | 40% |

ERP 시스템의 이해

빈출 태그 ▶ #전사적 자원관리 #경영혁신 #BPR #통합 #커스터마이징 #확장형 ERP

01 ERP란 무엇인가?

1) 의의

- ERP(Enterprise Resource Planning)는 전사적 자원관리라고도 하며, 기업의 모든 자원을 통합적으로 관리하여 최적의 업무 프로세스를 구현하는 시스템이다.
- 기존에는 부서별, 부문별 등의 단위별로 자원을 독립적으로 관리할 수밖에 없었지만, 정보통신과 컴퓨터의 발달로 인해 자원을 통합 관리할 수 있는 ERP의 도입이 가능하게 되었다.
- ERP를 도입하면 기업의 자원을 통합하여 관리할 수 있게 된다.

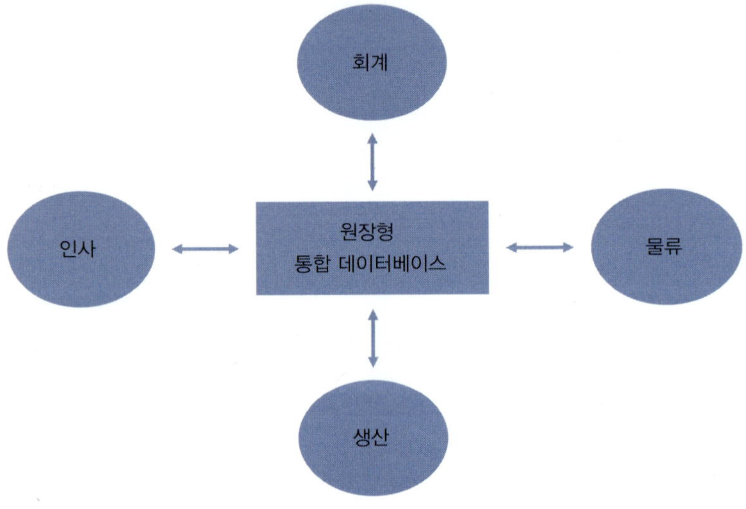

▲ 원장형 통합 데이터베이스

2) ERP의 특징

- 기능 최적화에서 전체 최적화를 목표로 한 시스템이다.
- 인사, 영업, 구매, 생산, 회계 등 기업의 업무가 통합된 시스템이다.
- 신속한 의사결정을 지원하는 경영정보 시스템이다.
- 개방성, 확장성, 유연성이 특징이다.
- 프로세스 중심의 업무처리 방식을 갖는다.

3) ERP 도입의 목적

- 기업 내부의 정보인프라를 구축한다.
- 기업의 다양한 업무를 지원한다.
- 의사결정을 지원한다.
- 서비스 증진 효과를 달성한다.
- 고객만족과 이윤을 극대화한다.

02 ERP의 발전 과정

1) 경영혁신 운동

- 기업의 경영자(기업주)들은 과거의 단순한 기업경영으로는 기업의 혁신에 한계가 있다는 생각을 하게 되었고, 다음의 경영혁신 운동을 전개하게 되었다.

BPR(Business Process Re-Engineering)	기업의 업무 프로세스를 전면적이고 혁신적으로 개선하는 것
다운사이징(Downsizing)	기업의 불필요한 부분을 제거하여 기업의 규모를 축소하는 것
아웃소싱(Outsourcing)	다운사이징 과정에서 기업의 핵심 역량을 제외한 부분은 외부의 다른 기업에게 맡기는 것
JIT(Just-In-Time)	적시생산방식이라고도 하며, 재고를 보유하지 않고 고객의 주문이 들어오면 즉시 생산하는 방식

- 이외에도 다양한 경영혁신 운동이 이루어졌지만 확실한 성공은 거둘 수 없었다. 따라서 이에 대한 대책으로서 ERP(전사적 자원관리)가 등장하게 되었다.

BPR을 줄여 리엔지니어링이라고도 합니다.

➕ 더 알기 TIP

BPR과 ERP

ERP 프로그램에는 세계 유수의 기업들이 시행착오를 겪으면서 발견한 최적의 업무 프로세스가 들어 있다. 기존의 업무 방식을 버리고 완전히 새로운 업무 프로세스를 장착시키는 BPR은 ERP 도입의 핵심이 되는 것이다.

2) ERP의 발전 과정

ERP는 IT 기술의 발전과 함께 다음과 같이 발전되어 왔다.

구분	설명	특징
MRP	컴퓨터를 활용한 자재(재고) 관리	창고
MRP II	생산, 재무 등으로 관리 영역 확대	창고, 공장 등
ERP	기업의 자원을 전사적으로 관리	기업 내 최적화
확장형 ERP	다른 기업과 자원을 최적화하여 관리	기업 간 최적화

3) 확장형 ERP

- 하나의 기업 내 최적화를 넘어, 기업 간 최적화를 위해 확장형 ERP가 도입되었다.
- 확장형 ERP에는 기존의 회계, 인사, 물류, 생산 등의 기능에 'e-Business 지원 시스템'과 '전략적 기업경영(SEM) 시스템'이 추가된다.
- 'e-Business 지원 시스템'은 공급망관리(SCM), 전자상거래(EC) 시스템, 의사결정지원 시스템(DSS), 고객관계관리(CRM) 시스템 등으로 구성되며, '전략적 기업경영(SEM) 시스템'은 부가가치경영(VBM) 시스템, 활동기준경영(ABM) 시스템, 성과측정관리(BSC) 시스템, 전략계획 및 시뮬레이션(SFS)으로 구성된다.

03 ERP의 도입

1) ERP 도입 방법

ERP 도입 방법에는 직접 개발, 상용화 패키지 선택, 아웃소싱★이 있다.

구분	직접 개발	패키지 선택	아웃소싱
장점	우리 기업에 맞는 ERP 구축 가능	저렴한 비용으로 ERP 도입 가능	전문적인 업체가 ERP를 도입해 줌
단점	시간과 비용의 과다	기능 부족 가능성	아웃소싱 업체에 의존성이 생길 수 있음

2) ERP 구축 절차

분석	설계	구축	구현
• TFT★ 구성 • AS-IS(현업) 파악 • 시스템 설치	• TO-BE 프로세스 도출 • 패키지 설치 • 커스터마이징 • 인터페이스 문제 논의	• 모듈조합화 • 출력물 제시 • 추가 개발 또는 수정 기능 확정	• 데이터 전환 • 시험 가동 • 시스템 평가

더 알기 TIP

커스터마이징(Customizing)

마치 양복을 몸에 딱 맞게 제작하는 것과 같이 맞춤 제작하는 것을 의미한다. ERP 시스템을 우리 기업의 업무에 맞추는 작업이 필요하기 때문에 커스터마이징을 실시한다.

3) ERP의 선택 기준

- 자사의 환경에 맞는 패키지를 선택한다.
- 경험 있고 유능한 컨설턴트를 활용한다.
- 구축방법론에 의해 체계적으로 프로젝트를 진행한다.
- TFT(Task Force Team)는 최고의 엘리트 사원으로 구성한다.
- 커스터마이징을 최소화한다.
- 가시적 성과에 집중한다.
- 단기적 목표에 초점을 맞추지 않는다.

★ 아웃소싱
ERP 전문 업체에 ERP의 도입을 맡기는 것이다.

★ TFT(Task Force Team)
ERP를 구축하기 위해 각 부문에서 모인 엘리트 사원들의 모임(임시조직)을 뜻한다.

한선생님의 TIP
ERP 도입 시 IT 기술 중심이 아닌 경영전략적으로 접근해야 합니다.

개념 체크
TFT는 최고의 엘리트 사원으로 구성해야 한다. (O, X)
O

4) ERP 도입의 예상 효과

- 각종 비용, 원가를 절감하고 시간(타임)을 감소시킨다.
- 고객 서비스를 개선한다.
- 최신의 정보기술을 도입하고 통합업무 시스템을 구축한다.
- 업무가 표준화, 단순화, 코드화된다.
- BPR(리엔지니어링)을 수행한다.

➕ 더 알기 TIP

BPR(리엔지니어링)의 정의

비용, 품질, 서비스, 속도와 같은 핵심적 부분에서 극적인 성과를 이루기 위해 기업의 업무 프로세스를 기본적으로 다시 생각하고 근본적으로 재설계하는 것이다.

04 ERP 시스템의 특징

1) 기능적 · 기술적 특징

① 기능적 특징

- 선진화된 최적의 프로세스(Best Practice)를 통해 BPR(기업 업무 재설계)을 수행한다.
- 중복 업무를 배제한다.
- 실시간 정보처리 체계를 구축한다.
- 다국적, 다통화, 다언어를 지원한다.
- 파라미터(Parameter) 지정에 의해 프로세스를 정의한다.
- 투명경영의 수단으로 활용하며, 경영정보를 제공하고 경영조기경보 체계를 구축한다.
- 오픈 멀티-벤더(Open Multi-vendor) 시스템★을 지원한다.

➕ 더 알기 TIP

파라미터 지정

음악을 들을 때 이퀄라이저가 미리 설정되어 있으면 가요, Pop, Rock, Classic 등 본인이 듣는 음악에 맞춰 바로 바꿔 들을 수 있다. 마찬가지로 회사가 새로운 업종을 추가하거나 새로운 업종의 지점을 설치할 때도, ERP 프로그램에서 업종을 추가 · 변경하면 별도의 절차 없이 바로 ERP를 사용할 수 있다.

② 기술적 특징

- 관계형 데이터베이스를 채택한다.
- 4세대 언어를 사용한다.
- 객체지향기술을 사용한다.
- 인터넷 환경의 e-Business를 수용할 수 있는 Multi-Tier 환경을 구성한다.

BPR
- ERP 도입의 가장 큰 효과는 우리 기업의 업무 프로세스를 재설계(BPR)하는 것이다.
- 따라서 ERP의 도입 시 BPR은 항상 함께 이루어진다.

★ 오픈 멀티-벤더(Open Multi-vendor) 시스템
ERP가 소수에 국한되지 않고 다양한 하드웨어 및 소프트웨어에 원활히 적용되는 것을 말한다(오픈되어 있다).

🏳 한선생님의 TIP
기술적 특징은 컴퓨터 기술과 관련되어 있습니다.

🎯 개념 체크

1 ERP를 도입하면 업무가 복잡화된다. (O, X)

2 ERP를 도입하면 중복 업무를 허용한다. (O, X)

1 ×(업무가 단순화된다)
2 ×(중복 업무를 배제한다)

2) ERP와 MIS

아주 오래전 IT 기술이 발전하기 이전에는 MIS(경영정보 시스템)를 사용했다. 최첨단의 ERP 시스템과 과거의 MIS를 비교하면 다음과 같다.

ERP	MIS
• 전체 최적화	• 부분 최적화
• 개방적	• 폐쇄적
• 수평적 업무처리	• 수직적 업무처리
• 관계형 데이터베이스 채택	• 파일 시스템
• 업무의 분산처리	• 중앙 집중식 업무처리
• Top-Down	• Bottom-Up

3) ERP를 위한 교육 지침

- 다양한 교육 도구를 이용하라.
- 교육에 충분한 시간을 배정하라.
- 조직 차원의 변화관리 활동을 잘 이해하도록 교육을 강화하라.
- 원활한 사용을 위해 지속적인 교육 및 워크숍 등을 실시하라.
- 데이터의 신뢰도를 높이기 위해 관리를 철저히 하라.
- 최고 경영층을 비롯한 모든 임직원의 관심이 필요함을 강조하라.

05 확장형 ERP

기존의 ERP는 기업 내 최적화를 추구하는 데 그쳤지만, 확장형 ERP는 이에 더해 기업 외부의 프로세스(SCM, CRM 등)를 통합하는 체계이다.

e-Business 지원 시스템	전략적 기업경영(SEM) 시스템
• 공급망관리(SCM)	• 부가가치경영(VBM)
• 전자상거래(EC)	• 활동기준경영(ABM)
• 의사결정지원 시스템(DSS)	• 성과측정관리(BSC)
• 고객관계관리(CRM)	• 전략계획 및 시뮬레이션(SFS)
• 지식관리시스템(KMS)	
• 경영자정보 시스템(EIS)	

01 ERP 도입의 최종 목적으로 가장 적합한 것은?

① 조직문화 혁신
② 경영혁신의 수단
③ 고객만족과 이윤 극대화
④ 기업 내부의 정보인프라 구축

ERP 도입의 최종 목적은 고객만족과 이윤 극대화이며, 그 중에서도 특히 이윤 극대화가 중요하다.

02 ERP 도입 전략으로 ERP 자체개발 방법에 비해 ERP 패키지를 선택하는 방법의 장점으로 가장 적절하지 <u>않은</u> 것은?

① 검증된 방법론 적용으로 구현 기간의 최소화가 가능하다.
② 검증된 기술과 기능으로 위험 부담을 최소화할 수 있다.
③ 시스템의 수정과 유지보수가 지속적으로 이루어질 수 있다.
④ 향상된 기능과 최신의 정보기술이 적용된 버전(Version)으로 업그레이드(Upgrade)가 가능하다.

시스템의 수정과 유지보수가 지속적으로 가능한 것은 ERP 자체개발 방식이다.

03 ERP 구축을 위한 ERP 패키지 선정기준으로 가장 적절하지 <u>않은</u> 것은?

① 시스템 보안성
② 사용자 복잡성
③ 요구사항 부합 정도
④ 커스터마이징(Customizing) 가능 여부

ERP 시스템은 전사적 자원관리 시스템이기 때문에 누구나 사용할 수 있도록 단순한 게 좋다.

04 ERP 아웃소싱(Outsourcing)의 장점으로 가장 적절하지 <u>않은</u> 것은?

① ERP 아웃소싱을 통해 기업이 가지고 있지 못한 지식을 획득할 수 있다.
② ERP 개발과 구축, 운영, 유지보수에 필요한 인적자원을 절약할 수 있다.
③ IT아웃소싱 업체에 종속성(의존성)이 생길 수 있다.
④ ERP 자체개발에서 발생할 수 있는 기술력 부족의 위험요소를 제거할 수 있다.

ERP 아웃소싱의 경우 IT아웃소싱 업체에 종속성(의존성)이 생길 수 있는 단점이 있다.

05 ERP 구축 절차 중 구축단계의 특징으로 가장 적절하지 <u>않은</u> 것은?

① 모듈조합화
② 출력물 제시
③ 패키지 설치
④ 추가 개발 또는 수정 기능 확정

구축단계는 모듈조합화가 가장 중요하다. 패키지 설치는 설계단계의 특징에 해당한다.

06 ERP 구축 절차 중 TO-BE Process 도출, 패키지 설치, 인터페이스 문제 논의를 하는 단계로 가장 적절한 것은?

① 구축단계
② 구현단계
③ 분석단계
④ 설계단계

설계단계는 ERP 구축 절차 중 TO-BE Process 도출, 패키지 설치 등을 하는 단계이다.

07 ERP 시스템의 프로세스, 화면, 필드, 그리고 보고서 등 거의 모든 부분을 기업의 요구사항에 맞춰 구현하는 방법은 무엇인가?

① 정규화(Normalization)
② 트랜잭션(Transaction)
③ 컨피규레이션(Configuration)
④ 커스터마이제이션(Customization)

ERP 시스템의 프로세스 등을 기업의 요구사항에 맞춰 구현하는 방법은 '커스터마이제이션(Customization)'이다.

08 ERP 도입의 선택 기준으로 적절하지 <u>않은</u> 것은?

① 자사에 맞는 패키지를 선정한다.
② 현업 중심의 프로젝트를 진행한다.
③ 경영진이 확고한 의지를 가지고 진행한다.
④ 업무 효율성 향상이 중요하므로 수익성 개선은 고려하지 않는다.

ERP 도입으로 인한 수익성 개선을 반드시 고려해야 한다.

09 ERP 구축 시 컨설턴트를 고용함으로써 얻는 장점으로 가장 적절하지 <u>않은</u> 것은?

① 프로젝트 주도권이 컨설턴트에게 넘어갈 수 있다.
② 숙달된 소프트웨어 구축방법론으로 실패를 최소화할 수 있다.
③ ERP 기능과 관련된 필수적인 지식을 기업에 전달할 수 있다.
④ 컨설턴트는 편견이 없고 목적 지향적이기 때문에 최적의 패키지를 선정하는 데 도움이 된다.

ERP 구축 시 컨설턴트를 고용함으로써 프로젝트 주도권이 컨설턴트에게 넘어가는 것은 장점이 아니라 단점에 해당한다.

10 ERP 시스템 구축의 장점으로 볼 수 <u>없는</u> 것은?

① ERP 시스템은 비즈니스 프로세스의 표준화를 지원한다.
② ERP 시스템의 유지보수비용은 ERP 시스템 구축 초기보다 증가할 것이다.
③ ERP 시스템은 이용자들이 업무처리를 하면서 발생할 수 있는 오류를 예방한다.
④ ERP 구현으로 재고비용 및 생산비용의 절감효과를 통한 효율성을 확보할 수 있다.

ERP를 포함한 대부분 시스템의 비용은 구축 초기보다 사용할수록 감소하는 것이 일반적이다.

11 [보기]에서 설명하는 기법은 무엇인가?

> **[보기]**
> 조직의 효율성을 제고하기 위해 업무흐름뿐만 아니라 전체 조직을 재구축하려는 경영혁신전략기법이다. 주로 정보기술을 통해 기업경영의 핵심과정을 전면 개편함으로 경영성과를 향상시키려는 경영기법으로 매우 신속하고 극단적인 그리고 전면적인 혁신을 강조한다.

① 지식경영
② 벤치마킹
③ 리스트럭처링
④ 리엔지니어링

신속하고 극단적인 그리고 전면적인 기업 혁신을 강조하는 기법은 BPR(리엔지니어링)이다.

12 ERP 구축 전에 수행되는, 단계적으로 시간의 흐름에 따라 비즈니스 프로세스를 개선해가는 점증적 방법론은 무엇인가?

① BPI(Business Process Improvement)
② BPR(Business Process Re-Engineering)
③ ERD(Entity Relationship Diagram)
④ MRP(Material Requirement Program)

BPR(Business Process Re-Engineering)은 비즈니스 프로세스를 급진적으로 개선하는 방식인 반면, BPI(Business Process Improvement)는 점증적으로 개선하는 방식이다.

13 ERP의 특징에 대한 설명으로 가장 옳지 <u>않은</u> 것은?

① Open Multi-vendor : 특정 H/W 업체에만 의존하는 open 형태를 채용, C/S형의 시스템 구축이 가능하다.
② 통합업무 시스템 : 세계유수기업이 채용하고 있는 Best Practice Business Process를 공통화, 표준화시킨다.
③ Parameter 설정에 의한 단기간의 도입과 개발이 가능 : Parameter 설정에 의해 각 기업과 부문의 특수성을 고려할 수 있다.
④ 다국적, 다통화, 다언어 : 각 나라의 법률과 대표적인 상거래 습관, 생산방식이 시스템에 입력되어 있어서 사용자는 이 가운데 선택하여 설정할 수 있다.

Open Multi-vendor는 특정 H/W(하드웨어), S/W(소프트웨어) 및 OS(운영체제)에서만 작동하는 것이 아니라는 의미로, 즉 오픈되어 있다는 뜻이다.

14 ERP의 특징으로 가장 적절하지 <u>않은</u> 것은?

① 다국적, 다언어 지원
② 실시간 정보처리 체계 구축
③ 개별업무 단위로 체계 구축
④ 선진화된 업무 프로세스 활용

ERP는 통합업무 체계 구축을 목표로 한다.

15 ERP 시스템의 기능적 특징 중에서 오픈 멀티-벤더(Open Multi-vendor) 지원 기능에 대한 설명으로 적절하지 <u>않은</u> 것은?

① ERP는 특정 하드웨어 업체에 의존하지 않는다.
② ERP는 커스터마이징이 최대한 가능하도록 지원한다.
③ ERP는 어떠한 운영체제에서도 운영될 수 있도록 설계되어 있다.
④ ERP는 다양한 소프트웨어와 조합하여 사용할 수 있도록 지원한다.

ERP 구축 과정은 기업의 BPR(전면적인 혁신)을 위한 것이기 때문에, 기존의 업무 관행에 맞추는 커스터마이징은 최소화해야 한다.

16 (주)생산은 'Best Practice' 도입을 목적으로 ERP 패키지를 도입하여 시스템을 구축하고자 한다. (주)생산의 도입 방법 중 가장 적절하지 <u>않은</u> 것은?

① BPR과 ERP 시스템 구축을 병행하는 방법
② ERP 패키지에 맞추어 BPR을 추진하는 방법
③ 기존 업무처리에 따라 ERP 패키지를 수정하는 방법
④ BPR을 실시한 후에 이에 맞도록 ERP 시스템을 구축하는 방법

ERP 도입 시 가장 큰 효익은 BPR을 통해 기업 업무를 전면적으로 재설계할 수 있다는 것이다. 따라서 기존 업무처리에 따라 ERP 패키지를 수정하면 ERP 도입의 이점이 매우 줄어들게 된다.

17 ERP의 장점 및 효과에 대한 설명으로 가장 적절하지 <u>않은</u> 것은?

① ERP는 다양한 산업에 대한 최적의 업무 관행인 베스트 프랙틱스(Best Practices)를 담고 있다.

② ERP 시스템 구축 후 업무재설계(BPR)를 수행하여 ERP 도입의 구축성과를 극대화할 수 있다.

③ ERP는 모든 기업의 업무 프로세스를 개별 부서원들이 분산처리하면서도 동시에 중앙에서 개별 기능들을 통합적으로 관리할 수 있다.

④ 차세대 ERP는 인공지능 및 빅데이터 분석기술과의 융합으로 선제적 예측과 실시간 의사결정지원이 가능하다.

일반적으로 ERP 시스템이 구축되기 전에 업무재설계(BPR)를 수행해야 ERP 구축성과를 극대화할 수 있다.

18 ERP에 대한 설명으로 적절하지 <u>않은</u> 것은?

① 경영혁신 수단으로 사용된다.

② 개방성, 확장성, 유연성이 특징이다.

③ 의사결정 방식은 Bottom-Up 방식이다.

④ 프로세스 중심의 업무처리 방식을 갖는다.

Bottom-Up 의사결정은 실제 업무를 수행하는 종업원의 하부 의견을 중요시하는 방식이지만 경영상 전문성이 떨어진다는 단점이 있다. 따라서 ERP의 의사결정 방식은 Top-Down 방식을 채택하고 있다.

19 ERP와 기존의 정보 시스템(MIS) 특성 간의 차이점에 대한 설명으로 가장 적절하지 <u>않은</u> 것은?

① 기존 정보 시스템의 업무범위는 단위업무이고, ERP는 통합업무를 담당한다.

② 기존 정보 시스템의 전산화 형태는 중앙집중식이고, ERP는 분산처리 구조이다.

③ 기존 정보 시스템의 업무처리 방식은 수평적이고, ERP 업무처리 방식은 수직적이다.

④ 기존 정보 시스템의 데이터베이스 형태는 파일 시스템이고, ERP는 관계형 데이터베이스 시스템(RDBMS)이다.

기존의 업무처리 방식은 수직적이지만, ERP 업무처리 방식은 수평적이다.

20 효과적인 ERP 교육을 위한 고려사항으로 가장 적절하지 <u>않은</u> 것은?

① 다양한 교육 도구를 이용하라.

② 교육에 충분한 시간을 배정하라.

③ 비즈니스 프로세스가 아닌 트랜잭션에 초점을 맞춰라.

④ 조직 차원의 변화관리 활동을 잘 이해하도록 교육을 강화하라.

효과적인 ERP 교육은 항상 업무 프로세스를 중심으로 해야 한다.

21 ERP와 CRM 간의 관계에 대한 설명으로 가장 적절하지 <u>않은</u> 것은?

① ERP와 CRM 간의 통합으로 비즈니스 프로세스의 투명성과 효율성을 확보할 수 있다.

② ERP 시스템은 비즈니스 프로세스를 지원하는 백오피스 시스템(Back-Office System)이다.

③ CRM 시스템은 기업의 고객대응활동을 지원하는 프런트오피스 시스템(Front-Office System)이다.

④ CRM 시스템은 조직 내의 인적자원들이 축적하고 있는 개별적인 지식을 체계화하고 공유하기 위한 정보 시스템으로 ERP 시스템의 비즈니스 프로세스를 지원한다.

조직 내의 인적자원들이 축적하고 있는 개별적인 지식을 체계화하고 공유하기 위한 정보 시스템은 지식관리시스템(Knowledge Management System, KMS)이다.

22 확장된 ERP 시스템의 SCM 모듈을 실행함으로써 얻는 장점으로 가장 적절하지 <u>않은</u> 것은?

① 공급사슬에서의 가시성 확보로 공급 및 수요변화에 대한 신속한 대응이 가능하다.

② 정보투명성을 통해 재고수준 감소 및 재고회전율(Inventory Turnover) 증가를 달성할 수 있다.

③ 공급사슬에서의 계획(Plan), 조달(Source), 제조(Make) 및 배송(Deliver) 활동 등 통합 프로세스를 지원한다.

④ 마케팅(Marketing), 판매(Sales) 및 고객서비스(Customer Service)를 자동화함으로써 현재 및 미래 고객들과 상호작용할 수 있다.

확장된 ERP 환경에서 마케팅(Marketing), 판매(Sales) 및 고객서비스(Customer Service)를 자동화하는 것은 CRM(고객관계관리) 시스템이다.

23 [보기]의 괄호 안에 들어갈 용어로 맞는 것은?

> [보기]
>
> 확장된 ERP 시스템 내의 (   ) 모듈은 공급자부터 소비자까지 이어지는 물류, 자재, 제품, 서비스, 정보의 흐름 전반에 걸쳐 계획하고 관리함으로써 수요와 공급의 일치를 최적으로 운영하고 관리하는 활동이다.

① ERP(Enterprise Resource Planning)

② SCM(Supply Chain Management)

③ CRM(Customer Relationship Management)

④ KMS(Knowledge Management System)

SCM(Supply Chain Management) 모듈은 공급사슬에 있는 기업들을 연결해 주는 역할을 한다.

24 ERP 시스템에 대한 투자비용에 관한 개념으로 시스템의 전체 라이프사이클(Life-cycle)을 통해 발생하는 전체 비용을 계량화하는 것은 무엇인가?

① 유지보수 비용(Maintenance Cost)

② 시스템 구축비용(Construction Cost)

③ 소프트웨어 라이선스비용(Software License Cost)

④ 총소유비용(Total Cost of Ownership)

총소유비용(Total Cost of Ownership)은 시스템의 전체 라이프사이클(Life-cycle)에 걸친 모든 비용을 계량화한 개념이다.

4차 산업혁명과 차세대 ERP

빈출 태그 ▶ #클라우드 #4차 산업혁명 #빅데이터 #AI #IoT #SCM #CRM

01 클라우드 컴퓨팅(Cloud Computing)

1) 정의

- 클라우드 컴퓨팅이란 인터넷 기술을 활용하여 가상화된 IT 자원을 서비스로 제공하는 컴퓨팅 기술을 의미한다.
- 사용자가 클라우드 컴퓨팅 네트워크에 접속하여 응용프로그램, 운영체제, 저장장치 등 필요한 IT 자원을 원하는 시점에 필요한 만큼 골라서 사용하는 것이다.

2) 장점 및 단점

장점	• 사용자가 하드웨어(HW)나 소프트웨어(SW)를 직접 디바이스에 설치할 필요 없이, 자신의 필요에 따라 언제든지 컴퓨팅 자원 사용 가능 • 사용자는 서버 및 SW를 클라우드 컴퓨팅 네트워크에 접속하여 제공받을 수 있으므로, 이를 별도로 구입 · 설치할 필요가 없어 사용자의 IT 투자비용 감소
단점	• 서버 공격 및 서버 손상으로 인해 개인정보가 유출되거나 유실될 수 있음 • 사용자가 필요로 하는 애플리케이션을 지원받지 못하거나 애플리케이션을 설치하는 데 제약이 있을 수 있음

3) 클라우드 컴퓨팅에서 제공하는 서비스

SaaS (Software as a Service)	클라우드 컴퓨팅 서비스 사업자가 클라우드 컴퓨팅 서버에 소프트웨어를 제공하고, 사용자가 원격으로 접속해 해당 소프트웨어를 활용하는 모델
PaaS (Platform as a Service)	사용자가 소프트웨어를 개발할 수 있는 토대를 제공해 주는 서비스 모델
IaaS (Infrastructure as a Service)	서버 인프라를 서비스로 제공하는 것으로, 클라우드를 통하여 저장장치(Storage) 또는 컴퓨팅 능력(Compute)을 인터넷을 통한 서비스 형태로 제공하는 서비스 모델

01 클라우드 ERP와 관련된 설명으로 가장 적절하지 <u>않은</u> 것은?

① 클라우드를 통해 ERP 도입에 관한 진입 장벽을 높일 수 있다.

② IaaS 및 PaaS 활용한 ERP를 하이브리드 클라우드 ERP라고 한다.

③ 서비스형 소프트웨어 형태의 클라우드로 ERP를 제공하는 것을 SaaS ERP라고 한다.

④ 클라우드 ERP는 고객의 요구에 따라 필요한 기능을 선택·적용한 맞춤형 구성이 가능하다.

클라우드를 통해 ERP 도입에 관한 진입장벽은 낮아진다.

02 클라우드 서비스 기반 ERP와 관련된 설명으로 가장 적절하지 <u>않은</u> 것은?

① ERP 구축에 필요한 IT인프라 자원을 클라우드 서비스로 빌려 쓰는 형태를 IaaS라고 한다.

② ERP 소프트웨어 개발을 위한 플랫폼을 클라우드 서비스로 제공받는 것을 PaaS라고 한다.

③ PaaS에는 데이터베이스 클라우드 서비스와 스토리지 클라우드 서비스가 있다.

④ 기업의 핵심 애플리케이션인 ERP, CRM 솔루션 등의 소프트웨어를 클라우드 서비스를 통해 제공받는 것을 SaaS라고 한다.

데이터베이스 클라우드 서비스와 스토리지 클라우드 서비스는 기업의 업무를 하기 위한 인프라에 해당하므로 IaaS이다.

03 클라우드 서비스 사업자가 클라우드 컴퓨팅 서버에 ERP 소프트웨어를 제공하고, 사용자가 원격으로 접속해 ERP 소프트웨어를 활용하는 서비스는 무엇인가?

① IaaS(Infrastructure as a Service)

② PaaS(Platform as a Service)

③ SaaS(Software as a Service)

④ DaaS(Desktop as a Service)

소프트웨어를 제공받는 서비스는 SaaS(Software as a Service)이다.

04 차세대 ERP의 인공지능(AI), 빅데이터(Big-Data), 사물인터넷(IoT) 기술의 적용에 관한 설명으로 가장 적절하지 <u>않은</u> 것은?

① 현재 ERP는 기업 내 각 영역의 업무 프로세스를 지원하고, 단위별 업무처리의 강화를 추구하는 시스템으로 발전하고 있다.

② 제조업에서는 빅데이터 분석기술을 기반으로 생산자동화를 구현하고 ERP와 연계하여 생산계획의 선제적 예측과 실시간 의사결정이 가능하다.

③ 차세대 ERP는 인공지능 및 빅데이터 분석기술과의 융합으로 상위계층의 의사결정을 지원할 수 있는 지능형 시스템으로 발전하고 있다.

④ ERP에서 생성되고 축적된 빅데이터를 활용하여 기업의 새로운 업무개척이 가능해지고, 비즈니스 간 융합을 지원하는 시스템으로 확대가 가능하다.

ERP는 단위별 업무처리의 강화를 추구하지 않는다. ERP 시스템은 통합업무를 지원하는 서비스이다.

05 차세대 ERP의 비즈니스 애널리틱스(Business Analytics)에 관한 설명으로 가장 적절하지 <u>않은</u> 것은?

① 비즈니스 애널리틱스는 구조화된 데이터(Structured Data)만을 활용한다.
② ERP 시스템 내의 방대한 데이터 분석을 위한 비즈니스 애널리틱스가 ERP의 핵심 요소가 되었다.
③ 비즈니스 애널리틱스는 질의 및 보고와 같은 기본적 분석기술과 예측 모델링과 같은 수학적으로 정교한 수준의 분석을 지원한다.
④ 비즈니스 애널리틱스는 리포트, 쿼리, 대시보드, 스코어카드뿐만 아니라 예측모델링과 같은 진보된 형태의 분석기능도 제공한다.

비즈니스 애널리틱스는 구조화된 데이터(Structured Data)와 비구조화된 데이터(Unstructured Data)를 동시에 이용한다.

06 [보기]의 괄호 안에 들어갈 용어로 가장 적절한 것은?

> **[보기]**
> ERP 시스템 내의 데이터 분석 솔루션인 (　　)은(는) 구조화된 데이터(Structured Data)와 비구조화된 데이터(Unstructured Data)를 동시에 이용하여 과거 데이터에 대한 분석뿐만 아니라 이를 통한 새로운 통찰력 제안과 미래 사업을 위한 시나리오를 제공한다.

① 리포트(Report)
② SQL(Structured Query Language)
③ 비즈니스 애널리틱스(Business Analytics)
④ 대시보드(Dashboard)와 스코어카드(Scorecard)

비즈니스 애널리틱스(Business Analytics)는 ERP 시스템 내의 데이터 분석 솔루션으로, 구조화된 데이터(Structured Data)와 비구조화된 데이터(Unstructured Data)를 동시에 활용해 과거 데이터를 분석할 뿐만 아니라, 이를 통해 새로운 통찰을 도출하고 미래 사업을 위한 시나리오를 제공한다.

07 제품, 공정, 생산설비와 공장에 대한 실제 세계와 가상 세계의 통합시스템이며 제조 빅데이터를 기반으로 사이버모델을 구축하고 이를 활용하여 최적의 설계 및 운영을 수행하는 것은 무엇인가?

① 사이버물리시스템(Cyber Physical System, CPS)
② 비즈니스 애널리틱스(Business Analytics)
③ 전사적 자원관리(Enterprise Resource Planning, ERP)
④ 공급사슬관리(Supply Chain Management, SCM)

실제 세계와 가상 세계를 통합하는 시스템은 '사이버물리시스템(Cyber Physical System, CPS)'이다.

08 빅데이터의 주요 특성(5V)으로 옳지 <u>않은</u> 것은?

① 다양성
② 속도
③ 정확성
④ 일관성

빅데이터의 특성(5V)은 규모(Volume), 속도(Velocity), 다양성(Variety), 정확성(Veracity), 가치(Value)이다.

09 인공지능 기반의 빅데이터 분석기법에 대한 설명으로 옳지 <u>않은</u> 것은?

① 데이터마이닝은 대규모로 저장된 데이터 안에서 다양한 분석기법을 활용하여 전통적인 통계학 이론으로는 설명이 힘든 패턴과 규칙을 발견한다.

② 데이터마이닝은 분류(Classification), 추정(Estimation), 예측(Prediction), 유사집단화(Affinity Grouping), 군집화(Clustering)의 5가지 업무영역으로 구분할 수 있다.

③ 텍스트마이닝은 자연어(Natural Language) 형태로 구성된 정형 데이터에서 패턴 또는 관계를 추출하여 의미 있는 정보를 찾아내는 기법이다.

④ 텍스트마이닝 분석을 실시하기 위해서는 불필요한 정보를 제거하는 데이터 전처리(Data Preprocessing) 과정이 필수적이다.

텍스트마이닝은 비정형 데이터를 사용하며, 자연어 처리와는 다르다.

10 기계학습에 대한 설명으로 옳지 <u>않은</u> 것은?

① 지도학습은 학습 데이터로부터 하나의 함수를 유추해내기 위한 방법이다.

② 비지도학습 방법에는 분류모형과 회귀모형이 있다.

③ 비지도학습은 입력값에 대한 목표치가 주어지지 않는다.

④ 강화학습은 선택 가능한 행동들 중 보상을 최대화하는 행동 혹은 순서를 선택하는 방법이다.

분류모형과 회귀모형은 지도학습 방법이다.

11 인공지능 비즈니스 적용 프로세스의 순서로 올바른 것은?

① 비즈니스 영역 탐색 → 비즈니스 목표 수립 → 데이터 수집 및 적재 → 인공지능 모델 개발 → 인공지능 배포 및 프로세스 정비

② 비즈니스 목표 수립 → 비즈니스 영역 탐색 → 데이터 수집 및 적재 → 인공지능 모델 개발 → 인공지능 배포 및 프로세스 정비

③ 비즈니스 목표 수립 → 데이터 수집 및 적재 → 인공지능 모델 개발 → 인공지능 배포 및 프로세스 정비 → 비즈니스 영역 탐색

④ 비즈니스 영역 탐색 → 비즈니스 목표 수립 → 데이터 수집 및 적재 → 인공지능 배포 및 프로세스 정비 → 인공지능 모델 개발

인공지능 비즈니스 적용 프로세스는 '비즈니스 영역 탐색 → 비즈니스 목표 수립 → 데이터 수집 및 적재 → 인공지능 모델 개발 → 인공지능 배포 및 프로세스 정비' 순서이다.

12 [보기]에서 설명하는 RPA 적용단계는 무엇인가?

> **[보기]**
> 빅데이터 분석을 통해 사람이 수행한 복잡한 의사결정을 내리는 수준이다. 이것은 RPA가 업무 프로세스를 스스로 학습하면서 자동화하는 단계이다.

① 기초프로세스 자동화
② 데이터 기반의 머신러닝(기계학습) 활용
③ 인지자동화
④ 데이터전처리

인지자동화는 RPA(Robotic Process Automation, 로봇 프로세스 자동화)가 업무 프로세스를 스스로 학습하면서 자동화하는 단계로, 빅데이터 분석을 통해 사람이 수행하던 복잡한 의사결정까지 수행하는 수준을 말한다.

13 딥러닝 알고리즘에 대한 설명으로 옳지 <u>않은</u> 것은?

① 합성곱 신경망(CNN)은 반복적이고 순차적인 데이터 정보를 반영하여 타 알고리즘 대비 빠른 학습속도를 지닌다.
② CNN은 이미지 인식 및 분류에 효과적인 성능을 보이고 있다.
③ 순환신경망(RNN)은 딥러닝 알고리즘 중 하나로 순환적인 구조를 가지고 있는 인공신경망이다.
④ RNN은 입력과 출력을 시퀀스(Sequence) 단위로 처리하며 자연어 처리 및 시계열 예측분야에 활용되고 있다.

합성곱 신경망(CNN)은 이미지, 영상 등 공간적 구조를 가진 데이터를 처리하기 위해 설계된 것으로서 타 알고리즘 대비 빠른 학습속도를 지닌다.

14 세계경제포럼(World Economic Forum)에서 발표한 인공지능 규범(AI Code)의 5개 원칙에 해당하지 <u>않는</u> 것은?

① 인공지능은 인류의 공동 이익과 이익을 위해 개발되어야 한다.
② 인공지능은 투명성과 공정성의 원칙에 따라 작동해야 한다.
③ 인공지능이 개인, 가족, 지역 사회의 데이터 권리 또는 개인정보를 감소시켜야 한다.
④ 인간을 해치거나 파괴하거나 속이는 자율적 힘을 인공지능에 절대로 부여하지 않는다.

인공지능 규범(AI Code)의 5개 원칙 중 '인공지능이 개인, 가족, 지역 사회의 데이터 권리 또는 개인정보를 감소시켜서는 안 된다.'는 내용이 있다.

정답 12 ③ 13 ① 14 ③

02

인적자원관리의 확보

어떤 기업이든 우수 인재를 원합니다. 인적자원관리를 효과적으로 수행하려면 무엇보다 양질의 인재 확보가 선행되어야 하며, 이를 기반으로 채용 이후의 관리 기능들도 성공적으로 운영될 수 있습니다.

출제빈도

SECTION 01	중	15%
SECTION 02	상	25%
SECTION 03	상	35%
SECTION 04	상	25%

인적자원관리

빈출 태그 ▶ #과학적 관리법 #포드의 관리법 #XY이론 #2요인 이론 #호손실험

01 인적자원관리의 정의

1) 물적자원과 인적자원

- 기업을 운영하는 사업주가 모든 일을 혼자서 한다는 것은 불가능에 가깝다. 따라서 기업은 필요한 자원을 보유하고 이를 이용하게 되는데, 이러한 자원에는 '물적자원'과 '인적자원'이 있다.
- 이 중 '물적자원'은 건물이나 기계 등의 자산으로서 물리적인 요건만 잘 유지한다면 별다른 문제 없이 사용이 가능하다. 그러나 '인적자원'은 사람이기 때문에 개별적인 감정과 사상, 가치관이 있고 매일의 컨디션과 기분에 따라 다른 업무 능력을 발휘할 수 있고, 심지어 일을 그만둘 수도 있기 때문에 더욱 세심하고 전문적인 관리를 필요로 한다.

물적자원에 비해 인적자원은 훨씬 복잡한 특성들을 지니고 있습니다.

일(직업)의 중요성

우리가 모르는 사람을 처음 만났을 때 "무슨 일을 하세요?"라고 묻는다. 이렇듯 내가 하는 일이 내가 누구인지를 말해 주기도 한다.

2) 인적자원의 특수성

존엄성	인간의 자존감은 그가 하는 일과 밀접하게 관련되어 있으며, 기업의 인적자원은 쉽게 이동 또는 교체할 수 없다.
능동성	인적자원의 능동성을 잘 발휘한다면 그 양과 질이 부족해도 다양한 관리기법을 통해 생산성을 충분히 올릴 수 있다.
개발성	동일임금을 지급하면서도 지속적인 교육과 훈련을 통해 훌륭한 인재로 양성할 수 있다.
소진성	자본과 원료는 특정 시기에 필요 없으면 비축해 두었다가 다음 달에 써도 그 가치가 보존되겠지만, 일반 노동력은 일단 채용하면 그날부터 소비된다.

- 과거 '인사관리'로 불리었던 분야는 오늘날 '인적자원관리'라는 더 전문적이고 체계화된 분야로 발전하게 되었다.
- 과거의 인사관리가 수직적이고 단순한 관리에 집중했다면, 현대의 인적자원관리는 수평적이고 인간적인 특징을 존중하는 관리로 바뀌는 추세이다.

02 인적자원관리의 목표

1) 인적자원관리의 중요성

인적자원은 사람이며, 인간 고유의 특성 때문에 인적자원을 관리하는 것은 매우 어렵고 동시에 중요한 일이다.

인적자원도 잉여 기계처럼 쉽게 해고할 수 있다. (O, X)

X

2) 인적자원관리의 목표

- 인적자원관리를 기업 전략과 연계한다.
- 윤리적 인적자원관리 인식을 강조한다.
- 인적자원은 개발 가능한 경제적 자원이라고 인식한다.
- 물질문명으로 인해 상실되어 가는 인간성을 회복한다(→ 경제원칙 최우선 실현 ×).

＋ 더 알기 TIP

인적자원관리 패러다임의 변화

- 일원관리 → 다원관리
- 비용 중심 → 수익 중심
- 반응적 접근 → 선행적(예방적) 접근
- 표준형 인재 → 이질적(창조적) 인재
- 수직적 관계 → 수평적 관계
- 연공주의★ → 능력(성과)주의

03 이론적 발전 과정

1) 전통적 이론

과학적 관리법 (테일러)	• 아담 스미스의 분업 원리를 기초로 하는 방법 • 생산량을 극대화하기 위해 동작연구와 시간연구를 통해 표준화된 작업을 하도록 하는 개념으로, 직장(Boss)을 중시하고 조직이론의 기초가 되기도 함
포드의 관리법 (3S)	• 표준화(Standardization), 전문화(Specialization), 단순화(Simplification)를 통한 대량 생산이 가능하도록 함 • 특히 컨베이어를 설치해 공정을 자동화하여 대량 생산을 추구함

2) 인간관계적 시대(메이요)

- 과거에는 인간을 단순히 일하는 도구로 보았으나, 인적자원은 '사람'이기 때문에 인간적인 측면을 고려해야 하며, 사람 사이의 관계도 일에 영향을 미칠 수 있음을 발견하게 되었다.
- 즉, 호손실험을 통해 사람은 기계적으로 움직이는 존재가 아님을 알게 되었고, 기업 내 비공식 조직의 중요성을 역설한다.

3) 행동과학적 시대(동기부여 이론)

매슬로우	욕구 단계설(5단계 이론)
맥그리거	XY이론
허쯔버그	2요인 이론(위생요인과 동기요인)

4) 현대적 이론(환경 적응과 혁신의 시대)

시스템 관점	기업은 하나의 시스템(Input → 시스템 → Output)이며, 기업의 각 부분은 긴밀하게 연결되어 있고 서로 영향을 주고 받음
피들러의 리더십 이론	• 사람들은 리더(상사)가 처한 상황에 따라 리더십에 대한 호의도가 달라질 수 있음 • 특히 인적자원들은 각각의 상황을 중시하므로 사람들의 생각은 단편적이지 않고 복잡하게 작용한다는 이론
피터 드러커	혁신은 경영자의 중요한 기능이며, 기업의 유일한 목표는 고객을 창조하는 것임

04 인적자원관리의 주요 내용

인적자원관리의 기본 기능★을 제외한 주요 영역은 다음과 같다. 이후 SECTION에서는 아래의 네 가지를 순서대로 학습할 것이다.

확보 기능	채용(배치) 및 인사행정
보상 기능	임금 및 복지후생관리
개발 기능	인사평가 및 교육훈련, 경력관리
유지 기능	안전보건관리, 이직관리 및 노사관계관리

- 기업이 원하는 인재를 채용할 수 있어야 하며(확보 기능),
- 근로를 제공함에 따른 보상도 지급해야 하며(보상 기능),
- 또한 기업과 종업원의 미래를 위해 인적자원을 개발할 필요도 있고(개발 기능),
- 마지막으로 인적자원을 유지할 수 있도록 노력을 기울여야 한다(유지 기능).

01 인적자원의 특수성에 대한 설명으로 적절하지 <u>않은</u> 것은?

① 존엄성 : 잉여 기계는 팔 수 있으며, 인적 자원도 다양한 인사제도를 활용하면 대체가 용이하다.

② 능동성 : 인적자원의 경우 그 양과 질이 부족해도 다양한 관리기법을 통해 생산성을 충분히 올릴 수 있다.

③ 개발성 : 인적자원을 일정 연봉액에 맞추어 채용했지만 지속적인 교육과 훈련을 통해 훌륭한 인재로 양성할 수 있다.

④ 소진성 : 자본과 원료는 특정 시기에 필요 없으면 비축해 두었다가 다음 달에 써도 그 가치가 보존되겠지만, 일반 노동력은 일단 채용하면 그날부터 소비되는 것이다.

인적자원은 물적자원에 비해 대체가 어려운 편이다.

02 인적자원관리에 대한 설명으로 적절하지 <u>않은</u> 것은?

① 종업원들의 노동생산성을 향상시키기 위한 관리활동이다.

② 자동화시스템의 발달로 인적자원의 중요성은 점차 감소할 전망이다.

③ 기업의 목표를 달성하기 위해 필요로 하는 인력을 조달, 유지, 개발 및 활용하는 관리활동이다.

④ 최근에는 종업원들의 역량개발 등을 통해 개인과 조직의 목표를 일치시켜 나가는 것을 중요하게 여긴다.

기업의 우수한 인적자원의 중요성은 점차 증가할 것이다.

03 인적자원 패러다임 변화에 대한 설명으로 가장 적절하지 <u>않은</u> 것은?

① 다원관리 → 일원관리
② 수직적 구조 → 수평적 구조
③ 반응적 관리 → 선행적 관리
④ 표준화 인재 → 창조적 인재

단편적인 측면을 관리하는 일원관리에서 인적자원의 다양한 측면을 관리하는 다원관리로 변화하고 있다.

04 현대적 개념의 인적자원관리 기본 목표로 가장 적절하지 <u>않은</u> 것은?

① 경제원칙 최우선 실현
② 윤리적 인적자원관리 인식 강조
③ 인적자원관리와 기업 전략과 연계
④ 인적자원은 개발 가능한 경제적 자원이라는 인식

경제원칙 최우선 실현은 과거 인사관리의 사고방식이다.

05 테일러(F.W. Taylor)의 과학적 관리법의 주요 내용으로 가장 적절하지 <u>않은</u> 것은?

① 호손실험
② 차별적 성과급제
③ 직능별 직장제도
④ 동작연구와 시간연구

- 테일러(F.W. Taylor)의 과학적 관리법 : 주요 내용으로는 동작연구와 시간연구, 차별적 성과급제, 기획부제도, 직능별 직장제도, 작업지도표제도 등이 있음
- 호손실험 : 사람을 기계적인 존재로 간주하는 과학적 관리법과는 달리 종업원의 인간적인 측면을 강조하는 인간중심 관점의 인적자원관리를 말함

06 포드가 채택한 3S 전략으로 적절하지 <u>않은</u> 것은?

① 구조화(Structuration)
② 단순화(Simplification)
③ 전문화(Specialization)
④ 표준화(Standardization)

포드의 3S 원칙에는 표준화(Standardization), 전문화(Specialization), 단순화(Simplification)가 있다. 이를 통해 합리성과 능률을 추구한다.

07 인간관계적 인사관리와 관련된 이론으로 종업원의 인간적인 측면과 상호 협력 관계적 인사관리를 중요하게 취급하는 이론은?

① 맥그리거의 XY이론
② 허즈버그의 2요인 이론
③ 메이요의 호손실험 이론
④ 매슬로우의 욕구계층 이론

메이요의 호손실험을 통해 종업원은 인간적인 측면을 지니고 있으며, 조직 내 공식 서열과는 별개로 상호작용하는 관계가 있음을 알게 되었다.

08 테일러의 과학적 관리법에 대한 설명으로 적절하지 <u>않은</u> 것은?

① 조직을 시스템으로 인식한다.
② 동작연구와 시간연구 방법이다.
③ 표준 작업량 연구 방법에 해당한다.
④ 직장을 중시하고 조직이론의 기초가 된다.

①은 시스템 이론에 해당하며, 환경 적응과 혁신의 시대에 대한 설명이다.

09 생산 중심 관점의 인적자원관리에 해당하는 것은?

① 호손실험
② 협력관계설
③ 인간관계론
④ 과학적 관리

테일러의 과학적 관리법은 종업원을 생산을 위한 하나의 수단으로 여긴다는 비판에 직면할 수 있다.

10 인적자원관리는 조직의 유효성을 높이기 위해 실천되는 하나의 과정이다. 인적자원관리 기본 기능 외에 실무 운영 기능에 대한 설명으로 적합하지 <u>않은</u> 것은?

① 확보 기능 – 직무관리, 인적자원계획
② 개발 기능 – 교육훈련, 경력개발, 경력관리
③ 보상 기능 – 임금관리, 복리후생관리
④ 유지 기능 – 안전보건관리, 이직관리, 노사관계관리

① 기본 기능 – 직무관리, 인적자원계획

11 인적자원관리의 주요 기능 중 보상 기능에 해당하는 것은?

① 채용관리
② 임금관리
③ 노사관계관리
④ 안전보건관리

보상 기능에는 임금관리 및 복리후생관리가 있다.

오답 피하기
• 채용관리 : 확보 기능
• 노사관계관리 및 안전보건관리 : 유지 기능

12 인적자원관리의 유지관리 기능에 대한 내용으로 가장 적절하지 <u>않은</u> 것은?

① 이직관리
② 복리후생관리
③ 안전보건관리
④ 노사관계관리

임금관리, 복리후생관리 등은 보상관리 기능에 해당한다.

13 인적자원관리 기능에 대한 내용으로 가장 적절하지 <u>않은</u> 것은?

① 확보 기능 – 모집, 배치관리
② 개발 기능 – 노사관계, 직무관리
③ 보상 기능 – 임금관리, 복리후생관리
④ 유지 기능 – 안전보건관리, 이직관리, 노사관계관리

노사관계관리는 유지 기능, 직무관리는 기본 기능에 해당한다.

인력계획

빈출 태그 ▶ #인력계획 #수요와 공급 #델파이 #수요예측 #공급예측 #마코브분석

01 인력계획의 정의 – 수요와 공급의 일치

1) 인적자원의 수요와 공급

- 인적자원의 수요는 우리 기업이 필요로 하는 인재를 의미하고, 공급은 인력 시장에서 인력을 얼마나 제공받을 수 있는지를 의미한다.
- 이러한 인적자원의 수요와 공급을 일치시키는 것을 인력계획이라고 한다.
- 따라서 미리 인력계획을 세워야 우리 기업이 필요로 하는 인적자원을 확보할 수 있다. 기업의 인력이 부족하거나 과잉인 경우에는 많은 문제가 발생할 수 있기 때문에 미리 계획을 세워야 한다.

2) 수요의 예측 방법

정성적 (판단적) 기법	델파이 기법	경험이나 식견이 풍부한 전문가들에게 수차례 설문을 실시하면서 의견을 종합하여 미래 상황을 예측하는 방법(하향적 기법) → 상향적 ×
	명목집단법	서로 다른 분야에 종사하는 사람들을 명목상의 집단으로 간주하고 의사결정을 하도록 하는 방법
정량적 (수리적) 기법	회귀분석법	인적자원 수요 결정에 영향을 미치는 다양한 요인들의 영향력을 계산하여 미래 수요를 예측하는 방법
	시계열분석	시간의 흐름(추세)에 따라 미래의 인력 수요를 예측하는 방법
	생산성 비율	일정 기간 동안 인력이 생산한 제품의 평균 수량으로 미래에 필요한 인력의 수요를 예측하는 방법

➕ 더 알기 TIP

정성적 · 정량적 기법
- 정성적(비계량적) 기법 : 인간의 경험과 직관을 활용하여 분석하는 기법
- 정량적(계량적) 기법 : 숫자로 이루어진 데이터와 컴퓨터의 능력을 활용하는 기법

🏴 한선생님의 TIP

일반적으로 약간의 유휴 인력이 있는 것이 다소 바람직합니다. 약간의 남는 인력과 시간이 존재해야 개인의 업무 능력을 개선할 기회와 창의력을 발휘할 여유가 생기기 때문입니다.

하향적 · 상향적 방법
- 하향적 방법 : 숲을 먼저 그리고 나서 그 안의 나무를 그리는 방법(전문가 예측법)
- 상향적 방법 : 나무를 먼저 그리고 나서 그들이 모인 숲을 그리는 방법(실무자 예측법)

🎯 개념 체크

델파이 기법은 경험이나 식견이 풍부한 (　　)들에게 수차례 설문을 실시하는 기법이다.

전문가

3) 공급의 예측 방법

기능목록 (관리자목록)	조직 구성원이 가지고 있는 업무 능력이나 교육 수준, 자격증(기능) 등에 대한 대량의 데이터를 취합하여 인력의 전반적인 능력을 알아보고 이를 통해 예측하는 방법
마코브분석	시간의 흐름에 따라 종업원들의 승진, 이직 등으로 이동해 나가는 확률을 적용하여 구한 전이행렬을 이용하여 공급을 예측하는 방법
대체도	• 인적자원의 현황을 시각적, 동태적으로 분석하는 방법 • 기업 내의 특정 직무가 공석이 되었다고 가정하고, 그 직무를 수행할 수 있는 사람들이 누구인지를 모아 놓은 표 • 조직 내의 다양한 직무와 이를 수행할 수 있는 인력을 파악할 수 있게 됨

02 수요와 공급의 불일치

만약 기업의 인적자원이 과잉 또는 부족한 상황이 발생할 경우, 기업은 다음의 대응 방안을 모색하게 될 것이다.

구분	대응 방안
수요 〉 공급 (인력 부족)	초과근로, 임시직 고용, 파견근로, 아웃소싱, 신규 채용, 휴일근무, 퇴직자 재고용 등
공급 〉 수요 (인력 과잉)	근로시간 단축, 직무분담제(직무 · 작업분할제), 조기퇴직, 정리해고, 무급휴가, 다운사이징 등

01 [보기]에서 설명하는 인력예측기법은 무엇인가?

> **[보기]**
> 개별 직무에서의 인력 수요를 산출하고, 이를 합산해 전체 조직의 인력 수요를 예측하는 기법이다. 상향적 접근을 사용하지 않고 하향적 접근에 해당하는 기법으로, 기업의 경험이 풍부하고 기업 환경에 남다른 식견을 갖고 있는 전문가를 통해 예측을 하는 기법이다.

① 선형계획법
② 델파이 기법
③ 작업표본 기법
④ 시간 및 동작연구

[보기]는 델파이 기법에 대한 설명이다. 그 외 정성적(판단적, 주관적) 기법에는 경영자 판단 등이 있다.

오답 피하기
• 선형계획법 : 수학적 기법
• 작업표본 기법, 시간 및 동작연구 : 산업공학적 접근법

02 델파이 기법에 대한 설명으로 가장 적절하지 <u>않은</u> 것은?

① 타인의 영향력을 받지 않는다.
② 응답자에 대한 통제력이 결여된다.
③ 전문가들을 모이게 할 필요가 없다.
④ 비교적 빠른 시간 안에 미래 상황 예측이 가능하다.

델파이 기법은 특정 문제에 대해 다수 전문가들의 의견을 수차례 설문·종합하여 미래 상황을 예측하는 방법으로, 전문가들을 모이게 할 필요 없이 그들의 평가를 끌어낼 수 있으나 시간이 많이 소요되며 응답자에 대한 통제력이 결여된다.

03 [보기]에서 설명하고 있는 인력계획의 미래예측기법은?

> **[보기]**
> 독립변수들의 선형관계를 기초로 종속변수를 예측하는 방법으로 인적자원에 대한 미래 수요를 예측하는 경우에도 효과적으로 활용되는 분석 방법이다.

① 회귀분석법
② 추세분석법
③ 델파이 기법
④ 브레인스토밍

독립변수와 종속변수의 선형관계를 토대로 예측하는 방법은 회귀분석법이다. 회귀분석법은 인적자원 수요 결정에 영향을 미치는 다양한 요인들의 영향력을 계산하여 미래 수요를 예측한다.

04 인적자원계획 방법 중 내부적 공급예측 방법에 해당하지 <u>않는</u> 것은?

① 대체도
② 마코브분석
③ 관리자목록
④ 델파이 기법

델파이 기법은 인적자원의 수요예측 방법이다.

05 인적자원의 수요예측 및 공급예측에 대한 설명으로 적절하지 <u>않은</u> 것은?

① 델파이 기법은 다수 전문가들의 의견을 종합하여 미래 상황을 예측하는 기법이다.

② 회귀분석은 인적자원 수요 결정에서 다양한 요인들의 영향력을 계산하여 미래 수요를 예측한다.

③ 요소비교법은 조직 내 모든 관리자들의 관리능력을 포함하여 그들의 자세한 정보를 모아놓은 목록이다.

④ 마코브분석은 시간이 경과함에 따라 한 직급에서 다른 직급으로 이동해 나가는 확률을 기술함으로써 인적자원계획에 사용되는 모델이다.

조직 내 모든 관리자들의 관리능력을 포함하여 그들의 자세한 정보를 모아놓은 목록은 관리자목록이다.

06 [보기]에서 설명하고 있는 인력계획의 공급예측기법을 한글로 입력하시오.

> **[보기]**
> • 인적자원의 현황을 시각적으로 표현한 것
> • 인적자원의 이동을 동태적으로 분석하는 방법
> • 직원의 공백을 내부 구성원이 채우는 논리구조를 채택
> • 일반적으로 실무 부서 단위의 인력공급예측에 가장 잘 활용됨

 정답 (　　　　　)

대체도(대체표, 인력대체표)는 인력계획의 공급예측기법으로, 인적자원의 현황을 시각적, 동태적으로 분석하는 방법이다. 이를 통해 조직 내의 다양한 직무와 이를 수행할 수 있는 인력을 파악할 수 있게 된다.

07 [보기]에서 설명하는 인력계획 예측기법을 한글로 입력하시오.

> **[보기]**
> • 인적자원의 공급에 대한 예측 방법 중 하나로 시간이 경과함에 따라 한 직급에서 다른 직급으로 이동해 나가는 확률을 기술함으로써 인적자원계획에 사용된다.
> • 조직 내부 인력흐름이 비교적 안정적인 패턴을 보일 때, 해당 분석을 통한 인력예측 기법의 유효성이 보장될 수 있다. 승진, 이직, 퇴사 등 인력 변동 현상이 심하다면 해당 기법 예측의 정확도는 낮아지게 된다.

정답 (　　　　)분석

마코브분석은 시간의 흐름에 따른 개별 종업원의 직무이동 확률을 파악하기 위해 개발된 것으로, 승진, 이동, 이직 등의 일정 비율을 적용하여 미래 각 기간에 걸쳐 현재 인원의 변동을 예측하는 방법이다.

08 인건비 절감, 계절적 고용변화에 완충작용을 하고, 일시적인 인력 부족의 충족이 가능한 것은 무엇인가?

① 정리해고
② 다운사이징
③ 직무분할제
④ 파견근로 활용

특히 규모가 큰 기업에서는 지점 간 파견근로가 용이하다.

오답 피하기

정리해고, 다운사이징, 직무분할제는 기업의 인력 과잉에 대한 대응 방안이다.

09 인력 부족의 경우 조치해야 할 행동으로 가장 적절하지 <u>않은</u> 것은?

① 작업분담제
② 임시직 고용
③ 아웃소싱
④ 초과근로 활용

작업분담제는 하나의 작업을 둘 이상의 종업원이 함께 수행하도록 하는 것으로, 인력 과잉의 경우 활용될 수 있다. 참고로 여기서의 아웃소싱은 일감을 외부 업체에 맡겨 기업의 일감을 줄이는 것을 의미한다.

10 인력 부족에 대한 대응전략으로 가장 적절한 것은?

① 전출
② 직무공유제
③ 초과근무 확대
④ 근로시간 단축

인력 부족 시 단기적으로 초과근무를 시행하면 인력 부족에 대한 대응이 가능하다.

11 [보기]는 무엇에 대한 설명인가?

> [보기]
> • 인력 과잉의 대응 방안 중 하나이다.
> • 기업은 인건비 절감효과 달성할 수 있다.
> • 하나의 풀타임 업무를 둘 이상의 파트타임 업무로 전환시킨 것이다.

① 정리해고
② 다운사이징
③ 직무분할제
④ 조기퇴직제도

직무분할제는 하나의 풀타임 직무를 둘 이상의 파트타임으로 나눠 수행하게 하여, 인력 과잉 대응과 인건비 절감에 활용된다.

직무관리

빈출 태그 ▶ #직무 #직무분석 #직무기술서 #직무명세서 #직무평가 #직무순환 #직무확대 #직무충실화

01 직무와 직무관리

1) 직무

- 앞선 SECTION 02에서 인력계획(인적자원의 수요와 공급을 일치시키는 일)을 살펴보았다.
- 인력계획 이후에는 해당 인력들이 수행할 직무(각자가 맡은 일)를 구체적으로 분석 · 정리할 필요가 있다. SECTION 03에서는 직무관리를 살펴보도록 하자.

2) 직무관리 용어

구분	설명	사례
직종	직종의 모임으로서 일반적으로 직업이라고도 함	사무직, 생산직 등
직군	동일하거나 유사한 직무의 집단	(사무직의) 인사직군
직무	목적이나 수준이 유사한 직위들의 집단 (단일 또는 복수의 근로자가 수행)	인사기획, 채용, 급여 등
직위	각각의 종업원이 수행해야 하는 여러 과업의 결합을 의미함(종업원의 수만큼 직위가 존재하게 됨)	급여 직무를 맡은 각자가 수행하는 과업들 (A사원 : 월급 및 4대보험 계산, B사원 : 세금 관련 업무)
과업	기업의 특정한 목적을 달성하기 위해 구체적으로 해야 하는 명확한 작업 활동	지급항목 계산, 공제항목 계산, 원천징수 및 연말정산 등
과업 요소	작업(과업)이 나눠질 수 있는 최소 단위 (단순한 동작, 움직임을 의미)	타이핑, 서류 복사 등

3) 직무관리의 필요성

- 과거에는 종업원이 각자 맡은 직무만 집중적으로 수행했기 때문에 다른 종업원들이 수행하는 직무의 난이도가 어느 정도인지 궁금해도 알 수 없었다. 또한 자신이 하는 일에 대해 적당한 임금을 지급받고 있는지 여부도 알기 어려웠다.
- 이에 따라 각 직무를 체계적으로 분석하고 평가하는 등 직무관리의 필요성이 제기되었으며, 이어서 '직무분석', '직무평가', '직무설계'를 학습하고자 한다.

▷ **한선생님**의 TIP

과업, 직위, 직무 등의 단계 중에서 직무를 사용하는 것이 가장 합리적이고 적절합니다.

02 직무분석

1) 의의

- 기업의 궁극적인 목표 달성을 위해서는 먼저 직무를 분석하여 우리 기업이 수행하는 일을 정확히 파악할 필요가 있다.
- 직무분석은 다양한 직무정보를 수집·분석하여 특정 직무의 내용과 성질을 구체화하고, 그 직무에 필요한 숙련, 노력, 지식, 책임, 작업환경 등의 요건을 열거하는 것을 말한다.

2) 직무분석의 절차

① 준비단계	예비조사, 직무단위 및 분석 방법의 결정(분석자도 선임함)
② 실시단계	직무정보의 수집, 직무내용과 직무(수행)요건을 분석
③ 정리단계	직무기술서와 직무명세서 작성

3) 직무정보의 수집(실시단계)

직무정보를 수집함에 있어서 다음의 다양한 방법을 사용할 수 있다.

관찰법	• 담당자가 직무수행자(종업원)를 직접 관찰하여 직무정보를 얻는 방법 • 단, 컴퓨터 작업 등 구체적으로 눈에 보이지 않는 업무의 경우 적용 불가능
워크 샘플링법	전체 작업 과정 동안 무작위로 관찰하는 방법
중요사건기록법	• 직무성과의 능률적이거나 비능률적인 행동을 구분하고 행동패턴을 개선하도록 하는 방법 • 비능률적인 행동을 바로 수정할 수 있으나 시간과 비용이 많이 소요됨
질문지법	• 질문지를 작성하여 근로자가 스스로 기입하도록 하는 방법 • 질문지 개발에 많은 비용이 들지만 질문지만 만들어지면 쉽게 정보를 획득할 수 있고, 자료를 계량적으로 분석할 수 있음
면접법	종업원 및 감독자와 직접 면접을 시행하여 직무정보를 얻는 방법
경험법	직무분석자가 직접 직무활동을 수행하여 직무정보를 얻는 방법

4) 직무분석의 결과물

기업은 직무분석의 결과로 직무기술서와 직무명세서를 산출하며, 직무기술서와 직무명세서는 이후 과정인 직무평가의 기초자료로 활용된다.

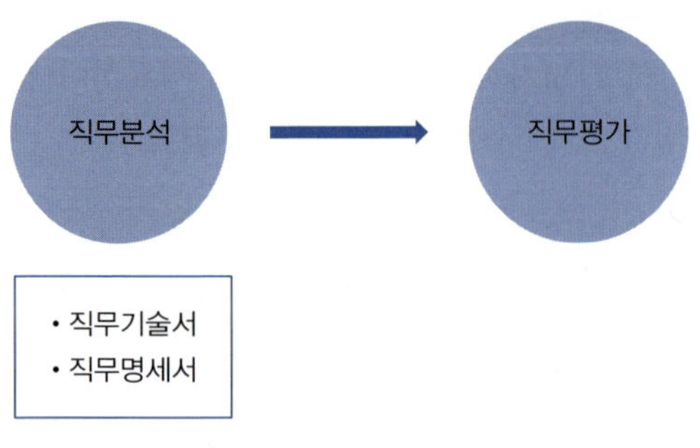

▲ 직무분석과 직무평가의 관계

직무분석 시 발생하는 오류 → 반응세트(Response Set)

사람들이 예상된 혹은 왜곡된 방법으로써 질문에 대해 일관적으로 답변할 때 발생한다. 이는 질적 척도에 대한 사람들의 해석이나 그 정보를 처리하려고 하는 의도에 대한 잘못된 믿음 때문에 생기는 것이다.

5) 직무기술서와 직무명세서

직무기술서	• (과거에는 분석하지 않았던) 직무를 분석하여 자세히 서술한 서식 • 직무개요, 직무내용, 직무요건 등을 포함하며, '직무 자체'에 대한 내용을 담음
직무명세서	• 직무 자체의 설명보다 해당 직무수행에 적합한 '사람의 요건'을 서술 • 업무수행자가 갖춰야 할 기능, 지식, 신체 조건, 필요한 경력 등을 서술

03 직무평가

1) 의의

- 직무평가는 직무분석의 결과물인 직무기술서와 직무명세서를 기초로, 중요성, 곤란도, 위험도 등을 기준으로 각 직무의 상대적 가치를 평가하는 방법이다.
- 이를 통해 연령, 경력, 근속연수 등을 중심으로 임금을 지급하던 방식(연공주의)에서 벗어나, 이제는 각 종업원이 수행하는 직무의 중요성, 곤란도 등을 정확히 평가하여 임금을 합리적으로 결정할 수 있게 되었다.

2) 직무평가의 방법

정성적 (비계량적) 방법	서열법	• 직무의 중요성, 곤란도, 위험도 등을 종합적으로 고려하여 전체 순위를 매기는 방법 • 대표적으로 쌍대비교법이 있는데, 이는 두 직무를 비교하여 상대적인 우열을 가리고, 다른 직무를 순차적으로 추가해 계속 비교하며 서열을 결정
	분류법	사전에 정한 직무의 등급 기준에 따라 각 직무를 등급별로 분류하는 방법
정량적 (계량적) 방법	점수법	• 직무의 요소를 나누고, 요소별로 점수를 매기는 방법 • 요소에 부여된 점수를 합하면 해당 직무의 점수가 됨
	요소비교법	가장 기본이 되는 기준 직무를 선정하고, 기준 직무의 평가요소별 가치를 임금액으로 환산하는 방법

3) 직무평가의 요소

작업요건	위험도, 작업시간, 작업환경, 작업위험 등
책임요소	관리감독, 기계설비, 직무개선, 원재료 책임 등
노력요소	육체적·정신적 노력 등
숙련요소	도전성, 교육, 경험, 몰입, 창의성, 지식, 기술 등

4) 직무분석과 직무평가 결과의 활용

직무분석	종업원의 채용, 오리엔테이션, 배치, 교육훈련, 인사고과 등에서의 기초자료로 활용(임금관리 이외의 분야)
직무평가	종업원이 맡은 직무의 상대적 가치에 따른 임금 지급이 가능해지며, 대표적인 사례로는 직무급이 있음(CHAPTER 03의 SECTION 02 참조)

04 직무설계(직무구조설계)

1) 직무와 인적자원의 일치

- 직무분석과 직무평가를 통해 구체화된 직무와 이를 수행하는 종업원을 일치시키는 작업을 말한다.
- 과거의 단순한 업무처리에서 발생할 수 있는 종업원의 권태, 단조로움 등을 제거하고 동기를 부여하기 위해 직무의 구조나 내용 등을 수정하는 것이다.

2) 전통적 직무설계와 현대적 직무설계

① 전통적 접근방법

- 애덤 스미스가 발견한 분업의 장점으로 생산량이 폭발적으로 증가했다. 반복 작업을 통해 숙련도가 빠르게 향상되고 별도의 교육훈련 필요성도 매우 낮아졌다.
- 이후 테일러의 과학적 관리법으로 시간연구 및 동작연구 등이 도입되어 분업 원리가 더욱 구체화되었고, 생산량 증가를 통해 고임금−저노무비가 가능해졌다.
- 단, 인간을 기계적으로 취급하는 비인간화, 반복작업에 따른 불만, 자아실현의 어려움, 인간성의 상실 등 많은 부작용이 나타났다.

② 현대적 접근방법

- 직무전문화 : 전체 과업을 보다 작은 요소로 분할하고 나누어 담당하도록 하는 방법이다. 현대적 접근방법이지만 사실상 과거의 분업 원리에 가깝다.
- 직무순환 : 작업의 단조로움과 권태를 줄이기 위해 다양한 직무를 번갈아 수행하게 하는 방법이다. 종업원에게 다양한 직무를 수행하게 함으로써 지루함과 싫증을 줄이고 결원 보충의 융통성도 꾀할 수 있다.

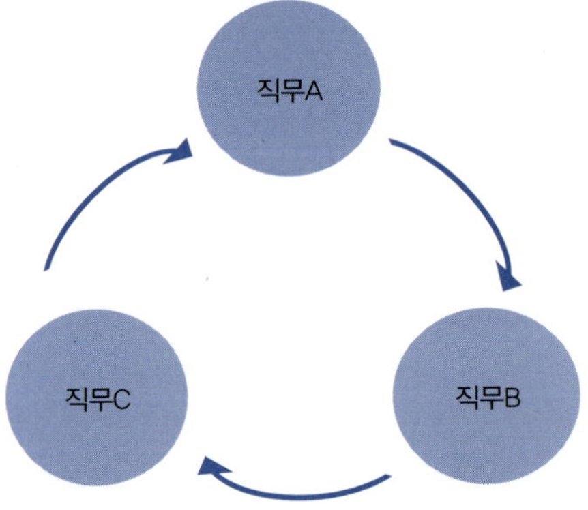

- **직무확대** : 수평적 직무확대로서 과업의 다양성을 늘리기 위해 수평적으로 직무를 확대하는 방법이다. 하나의 직무에 또 다른 직무를 추가하여 다양한 직무를 통해 흥미를 높인다(**예** 빵공장).

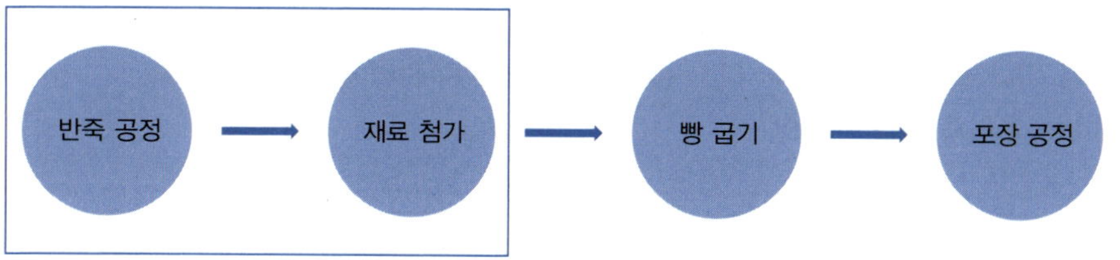

- **직무교차** : 수평적 직무확대로서 직무의 일부분을 다른 작업자와 공동으로 수행하도록 하는 방법이며, 직무확대를 통해 일어나기도 한다(**예** 빵공장).

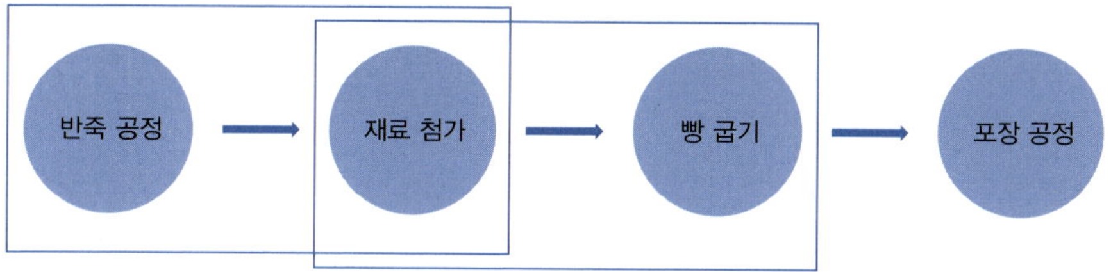

- **직무충실화** : 수직적 직무확대로서 종업원에게 일정 부분의 재량권과 책임감을 부여하여 자신의 직무에 좀 더 적극적으로 임할 기회를 제공하는 방법이다.

직무충실화
- 허즈버그의 2요인 이론(Two-factor Theory)에 기초한 직무 설계 방법이다.
- 직무충실화를 통해 종업원에게 권한과 책임이 부여되면 종업원이 성취감을 느끼고, 동기가 형성되는 효과가 있다.

01 근로자 개인에게 부여된 하나 또는 그 이상의 과업들의 집단을 의미하는 용어로 가장 적절한 것은?

① 직위
② 직무
③ 직군
④ 직종

오답 피하기

- ② 직무 : 직책이나 직업상의 맡은 바 임무
- ③ 직군 : 동일하거나 유사한 직무의 집단
- ④ 직종 : 동일하거나 유사한 직군의 집단

02 [보기]의 (ⓐ), (ⓑ)에 들어갈 한글 용어를 예와 순서대로 기입하시오. (예 : 인사, 회계)

> [보기]
> 직무 관련 용어에는 요소, 과업, 직위, 직무, 직군, 직종, 직종군 등이 있다.
> - (ⓐ) : 독립된 특정한 목표를 위하여 수행되는 하나의 명확한 작업 활동을 말한다.
> - (ⓑ) : 작업의 종류와 수준이 동일하거나 유사한 직위들의 집단을 말한다.

정답 (　　　,　　　)

과업은 기업의 특정한 목적을 달성하기 위해 구체적으로 해야 하는 명확한 작업 활동을 말하며, 직무는 목적이나 수준이 유사한 직위들의 집단(단일 또는 복수의 근로자가 수행)을 말한다.

03 직무분석의 효과로 가장 적절하지 <u>않은</u> 것은?

① 업무 분담의 최소화
② 직무 중심의 조직 설계
③ 채용 및 승진 등 고용관리 합리화
④ 근로자의 교육훈련 및 능력개발의 증진

직무분석은 업무 분담의 최소화가 아닌 합리적인 수준을 도출하도록 한다.

04 일반적인 직무관리 절차를 고르시오.

① 직무기술서 작성 – 직무분석 – 직무명세서 작성 – 직무평가
② 직무분석 – 직무명세서 작성 – 직무기술서 작성 – 직무평가
③ 직무분석 – 직무기술서 작성 – 직무명세서 작성 – 직무평가
④ 직무명세서 작성 – 직무기술서 작성 – 직무분석 – 직무평가

직무분석을 통해 직무기술서와 직무명세서를 작성하고, 이를 토대로 직무평가를 수행하게 된다.

05 직무분석을 위한 질문지법에 대한 설명으로 가장 적절하지 <u>않은</u> 것은?

① 질문지 개발에 비용이 많이 들지 않는다.
② 직무에 대한 유용한 정보를 획득할 수 있다.
③ 수집된 정보를 계량적으로 분석하기 용이하다.
④ 실행이 용이해서 정보획득에 시간이 많이 들지 않는다.

질문지법은 질문지 개발이 어렵고 시간과 비용이 많이 든다는 단점이 있다.

06 직무정보의 수집방법 중 직무수행에 있어서 성공과 실패를 결정할 수 있는 특수한 작업행동의 사례정보를 수집 및 활용하는 것은?

① 관찰법
② 체험법
③ 질문지법
④ 중요사건기록법

중요사건기록법은 직무성과의 능률적이거나 비능률적인 행동을 구분하고 행동패턴을 개선하도록 하는 방법으로, 비능률적인 행동을 바로 수정할 수 있으나 시간과 비용이 많이 소요된다.

오답 피하기
• ① 관찰법 : 담당자가 직무수행자(종업원)를 직접 관찰하여 직무정보를 얻는 방법
• ③ 질문지법 : 질문지를 작성하여 근로자가 스스로 기입하도록 하는 방법

07 [보기]에 대한 직무분석 방법으로 가장 적절한 것은?

> **[보기]**
> 직무분석자가 전체 작업 과정 동안 무작위로 많은 관찰을 하여 직무 행동에 대한 정보를 얻는 방법

① 관찰법
② 마코브 체인법
③ 워크 샘플링법
④ 중요사건기록법

종업원이 수행하는 작업을 무작위로 많은 관찰을 하는 방법은 워크 샘플링법이다.

08 [보기]의 (   )에 공통으로 들어갈 용어를 고르시오.

> **[보기]**
> (   )은(는) 사람들이 예상된 혹은 왜곡된 방법으로써 질문에 대해 일관적으로 답변할 때 발생한다. (   )은(는) 질적 척도에 대한 사람들의 해석이나 그 정보를 처리하려고 하는 의도에 대한 잘못된 믿음 때문에 생기는 것이다.

① 부적절한 표본
② 중요사건기록법
③ 반응세트(Response Set)
④ 직무충실화(Job Enrichment)

반응세트(Response Set)는 질문에 제대로 답하기 귀찮거나 대답 시 불이익이 있을 것으로 생각되는 경우 대충 일관적으로 대답하는 것을 말한다.

09 [보기]에서 설명하는 직무분석 방법을 한글로 기입하시오.

> **[보기]**
> 직무수행자의 직무행동 가운데 성과와 관련하여 능률적인 행동과 비능률적인 행동을 구분하여 사례를 수집하고 사례들로부터 효과적인 행동패턴을 추출하는 직무분석 방법

정답 (   )

[보기]는 중요사건기록법(중요사건법, 중요사건기법)에 대한 설명이다. 중요사건기록법은 비능률적인 행동을 즉시 수정하는 데 유용하지만, 시간과 비용이 많이 든다.

10 직무기술서 구성 내용으로 가장 적절하지 <u>않은</u> 것은?

① 직무개요
② 직무내용
③ 직무평가
④ 직무요건

직무개요, 핵심역량, 직무내용, 과업사항, 직무요건 등(인적요건 이외)은 직무기술서에서 취급하는 주요 내용이다. 직무평가는 직무분석 이후에 이루어진다.

11 직무명세서에서 가장 중요하게 다루는 내용은 무엇인가?

① 직무표지(직명, 소속, 코드번호 등)
② 직무요건(직무수행에 필요한 제 요건)
③ 인적특성(교육정도, 지적능력, 개인 특성 등)
④ 직무개요(직무수행의 목적이나 내용을 기술)

직무명세서에서는 다양한 직무분석 결과를 바탕으로 직무수행에 필요한 인적특성을 중점적으로 다룬다.

12 [보기]는 무엇에 대한 설명인가?

> **[보기]**
> 직무분석을 통해 나타난 결과를 직무내용보다는 직무요건인 인적특성에 중심을 두고 기술한 것으로 교육 및 훈련, 직무경험, 신체적 요건 등이 포함되어 있는 문서

① 직무평가서
② 직무명세서
③ 직무분석표
④ 직무고과표

직무분석의 결과로서 인적특성에 중심을 두고 기술하는 문서는 직무명세서이다.

13 [보기]에서 (   )에 공통으로 들어갈 용어를 한 글로 기입하시오.

> **[보기]**
> • 직무기술서란 해당 직무의 내용과 그에 따른 책임을 구체적으로 기술한 문서로 직무분석의 기초자료로 활용이 될 수 있다.
> • (   )(이)란 직무의 내용보다는 직무요건에 비중을 두고, 이를 중점적으로 다루는 문서이다.
> • 직무기술서에서는 직무내용과 직무요건을 균형 있게 다루고 있는 반면 (   )에서는 인적요건을 중점적으로 다룬다는 특징이 있다.

정답 (   )

직무명세서는 직무분석을 바탕으로 직무수행에 필요한 인적요건을 중점적으로 규정하며, 직무내용을 설명하는 직무기술서와 구분된다.

14 '도전성, 교육, 경험, 몰입, 창의성'은 직무평가의 어느 요소에 해당하는지 고르시오.

① 작업요건
② 숙련요소
③ 책임요소
④ 노력요소

오답 피하기
• ① 작업요건 : 위험도, 작업시간, 작업환경, 작업위험 등
• ③ 책임요소 : 관리감독, 기계설비, 직무개선, 원재료 책임 등
• ④ 노력요소 : 육체적, 정신적 노력 등

15 관리감독, 기계설비, 직무개선, 원재료 책임 등은 직무평가의 요소 중 무엇에 해당하는가?

① 작업조건
② 노력요소
③ 책임요소
④ 숙련요소

관리감독, 기계설비, 직무개선, 원재료 책임 등은 책임요소에 해당한다.

16 직무평가의 요소 중 책임 요소에 해당하는 것은?

① 육체적, 정신적 노력 등
② 위험도, 작업시간, 작업환경, 작업위험 등
③ 관리감독, 기계설비, 직무개선, 원재료 책임 등
④ 도전성, 교육, 경험, 몰입, 창의성, 지식, 기술 등

• ① : 노력요소
• ② : 작업요소
• ④ : 숙련요소

17 비계량적 방법을 통해 직무기술서의 정보를 검토하고 직무 상호 간의 직무 전체의 중요도 등을 전체적으로 평가하여 모든 직위 간의 순위를 정하는 직무평가 방법을 무엇이라 하는가?

① 점수법
② 분류법
③ 서열법
④ 요소비교법

서열법은 직무를 전체적으로 직접 비교함으로써 직무 상호 간의 상대적인 순위를 평가하는 방법이다.

18 직무평가 방법 중 분석적 평가 방법의 특징으로 옳은 것은?

① 간명하고 탄력적이다.
② 직무의 상대적 가치를 계량적으로 표시한다.
③ 직무의 상대적 가치를 서열 내지 등급으로 표시한다.
④ 인원이 적은 중소기업의 직무평가에서 많이 활용한다.

① · ③ · ④는 종합적 평가 방법인 비계량적 평가 방법의 특징에 대한 설명이다.

19 계량적 직무평가 방법의 특징으로 가장 적절한 것은?

① 직무의 상대적 가치를 계량적으로 표시하지 않고 서열 내지 등급으로 표시
② 평가요소를 나누어서 분석적으로 평가하는 것이 아니라 직무를 전체로 평가
③ 간명하고 탄력적이며 비용이 적게 들어 인원이 적은 중소기업에서 많이 활용
④ 직무를 숙련, 노력, 책임, 작업조건 등과 같은 구성요소로 분해해서 그 요소별로 가치를 결정하여 그 합계를 가지고 해당 직무의 가치로 결정하는 분석적 접근방법

계량적 직무평가 방법은 구성요소별 가치를 산정하여 그 합계를 통한 직무 가치로 접근하는 분석적 방법이다. 계량적 직무평가 방법에는 요소비교법, 점수법 등이 있다.

20 직무설계의 목적에 대한 설명으로 가장 적절하지 <u>않은</u> 것은?

① 인간관계의 개선
② 작업의 생산성 향상
③ 커리어 개발을 통한 이직 증가
④ 재화와 용역의 질과 양적 개선

직무설계의 목적은 이직 및 결근율의 감소이다.

21 직무순환의 취지에 대한 설명으로 적절하지 <u>않은</u> 것은?

① 지루함과 싫증 감소
② 결원 보충의 융통성
③ 종업원에게 다양한 직무를 수행하도록 함
④ 직무의 일부분을 다른 작업자와 공동으로 수행함

직무의 일부분을 다른 작업자와 공동으로 수행하는 것은 직무교차에 대한 설명이다.

22 직무설계의 방법 중 과업의 다양성을 늘리기 위해 단순히 수평적으로 직무를 확대시켜 보다 다양하고 흥미있도록 하나의 직무에 또 다른 직무를 추가시킨 것을 무엇이라 하는가?

① 직무확대
② 직무순환
③ 직무충실화
④ 직무성과화

직무확대(Job Enlargement)는 직무설계의 방법 중 과업의 다양성을 높이기 위해 수평적으로 직무를 확대해 하나의 직무에 또 다른 직무를 추가함으로써 더 다양하고 흥미롭게 하는 것이다.

23 직무설계 방법에 대한 설명으로 가장 적절하지 않은 것은?

① 직무순환은 서로 다른 직무를 담당하도록 담당직무를 바꾸어주는 방식의 직무교대 방법이다.
② 직무공유제는 두 명 이상의 직원에게 주당 정해진 시간의 직무를 분배할 수 있는 조정방법이다.
③ 직무전문화는 과업을 작은 요소로 분할하고 나누어 담당하도록 하여 종업원의 숙련도를 증대시키는 방법이다.
④ 직무충실화는 직무의 범위를 축소시켜 작업자의 업무로드를 감소시켜주면서, 해당 직무에 충실히 임할 수 있도록 하는 수평적 확대적 직무설계 방법이다.

직무충실화는 자율권과 책임감을 부여하는 수직적 확대방법이다.

24 [보기]의 (　)에 들어갈 용어를 한글로 입력하시오.

> [보기]
> (　)는 허즈버그의 2요인 이론에 기초하여 종업원이 자신의 직무를 스스로 계획하고 실천하며 평가할 수 있도록 자율과 책임을 증대시키고 자신의 성과를 평가하고 수정할 수 있도록 피드백을 제공하며, 도전적이고 보람된 일이 되도록 하는 직무설계 방법이다.

정답 (　　　　)

직무충실화는 허즈버그의 2요인 이론(Two-factor Theory)에 기초한 직무설계 방법이다. 즉, 위생요인인 돈(급여)보다 성취감, 자아효능감 등의 동기요인이 사람을 더 열심히 일하게 만든다는 것이다.

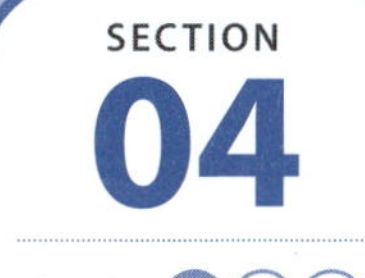

채용계획

빈출 태그 ▶ #채용 #모집 #사내공모 #외부모집 #면접 #배치

01 채용

- 채용은 우리 기업이 필요로 하는 인적자원을 모집하고 선발하는 전 과정을 의미한다.
- 아래 채용 절차는 기업에 따라 조금씩 다를 수 있으나, 모든 단계는 공정하게 운영되어야 한다. 이어서 '모집', '선발'에 대해 구체적으로 살펴보고자 한다.

지원자 모집 → 지원자 서류 검토 → 인적성 검사 및 역량검사 → 면접 → 최종 합격(신체검사 등)

채용
= 모집 + 선발

02 모집

1) 의의

- 모집은 인력을 선발하기에 앞서 인적자원이 우리 기업에 지원하도록 하는 고용활동이다.
- 우리 기업이 필요로 하는 인적자원을 명확하게 파악한 후, 채용공고와 홍보를 통해 다수의 지원자가 우리 기업에 지원하도록 하는 과정을 거친다.

2) 인적자원의 모집 방법

기업이 필요로 하는 인재를 모집하는 방법은 크게 다음의 두 가지로 나눌 수 있다.

구분	내부모집(사내공모)	외부모집(공개채용 등)
장점	• 종업원에 대한 기존의 자료로 비교적 정확한 평가 가능(기업의 예측과 실제 결과가 유사할 확률이 높음) • 시간과 비용 절감 • 종업원의 사기 진작(동기부여)	• 능력이 매우 뛰어난 인재 채용 가능 • 직무에 맞는 인재를 채용하기 때문에 교육훈련의 필요성이 적음 • 기업문화 개선에 용이 • 많은 인력의 동시 채용 가능
단점	• 종업원의 능력이 제한적이기 때문에 매우 뛰어난 인재 채용이 어려움 • 해당 직무에 대한 교육훈련 필요 • 기업문화 혁신의 어려움	• 시간과 비용이 많이 소요됨 • 부적합한 인재 채용 위험 존재 • 종업원의 사기 저하 가능

내부모집과 외부모집
- 내부모집 : 사내공모 제도 등을 통해 필요 인력을 조직 내부에서 모집
- 외부모집 : 공개 채용 등을 통해 기업 외부의 인력을 모집

한선생님의 TIP

특별히 우수한 인재를 필요로 하는 경우에는 외부모집이 훨씬 유리합니다.

3) 모집평가의 주요 지표

선발률	지원자 가운데 최종 선발된 인원의 비율
수용률	최종 합격자 중에서 실제로 기업에 입사하는 인원의 비율
산출률	모집에서 채용에 이르기까지 지원자의 단계별 통과 비율
기초율	지원자 가운데 채용되었을 때 업무수행에 성공적이고 이직하지 않은 지원자의 비율, 즉 전체 지원자 중에서 자격을 갖춘 지원자의 비율을 의미

03 선발

1) 의의

모집은 선발을 하기 전에 1차적으로 사람들을 모으는 행위 자체를 말하며, 선발은 모집한 사람 중에서 해당 직무에 적합한 사람을 선택하는 것이다.

2) 선발시험(검사)

지능검사	이해능력과 추리능력 등을 일반적, 종합적으로 측정
적성검사	미래의 학습능력(잠재력)을 측정
직무능력검사	직무를 수행할 역량이 있는지 여부를 측정
성취도검사	직무에 직접적으로 관련된 전문지식이나 기술을 측정

3) 면접

- 면접은 직접 지원자를 접촉하면서 우리 기업에 적합한 인재인지를 평가하는 매우 중요한 단계이다.
- 면접의 형태와 방법에 대한 구체적인 내용은 다음과 같다.

면접의 형태	구조적 면접 (지시적 면접)	• 미리 준비된 질문항목에 따라 면접자가 피면접자에 대해 질문하는 면접 방식 • 모든 사람에게 일관성과 공정성을 담보할 수 있는 방법으로서 질문지를 자세하고 정확하게 작성해야 함
	비구조적 면접 (비지시적 면접)	미리 준비된 질문지 없이 지원자에게 공통된 질문을 하면서, 동시에 지원자 개인만의 독특한 점에 대해 일정부분 시간을 할애하여 자율적으로 면접하는 형태
	반구조적 면접 (구조적 + 비구조적)	지원자에 대한 보편적인 사항은 질문지를 활용하여 자료를 수집하고, 가치관이나 성격, 직무에 대한 타당성 등은 자유로운 질문을 통해 얻는 면접의 형태

면접의 방법	집단면접	• 다수의 피면접자를 대상으로 하여 비교가 용이 • 토론을 유도하거나 집단 내 행동 양식 파악 가능
	개별면접	• 집단면접에 비해 다소 중요도 높은 인재 선발에 사용 • 피면접자에 대해 면접관이 1:1로 면접을 실시하여 더 자세한 정보 획득
	패널면접	• 중요도가 높은 전문직이나 관리직 선발에 주로 사용 • 다수의 면접관이 패널을 이루어 한 사람의 피면접자를 대상으로 하는 방법 • 면접 결과에 대해 자세하게 토론함으로써 정확한 평가가 가능하다는 장점이 있음
	스트레스 면접	• 갑작스러운 공격적인 행동이나 피면접자를 무시하는 행동을 함으로써 피면접자를 긴장 또는 좌절 상태에 빠지게 한 뒤 감정 조절 및 인내도를 테스트하는 방법 • 다수의 사람을 상대하는 직무수행에 적합
	블라인드 면접	• 피면접자에 대한 정보가 없는 상태에서 면접을 하는 방법 • 출신지, 학력, 성별 등 차별을 야기할 수 있는 항목을 배제하고 직무 능력이 좋은 인재를 채용하고자 채택하는 선발면접의 방법

4) 선발의 타당성

선발 도구가 지원자를 얼마나 정확하게 측정하는지를 평가하는 지표를 타당성(타당도)이라고 한다.

예측 타당성	합격자가 선발 시 획득한 점수와 해당 합격자의 추후 실제 직무성과의 상관관계를 분석
동시 타당성	선발 도구를 현직 종업원에게 실시하여 종업원이 획득한 점수와 직무성과의 상관관계를 분석
내용 타당성	선발 도구가 측정하는 내용이 담당하게 될 직무와 얼마나 유사한지의 여부를 분석
구성 타당성	선발 도구가 측정하고자 하는 것을 얼마나 정확하게 측정하는지의 여부를 분석

기업에 큰 영향을 미칠 수 있는 중요한 인물을 추려낼 수록 면접관의 수가 많아집니다.

스트레스 면접

피면접자에 대한 압박이 존재하므로 다소 문제가 있을 수 있는 방법이다.

예측 타당성과 동시 타당성

• 예측 타당성은 선발된 신규 인력에 대한 분석이며, 동시 타당성은 기존의 종업원에 대한 분석이다.
• 두 타당성은 시험성적과 직무성과 같은 기준치의 상관을 비교하여 판단하므로 '기준관련 타당도'에 해당한다.

선발의 신뢰도

검사의 결과를 믿을 수 있느냐(검사 결과가 얼마나 일관적이고 안정성이 있느냐)를 판단해 보는 것이다.

5) 선발상의 오류

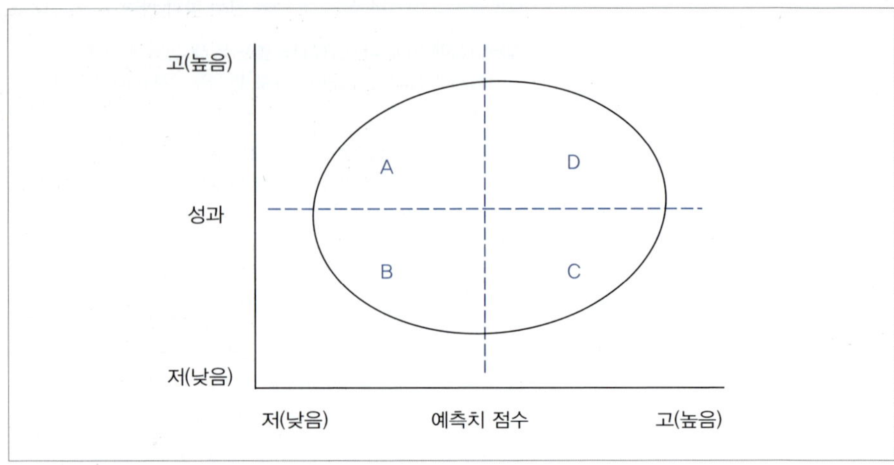

A : 적합한 인재 탈락	선발 점수는 낮았지만, 합격했다면 높은 성과를 올릴 수 있었던 인재를 놓치는 경우(제1종 오류)	
B : 미흡한 인재 탈락	선발 점수가 낮고 실제 업무 성과도 낮은 인재를 탈락시키는 경우(올바른 기각)	
C : 미흡한 인재 선발	선발 점수는 높았지만, 합격 후 업무 성과는 낮은 인재를 채용한 경우(제2종 오류)	
D : 적합한 인재 선발	선발 점수와 실제 업무 성과 모두 양호한 인재를 선발하는 경우(올바른 채택)	

04 배치

1) 의의

- 배치는 선발된 종업원에게 일정한 직무를 할당하는 것으로, 선발에 합격한 사람의 능력과 직무(→ 직위 ×)의 요건을 알맞게 대응시키는 것을 말한다.
- 배치 전 직무분석을 통해 직무내용을 충분히 검토하고, 그 직무를 가장 잘 수행할 수 있는 사람인지를 평가해야 한다. 특히 지원자 개인의 목표와 기업의 목표를 일치시킬 수 있도록 배치하는 것이 바람직하다.

제1종 · 제2종 오류
- 제1종 오류 : 뽑아야 할 훌륭한 인재를 놓치는 것
- 제2종 오류 : 뽑지 말아야 할 인재를 뽑는 것

한선생님의 TIP

제2종 오류가 기업에 더 큰 타격을 가져옵니다.

개념 체크

배치란 선발에 합격한 자와 직위를 일치시키는 것을 말한다. (O, X)

X(직위가 아닌 직무이다)

2) 적정배치의 원칙

적재적소의 원칙	• 적합한 인재를 적합한 장소(직무)에 배치 • 적정배치의 원칙에서 직무와 인재의 유기적인 결합관리를 통한 조직성과와 개인만족의 통합적 실현에 주요 목적을 두고 있는 원칙
능력(실력)주의 원칙 **(→ 연공주의 ×)**	종업원의 특성(연령, 근속연수, 학력, 자격 등)만을 고려하여 배치했던 연공주의에 따르지 않고, 해당 종업원의 능력을 고려하여 배치해야 한다는 원칙
인재육성주의 원칙	• 직원의 능력을 활용함과 동시에 직원이 학습하고 성장할 수 있도록 해야 하며, 정기적인 배치전환 및 인사이동을 통해 풍부한 경험을 축적시키고 능력을 개발시켜야 한다는 원칙 • 사람을 소모시키면서 사용하지 않고 성장시키면서 사용해야 한다는 원칙
균형주의 원칙	• 특정 부문에 최고의 엘리트 직원이 몰리지 않도록 균형을 생각하여 배치해야 한다는 원칙 • 단순히 특정인만의 적재적소를 고려할 것이 아니라 상하좌우의 모든 사람에 대해 평등한 적재적소와 직장 전체의 적재적소를 고려하는 배치원칙

균형주의 원칙은 회사 전체 입장에서의 적재적소의 원칙에 해당합니다.

01 인적자원의 모집 방법 중 내부모집에 의한 방법으로만 구성된 것은?

① 교육기관의 추천, 광고
② 채용박람회, 인터넷 모집
③ 인턴십 제도, 근로자 추천
④ 사내공개모집제도, 관리자 및 기능목록 작성

오답 피하기

기존 근로자의 추천은 외부모집 방법에 해당한다.

02 모집 방법 중 사외모집 방법으로 옳지 <u>않은</u> 것은?

① 헤드헌터
② 인턴사원제
③ 기능목록표 활용
④ 기존 종업원의 추천

사내공모제, 기능목록표 활용 등은 내부모집 방법이다.

03 외부모집에 대한 설명 중 적절하지 <u>않은</u> 것은?

① 모집 비용 및 시간이 감소한다.
② 인력개발 비용의 축소가 가능하다.
③ 유능한 인재확보가 가능하다는 장점이 있다.
④ 내부 지원자의 사기를 저하시킨다는 단점이 있다.

외부모집은 내부모집에 비해 모집 비용 및 시간이 증가한다.

04 기업의 인재 모집 방법에는 외부(사외)모집과 내부(사내)모집이 있다. 외부모집 장점에 대한 설명으로 가장 적절하지 <u>않은</u> 것은?

① 서류 심사를 통해 부적격자의 모집을 사전에 방지할 수 있다.
② 유능한 인재확보를 통해 기업의 인력개발 비용을 절감할 수 있다.
③ 새로운 인재 모집을 통해 조직 분위기를 긍정적으로 전환할 수 있다.
④ 인터넷 취업포털, 교육기관 추천, 인턴제도 등 인재확보의 채널을 다양하게 활용할 수 있다.

외부모집
- 유능한 인재확보를 통한 인력개발 비용 절감 효과
- 새로운 인재를 통한 새로운 아이디어 관점 도입 및 경직된 조직 분위기 쇄신에의 기여
- 인재확보 채널의 다양성 및 자원인력 풀의 무한성
- 부적격자의 채용 가능성이 있다는 단점 존재, 이를 방지하고자(적재적소의 인력 모집) 다양한 선발관리 기법들이 개발·적용되고 있음

05 [보기]의 모집관리 및 충원과 관련된 용어를 한글로 입력하시오.

> **[보기]**
> (   )제도란 기업에서 특정 프로젝트나 신규 사업에 필요한 인재를 모으기 위해 기업(관) 내에 있는 인재를 널리 활용하는 제도이다. 구성원들에게 새로운 직무수행에 대한 동기부여를 할 수 있으며, 구성원들은 이직을 하지 않고도 원하는 직무로 기회를 제공받을 수 있다는 장점이 있다. 반면, 구성원들이 선호하는 일부 포지션, 업무 등에 지원이 몰리는 현상이 발생할 수 있으며, 구성원들의 이동으로 특정 직무의 연쇄적인 인력 이탈이 발생할 수 있다.

정답 (   )제도

사내공모제도는 조직 내부에서 필요 인력을 모집하는 제도로, 구성원 사기 진작과 채용 시간·비용 절감 등의 장점이 있으나, 외부 우수 인재 유입 제한과 기업문화 혁신의 어려움 등의 단점이 있다.

06 모집평가 관련 주요 지표 중 지원자 가운데 최종 선발된 인원의 비율을 의미하는 것은?

① 수용률
② 산출률
③ 선발률
④ 기초률

오답 피하기

- ① 수용률 : 최종 합격자 중에서 실제로 기업에 입사하는 인원의 비율
- ② 산출률 : 모집에서 채용에 이르기까지 지원자의 단계별 통과 비율
- ④ 기초률 : 지원자 가운데 채용되었을 때 업무수행에 성공적이고 이직하지 않은 지원자의 비율

07 모집평가 관련 주요 지표 중 지원자들 가운데서 선발과정을 거치지 않고 무작위로 선택하여 채용했을 때 일정 기간이 경과한 후 업무수행에 성공적인 사람이 얼마나 있는지를 보여주는 비율은 무엇인가?

① 산출률
② 선발률
③ 수용률
④ 기초율

기초율은 지원자 가운데 채용될 경우 성공적으로 회사직무를 수행하고 이직하지 않은 '자격을 갖춘' 지원자가 얼마나 되는지를 측정하는 지표이다.

08 직업인으로서 기본적으로 갖추어야 하는 공통 능력과 직무수행에 필요한 역량을 측정하기 위한 검사 방법은?

① 인성검사
② 적성검사
③ 성취도검사
④ 직무능력검사

인적자원의 전반적인 직무 능력을 측정하는 건 직무능력검사이고, 현재의 특정 업무와 관련된 역량을 측정하는 건 성취도검사이다.

09 현재의 직무에 직접적으로 관련된 전문지식이나 기술을 측정하는 데 활용할 수 있는 가장 적절한 검사 방법은 무엇인가?

① 적성검사
② 지능검사
③ 흥미검사
④ 성취도검사

오답 피하기

- ① 적성검사 : 주로 미래의 학습능력을 측정하는 데 유용
- ② 지능검사 : 이해능력과 추리능력 등 일반적인 특성 측정에 유용
- ③ 흥미검사 : 직무에 대한 지원자의 흥미와 관심여부를 조사

10 미리 준비된 질문지 없이 지원자에게 공통된 질문을 하면서, 동시에 지원자 개인만의 독특한 점에 대해서 일정부분 시간을 할애하여 자율적으로 면접하는 방법으로 가장 적절한 것은?

① 집단면접
② 개별면접
③ 스트레스면접
④ 비구조적 면접

비구조적 면접은 개개인의 독특한 관점이나 가치관 등을 확인하기에 유리한 방법이다. 질문지 없이 자유롭게 진행되며, 공통 질문보다는 피면접자 개인의 경험 등에 초점을 맞추어 진행한다.

11 ㈜생산성의 인사팀에서 본 신입사원 최종면접을 [보기]와 같이 실시하였다. ㈜생산성의 면접 방법으로 가장 적절한 것은?

> **[보기]**
> • 면접위원을 내부위원 2명과 외부위원 3명으로 섭외하여 실시합니다.
> • 지원자는 1명씩 지정된 공간에서 15분간 면접에 참여합니다.

① AI면접
② 패널면접
③ 토론면접
④ 압박면접

패널면접은 전문직, 관리직 등 비교적 중요한 업무를 수행하는 사람들을 대상으로 한다. 따라서 면접위원(면접자)의 수가 많다.

12 피면접자에 대한 정보가 없는 상태에서 면접을 하는 방법으로, 출신지, 학력, 성별 등 차별을 야기할 수 있는 항목을 배제하고 직무 능력이 좋은 인재를 채용하고자 채택하는 선발면접의 방법은?

① 패널면접
② 블라인드 면접
③ 스트레스 면접
④ 비지시적 면접

블라인드 면접은 출신지, 학력, 성별 등 차별을 야기할 수 있는 정보를 숨기고 직무역량 중심으로 평가하는 방법이다.

13 선발시험을 실시하여 합격한 지원자의 시험성적(예측치)과 입사 후의 직무성과(표준치)를 비교하여 선발시험의 타당성을 측정하는 방법은 무엇인가?

① 동시 타당성
② 예측 타당성
③ 내용 타당성
④ 구성 타당성

• 예측 타당성 : '신규 채용자의 점수 – 직무성과'를 비교
• 동시 타당성 : '기존 종업원의 점수 – 직무성과'를 비교

14 선발 도구의 타당성을 측정하기 위한 방법으로 시험성적과 직무성과에 관한 일정의 기준치를 비교하여 결정하는 가장 적절한 방법을 고르시오.

① 신뢰성
② 내용 타당도
③ 구성 타당도
④ 기준관련 타당도

기준관련 타당도는 시험성적과 직무성과에 관한 일정의 기준치를 비교하여 결정하는 방법이다.

15 [보기]는 타당도와 선발오류에 대한 그림이다. D영역 상한에 대한 설명으로 가장 적절한 것은?

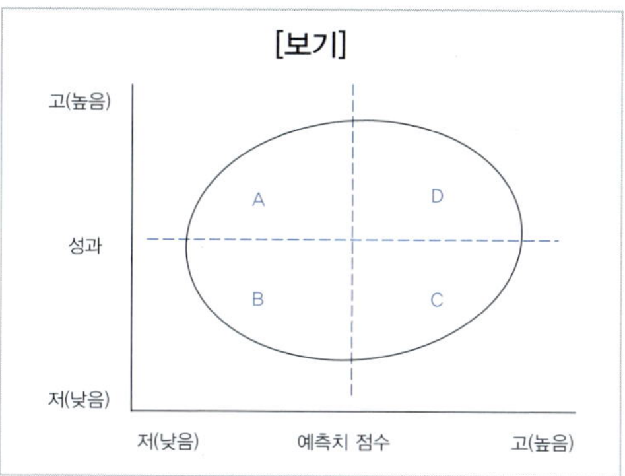

① 올바른 채택
② 올바른 기각
③ 제1유형 오류
④ 제2유형 오류

- A : 미흡한 인재 선발
- B : 미흡한 인재 탈락(올바른 기각)
- C : 적합한 인재 탈락
- D : 적합한 인재 선발(올바른 채택)

16 [보기]의 (ⓐ), (ⓑ) 안에 들어갈 적절한 용어를 순서대로 입력하시오.

> [보기]
> 선발오류란 직무요건의 적임자를 선발하지 못하는 현상을 말한다. 이 중 (ⓐ) 오류란, 채용이 되었을 경우에는 만족할 만한 성과를 낼 수 있는 지원자가 시험이나 면접에서 불합격되는 일이 발생하는 오류를 말하며, (ⓑ) 오류란 선발하지 말았어야 하는 인원을 뽑은 오류를 말한다.

 정답 (　　　,　　　)

- 제1종 오류 : 뽑아야 하는 훌륭한 인재를 놓치는 것
- 제2종 오류 : 뽑지 말아야 할 인재를 뽑는 것

17 선발된 종업원에게 일정한 직무를 할당하는 것을 무엇이라 하는가?

① 선발관리
② 모집관리
③ 배치관리
④ 경력관리

선발된 종업원의 능력과 그에 적합한 직무를 일치시키는 과정을 배치라고 한다.

18 적정배치의 요건에 대한 설명으로 적절하지 <u>않은</u> 것은?

① 직무를 수행할 사람과 수행할 직위를 일치시키는 것을 의미한다.
② 적정배치를 위해서는 직무와 사람이 지니는 요건이 설정되어야 한다.
③ 사람의 요건도 종업원이 맡은 바 직무를 충분히 수행할 수 있는 능력 등을 파악하는 일이다.
④ 직무의 요건은 직무가 요구하는 능력수준, 직무가 요구하는 인격특성, 직무수행이 구체화된 작업환경 등이 파악되어야 한다.

적정배치란 직무를 수행할 사람과 수행할 '직무'를 일치시키는 것을 의미한다.

19 [보기]에서 설명하는 배치원칙은?

> [보기]
> 사람을 소모시키면서 사용하지 않고 성장시키면서 사용해야 한다는 원칙이다.

① 균형주의 원칙
② 인재육성주의 원칙
③ 적재적소주의 원칙
④ 실력(능력)주의 원칙

인재육성주의 원칙은 직원의 능력을 활용함과 동시에 직원이 학습하고 성장할 수 있도록 해야 하며, 정기적인 배치전환 및 인사이동을 통해 풍부한 경험을 축적시키고 능력을 개발시켜야 한다는 원칙이다.

20 [보기]에서 설명하는 배치관리 원칙으로 가장 적절한 것은?

> **[보기]**
> 단순히 특정인만의 적재적소를 고려할 것이 아니라 상하좌우의 모든 사람에 대해서 평등한 적재적소와 직장 전체의 적재적소를 고려하는 배치원칙

① 균형주의 원칙
② 인재육성주의 원칙
③ 적재적소주의 원칙
④ 실력(능력)주의 원칙

직장 전체의 입장에서 적재적소를 고려하는 배치원칙은 균형주의 원칙이다.

21 적정배치의 원칙에서 직무와 인재의 유기적인 결합관리를 통한 조직성과와 개인만족의 통합적 실현에 주요 목적을 두고 있는 원칙은?

① 균형주의 원칙
② 능력주의 원칙
③ 적재적소의 원칙
④ 인재육성주의 원칙

적재적소의 원칙은 적합한 인재를 적합한 직무에 배치하는 원칙으로, 조직성과와 개인만족의 통합적 실현을 목표로 한다.

22 [보기]에서 설명하는 배치관리 원칙으로 가장 적절한 것은?

> **[보기]**
> 근로자가 능력을 발휘할 수 있는 영역을 제공하여 그 일에 대해 올바르게 평가하고 평가된 능력과 업적에 만족할 수 있는 대우를 하는 원칙

① 균형주의 원칙
② 인재육성주의 원칙
③ 적재적소주의 원칙
④ 실력(능력)주의 원칙

실력(능력)주의 원칙은 종업원의 특성(연령, 근속연수, 학력, 자격 등)만을 고려하여 배치했던 연공주의에 따르지 않고, 해당 종업원의 능력을 고려하여 배치해야 한다는 원칙이다.

03

인적자원의 보상

학습 방향

인적자원이 근로를 제공하면 이에 상응하는 보상이 주어져야 합니다. 보상은 크게 임금과 복리후생으로 구분되며, 이에 따라 부수적으로 소득세 및 4대보험의 징수 의무가 발행합니다. CHAPTER 03에서는 인적자원에 대한 보상에 대해 알아보고자 합니다.

출제빈도

임금관리

빈출 태그 ▶ #임금수준 #승급 #베이스업 #통상임금 #평균임금

01 임금

1) 의의

- '임금'이란 사용자가 근로의 대가로 근로자에게 임금, 봉급, 그 밖에 어떠한 명칭으로든지 지급하는 모든 금품을 말한다(「근로기준법」 제2조 제1항 제5호).
- 임금은 기업의 입장에서는 되도록 적게 지급하려는 유인이 있으며, 근로자 입장에서는 최대한 많이 받길 원한다는 특성이 있다. 따라서 임금은 적정 수준에서 지급되도록 관리할 필요가 있다.

2) 「근로기준법」상 임금의 기본원칙

전액 지급의 원칙	임금은 나누어 지급해서는 안 되고 전액을 지급해야 하며, 법령 등에서 정해진 세금 등을 뗄 수 있음
일정기일 지급의 원칙	임금은 최소한 월 1회 이상 지급되어야 함
현금(통화) 지급의 원칙	임금은 통화(돈)으로 지급되어야 하며, 현물로 지급해서는 안 됨
직접 지급의 원칙	임금은 본인에게 직접 지급해야 함

➕ 더 알기 TIP

임금에 해당하지 않는 지급

임금은 근로의 대가로 지급하는 것이므로, 근로 제공과 무관하게 사용자가 호의적·은혜적으로 지급하는 경우나 복지후생의 일환으로 제공하는 경우 또는 실비 보상적으로 지급하는 경우 등은 임금으로 볼 수 없다.

02 임금수준

1) 의의

- 임금수준은 기업이 지급하는 총임금을 근로자의 수로 나눈 값으로, 기업의 1인당 평균 임금을 의미한다.

• 임금수준은 다음의 3가지를 고려하여 결정된다.

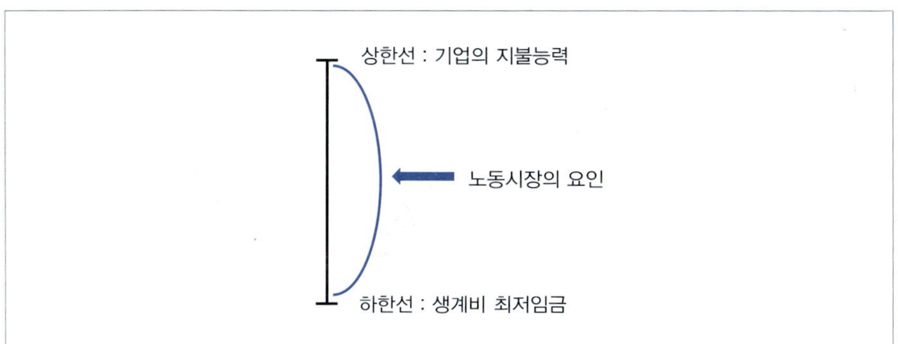

기업의 지불능력 (상한선)	아무리 근로자에게 많은 임금을 지급하고 싶더라도 기업이 계속 유지 · 발전하려면 기업의 지불능력 내에서 지급 필요
근로자의 생계비 (하한선, 최저임금)	임금은 법으로 정해진 최저임금 이상으로 지급 의무(2026년 최저임금 : 시급 10,320원)
노동시장의 요인	상한선과 하한선 사이에서 노동시장의 요인을 고려한 임금수준 결정

2) 임금수준의 조정

- 승급 : 미리 정해진 임금 곡선상의 상향 이동을 의미한다.
- 베이스업 : 근속연수, 직무 등의 변화는 없지만, 임금 곡선 자체를 상향으로 이동시키는 것을 말한다.

3) 임금관리의 방침

- 최소한의 생계비와 생활 안정을 보장하고, 노동력의 질을 개선한다.
- 기업은 대내적 · 대외적 균형을 유지하여 공정성을 확보한다(→ 대내적인 균형보다 대외적인 균형을 유지하는 것이 중요하다 ×).
- 지불능력을 충분히 검토한다.
- 원활한 노사관계를 지향한다.

03 통상임금과 평균임금

통상임금과 평균임금은 각종 수당이나 퇴직금 등의 산정에 기준이 되는 임금이며, 그 내용은 다음과 같다.

통상임금	• 근로자에게 정기적, 일률적으로 소정근로 또는 총근로에 대해 지급하기로 한 시간급, 일급, 주급, 월급 또는 도급 금액 • 연장 · 야간 · 휴일근로수당 및 해고예고수당 등의 산정 기준
평균임금	• 이를 산정해야 할 사유가 발생한 날 이전 3개월 동안 그 근로자에게 지급된 임금의 총액을 그 기간의 총 일수로 나눈 금액(최종 3개월의 임금 평균액) • 퇴직금, 재해보상금 등의 지급 기준

최저임금제도

국가가 노사 간의 임금 결정 과정에 개입하여, 근로자가 일정 수준 이상의 임금을 지급받도록 법으로 강제하는 제도이다. 이 제도를 통해 저임금 근로자의 생계를 보호한다.

승격

승진 등으로 인해 직무의 질이 높아짐에 따라 임금을 상승시키는 것을 의미한다.

해고예고수당

사용자는 근로자를 해고하려면 적어도 30일 전에 예고해야 하고, 30일 전에 예고하지 아니하였을 때에는 30일분 이상의 통상임금을 지급해야 한다.

01 임금의 성격 중 종업원에 대한 특성을 고르시오.

① 생산원가의 요소
② 기업경쟁력의 요인
③ 사회적 신분의 상징
④ 종업원 유치와 유지의 요인

오답 피하기

임금은 기업의 원가에 해당하며 기업경쟁력 창출에 매우 중요하다. 또한 우수한 인력을 유치·유지하기 위해서는 충분한 임금을 지급해야 한다.

02 임금관리방침에 대한 설명으로 가장 적절하지 않은 것은?

① 지불능력에 대한 충분한 검토를 하여야 한다.
② 노사관계를 원활히 하는 방향에서 해야 한다.
③ 기업은 대내적인 균형보다 대외적인 균형을 유지하는 것이 중요하다.
④ 최소한의 생계비를 보장하고 생활의 안정을 보장하고 노동력의 질을 개선한다.

임금관리에 있어 대내적(내부적·개인적 공정성, 조직 내 직무 가치, 동일 직무 담당자 간의 연공 및 직능, 동일직무 담당자 간의 개인성과 등), 대외적(대외비교의 공정성, 조직 외부와의 임금수준 등)인 균형을 유지하여 공정성을 확보해야 한다.

03 「근로기준법」상 임금지급의 기본원칙이 <u>아닌</u> 것은?

① 전액불의 원칙
② 직접불의 원칙
③ 현물급여의 원칙
④ 일정기일 지급의 원칙

임금은 현물이 아닌 현금으로 지급해야 한다.

04 임금관리의 차원에서 [보기]는 무엇을 실현하기 위한 것인가?

> **[보기]**
> 임금수준은 임금액 또는 임금률의 크기를 나타내는 개념으로서, 기업 전체의 임금 총액 수준이나 각 종업원의 개별임금수준, 초과근무 임금의 수준을 나타내는 의미로 쓰이고 있다.

① 임금관리의 체계성
② 임금관리의 적정성
③ 임금관리의 합리성
④ 임금관리의 공정성

임금수준은 근로자에게 제공하는 임금의 크기와 관련된 것으로 '적정성의 원칙'에 의해 결정해야 한다.

05 [보기]는 무엇에 대한 설명인가? (정답은 한글로 입력하시오)

> **[보기]**
> 국가가 노사 간의 임금 결정 과정에 개입하여, 근로자가 일정 수준 이상의 임금을 지급받도록 법으로 강제하는 제도이다. 이 제도를 통해 저임금 근로자의 생계를 보호한다.

정답 (　　　　)제도

최저임금제도는 국가가 법으로 임금의 최저 하한을 정해 사용자에게 그 지급 의무를 지우는 제도이다.

06 [보기]는 무엇에 대한 설명인가?

> **[보기]**
> 임금수준의 전체적인 상향조정 내지 임금 인상률을 뜻한다. 연령, 근속연수, 직무수행 능력이라는 관점에서 동일 조건에 있는 자에 대한 임금 증액을 의미한다. 즉, 전체적인 임금 곡선의 상향 이동에 해당한다.

① 승급
② 승격
③ 표준
④ 베이스업

베이스업은 임금 곡선 자체의 상향 이동을 말한다.

07 직무의 질이 향상된 것에 의한 임금상승으로 승진과 병행되어 이루어지는 것을 의미하는 것은?

① 표준
② 승격
③ 베이스업
④ 최저임금제도

오답 피하기

승급은 임금 곡선상의 상향 이동으로, 미리 정해진 임금 곡선을 따라 연령, 근속연수, 능력에 의해 기본급이 증대되는 것을 말한다. 베이스업은 임금 곡선 자체의 상향 이동으로, 근속연수, 연령, 직무수행 능력 등이 변하지 않은 근로자에 대해서도 임금이 증가하는 것을 말한다.

08 [보기]는 무엇에 대한 설명인가?

> **[보기]**
> 근로자에게 정기적, 일률적으로 소정근로 또는 총근로에 대하여 지급하기 정한 시간급, 일급, 주급, 월급 또는 도급 금액을 말한다.

① 통상임금
② 약정임금
③ 기준임금
④ 평균임금

정기적, 일률적으로 지급되어야 하는 임금은 통상임금이다.

09 통상임금과 평균임금에 대한 설명으로 옳지 않은 것은?

① 평균임금 － 퇴직금
② 평균임금 － 해고예고수당
③ 통상임금 － 연장근로가산수당
④ 통상임금 － 야간근로가산수당

오답 피하기

통상임금은 연장 · 야간 · 휴일근로수당 및 해고예고수당 등 각종 수당의 기준이 된다. 따라서 기업은 통상임금을 감소시키려 하고, 근로자는 이를 높이기 위해 소송을 제기하기도 한다.

10 [보기]에서 설명하는 「근로기준법」상 임금의 용어를 한글로 입력하시오.

> **[보기]**
> 이를 산정하여야 할 사유가 발생한 날 이전 3개월 동안에 그 근로자에게 지급된 임금의 총액을 그 기간의 총 일수로 나눈 금액을 말한다.

정답 (　　　　)임금

평균임금은 산정 사유 발생일 이전 3개월 동안 근로자에게 지급된 임금 총액을 그 기간의 총 일수로 나눈 금액을 말한다.

임금체계 및 임금형태

01 임금체계

1) 개념

- 임금체계는 근로자의 여러 특성 중 '어떤 것을 기준'으로 임금을 지급하는지를 말하며, 기준에는 근로자의 근속연수, 나이, 수행하는 직무, 업무 능력 등이 있다.
- 임금체계는 기준 내 임금과 기준 외 임금 등으로 구분할 수 있다.

기준 내 임금 (기준임금)	• 통상적인 노동시간 및 작업조건하에서 근로 제공의 대가 • 기본급 + (직무수당, 장려수당 등) • 대부분 고정적으로 지급
기준 외 임금	• 통상적인 근로 이외의 근로 및 작업성과에 대한 대가로 지급되는 각종 수당 • 법정수당(초과 · 야간 · 휴일근로수당 등) + 약정(임의)수당 • 대부분 비고정적으로 지급
상여금	정기상여금, 특별상여금 등
부가급여	퇴직금, 복리후생 등

2) 기준 내 임금

앞서 개념에서 설명한 기준 내 임금의 내용을 자세히 살펴보기로 한다.

연공급	• 개인의 특성(나이, 근속연수, 학력 등)에 따라 결정하는 전통적인 임금 지급 방식 • 연공주의적 풍토로 공정한 성과 반영이 어려움
직무급	• 개인이 수행하는 직무에 대해 임금 지급 • 맡은 직무에 대해 임금을 지급하여 '동일노동—동일임금' 지급의 원칙에 적합 • 노동의 자유 이동이 어려운 경우에는 적용이 곤란
직능급	• 개인의 직무수행 능력에 따라 임금 지급 • 연공급과 직무급이 절충된 방식 • 개인의 기능, 지식, 숙련도 등에 따라 임금 산정 • 직제(주임, 과장, 차장 등)를 정하고 근속연수 등의 연공적 요소가 포함된 호봉을 가미한 것
자격급	• 개인의 취득 자격에 따라 임금 지급 • 연공급과 직무급이 절충된 방식 • 취득한 자격 여부에 따라 본인의 임금액을 예측 가능

임금체계
- 기업의 입장 : '임금 총액을 어떻게 분배하느냐?'
- 종업원의 입장 : '나의 임금이 무엇을 기준으로 결정되는가?'

한선생님의 TIP

상여금과 부가급여를 합쳐 부가급여로 보기도 합니다. 최근에는 임금체계를 단순화해 기본급과 법정수당만 지급하는 기업도 많아지는 추세입니다.

연공급
전통적인 급여 지급 방식으로, 평생직장 개념이 존재하던 시기에 주로 적용되었다.

3) 기준 외 임금

앞서 개념에서 설명한 기준 외 임금의 내용을 자세히 살펴보기로 한다.

법정수당	• 법에 따라 반드시 지급해야 하는 수당 • 예 연장근로수당, 야간근로수당, 휴일근로수당, 연차유급휴가수당, 휴업수당 등
약정수당 (비법정수당)	• 기업의 결정에 따라 임의적으로 지급할 수 있는 수당 • 예 직책수당, 특수작업수당, 특수근무수당, 기능수당 등

+ 더 알기 TIP

약정수당의 사례
- 직책수당 : 직무수행상의 책임도, 난이도가 타 직원보다 높을 경우 지급하는 수당
- 기능수당 : 특별한 자격, 면허, 기능 보유자에게 지급하는 수당
- 특수작업수당 : 표준작업과 다른 특수한 작업환경에서 근무하는 경우 지급하는 수당
- 특수근무수당 : 수위, 경비원 등에 대해 지급하는 수당

4) 퇴직금

확정기여형 (DC형)	• 기업이 재직 중인 종업원에 대한 퇴직금을 미리 금융기관에 예치함으로써 퇴직금 지급 의무가 끝나는 방식 • 금융기관에 적립된 금액은 종업원의 돈이며, 적립금 운용에 대한 책임은 종업원 본인에게 있음
확정급여형 (DB형)	• 기업이 재직 중인 종업원에 대한 퇴직금을 마련하기 위해 미리 금융기관에 돈을 예치하는 방식 • 금융기관에 적립된 금액은 기업의 돈이며, 이를 토대로 추후 퇴직금을 지급할 의무가 있음
개인형 퇴직연금 (IRP)	기업이 미리 예치해 두는 확정기여형 및 확정급여형과는 달리 개인이 스스로 운용하는 퇴직연금제도를 의미

확정기여형과 확정급여형의 차이
- 확정기여형 : 회사가 불입할 금액이 정해져 있음
- 확정급여형 : 회사가 최종 지급할 퇴직금이 정해져 있음

+ 더 알기 TIP

퇴직연금
- 도입 배경 : 과거에는 퇴직금을 기대하며 열심히 직장생활을 하다가 기업이 파산하면 퇴직금을 받지 못하는 일이 있었다. 이를 방지하기 위해 퇴직금을 사전에 금융기관에 예치하도록 한 제도가 퇴직연금이다.
- 종류 : 확정기여형, 확정급여형, IRP

퇴직연금

최근에는 기업이 퇴직금을 사전에 금융기관에 예치하는 퇴직연금제도가 활성화되고 있다.

02 임금형태

1) 개념

- 임금형태는 임금의 '산정 및 지급 방식'에 따라 임금을 분류하는 것을 말하며, 고정급, 성과급 등이 있다.
- 고정급은 성과와 관계없이 지급하며, 성과급은 성과에 따라 지급한다.

2) 고정급

고정급은 성과와 관계없이 미리 책정된 시급, 일급 등을 지급하는 것을 말한다.

시급	시급(최저임금 등) × 일한 시간
일급	일당 × 근무 일수
주급, 월급	1주일 또는 1월 단위로 임금을 지급하는 것

3) 성과급

성과급은 근로자 및 집단의 업무 성과에 따라 차등 지급하는 임금형태로, 단순성과급, 차별성과급, 표준시간급 등이 있다.

단순성과급	제품 단위당 지급되는 임금(고정임률)을 미리 정하고 제품의 생산량을 곱하여 지급하는 형태 → 고정임률 × 생산량
차별성과급	제품 생산량의 구간을 정해 특정 생산량을 초과하면 임률이 증가하는 변동임률을 적용하여 지급하는 형태 → 변동임률 × 생산량
표준시간급	과업 단위당 표준시간을 정하고 근로자가 표준시간 안에 작업을 완성하면 설정된 표준시간의 임률을 적용하여 지급하는 형태

연봉제

연봉은 1년의 임금을 책정한 뒤 이를 나누어 매월 지급하는 것을 말하며, 개인마다 차등이 있고 주로 업무 성과에 따라 책정된다는 특징이 있다.

01 연공주의에 대한 설명으로 가장 적절하지 <u>않은</u> 것은?

① 근무연한에 따라 임금과 직급이 상승하는 제도

② 연공 존중의 유교문화의 풍토에서 실시된 제도

③ 동일노동에 대해서는 동일임금 실현이 가능한 제도

④ 업무 성과에 대한 고려가 낮아 불공정을 제기할 수 있음

동일노동에 대해 동일임금 실현이 가능하도록 하는 제도는 직무급이다.

02 각 임금체계의 장점에 대한 설명으로 가장 적절한 것은?

① 연공급 : 연공 존중을 통해 성과와 능력을 인정받을 수 있다.

② 직무급 : 노동의 자유 이동이 어려운 상황에서도 적용하기 용이하다.

③ 직능급 : 직무의 다양성을 존중하며, 종업원의 동기부여를 강화할 수 있다.

④ 자격급 : 본인의 임금액을 예상하지 못하기 때문에 구성원이 본인의 성과달성에 매진하게 되는 효과가 있다.

오답 피하기
- ① 연공급 : 연공 존중의 풍토로 인해 공정한 성과 반영이 어려움
- ② 직무급 : 노동의 자유 이동이 어려운 사회에서는 적용하기 힘든 제도
- ④ 자격급 : 자격 취득 여부에 따라 본인의 임금액을 예상 가능

03 직무수행상의 책임도, 난이도가 타 직원보다 높을 경우 지급하는 수당은 무엇인가?

① 기능수당

② 직책수당

③ 특수근무수당

④ 특수작업수당

오답 피하기
- ① 기능수당 : 특별한 자격, 면허, 기능 보유자에게 지급하는 수당
- ③ 특수근무수당 : 수위, 경비원 등에 대해 지급하는 수당
- ④ 특수작업수당 : 표준작업과는 다른 특수한 작업환경에서 근무하는 경우 지급하는 수당

04 수위, 경비원 등에 대해서 지급되는 수당으로 가장 적절한 것은?

① 자격수당

② 직책수당

③ 특수근무수당

④ 특수작업수당

수위, 경비원 등 특정 근무형태에 대해 지급되는 것은 특수근무수당이다.

05 특별한 자격, 면허, 기능 보유자에게 지급되는 수당은 무엇인가?

① 기능수당

② 직책수당

③ 특수작업수당

④ 특수근무수당

특별한 자격, 면허, 기능 보유자에게 지급되는 수당은 기능수당이다.

06 임금의 체계에서 부가적 임금에 해당하는 것은?

① 퇴직금

② 장려수당

③ 직무수당

④ 초과근무수당

부가적 임금에는 상여금, 퇴직금, 복리후생 등이 있다. 직무수당, 장려수당은 기준 내 임금에 해당하며, 초과근무수당, 임시작업수당 등은 기준 외 임금에 해당한다.

07 [보기]에서 설명하고 있는 퇴직급여제도를 한 글로 입력하시오.

> **[보기]**
> 퇴직급여의 지급을 위해 회사가 부담해야 하는 부담금의 수준이 사전에 결정되어 있는 퇴직연금으로 근로자의 적립금 운용에 대한 책임은 근로자 본인에게 있다.

정답 (   )

퇴직연금의 종류에는 확정급여형(DB), 확정기여형(DC), 개인형 퇴직연금(IRP) 등이 있다. [보기]는 확정기여형(DC)에 대한 설명이다.

08 [보기]에서 설명하고 있는 퇴직급여제도를 한 글로 입력하시오.

> **[보기]**
> • 퇴직 시 지급할 급여 수준 및 내용을 노사가 사전에 확정한다.
> • 근로자 퇴직 시 사용자는 사전에 약정된 퇴직급여를 지급한다.

정답 (   )

확정급여형은 퇴직 시 지급할 급여 수준과 내용을 사전에 확정하고, 근로자 퇴직 시 사용자가 약정된 퇴직급여를 지급할 의무를 부담하는 제도이다.

09 [보기]에서 설명하고 있는 개별성과급제는 무엇인가?

> **[보기]**
> 과업 단위당 표준시간을 정하고 근로자가 표준시간 안에 작업을 완성하면 설정된 표준시간의 임률을 적용하여 지급하는 형태이다.

① 단순성과급제

② 복률성과급제

③ 차별성과급제

④ 표준시간급제

오답 피하기
- ① 단순성과급 : 제품 단위당 지급되는 임금(고정임률)을 미리 정하고 제품의 생산량을 곱하여 지급하는 형태
- ② 복률성과급제 : 제품 단위당 변동임률에 제품의 생산량을 곱하여 지급하는 형태
- ③ 차별성과급제 : 제품 생산량의 구간을 정해 특정 생산량을 초과하면 임률이 증가하는 변동임률을 적용하여 지급하는 형태

복지후생과 4대보험

빈출 태그 ▶ #카페테리아식 #홀리스틱 #라이프사이클 #국민연금 #건강보험 #고용보험 #산재보험

01 복리후생(복지후생)

1) 의의

- 복리후생은 금전 이외의 방법으로 근로자의 만족감을 높이기 위해 제공하는 각종 혜택을 말한다.
- 복리후생을 적절히 활용하면 임금 대비 적은 비용으로 근로자의 동기부여와 직무 몰입을 높일 수 있다.
- 복리후생을 통해 근로자가 건강을 증진하고 역량을 개발하여 능력 있는 최고의 엘리트 사원으로 성장하도록 지원할 수 있다.
- 근로자 입장에서는 동기부여와 자기계발을 촉진하고 직장생활의 만족도를 높이는 장점이 있다.

2) 복리후생의 효과

① 기업의 측면

비용 절감	임금 대비 적은 비용으로 근로자에게 만족감 제고
인재 양성	기업이 원하는 인재가 될 수 있도록 자격 취득 등 각종 유인 제공
인적자원의 유지	근로자 만족에 따른 이직, 결근률 감소 및 기업에 대한 긍정적 인식 제고
종업원 관계 개선	근로자 간 의사소통 원활화에 따른 집단 운영 효율화

② 근로자의 측면

조직에 대한 충성심	직장생활의 긍정적 인식 전환 및 동료와의 관계 개선
넓은 관점	기업에 대한 자부심 형성 및 기업 입장에 대한 공감 · 이해 유인
자기계발	건전한 취미생활 기회 제공 및 자기계발 지원 확보
경력개발	생활 수준 향상 및 경력개발 지원

3) 복리후생 설계의 원칙

근로자의 욕구충족 원칙	근로자와의 의사소통을 전제로 근로자의 욕구를 파악하고 충족할 수 있도록 설계
근로자의 참여 원칙	복리후생을 설계(설계 – 실행 – 평가)함에 있어 근로자를 참여시킴
다수 혜택의 원칙	가능한 다수 근로자들이 복리후생의 혜택을 받도록 함
기업의 지불능력 원칙	복리후생도 임금과 마찬가지로 기업의 입장에서는 비용이기 때문에 지불능력의 범위 안에서 제공

4) 복리후생의 유형

① 법정 여부(강제성 여부)

법정 복리후생	• 법에 의해 반드시 제공해야 하는 복리후생 • 예 4대보험, 퇴직금, 연차유급휴가
법정 외(임의) 복리후생	• 제공 여부를 기업이 임의로 결정하여 제공하는 복리후생 • 예 경조사비, 식사비 보조, 건강보건 지원, 생활지원시설, 교육 및 자기계발 지원, 문화체육시설 지원 등

② 복리후생의 대표적인 형태

카페테리아식 복리후생	기업이 일방적으로 제공하던 기존의 방식과 달리, 여러 가지 복리후생 중 본인이 원하는 것을 선택할 수 있도록 하는 제도
홀리스틱 복리후생	근로자를 전인적 인간으로서 육체적, 정신적, 심리적 측면에서 균형 잡힌 삶을 추구할 수 있도록 지원하는 제도
라이프사이클 복리후생	근로자의 연령 증가에 따른 생활 패턴, 의식 변화를 고려하여 복리후생을 제공하는 제도

5) 복리후생의 효율적 관리 방안

적정성의 원칙	근로자의 욕구를 충족하되 기업 부담을 넘지 않는 적정선에서 제공해야 함(타 기업과도 큰 차이가 없도록 제공)
합리성의 원칙	기업의 복리후생이 국가나 지자체 등에서 실시하는 제도와 중복되지 않도록 조정해야 함
협력성의 원칙	복리후생의 설계 단계부터 운영 · 실시, 피드백까지 노사가 협력하여 운영해야 함

카페테리아식 복리후생제도를 선택적 복리후생 제도라고도 합니다.

02 4대보험

1) 의의

4대 사회보험은 국민에게 발생할 수 있는 사회적 위험(질병 · 상해 · 실업 · 노령 등)을 대비하여, 보험의 방식★을 활용하여 국민의 건강과 소득 등을 보장하도록 법으로 정한 제도를 말한다.

2) 4대보험의 종류

① 국민연금보험

의의	국민의 노령, 장애, 사망 등에 대비하여 미리 보험료를 부과 · 징수하고 이를 투자 등 기금으로 운용하여 일정 사유 발생 시 보험금을 지급하는 사회보험을 말함
가입대상	• 직장가입자 : 1인 이상의 근로자를 고용 중인 사업장에서 근로하는 자 및 사용자 (18세 이상~60세 미만) • 지역가입자 : 직장가입자를 제외한 국민(18세 이상~60세 미만) • 가입 제외자 – 일용근로자 중 사용자에게 1개월 이내로 근로를 제공하는 자 – 공무원연금, 군인연금 등 가입자
보험료의 계산	• 국민연금 보험료 = 기준소득월액(근로자) × 9% • 직장가입자 : 사용자와 근로자가 각 4.5%씩 부담(반반) • 지역가입자 : 전액 본인 부담

보험금의 종류	일반	• 노령연금 : 가입 10년 이상인 자가 60세 도달 시 수령 • 장애연금 : 장애 발생 시 장애 정도에 따라 차등 수령 • 유족연금 : 가입자 사망 시 유족이 수령
	반환일시금	노령, 장애, 유족연금 수급 대상이 아닌 경우, 기존 납입액과 이자를 수령
	사망일시금	가입자 사망 시 유족이 없을 때, 생계를 같이 하던 자가 수령

② 국민건강보험

의의	국민의 질병 등으로 인한 고액 의료비 부담을 완화하기 위해 보험료를 미리 걷어 필요 시 지원하는 사회보험을 말함
가입대상	상시 근로자 1인 이상인 사업장의 근로자 및 사용자 등
보험료의 계산	• 건강보험료 = 보수월액 × 건강보험료율 • 건강보험료율 : 7.09%로 사용자와 근로자가 각 3.545%씩 부담(반반)

③ 고용보험

의의	국민의 근로생활 안정 및 실업 발생 시 생활비 보장 등을 목적으로 함
가입대상	「근로기준법」상 근로자
보험료의 계산	• 고용보험료 = 보수월액 × 고용보험료율(1.8%) • 고용보험료율 : 사용자와 근로자가 각 0.9%씩 부담(반반)하되, 사업장 규모가 클수록 사용자가 추가로 더 부담함
보험금의 사용	고용안정사업(고용의 촉진 및 유지), 실업 예방, 실업급여, 재취업 알선 및 직업능력개발 사업 등에 사용

★ **보험의 방식**
다수의 사람들로부터 조금씩 보험료를 모아 필요한 사람에게 지출하는 것을 말한다.

한선생님의 TIP
국민연금은 국민의 노령 이외의 장애, 사망 등에도 대비하기 위한 보험입니다.

직장가입자의 보험료율
1천분의 80의 범위에서 심의위원회의 의결을 거쳐 대통령령으로 정한다(「국민건강보험법」 제73조 제1항).

한선생님의 TIP
고용보험과 산재보험은 모든 근로자(아르바이트 포함)를 대상으로 합니다.

④ 산재보험(산업재해보상보험)

의의	• 산업재해 발생 시 해당 근로자와 가족의 생활비 보장을 위해 미리 보험료를 징수하여 산재근로자에게 지급하는 제도 • 업무상 재해는 사용자의 고의 및 과실의 유무를 불문하는 무과실 책임주의에 따름
가입대상	근로자를 사용하는 모든 사업장의 사업주
보험료의 계산	• 산재보험료 = 보수월액 × 업종별 보험료율 • 산재보험료 : 전액 사용자(사업주) 부담
보험금의 사용	산업 재해 발생 시 산재보험 급여는 재해 발생에 따른 손해 전체를 보상하는 것이 아니라 평균임금을 기초로 하는 정률보상 방식을 따름

01 근로자 측의 복리후생 효과로 가장 적절한 것은?

① 원가절감
② 우수 인력 확보
③ 기업의 이미지 개선
④ 경력개발을 통한 자아실현

오답 피하기

① · ② · ③은 모두 사용자(기업) 측의 복리후생 효과에 해당한다.

02 근로자 여론조사 실시 또는 노사대표가 공동으로 참여할 것을 유도하는 복리후생 설계원칙으로 가장 적절한 것은?

① 지불능력의 원칙
② 다수혜택의 원칙
③ 근로자의 참여 원칙
④ 근로자의 욕구충족 원칙

근로자의 참여를 이끌어 내도록 하는 원칙은 근로자의 참여 원칙이다.

03 근로자와의 의사소통을 전제로 근로자의 욕구를 파악하고 충족할 수 있도록 설계하는 복리후생 설계원칙은?

① 다수혜택의 원칙
② 지불능력의 원칙
③ 근로자의 참여 원칙
④ 근로자의 욕구충족 원칙

근로자와의 의사소통을 통해 욕구를 파악하고 반영하여 복리후생을 설계하는 원칙은 근로자의 욕구충족 원칙이다.

오답 피하기

복리후생 설계원칙 외에 복리후생관리의 원칙으로는 적정성의 원칙, 합리성의 원칙, 협력성의 원칙 등이 있다.

04 복리후생의 설계원칙으로 가장 적절하지 <u>않은</u> 것은?

① 다수혜택의 원칙
② 지급 능력의 원칙
③ 근로자 결정의 원칙
④ 근로자 욕구충족의 원칙

근로자 참여의 원칙은 근로자 여론조사를 실시하거나 노사 대표가 공동으로 참여할 것을 유도하는 원칙이며, 근로자가 직접 복리후생을 결정하는 것은 아니다.

05 복리후생의 합리적인 설계 및 운영을 위한 일반적인 원칙으로 가장 적절하지 <u>않은</u> 것은?

① 다수혜택의 원칙
② 종업원 참여의 원칙
③ 종업원 욕구충족의 원칙
④ 근로자 생계비지불의 원칙

복리후생은 생계비 지급 수단이라기보다 종업원의 만족도를 높이는 수단에 가깝다.

06 복리후생 설계의 영향요인 중 종업원 측 요인으로 적합한 것은?

① 공정성 지각
② 비용−편익관계
③ 경쟁기업의 복리후생 수준
④ 전체 인건비에 대한 복리후생비 비율

오답 피하기

② · ③ · ④는 모두 복리후생 설계의 영향요인 중 기업 측 요인에 해당한다.

07 복리후생관리의 원칙으로 가장 적절하지 <u>않은</u> 것은?

① 적정성의 원칙
② 합리성의 원칙
③ 생산성의 원칙
④ 협력성의 원칙

복리후생관리의 원칙에는 적정성의 원칙, 합리성의 원칙, 협력성의 원칙 등이 있다.

08 복리후생의 관리원칙에 적정성, 협력성, 공개성, 그리고 합리성을 들 수 있다. 합리성에 대한 내용으로 가장 적절한 것은?

① 근로자가 필수적으로 요구해야 한다.
② 복리후생 비용이 기업운영에 부담을 주지 않아야 한다.
③ 경쟁기업들과 비교하여 큰 차이가 없는 정도가 적당하다.
④ 국가나 지역사회에서 추진하는 제도와 중복되지 않아야 한다.

기업의 복리후생이 국가나 지자체 등에서 제공하는 제도와 중복된다면 복리후생의 효과는 현저하게 줄어든다.

09 복리후생의 성격이 <u>다른</u> 하나는 무엇인가?

① 유급휴가제도
② 생활지원시설
③ 교육 및 경력개발
④ 문화체육시설 지원

4대보험 및 퇴직금제도, 유급휴가제도 등은 법정 복리후생이고, 나머지는 모두 법정 외(임의) 복리후생이다.

10 복리후생제도에 대한 설명으로 가장 적절하지 <u>않은</u> 것은?

① 홀리스틱 복리후생은 근로자의 다양한 욕구를 반영하여 균형 잡힌 동기부여를 추구하는 제도이다.
② 라이프사이클 복리후생은 근로자의 연령에 따른 생활 패턴 및 의식 변화를 고려하여 차이를 두는 제도이다.
③ 카페테리아식 복리후생은 여러 가지 제도 중 근로자들이 각자의 필요에 따라 선택적으로 이용하도록 하는 제도이다.
④ 퇴직금제도는 근로자가 일정 기간 기업에 종사한 경우에 자발적 또는 비자발적으로 고용관계가 파기되거나 소멸되어 받게 되는 보상이다.

홀리스틱 복리후생은 근로자를 전인적 인간으로서 육체적, 정신적, 심리적 측면에서 균형 잡힌 삶을 추구할 수 있도록 지원하는 제도이다.

11 4대보험에 해당하지 <u>않는</u> 것은?

① 국민연금
② 퇴직연금
③ 고용보험
④ 산업재해보상보험

퇴직연금은 근로자의 퇴직금 지급을 안정적으로 보장하기 위한 제도이며, 4대보험에 해당하지 않는다.

12 [보기]의 (   )에 들어갈 내용은 무엇인가?

> **[보기]**
> 직장가입자의 보험료율은 1천분의 (   )의 범위에서 심의위원회의 의결을 거쳐 대통령령으로 정한다.

① 10
② 50
③ 80
④ 100

「국민건강보험법」 제73조 제1항에 따라 직장가입자의 보험료율은 1천분의 80의 범위에서 심의위원회 의결을 거쳐 대통령령으로 정한다.

13 산업재해보상보험에 대한 설명으로 적절하지 않은 것은?

① 보험사업에 소요되는 재원인 보험료는 원칙적으로 근로자가 전액 부담한다.
② 산재근로자와 그 가족의 생활을 보장하기 위해 국가가 책임을 지는 의무보험이다.
③ 근로자의 업무상 재해에 대하여 사용자에게는 고의 · 과실의 유무를 불문하는 무과실 책임주의에 따른다.
④ 산재보험 급여는 재해 발생에 따른 손해 전체를 보상하는 것이 아니라 평균임금을 기초로 하는 정률보상 방식으로 행한다.

산재보험은 기업 내 산업재해 발생 시 사용자(기업주)의 책임을 경감하기 위한 측면이 있다. 따라서 사용자 본인이 부담해야 할 손해배상에 대비하는 제도이므로 보험료는 사용자가 전액 부담한다.

14 [보기]의 (   )의 들어갈 내용을 숫자로 입력하시오.

> **[보기]**
> 「국민건강보험법」상 직장가입자에서 제외되는 자는 다음과 같다.
> • 고용 기간이 (   )개월 미만인 일용근로자
> • 「병역법」에 따른 현역병(지원에 의하지 아니하고 임용된 하사를 포함한다), 전환복무된 사람 및 군간부후보생
> • 선거에 당선되어 취임하는 공무원으로서 매월 보수 또는 보수에 준하는 급료를 받지 아니하는 사람
> • 그 밖에 사업장의 특성, 고용 형태 및 사업의 종류 등을 고려하여 대통령령으로 정하는 사업장의 근로자 및 사용자와 공무원 및 교직원

정답 (   )개월

「국민건강보험법」 제6조 제2항에 따라 직장가입자에서 제외되는 자는 고용 기간이 1개월 미만인 일용근로자이다.

15 [보기]는 산업재해보상보험에 관한 내용이다. (   )에 해당하는 기관명을 한글로 입력하시오.

> **[보기]**
> 산업재해보상보험은 근로자가 존재하는 모든 사업 또는 사업장에 적용되며, 근로자가 업무상 재해를 입을 경우 (   )에 산재보상 신청 후 심사를 통해 지급된다.

정답 (   )

산업재해보상보험의 보험료 징수, 심사 등을 실무적으로 담당하는 기관은 근로복지공단이다.

소득세와 연말정산

빈출 태그 ▶ #소득세 #종합과세 #분리과세 #분류과세 #원천징수 #연말정산 #인적공제

01 소득세

1) 소득세의 특징

- 소득세는 개인(거주자 및 비거주자)이 1년 동안 벌어들인 소득에 과세하는 세금이다.
- 다수 국민이 납부하는 세금으로 금액이 매우 크며, 정부 입장에서 매우 중요한 세원이다.

열거주의	개인 소득 중 법에 열거된 소득에 한해 과세
초과 누진세율 (6%~45%)	소득에 비례해서 최소 6%부터 최대 45%의 '8단계 초과 누진세율'을 적용(이를 통해 소득재분배가 이루어지도록 함)
각종 공제	납세자의 개인적인 세부담 능력을 고려하여 부과하기 위해 부양가족 등 요건 충족 시 세금 차감(공제)
원천징수제도	급여 등 대부분의 개인 소득은 받을 때마다 세액을 공제하고 받는데, 이를 원천징수라고 하며 세수를 조기에 확보하는 등의 효과가 있음

2) 소득세의 종류

법에 열거된 과세소득의 종류 및 과세 방법에는 다음의 세 가지가 있다.

종합과세 (6가지 소득)	• 개인이 1년 동안 벌어들인 6가지 소득금액(이자, 배당, 사업, 근로, 연금, 기타)을 합산(종합)하여 다음 연도 5월에 납부 • 모든 소득을 합계하기 때문에 종합과세라고 함
분리과세	• 종합과세소득 중 원천징수로 납세의무가 종결되는 과세(개인이 소득을 지급받을 시 세액을 공제하면 납세의무가 끝남) • ⓔ 2,000만원 이하의 금융(이자 + 배당)소득, 일용직 근로소득, 복권당첨소득 등
분류과세	• 개인의 퇴직소득, 양도소득은 대부분 다년간 발생한 소득이고 금액도 크기 때문에, 이를 종합과세하게 되면 결집효과가 발생함 • 결집효과를 방지하기 위해 종합소득과 별도로 과세하는데, 이를 분류과세라고 함

➕ 더 알기 TIP

결집효과

- 퇴직소득(퇴직금), 양도소득은 일반적으로 금액이 크다는 특징이 있다.
- 따라서 이를 종합과세하면 다른 소득까지 높은 세율을 적용받게 되는데, 이를 결집효과라 한다.

분리과세

- 분리과세 항목은 다음 연도 5월에 신고·납부할 필요가 없다.
- ⓔ 상용직의 근로소득은 원칙적으로 종합과세지만, 일용직의 근로소득은 원천징수로 분리과세되어 종합과세하지 않는다.

분류과세

- 퇴직소득(퇴직금), 양도소득은 금액이 크고 다년간 발생한 소득이다.
- 반면 종합과세 대상 일반 소득은 당해 연도 발생분이므로 같이 취급하는 것은 부적절하다.

3) 원천징수

- 원천징수란 돈을 지급하는 자가 세액을 미리 공제(차감)하고 지급하는 것을 말한다. 근로자 급여명세서에는 소득세 및 4대보험 공제가 표시된다.
- 원천징수에는 완납적 원천징수와 예납적 원천징수의 두 가지가 있다.

예납적 원천징수	일반적인 종합과세 소득에 대해, 지급 시 원천징수된 금액과 본래 납부세액을 비교하여 추후에 이를 정리(정산)하는 방식
완납적 원천징수	• 일부 소득(일용직 근로소득 등)은 원천징수로 납세의무가 종결되는 것을 말함 • 따로 연말정산이나 종합과세에 포함시킬 필요가 없음. 즉, 원천징수로 납세의무가 종결되는 분리과세 항목을 의미함

02 종합과세

1) 과세방법

- 종합과세의 과세기준은 개인이 벌어들인 이익(소득금액)이다.
- 다음과 같이 수익 1,000만원 전체에 과세하는 것은 부당하기 때문에, 비용을 차감한 이익 400만원에 과세한다.

> ■ **치킨 가게를 운영하는 최사장님(사업소득)의 사례**
> - 사업소득(수익) : 치킨, 음료 등을 판매하고 번 돈 → 1,000만원
> - 필요경비(비용) : 통닭, 기름, 음료 등의 구입비용, 상가 월세, 알바비 등 → 600만원
> - 사업소득금액(이익) : 사업소득(수익)에서 필요경비(비용)를 차감한 것 → 400만원

2) 종합과세 항목

소득세는 6가지의 소득을 다음과 같이 계산하여 이를 합산한다.

소득(수익)	− 필요경비(비용)	= 소득금액(이익)
이자소득	−	이자소득금액
배당소득	−	배당소득금액
사업소득	필요경비	사업소득금액
근로소득	근로소득공제	근로소득금액
연금소득	연금소득공제	연금소득금액
기타소득	필요경비	기타소득금액

➕ 더 알기 TIP

금융(이자 + 배당)소득
- 이자소득과 배당소득을 합쳐 금융소득이라고 하는데, 이자나 배당을 얻기 위해 별도의 비용(필요경비)이 들지 않기 때문에 두 금융소득은 필요경비를 차감하지 않는다.
- 따라서 이자와 배당의 경우, ○○소득과 ○○소득금액이 일치한다.

3) 근로소득

① 정의

- 개인이 근로를 제공한 대가로 받는 소득을 의미하며, 임금, 봉급, 월급 등 명칭을 불문하고 기업으로부터 받은 금전은 원칙적으로 모두 과세 대상이다.
- 개인의 과세소득 8가지(이자, 배당, 사업, 근로, 연금, 기타, 퇴직, 양도) 중 수험 목적상 가장 중요한 소득은 근로소득이다. 기업의 인사 담당자로 취업한다면 직원들에 대한 급여 또한 담당하게 되기 때문이다.

+ 더 알기 TIP

근로소득의 사례 – 명칭 불문, 전부 과세
- 매월 수령하는 급여, 봉급, 월급 등과 일시적으로 받는 상여(보너스) 등
- 주주총회의 의결 등으로 받는 소득
- 「법인세법」상 상여(보너스)를 받은 것으로 인정된 금액
- 자녀 학자금, 가족수당 등
- 퇴직으로 받는 소득 중 '퇴직소득'이 아닌 소득
- 업무에 사용된 것이 분명하지 않은 기밀비, 판공비

② 과세 제외 및 비과세 근로소득

- 직장으로부터 수령한 소득 중 법에서 정한 한도 금액까지는 비과세한다.
- 따라서 법에서 열거된 다음의 금액을 초과하는 부분은 과세한다.

과세 제외	사회 통념상 타당한 정도의 경조사비	
비과세 근로소득	실비변상적 성질	• 일직료, 숙직료, 여비 등 • 자가운전보조금 : 월 20만원
	식대	• 음식물을 제공받는 경우 : 전액 비과세 • 음식물을 제공받으면서 동시에 받는 식대 : 전액 과세 • 음식물을 제공받지 않는 경우의 식대 : 월 20만원
	국외근로소득	• 국외에서 근로를 제공하고 받는 보수 : 월 100만원 • 원양어선 및 국외 건설 현장 : 월 500만원
	연장근로수당	직전연도 총 급여 3,000만원 생산직 근로자 중 월정액급여가 210만원 이하인 경우 : 연 240만원
	기타	• 본인 또는 배우자의 출산이나 6세 이하의 자녀의 보육을 위해 지급되는 수당 : 월 20만원 • 연구 활동에 직접 종사하는 자의 연구보조비 : 월 20만원 • 실업급여, 육아휴직급여 등

③ 일용직 근로자

- 일용직 근로자의 근로소득은 분리과세 항목이기 때문에 원천징수로써 납세의무를 종결한다. 따라서 일당 등에서 다음의 세금을 공제하고 받으면 더 이상의 납세의무는 없다.
- 일용직 소득세 = (일 급여 − 15만원) × 6% − 세액공제(산출세액의 55%)

쉽게 계산하기
- 일용직 원천징수 금액 = 150,000원 초과분 × 2.7%
- 일용직 근로자의 일당이 200,000원인 경우 : 15만원 초과분은 5만원이기 때문에, 5만원에 2.7%를 곱하면 1,350원으로 간단하게 계산된다.

03 연말정산

1) 의의

- 근로소득이 있는 자는 매월 급여를 지급받을 때 소득세를 원천징수로 공제하고 나머지 금액만 수령한다. 그러나 이는 대략 계산된 세액이므로 실제로 부담해야 하는 세액과 차이가 날 수 있다.
- 따라서 1년 동안 원천징수로 납부한 총 세액과 실제 부담세액을 비교하여 추가로 납부하거나 환급받는 절차를 연말정산이라고 한다.

2) 인적공제와 물적공제

① 개념
- 소득세는 납세자의 세금 부담 능력을 고려하는 세금이므로, 납세자의 형편에 따라 세금을 줄여주는 각종 공제(차감)★ 제도를 둔다.
- 소득세의 공제는 크게 인적공제와 물적공제로 구분할 수 있다.

② 인적공제
- 근로자 본인 또는 그 부양가족에 대해 세금을 줄여주는 공제로, 인적공제에는 기본공제와 추가공제가 있다.
- 기본공제는 본인과 부양가족이 다음의 요건을 갖춘 경우 1인당 150만원을 소득에서 공제한다.

관계	공제 요건	
	나이	소득
본인	–	–
배우자	–	연 소득금액 100만원 이하
직계존속	60세 이상	
직계비속	20세 이하	
형제자매	60세 이상 또는 20세 이하	
기타(위탁아동 등)	–	

한선생님의 TIP

보통 연말정산으로 세금을 돌려받으면 기분이 좋지만, 엄밀히 말해 그동안 더 낸 세금을 환급받는 것에 불과합니다.

★ **공제**
공제는 차감을 뜻한다. 즉, 빼는 것 (−)이다.

인적공제
= 기본공제 + 추가공제

한선생님의 TIP

본인의 경우 나이와 소득 요건이 없기 때문에 무조건 150만원을 공제(차감)받습니다.

- 추가공제는 기본공제 대상자가 다음의 요건에 해당하는 경우 추가로 소득을 공제해 준다.

종류	공제 요건	공제 금액
경로우대자	기본공제 대상자 중 70세 이상인 자가 있는 경우	연 100만원
장애인	기본공제 대상자 중 장애인이 있는 경우	연 200만원
부녀자	해당 과세기간에 종합소득금액이 3천만원 이하인 거주자로서 본인(근로자)이 여성으로, • 배우자가 있는 경우 또는 • 배우자 없이 기본공제 대상자를 부양하고 있는 경우	연 50만원
한부모	배우자 없이 직계비속(기본공제 대상)을 부양하고 있는 경우	연 100만원

③ 물적공제

- 근로자가 의료비 등에 금전을 지출하게 되는 경우가 있다. 이러한 부득이한 지출이 발생하면 사실상 벌어들인 소득이 줄어든 것과 같다.
- 따라서 세법은 사람이 살아가는 데 필수적인 지출에 대해 규정을 완화하여 세금(소득)을 공제해 주는 제도를 두고 있다.

종류	공제 요건
특별세액공제	의료비, 교육비, 기부금, 보험료 등 지출이 있는 경우 세액공제
사회보험료 공제	국민연금, 건강보험료 등을 지급한 경우 납부액은 소득공제
신용카드 등 공제	신용카드, 현금영수증 등 사용 금액에 비례해서 소득공제
자녀세액공제	• 당해 연도에 출산이나 입양을 한 경우 세액공제 • 8세 이상 자녀가 있는 경우 세액공제

01 [보기]가 설명하는 과세방법은 무엇인가?

> [보기]
> 원천이나 유형이 다른 종류의 소득을 모두 하나의 과세표준에 합산하여 과세하는 방법이다.

① 분류과세
② 분리과세
③ 종합과세
④ 병합과세

이자, 배당, 사업, 근로, 연금, 기타소득을 모두 합산하여 과세하기 때문에 이를 '종합'과세라고 한다.

02 다음 중 [보기]가 설명하는 것은?

> [보기]
> 소득과세방법으로 장기간에 걸쳐 발생하는 퇴직소득 또는 양도소득은 다른 소득과 합산하지 않고 별도로 과세한다.

① 종합과세
② 분리과세
③ 분류과세
④ 병합과세

퇴직소득 및 양도소득은 여러 연도에 걸쳐 발생한 소득이며 대부분 금액이 크기 때문에 종합과세하지 않고, 별도로 분류하여 과세한다.

03 소득세의 특징에 대한 설명으로 적절하지 <u>않은</u> 것은?

① 세율구조는 5단계 초과 누진세율을 적용한다.
② 소득세 과세 방법에는 종합과세, 분류과세, 분리과세가 있다.
③ 소득세의 납세의무자는 원칙적으로 개인(거주자 및 비거주자)이다.
④ 개인별로 과세하며 원칙적으로 세대별 혹은 부부별로 합산하지 않는다.

소득세 세율구조는 8단계 초과 누진세율을 적용한다.

04 2024년도 종합소득 기본 세율을 적용하였을 때, 종합소득 10억원 초과가 될 경우 기본세율은 몇 %인가? (정답은 단위(%)를 제외한 숫자만 입력하시오)

정답 (   )%

10억원 초과의 경우 가장 높은 세율인 45%가 적용된다.

오답 피하기

과세표준별 기본 세율

과세표준	기본 세율
1,400만원 이하	6%
1,400만원 초과 5,000만원 이하	15%
5,000만원 초과 8,800만원 이하	24%
8,800만원 초과 1억 5,000만원 이하	35%
1억 5,000만원 초과 3억원 이하	38%
3억원 초과 5억원 이하	40%
5억원 초과 10억원 이하	42%
10억원 초과	45%

05 다음 중 근로소득의 범위로 적합하지 <u>않은</u> 것은?

① 연 또는 월 단위로 받는 여비

② 종업원에게 지급하는 위로금과 학자금

③ 업무에 사용된 것이 분명하지 않은 기밀비와 판공비

④ 종업원이 출퇴근을 위하여 차량을 제공받는 경우의 운임

종업원이 출퇴근을 위하여 차량을 제공받는 경우의 운임은 비과세 대상이다.

06 비과세 근로소득에 대한 설명으로 적절하지 <u>않은</u> 것은?

① 별도의 식사를 제공받지 않는 경우 월 30만원의 식대

② 국외에 주재하며 근로를 제공하고 받는 보수 중 월 100만원 국외근로소득

③ 관련 법령에 의거하여 연구 활동에 직접 종사하는 자의 월 20만원 이내의 연구보조비

④ 근로자 또는 배우자의 출산, 6세 이하 자녀보육과 관련하여 지급하는 월 20만원 이내의 자녀보육수당

식사를 제공받지 않는 경우 월 20만원까지의 식대가 비과세 대상이다.

07 근로소득에서 비과세소득으로 옳지 <u>않은</u> 것은?

① 직무수당

② 「고용보험법」에 의하여 받는 실업급여

③ 출산 및 6세 이하 자녀의 월 20만원 이하의 보육수당

④ 국외 건설 현장에서 근로 제공으로 받은 월 500만원 이내 소득

직무수당, 직책수당 등은 비과세 항목으로 열거된 항목이 아니다.

08 [보기]에서 (A)에 들어갈 용어를 한글로 기입하시오.

> **[보기]**
> • 종합과세 : 원천이나 유형이 다른 종류의 소득을 모두 하나의 과세표준에 합산하여 과세하는 방법
> • (A)과세 : 원천징수를 통하여 과세당국에 납부함으로써 납세의무를 이행하는 과세 방법이다.
> • 분류과세 : 종합과세 대상에 합산하지 않고 구분된 일정 소득을 각각 별도의 과세표준으로 과세하는 방법이다.

정답 ( )과세

• 종합과세 : 원천이나 유형이 다른 종류의 소득을 모두 하나의 과세표준에 합산하여 과세하는 방법
• 분리과세 : 원천징수를 통하여 과세당국에 납부함으로써 납세의무를 이행하는 과세 방법
• 분류과세 : 종합과세 대상에 합산하지 않고 구분된 일정 소득을 각각 별도의 과세표준으로 과세하는 방법

09 [보기]의 ( )에 들어갈 기간을 숫자로 입력하시오.

> **[보기]**
> 원천징수의무자는 소득 지급일이 속하는 달의 다음 달 ( )일까지 원천징수이행상황신고서를 세무서에 제출해야 한다.

정답 ( )일

원천징수의무자는 원천징수한 세액에 대해 원천징수이행상황신고서를 소득 지급월의 다음 달 10일까지 관할세무서에 제출해야 한다.

정답 05④ 06① 07① 08분리 09 10

10 [보기]의 (A)에 알맞은 금액은 얼마인가?

> **[보기]**
> 일용근로자의 원천징수세액
> [일급(비과세소득 제외) − (A)만원] × 6% × [1 − 55%(근로소득세액공제)]

① 100,000(원)

② 120,000(원)

③ 130,000(원)

④ 150,000(원)

일용직의 경우 하루 일당이 15만원을 넘어야 세금을 낸다고 생각하자.

11 [보기]의 (　　)에 들어갈 금액은 얼마인가? (정답은 단위를 제외한 숫자만 입력하시오)

> **[보기]**
> 신제품 개발을 위한 프로모션 행사진행을 위한 일용직 사원의 일당 190,000원을 현금으로 지급하는 경우 당사가 원천징수하여야 할 소득세는 (　　　　)원이다. (단, 지방소득세는 포함하지 않는다)
>
> **정답** (　　　　)원

'15만원 초과분의 2.7%'가 내야 할 세금이다. 따라서 4만원 × 2.7% = 1,080원이다.

12 (주)인사는 소비자의 시장조사를 위해 일용직을 고용하였다. 해당 일용직 사원에게 일당 250,000원을 현금으로 지급할 경우 (주)인사가 원천징수하여야 할 소득세는 얼마인가? (정답은 단위(원)를 제외한 숫자만 입력하시오)

정답 (　　　　)원

10만원 × 2.7% = 2,700원

13 [보기]는 무엇에 대한 설명인가? (정답은 한글로 입력하시오)

> **[보기]**
> 소득자가 자신의 세금을 직접 납부하지 아니하고, 원천징수 대상소득을 지급하는 원천징수 의무자(국가, 법인, 개인사업자, 비사업자 포함)가 소득자로부터 세금을 미리 징수하여 국가(국세청)에 납부하는 제도
>
> **정답** (　　　　)제도

원천징수란 소득을 지급하는 자가 세금(4대보험)을 미리 공제하여 지급하는 것을 말한다. 예를 들어 급여를 지급하는 경우 소득을 다 지급하지 않고 소득세(4대보험)를 공제하고 지급하며, 그 세액은 다음 달 10일까지 세무서 등에 납부해야 한다.

14 [보기]는 무엇에 대한 설명인지 한글로 입력하시오.

> **[보기]**
> 원천징수의무자가 근로자에게 매월 급여를 지급하는 때에 원천징수해야 하는 세액을 급여 수준 및 기본공제대상 가족 수별로 정한 표를 의미한다.
>
> **정답** (　　　　)표

간이세액표는 원천징수의 기준으로서 매월 급여 지급 시 원천징수해야 하는 세액을 급여 수준 및 부양가족 등을 대략적으로 반영하여 산정하는 표이다.

15 [보기]에서 설명하는 용어를 한글로 입력하시오.

> **[보기]**
> • 원천징수의무자가 소득을 받는 사람에게 소득을 지급했다는 것을 증명하기 위해 소득자에게 주는 서류를 의미한다.
> • 해당 서류에는 소득의 지급 사실뿐 아니라 소득자로부터 세금을 원천징수했다는 것을 증명하는 서류로도 사용된다.

정답 (　　　　　)

원천징수영수증은 원천징수의무자가 소득자에게 지급 사실과 원천징수세액을 확인해 주는 증빙서류이다.

16 근로소득의 연말정산과 관련하여 인적공제의 추가공제에 해당하지 <u>않는</u> 항목은?

① 부녀자 공제
② 장애인 공제
③ 위탁아동 공제
④ 경로우대자 공제

부녀자, 장애인, 경로우대자, 한부모는 추가공제 대상이며, 위탁아동은 기본공제 대상이다.

17 연말정산 시 근로자 제출 서류로 적절하지 <u>않은</u> 것은?

① 기부금 명세서
② 의료비 지급명세서
③ 근로소득 공제신고서
④ 원천징수이행상황신고서

원천징수이행상황신고서는 원천징수의무자가 관할세무서에 제출하는 서류이다.

오답 피하기

연말정산 시 근로자 제출 서류
• 기부금 명세서
• 의료비 지급명세서
• 근로소득자 소득 · 세액 공제신고서
• 교육비 납입증명서
• 신용카드 등 소득공제신청서 등

18 연말정산 시 제출하는 기본 서류로 가장 적절하지 <u>않은</u> 것은?

① 기부금 명세서
② 소득 · 세액 공제신고서
③ 반려동물의료비지급명세서
④ 신용카드 등 소득공제신청서

연말정산 기본 제출 서류에는 기부금 명세서, 소득 · 세액 공제신고서, 신용카드 등 소득공제신청서 등이 포함되며, 반려동물의료비지급명세서는 해당하지 않는다.

19 연말정산 시 근로자가 제출하는 서류 중 적절하지 <u>않은</u> 것은?

① 기부금 명세서
② 소득세 납부서
③ 의료비 지급명세서
④ 소득 · 세액 공제신고서

근로자가 연말정산 때 제출하는 서류는 기부금 명세서, 의료비 지급명세서, 소득 · 세액 공제신고서 등이며, 소득세 납부서는 원천징수의무자가 세액을 납부할 때 사용하는 서류로 근로자가 제출하는 서류가 아니다.

정답　15 원천징수영수증　16 ③　17 ④　18 ③　19 ②

인적자원의 개발

우수한 인적자원은 외부에서 모집하여 확보할 수도 있지만, 내부 인력의 개발을 통해서도 확보할 수 있습니다. 우리 기업에 뛰어난 인재가 많을수록 조직 목표 달성이 쉬워지고 기업 가치가 높아집니다. 이를 위해 먼저 인사고과를 실시하여 종업원의 현재 능력을 진단하고, 그 결과를 바탕으로 교육훈련을 실행하여 인재를 체계적으로 개발하는 과정을 거치게 됩니다.

출제빈도

| SECTION 01 | 상 | 85% |
| SECTION 02 | 하 | 15% |

인적자원의 개발

빈출 태그 ▶ #인사고과 #후광효과 #상동적 오류 #교육훈련 #OJT #액션러닝 #경력관리

01 인적자원의 개발

- 손흥민, 박지성 등과 같은 축구 스타가 있듯, 반도체 · 금융 등 각 산업에도 탁월한 인재가 존재한다. 이러한 인재가 우리 기업에 있다면 매우 뛰어난 성과를 거둘 수 있다.
- 인적자원은 교육훈련을 통해 매우 높은 수준의 역량을 갖출 수 있다.
- 인적자원을 개발하려면 교육훈련이 필요하며, 그에 앞서 인적자원의 현재 능력과 잠재력 등을 파악하는 인사고과가 선행되어야 한다.

02 인사고과(인사평가)

교육훈련에 앞서 종업원의 현재 업무 능력과 잠재력 등을 파악해야 하므로, 인사고과를 먼저 시행해야 한다.

1) 인사고과의 목표(구성요건)

신뢰성(Reliability)	• 측정하고자 하는 평가내용(항목)이 얼마나 정확하게 반영되었느냐에 관한 것 • 인사평가의 결과가 큰 편차 없이 일관되고 안정적으로 나타나는 정도를 의미
타당성(Validity)	고과내용이 고과목적을 얼마나 잘 반영하고 있느냐의 여부
실용성(Practicability)	인사평가제도의 비용보다 효과가 큰지를 검토하는 것
수용성(Acceptability)	피평가자가 평가결과를 적법하고 필요한 것이라고 믿고, 평가가 공정하게 이루어지며, 평가결과가 활용되는 목적에 동의하는 정도

+ 더 알기 TIP

인사고과의 목적
- 임금 지급의 합리적 기준으로 삼을 수 있다.
- 승진 및 배치 등에 대한 기준이 된다.
- 교육 · 훈련에 필요한 자료로 사용할 수 있다.
- 경영계획을 수립함에 있어 필요한 인적자원이 얼마나 있는지 알 수 있다.

2) 인사고과의 방법

상대평가	서열법	고과 성적 및 평소 업무 성과에 따라 전체적으로 서열을 매기는 방법
	쌍대비교법	두 종업원을 비교해 상대적으로 우수한 종업원을 가려내는 과정을 반복하여 서열을 매기는 방법
	강제할당법	고과자의 의견이 한쪽으로 치우치지 않도록 평가 점수별 개수를 미리 할당하는 방법
절대평가	자유기술법	고과자가 종업원의 평소 업무 성과나 태도 등을 단순하게 서술하는 방법
	체크리스트법	인사고과에 필요한 항목을 나열한 리스트를 만들어 점수를 체크하는 방법
	중요사건평가법	중요한 업무와 관련된 종업원의 선택이나 행동 등을 기록하는 방법
	강제선택법	• 쌍으로 된 평가항목의 서술문을 고과자에게 제시하고, 고과자가 두 개의 서술문 중 반드시 한 곳에만 체크하게 하는 방법 • 고과자의 심리적 압박감이 큼
	평정척도고과법	숙련, 노력, 근무 성적 등의 평가요소를 A · B · C · D · E 등 척도로 계량화하여 점수를 부여하는 방법
	행위기준고과법	중요사건평가법을 기준으로 좀 더 세분하여 발전시킨 방법

3) 인사고과의 오류

인사고과는 사람이 수행하므로 개인적인 감정이나 기억의 영향을 받을 수 있다. 따라서 다음과 같은 오류가 발생할 수 있다.

경향 오류	• 관대화 경향 : 고과 대상을 좋게 평가하려는 오류 • 중심화 경향 : 고과 대상을 중간 정도로 평가하려는 오류 • 가혹화 경향 : 고과 대상을 낮게 평가하려는 오류
후광효과 (Halo Effect)	• 현혹효과라고도 하며, 피고과자의 몇 가지 특징만을 가지고 전반을 평가하게 되는 오류 • 외모, 옷차림, 목소리, 분위기 등 비교적 눈에 잘 띄는 요소가 평가에 영향을 미침
상동적 오류 (Stereo-type)	피고과자가 속한 집단, 종교, 지역, 학벌, 성별, 국적 등에 대한 편견
대비 오류	• 고과자가 자기 자신과 피고과자를 비교하는 것 • 또는 둘 이상의 피고과자를 서로 비교하여 판단하는 것
최근화 경향 (근접 오류)	시간적 오류라고도 하며, 최근의 사건이 비교적 기억에 뚜렷이 남아 고과에 더 큰 영향을 미치는 것

➕ 더 알기 TIP

인사고과 문제점의 개선방향

- 추상적 → 구체적 · 요소별
- 인물중시 → 업무 능력 · 업적중시
- 상사중심 → 본인 참여의 자주적 고과
- 종업원 통제형 → 능력개발촉진 및 성장지향형

다면평가

본인을 포함하여 동료 직원, 상사, 부하, 고객 등을 고과자로 함으로써, 피고과자에 대한 정보를 여러 측면에서 얻는 방법이다.

목표관리법(MBO)

종업원이 상사와 협의하여 작업목표량을 결정하고, 그 성과를 부하와 상사가 함께 측정하여 인사고과의 자료로 활용하는 방법이다(목표 설정 과정부터 평가까지 참여).

경향 오류의 개선

- 강제할당법을 사용하여 한쪽으로 점수가 치우치지 않도록 한다.
- 평가기간을 늘리고 평가자료를 충분히 확보한다.

 **개념 체크**

다면평가 시 피평가자 본인은 자기 자신을 평가할 수 없다. (O, X)

X(본인을 포함한다)

03 교육훈련

1) 개념(교육과 훈련)

- 교육과 훈련의 개념에는 차이가 있다. 교육은 장기적으로 종업원의 가치관과 기본적인 교양 수준을 높이기 위해 실시하는 것이다. 반면 훈련은 비교적 단기간에 종업원의 직접적인 업무 능력을 향상시키기 위해 전문적인 지식과 기술을 습득하도록 하는 것을 말한다.
- 최근 급변하는 기업 환경과 신기술(AI 등)의 고도화 등으로 교육훈련의 필요성이 커지고 있다. 새로운 기술 등을 지속적으로 학습해야 경쟁에서 도태되지 않는다.

2) 교육훈련 기법

OJT와 Off-JT	• OJT(On-the-Job Training) : 직장 내 훈련이라고도 하며, 선임 직원이 실제 업무를 수행하면서 동시에 부하 직원을 교육하는 방법 • Off-JT(Off-the-Job Training) : 직장 외 훈련이라고도 하며, 작업 환경에서 벗어나 특정 장소에서 실시하는 교육 방법
강의식 교육	강의실에서 교육자가 종업원을 대상으로 강의하는 방법
역할연기법	• 특정 상황을 설정하여 피훈련자에게 그 상황 속 특정 역할을 맡기고, 그 역할에 관한 행동을 실행하도록 하는 방법 • 부서 간 갈등 상황에서 상대방을 이해하는 데 도움이 된다는 장점이 있음
브레인스토밍	• 사실 교육훈련보다는 회의 기법에 가까우며, '두뇌폭풍'이라고도 함 • 독창적인 아이디어가 필요할 때 사용하며, 참가자의 의견을 비판 없이 대량으로 수집하여 그중 창의적인 결과를 도출하는 방법
인바스켓	교육자가 실제 업무에서 일어날 수 있는 가상의 상황을 종이에 적어 바구니에 넣고 무작위로 뽑아 역할을 수행하게 하는 방법
액션러닝	종업원들이 팀을 이루어 팀워크를 바탕으로 경영상의 실제적인 문제를 해결하도록 하는 방법
감수성훈련	• 주로 상위 직급자 대상의 교육훈련으로, 집단으로부터 고립시켜 자기 자신을 타인이 보는 것처럼 객관적으로 성찰하도록 하는 방법 • 타인의 생각과 감정을 정확히 감지하고 이에 유연하게 대응하는 태도와 행동을 배양하기 위한 방법
심포지엄	둘 이상의 전문가가 경영상의 문제를 토의하여 다양하고 전문적인 해결책을 찾도록 하는 방법
기타	• 도제훈련 : OJT와 유사한 교육훈련 기법으로, 오랜 기간 동안 전문적인 기능이나 능력을 작업 현장에서 배우는 방법 • 행동모델법 : 특정 상황에서 가장 바람직한 행동을 제시하고 이를 반복적으로 따르게 하여 바람직한 행동을 형성하는 방법 • 그리드훈련 : 리더의 특성을 인간중심과 업무중심으로 구분하여 개선하고, 가장 훌륭한 리더의 자질인 9.9를 달성하도록 하는 방법

3) OJT와 Off-JT의 비교

구분	OJT(On-the-Job Training)	Off-JT(Off-the-Job Training)
장점	• 시간과 비용의 절감 • 교육내용이 실제 업무와 밀접 • 신입 직원과 기존 직원 간 소통 가능	• 전문적인 지식 습득에 용이 • 많은 인원을 한 번에 교육 가능 • 업무 부담 없이 교육에 집중 가능
단점	• 소수 인원의 피교육자를 대상으로 하기 쉬움 • 교육자의 역량이 낮으면 교육이 제대로 이루어지지 않을 수 있음 • 안전 문제 발생 가능	• 업무와 병행 어려움 • 교육 장소 준비 등에 비용 부담이 큼 • 실제 업무와 동떨어진 경우 재교육 필요
예	도제훈련 등	사례연구, 강의식 훈련, 비즈니스 게임 등

04 이동과 승진(이동관리)

1) 인사이동의 의의

종업원의 업무 능력의 변화 또는 기업의 경영상 필요에 따라 인적자원을 배치, 전환, 승진시키는 것을 의미한다.

배치	신입 근로자 채용 후 적합한 직무를 부여하는 것
전환	직무의 난이도, 책임 범위, 임금 등의 변화 없이 인적자원을 이동시키는 것
승진	기존 근로자의 직위를 수직적으로 이동시키는 것

2) 승진의 유형

연공승진	근로자의 근속연수, 나이 등에 따라 업무수행 능력이 향상된다는 가정하에 근로자를 승진시키는 것
직급승진	조직 내의 주어진 계층 구조에 따라 상위 직급으로 이동시키는 것(↔ 역직승진)
발탁승진	• 근로자의 능력(실력)에 따라 상위 직급으로 이동시키는 것 • 근속연수 등에 관계없이 이루어지는 능력주의 승진
대용승진	• 업무의 내용, 임금 등의 변화 없이 상위 직급의 명칭만 부여하는 것 • 영업사원 등 대외적인 신뢰도가 중요하거나 승진 정체 상황에서 사용

3) 퇴직의 종류

자발적 퇴직	전직, 의원퇴직 등
비자발적 퇴직	해고, 당연(정년)퇴직, 명예퇴직 등

05 경력관리

1) 개념

종업원의 경력★을 개발하는 경력관리(경력개발)는 조직원 개인뿐 아니라 조직(기업)을 위한 제도이기도 하다.

개인의 입장	본인이 달성하고자 하는 명확한 경력목표를 설정하고 이를 달성하기 위해 경력개발을 시도하는 것
조직의 입장	기업 내·외부 환경의 불확실성이 높아지고 급격한 기술 변화 등이 발생함에 따라 이에 대응하기 위해 유능한 인적자원이 필요하므로, 조직 구성원의 경력개발을 장기적이고 체계적으로 지원할 필요가 있음

2) 경력개발의 단계

경력목표	종업원 개인이 달성하고자 하는 경력상의 목표를 세우는 것
경력계획	최종적인 경력목표를 달성하기 위해 각 시기별로 달성 가능한 경력경로를 선택하고, 이를 달성할 수 있도록 계획하는 것
경력개발	경력경로를 차근차근 달성할 수 있도록 개인과 조직 차원에서 실질적인 노력을 기울이는 것

3) 경력개발을 위한 제도

자기신고제	종업원이 본인의 직무내용, 보유 자격, 자기계발의 필요성 등에 대해 정기적으로 서술하여 제출하도록 하는 제도
직무순환	• 특정 직무에서 일정 기간 업무를 수행한 뒤 다른 직무로 옮겨 가도록 하는 제도 • 여러 직무를 경험함으로써 기업의 업무를 종합적으로 이해하게 되므로 경력개발 제도이기도 함
인재(기능)목록제도	인사고과 등을 통해 수집된 인적사항, 전공분야, 외국어 능력, 업무 능력 등 다양한 자료를 객관적으로 데이터화하여 경력개발에 활용하는 제도
종합평가센터	종업원의 장래성을 체계적으로 예측하여 경력개발에 활용하는 방법

4) 홀(D. T. Hall)의 경력개발 4단계

① 탐색단계(25세 이하) → 정체성 욕구	자기 탐색을 통해 자아 개념을 정립하고, 경력의 방향을 정하는 시기
② 확립단계(25~45세) → 친교성 욕구	본인이 선택한 직업에 정착하여 자신의 직무영역에 적응하는 시기
③ 유지단계(45~64세) → 생산성 욕구	본인의 업적을 생산하고자 하는 욕구가 있으며, 동시에 생산성이나 능력의 하락에 대응하여 이를 유지하고자 하는 시기
④ 쇠퇴단계(65세 이상) → 통합성 욕구	은퇴 이후의 삶에 대해 준비하고, 본인의 생애를 통합하고자 하는 시기

01 [보기]에서 설명하는 인사고과의 구성요건으로 가장 적절한 것은?

> **[보기]**
> 인사고과제도가 적합하며, 공정하게 운영되어 조직 구성원들이 그 결과를 받아들이는 성질

① 타당성
② 신뢰성
③ 실용성
④ 수용성

오답 피하기

- ① 타당성 : 고과내용이 고과목적을 얼마나 잘 반영하고 있느냐에 관한 성질
- ② 신뢰성 : 고과내용이 얼마나 정확하게 측정되었는가에 관한 성질
- ③ 실용성 : 기업이 어떤 고과제도를 도입하는 것인지가 중요하며, 실질적으로 비용보다 효익이 더 큰지를 살펴보는 성질

02 효과적인 인사고과가 갖추어야 할 요건으로 가장 적절하지 <u>않은</u> 것은?

① 합리적인 평가기준을 선정해야 한다.
② 피평가자별로 세분화된 객관적이고 공정한 평가요소를 마련해야 한다.
③ 피평가자의 활동을 균형 있게 파악할 수 있는 주기적 평가가 필요하다.
④ 평가 오류를 최소화하기 위해 채점기준을 구체적이고 체계적으로 산정해야 한다.

인사고과의 평가요소는 피평가자별로 만들어서는 안 되며, 직무별로 세분화되어야 한다.

03 인사고과 평가 방법 중 절대평가 방법에 해당하는 것을 고르시오.

① 서열법
② 쌍대비교법
③ 강제할당법
④ 행위기준고과법

오답 피하기

서열법, 쌍대비교법, 강제할당법은 상대평가에 해당하는 방법이다.

04 [보기]는 무엇에 대한 설명인가?

> **[보기]**
> - 숙련, 노력, 근무 성적 등 필요한 분석적 평가요소를 선정
> - 선정한 평가요소에 대한 A · B · C · D · E 등과 같이 척도로 계량화함
> - 근로자의 능력과 업적에 따라 계량화한 점수를 부여함

① 서술식고과법
② 대조표고과법
③ 토의식고과법
④ 평정척도고과법

평정척도고과법은 숙련, 노력, 근무 성적 등 필요한 분석적 평가요소를 선정하고, 각 요소에서 근로자가 어느 수준을 발휘하는지 판단하여 A · B · C · D · E 등 척도에 표시하고 점수로 수량화하는 방법이다.

05 [보기]의 (   ) 안에 들어갈 용어로 적절한 것은?

> **[보기]**
> (   )은(는) 인사평가의 타당성, 신뢰성, 객관성을 높이고자 개발된 평가 방법으로 근무평가를 위해 자신, 직속상사, 부하직원, 동료, 고객 등 외부인까지 평가자에 참여시킨다.

① 면접법
② 다면평가
③ 목표관리법
④ 균형성과표

다면평가 또는 360도 평가는 인사평가의 타당성, 신뢰성, 객관성을 높이고자 개발된 평가 방법으로, 근무평가에 자신, 직속상사, 부하직원, 동료, 고객 등 외부인까지 평가자로 참여시킨다. 특히 자기 자신도 포함된다는 점에 유의하자.

06 인사고과의 문제점을 개선하기 위한 개선방안으로 가장 적절하지 <u>않은</u> 것은?

① 추상적 → 구체적 · 요소별
② 인물중시 → 업무 능력 · 업적중시
③ 상사중심 → 본인 참여의 자주적 고과
④ 종업원 통제형 → 대인관계 및 과거성과 지향형

---

④ 종업원 통제형 → 능력개발촉진 및 성장지향형

07 [보기]는 무엇에 대한 설명인가?

> **[보기]**
> 조직 내 상하 구성원이 성과 목표 및 평가기준 정립 과정부터 참여함으로써 인사고과의 효과를 최대화하는 방법

① 중요사건법
② 평가센터법
③ 대조표고과법
④ 목표관리법(MBO)

목표에 의한 관리(목표관리법)는 단순히 주어진 과제를 수행하도록 하는 것이 아니라, 최초 목표(생산량 등) 설정부터 작업 수행 과정 및 평가 과정까지 상사와 부하 직원이 함께 참여하는 것을 말한다.

08 [보기]는 무엇에 대한 설명인가?

> **[보기]**
> • 쌍으로 된 평가항목의 서술문을 고과자에게 제시하고, 고과자가 두 개의 서술문 중 반드시 한 곳에만 체크하게 하는 방법
> • 주관적인 평가를 최소화하여 관대화 경향을 방지할 수 있으나 항목 설정 과정이 복잡하고 고과자의 심리적 압박감이 큼

① 강제선택법
② 대조표고과법
③ 토의식고과법
④ 서술식고과법

강제선택법은 근로자의 행동이나 능력을 가장 적합하게 기술한 서술문 2개와 적합하지 않은 서술문 2개로 구성하고, 고과자가 반드시 한 곳에만 체크하게 하는 방법이다. 주관적인 평가를 최소화하여 관대화 경향 등을 방지할 수 있으나, 항목 설정 과정이 복잡하고 고과자의 심리적 압박감이 크다.

09 종업원을 평가하기 위한 평가요소를 선정하여 놓고, 평가요소별 등급(척도)을 정한 다음, 각 종업원이 그 평가요소에 포함된 능력을 어느 정도 소유하고 있는가를 검토함으로써 각 평가요소의 척도상에 우열을 표시하는 인사고과 방법은 무엇인가?

① 토의식고과법
② 대조표고과법
③ 서술식고과법
④ 평정척도고과법

평가요소를 정하고 요소별 등급(척도)을 마련한 뒤, 종업원의 수준을 그 척도에 표시하여 점수화하는 인사고과 방법은 평정척도고과법이다.

10 인사고과 평가에 대한 오류 중 타인에 대한 평가가 속한 특정 집단에 대한 지각을 기초로 이루어지는 것을 말하는 것은?

① 현혹효과
② 상동적 태도
③ 관대화 경향
④ 중심화 경향

상동적 태도란 피고과자의 능력이 아니라, 그가 속한 집단, 국적, 인종, 성별, 종교, 학벌 등에 근거하여 평가하는 것을 말한다.

11 인사고과 평가의 오류에 대한 설명으로 가장 적절하지 <u>않은</u> 것은?

① 관대화 경향은 고과자가 피고과자를 가능하면 후하게 평가하려는 경향을 말한다.
② 시간적 오류는 최근 행위보다 과거 행위에 더 큰 영향을 받아 판단하려는 경향이다.
③ 상동적 태도는 타인에 대한 평가가 그에 속한 특정 집단에 대한 지각을 기초로 이루어지는 것이다.
④ 엄격화 경향은 고과자가 전반적으로 피고과자를 가혹하게 평가하여 평가결과의 분포가 평균 이하로 편중되는 경향을 말한다.

시간적 오류는 과거 행위보다 최근 행위에 더 큰 영향을 받아 판단하려는 경향을 말한다.

12 특정의 피고과자가 다음에 평가될 피고과자의 평가에 미치는 오류로, 객관적인 기준 없이 개개인을 서로 비교할 때 나타나는 오류로 가장 적절한 것은?

① 대비효과
② 현혹효과
③ 엄격화 경향
④ 관대화 경향

대비효과는 여러 피고과자를 평가하는 과정에서 상호 간 장·단점이 과도하게 부각되어 각자의 장·단점이 비교적으로 더 커보이는 현상을 말한다.

13 인사고과의 오류 중 중심화 경향을 줄이기 위한 개선방향으로 가장 효과적인 것은?

① 평가기간을 늘리고, 평가자료를 확보한다.
② 평가시즌의 즈음하여 평가자료를 확보한다.
③ 평가자의 가치관 등을 평가내용에 반영한다.
④ 피평가자의 특징적인 전반적 인상을 강조한다.

중심화 경향은 인사고과 결과가 평균을 중심으로 몰리는 현상(즉, 적당히 중간 정도의 점수를 주는 것)을 말한다. 이를 해결하기 위해서는 인사고과자 교육 외에 강제배분의 성격을 갖는 '상대평가(상대고과)'를 활용하는 것이 가장 효과적이다. 또한 평가기간을 늘리고 객관적인 평가자료를 충분히 확보하는 것 역시 개선방법 중 하나이다.

14 교육훈련의 목적으로 가장 적절하지 <u>않은</u> 것은?

① 사기 제고
② 품질 개선
③ 결근 감소
④ 기업 홍보

미이(F.Mee) 교수에 의한 교육훈련의 목적은 사고율 감소, 사기 제고, 품질 개선, 근로자의 불평 해소, 감독자의 부담 경감, 결근과 인사이동의 감소 등이다.

15 직장 내 훈련(OJT)에 대한 설명으로 적절하지 <u>않은</u> 것은?

① 훈련비용을 절감할 수 있다.
② 일을 실제로 수행하면서 학습할 수 있다.
③ 훈련자와 피훈련자 간 의사소통이 원활해진다.
④ 현업종사자가 훈련을 진행하므로 훈련 효과가 확실하다.

업무 우수자가 반드시 우수한 훈련자는 아니며, 훈련자가 전문가가 아닐 수 있어 훈련의 효과를 믿기 어렵다는 특징이 있다.

16 직장 외 훈련(Off-the-Job Training)에 대한 설명으로 가장 적절하지 <u>않은</u> 것은?

① 시간과 비용이 비교적 적게 소요된다.
② 동일 시간, 장소에서 다수교육이 가능하다.
③ 업무에 배제되어 교육훈련에만 집중이 가능하다.
④ 훈련 내용 중 대부분이 현장에 바로 적용되기 어렵다.

업무 장소를 떠나 특정 장소에서 진행하기 때문에 장소 및 강사 섭외비, 식대, 숙박비 등이 발생한다. 따라서 시간과 비용이 비교적 많이 소요된다.

17 직장 내 훈련(OJT)의 장점으로 옳은 것은?

① 훈련과 직무가 직결되므로 경제적이다.
② 작업과 관계없이 많은 교육생에게 계획적인 훈련이 가능하다.
③ 교육전문가에 의한 것으로 연수원이나 훈련원의 이용이 가능하다.
④ 업무 부담에서 벗어나 훈련에 전념할 수 있으므로 훈련효과가 증대된다.

이외에도 직장 내 훈련(OJT)의 장점으로 상사와 동료 간 이해 및 협동정신 강화, 낮은 비용으로 시행 용이 등이 있다.

18 직장 외 훈련(Off-the-Job Training)에 대한 설명으로 옳지 <u>않은</u> 것은?

① 낮은 비용으로 시행이 용이하다.
② 많은 교육생에게 계획적인 훈련이 가능하다.
③ 강의식 훈련, 비즈니스 게임 등의 방법이 있다.
④ 교육훈련의 결과를 현장에 바로 활용하기 어렵다.

직장 외 훈련(Off-the-Job Training)은 별도 장소, 설비, 강사 등이 필요하여 비용 부담이 큰 편이므로, 낮은 비용으로 시행하기는 어렵다.

정답 13 ① 14 ④ 15 ④ 16 ① 17 ① 18 ①

19 교육훈련 방법 중 직장 내 훈련(OJT)에 해당하는 것은?

① 사례연구
② 도제훈련
③ 강의식 훈련
④ 비즈니스 게임

도제훈련은 특히 전문 분야에서 매우 뛰어난 숙련자의 작업과정을 곁에서 차근차근 도우며 단계적으로 배우는 방식으로, 해당 지식과 기술을 습득한다.

20 [보기]에서 설명하는 교육훈련 방법을 고르시오.

> [보기]
> 교육 참가자들이 소규모집단을 구성하여 개인과 집단이 팀워크를 바탕으로 경영상의 실제 문제를 정해진 시점까지 해결하도록 하여 문제해결 과정에 대한 성찰을 통해 학습하도록 지원하는 교육훈련 실시기법

① 액션러닝
② 그리드훈련
③ 감수성훈련
④ 역할연기법

팀워크를 바탕으로 경영상의 실제 문제를 해결하는 교육훈련 방법은 액션러닝이다.

21 [보기]에서 설명하는 교육훈련 방법을 한글로 입력하시오.

> [보기]
> 회사의 정보가 주어진 상태에서 발생될 수 있는 여러 문제들을 종이에 적어 상자 속에 넣고, 피훈련자가 그 중 하나를 꺼내면 사전에 받은 회사의 기존 자원을 활용하여 즉각 이 문제를 해결하는 교육훈련 방법이다.

정답 (　　　　)훈련

인바스켓은 교육자가 실제 업무에서 일어날 수 있는 가상의 상황을 종이에 적어 바구니에 넣고 무작위로 뽑아 역할을 수행하게 하는 교육훈련 방법이다.

22 [보기]에서 설명하는 교육훈련 방법을 한글로 입력하시오.

> [보기]
> • 다른 사람이 생각하고 느끼는 것을 정확하게 감지하고 이에 대응하여 유연한 태도와 행동을 취할 수 있는 능력을 개발하기 위한 교육훈련 방법이다.
> • 조직생활의 구성원이 본인을 어떻게 인지하는지를 타인의 시선에서 이해하는 능력을 개발하는 데 중점을 둔다는 특징이 있다.
> • 교육훈련 방법의 주요 대상 직군은 경영자이다.

정답 (　　　　)훈련

특히 관리자, 경영자는 자신의 생각만 강요하거나 고집하면 조직 운영에 부정적인 영향을 미칠 수 있다. 부하 직원의 의견에 귀를 기울이고 공감하려면 본인을 객관적으로 성찰하는 시간이 필요하다. 이때 감수성훈련이 좋은 방법이 될 수 있다.

23 교육훈련 시 신입과 재직자에 따라 적합한 방법을 채택할 수 있다. 일반적인 교육훈련 방법에서 교육훈련 대상군이 <u>다른</u> 하나는 무엇인가?

① 멘토시스템
② 관리자 교육훈련
③ 감독자 교육훈련
④ 일반 근로자 훈련

①은 신입자를 대상으로 하는 교육훈련이며, ② · ③ · ④는 재직자를 대상으로 하는 교육훈련이다.

24 플리포(Edwin B. Flippo)에 의한 교육훈련의 목적에 대한 설명으로 적절하지 <u>않은</u> 것은?

① 업무생산성이 향상될 수 있다.
② 사고율이 감소하고 사기가 향상된다.
③ 조직의 안정성이 증가하며, 탄력성이 또한 증가한다.
④ 직원들의 업무 역량이 높아지므로 관리자의 부담이 증가한다.

직원들의 업무 역량이 높아지면 관리자는 관리 업무에 더 집중할 수 있게 된다.

25 [보기]는 조직의 승진정책 수행 시 기준으로 삼는 개념이다. 해당 개념에 해당하는 용어를 예와 같이 한글로 입력하시오. (예 : (○○주의))

> **[보기]**
> 조직 구성원이 조직의 목표 달성에 기여한 업무 수행 성과에 따라 승진에 우선권을 주는 제도로 구성원의 동기부여가 된다는 장점이 있으나 지나친 경쟁심으로 인한 협동심을 저해한다는 단점이 존재한다.

정답 (　　　　)주의

승진관리의 방침에는 연공주의와 능력주의가 있다. 이 가운데 능력주의는 주로 조직의 성과를 우선시하는 경영자들이 지지한다.

26 비자발적 이직에 해당하지 <u>않는</u> 것은?

① 일시해고
② 정리해고
③ 명예퇴직
④ 의원퇴직

본인이 원해서 정식으로 사직서를 제출하고 퇴직 승인을 받아 퇴직 처리한 것을 '의원퇴직(依願退職)'이라 한다(원함에 의한 퇴직).

27 비자발적 이직으로 옳지 <u>않은</u> 것은?

① 사직
② 파면
③ 명예퇴직
④ 일시해고

오답 피하기

파면, 명예퇴직, 일시해고, 정년퇴직 등은 비자발적 이직에 해당한다.

28 Hall의 경력단계모형은 종업원이 직장에 입사하고 퇴직할 때까지 일련의 과정을 연령, 욕구, 작업성 등과 연관하여 4단계로 구분한 것이다. 경력단계와 경력욕구의 조합 중 적절하지 <u>않은</u> 것은?

① 1단계(탐색단계) − 주체형성
② 2단계(확립과 전진단계) − 친교
③ 3단계(유지단계) − 소비
④ 4단계(쇠퇴단계) − 통합

3단계는 유지단계로, 인생의 중년기에 해당한다. 소비보다는 집중적인 노력을 통해 생산적인 활동이 활발하게 이루어지는 시기이다.

29 [보기]는 홀(D. T. Hall)의 경력단계모형 중 어느 한 단계에 대한 설명이다. [보기]에서 설명하는 단계에서 충족시키는 경력욕구를 고르시오.

> **[보기]**
>
> 조직 내 부하를 지도 · 개발하는 역할을 수행하는 단계이다. 한편, 본인의 능력에 대한 한계를 인식하게 된다. 또한 새로운 직업과 직장을 추구하기보다 현재의 상태를 유지하는 데 관심이 크고 개인적인 갈등도 많이 느끼는 단계이다.

① 친교(Intimacy)
② 통합(Integrity)
③ 생산(Generativity)
④ 주체형성(Identity)

경력단계 3단계(유지단계)에 해당하는 경력욕구는 생산(Generativity)이다.

30 홀(D. T. Hall)의 경력단계모형 중 1단계는 탐색단계로 조직 구성원은 자기 자신을 인식하고 학교교육과 직장 경험을 통하여 여러 가지를 실험해 보면서 자기에게 적합한 직업을 선택하게 된다. 이 단계에서 충족시키려 하는 경력욕구는 무엇인가?

① 친교(Intimacy)
② 통합(Integrity)
③ 주체형성(Identity)
④ 생산(Generativity)

경력단계 1단계(탐색단계)에 해당하는 경력욕구는 주체형성(Identity)이다.

31 [보기]는 홀(Hall)의 경력개발 단계에 대한 설명이다. 이 단계에서 경력욕구의 대표 특징을 간단하게 제시하면 무엇이라고 할 수 있는가?

> **[보기]**
>
> - 경력개발관리의 경력단계 중 제3단계는 유지단계이다.
> - 이 단계에서 개인의 관심은 오로지 일에 매달리는 것이다.
> - 새로운 일을 접하는 기회가 적지만, 하는 일에 일관성이 존재한다.
> - 이 시기는 무엇인가 의미 있는 것을 만들어 내려고 노력하는 시기라고 볼 수 있다.
> - 또한 이 시기에 중년의 위기가 나타나며 개인이 이를 얼마나 잘 극복하느냐에 따라 다시 성장할 수도, 또는 쇠퇴해 버릴 수도 있다.
> - 이 시기에 나타나는 또 하나의 특징은 개인이 자신을 조직과 동일시하게 되는 경향이 강해진다는 것이다.
> - 자신의 직무를 조직 목표와 관련시켜 바라보게 된다.

정답 (   )

경력단계 3단계(유지단계)에서 경력욕구의 대표 특징은 생산이다.

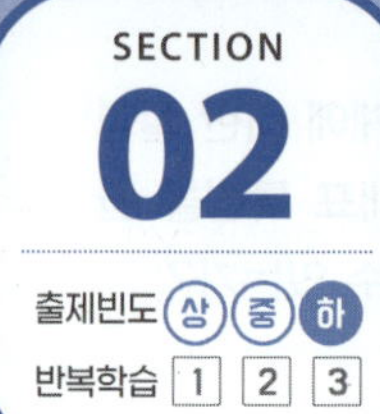

01 조직개발

(1) 조직개발의 필요성

- 과거에는 기업을 단순히 사람이 모인 집합체에 불과하다고 보기도 했다. 그러나 실제로 기업은 인체와 유사한 하나의 시스템으로서 조직 내부의 각 기관이 유기적으로 연결되어 있으며, 외부 환경에도 능동적으로 대응할 필요가 있다.
- 따라서 내·외부적인 문제와 변화에 적응하기 위해 조직을 개발할 필요성이 대두된다.

(2) 의의

- 조직개발은 장기적으로 조직 구성원들의 가치관, 팀워크, 조직에 대한 태도 등을 바람직한 방향으로 변화시키는 것을 말한다.
- 즉, 조직의 내·외부의 충격이나 문제에 효과적으로 대응할 수 있도록 조직을 더 나은 상대로 개발하는 활동이다.

(3) 조직 변화의 3단계

레윈(K. Lewin)에 의하면 조직은 다음의 세 단계를 거쳐 변화된다.

① 해빙	• 조직 구성원들에게 조직 변화의 필요성을 인식시키는 단계 • 조직의 문제점이나 취약점을 파악하게 하여 조직 변화에 관심을 갖도록 함
② 변화	• 현재의 상태에서 바람직한 조직 상태로 이동하는 단계 • 새로운 역할 관계나 시스템 변화가 구성원들에게도 바람직한 결과를 가져온다는 점을 강조(변화의 수용)
③ 재동결	• 새로운 변화에 알맞은 보상 등을 제공하면서 변화를 지속적으로 주시할 필요가 있음 • 지속적인 지원과 강화를 통해 변화된 조직을 장기적으로 유지하도록 함

(4) 변화담당자와 개입

변화담당자	• 조직의 변화 과정에서 업무처리 방식이나 구성원 간의 의사소통 방식 등 여러 가지 업무 측면의 변화가 불가피함 • 이로 인해 구성원들의 반발이나 거부감 등이 발생할 수 있는데, 이러한 과정에서 구성원들의 관계를 조율하고 변화에 잘 적응할 수 있도록 지원하는 역할을 담당하는 사람을 변화담당자라고 함
개입	• 조직 개선이 원활히 이루어지도록 미리 계획된 변화담당자의 일련의 활동 • 조직 구성원이 변화관리에 필요한 역량을 갖추도록 도와주는 것을 말함

(5) 리더십 이론

조직개발 및 변화에는 훌륭한 리더십이 중요하다. 리더의 역할은 다음과 같이 구분할 수 있다.

거래적 리더십	리더와 구성원의 거래 관계를 기반으로 하는 리더십으로, 가장 낮은 단계의 리더십에 해당함
코칭 리더십	리더가 직접 문제를 해결하는 것이 아니라, 구성원이 스스로 해결하도록 지원하는 리더십
임파워링 리더십	구성원에게 책임과 권한을 부여함으로써 구성원 스스로가 책임감을 갖도록 하는 리더십
슈퍼 리더십	리더가 먼저 바람직한 행동으로 모범을 보임으로써 구성원이 이를 따라올 수 있도록 하는 리더십
카리스마 리더십	리더가 명확한 목표를 제시함으로써 구성원이 리더를 신뢰하도록 하는 리더십
변혁적 리더십	구성원을 한 차원 높은 수준의 단계로 끌어올리며, 조직의 변화에 대한 목표를 제시하는 적극적인 리더십

암기 TIP

- 스스로 → 코칭
- 책임과 권한 → 임파워링
- 모범 → 슈퍼
- 목표 → 카리스마

01 리더가 먼저 바람직한 행동으로 모범을 보임으로써 구성원이 이를 따라올 수 있도록 하는 리더십은 무엇인가?

① 셀프 리더십
② 코칭 리더십
③ 슈퍼 리더십
④ 변혁적 리더십

슈퍼 리더십은 리더가 먼저 모범적 행동을 보이고 이를 통해 구성원이 자기주도적으로 따르며 스스로 리더가 되도록 이끄는 리더십이다.

02 [보기]에서 설명하는 리더십은 무엇인가?

> **[보기]**
> 현대적 리더십 이론 중 문제해결방안을 전문가가 직접 제시하는 것이 아니라, 당사자가 해결책을 스스로 발견할 수 있도록 지원하는 형태의 리더십

① 셀프 리더십
② 코칭 리더십
③ 슈퍼 리더십
④ 변혁적 리더십

코칭 리더십은 리더가 직접 문제를 해결하는 것이 아니라, 구성원이 스스로 해결하도록 지원하는 리더십이다.

03 [보기]에서 설명하는 리더십은 무엇인가?

> **[보기]**
> 구성원에게 책임과 권한을 부여함으로써 구성원 스스로가 책임감을 갖도록 하는 리더십

① 변혁적 리더십
② 임파워링 리더십
③ 슈퍼 리더십
④ 거래적 리더십

임파워링 리더십은 구성원에게 책임과 권한을 위임하여 자율성과 책임감을 높이는 리더십이다.

05

인적자원의 유지

인적자원은 '사람'이므로 각자의 가치관과 기업에 대한 감정을 가집니다. 따라서 근로시간 등 노동조건을 적정하게 관리하여 인적자원이 외부로 유출되지 않도록 유지하는 것이 중요합니다. 또한 인적자원은 노동조합을 결성하여 노동조건을 유리하게 만들고자 하며, 이 과정에서 기업과 이해충돌이 발생하기도 합니다. CHAPTER 05에서는 인적자원의 유지를 살펴보고자 합니다.

출제빈도

SECTION 01	상	45%
SECTION 02	상	55%

근로시간의 관리

빈출 태그 ▶ #법정근로시간 #소정근로시간 #탄력적 #선택적 #간주 #재량 #휴일

01 근로시간

1) 개념

- 근로시간은 근로자가 사업주와 약정을 맺고 실제로 근로를 제공하는 시간을 말한다. 단, 휴게시간은 근로시간에 해당하지 않는다.
- 근로시간은 ① 작업 준비 시간 등 필요불가결한 시간 + ② 실제 근로 제공 시간 + ③ 대기 시간을 합친 것이다.

2) 근로시간제의 유형

① 법정근로시간

- 근로시간은 휴게시간을 제외하고 원칙적으로 1주 40시간, 1일 8시간을 초과할 수 없다.
- 이를 초과하는 시간은 연장근로수당의 대상이 된다.

유형(법정근로시간)		연장 가능 시간
성인근로자	1일 8시간, 1주 40시간	1주 12시간
연소근로자 (15세 이상 18세 미만)	1일 7시간, 1주 35시간	1일 1시간, 1주 5시간
유해 · 위험 작업자	1일 6시간, 1주 34시간	연장 불가

② 연장(초과) · 야간 · 휴일근로시간

종류	의의	가산 임금
연장근로시간	법정근로시간을 초과하는 근로시간	통상임금의 100분의 50을 가산해야 함
야간근로시간	밤 10시~아침 6시 사이의 근로시간	
휴일근로시간	주휴일과 근로자의 날 등의 근로시간	

③ 휴게시간

- 사용자는 근로시간이 4시간인 경우 30분 이상, 8시간인 경우 1시간 이상의 휴게시간을 근로시간 도중에 주어야 한다.
- 해당 휴게시간은 근로자가 자유롭게 이용할 수 있다.

한선생님의 TIP

휴게시간은 근로시간에 포함되지 않습니다.

소정근로시간

사용자(기업주)와 사용인(근로자) 사이에 계약에 의해 일하기로 약속한 시간이다.

한선생님의 TIP

연장(초과) · 야간 · 휴일근로시간이 중복되면 중복 가산해야 합니다.

한선생님의 TIP

일반적인 '9 to 6' 직장인의 점심시간은 휴게시간에 해당합니다.

취업규칙

- 시업 및 종업시각, 휴일 · 휴가 · 휴식시간, 교대근무 등 포함되어야 할 필수 항목을 명시한다.
- 특별한 사유가 없는 한 근로시간의 시작점과 마감점은 단체협약, 취업규칙 등에 정하여진 내용이 출근 시간과 퇴근 시간이 된다.

3) 기타의 근로시간제

① 탄력적 · 선택적 근로시간제

종류	가산 임금
탄력적 근로시간제	• 일정 기간의 근로시간을 증가 또는 감소시켜 탄력적으로 운영할 수 있도록 하는 제도 • 예를 들어 2주 단위의 경우, 2주의 평균 근로시간이 40시간 이내라면 40시간을 초과하는 주는 초과근로로 보지 않음
선택적 근로시간제	총 근로시간을 정해 놓고 업무의 시작과 종료 시간을 근로자가 결정하도록 하는 제도

② 간주 · 재량 근로시간제

종류	가산 임금
간주 근로시간제	근로가 주로 사업장 밖에서 이루어지는 외근, 출장, 재택근무 등의 경우, 소정근로시간이나 노사 합의에 의한 근로시간 등을 실제 근로시간으로 인정하는 제도
재량 근로시간제	업무의 성질(전문적, 창의적 업무)에 비추어 업무수행 방법(시간)을 근로자의 재량에 위임할 필요가 있는 업무에 대해, 사용자가 근로자대표와의 서면합의로 정한 근로시간을 소정근로시간으로 인정하는 제도

4) 근로유형의 최근 동향

① 집중근무제

- 주 4일 일하되, 하루 근로시간을 10시간으로 늘려 주 40시간을 맞추는 방식이다.
- 특정 시간 동안 커피 · 흡연 및 기타 일정도 배제하고 업무에만 집중하도록 하는 제도이다.

② 24시간 선택적 근무제

- 우리나라와 시차가 있는 외국 기업과의 협업에 주로 사용된다.
- 야간에도 업무를 책임질 수 있도록 담당 인원을 배치한다.

③ 기타

원격근무제	정보통신기기를 활용하여 직장 외에서 근무하는 형태로, 대표적으로 재택근무가 있음
파트타임	근로시간을 줄여 짧은 시간만 고용하는 형태
비정규직	정규직과 달리 근로시간 등의 근로조건이 다른 형태

02 휴일과 휴가

1) 구분

휴일·휴가는 법정과 약정(임의) 두 가지가 있다. 말 그대로 법정 휴일·휴가는 법에 정해져 있어 반드시 제공해야 한다.

2) 휴일

법정	근로자의 날, 주휴일
약정	공휴일, 각종 기념일(창립기념일) 등 기업의 재량으로 정할 수 있음

3) 휴가

법정	연차유급휴가, 생리휴가, 출산휴가, 배우자 출산휴가, 가족돌봄휴가 등
약정	질병휴가, 포상휴가, 경조휴가, 하계휴가 등 기업의 재량으로 정할 수 있음

+ 더 알기 TIP

연차유급휴가

- 1년 동안 80% 이상 출근한 자에게 다음 연도에 15일의 유급휴가를 부여한다.
- 신입 직원 및 80% 미만 출근한 자는 1개월 개근 시 다음 달에 1일의 유급휴가를 부여한다.
- 3년 이상의 계속 근로자인 경우, 최초 1년 이후 매 2년마다 1일을 추가한다(연간 최대 25일 한도).

01 근로시간에 대한 설명으로 적절하지 <u>않은</u> 것은?

① 근로자가 근로계약에 따라 노동하는 시간을 의미한다.

② 노동생산성 향상을 위해 근로시간에 제한을 두어서는 안된다.

③ 근로자 입장에서는 근로소득을 발생시키는 중요한 의의가 존재한다.

④ 기업은 노동력 활용 자원 및 인건비(비용)를 파악하는 데 중요한 의의가 있다.

노동의 재생산성을 유지시키기 위해 근로시간은 매우 중요한 근로요인이다.

02 근로시간에 대한 설명으로 가장 적절하지 <u>않은</u> 것은?

① 1일의 근로시간은 휴게시간을 제외하고 8시간을 초과할 수 없다.

② 1주간의 근로시간은 휴게시간을 제외하고 40시간을 초과할 수 없다.

③ 당사자 간에 합의하면 1주간에 12시간을 한도로 근로시간을 연장할 수 있다.

④ 사용자는 근로시간이 8시간인 경우에는 0.5시간 이상의 휴게시간을 근로시간 도중에 주어야 한다.

사용자는 근로시간이 8시간인 경우에는 근로시간 도중에 1시간 이상의 휴게시간을 제공해야 한다.

03 「근로기준법」에 대한 설명으로 적절하지 <u>않은</u> 것은?

① 「근로기준법」상 '근로'란 정신노동과 육체노동을 의미한다.

② 1일의 근로시간은 휴게시간을 제외하고 8시간을 초과할 수 없다.

③ 사용자는 근로자에게 1주일에 평균 1회 이상 유급휴가를 주어야 한다.

④ 사용자는 휴일의 야간근로 시 통상임금의 100분의 50 이상을 가산한 임금을 지급하여야 한다.

사용자는 근로자의 연장근로와 야간근로 또는 휴일근로에 대해 통상임금의 100분의 50 이상을 가산하여 지급해야 한다. 휴일의 야간근로의 경우 통상임금의 100분의 100 이상을 추가로 가산한다.

오답 피하기

- ① : '근로'란 정신노동과 육체노동을 의미한다(「근로기준법」 제2조 제1항 제3호).
- ② : 1일의 근로시간은 휴게시간을 제외하고 8시간을 초과할 수 없다(「근로기준법」 제50조 제2항).
- ③ : 사용자는 근로자에게 1주에 평균 1회 이상의 유급휴일을 보장하여야 한다(「근로기준법」 제55조 제1항).

04 [보기]의 (   )에 들어갈 내용을 숫자로 기입하시오.

> **[보기]**
> 「근로기준법」 제56조 '연장 · 야간 및 휴일근로'에 따라, 사용자는 8시간을 초과한 휴일근로자에게는 통상임금의 100분의 (   )을(를) 가산하여 지급해야 한다.

정답 (   )

하루 8시간(기준 근로시간) 초과 시 통상임금의 100분의 50을 가산해야 하며, 휴일근로의 경우도 마찬가지다. 따라서 결과적으로 통상임금의 100분의 100을 가산해야 한다.

05 [보기]의 설명하는 근무제도로 가장 적절한 것은?

> **[보기]**
> 일정한 기간을 단위로, 총 근로시간이 기준 근로시간 이내인 경우 그 기간 내 어느 주 또는 어느 날의 근로시간이 기준 근로시간을 초과하더라도 연장근로가 되지 않는 제도

① 법정 근무시간제
② 재량 근로시간제
③ 탄력 근로시간제
④ 간주 근로시간제

성인근로자의 경우, 1주 40시간을 초과하면 연장(초과)근로수당을 지급해야 한다. 단, 탄력 근로시간제에서는 예외가 될 수 있다. 예를 들어 첫 주 35시간, 둘째 주 45시간 근로를 제공한 경우, 2주 평균이 40시간이므로 연장근로에 해당하지 않는다.

06 [보기]가 설명하는 근로시간제는 무엇인가?

> **[보기]**
> 취재, 연구, 설계 및 분석, 디자인 업무 등과 같이 업무의 수행방법이나 수단, 시간 배분 등이 근로자의 재량에 따라 결정되어 근로시간보다 성과에 의해 근무 여부를 판단할 수 있는 경우 노사 간의 합의시간을 근로시간으로 본다.

① 교대 근로시간제
② 재량 근로시간제
③ 탄력적 근로시간제
④ 선택적 근로시간제

재량 근로시간제는 취재, 연구, 설계 및 분석, 디자인 업무 등과 같이 업무의 수행방법이나 수단, 시간 배분 등이 근로자의 재량에 따라 결정되고, 근로시간보다 성과로 근무 여부를 판단할 수 있는 경우에 노사 간의 합의한 시간을 근로시간으로 보는 제도이다.

07 [보기]는 근로시간제에 대한 설명이다. (   )에 들어갈 용어를 한글로 입력하시오.

> **[보기]**
> (   ) 근로시간제 : 1월 이내의 단위로 정해진 총 근로시간 범위 내에서 업무 시작 및 종료시각, 1일의 근로시간을 근로자가 자율적으로 결정하는 제도

정답 (   ) 근로시간제

[보기]는 선택적 근로시간제에 대한 설명이다. 특히 출근 시간을 조정하여 자녀의 등 · 하원 시간 등을 확보하는 부모들이 많아지는 추세이다.

08 [보기]의 (   )에 들어갈 용어를 한글로 입력하시오.

> **[보기]**
> 특별한 사유가 없는 한 근로시간의 시작점과 마감점은 단체협약, (   )규칙 등에 정하여진 내용이 출근 시간과 퇴근 시간이 된다.

정답 (   )규칙

취업규칙에는 시업 및 종업시각, 휴일 · 휴가 · 휴식시간, 교대근무 등 포함되어야 할 필수 항목을 명시한다.

09 정보, 시간 및 공간의 효율성을 높이기 위해 이동사무실, 재택근무제도 등을 활용하여 개개인에게 부여하는 업무를 수행하는 근무제도는 무엇인가?

① 집중근무제
② 파트타임제
③ 원격근무제
④ 선택적 근무제

원격근무제는 이동사무실, 재택근무 등 직장 외 장소에서 정보통신기기를 활용하여 업무를 수행하는 형태이다.

10 [보기]의 (　　)에 들어갈 근로유형을 한글로 입력하시오.

> **[보기]**
> (　　)(이)란 근로자가 근로시간의 전부 또는 일부를 회사가 제공하는 통상의 사무실이 아닌 장소에서 정보통신기기(컴퓨터 통신, 팩스 등)를 이용하여 근무하는 형태를 말한다. 재택근무와 다르게 (　　)(은)는 근로 장소가 집으로 한정되는 것은 아니다.

정답 (　　　　)

원격근무(원격근무제, 원격근로, 원격근로제)란 회사 통상의 사무실이 아닌 장소에서 정보통신기기(컴퓨터 통신, 팩스 등)를 이용하여 근무하는 형태로, 근로 장소가 집으로 한정되지 않으며 재택근무와 이동사무실 등이 포함된다.

11 약정휴가에 해당하는 것으로 적절하지 <u>않은</u> 것은?

① 경조휴가
② 출산휴가
③ 포상휴가
④ 하계휴가

법정휴가에는 연차휴가, 생리휴가, 출산휴가, 배우자 출산휴가, 가족돌봄휴가 등이 있다.

노사관계론

빈출 태그 ▶ #노동조합 #오픈숍 #단체교섭 #통일교섭 #단체협약 #노동쟁의 #생산통제

노사관계의 발전 과정
전제적 노사관계 → 온정적 노사관계 → 완화적 노사관계 → 민주적 노사관계

01 노사관계

1) 노동조합

① 노동조합과 노동 3권
- 「대한민국헌법」에서는 노동자의 권리로서 노동 3권을 보장한다.
- 이에 따라 노동자는 노동조합을 조직 및 가입하고, 조합을 통해 사용자와 교섭하며, 필요시 집단 행동을 할 수 있다.

노동 3권	내용
단결권	노동자가 노동조합을 조직할 수 있으며, 본인이 원하는 노동조합에 가입할 수 있는 권리
단체교섭권	노동자가 노동조합을 통해 사용자와 근로조건에 관하여 교섭하는 권리
단체행동권	노동자가 원하는 근로조건 등을 위해 사용자에 대항하여 집단적 행동을 할 권리를 말하며, 준법투쟁이나 태업 등이 해당함

② 노동조합의 형태

일반 노동조합	산업, 직업에 관계없이 노동자들이 모여서 조직하는 노조
직업별 노동조합	동일 직업에 종사하는 노동자들이 조직하는 노조
산업별 노동조합	동일 산업에 종사하는 노동자들이 조직하는 노조
기업별 노동조합	같은 기업에서 일하는 노동자들이 조직하는 노조

③ 노동조합 가입 방법

종류	명칭	내용
기본적 형태	오픈 숍 (Open Shop)	노동조합 가입 여부와 무관하게 자유롭게 채용하는 제도
	유니언 숍 (Union Shop)	노동조합 가입 여부와 무관하게 채용한 후 일정 기간 내 노동조합에 가입하도록 하는 제도
	클로즈드 숍 (Closed Shop)	노동조합에 가입된 조합원만 채용하도록 하는 제도
변형된 형태	메인터넌스 숍 (Maintenance Shop)	노동조합에 가입한 이후 일정 기간 동안 조합원의 지위를 유지하도록 하는 제도
	프리퍼렌셜 숍 (Preferential Shop)	근로자 채용 시 비조합원에 비해 조합원에게 혜택을 부여하는 제도
	에이전시 숍 (Agency Shop)	노동조합 가입은 강제하지 않되 비조합원도 조합비를 분담하도록 하는 제도

📧 한선생님의 TIP

노동조합의 가장 핵심적인 기능은 '경제적 기능'이며, 이는 조합원의 근로조건을 유지·향상시키는 것을 의미합니다.

체크오프
급여를 지급할 때 세금을 원천징수하듯이 조합비를 공제하는 제도이다.

📧 한선생님의 TIP

에이전시 숍은 비조합원의 무임승차를 방지하기 위한 제도이다.

02 단체교섭제도

1) 단체교섭

① 의의

사용인(근로자) 측과 사용자(기업주) 측이 각종 근로조건에 대해 대등한 지위에서 협상하는 것을 의미한다.

② 종류

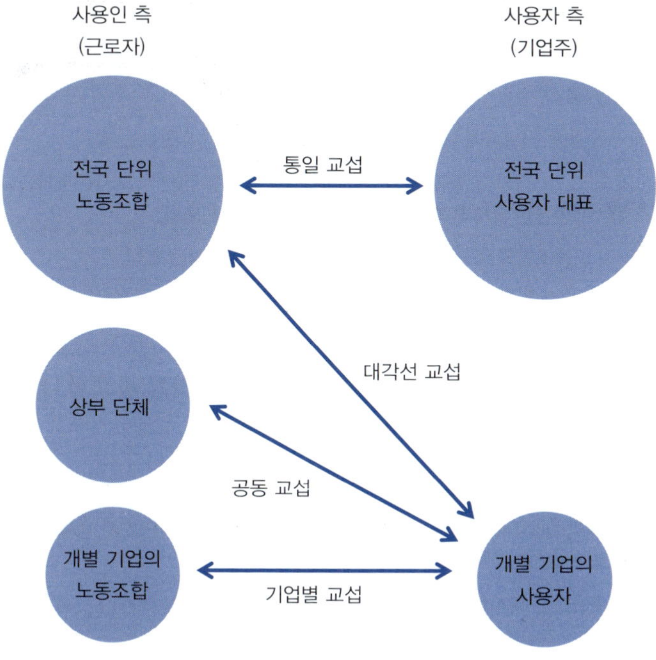

통일 교섭	전국에 걸친 산업별, 지역별 노동조합과 이에 대응하는 산업별, 혹은 지역별 사용자 단체 간에 교섭하는 방식
대각선 교섭	전국에 걸친 산업별, 지역별 노동조합과 개별 기업의 사용자 간에 교섭하는 방식
기업별 교섭	사업장 또는 기업을 단위로 기업별 사용자와 기업별 노동조합이 교섭하는 방식
공동 교섭	기업별 노동조합과 그 지부가 상부 단체와 공동으로 기업별 사용자 측과 교섭하는 방식
집단 교섭	집단의 노동조합 지부가 여러 기업집단을 상대로 집단적으로 교섭하는 방식

2) 단체협약

① 의의

단체협약은 노동조합과 사용자 간의 단체교섭의 결과로 도출된 각종 근로조건 등에 대해 서면으로 작성한 문서를 의미한다.

② 단체협약의 효력

규범적 효력	• 근로자와 사용자 간의 근로관계를 구속하는 효력 • 근로조건 등에 대한 강제적인 효력을 갖는 것을 말함
채무적 효력	• 협약 당사자의 권리, 의무에 관한 조항 • 평화의무, 평화조항, 유일교섭 단체조항, 숍 조항, 단체교섭의 절차 및 기타 규칙 등이 있음
지역적 구속력	동일 지역의 동종 근로자에 대해 단체협약의 효력을 확대 · 적용하는 효력
조직적 효력	경영상의 제도 · 기관의 조직과 운영 등에 관한 조항처럼, 집단적 노사관계에 적용되면서도 개별적인 근로관계와 관련되는 부분에 미치는 효력
일반적 구속력	단체협약이 노동조합의 조합원 이외의 비조합원에게도 미치는 효력

3) 노동쟁의

노동조합과 사용자 측 간에 협상이 원활히 이루어지지 않으면 쟁의가 발생할 수 있다. 다음에서는 파업 등 노동쟁의에 대해 살펴보고자 한다.

① 사용자(기업) 측 노동쟁의

조업계속	파업 등 노동쟁의에 대응하기 위해 쟁의에 동의하지 않는 희망 근로자 등을 참여시켜 조업을 계속하는 행위로, 대체고용이라고도 함
직장폐쇄	기업을 폐쇄하여 근로자들이 기업의 시설에 접근하지 못하도록 대응하는 행위

② 사용인(근로자) 측 노동쟁의

파업	노동조합이 근로자들을 통제하여 근로를 제공하지 못하도록 하는 행위
태업	노동조합이 조합원의 노동력을 부분적으로 통제하여 근로자의 작업 수행 과정에서 작업속도를 떨어뜨리거나 조잡한 작업 수행으로 작업능률과 품질의 저하를 초래하는 행위
피케팅	사업장 또는 공장에 대한 감시를 하고 근로희망자들의 출입을 저지하며, 파업 참여에 협력할 것을 호소하는 행위
생산통제	노동조합이 기업의 시설을 점유하여 사용자의 영향력을 받지 않고 생산을 통제하는 등 적극적으로 투쟁하는 행위
준법투쟁	「근로기준법」 등 법 규정을 준수하면서 기업의 필요나 요구에 응하지 않는 행위
보이콧	자기업의 상품 등을 홍보하는 것과는 반대로 불매운동을 벌이는 행위

4) 노동쟁의 조정

① 의의

노동관계 당사자 간에 근로조건의 결정에 관한 주장의 불일치로 노동쟁의가 발생한 경우, 당해 노동쟁의를 신속·공정하게 해결하여 쟁의 행위로 인한 노동관계 당사자의 손실을 방지하기 위해 「노동조합 및 노동관계조정법」과 「노동위원회법」에 의해 행해지는 일련의 절차를 의미한다.

② 노동쟁의 조정 유형

조정	노사가 중립적인 제3자나 행정기관 등을 통해 공정한 대안을 제시하도록 함으로써 쟁의를 중단시키는 것
중재	노동위원회에 요청하여 중재위원회가 중재하도록 하는 것
긴급조정	정부의 긴급적인 조치로서 고용노동부 장관이 즉시 쟁의를 중지토록 하는 것

03 부당 노동행위

황견계약 (비열계약)	① 근로자가 어느 노동조합에 가입하지 아니할 것 또는 탈퇴할 것을 고용조건으로 하거나, ② 특정한 노동조합의 조합원이 될 것을 고용조건으로 하는 행위를 부당 노동행위로 규정하며, 이러한 조건에 따라 고용계약을 체결하는 경우
지배, 개입 및 경비원조	사용자가 노동조합의 조직이나 활동을 지배·개입하는 행위를 하는 것과 노조 전임자의 급여 등을 지급하는 행위
해고 등 불이익대우	정당한 노동조합 활동을 하였음에도 해고 및 전근 등의 부당한 조치를 하는 행위
단체교섭 거부	노동조합의 대표자 또는 노동조합으로부터 위임을 받은 자와의 단체협약 체결, 기타의 단체교섭을 정당한 이유 없이 거부하거나 해태하는 행위

04 경영참여와 노사관계

① 경영참여의 의의

- 과거에는 경영이 사업주 또는 전문 경영인의 영역으로 인식되었으나, 경영방식의 변화와 함께 근로자들의 경영참여가 유도되고 있다.
- 이는 근로자들의 업무에 대한 관심을 고취하고 실무진의 현장 의견을 청취하는 등의 장점이 있으나, 비전문자의 과도한 경영참여는 제한할 필요가 있다.

② 경영참여의 종류

의사결정 참가	노사협의제	천재지변 등 경영상의 긴급한 의사결정에 노사 양측이 참여·협력하여 공동의 이익을 증진하고 산업평화를 도모하는 제도
	공동결정제	경영상의 의사결정을 노사 양측의 최종적인 결정으로 이루어지게 하는 제도
자본 참가	종업원지주제	종업원이 기업의 주식을 보유하도록 함으로써 주인의식을 고취하고 회사의 경영에 관심을 갖도록 하는 제도
	스톡옵션제도 (주식매수선택권)	기업의 경영상 큰 이익을 창출한 임원 등에게 일정 금액으로 자사 주식을 매입할 수 있는 권리를 부여하는 제도
성과 참가	이윤(이익)분배제도	이익은 본래 주주의 몫이지만 이익의 획득에 기여한 임직원에게도 이익을 분배해 주는 것
	생산성 배분제도	스캔론 플랜, 럭커 플랜, 임프로쉐어 플랜 등이 해당함

➕ 더 알기 TIP

생산성 배분제도
- 스캔론 플랜 : 총매출액에 대한 인건비 절약분을 성과급으로 배분하는 방식
- 럭커 플랜 : 기업이 창출한 부가가치에서 인건비에 해당하는 금액을 배분하는 방식
- 임프로쉐어 플랜 : 표준노동시간과 실제노동시간을 비교하여 절약된 노동시간만큼을 배분하는 방식

01 노사관계의 발전 과정으로 적절한 것은?

① 전제적 노사관계 → 완화적 노사관계 →
온정적 노사관계 → 민주적 노사관계
② 완화적 노사관계 → 온정적 노사관계 →
전제적 노사관계 → 민주적 노사관계
③ 전제적 노사관계 → 온정적 노사관계 →
완화적 노사관계 → 민주적 노사관계
④ 완화적 노사관계 → 전제적 노사관계 →
온정적 노사관계 → 민주적 노사관계

노사관계는 전제적 노사관계에서 시작하여 최종적으로 민주적 노사관계로
발전해 왔다.

02 [보기]의 설명으로 가장 적절한 것은?

> [보기]
> 노동자들이 근로조건 향상을 위하여 노동조합을
> 조직할 권리

① 단결권
② 단체교섭권
③ 경영참가권
④ 단체행동권

오답 피하기

- ② 단체교섭권 : 노동자가 노동조합을 통해 사용자와 근로조건에 관하여
교섭하는 권리
- ④ 단체행동권 : 노동자가 원하는 근로조건 등을 위해 사용자에 대항하
여 집단 행동을 하는 것을 말하며, 준법투쟁이나 태업 등이 해당함

03 [보기]에서 설명하는 노동조합의 형태로 가장
적절한 것은?

> [보기]
> 산업, 직업에 관계없이 하나 또는 여러 개의 산업
> 에 걸쳐 흩어져 있는 노동자들에 의해 조직되는
> 형태의 노동조합을 의미한다.

① 일반 노동조합
② 지역별 노동조합
③ 산업별 노동조합
④ 연합단체 노동조합

참고로 일반 노동조합은 동일 지역의 노동자들이 모여 결성하기도 한다.

04 노동조합의 가장 핵심적인 기능은 무엇인가?

① 통제 기능
② 공제적 기능
③ 경제적 기능
④ 정치적 기능

경제적 기능은 단체교섭을 통해 조합원의 근로조건을 유지 · 향상시키는
기능으로서 노동조합의 가장 핵심적인 기능이다.

05 [보기]에서 설명하고 있는 노동조합의 가입 방법은 무엇인가?

> **[보기]**
> 기업이 근로자를 채용할 때 조합원이 아닌 자를 근로자로 채용할 수는 있지만, 채용이 된 이후에는 일정 기간 내에 자동으로 노조에 가입하게 되는 제도

① 유니온 숍(Union Shop)
② 클로즈드 숍(Closed Shop)
③ 에이전시 숍(Agency Shop)
④ 메인터넌스 숍(Maintenance Shop)

유니온 숍(Union Shop)은 처음에는 오픈 숍(Open Shop)처럼 비노조원도 채용할 수 있으나, 일정 기간 내 노조에 가입해야 하는 제도이다.

06 노동조합의 가입 방법 중 변형적 형태에 해당하지 <u>않는</u> 것은?

① 에이전시 숍
② 클로즈드 숍
③ 메인터넌스 숍
④ 프리퍼렌셜 숍

클로즈드 숍 , 유니언 숍 , 오픈숍은 기본적 형태이다.

07 단체교섭 유형 중 '전국에 걸친 산업별, 지역별 노조와 이에 대응하는 산업별, 혹은 지역별 사용자 단체 간의 단체교섭을 일컬으며 산업별, 지역별 교섭'이라고도 하는 교섭방법은 무엇인가?

① 집단 교섭
② 통일 교섭
③ 공동 교섭
④ 기업별 교섭

통일 교섭은 전국 또는 지역 단위의 산업별, 직업별 노동조합 대표와 이에 대응하는 사용자 단체 대표 사이에 이루어지는 단체교섭 방식을 말한다.

08 여러 개의 노동조합 지부가 여러 기업집단과 집단적으로 교섭하는 형태를 고르시오.

① 집단 교섭
② 통일 교섭
③ 공동 교섭
④ 기업별 교섭

오답 피하기

• ② 통일 교섭 : 전국에 걸친 산업별, 지역별 노동조합과 이에 대응하는 산업별, 혹은 지역별 사용자 단체 간에 교섭하는 방식
• ③ 공동 교섭 : 기업별 노동조합과 그 지부가 상부 단체와 공동으로 기업별 사용자 측과 교섭하는 방식
• ④ 기업별 교섭 : 1사업장 또는 기업을 단위로 1사용자와 1노동조합이 교섭하는 방식

09 [보기]의 (   ) 안에 들어갈 용어로 적절한 것은?

> **[보기]**
> 단체협약의 효력 중 (   )은 협약 당사자의 권리, 의무에 관한 조항이며, 평화의무, 평화조항, 유일교섭 단체조항, 숍 조항, 단체교섭의 절차 및 기타 규칙 등이 있다.

① 규범적 효력
② 채무적 효력
③ 지역적 구속력
④ 일반적 구속력

채무적 효력은 협약 당사자 사이의 권리, 의무에 관한 조항으로, 평화의무, 평화조항, 유일교섭 단체조항, 숍 조항, 단체교섭의 절차 및 기타 규칙 등이 여기에 해당한다.

정답 05 ① 06 ② 07 ② 08 ① 09 ②

10 [보기]의 (   ) 안에 들어갈 용어로 가장 적절한 것은?

> **[보기]**
> 단체협약의 효력 중에서 (   )은 동일 지역의 동종 근로자에 대하여 단체협약의 효력을 확대 · 적용하는 효력이다.

① 규범적 효력
② 채무적 효력
③ 지역적 구속력
④ 일반적 구속력

동일 지역의 동종 근로자에 대해 단체협약의 효력을 확대 · 적용하는 것을 지역적 구속력이라 한다.

11 노동조합과 사용자 또는 사용자 단체 간에 임금, 근로시간, 복지후생, 해고, 기타 대우 등 근로조건의 결정에 관한 상호주장의 불일치로 인하여 발생한 분쟁상태를 무엇이라 하는가?

① 단체협약
② 노동쟁의
③ 노사협의제도
④ 부당 노동행위

단체협약의 체결, 이행 과정 등에서 노동조합과 사용자 측의 의견이 충돌하는 경우 노동쟁의가 발생하기도 한다.

12 사업장 또는 공장에 대한 감시와 근로희망자들의 출입을 저지하며, 파업 참여에 협력할 것을 호소하는 쟁의 행위는 무엇인가?

① 태업
② 보이콧
③ 피케팅
④ 생산통제

근로희망자들의 출입을 저지하는 피케팅은 가장 격렬한 쟁의 행위인 생산통제의 전단계라고도 할 수 있다.

13 [보기]는 무엇에 대한 설명인가?

> **[보기]**
> 노동조합이 조합원의 노동력을 부분적으로 통제하여 근로자의 작업 수행 과정에서 작업속도를 떨어뜨리거나 조잡한 작업 수행으로 작업능률과 품질의 저하를 초래하는 행위

① 태업
② 파업
③ 피케팅
④ 보이콧

태업은 파업과 달리 근로를 전면 중단하지 않고, 조합원의 노동력을 부분적으로 제공하면서 속도 저하, 품질 저하 등을 통해 압박하는 방식이다.

14 [보기]의 (   )에 들어갈 용어를 한글로 입력하시오.

> **[보기]**
> (   )(이)란 노동관계 당사자 간에 근로조건의 결정에 관한 주장의 불일치로 노동쟁의가 발생한 경우, 당해 노동쟁의를 신속 · 공정하게 해결하여 쟁의 행위로 인한 노동관계 당사자의 손실을 방지하기 위해 「노동조합 및 노동관계조정법」과 「노동위원회법」에 의해 행해지는 일련의 절차를 의미한다.

정답 (   )

노동쟁의 조정은 노동쟁의가 발생했을 때 이를 신속 · 공정하게 해결함으로써 쟁의 행위로 인한 손실을 방지하고자 「노동조합 및 노동관계조정법」과 「노동위원회법」에 따라 진행되는 일련의 절차를 말한다.

15 [보기]에서 ㉠, ㉡에 해당하는 용어는?

> **[보기]**
> ㉠ 근로자가 어느 노동조합에 가입하지 아니할 것 또는 탈퇴할 것을 고용조건으로 하거나 특정한 노동조합의 조합원이 될 것을 고용조건으로 하는 행위를 부당 노동행위로 규정하고 이러한 고용조건에 따라 고용계약을 체결하는 경우
> ㉡ 노동조합의 대표자 또는 노동조합으로부터 위임을 받은 자와의 단체협약체결, 기타의 단체교섭을 정당한 이유 없이 거부하거나 해태하는 행위에 해당하는 부당 노동행위

① ㉠ 황견계약, ㉡ 단체교섭거부
② ㉠ 단체교섭거부, ㉡ 황견계약
③ ㉠ 지배, 개입 및 경비원조, ㉡ 황견계약
④ ㉠ 단체교섭거부, ㉡ 지배, 개입 및 경비원조

오답 피하기

지배, 개입 및 경비원조는 사용자가 노동조합의 조직이나 활동을 지배·개입하거나, 노조 전임자의 급여 등을 사용자 비용으로 지급하는 행위를 말한다. 참고로 노조 전임자 급여는 원칙적으로 사용자(회사)가 지급할 수 없으며, 노동조합이 자체적으로 부담해야 한다.

16 부당 노동행위에 해당하지 <u>않는</u> 것은?

① 직장폐쇄
② 황견계약
③ 불이익 대우
④ 단체교섭 거부

직장폐쇄는 사용자(기업) 측의 '쟁의' 행위에 해당한다.

17 경영참가제도의 유형 중 성격이 <u>다른</u> 하나는?

① 락커 플랜
② 스캔론 플랜
③ 종업원지주제도
④ 노사공동결정제도

종업원지주제도(또는 스톡옵션)는 간접적 경영참여의 형태로 회사가 근로자에게 회사 주식을 유상 또는 무상의 방법으로 취득하게 하여 근로자를 주주로서 기업경영에 참가시키는 제도이다. 나머지는 직접적 경영참여에 해당한다.

18 성과배분제도 중 기본적 보상 외에 영업 수익의 일부를 근로자에게 지급하는 것으로 근로자들에게 기업의 소유주로 느끼게 하는 제도는 무엇인가?

① 럭커 플랜
② 이윤분배제도
③ 순응임률제도
④ 임프로쉐어 플랜

기업에 투자한 대가로 이익(이윤)은 본래 주주의 몫이지만, 이를 종업원에게도 분배하는 제도를 이윤분배제도라고 한다.

19 [보기]는 무엇에 대한 설명인가?

> **[보기]**
> 부가가치 증대를 목표로 하여, 이를 노사협력체계에 의해 달성하고, 이에 따라 증가된 생산성 향상분을 그 기업의 안정적인 부가가치 분배율로 노사 간에 배분하는 방식

① 럭커플랜
② 스캔론플랜
③ 임프로쉐어
④ 임금피크제

럭커플랜은 기업이 창출한 부가가치에서 인건비에 해당하는 금액을 배분하는 방식이다. 키워드로 '부가가치' → '럭커플랜'으로 기억하자.

20 [보기]에 대한 설명에 해당하는 성과급제는 무엇인가?

> **[보기]**
> 근로자의 참여의식을 높이기 위하여 고안된 성과배분제도로 생산의 판매가치에 대한 인건비의 절약이 있는 경우 그 절약분을 분배하는 것

① 럭커 플랜
② 주식소유권
③ 스캔론 플랜
④ 임프로쉐어

스캔론 플랜은 총매출액에 대한 인건비 절약분을 성과급으로 배분하는 방식이다. 키워드로 '인건비 절약' → '스캔론 플랜'으로 기억하자.

21 [보기]에서 설명하는 제도를 한글로 입력하시오.

> **[보기]**
> 종업원의 기업에 대한 귀속의식을 높여 애사심을 복돋기 위한 노무관리상의 대책으로서, 또는 안정주주의 확보라는 기업방위 측면에서 활용되었던 것이나 근래에 와서 각국에서는 주로 근로자의 재산형성 촉진책의 하나로서 장려하고 있는 제도

정답 (　　　　)제도

종업원지주(우리사주)제도는 종업원이 기업의 주식을 보유하도록 함으로써 주인의식을 고취하고 회사의 경영에 관심을 갖도록 하는 제도이다.

02

실무편

프로그램 설치

모든 실습은 더존 iCUBE 2025년 메인 프로그램에 2025년 3회(5월) 기출문제를 설치하여 풀이하시기 바랍니다.

주의 사항

모든 실무 메뉴는 연결되어 있어 상호 영향을 미치므로, 아래 사항을 유의하여 학습하시기 바랍니다.

- 반드시 교재에 제시된 메뉴 순서대로 연습해야 합니다.
- 중도에 기출문제를 새로 설치(복원)해야 하는 경우에는 반드시 재설치하시기 바랍니다.

우리 시험은 이론과 실무를 합산하여 평균 70점 이상을 받아야 합격하므로 두 영역을 균형 있게 준비해야 합니다. 특히 실무는 이론과 달리 꾸준히 출제되는 범위가 비교적 고정되어 있어, 자주 나오는 영역을 중심으로 충분히 연습하면 고득점을 기대할 수 있습니다. 따라서 반복 풀이를 통해 시간 감각을 익히며 실무 점수를 안정적으로 끌어올리는 전략이 중요합니다.

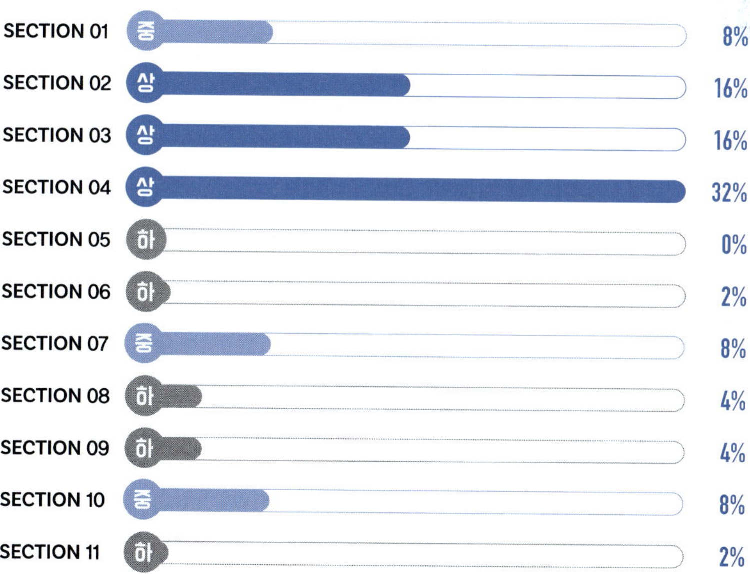

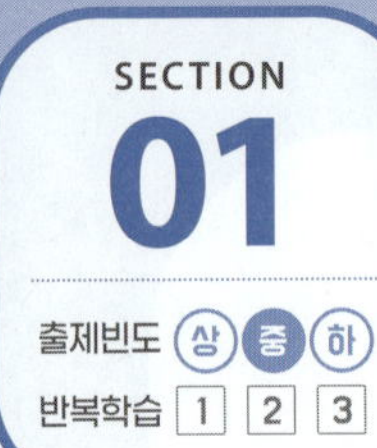

시스템관리

빈출 태그 ▶ #회사등록 #사업장등록 #부서등록 #사원등록 #사용자권한설정

01 ERP 프로그램 시작 방법

1) 데이터베이스(DB) 복원 방법

① iCUBE 핵심 ERP 첫 화면에서 [DB Tool] 버튼을 클릭한다.

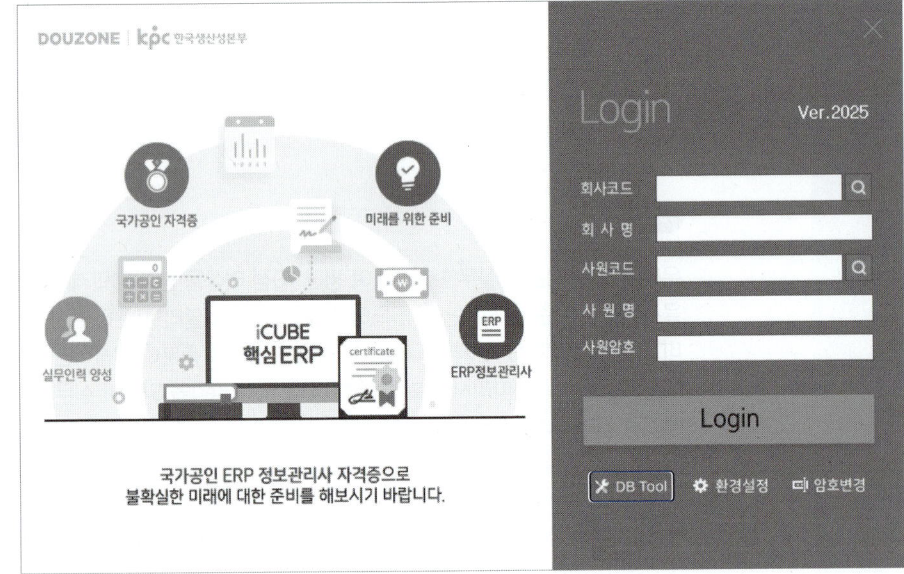

② iCUBE 핵심 ERP DB TOOL 화면에서 [연결설정]을 클릭하고 Window 인증에서 [확인]을 클릭한다.

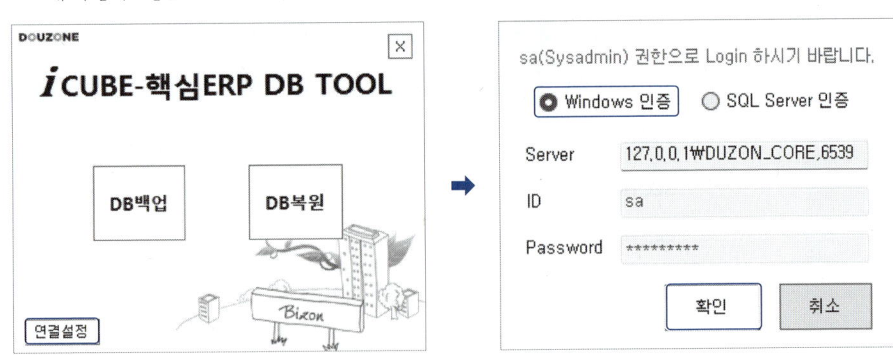

③ iCUBE 핵심 ERP DB TOOL 화면에서 **[DB 복원]**을 클릭한다. **[다른백업폴더 복원]**을 선택하고 [확인]을 클릭한 후, '폴더 찾아보기' 창에서 복원할 폴더인 **[5월 정기_기출DB]**를 선택하고 [확인]을 클릭한다.

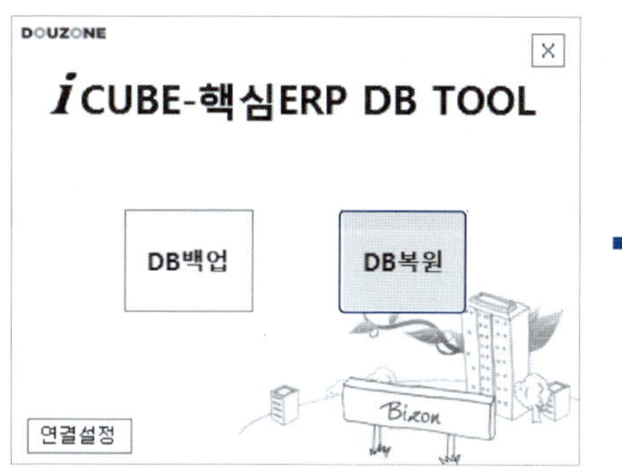
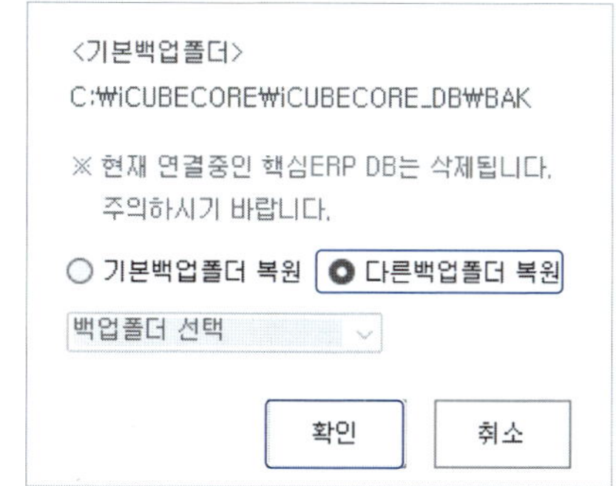

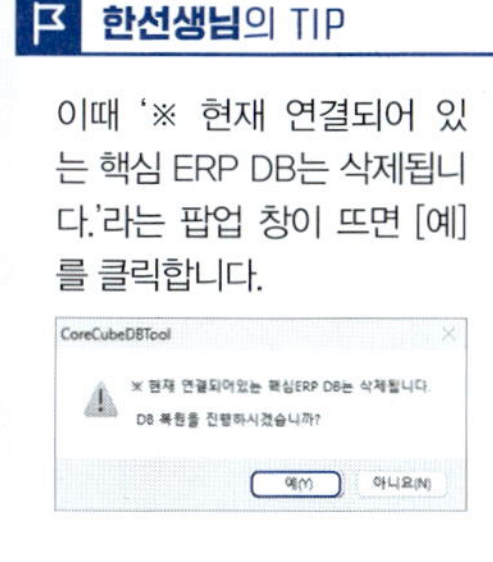

2) 로그인 방법

① iCUBE 핵심 ERP 첫 화면에서 회사코드 : **2001(인사1급 회사A)**, 사원코드 : **ERP13ㅣ01(장미란)**을 선택한다.
② 사원암호는 **공란**으로 두고 **[Login]**을 클릭한다.

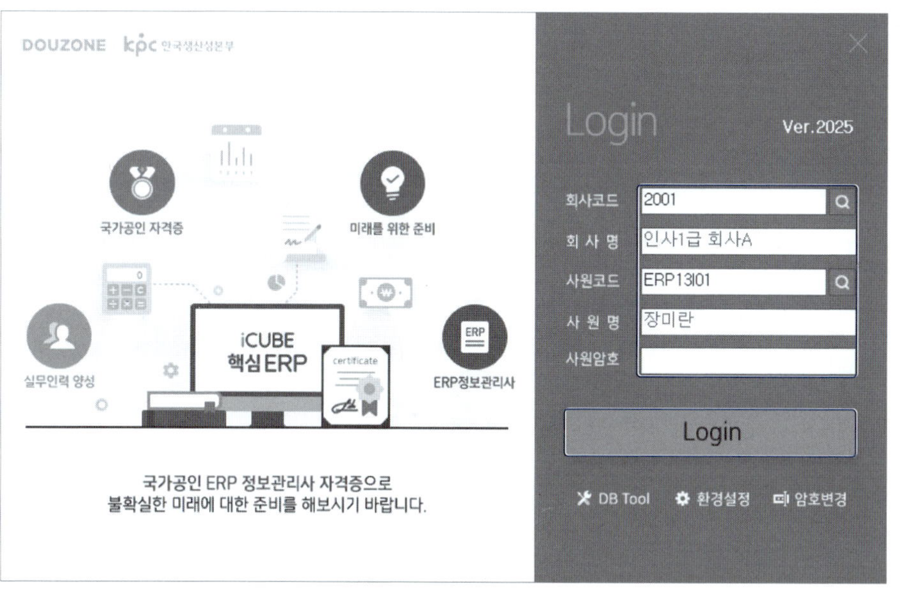

02 시스템관리

- 시스템관리는 ERP 프로그램을 사용하기 위한 기본적인 설정을 하는 모듈이다.
- 먼저 회사등록 메뉴를 실습한 후, 다른 메뉴들을 순차적으로 등록해 보고자 한다.
- 모든 실습은 '2025년 3회(5월) 기출문제 DB'를 활용한다.

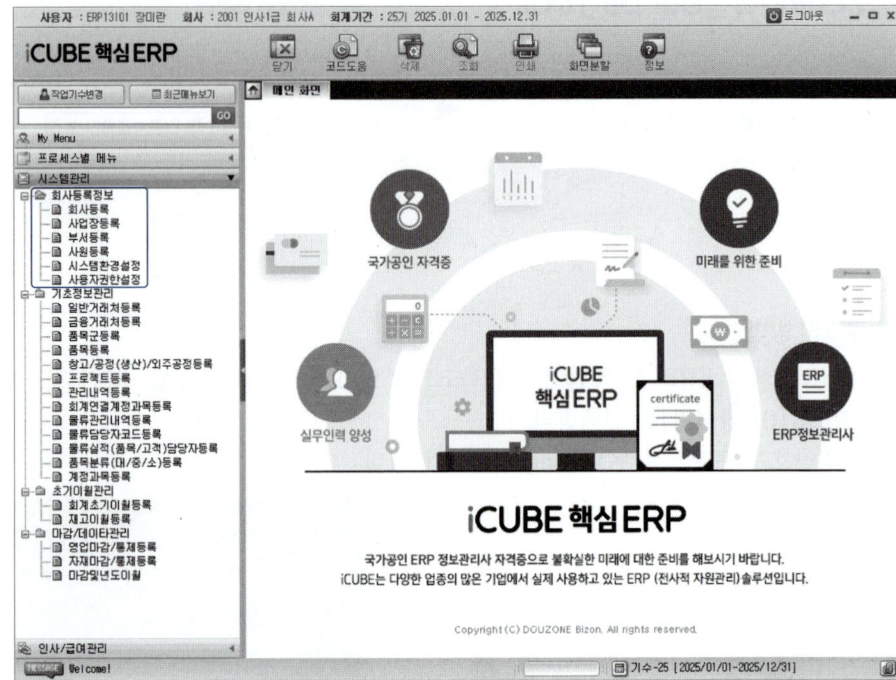

메뉴명	키워드
회사등록	업태, 종목, 개업연월일
사업장등록	주(총괄납부), 주사업장, 본점여부, 이행상황신고구분, 주업종코드, 지방세신고지 등
부서등록	사용 중인 부서, 사용기간 만료 여부
사원등록	사용자여부, 인사입력방식, 조회권한
시스템환경설정	예산통제, 전표출력기본양식, 다국어재무제표, 부가가치세 신고유형
사용자권한설정	모듈구분, 인사/급여관리

⑬ 회사등록

• 회사가 처음으로 ERP를 도입하는 경우 우리 회사에 대한 사항은 다음의 순서대로 입력한다.

> [회사등록 → 사업장등록 → (부문등록) → 부서등록 → 사원등록]

• 부문등록은 [부서등록] 메뉴에서 수행한다.

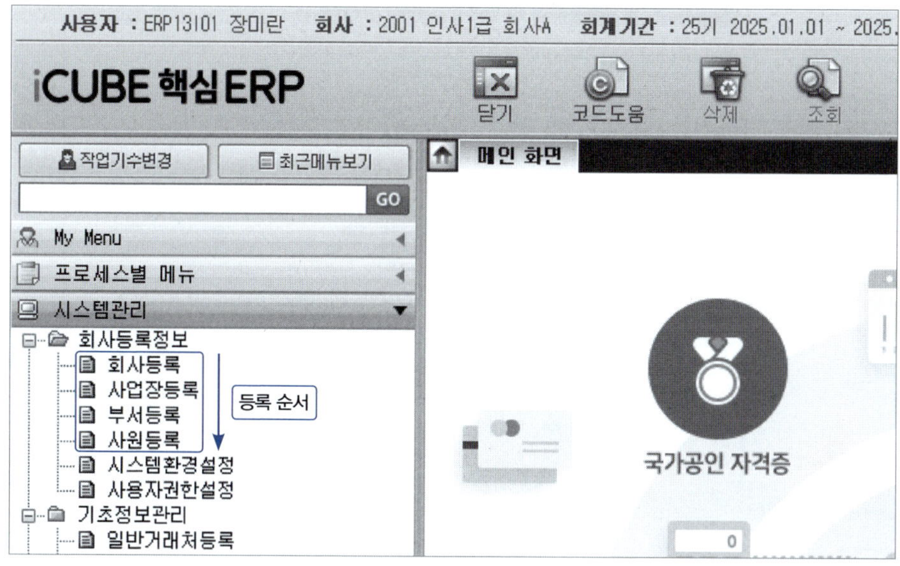

연습문제   회사등록

(주)영진에 관한 다음 사항을 [회사등록] 메뉴에 입력하시오.

- 코드 : 9000
- 회사명 : (주)영진
- 구분 : 법인
- 회계년도 : 제10기, 2025/01/01~2025/12/31
- 사업자등록번호 : 200-81-62517
- 대표자성명 : 한선생
- 본점주소 : 서울특별시 강남구 도산대로 431 영진빌딩 1001호
- 업태 : 도소매
- 종목 : 사무기기
- 설립(개업)연월일 : 2016/01/01

① [회사등록] 메뉴를 더블 클릭하고 **코드번호**와 **회사명**, **구분**을 입력한다.
② 나머지 상세 사항은 오른쪽 화면에 기재한다.

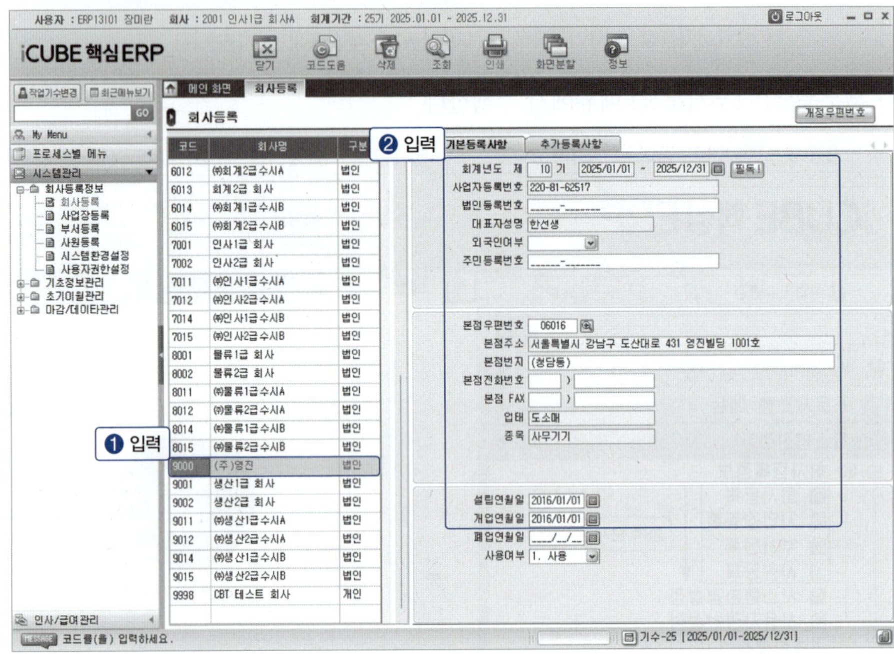

04 사업장등록

- [사업장등록] 메뉴는 우리 회사의 본점 및 지점에 관한 사항을 입력하는 메뉴이다.
- 특히 주사업장 여부가 자주 출제된다.

연습문제   사업장등록

[인사1급 회사A]는 새로운 사업장(지점)을 개설하였다. 이에 관한 다음 사항을 [사업장등록] 메뉴에 입력하시오.

- 코드 : 5000
- 사업장명 : 인사1급 수원지점
- 사업자등록번호 : 464–85–17361
- 대표자성명 : 김선생
- 사업장주소 : 경기도 수원시 팔달구 효원로 288
- 업태 : 제조
- 종목 : 사무용품
- 관할세무서 : 수원
- 개업연월일 : 2025/01/01

한선생님의 TIP

주소는 사업장 우편번호에서 '경기도'를 선택하고 검색어에 '효원로 288'로 조회하여 입력합니다.

① [사업장등록] 메뉴를 더블 클릭하고 **코드번호**와 **사업장명**을 입력한다.
② 나머지 상세 사항은 오른쪽 화면에 기재한다.

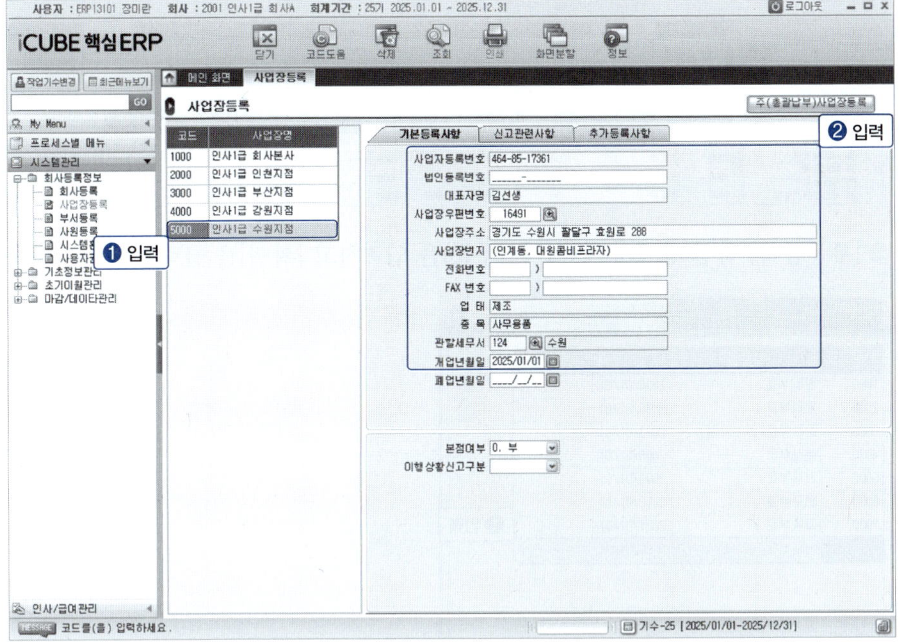

05 부서(부문)등록

- [부서등록] 메뉴에서 먼저 '부문'을 등록하기로 한다.
- 부문등록이 끝나면 '부서'를 등록해 보자.

연습문제	부서(부문)등록

[부서등록] 메뉴에서 [인사1급 회사A]의 시설부문을 등록하고 수선부를 입력하시오.

(1) 시설부문
- 부문코드 : 8000
- 사용기간 : 2025/01/01부터

(2) 수선부
- 부서코드 : 5200
- 사업장 : 인사1급 인천지점
- 부문 : 시설부문
- 사용기간 : 2025/01/01부터

① [부서등록] 메뉴에서 오른쪽 상단의 [부문등록]을 클릭한다.

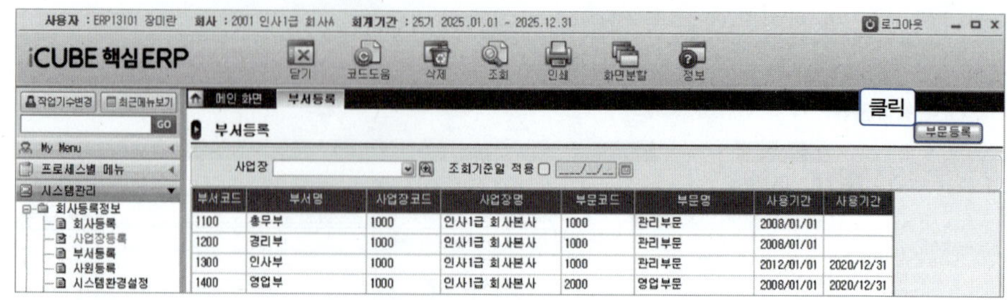

② [부문등록] 팝업 창에서 **부문(시설부문)**을 입력하고 [확인]을 클릭한다.

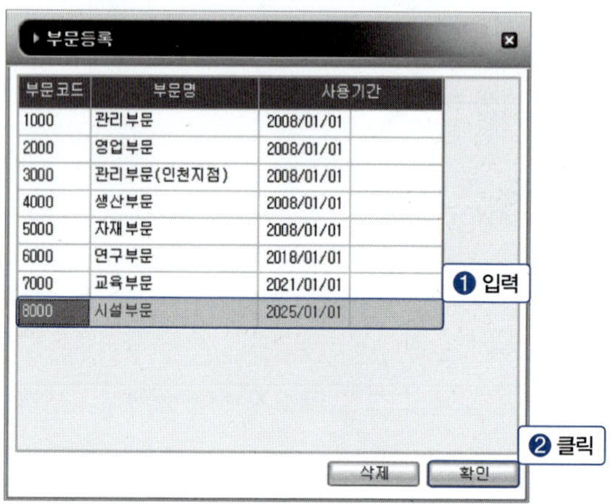

한선생님의 TIP

부서등록 시 사업장코드과 부문코드는 F2를 눌러 검색하여 입력합니다.

③ [부서등록]에서 **부서(수선부)**를 입력한다.

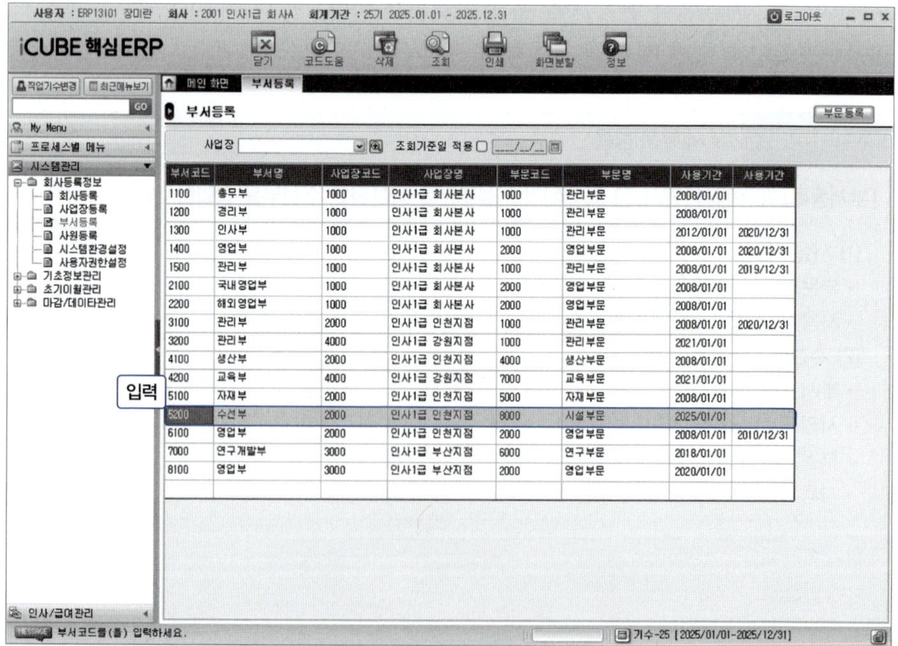

부서등록이 끝나면 각 부서에서 일하는 사원들에 관한 사항을 등록한다.

연습문제	사원등록

[사원등록] 메뉴에서 엄현애 사원을 검색하여 (1) ERP사용자여부를 '여'로 변경하고, (2) [사용자권한설정]에서 이름을 확인하시오.

풀이 방법

① [사원등록] 메뉴에서 상단의 부서란을 모두 지우고, 사원명검색에서 **엄현애**를 입력한 후 상단의 [조회] 버튼을 클릭한다.

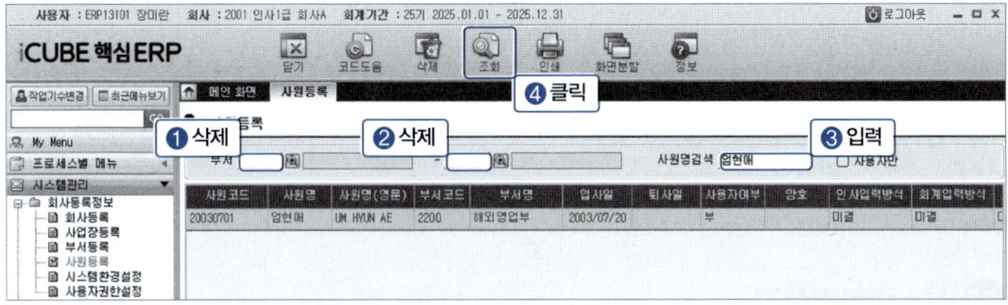

② 엄현애 사원의 사용자여부를 **여**로 변경한다.

③ [사용자권한설정] 메뉴에서 엄현애 사원이 있는 것을 확인한다.

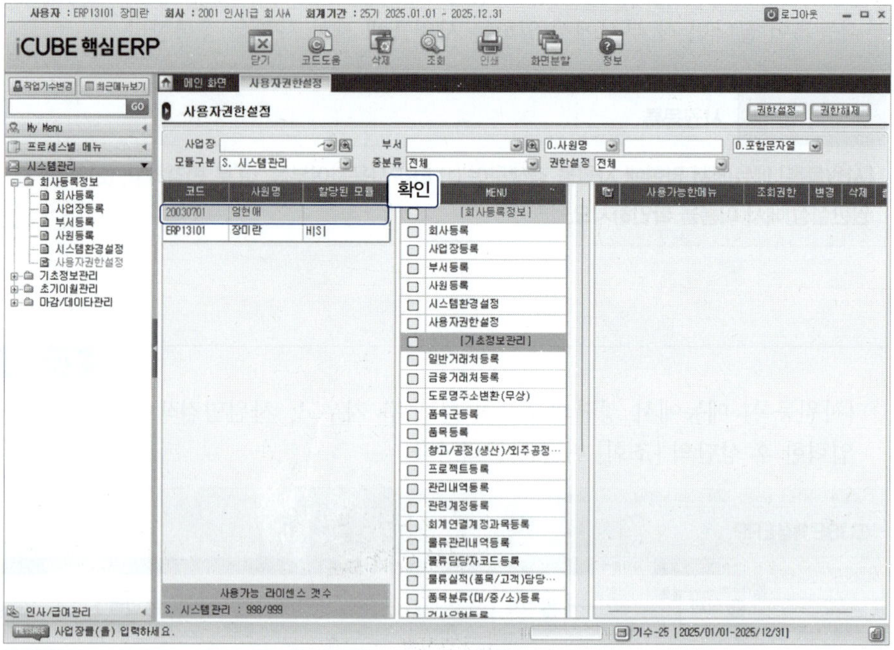

07 시스템환경설정

ERP 시스템의 전반적인 환경을 설정하는 메뉴이다.

연습문제	시스템환경설정

[시스템환경설정] 메뉴에서 다음의 사항을 확인하고 현재 설정된 내용을 제시하시오.

- 예산관리여부
- 다국어재무제표 사용
- 부가가치세 신고유형
- 전표출력기본양식
- 등록자산상각방법
- 입출금전표사용여부

① [시스템환경설정] 메뉴에서 예산관리여부, 전표출력기본양식, 다국어재무제표 사용 등 관련 내역을 확인한다.
② 각 환경요소에 따른 유형설정과 선택범위를 확인한다.

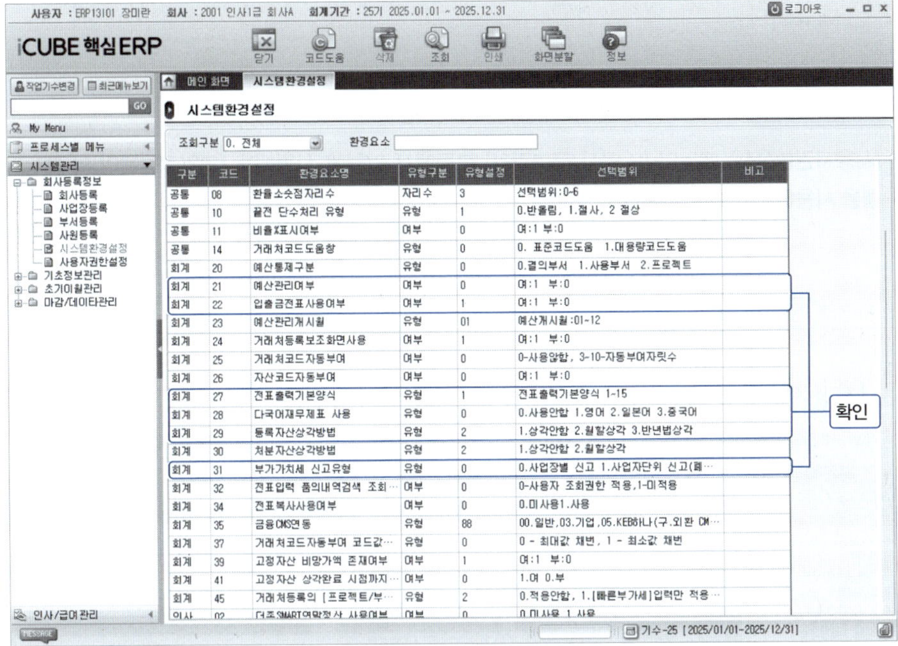

구분	코드	환경요소명	유형구분	유형설정	선택범위	비고
공통	08	환율 소숫점 자리수	자리수	3	선택범위:0-6	
공통	10	끝전 단수처리 유형	유형	1	0.반올림, 1.절사, 2 절상	
공통	11	비율%표시여부	여부	0	여:1 부:0	
공통	14	거래처코드도움창	유형	0	0. 표준코드도움 1.대용량코드도움	
회계	20	예산통제구분	유형	0	0.결의부서 1.사용부서 2.프로젝트	
회계	21	예산관리여부	여부	0	여:1 부:0	
회계	22	입출금전표사용여부	여부	1	여:1 부:0	
회계	23	예산관리개시월	유형	01	예산개시월:01~12	
회계	24	거래처등록보조화면사용	여부	1	여:1 부:0	
회계	25	거래처코드자동부여	여부	0	0-사용않함, 3-10-자동부여자릿수	
회계	26	자산코드자동부여	여부	0	여:1 부:0	
회계	27	전표출력기본양식	유형	1	전표출력기본양식 1~15	
회계	28	다국어재무제표 사용	유형	0	0.사용안함 1.영어 2.일본어 3.중국어	
회계	29	등록자산상각방법	유형	2	1.상각안함 2.월할상각 3.반년법상각	
회계	30	처분자산상각방법	유형	2	1.상각안함 2.월할상각	
회계	31	부가가치세 신고유형	유형	0	0.사업장별 신고 1.사업자단위 신고(폐…	
회계	32	전표입력 품의내역검색 조회…	여부	0	0-사용자 조회권한 적용,1-미적용	
회계	34	전표복사사용여부	여부	0	0.미사용1.사용	
회계	35	금융CMS연동	유형	88	00.일반,03.기업,05.KEB하나(구.외환 CM…	
회계	37	거래처코드자동부여 코드값…	유형	0	0 - 최대값 채번, 1 - 최소값 채번	
회계	39	고정자산 비망가액 존재여부	여부	1	여:1 부:0	
회계	41	고정자산 상각완료 시점까지…	여부	0	1.여 0.부	
회계	45	거래처등록의 [프로젝트/부…	유형	2	0.적용안함, 1.[빠른부가세]입력만 적용…	
인사	02	더존SMART연말정산 사용여부	여부	0	0.미사용 1.사용	

정답

• 예산관리여부	0.부
• 다국어재무제표 사용	0.사용안함
• 부가가치세 신고유형	0.사업장별신고
• 전표출력기본양식	1.
• 등록자산상각방법	2.월할상각
• 입출금전표사용여부	1.여

08 사용자권한설정

- ERP를 사용하도록 설정된 사원이라 하더라도, 기업의 기밀유지 및 사원별 업무 범위 차이 등의 이유로 그 운용 범위를 각각 다르게 설정할 필요가 있다.
- [사용자권한설정] 메뉴는 각 사원별로 운용할 수 있는 메뉴에 대한 권한을 부여하는 메뉴이다.

연습문제	사용자권한설정

[사용자권한설정] 메뉴의 [H.인사/급여관리] 모듈에서 엄현애 사원에게 [연말정산관리]의 메뉴들을 사용하도록 변경하시오.

풀이 방법

① [사용자권한설정] 메뉴에서 모듈구분을 [H.인사/급여관리]로 변경한다.

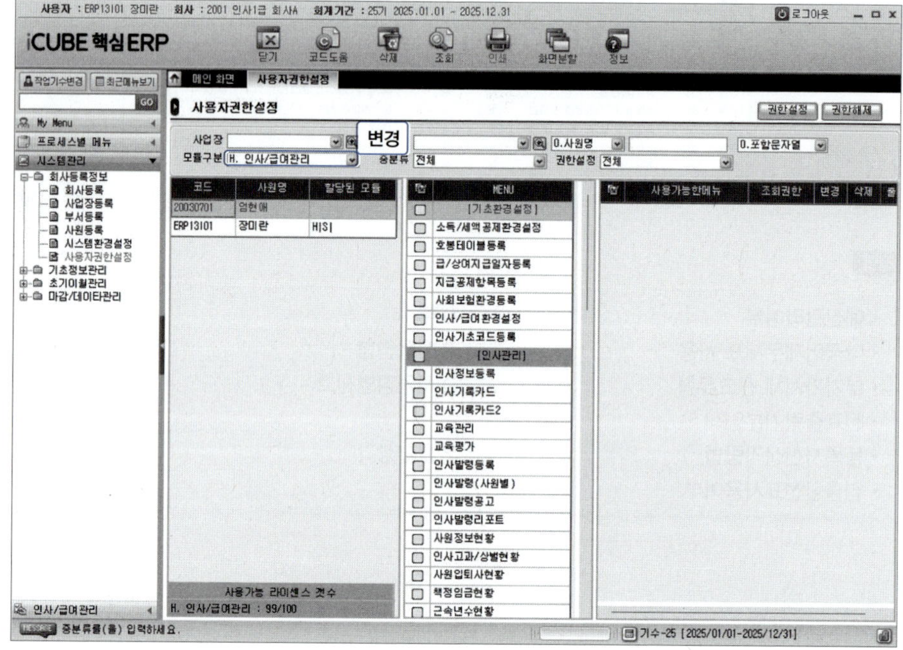

② 가운데의 [연말정산관리] 하위의 모든 메뉴를 선택한 후, 오른쪽 상단의 [권한
설정] 버튼을 클릭한다. 조회권한은 그대로 두고 [확인]을 클릭한다.

③ 오른쪽 영역에 권한이 설정된 것을 확인한다.

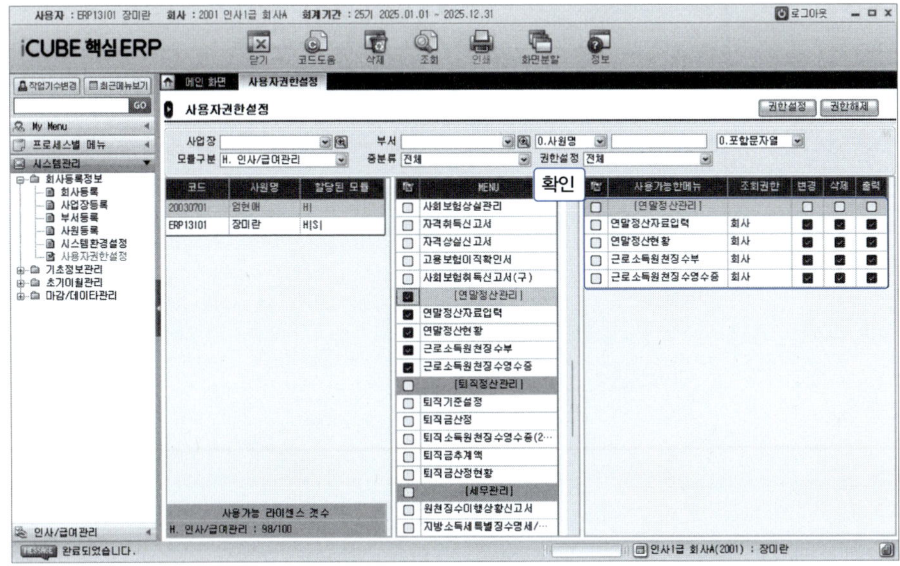

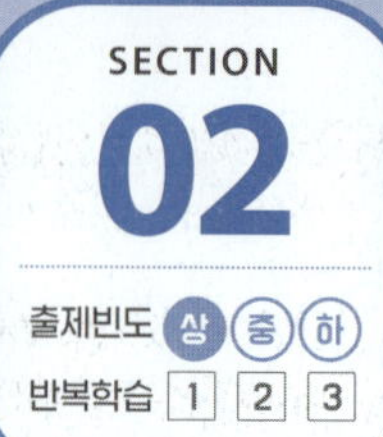

기초환경설정

빈출 태그 ▶ #호봉테이블등록 #급/상여지급일자등록 #지급공제항목등록 #인사/급여환경설정 #인사기초코드등록

01 기초환경설정

- 우리 시험에서 출제빈도가 높은 메뉴들로 구성된 매우 중요한 폴더이다.
- 특별히 급상여 계산을 하기 전에 필요한 기본적인 사항들을 미리 설정하는 메뉴들로 구성되어 있다.

한선생님의 TIP

다음 네 가지 메뉴는 거의 매 회차마다 출제됩니다.
- 호봉테이블등록
- 급/상여지급일자등록
- 지급공제항목등록
- 인사/급여환경설정

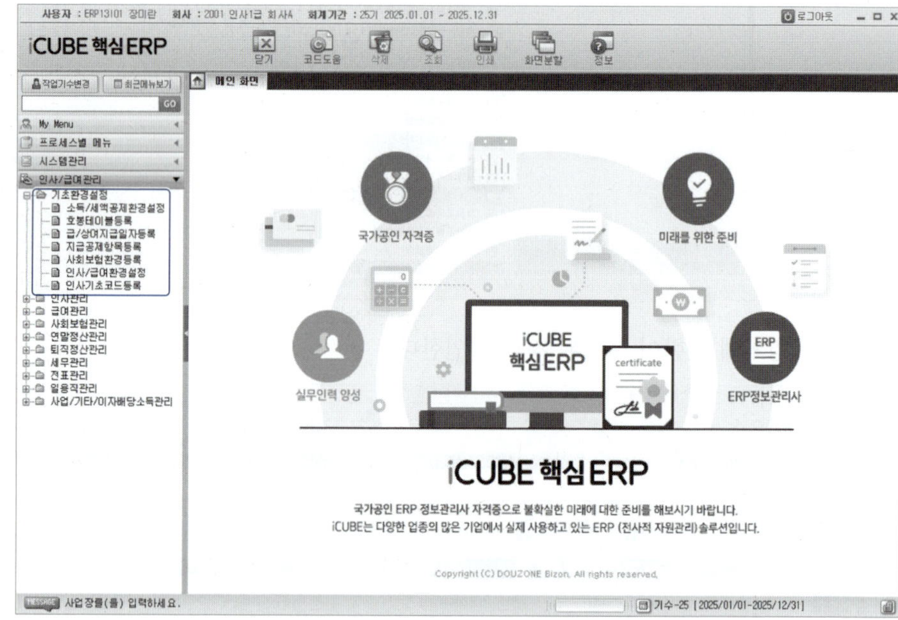

메뉴명	키워드
소득/세액공제환경설정 → 소득세 세율 등 확인	기본세율조견표, 과세표준, 세율, 지급명세서 작성 여부
호봉테이블등록 → 호봉별 기본급 등 입력	호봉등록, 호봉합계, 정률인상, 정액인상
급/상여지급일자등록 → 급 · 상여 등의 지급일 등록	지급일자, 동시발행, 지급직종, 급여형태, 전월복사
지급공제항목등록 → 지급 · 공제 항목에 대한 세부사항 등록	급여구분, 과세구분, 비과세유형, 자격수당, 가족 수당
사회보험환경등록 → 건강보험 부담률 등 조회	건강보험, 장기요양보험, 국민연금, 고용보험, 산재 보험
인사/급여환경설정 → 급여 및 세금에 대한 설정 사항 등록	출결마감기준, 입사자, 수습직, 퇴사자, 월일, 한달 정상일, 월일수산정
인사기초코드등록 → 설정된 비고란 확인	생산직비과세 적용 여부

02 소득/세액공제환경설정

- [소득/세액공제환경설정] 메뉴는 소득세와 관련하여 근로자들에게 적용되는 세율 등 세금과 관련된 내용으로 구성되어 있다.
- ERP 정보관리사 인사 1급 시험에서는 거의 출제되지 않는 부분이다.

연습문제	소득/세액공제환경설정

다음의 사항을 [소득/세액공제환경설정] 메뉴에서 조회하시오. (2025년 기준)

(1) 기본세율조견표상 과세표준 50,000,000원~88,000,000원의 세율은 얼마인가?

(2) 다음 소득공제 항목 중 지급명세서 작성 대상인 것은?

  ① 일직료숙직료

  ② 자가운전보조금

  ③ 식사대

  ④ 사택 제공 이익

① [소득/세액공제환경설정]의 기본세율조견표에서 귀속연도 **2025년**을 입력한 후 과세표준에 따른 세율을 확인한다.

정답 24%

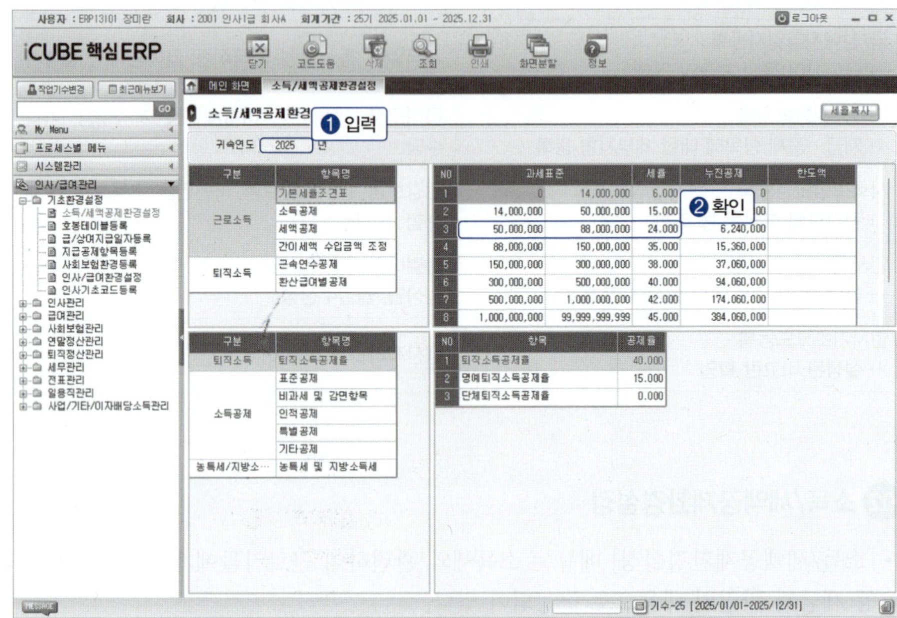

② **비과세 및 감면항목**을 클릭한 후 지급명세서 작성 항목을 확인한다.

정답 ③ 식사대

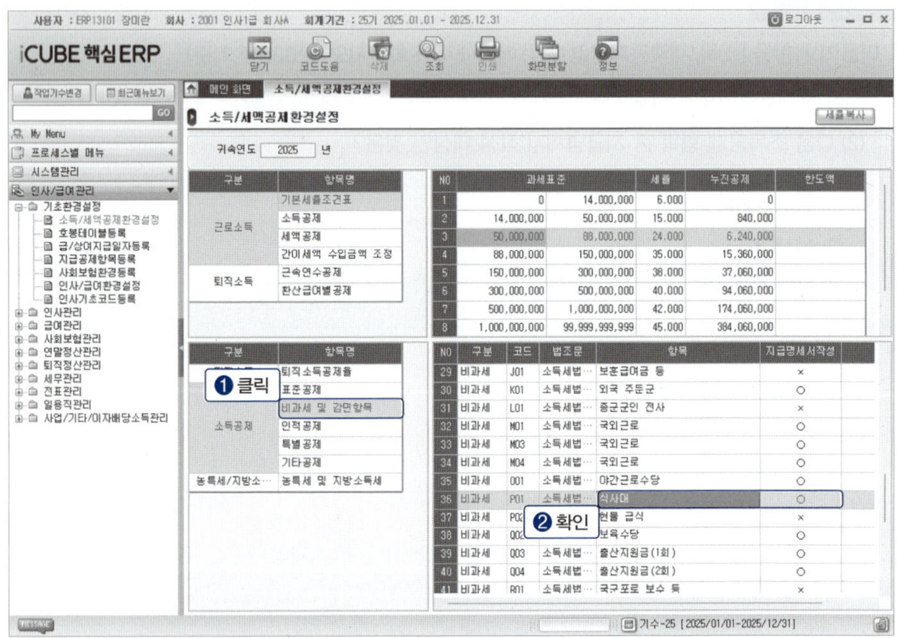

03 호봉테이블등록

- 일반적으로 직급(대표이사부터 사원까지)에 따라 호봉별로 기본급 등이 인상된다.
- [호봉테이블등록]은 이러한 호봉 금액들을 일괄적으로 등록하고 인상하는 메뉴이다.

연습문제	호봉테이블등록

[호봉테이블등록] 메뉴에서 다음의 내용을 (1) 일괄등록한 후 (2) 일괄인상하는 경우, 5호봉의 호봉합계 금액은 얼마인가?

(1) 일괄등록
- 대상직급 : 920 사원
- 적용시작연월 : 2025/01
- 기본급 : 초기치 1,500,000(증가액 100,000)
- 급호수당 : 초기치 100,000(증가액 50,000)

(2) 일괄인상
- 기본급 : 정률 5%
- 급호수당 : 정액 30,000

① [호봉테이블등록]의 대상직급에서 **사원**을 클릭하고, 적용시작연월을 2025/01 로 입력한 후 Enter를 클릭한다. 오른쪽 상단의 [일괄등록] 버튼을 눌러 **기본급** 과 **급호수당**을 입력하고 [적용]을 클릭한다.

> **한선생님의 TIP**
>
> '적용종료연월'은 입력할 필요가 없습니다.

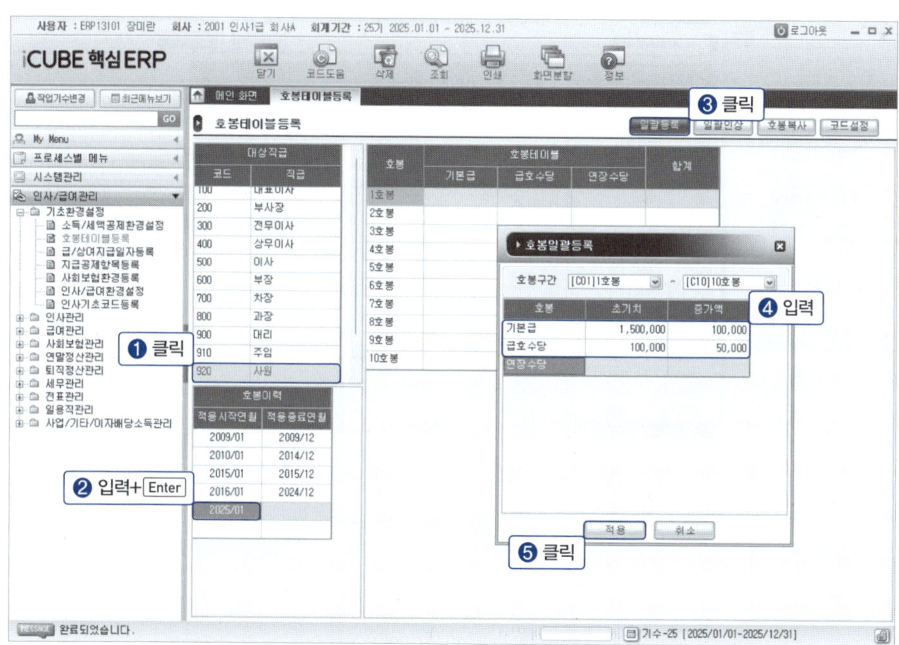

② 오른쪽 상단의 [일괄인상] 버튼을 눌러 **기본급 정률**을 먼저 입력하고 [정률적용]
을 클릭한다.

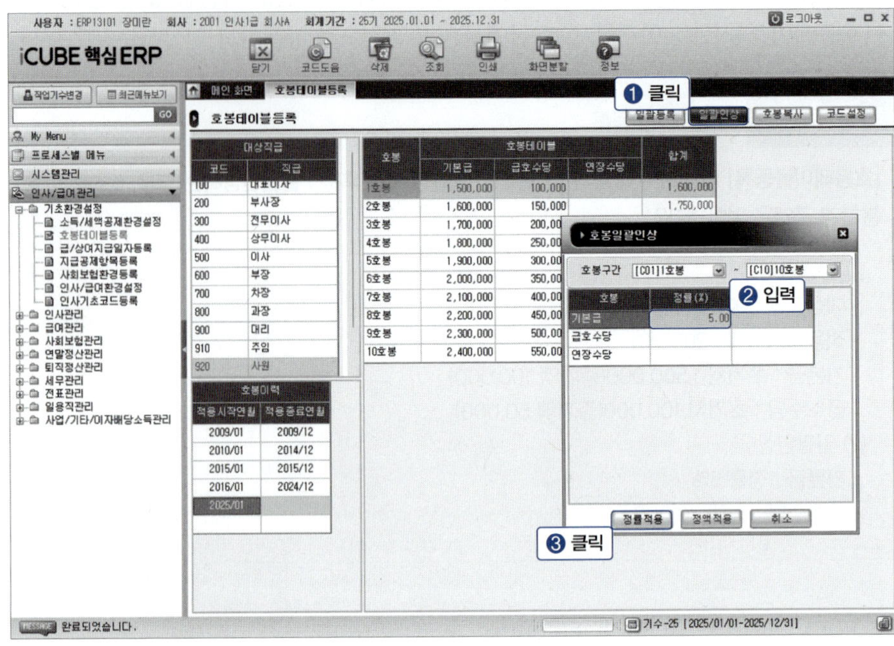

③ 이어서 우측 상단의 [일괄인상] 버튼을 눌러 **급호수당 정액**을 입력하고 [정액적용]
을 클릭한다.

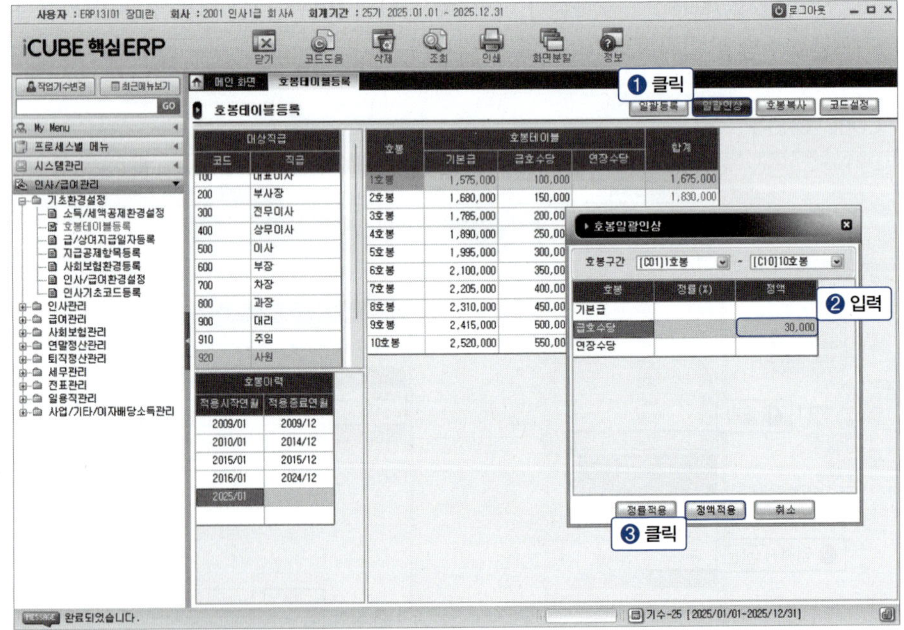

④ 호봉테이블에서 5호봉의 호봉합계 금액을 확인한다.

정답 2,325,000원

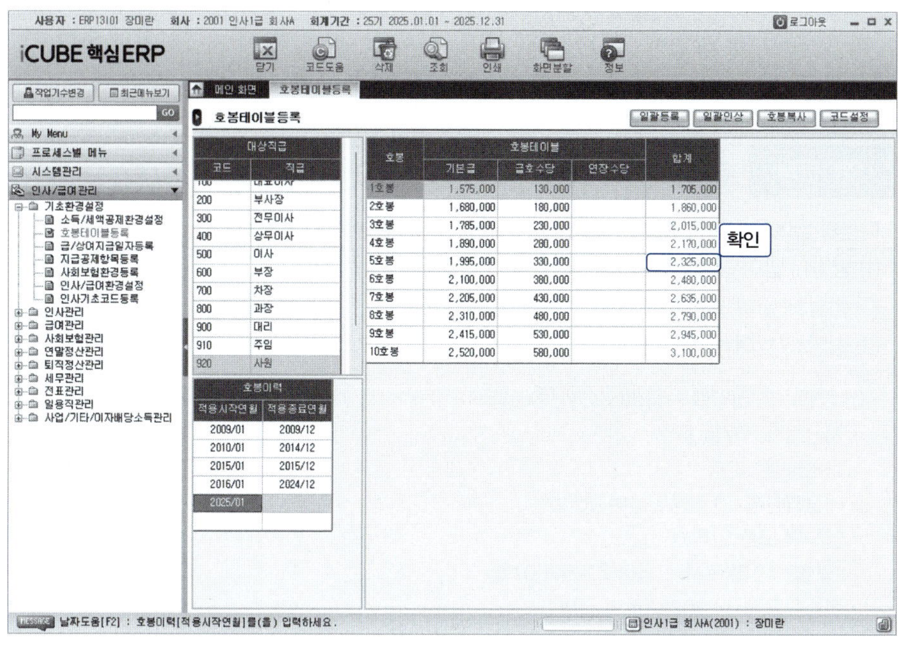

❹ 급/상여지급일자등록

- 회사마다 급여 등의 지급일이 다르다. 당월의 급여를 다음 달 5일에 지급하기도 하고, 다음 달 20일에 지급하기도 하고, 심지어는 당월 말에 지급하기도 한다.
- 급여 및 상여의 지급일자를 입력하는 메뉴에 대해 살펴보자.

연습문제	급/상여지급일자등록

다음의 급여와 상여의 지급일자를 [급/상여지급일자등록] 메뉴에 입력하시오.

(1) 방법1 : 급여 – 직접입력하기

(2) 방법2 : 급여 – 전월복사하기

(3) 방법3 : 상여 – 직접입력하기

> (1) 방법1 : 직접입력 – 급여(2025년 06월)
> - 지급일자 : 07월 15일
> - 동시발행 : 분리
> - 대상자선정 : 0.직종및급여형태별
> - 당사의 모든 임직원
>
> (2) 방법2 : 전월복사 – 급여(2025년 07월)
> - 전월자료복사 : 2025/04의 급여
> - 지급일자 : 2025/08/15
>
> (3) 방법3 : 직접입력 – 상여(2025년 06월)
> - 지급일자 : 06월 30일
> - 동시발행 : 분리
> - 대상자선정 : 0.직종및급여형태별
> - 입사자, 퇴사자 : 지급하지 않음
> - 상여지급대상기간 : 06월 전체
> - 지급직종및급여형태 : 본점의 생산직(월급)과 기술직(연봉)

(1) 방법1 : 직접입력(급여)

① [급/상여지급일자등록]에서 귀속연월을 **2025년 06월**로 입력한다. **지급일자, 동시발행**(F2), **대상자선정**을 입력한 후 Enter 를 클릭한다. 오른쪽 영역의 급여구분(F2)에서 **급여**를 입력한다.

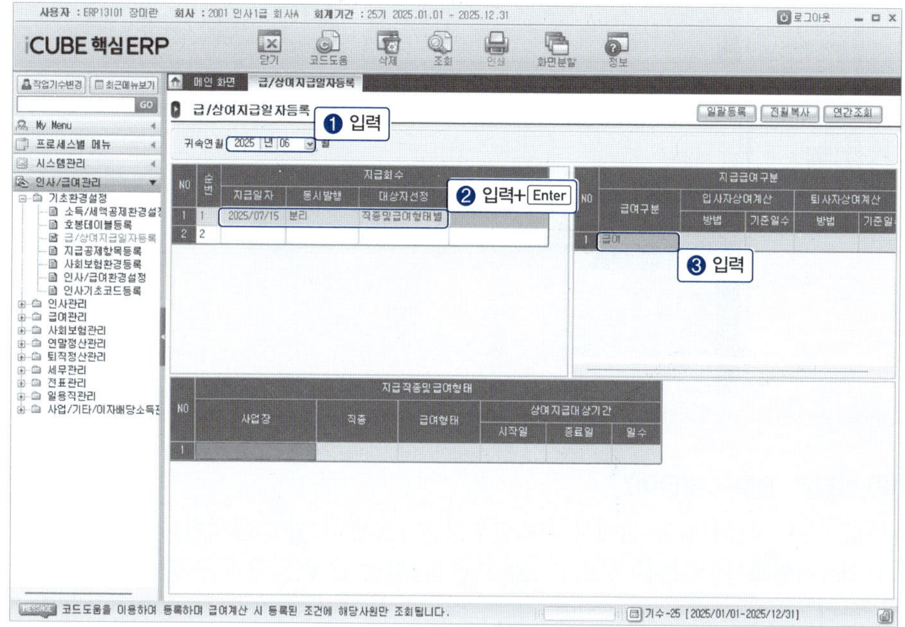

② 오른쪽 상단의 [일괄등록] 버튼을 누르고, 각 직종의 **전체**를 클릭한 후 사업장 옆 **돋보기**(🔍)를 클릭하여 **전체**를 선택하고 [적용]을 클릭한다.

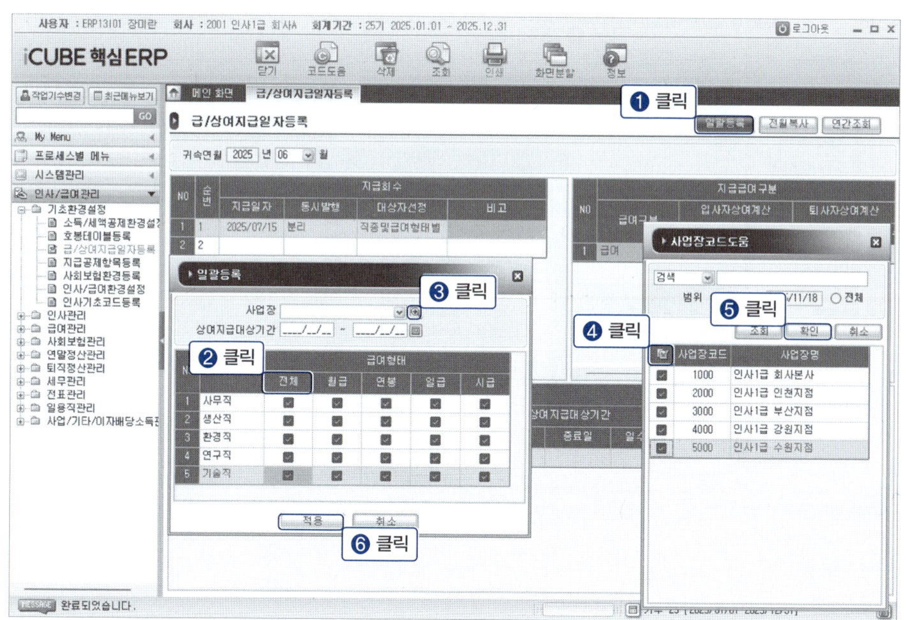

③ 정확하게 입력되었는지 전체적으로 확인한다.

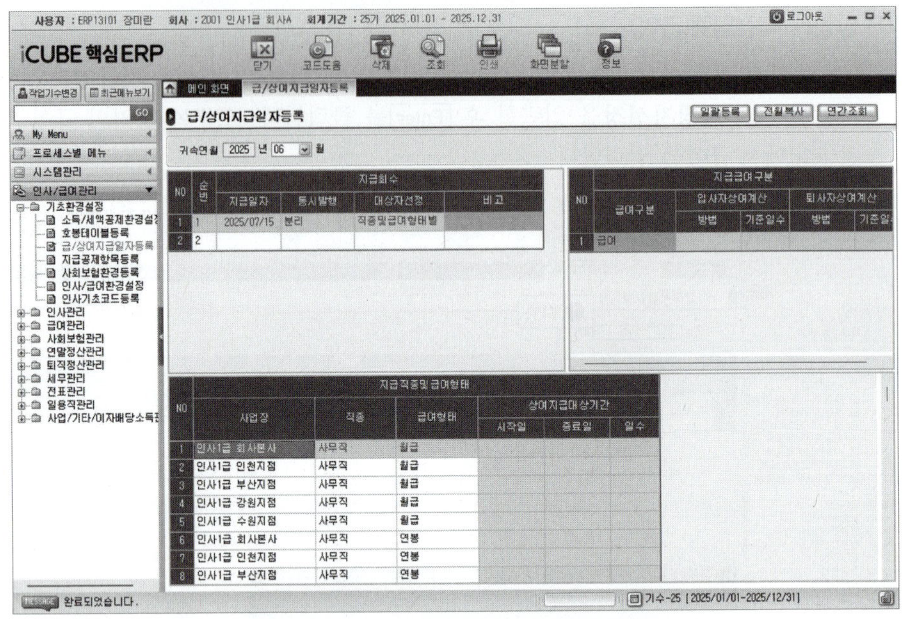

(2) 방법2 : 전월복사(급여)

① [급/상여지급일자등록]에서 귀속연월을 2025년 07월로 입력한다. 오른쪽 상단
   의 [전월복사] 버튼을 누르고, 2025년 04월의 급여를 선택한 후 [확인]을 클릭
   한다.

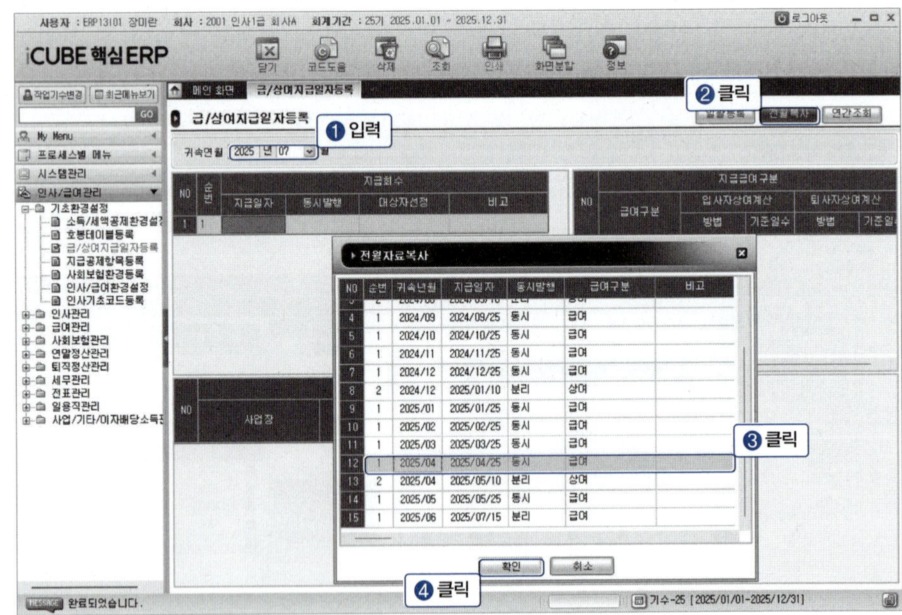

② '지급일자와 상여지급기간을 수정하셔야 합니다.'라는 팝업 창이 뜨면 [확인]을 클릭한다.

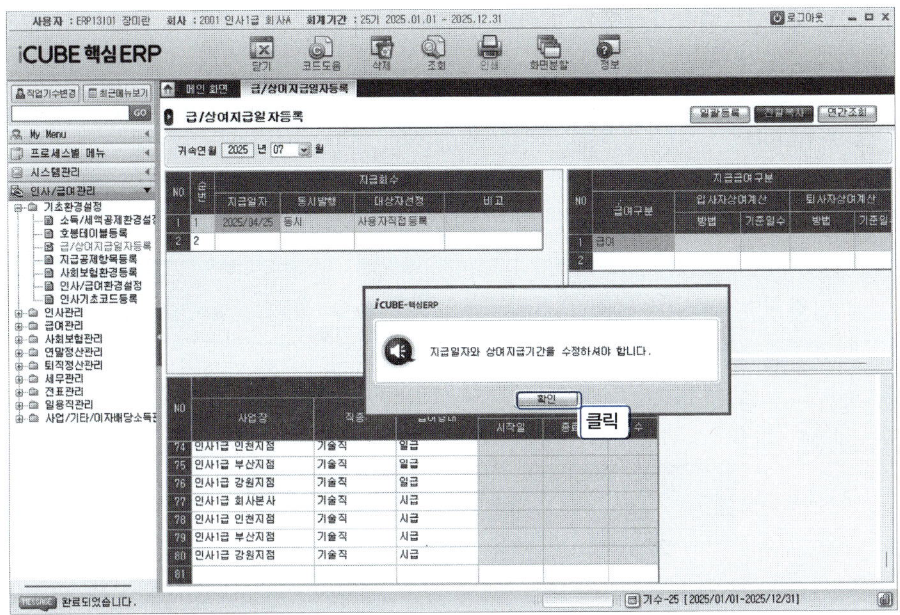

③ 지급일자를 2025년 08월 15일로 수정하고, 정확하게 입력되었는지 전체적으로 확인한다.

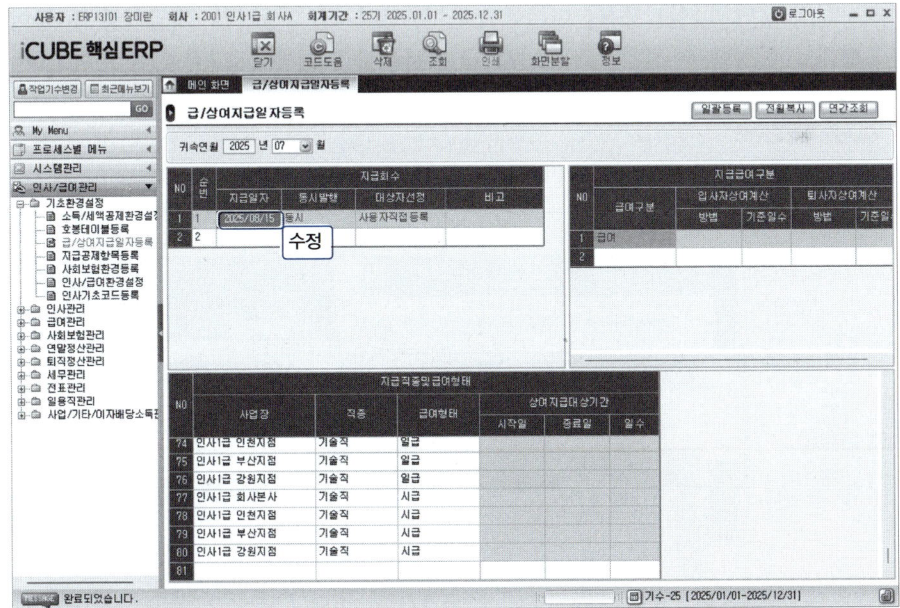

(3) 방법3 : 직접입력(상여)

① [급/상여지급일자등록]에서 귀속연월을 **2025년 06월**로 입력한다. **지급일자**, **동시발행**(F2), **대상자선정**을 입력한 후 Enter를 클릭한다. 오른쪽 영역의 급여구분에서 **상여**(F2)를 입력한다.

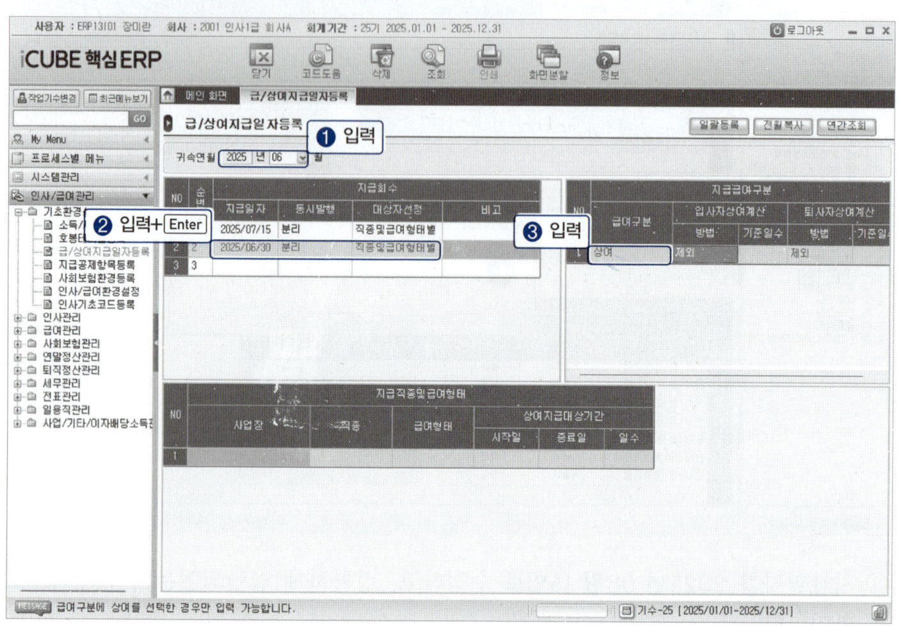

② 오른쪽 상단의 **[일괄등록]** 버튼을 누르고, **상여지급대상기간**, **지급직종 및 급여형태**를 설정한 후 사업장에서 **인사1급 회사본사**를 선택하고 [적용]을 클릭한다.

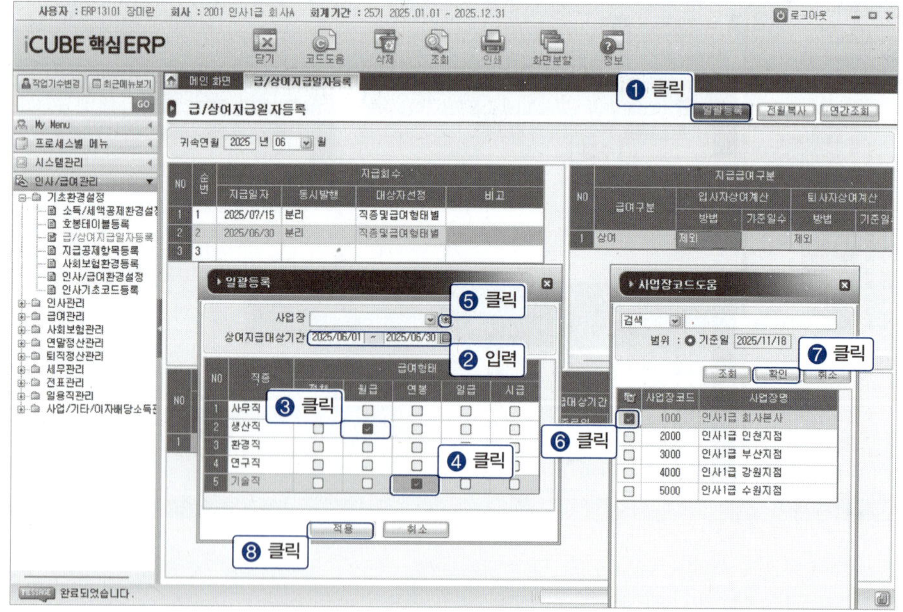

③ 정확하게 입력되었는지 전체적으로 확인한다.

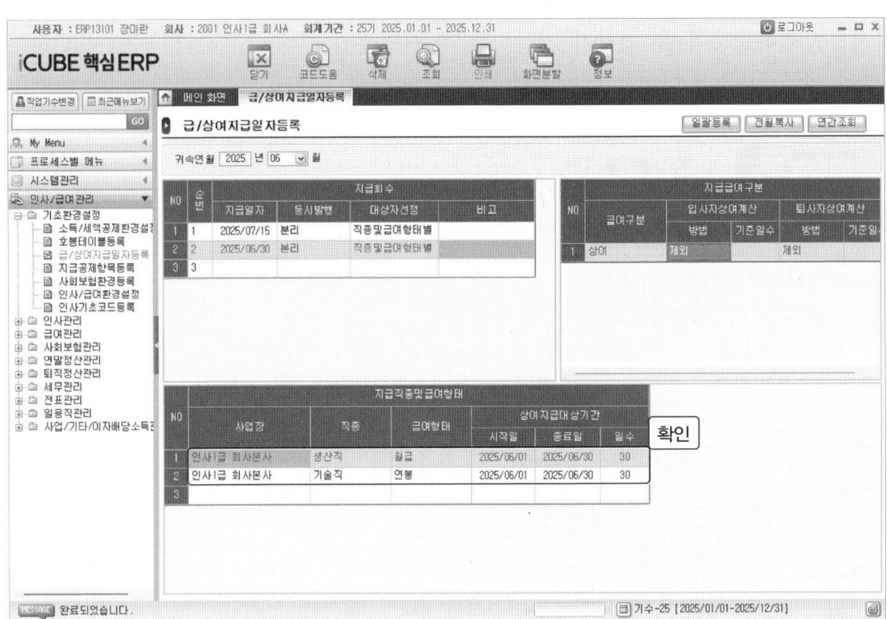

05 지급공제항목등록

[지급공제항목등록]은 회사가 지급하는 항목(기본급, 각종 수당)과 공제(차감)하는
항목(세금 등)을 입력하는 메뉴이다.

연습문제	지급공제항목등록

다음의 사항을 [지급공제항목등록] 메뉴에 입력하시오. (2025년 기준)

(1) 자격수당 – 생활설계사 추가
• 계산구분 : 금액 20,000원
(2) 특별상여 추가
• V01 특별상여
• 계산식 : 책정임금 월급의 20%

(1) 자격수당

① [지급공제항목등록] 메뉴에서 오른쪽의 상단의 **[마감취소]** 버튼을 누르고, 급여
구분은 **급여**, 지급/공제구분은 **지급**으로 선택하고 귀속연도는 **2025년**으로 입력
한 후 상단의 [조회] 버튼을 클릭한다.

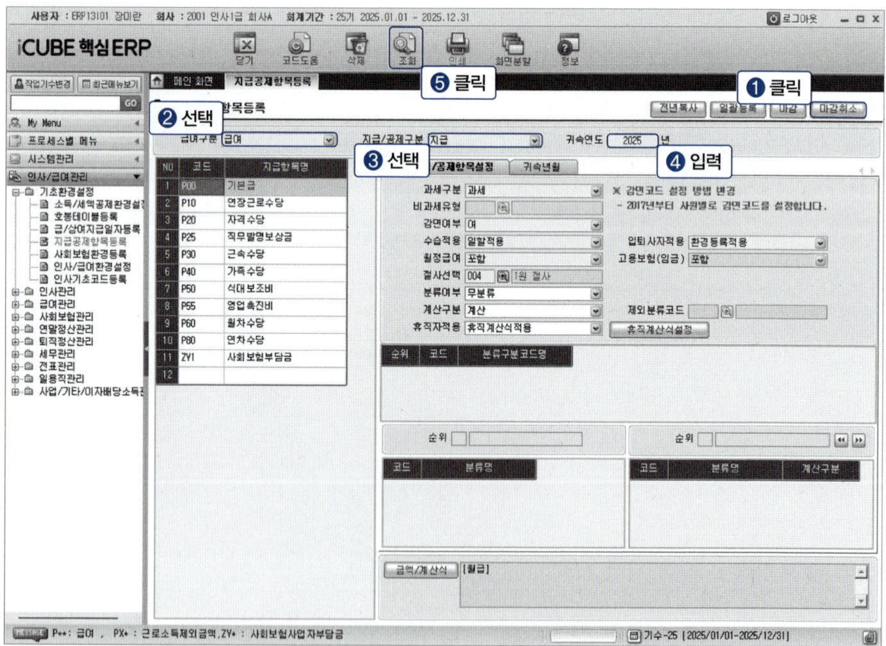

② 지급항목명에서 **자격수당**을 클릭한 후 오른쪽 하단에서 F2 버튼을 눌러 **생활설계사**를 추가하고, 계산구분에서 001.금액을 선택한 뒤 20,000원을 입력한다.

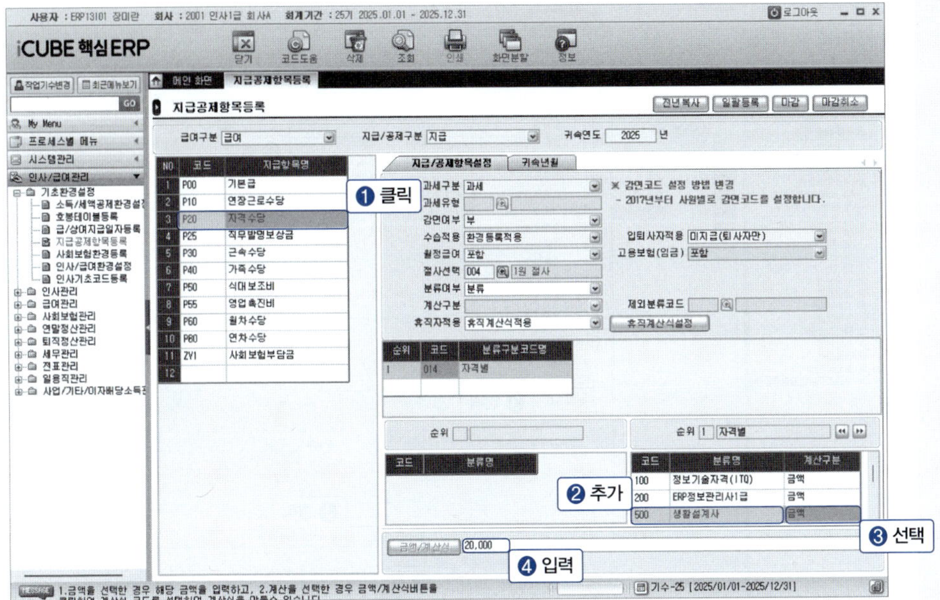

(2) 특별상여

① [지급공제항목등록] 메뉴에서 급여구분은 **상여**, 지급/공제구분은 **지급**으로 선택하고 귀속연도는 2025년으로 입력한 후 상단의 [조회] 버튼을 클릭한다. 좌측 상단에 V01 **특별상여**를 입력하고 Enter 를 클릭한 후 'V01을 인사기초코드등록에 등록하겠습니까?'라는 팝업 창이 뜨면 [예]를 클릭한다.

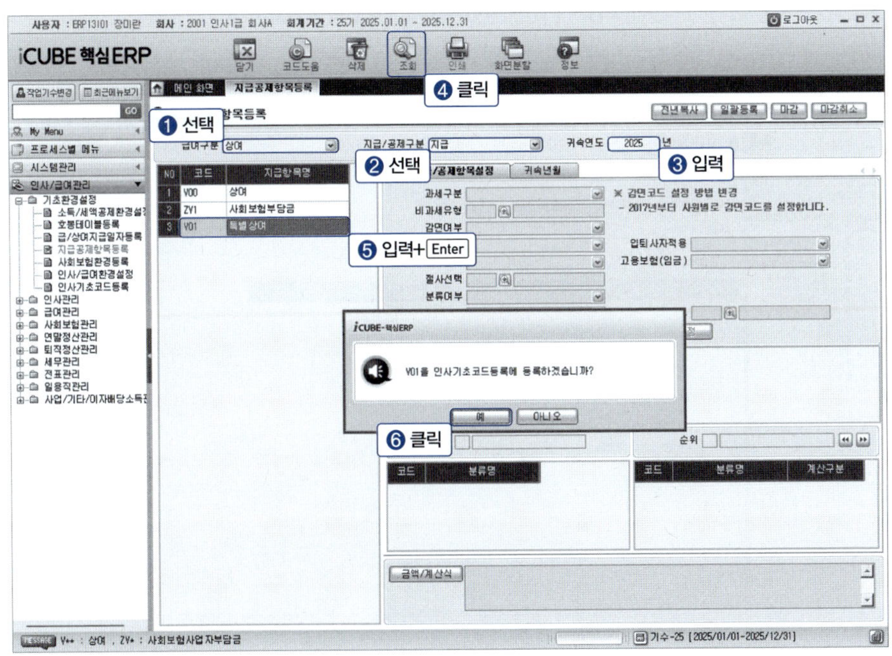

② 오른쪽 하단의 [금액/계산식] 버튼을 누르고 F02(월급)*0.5를 입력한 후 [적용]
을 클릭한다.

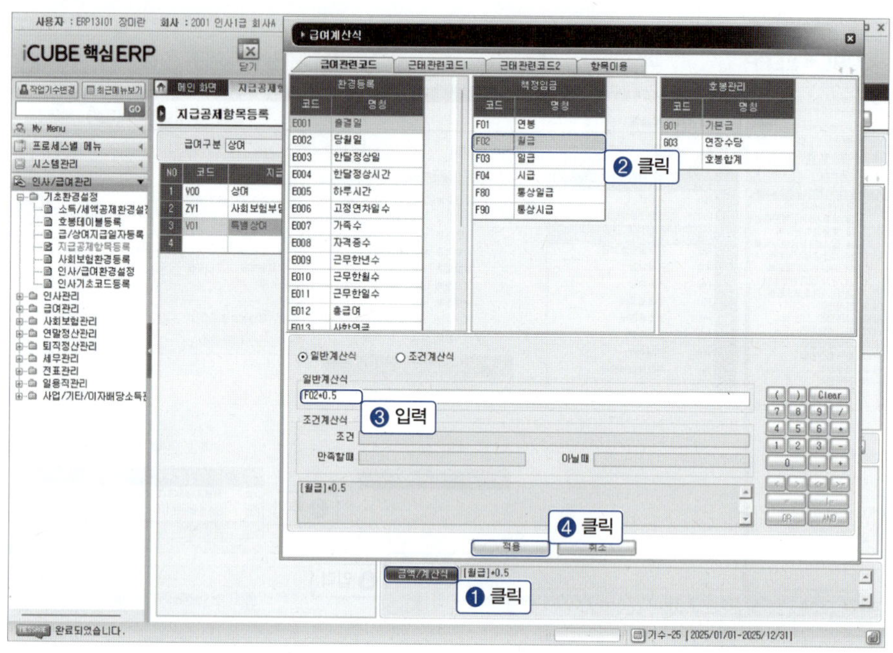

06 사회보험환경등록

- [사회보험환경등록]은 각종 사회보험에 대한 요율 등이 입력되어 있는 메뉴이다.
  이는 관련 법령 등에 따라 정해진 것이기 때문에 따로 수정할 필요는 없다.
- ERP 정보관리사 인사 1급 시험에서는 거의 출제되지 않는 부분이다.

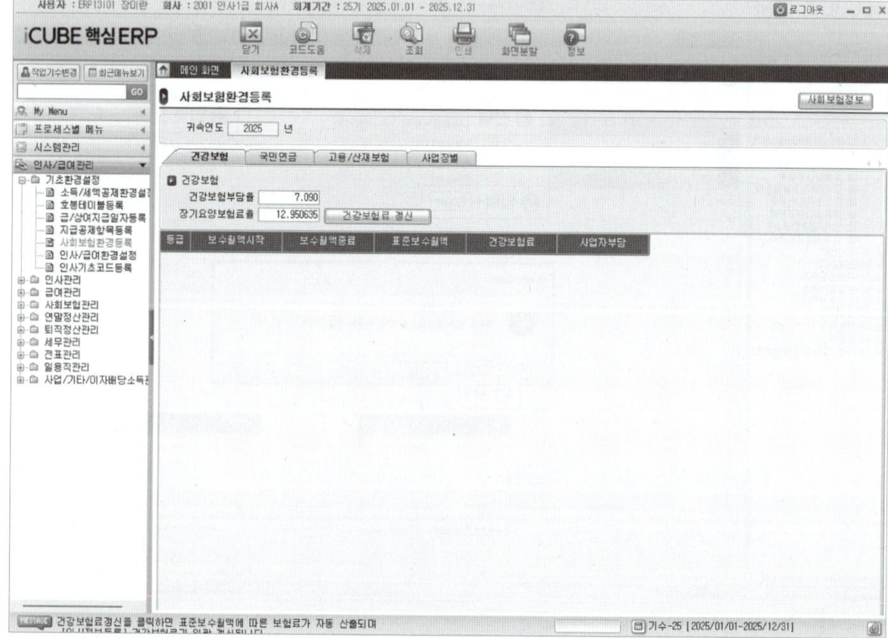

07 인사/급여환경설정

[인사/급여환경설정]은 출결마감기준 및 급여계산기준 등을 설정하는 메뉴이다.

연습문제	인사/급여환경설정

다음의 사항을 [인사/급여환경설정] 메뉴에서 조회하시오.

> (1) 출결마감기준이 다른 직종 두 가지는 어느 것인가?
> (2) 수습직의 경우 한 달에 열흘 근무했다면 월급의 몇 %를 받을 수 있는가?
> (3) 월일수 산정 시 한 달을 며칠로 보는가?

풀이 방법

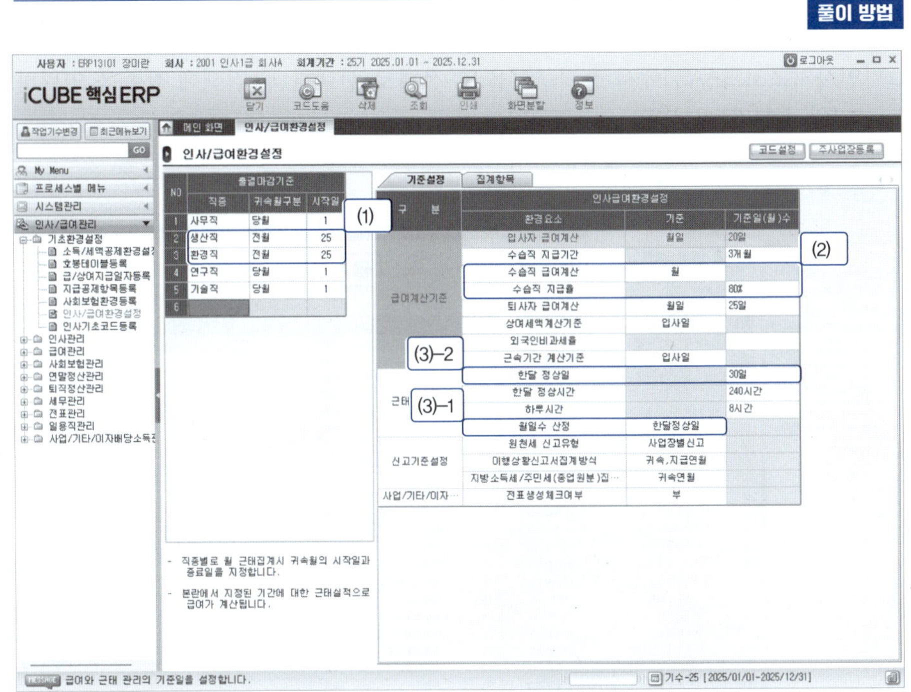

(1) 출결마감기준이 다른 직종 두 가지는 어느 것인가?

정답 생산직, 환경직

(2) 수습직의 경우 한 달에 열흘 근무했다면 월급의 몇 %를 받을 수 있는가?

정답 '월'로 설정되어 있기 때문에 하루라도 근무했다면 한 달 치 급여를 다 받을 수 있다. 다만, 수습직 지급율인 80%만큼 지급받을 수 있다.

(3) 월일수 산정 시 한 달을 며칠로 보는가?

정답 월일수 산정은 '한달정상일'로 되어 있으며, 한달정상일은 '30일'로 되어 있기 때문에 한 달의 날짜는 30일로 본다.

한선생님의 TIP

중도 입·퇴사자는 한 달을 다 채우지 못하는 경우가 있는데, 이때의 급여는 다음과 같이 지급합니다.
- 월 : 한 달치 모두 지급
- 일 : 일한 날짜만큼 지급
- 월일
  - 기준일수 이상 : 월
  - 기준일수 미만 : 일

08 인사기초코드등록

- [인사기초코드등록]은 각종 관리항목을 미리 등록해 두어 다른 메뉴에서 사용할 수 있도록 하는 메뉴이다.
- 특히 화면의 '비고'란이 무엇을 의미하는지를 묻는 문제가 출제된다.

연습문제	인사기초코드등록

다음의 사항을 [인사기초코드등록] 메뉴에서 조회하시오.

G2. 직종의 관리내역의 비고 '1'이 뜻하는 것은 무엇인가?

① [인사기초코드등록]에서 출력구분을 **8. 전체**로 선택한 후 검색에 **직종**을 입력하고 [찾기]를 클릭한다.

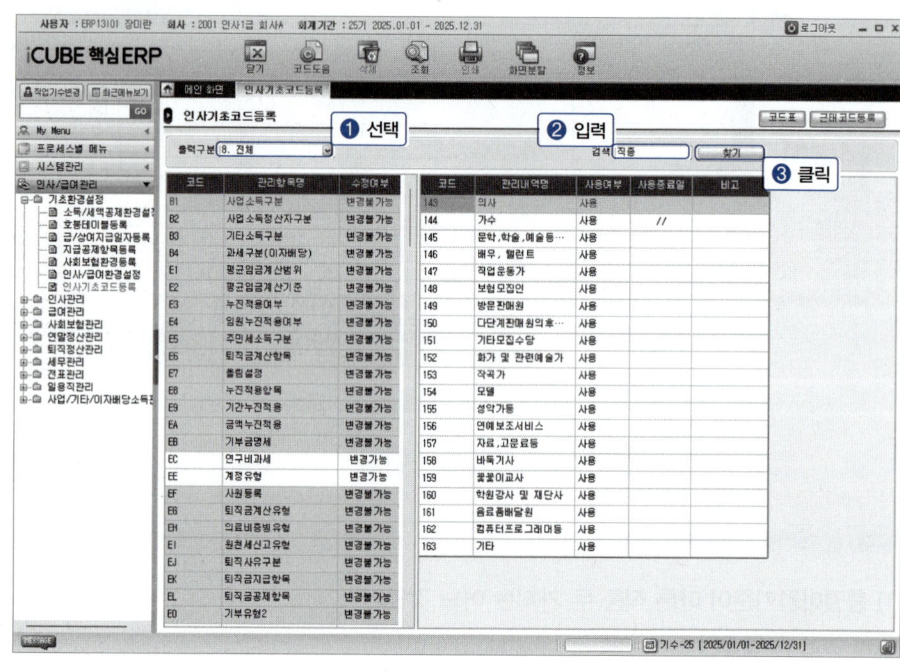

② 오른쪽의 관리내역의 **비고란**을 클릭한 뒤 하단의 **MESSAGE**를 확인한다.

정답 생산직 비과세 적용함

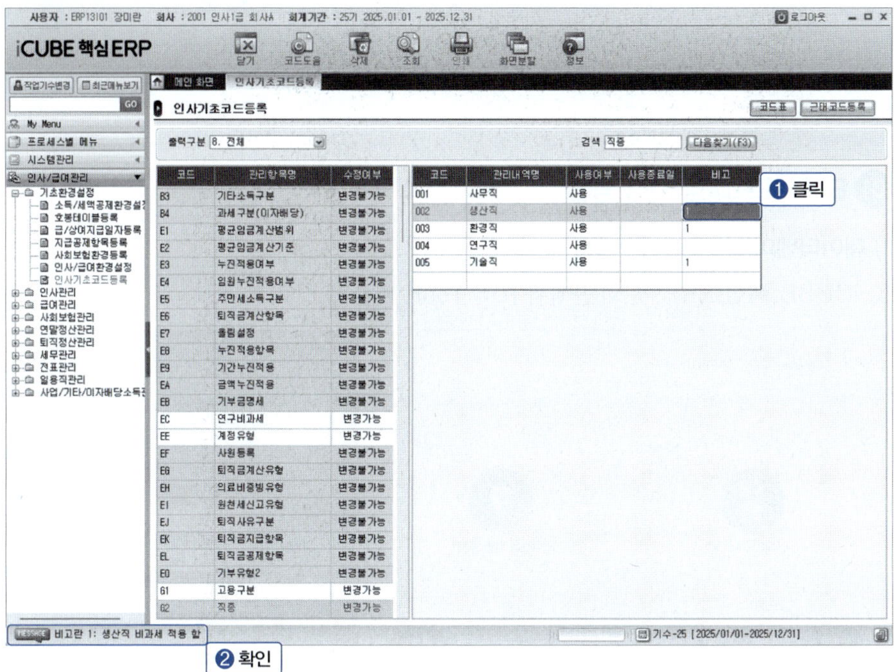

※ 유의사항

SECTION 02 실무 연습을 모두 마쳤다면 ERP 프로그램에서 2025년 3회(5월) 기출문제인 **[5월정기_기출DB]**를 다시 복원하여 초기화합니다. 이후 SECTION 03부터 이어서 실무 학습을 진행합니다.

인사관리

빈출 태그 ▶ #인사정보등록 #인사기록카드 #교육평가 #인사발령(사원별) #사원정보현황 #근속년수현황

01 ERP 프로그램 시작 방법

1) 데이터베이스(DB) 복원 방법

① iCUBE 핵심 ERP 첫 화면에서 [DB Tool] 버튼을 클릭한다.

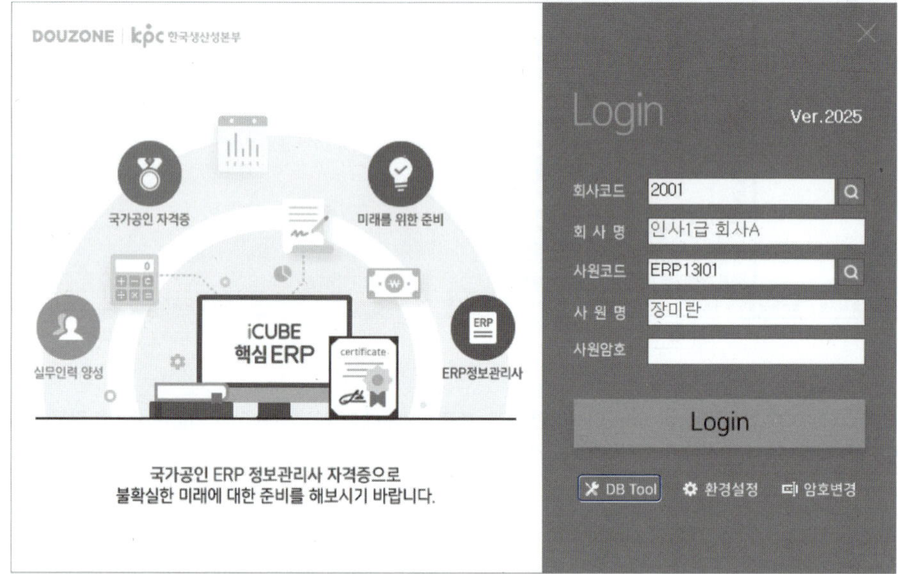

② iCUBE 핵심 ERP DB TOOL 화면에서 [연결설정]을 클릭하고 Window 인증에서 [확인]을 클릭한다.

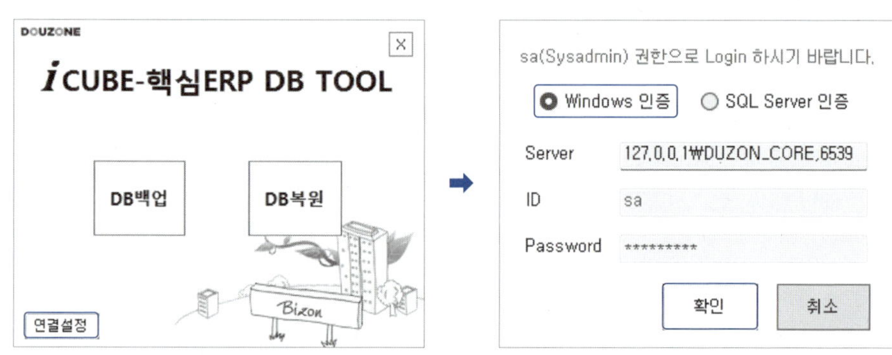

③ iCUBE 핵심 ERP DB TOOL 화면에서 [DB 복원]을 클릭한다. [다른백업폴더
  복원]을 선택하고 확인을 클릭한 후, 폴더 찾아보기 창에서 복원할 폴더인 [5월
  정기_기출DB]를 선택하고 [확인]을 클릭한다.

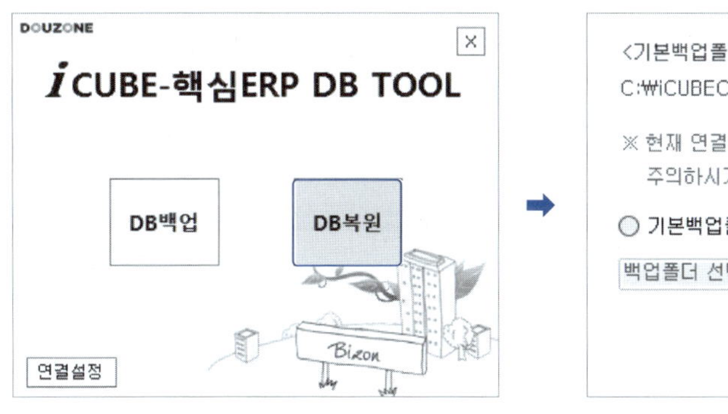

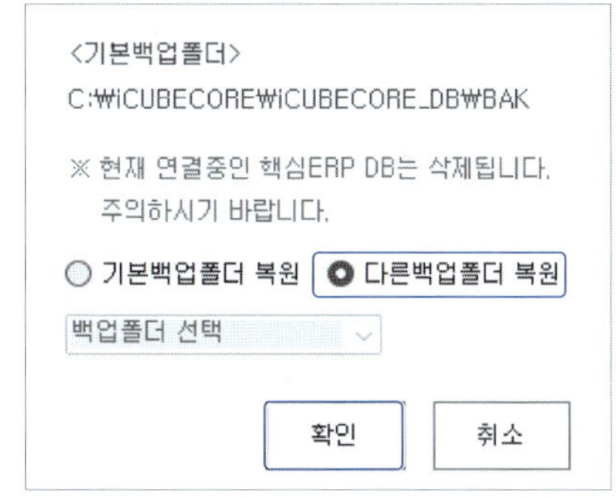

이때 '※ 현재 연결되어 있
는 핵심 ERP DB는 삭제됩니
다.'라는 팝업 창이 뜨면 [예]
를 클릭합니다.

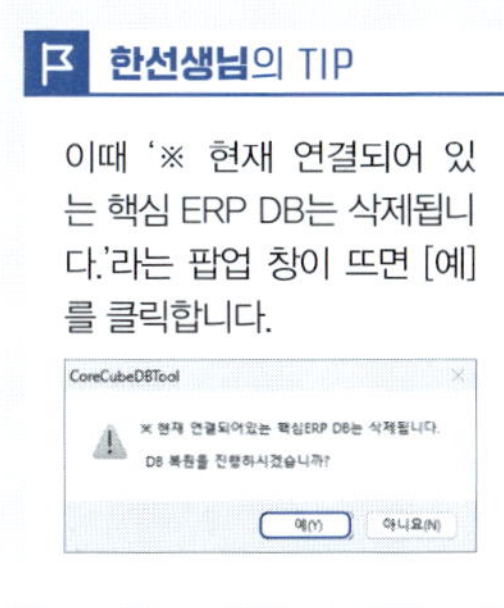

2) 로그인 방법

① iCUBE 핵심 ERP 첫 화면에서 회사코드 : 2001(인사1급 회사A), 사원코드 :
  ERP13I01(장미란)을 선택한다.
② 사원암호는 공란으로 두고 [Login]을 클릭한다.

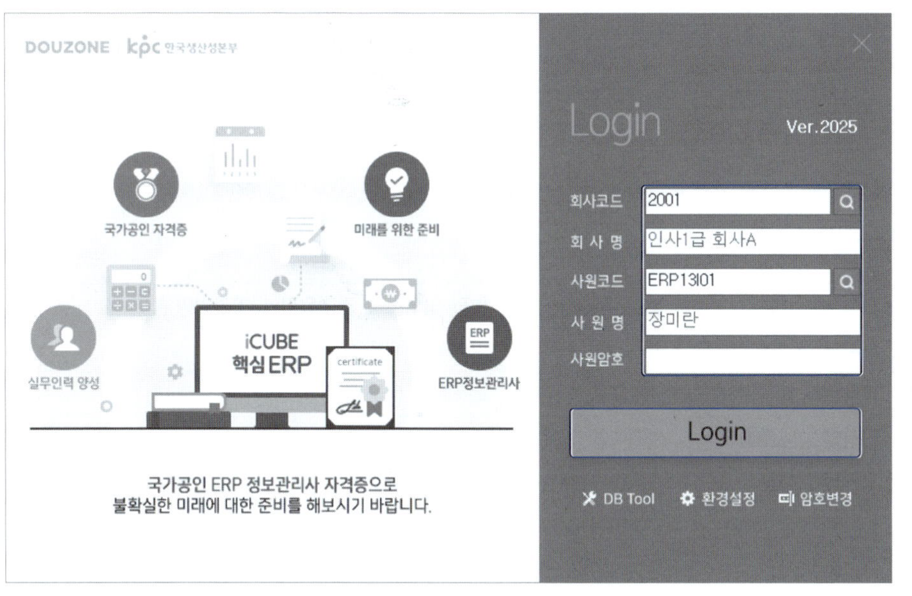

- 사원의 인적 사항, 인사발령, 교육·자격 등 인사 관련 핵심 업무를 처리하는 메뉴들로 구성된 폴더이다.
- 인사정보등록, 인사발령, 사원정보현황 등은 우리 시험에서 자주 출제되므로, 각 메뉴의 조회 방법과 화면 구성을 반드시 익혀 두어야 한다.

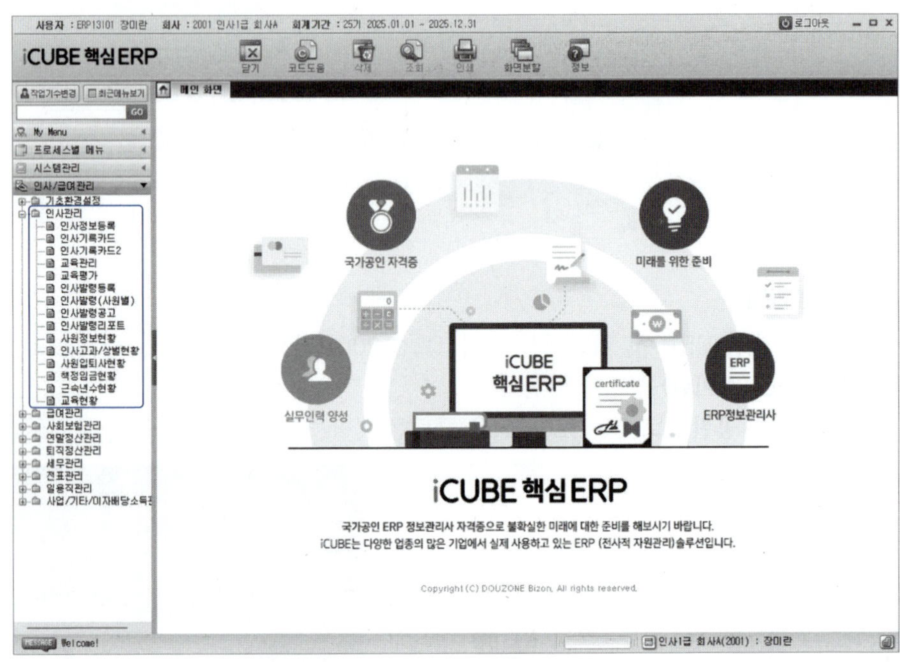

메뉴명	키워드
인사정보등록	책정임금, 중도정산, 휴직, 국외소득, 감면유형, 노조가입여부
인사기록카드	가족사항, 가족수당 여부, 부양여부
교육관리, 교육평가	내부교육, 이수여부, 교육평가, 등급, 점수
인사발령(사원별)	부서이동, 근무조, 직급, 발령
사원정보현황	자격증, 유효기간, 어학시험, 동호회, 퇴직제외
인사고과/상벌현황	고과현황, 상벌현황, 인사고과
근속년수현황	창립기념일, 근속수당, 근속년수, 20년 미만

[인사정보등록]은 사원에 대한 대부분의 인적사항이 들어있는 메뉴로서, 우리 시험
에서 매우 중요한 메뉴라고 할 수 있다.

연습문제	인사정보등록

다음의 사항을 [인사정보등록] 메뉴에서 조회하시오.

(1) 관리부 유지현 사원의 연봉은 얼마인가?
(2) 총무부 장미란 사원의 국민연금 기준소득액은 얼마인가?
(3) 국내영업부 최영우 사원의 노조 가입여부와 두루누리사회보험 신청 여부는?

풀이 방법

(1) 관리부 유지현 사원의 연봉은 얼마인가?

[인사정보등록]에서 유지현 사원을 클릭하고, 오른쪽의 [급여정보] 탭을 선택한 후
하단 책정임금의 2021/01을 클릭하여 연봉을 조회한다. 연봉은 개인정보이기 때문
에 'Ctrl + F3'을 눌러야 조회할 수 있다.

정답 52,450,000원

> **한선생님의 TIP**
>
> Ctrl + F3을 누르면 [암호 입
> 력] 팝업 창이 뜹니다. 우리
> 수험용 프로그램에서는 별도
> 의 암호를 입력할 필요가 없
> 으므로, 암호를 입력하지 않
> 고 [확인] 버튼만 누르면 됩
> 니다.

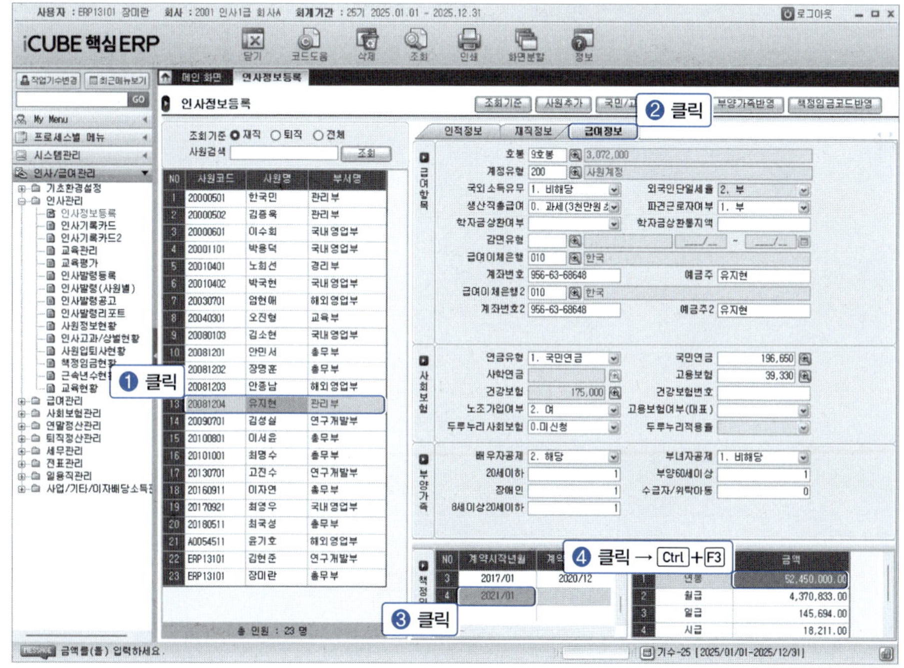

(2) 총무부 장미란 사원의 국민연금 기준소득액은 얼마인가?

[인사정보등록]에서 **장미란 사원**을 클릭하고, 오른쪽의 **[급여정보]** 탭을 선택한 후 중간에 있는 국민연금 옆 **돋보기**(🔍)를 클릭하여 조회한다.

정답 3,291,000원

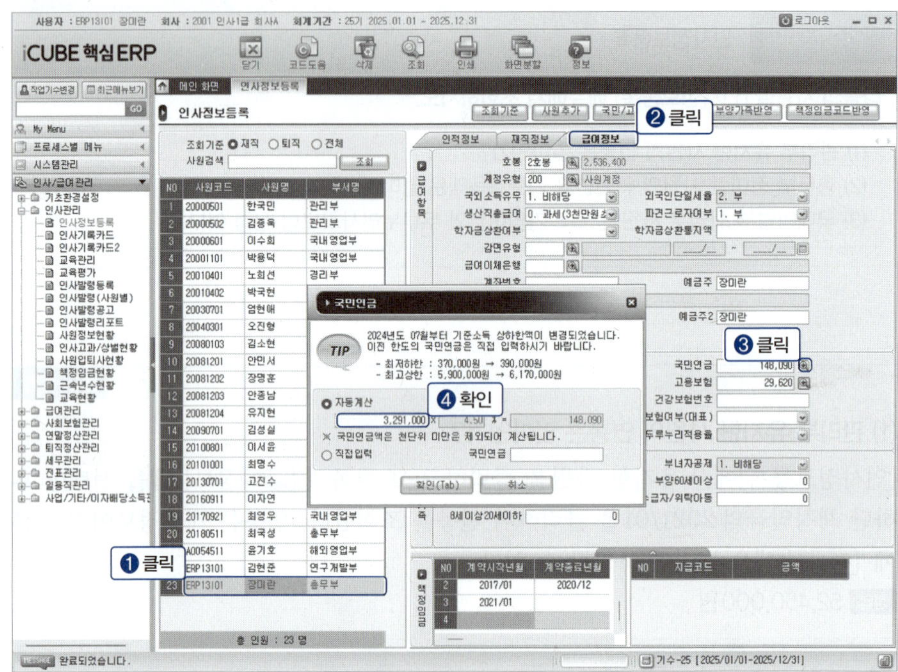

(3) 국내영업부 최영우 사원의 노조 가입여부와 두루누리사회보험 신청 여부는?

[인사정보등록]에서 **최영우 사원**을 클릭하고, 오른쪽의 **[급여정보]** 탭을 선택한 후 중간의 노조가입여부와 두루누리사회보험을 확인한다.

[정답] 노조 미가입, 두루누리사회보험 미신청

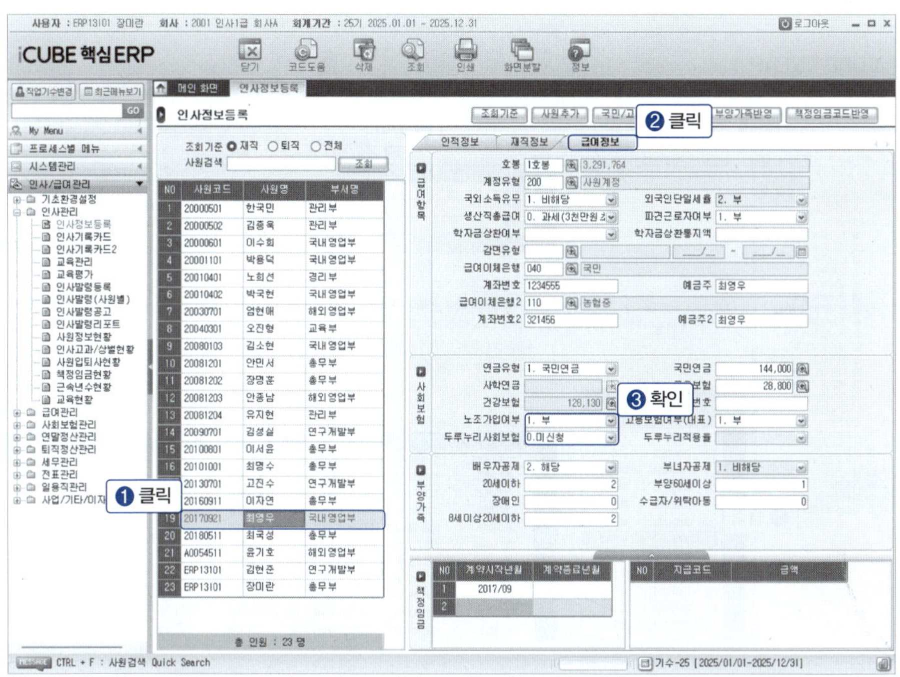

04 인사기록카드

[인사기록카드]는 가족수당 및 부양가족에 관한 사항을 묻는 경우에 활용하는 메뉴이다.

연습문제	인사기록카드

박국현 사원의 가족 중에서 가족수당 여부가 '해당'인 사람의 이름은 무엇인가?

[인사기록카드]에서 **박국현 사원**을 클릭하고, 오른쪽 상단의 [**가족**] 탭을 선택한 후 가족수당 여부가 '해당'인 사람의 이름을 확인한다.

정답 박지연

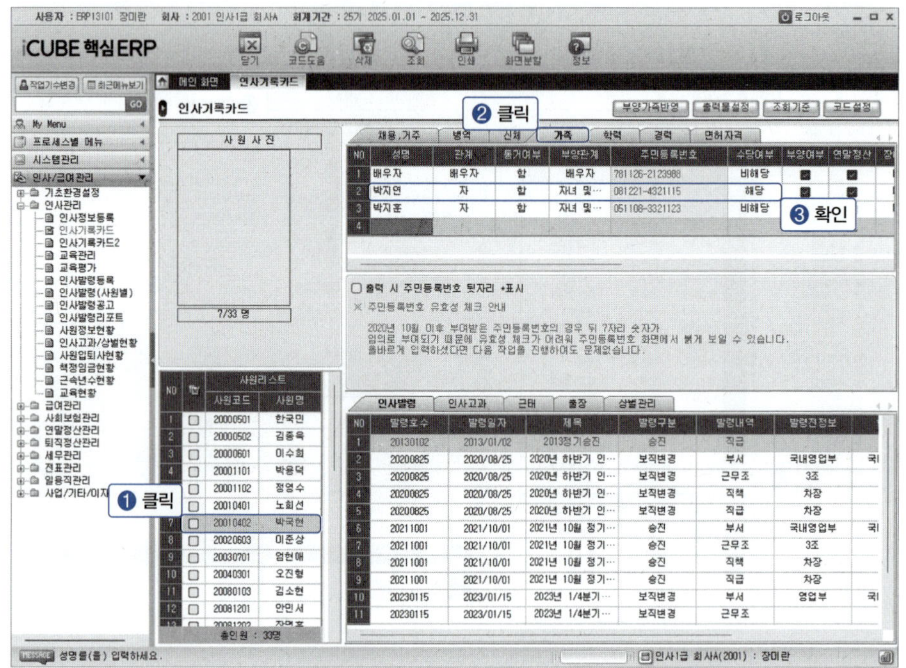

05 교육관리(교육평가)

[교육관리(교육평가)]는 교육의 결과에 따라 부여된 등급이나 점수를 기준으로 수당을 지급하는 경우에 사용하는 메뉴이다.

연습문제	교육평가

2025년 1분기 내부교육의 결과가 A가 아닌 사람은 누구인가?

① 최영우

② 박용덕

③ 노희선

④ 김성실

① [교육평가]에서 상단 교육명 옆 돋보기(🔍)를 클릭한 후, 2025년 1분기 내부교육을 검색하거나 스크롤하여 선택하고 [확인]을 클릭한다.

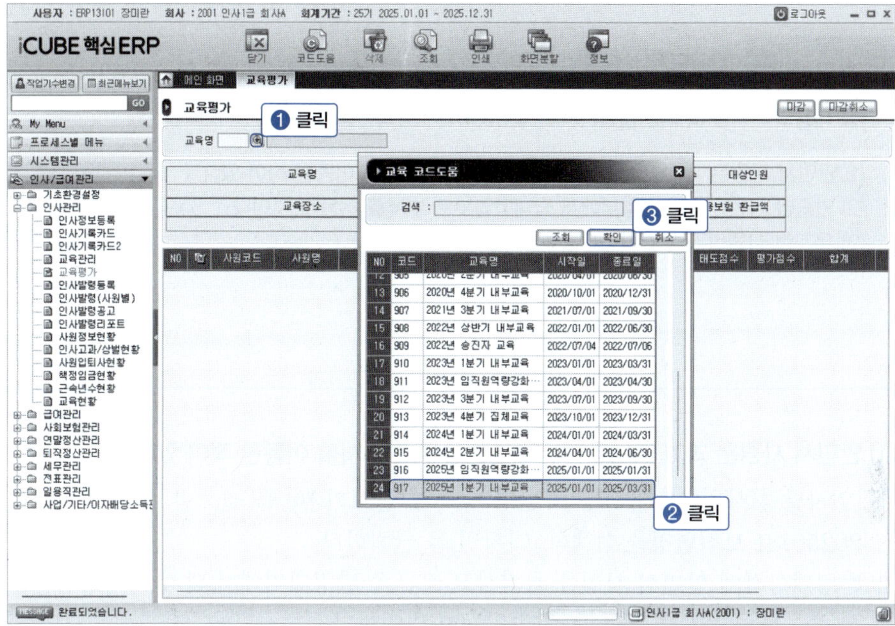

② 2025년 1분기 내부교육에서 교육평가 등급이 A가 아닌 사람을 확인한다.

정답 ① 최영우

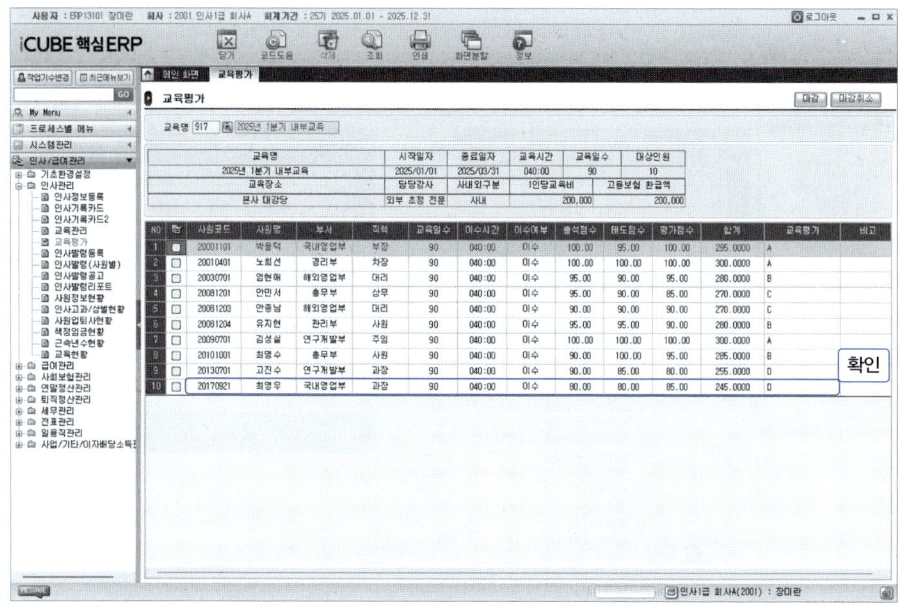

⑥ 인사발령(사원별)

[인사발령(사원별)]은 사원별로 인사발령 내역에 관한 사항을 조회하는 경우에 사용하는 메뉴이다.

<table><tr><td>연습문제</td><td>인사발령(사원별)</td></tr></table>

다음 내용의 ○, × 여부를 입력하시오. (20250131 보직변경의 내용으로 조회할 것)

(1) 안민서 사원은 과거 국내영업부에서 총무부로 부서를 이동한 적이 있다. (   )
(2) 안종남 사원은 해외영업부에서 국내영업부로 부서를 이동할 것이다. (   )
(3) 유지현 사원은 근무조가 1조에서 3조로 이동할 것이다. (   )

풀이 방법

(1) 안민서 사원은 과거 국내영업부에서 총무부로 부서를 이동한 적이 있다. (   )

① [인사발령(사원별)]에서 상단 발령호수 옆 **돋보기**(🔍)를 클릭한 후, 맨 하단의 **20250131 보직변경**을 선택하고 [확인]을 클릭한다.

② 발령대상자에 **안민서 사원**을 클릭하고 오른쪽 발령내역에서 과거 국내영업부에서 총무부로 부서를 이동한 적이 있는지 확인한다.

정답 (○)

<한선생님의 TIP>

[인사발령(사원별)] 메뉴에서는 발령내역의 조회 순서가 중요합니다. 발령내역에서 가운데의 '발령전정보'는 과거 정보, '현정보'는 현재 정보, 가장 오른쪽의 '발령후 정보'는 미래 정보(이번 발령 건)를 의미합니다.

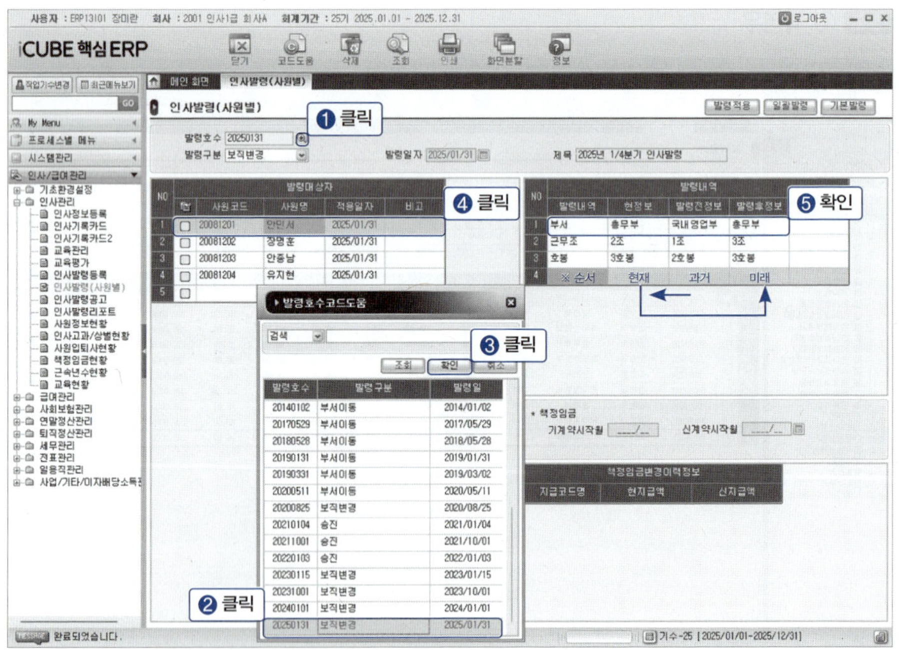

(2) 안종남 사원은 해외영업부에서 국내영업부로 부서를 이동할 것이다. (   )

① [인사발령(사원별)]의 20250131 보직변경 내역을 조회한 후, 발령대상자에서 **안종남 사원**을 클릭한다.

② 오른쪽 발령내역에서 해외영업부에서 국내영업부로 부서를 이동할 것인지 확인한다.

정답 (○)

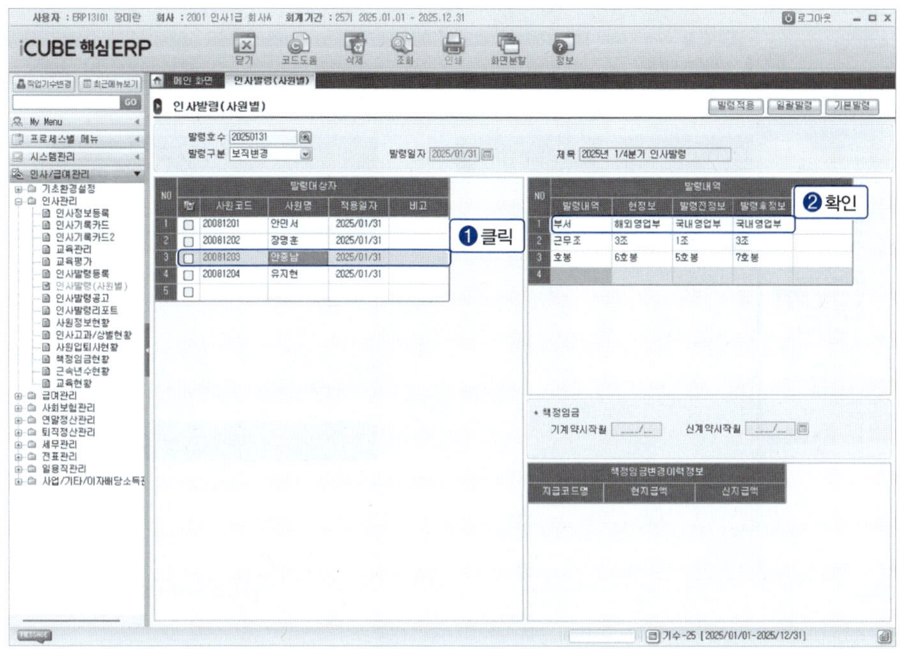

(3) 유지현 사원은 근무조가 1조에서 3조로 이동할 것이다. (   )

① [인사발령(사원별)]의 20250131 보직변경 내역을 조회한 후, 발령대상자에서 **유지현 사원**을 클릭한다.

② 오른쪽 발령내역에서 근무조가 1조에서 3조로 이동할 것인지 확인한다.

정답 (○)

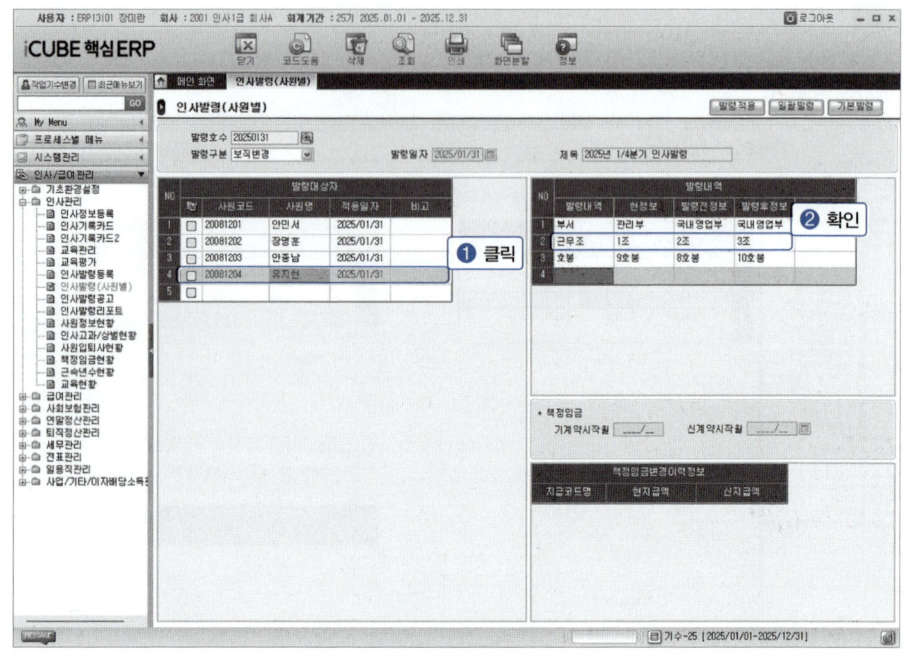

07 사원정보현황

- [사원정보현황] 메뉴에서는 사원들의 자격/면허, 어학시험 성적, 동호회 활동 여부를 묻는 출제된다.
- 참고로 자격, 어학시험 등의 유효기간이 만료되어서는 안 되며, 해당 수당을 받으려면 수당 여부가 '해당'으로 설정되어 있어야 한다.

연습문제   사원정보현황

다음의 사항을 [사원정보현황] 메뉴에서 조회하시오.

(1) E01 영어 스피킹 어학시험 성적이 가장 낮은 사원은 누구인가? (단, 퇴직자는 제외한다)

(2) 2025년 01월 01일 현재 ERP 정보관리사 1급 자격증 취득자 중에서 자격수당 대상인 사원은 누구인가? (만료일을 고려하며, 퇴직자는 제외한다)
  ① 박국현
  ② 이수희
  ③ 안종남
  ④ 오진형

(1) E01 영어 스피킹 어학시험 성적이 가장 낮은 사원은 누구인가? (단, 퇴직자는 제외한다)

① [사원정보현황]에서 오른쪽 상단의 [퇴직제외]를 클릭하고 [어학시험] 탭을 선택한 후, 어학시험명 옆 돋보기(🔍)를 클릭한다. 어학시험명에서 E01 영어 speaking을 선택하고 [확인]을 클릭한다.

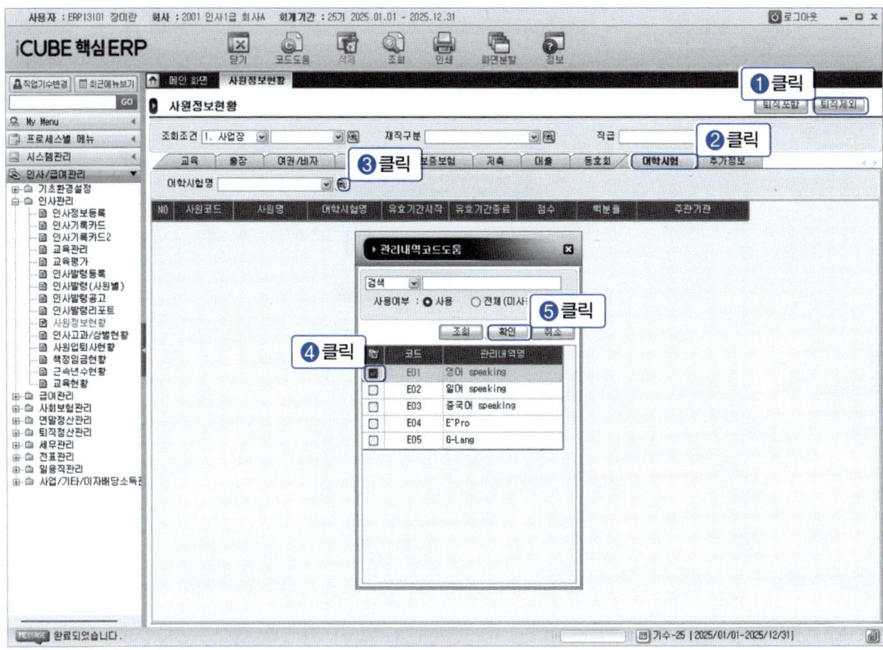

② E01 영어 speaking 점수가 가장 낮은 사원을 확인한다.

정답 김성실

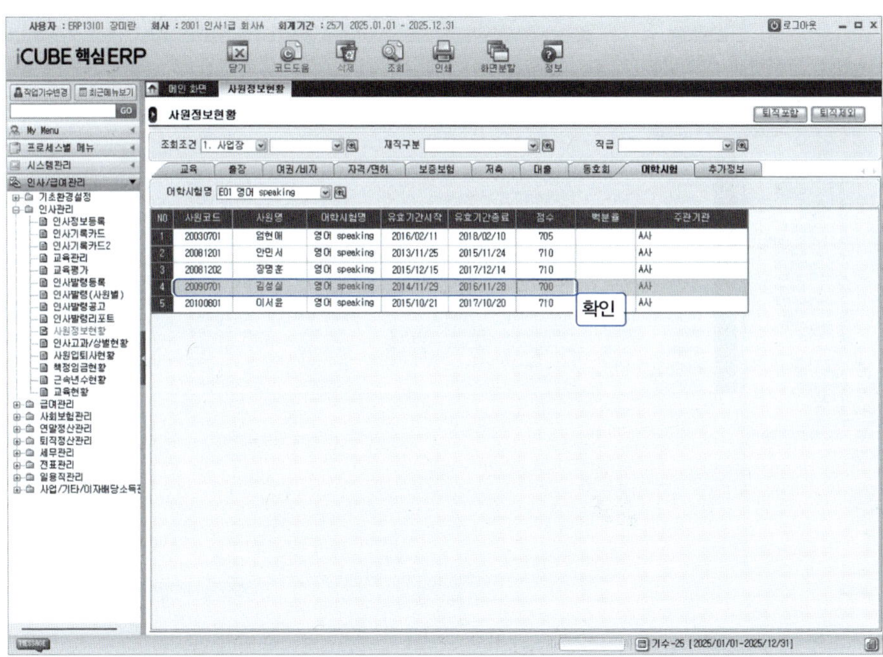

(2) 2025년 01월 01일 현재 ERP 정보관리사 1급 자격증 취득자 중에서 자격수당 대상인 사원은 누구인가? (만료일을 고려하며, 퇴직자는 제외한다)

① [사원정보현황]에서 오른쪽 상단의 **[퇴직제외]**를 클릭하고 **[자격/면허]** 탭을 선택한 후, 자격증 옆 **돋보기**(🔍)를 클릭한다. 관리내역명에서 **ERP정보관리사1급**을 선택하고 [확인]을 클릭한다.

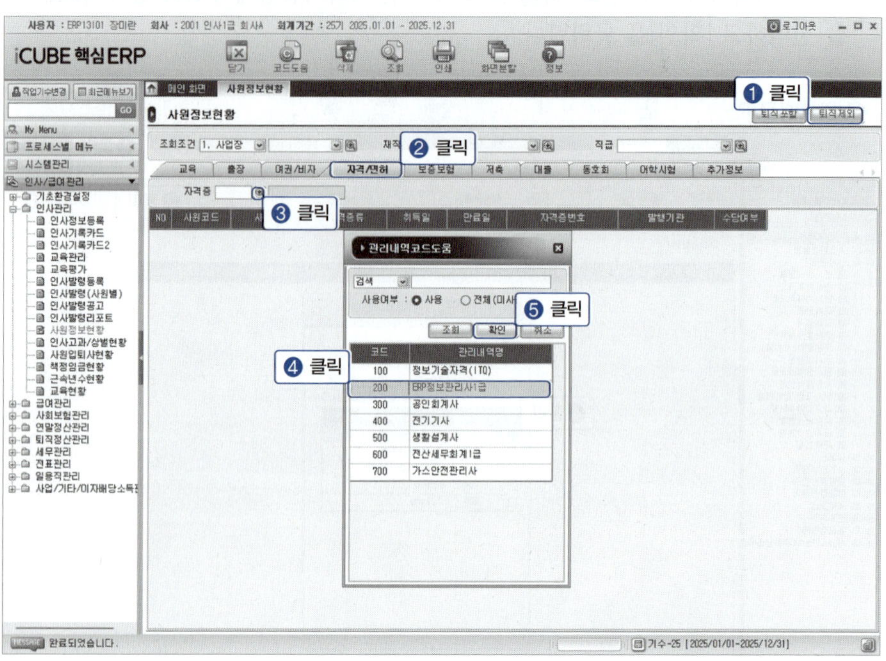

② 자격증 만료일이 지나지 않았고 수당여부가 '해당'인 사원을 확인한다.

정답 ④ 오진형

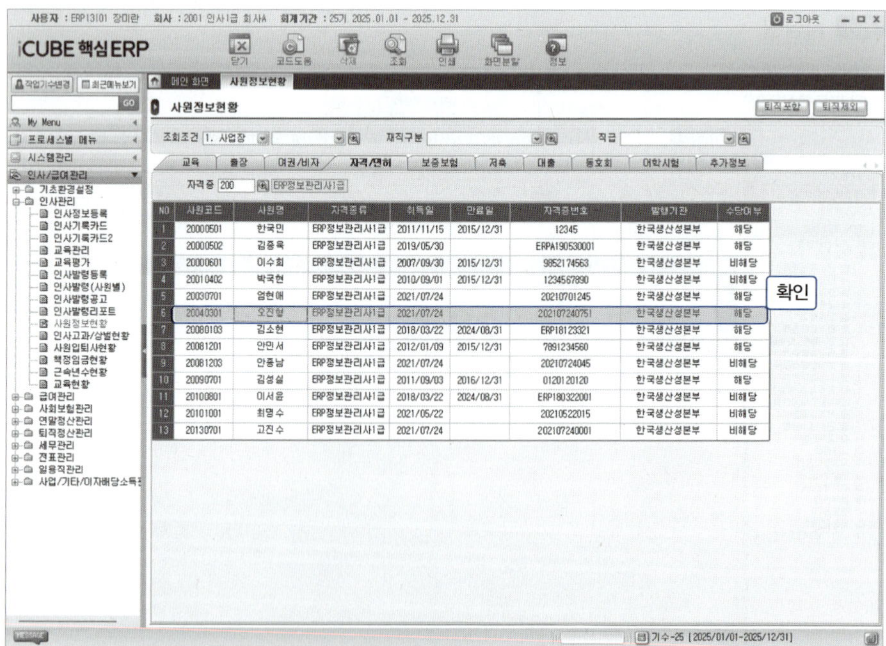

[인사고과/상벌현황] 메뉴에서는 사원의 인사고과 등급, 평가점수, 상벌(포상 · 징계)
내역을 묻는 문제가 주로 출제된다.

연습문제	인사고과/상벌현황

다음의 사항을 [인사고과/상벌현황] 메뉴에서 조회하시오.

> (1) 2018년 상반기 인사고과 시 가장 낮은 등급을 기록한 사람은 누구인가?
> (2) 2014년 07월 25일 태업징계로 인해 정직 1개월을 당한 사람은 누구인가?

풀이 방법

(1) 2018년 상반기 인사고과 시 가장 낮은 등급을 기록한 사람은 누구인가?

① [인사고과/상벌현황]의 [고과현황] 탭에서 고과명 옆 **돋보기**(🔍)를 클릭한다.
　맨 하단의 **2018년 상반기 인사고과**를 선택하고 [확인]을 클릭한다.

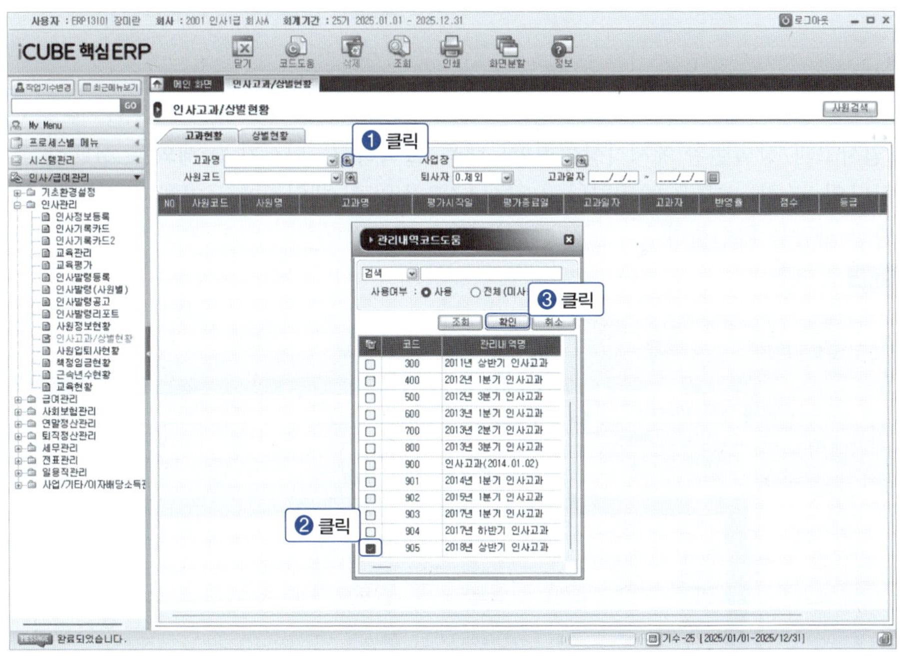

② 상단에 [조회] 버튼을 클릭한 후 가장 낮은 등급을 기록한 사람을 확인한다.

정답 장미란

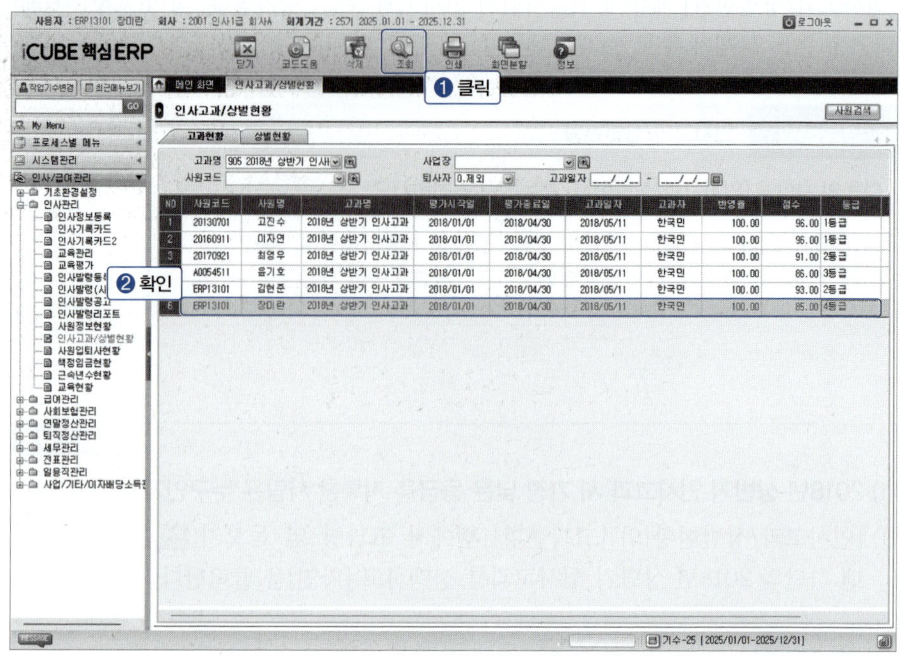

(2) 2014년 07월 25일 태업징계로 인해 정직 1개월을 당한 사람은 누구인가?

[인사고과/상벌현황]에서 **[상벌현황]** 탭을 클릭하고, 퇴사자 **0.제외**를 선택한 후 상단의 [조회] 버튼을 클릭한다. 2014년 07월 25일 태업징계로 인해 정직 1개월을 당한 사람을 확인한다.

정답 김현준

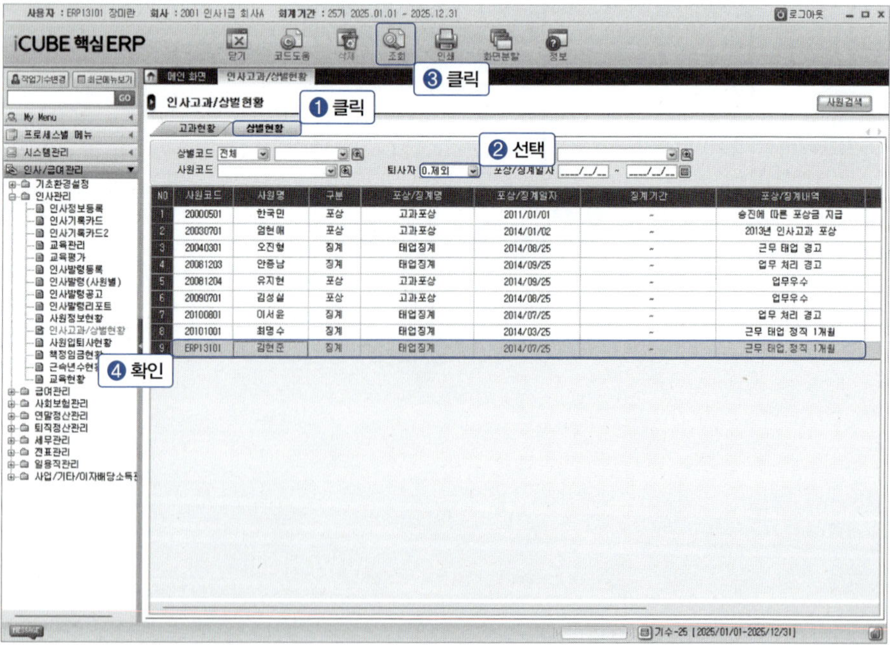

09 근속년수현황

[근속년수현황] 메뉴에서는 사원의 근속연수에 따라 근속수당을 지급하는 문제가
주로 출제된다.

연습문제	근속년수현황

**2025년 06월 13일 기준으로 21년 2개월을 근속하였음에도 주임 직급인 자는 누구인가? (단,
퇴직자는 제외하며 미만일수는 버리고, 경력도 제외한다)**

풀이 방법

① [근속년수현황]에서 기준일 2025/06/13을 입력하고, 퇴사자는 0. 제외, 경력포
   함은 0. 제외, 년수기준은 1. 미만일수 버림을 선택한다.

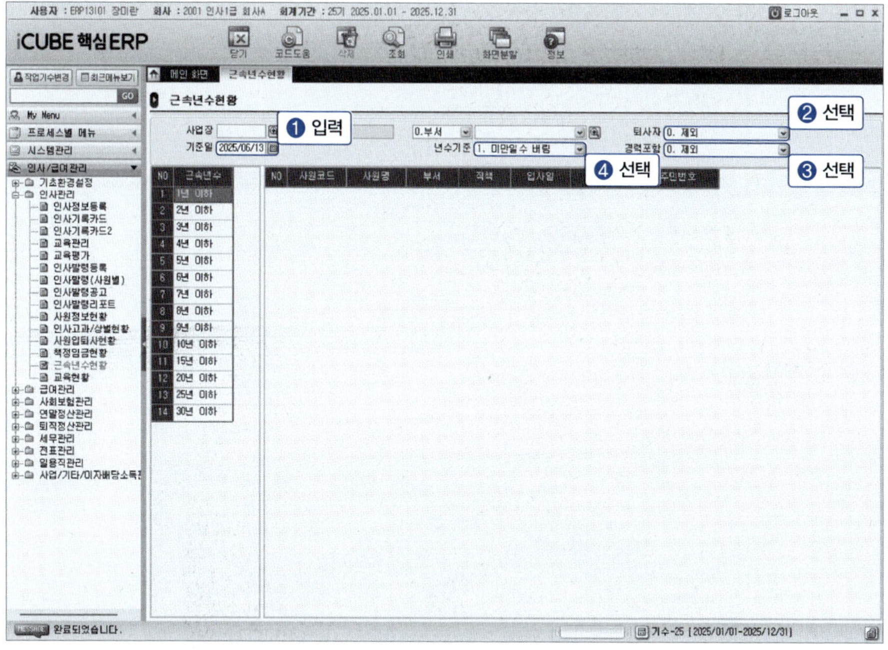

② 근속년수 **25년 이하**를 클릭한 후 오른쪽 내역에서 직책이 주임인 사람을 확인
한다.

정답 오진형

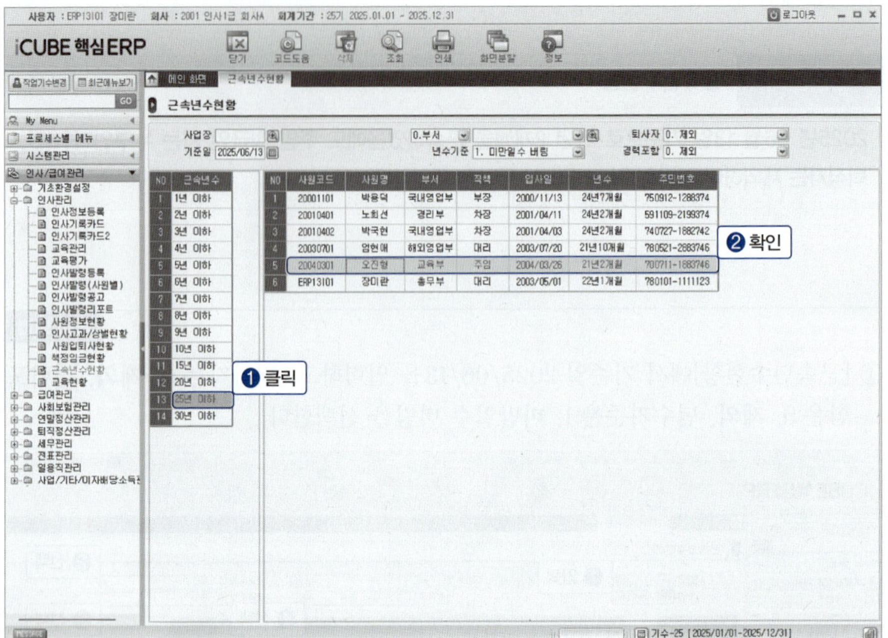

SECTION
04
출제빈도 상 중 하
반복학습 1 2 3

급여관리

빈출 태그 ▶ #근태결과입력 #상용직급여입력및계산 #급여대장 #급/상여이체현황 #항목별급상여지급현황 #연간급여현황 #수당별연간급여현황

01 급여관리

- [급여관리] 폴더는 급여와 상여 등을 계산하고 급 · 상여에 대한 구체적인 내역을 조회하는 메뉴들로 구성되어 있어 매우 중요하다.
- 특히 출제빈도가 높은 메뉴들이 포함되어 있으므로, 각 메뉴의 기능과 조회 방법을 충분히 연습해 두어야 한다.

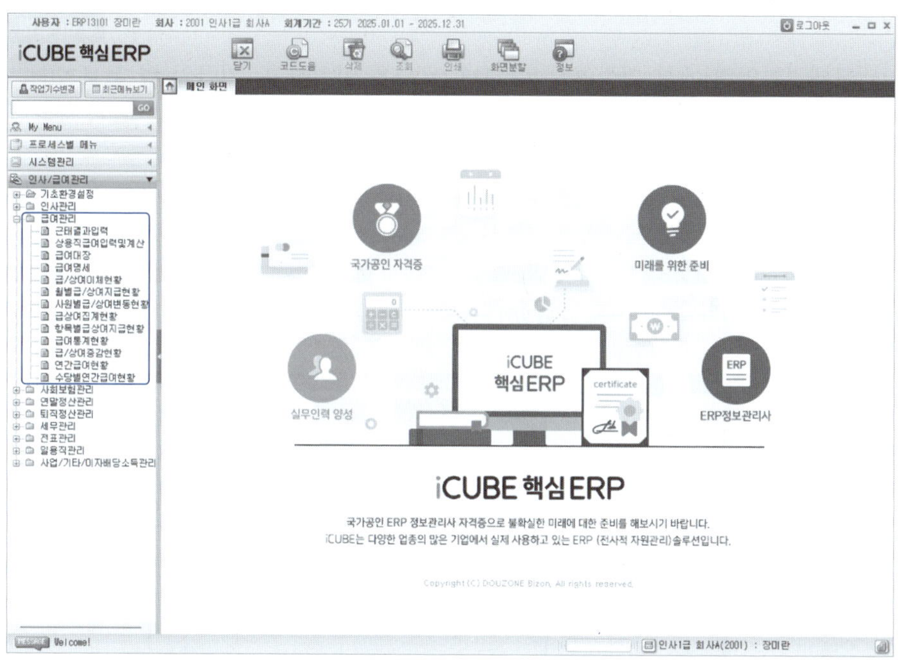

메뉴명	키워드
근태결과입력	초과수당, 지각, 조퇴, 외출, 연장, 심야
상용직급여입력및계산 → 우선 설정(다른 메뉴) 후 급여 계산	급여입력, 급여계산
급여대장	대장, 집계, 직종별
급/상여이체현황	계좌, 은행, 소계, 현금
월별급/상여지급현황	부서별 기본급 및 수당
사원별급/상여변동현황	기준연월, 비교연월
항목별급상여지급현황	○○별(직종별, 프로젝트별, 근무조별)
연간급여현황	지급/공제, 과세/비과세 총액
수당별연간급여현황	특정 수당을 많이 받은, 세금을 가장 많이 낸

한선생님의 TIP

'다른 메뉴'에서 설정 사항을 변경한 뒤, [상용직급여입력및계산] 메뉴에서 급여를 계산하는 유형의 문제가 매우 자주 출제됩니다.

1) 근태결과 조회

[근태결과입력] 메뉴에서 각 사원별 근태집계와 총근태일수/시간 등을 조회할 수 있다.

연습문제	근태결과 조회

2025년 04월(지급일자 2025/04/25 급여)의 이서윤 사원의 총연장근무시간과 총심야근무시간의 합계는 얼마인가?

풀이 방법

① [근태결과입력]에서 귀속연월 2025년 04월을 입력하고, 지급일 옆 돋보기(🔍)를 클릭하여 지급일자 2025/04/25 급여를 선택하고 [확인]을 클릭한다. 상단의 [조회] 버튼을 클릭하면 사원 내역이 조회된다.

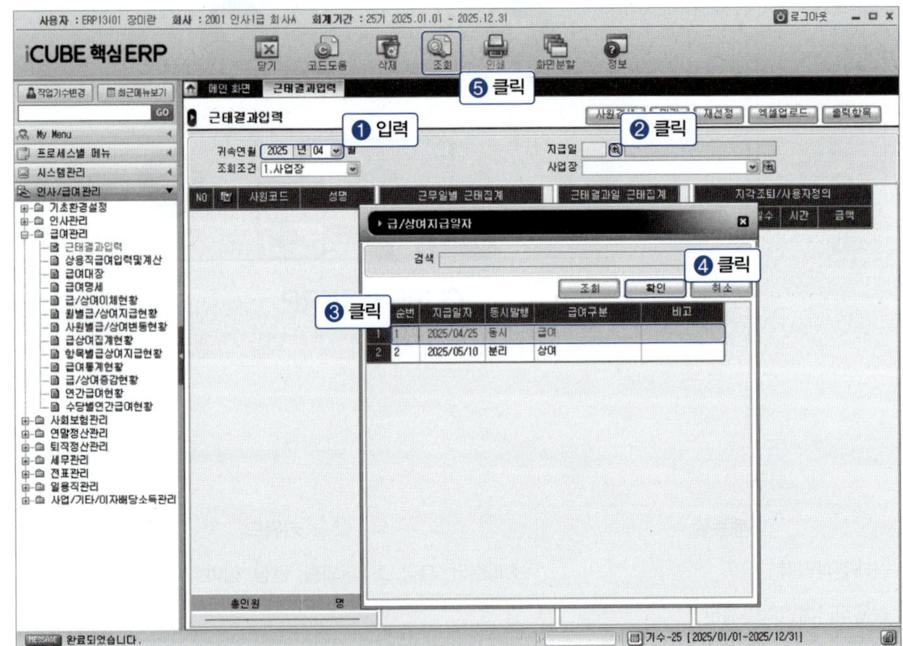

② 성명에서 **이서윤**을 클릭한 후 하단에서 '총연장근무시간'과 '총심야근무시간'을
확인하고 합계를 계산한다.

정답 총연장근무일 16:45 + 총심야근무일 06:15 = 23시간

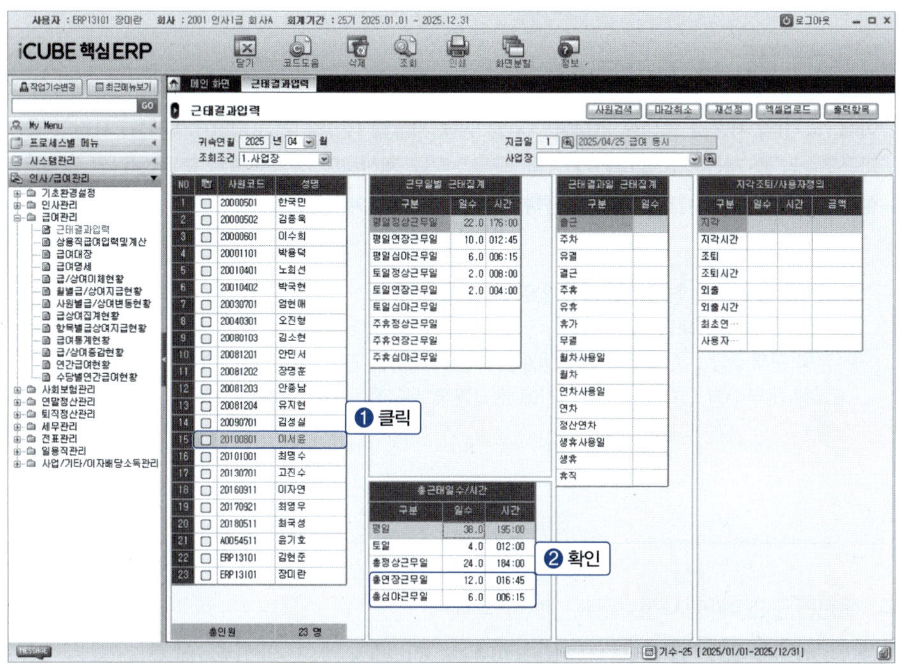

2) 수당 및 공제금액 계산([인사정보등록] 메뉴 → [근태결과입력] 메뉴)

[인사정보등록] 메뉴에서 '책정임금'을 조회하고 이를 시급으로 하여 각종 수당 및 공제금액을 계산한다.

아래 [보기]의 기준을 토대로 2025년 04월 귀속(지급일 1번)의 [20100801.이서윤] 사원의 '초과근무수당'을 계산하면 얼마인가? (단, 근무수당을 계산하면서 발생되는 모든 원단위 금액은 절사하며, 책정임금 시급은 원단위 금액을 절사하지 않고 계산한다)

> **[보기]**
> 초과근무수당 = 1유형 근무수당 + 2유형 근무수당
> • 초과근무 시급 : 책정임금 시급
> • 1유형 근무수당 : 총 연장근무시간에 초과근무 시급을 곱한 후 100% 가산하여 산정
> • 2유형 근무수당 : 총 심야근무시간에 초과근무 시급을 곱한 후 150% 가산하여 산정

① 책정임금 조회([인사정보등록] 메뉴)

[인사/급여관리]−[인사관리]−**[인사정보등록]** 메뉴에서 **이서윤 사원**을 클릭하고, 오른쪽의 **[급여정보]** 탭을 선택한 후 하단 책정임금의 2021/01을 클릭하여 시급을 조회한다. 시급은 개인정보이기 때문에 'Ctrl+F3'을 눌러야 조회할 수 있다.

→ 책정임금 시급 : 14,506원

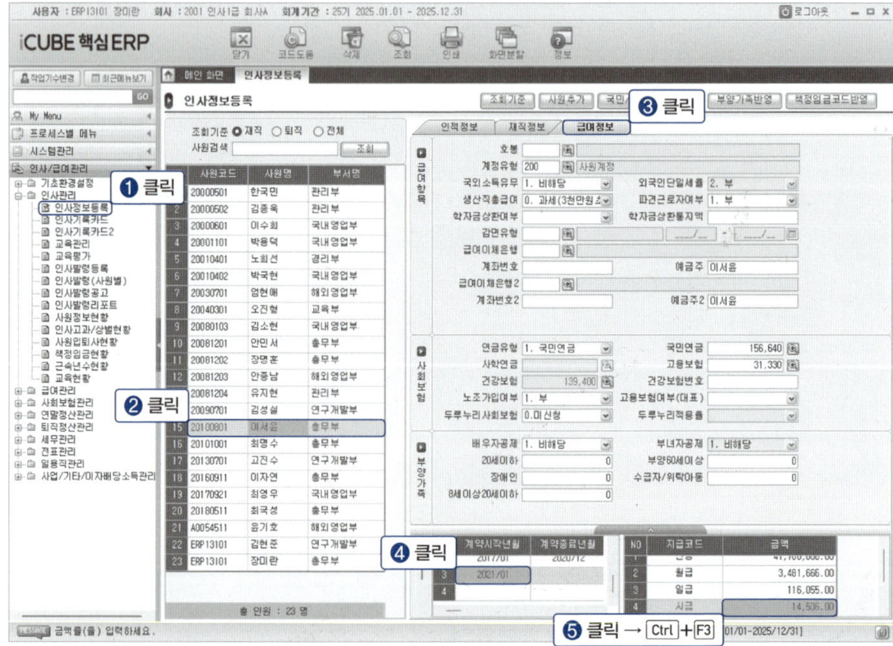

② 초과근무 시간 조회([근태결과입력] 메뉴)

[근태결과입력]에서 귀속연월 **2025년 04월**을 입력하고 지급일 1을 입력한 후 조회한다. **이서윤 사원**을 클릭한 후 하단의 초과근무 시간을 확인한다.

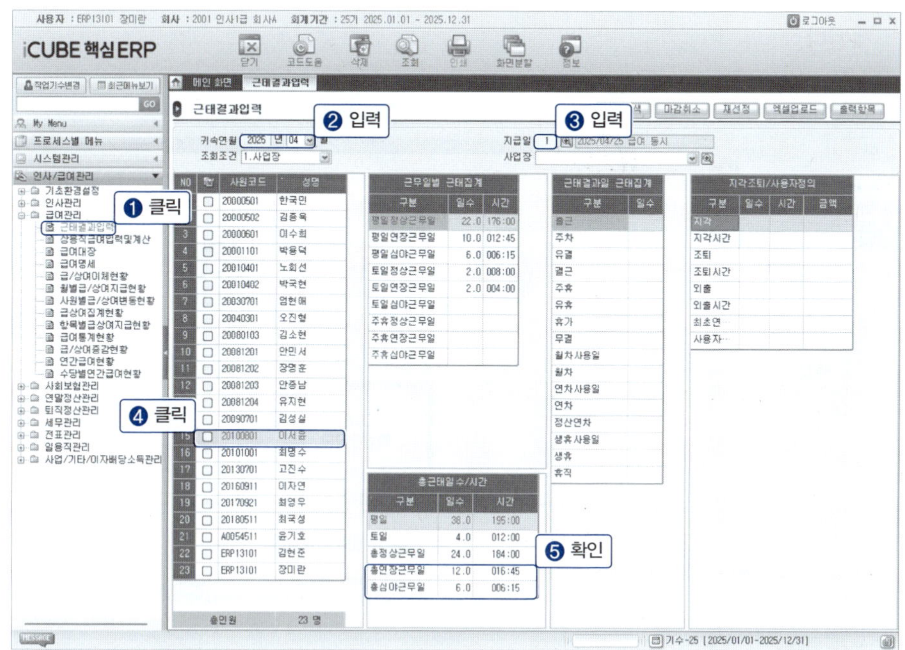

③ 초과 수당 계산

- 1유형 : 총연장근무시간(16.75) × 책정임금(14,506) × 2 = 485,950원
- 2유형 : 총심야근무시간(6.25) × 책정임금(14,506) × 2.5 = 226,650원

정답 712,600원

03 상용직급여입력및계산(다른 메뉴에서 설정 → 급여계산하기)

- [급여관리] 폴더에서 가장 핵심적인 메뉴는 [상용직급여입력및계산]이다.
- 특히 지급일자 등 각종 사항을 먼저 설정한 뒤에 급여를 계산하는 문제가 주로 출제된다.

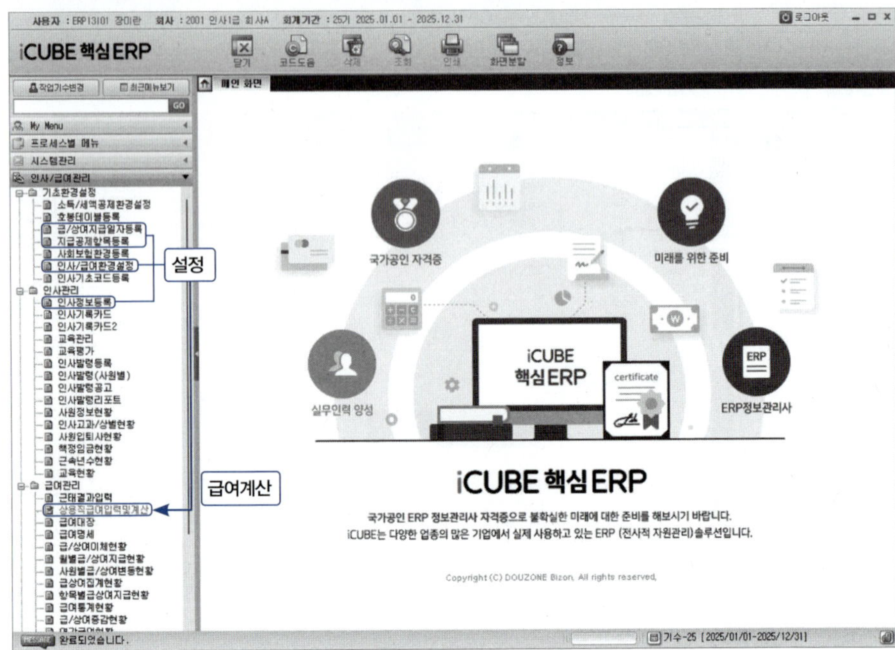

설정	급여계산
급/상여지급일자등록 → 상용직급여입력및계산	상여, 특별수당 등에 대해 등록하고 급여계산함
지급공제항목등록 → 상용직급여입력및계산	각종 수당에 대한 설정을 하고 급여계산함
인사정보등록 → 상용직급여입력및계산	책정임금을 등록하고 급여계산함
인사/급여환경설정 → 상용직급여입력및계산	입사자 및 퇴사자 '월, 일, 월일' 등을 설정하고 급여계산함

1) 급/상여지급일자등록 → 상용직급여입력및계산

 급/상여지급일자등록 → 상용직급여입력및계산

다음의 사항을 메뉴에 입력하고 난 후 2025년 08월에 지급되는 상여의 과세총액은 얼마인지 계산하시오.

(1) 급/상여지급일자등록 : 상여의 지급일자와 지급대상자 추가
- 귀속연월 : 2025년 08월
- 지급일자 : 2025/08/31
- 동시발행 : 분리
- 대상자선정 : 직종및급여형태별
- 대상자 : 모든 사업장의 사무직, 월급인 자
- 상여지급대상기간 : 2025년 08월 전체

(2) 상용직급여입력및계산
- 귀속연월 : 2025년 08월
- 지급일 : 2025/08/31 상여 분리

(1) [급/상여지급일자등록] 메뉴

① [인사/급여관리]−[기초환경설정]−[급/상여지급일자등록] 메뉴에서 **귀속연월**, **지급일자**, **동시발행**(F2), **대상자선정**의 제시된 내용을 입력하고, 오른쪽 영역의 급여구분(F2)에서 **상여**를 선택한다.

> **한선생님**의 TIP
>
> 동시발행 여부와 오른쪽의 급여구분은 F2로 검색하여 입력합니다.

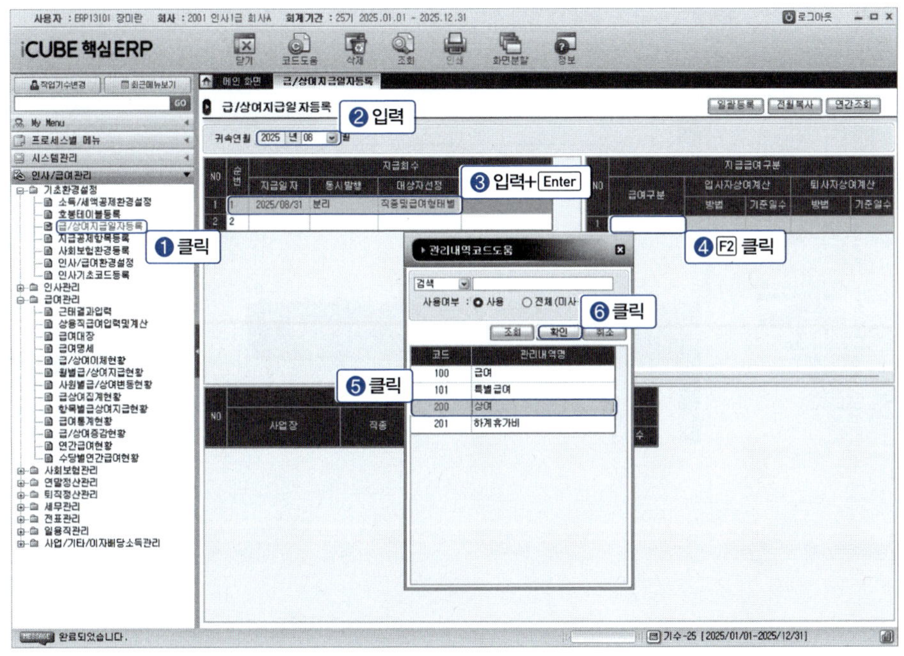

② 오른쪽 상단의 **[일괄등록]** 버튼을 누르고, **사무직의 월급**을 선택하고 상여지급
대상기간인 **2025년 08월 전체**를 입력한 후 사업장 옆 **돋보기**(🔍)를 클릭하여
모든 사업장을 선택하고 [적용]을 클릭한다.

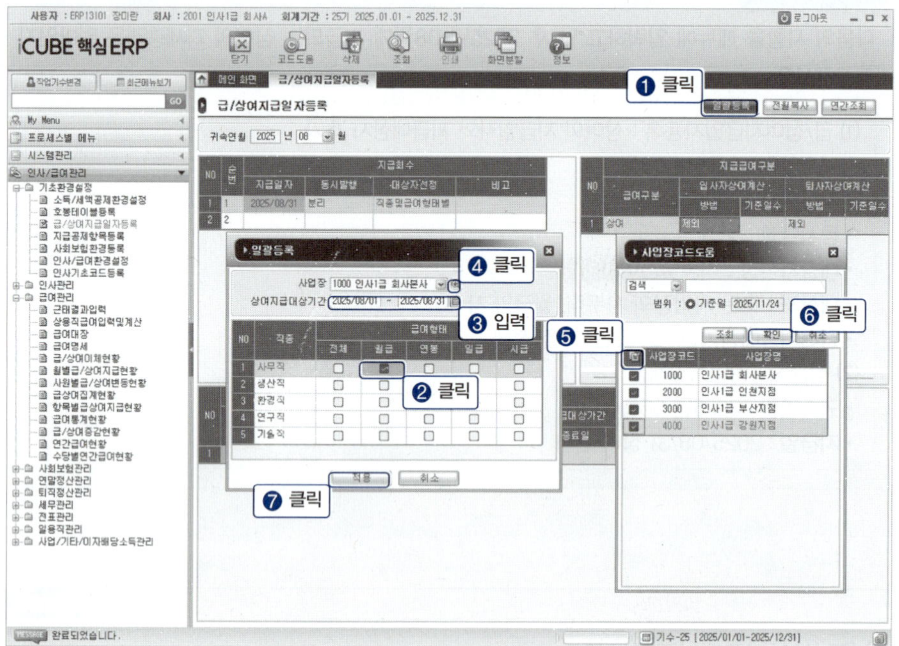

③ 설정이 끝나면 메뉴를 닫는다.

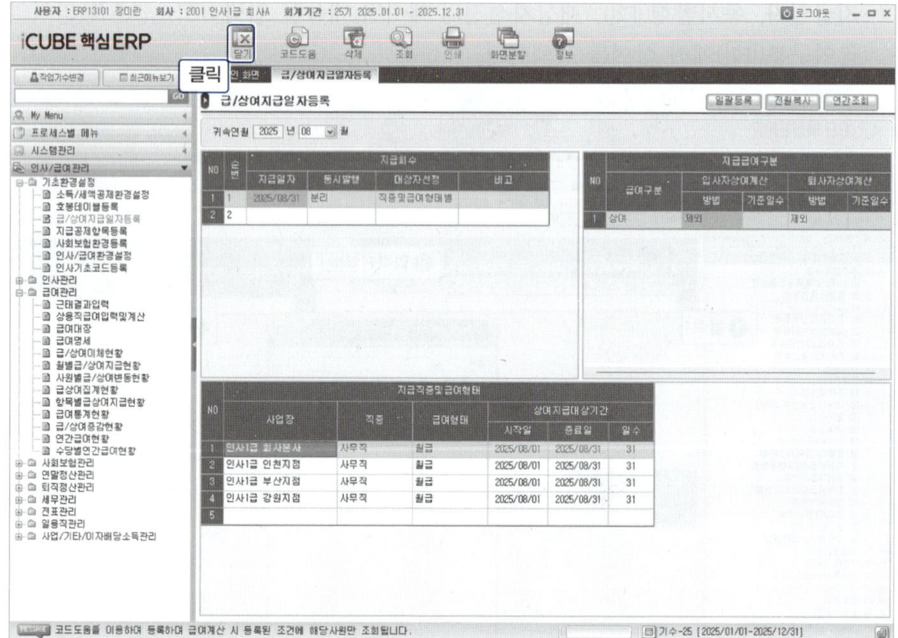

(2) [상용직급여입력및계산] 메뉴

① [상용직급여입력및계산]에서 귀속연월은 2025년 08월로 입력하고, 지급일 옆 돋보기(🔍)를 클릭한 후 지급일자는 앞서 등록했던 2025/08/31을 입력한다. 상단의 [조회] 버튼을 눌러 사원 내역을 불러온다.

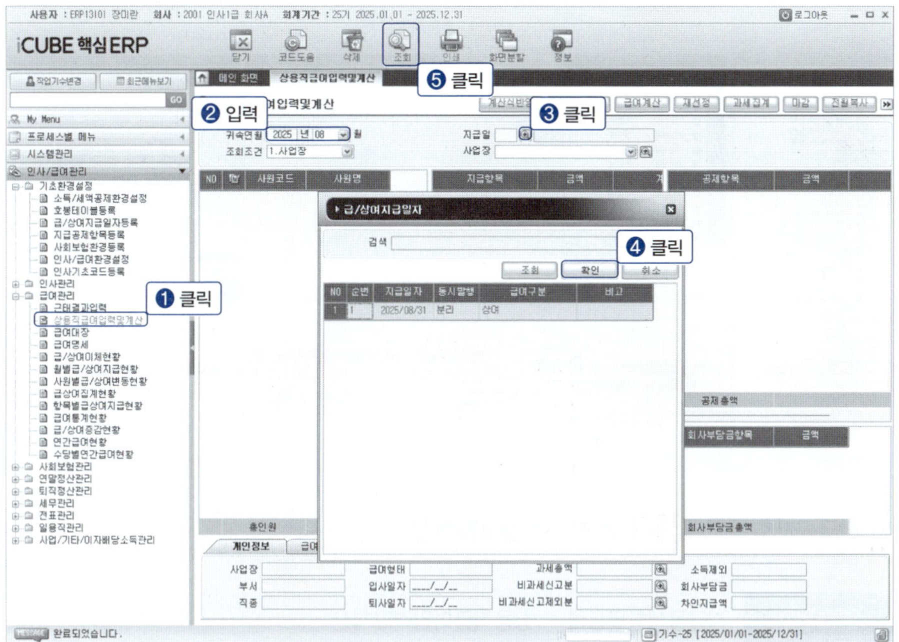

② 전체 사원을 선택하고 오른쪽 상단의 [급여계산] 버튼을 눌러 상여를 계산한다.

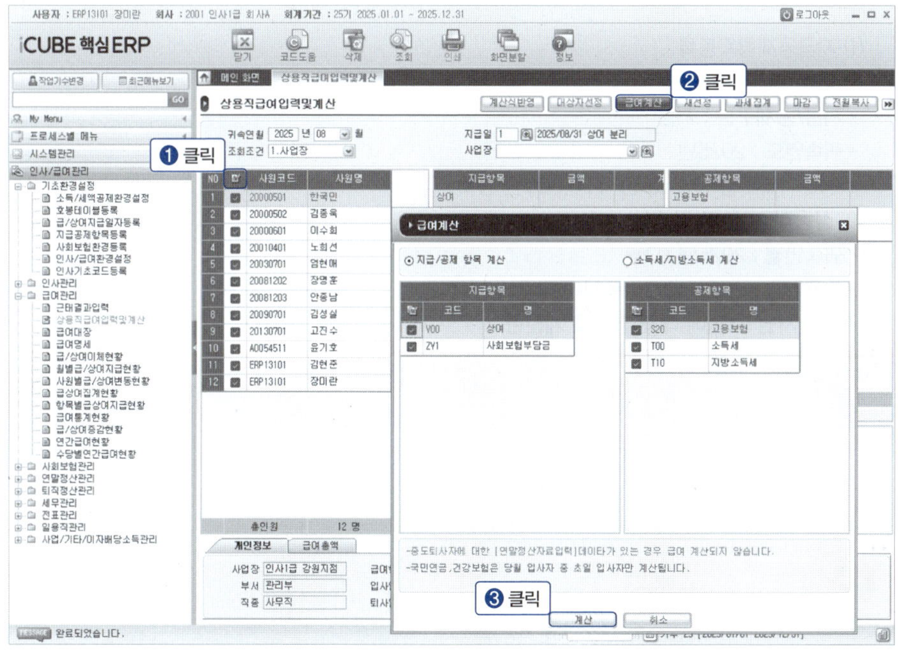

③ 하단의 [급여총액] 탭을 클릭하여 과세 금액을 확인한다.

정답 69,311,170원

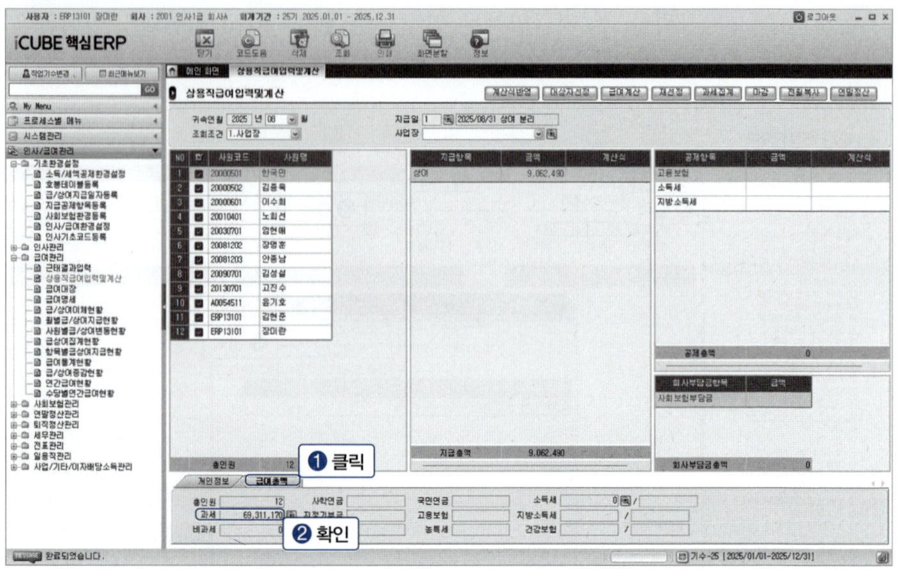

2) 지급공제항목등록 → 상용직급여입력및계산

 지급공제항목등록 → 상용직급여입력및계산

[지급공제항목등록] 메뉴에서 다음의 지급 항목을 등록하고 상용직 급여 계산 시 과세총액은 얼마인가?

(1) 지급공제항목등록
- 급여구분 : 급여
- 지급/공제구분 : 지급
- 귀속연도 : 2025년
- P40 가족수당 : 부, 모 금액 20,000원 등록

(2) 상용직급여입력및계산
- 귀속연월 : 2025년 03월
- 지급일자 : 2025/03/25 동시 급여
- 해당 사원 23명에 대해 급여를 계산한다.

(1) [지급공제항목등록] 메뉴

① [인사/급여관리]−[기초환경설정]−[지급공제항목등록] 메뉴에서 오른쪽의 상단의 [마감취소] 버튼을 누르고, 급여구분은 급여, 지급/공제구분은 지급, 귀속연도는 2025년을 입력하고 상단의 [조회] 버튼을 클릭한 후 P40 가족수당을 선택한다.

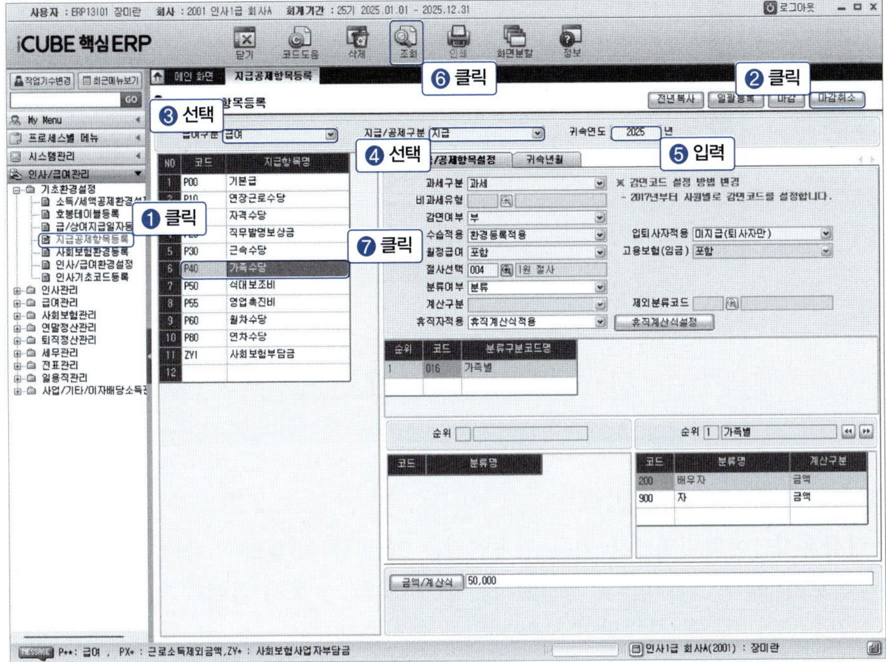

한선생님의 TIP

• [지급공제항목등록] 메뉴에서는 가장 먼저 [마감취소] 버튼을 무조건 눌러 마감을 취소해야 합니다. 수험용 프로그램에서는 암호를 입력하지 않습니다. 따라서 암호란을 비워두고 [확인]을 누르면 됩니다.
• '메뉴를 닫으면 자동 재마감 됩니다.'라는 팝업 창이 뜨면 [확인]을 클릭합니다.

② 오른쪽 하단에 분류명에 '**부**'와 '**모**'를 각각 입력하고, 계산구분을 **금액 20,000원**으로 설정한 후 메뉴를 닫는다.

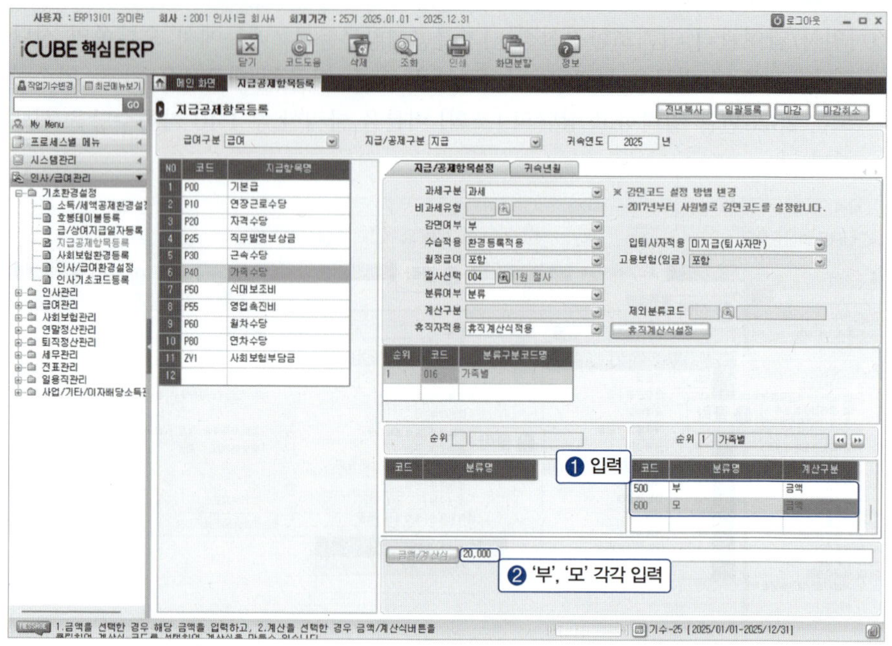

(2) [상용직급여입력및계산] 메뉴

① [**상용직급여입력및계산**]에서 귀속연월은 **2025년 03월**로 입력하고, 지급일 옆 **돋보기**(🔍)를 클릭한 후 지급일자는 **2025/03/25 동시 급여**를 입력한다. 상단의 [조회] 버튼을 클릭하여 사원 내역을 불러온다.

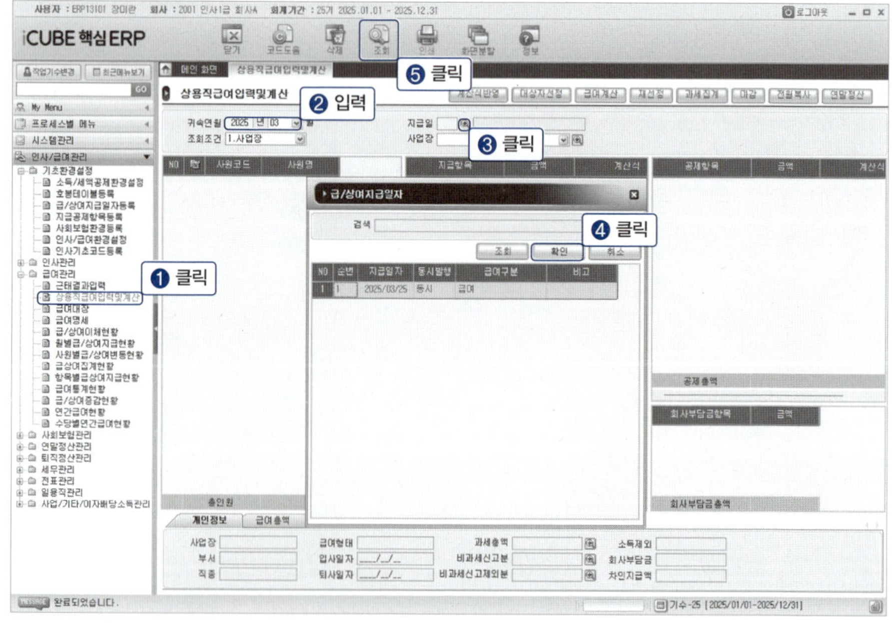

② **전체 사원**을 선택하고 오른쪽 상단의 **[급여계산]** 버튼을 눌러 급여를 계산한다.

③ 하단의 **[급여총액]** 탭을 클릭하여 과세 금액을 확인한다.

정답 95,522,940원

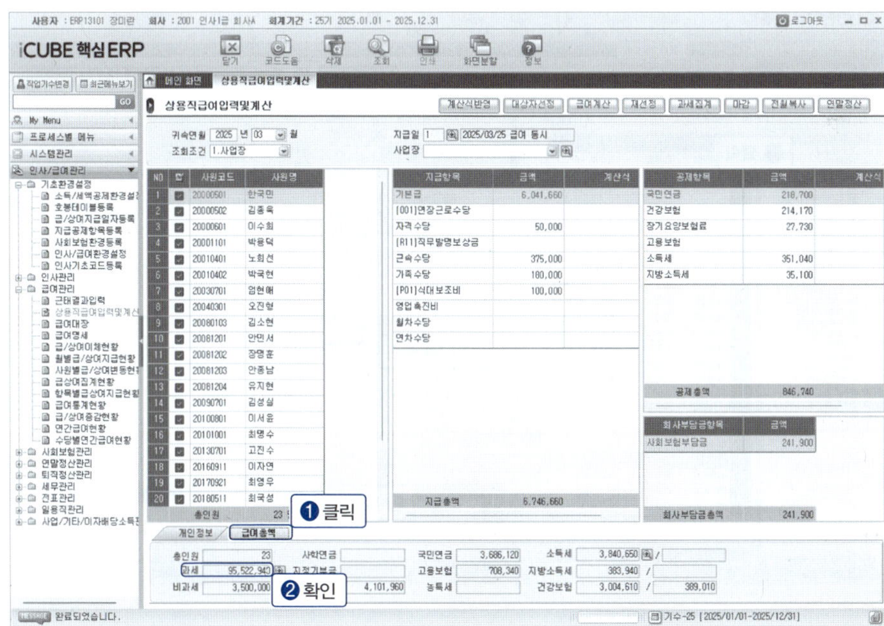

3) 인사정보등록 → 상용직급여입력및계산

   인사정보등록 → 상용직급여입력및계산

**인사정보등록 메뉴에서 최국성 사원의 책정임금을 다음과 같이 등록하고 급여 계산 시 최국성
사원의 차인지급액은 얼마인가?**

(1) 인사정보등록
- 계약시작년월 2025년 02월
- 연봉 : 30,000,000으로 입력
(2) 상용직급여입력및계산
- 귀속연월 : 2025년 02월
- 지급일자 : 2025/02/25 동시 급여

(1) [인사정보등록] 메뉴

① [인사/급여관리]-[인사관리]-**[인사정보등록]** 메뉴에서 **최국성 사원**을 선택하고,
[급여정보] 탭을 클릭한다. 하단의 책정임금의 계약시작년월을 '2025/02'로 입
력한다.

② 연봉의 금액란에서 [Ctrl]+[F3]을 눌러 활성화시키고(암호는 입력하지 않음), 연봉 칸에 30,000,000원을 입력한 후 메뉴를 닫는다.

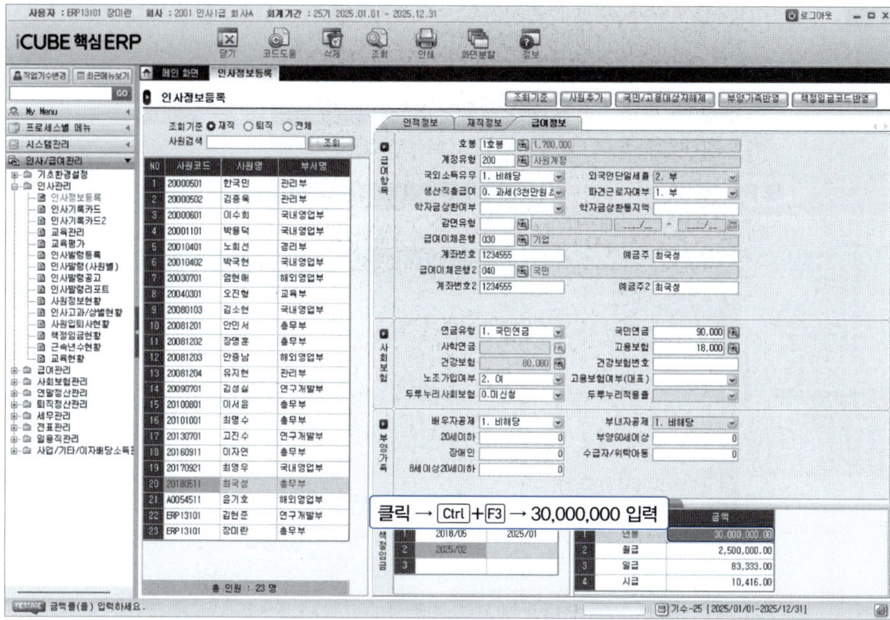

(2) [상용직급여입력및계산] 메뉴

① [상용직급여입력및계산]에서 귀속연월은 2025년 02월로 입력하고, 지급일 옆 돋보기(🔍)를 클릭한 후 지급일자는 2025/02/25 동시 급여를 입력한다. 상단의 [조회] 버튼을 눌러 사원 내역을 불러온다.

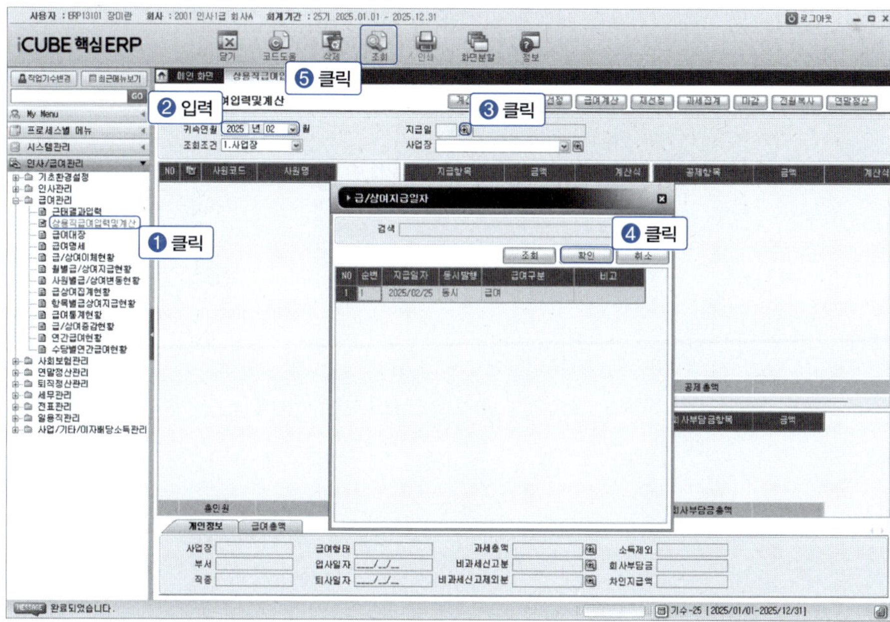

② **전체 사원**을 선택하고 상단의 **[급여계산]** 버튼을 클릭하여 급여를 계산한다. 하
단의 [개인정보] 탭에서 최국성 사원의 차인지급액을 확인한다.

정답 2,572,910원

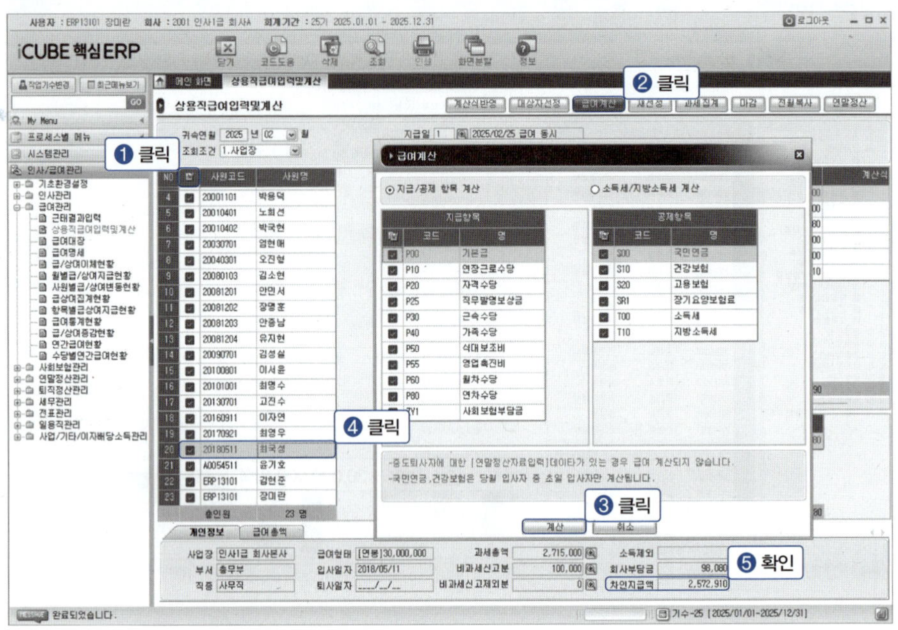

4) 인사급여환경설정 → 상용직급여입력및계산

- [인사급여환경설정] 메뉴에서 입사자의 '월, 일, 월일' 등 각종 사항을 설정하고, [상용직급여입력및계산] 메뉴에서 급여를 계산한다.
- 해당 부분은 출제빈도와 난이도가 낮기 때문에 연습은 생략하기로 한다.

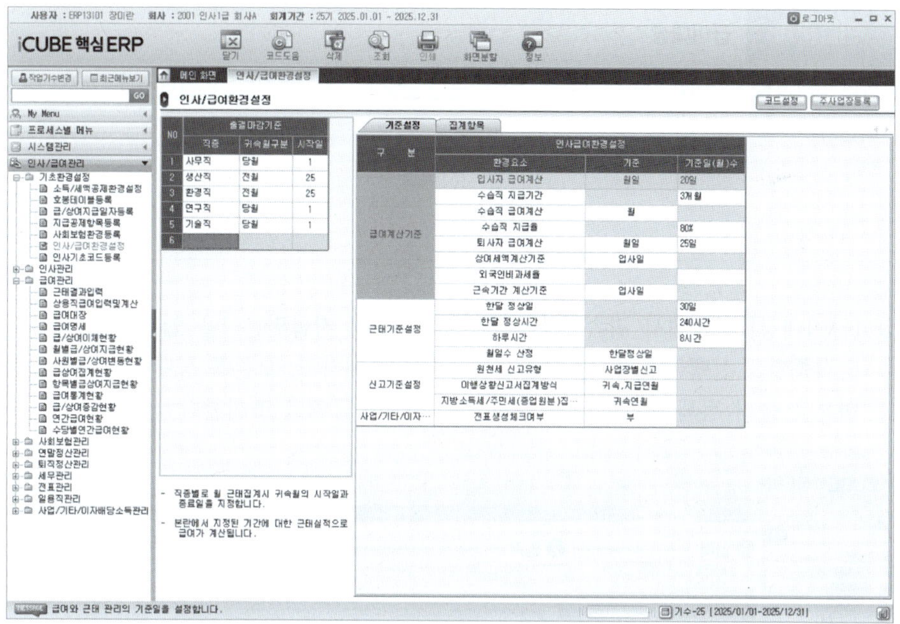

※ 유의사항

- SECTION 04 [상용직급여입력및계산] 메뉴의 실무 연습을 모두 마쳤다면 ERP 프로그램에서 2025년 3회(5월) 기출문제인 [5월정기_기출DB]를 다시 복원하여 초기화합니다. 이후 ④ [급여대장] 메뉴부터 이어서 실무 학습을 진행합니다.
- 백데이터 복원 및 로그인 방법은 SECTION 03 ① [ERP 프로그램 시작 방법]을 참고하도록 합니다.

04 급여대장

• 직종별, 부서별 등 지급 및 공제 항목을 조회할 수 있는 메뉴이다.
• [출력항목] 버튼을 누르면 각 지급·공제 항목을 보다 자세하게 확인할 수 있다.

연습문제	급여대장

2025년 03월(지급일자 1번)의 자료를 직종별로 조회할 때 생산직의 직무발명보상금 금액은 얼마인가?

풀이 방법

① [급여대장] 메뉴에서 귀속연월은 2025년 03월, 지급일은 1을 입력하고 집계는 6.직종별을 선택한다. 직종명에서 생산직을 선택하고, 오른쪽 상단의 [출력항목] 버튼을 눌러 전체 체크한 후 [적용]을 클릭하여 금액을 조회한다.

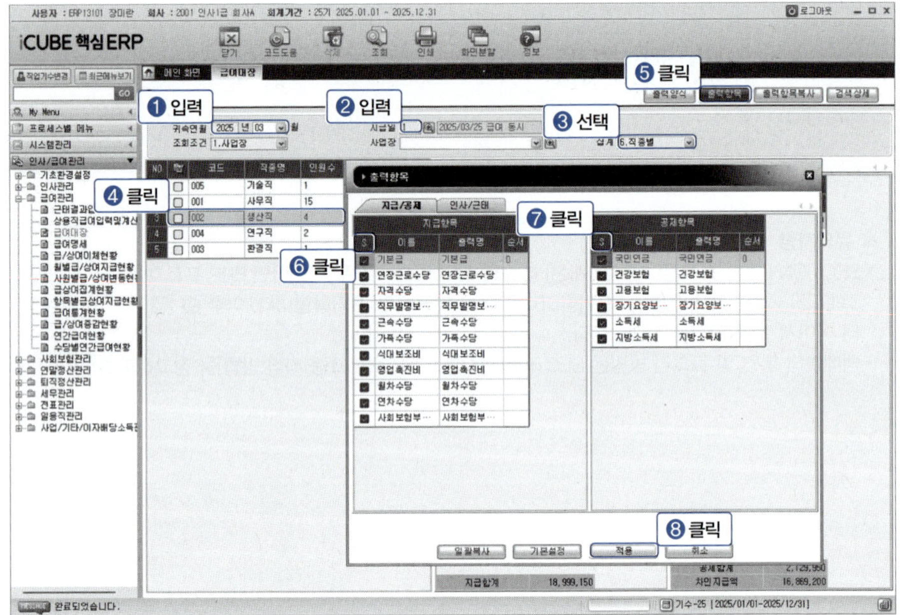

② 생산직의 직무발명보상금 지급액을 확인한다.

정답 1,200,000원

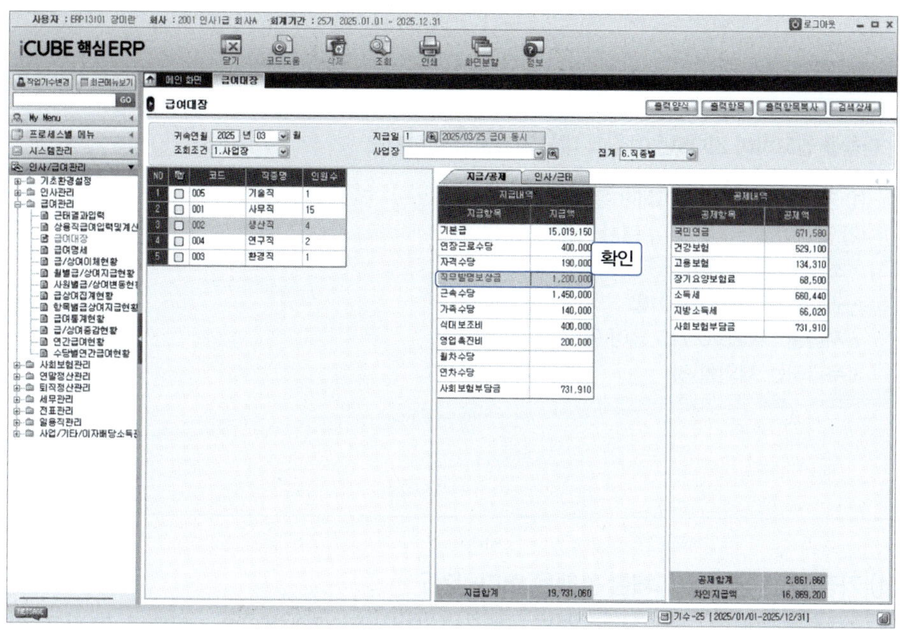

급여 또는 상여를 어떤 은행을 통해 지급했는지 조회하는 메뉴이다.

연습문제	급/상여이체현황

다음을 참고하여 2025년 01월에 대한 자료를 조회하시오.

> (1) 가장 많은 금액을 이체한 은행은 어디인가?
> (2) 급상여를 현금으로 수령한 사람은 몇 명인가?
> • 소득구분 : 급상여
> • 귀속연월 : 2025년 01월
> • 지급일 : 2025/01/25 급여 동시
> • 무급자는 제외할 것

풀이 방법

(1) 가장 많은 금액을 이체한 은행은 어디인가?

[급/상여이체현황] 메뉴에서 소득구분은 **1 급상여**, 귀속연월은 **2025년 01월**을 입력하고, 지급일은 **돋보기(🔍)**를 클릭하여 **2025/01/25 급여 동시**를 입력한 후 상단의 [조회] 버튼을 클릭한다. 조회된 화면에서 각 은행의 '은행 소계' 금액을 비교하여, 가장 많은 금액을 이체한 은행을 확인한다.

정답 국민은행(25,218,740원)

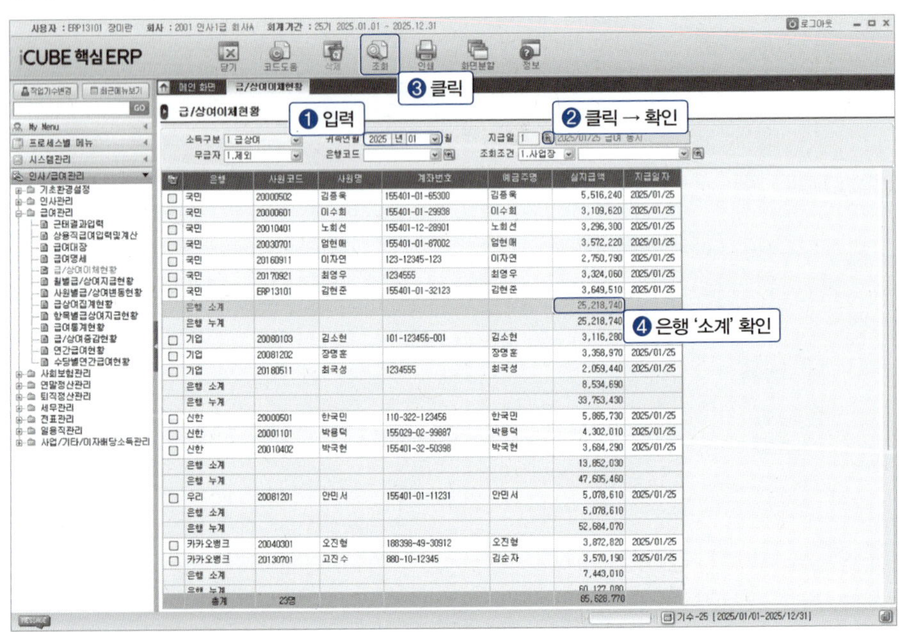

은행	사원코드	사원명	계좌번호	예금주명	실지급액	지급일자
국민	20000502	김종욱	155401-01-65300	김종욱	5,516,240	2025/01/25
국민	20000601	이수희	155401-01-29938	이수희	3,109,620	2025/01/25
국민	20010401	노회선	155401-12-28901	노회선	3,296,300	2025/01/25
국민	20030701	엄현애	155401-01-87002	엄현애	3,572,220	2025/01/25
국민	20160911	이자연	123-12345-123	이자연	2,750,790	2025/01/25
국민	20170921	최영우	1234555	최영우	3,324,060	2025/01/25
국민	ERP13101	김현준	155401-01-32123	김현준	3,649,510	2025/01/25
은행 소계					25,218,740	
은행 누계					25,218,740	
기업	20080103	김소현	101-123456-001	김소현	3,116,280	
기업	20081202	장명훈		장명훈	3,358,970	2025/01/25
기업	20180511	최국성	1234555	최국성	2,059,440	2025/01/25
은행 소계					8,534,690	
은행 누계					33,753,430	
신한	20000501	한국민	110-322-123456	한국민	5,865,730	2025/01/25
신한	20001101	박용덕	155029-02-99887	박용덕	4,302,010	2025/01/25
신한	20010402	박국현	155401-32-50398	박국현	3,684,290	2025/01/25
은행 소계					13,852,030	
은행 누계					47,605,460	
우리	20081201	안민서	155401-01-11231	안민서	5,078,610	2025/01/25
은행 소계					5,078,610	
은행 누계					52,684,070	
카카오뱅크	20040301	오진형	188398-49-30912	오진형	3,872,820	2025/01/25
카카오뱅크	20130701	고진수	880-10-12345	김순자	3,570,190	2025/01/25
은행 소계					7,443,010	
은행 누계					60,127,080	
총계	29명				85,528,770	

(2) 급상여를 현금으로 수령한 사람은 몇 명인가?

(1) 문제를 풀고난 후 조회된 화면에서 급상여를 현금으로 수령한 사람이 몇 명인지
확인한다.

정답 4명(김성실, 이서윤, 최명수, 장미란)

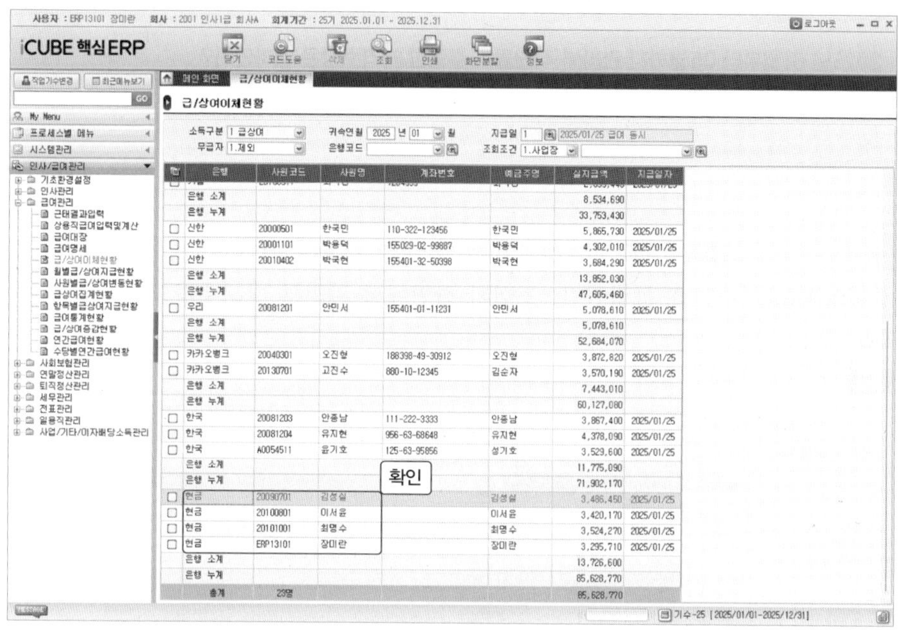

[월별급/상여지급현황]은 부서별 기본급 및 각종 수당 등을 조회하는 메뉴이다.

연습문제	월별급/상여지급현황

2025년 01월부터 05월까지 관리부 직원들이 수령한 자격수당은 얼마인가?

풀이 방법

[월별급/상여지급현황]에서 조회기간을 2025년 01월~2025년 05월로 입력하고
상단의 [조회] 버튼을 클릭한다. 조회된 화면에서 관리부 자격수당의 부서 소계를
확인한다.

정답 400,000원

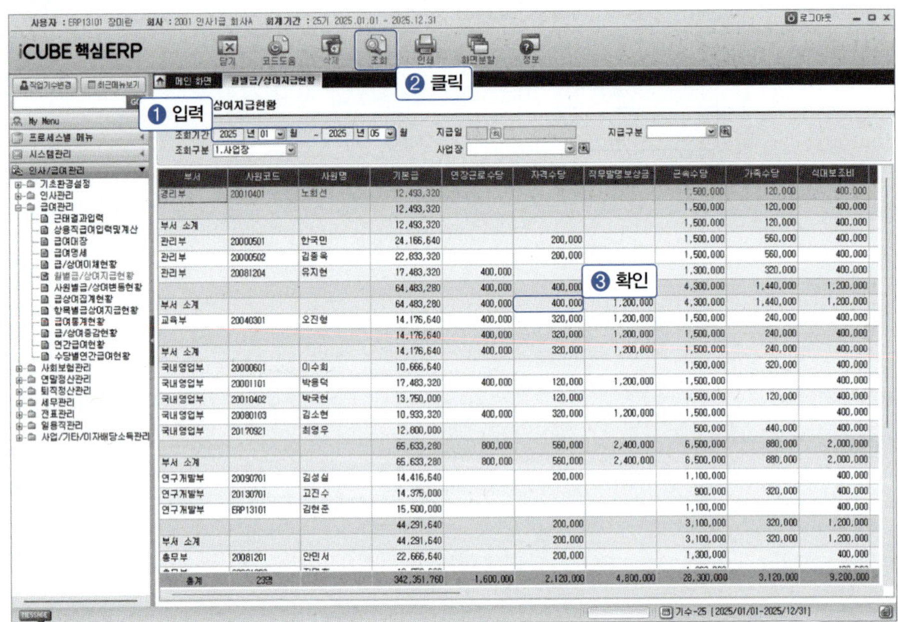

07 사원별급/상여변동현황

[사원별급/상여변동현황]은 과거(비교연월)에 비해 현재(기준연월)의 급여 등이 얼마나 변동했는지를 조회하는 메뉴이다.

연습문제   **사원별급/상여변동현황**

다음의 사항을 조회하고 모든 인원의 고용보험 금액은 얼마나 증감하였는지 조회하시오. (단, 사용자 부담금은 제외한다)

- 비교연월 : 2024년 01월
- 기준연월 : 2025년 03월

풀이 방법

[사원별급/상여변동현황]에서 기준연월은 2025년 03월, 비교연월은 2024년 01월을 입력하고 상단의 [조회] 버튼을 클릭한다. 조회된 화면에서 고용보험 금액을 비교한다.

정답 708,340 − 615,010 = 93,330원 증가

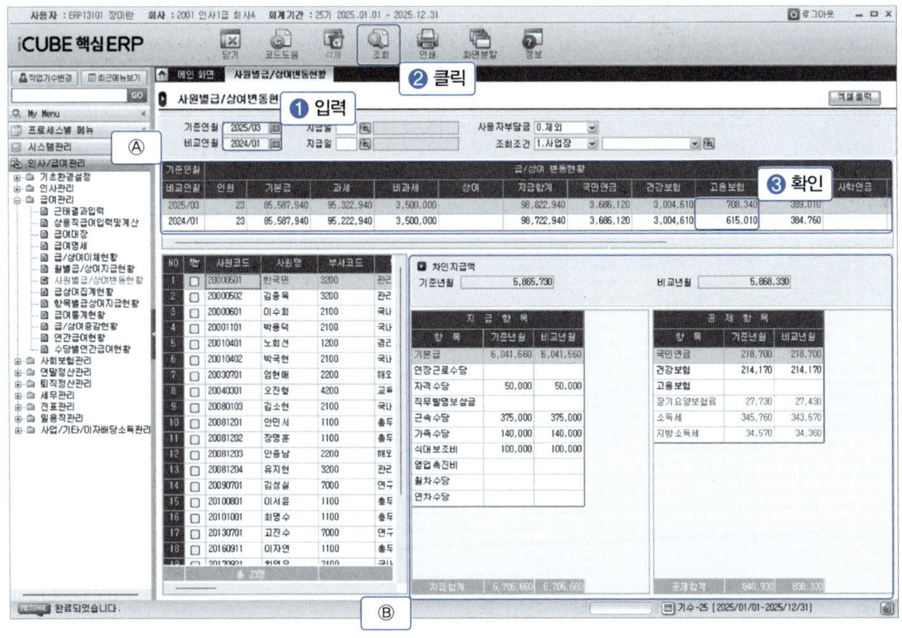

⑧ 항목별급상여지급현황

- [항목별급상여지급현황]은 부서별, 직종별, 기간별, 근무조별 등으로 각종 수당이나 공제 항목을 조회할 수 있는 메뉴이다.
- 문제에서 부서별, 직종별, 기간별처럼 'ㅇㅇ별'이라는 표현이 나오면 가장 먼저 떠올려야 할 메뉴이다.

2025년 1분기 급여 지급구분으로 부서별 근속수당을 계산할 때 해외영업부의 근속수당 금액은 얼마인가?

풀이 방법

[항목별급여상여지급현황]에서 귀속연월을 2025년 1분기(2025년 01월~2025년 03월)로 입력하고, 지급구분 옆 **돋보기**(🔍)를 클릭하여 **급여**를 선택한다. 상단의 [조회] 버튼을 클릭한 후 조회된 화면에서 해외영업부의 근속수당 금액을 확인한다.

정답 3,075,000원

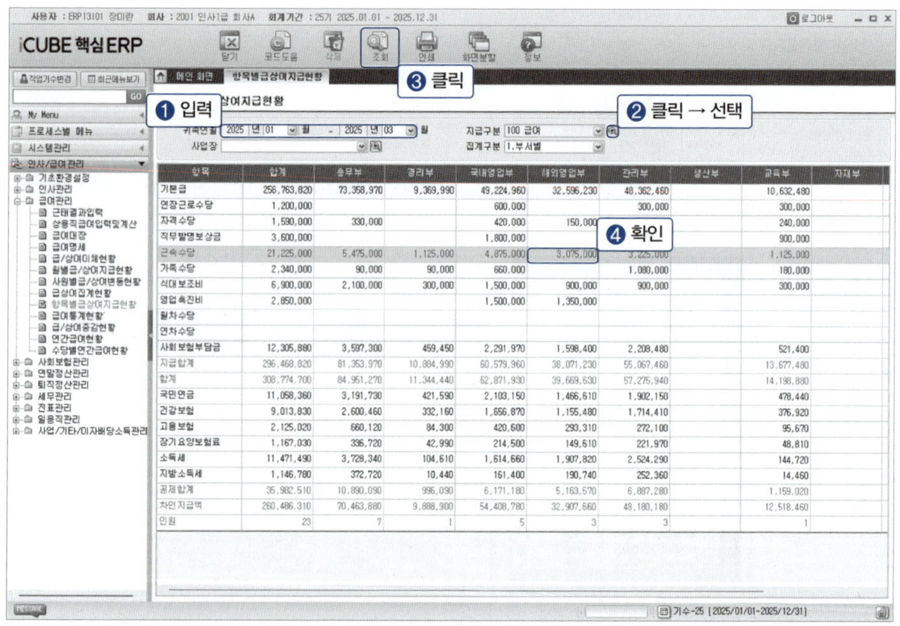

항목	합계	총무부	경리부	국내영업부	해외영업부	관리부	생산부	교육부	자재부
기본급	256,763,820	73,358,970	9,369,990	49,224,960	32,596,230	48,362,460		10,632,480	
연장근로수당	1,200,000			600,000		300,000		300,000	
자격수당	1,590,000	330,000		420,000	150,000			240,000	
직무발명보상금	3,600,000			1,800,000				900,000	
근속수당	21,225,000	5,475,000	1,125,000	4,875,000	3,075,000	3,225,000		1,125,000	
가족수당	2,340,000	90,000	90,000	660,000		1,080,000		180,000	
식대보조비	6,900,000	2,100,000	300,000	1,500,000	900,000	900,000		300,000	
영업촉진비	2,850,000			1,500,000	1,350,000				
월차수당									
연차수당									
사회보험부담금	12,305,880	3,597,300	459,450	2,291,970	1,598,400	2,208,480		521,400	
지급합계	296,468,820	81,353,970	10,884,990	60,579,960	38,071,230	55,067,460		13,677,480	
합계	308,774,700	84,951,270	11,344,440	62,871,930	39,669,630	57,275,940		14,198,880	
국민연금	11,058,360	3,191,730	421,590	2,103,150	1,466,610	1,902,150		478,440	
건강보험	9,013,830	2,600,460	332,160	1,656,870	1,155,480	1,714,410		376,920	
고용보험	2,125,020	660,120	84,300	420,600	293,310	272,100		95,670	
장기요양보험료	1,167,030	336,720	42,990	214,500	149,610	221,970		48,810	
소득세	11,471,490	3,728,340	104,610	1,614,660	1,907,820	2,524,290		144,720	
지방소득세	1,146,780	372,720	10,440	161,400	190,740	252,360		14,460	
공제합계	35,982,510	10,890,090	996,090	6,171,180	5,163,570	6,887,280		1,159,020	
차인지급액	260,486,310	70,463,880	9,888,900	54,408,780	32,907,660	48,180,180		12,518,460	
인원	23	7	1	5	3	3		1	

[연간급여현황]은 '지급/공제' 및 '과세/비과세' 항목에 대해 묻는 경우에 사용하는
메뉴이다.

연습문제	연간급여현황

**2025년 2분기를 기준으로 인사1급 회사 본사의 지급/공제 금액은 얼마인가? (단, 사용자부담금
은 제외한다)**

풀이 방법

[연간급여현황]에서 조회기간을 2025년 2분기(**2025년 04월~2025년 06월**)로 입
력하고 분류기준을 **지급/공제**로 선택한다. 사업장 옆 **돋보기**(🔍)를 클릭하여 **인사
1급 회사본사**를 선택한 후 상단의 [조회] 버튼을 클릭하여 지급총액과 공제총액을
확인한다.

정답 지급총액 : 80,105,720원 / 공제총액 : 10,600,950원

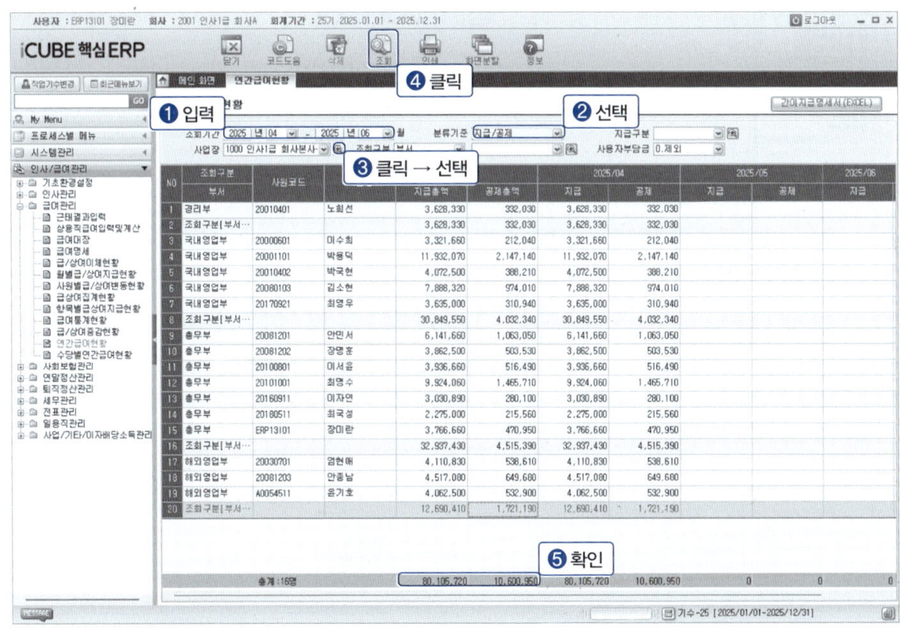

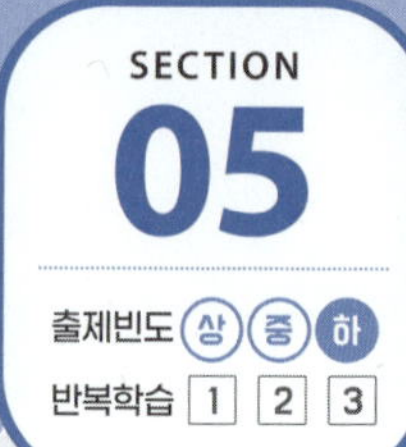

사회보험관리

빈출 태그 ▶ #사회보험 #취득 #상실

01 사회보험관리

- 사회보험관리는 흔히 4대 보험, 즉 국민연금, 건강보험, 고용보험, 산재보험을 의미한다.
- 사회보험의 취득 및 상실 업무는 실무에서 중요한 절차이지만, 우리 시험에서는 별도로 다루고 있지 않으므로 구체적인 내용 설명은 생략하도록 한다.

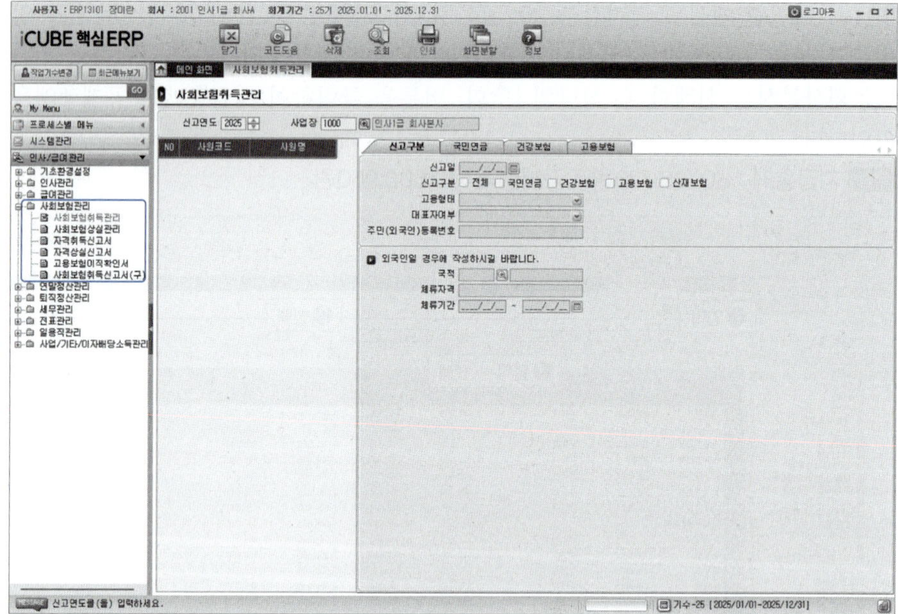

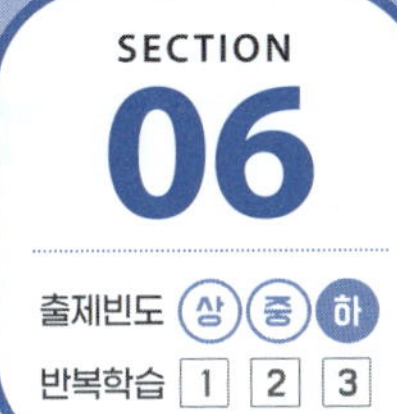

연말정산관리

빈출 태그 ▶ #근로소득 #원천징수 #연말정산 #근로소득원천징수부

01 연말정산

- 근로소득자는 매월 급여를 지급받을 때, 세금을 원천징수(차감)한 후의 금액을 실제로 지급받는다.
- 이렇게 원천징수된 세금은 정확한 세액이 아니라 대략적으로 계산한 금액에 불과하므로, 1년 동안 부담해야 할 정확한 세금과 비교하여 정산하는 절차가 필요하다. 이 과정을 연말정산이라고 한다.

02 근로소득원천징수부

[근로소득원천징수부] 메뉴에서는 사원의 근로소득 중에서 '지급명세서 작성 대상인지 여부'에 따른 금액을 조회하는 문제가 출제될 수 있다.

연습문제	근로소득원천징수부

2025년을 기준으로 인사1급 회사 본사의 사원 중 박용덕 사원의 지급명세서 작성 대상 비과세 소득의 금액을 조회하면 얼마인가?

⚑ 한선생님의 TIP

'원천징수'는 급여 등을 지급받을 때 '세금 등을 미리 떼고 나머지 금액을 받는 것'을 의미합니다.

⚑ 한선생님의 TIP

참고로 근로자 외에도 연말정산 대상자가 있지만, 여기에서는 근로소득자를 대상으로 합니다.

[근로소득원천징수부]에서 귀속연도는 2025를 입력하고, 사업장 옆 돋보기(🔍)를 클릭하여 인사1급 회사본사를 선택한 후 상단의 [조회] 버튼을 클릭한다. 조회된 화면에서 박용덕 사원의 지급명세서 작성 대상 비과세 소득의 금액을 확인한다.

정답 1,200,000 + 400,000 = 1,600,000원

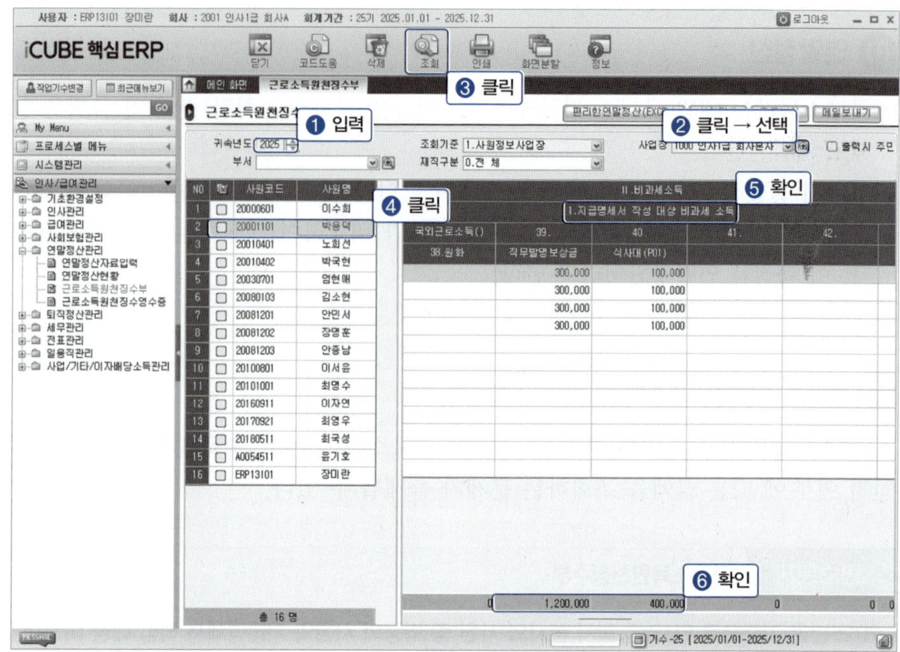

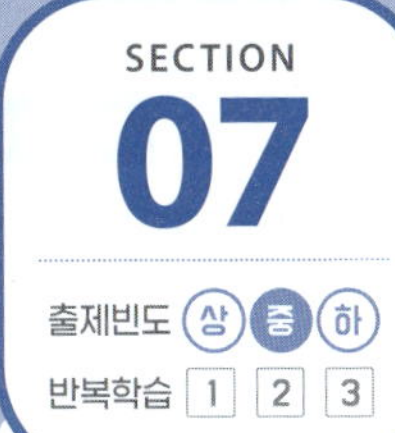

퇴직정산관리

출제빈도 상 중 하
반복학습 1 2 3

빈출 태그 ▶ #퇴직기준설정 #평균임금 #퇴직금 #퇴직금산정 #퇴직금추계액

01 퇴직기준설정

[퇴직기준설정]은 퇴직금을 계산하기 위한 기본적인 사항을 설정하는 메뉴이다.

연습문제	퇴직기준설정

다음의 내용이 올바른지 여부를 표시하시오.

(1) 평균임금 기간 산정 시 전월을 기준으로 3개월을 산정하고, 퇴사일은 포함하지 않는다.
(○, ×)

(2) 평균임금의 상여/연차반영 시 월할로 계산하고, 노동부 기준은 적용하지 않는다. (○, ×)

(3) 근속누진만 적용하고 있으며, 근무년수가 20년 이상인 대상자인 경우 가산율이 2,000만큼 적용된다. (○, ×)

(4) 퇴직금 계산식은 '일할'로 설정되어 있고, 상여 항목은 퇴직금 계산 시 사용할 수 없다.
(○, ×)

🏁 **한선생님**의 TIP

[퇴직기준설정] 메뉴에서 퇴직금 계산 관련 사항을 먼저 설정한 후, [퇴직금산정] 메뉴에서 퇴직금을 계산하는 문제가 거의 매 회차 출제됩니다.

(1) 평균임금 기간 산정 시 전월을 기준으로 3개월을 산정하고, 퇴사일은 포함하지 않는다. (○, ×)

[퇴직기준설정]에서 평균임금기간산정과 퇴사일포함여부에 대한 설정을 확인하고, 하단의 평균임금의 계산식 설정을 확인한다.

정답 ×(퇴사일을 포함한다)

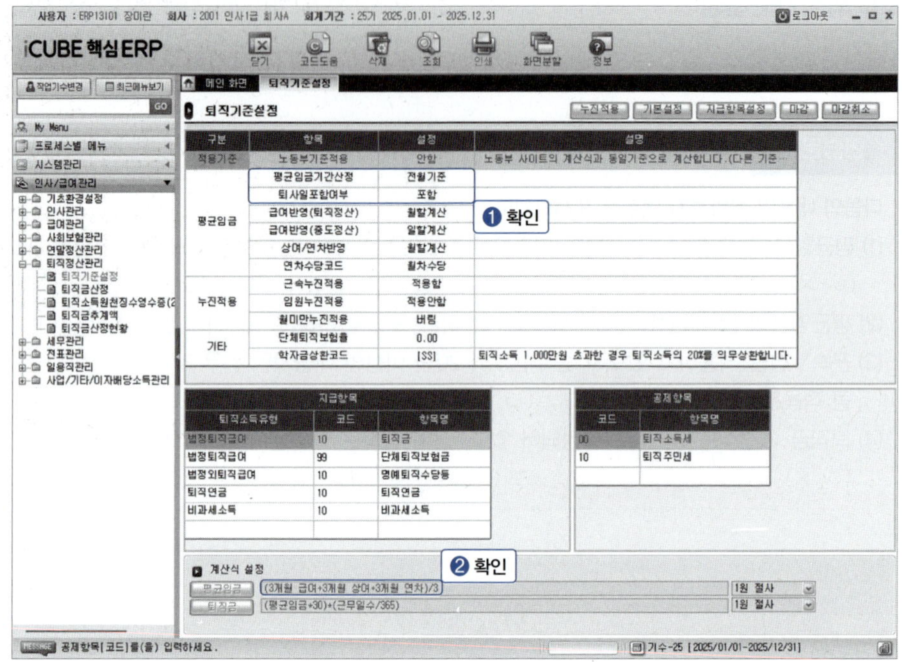

(2) 평균임금의 상여/연차반영 시 월할로 계산하고, 노동부 기준은 적용하지 않는다.
   (○, ×)

[퇴직기준설정]에서 노동부기준적용과 평균임금의 상여/연차반영에 대한 설정을
확인한다.

정답 ○

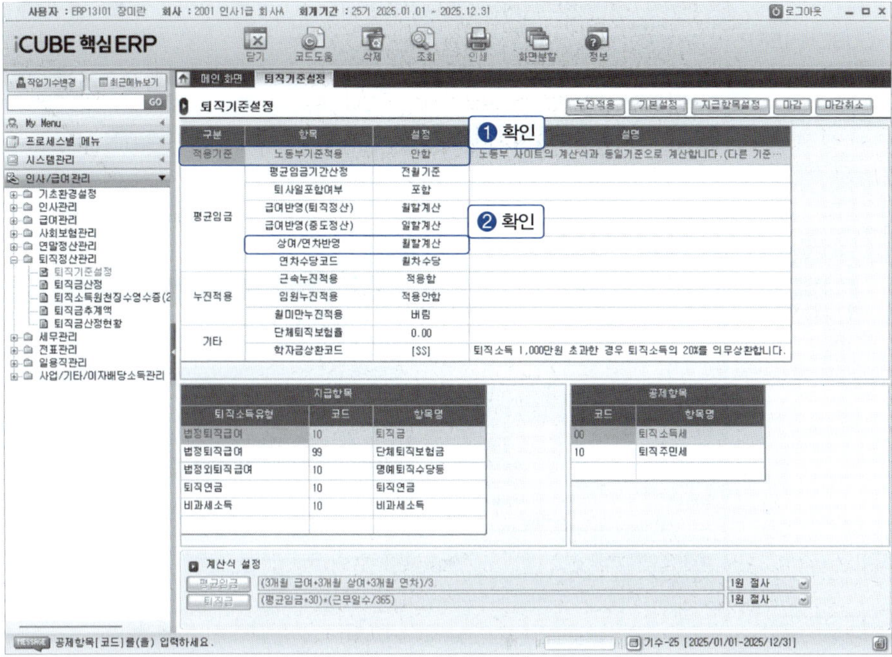

(3) 근속누진만 적용하고 있으며, 근무년수가 20년 이상인 대상자인 경우 가산율이
2.000만큼 적용된다. (○, ×)

[퇴직기준설정]에서 누진적용에 대한 설정을 확인한다. 상단의 [마감취소]를 클릭
하고 [누진적용]을 클릭한 후, 근무년수 20년 이상의 가산율을 확인한다.

정답 ×(20년 이상은 가산율이 5.000이다)

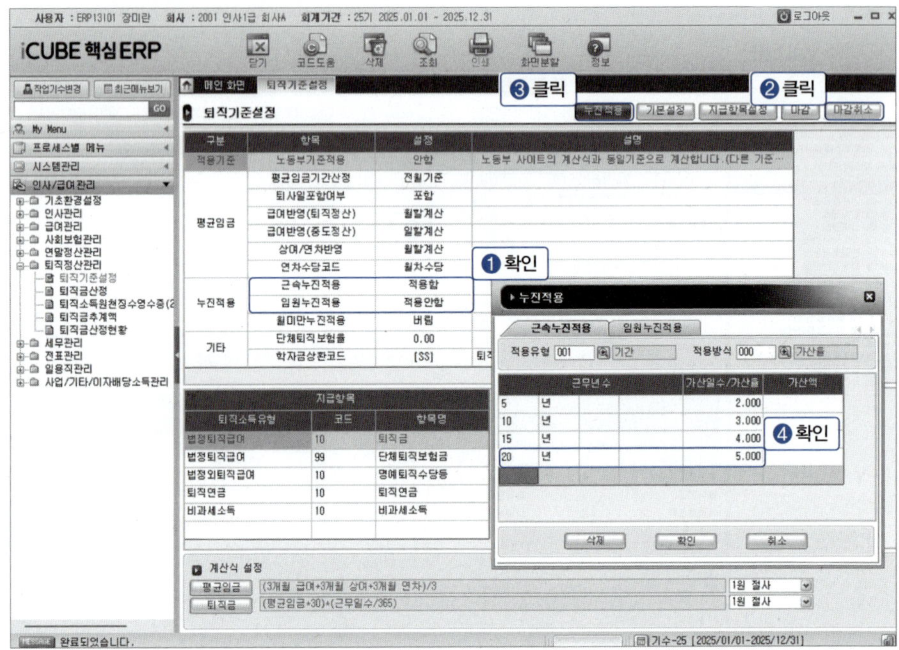

(4) 퇴직금 계산식은 '일할'로 설정되어 있고, 상여 항목은 퇴직금 계산 시 사용할 수 없다. (○, ×)

[퇴직기준설정]에서 퇴직금의 계산식 설정을 확인한다. 상단의 [마감취소]를 클릭하고 [지급항목설정]을 클릭한 후, 퇴직금 계산 시 상여 항목을 사용할 수 없는지 확인한다.

정답 ×(상여 항목은 퇴직금 계산 시 사용할 수 있다)

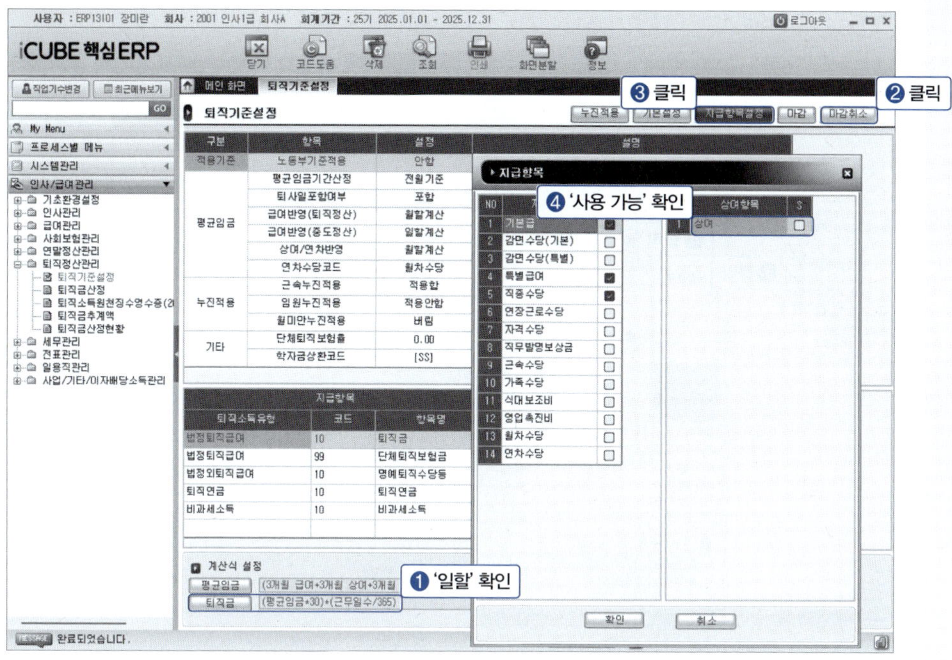

02 퇴직금산정

[퇴직기준설정] 메뉴에서 설정을 변경하고 나서 [퇴직금산정] 메뉴에서 사원의 퇴직금을 계산하는 문제가 출제된다.

연습문제   퇴직금산정

2025년 05월 25일 〈1000.인사1급 회사본사〉 사업장의 [20170921.최영우] 사원이 개인 사유로 중도정산을 신청하였다. 아래 [보기]의 내용에 따라 퇴직기준과 대상자를 직접 반영하여 퇴직정산작업을 진행했을 때, 최영우 사원의 퇴직금 금액은 얼마인가?

[보기]

1. 평균임금 계산식 : '일평균 임금' 적용
2. 지급항목 설정 : 기본급, 근속수당, 가족수당, 영업촉진비
3. 귀속연월 : 2025/05
4. 재직기준 : 2025/05/01~2025/05/31
5. 퇴직일자, 신청일자 : 2025/05/25
6. 지급일자 : 2025/05/31

(1) [퇴직기준설정] 메뉴

① **[퇴직기준설정]**에서 [보기] 1에 해당하는 설정 사항을 등록한다. 상단의 **[마감취소]** 를 클릭하고 **[기본설정]**을 클릭한 후, 평균임금 계산식을 **일평균 임금**으로 선택 하고 [확인]을 클릭한다.

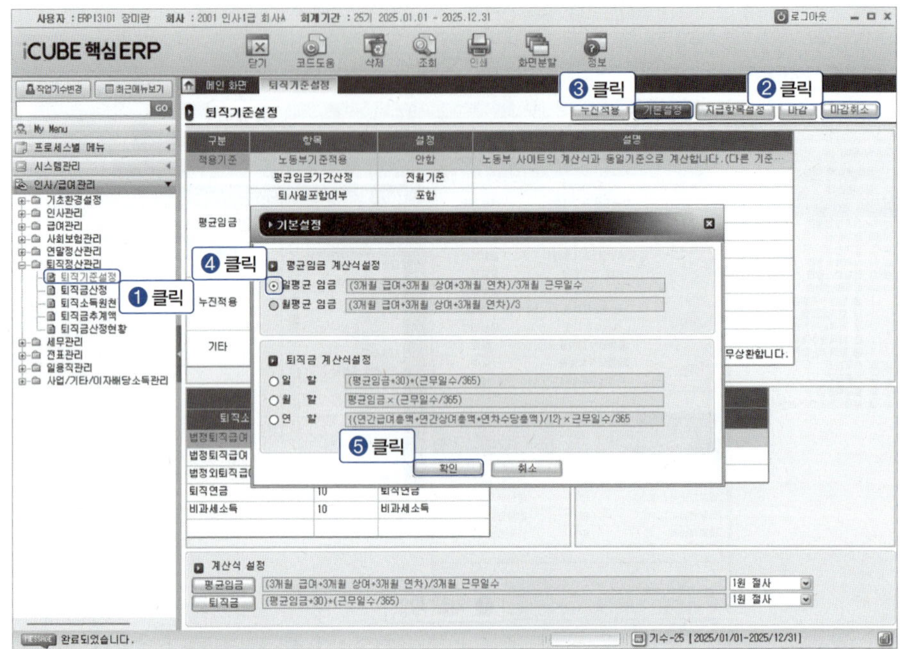

② 이어서 [보기] 2에 해당하는 설정 사항을 등록한다. 상단의 **[지급항목설정]**을 클릭하고 **기본급, 근속수당, 가족수당, 영업촉진비**를 선택한 후 [확인]을 클릭하고 메뉴를 닫는다.

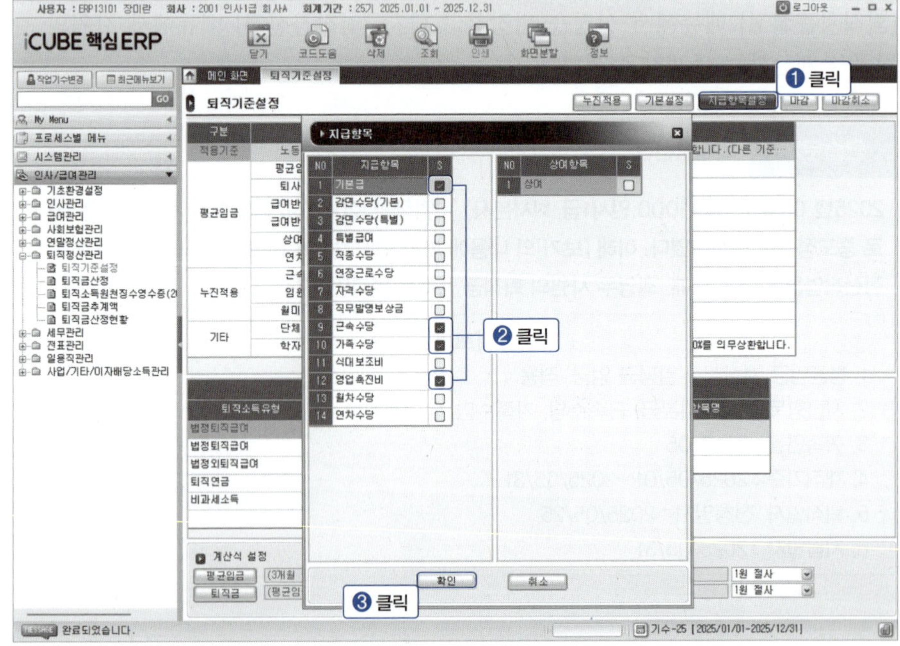

(2) [퇴직금산정] 메뉴

① **[퇴직금산정]**에서 신고귀속과 귀속연도에 2025를 입력하고, 사업장 옆 **돋보기**
　(🔍)를 클릭하여 1000 **인사1급 회사본사**를 선택한 후 상단의 [조회] 버튼을 클
　릭한다. '조건에 해당하는 사원이 존재하지 않습니다.'라는 팝업 창이 뜨면 [확인]
　을 클릭한다.

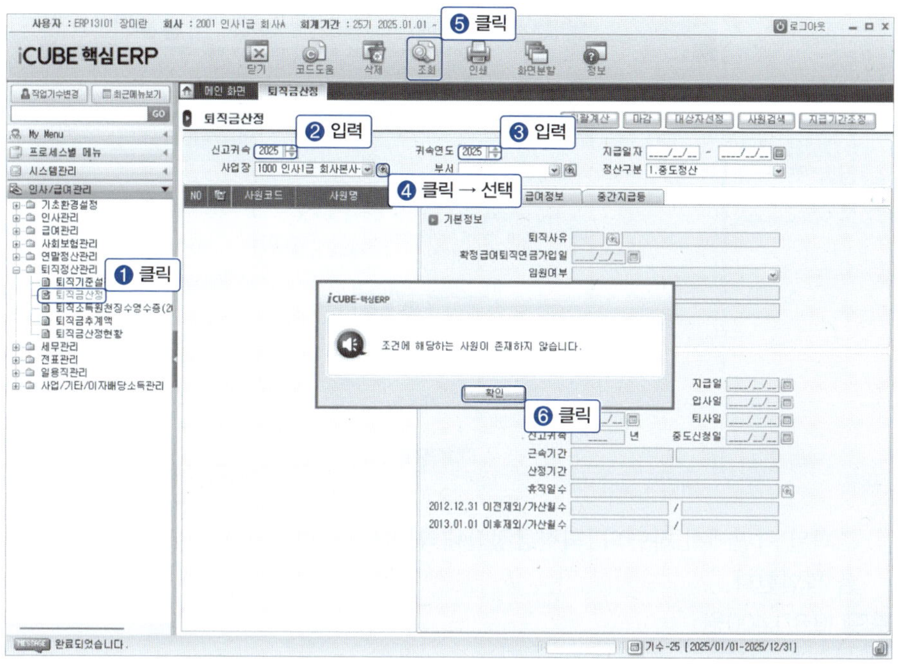

② 상단의 **[대상자선정]** 버튼을 클릭하고 [보기]에서 제시된 **귀속연월, 재직기준,**
　지급일자, 퇴직일자 및 신청일자를 입력한다. 사원코드 옆 **돋보기**(🔍)를 클릭한
　후 **최영우 사원**을 선택하고 [확인]을 클릭한다.

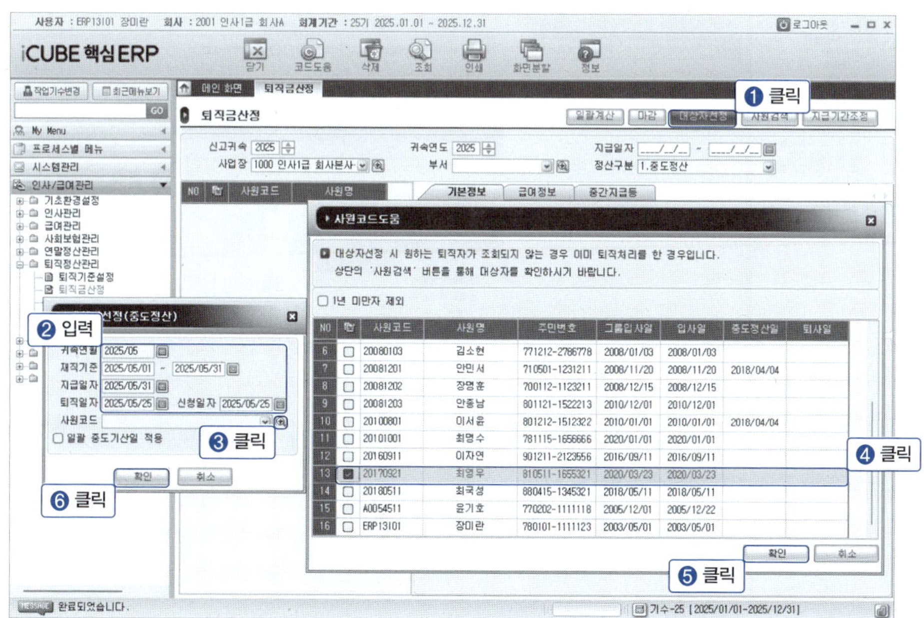

③ [급여정보] 탭을 클릭하고 [퇴직금계산] 버튼을 누른 후 [확인]을 클릭한다.

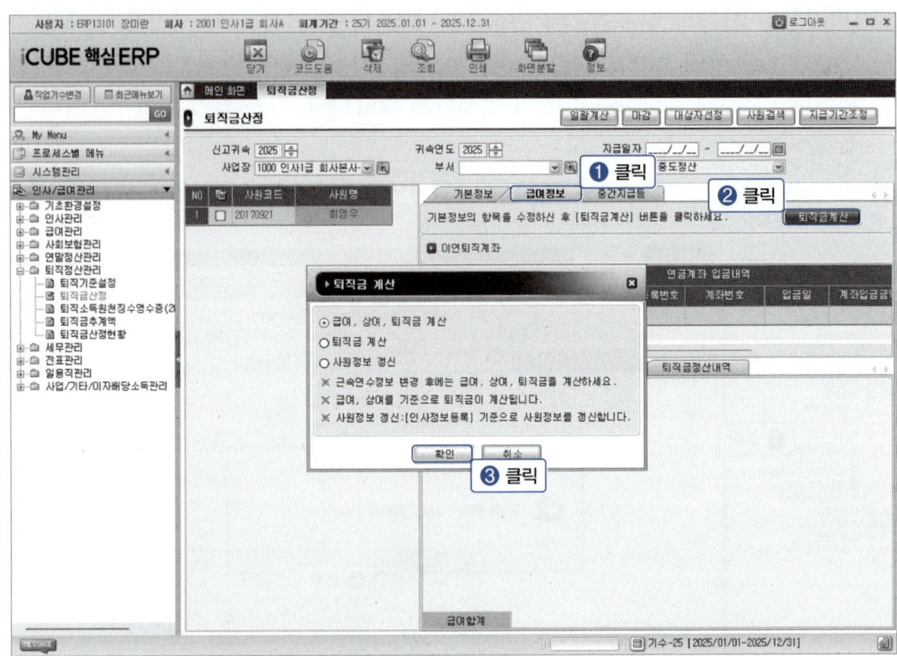

④ 조회된 화면에서 하단의 [퇴직금정산내역] 탭을 클릭하고 최영우 사원의 퇴직금을 확인한다.

정답 18,871,400원

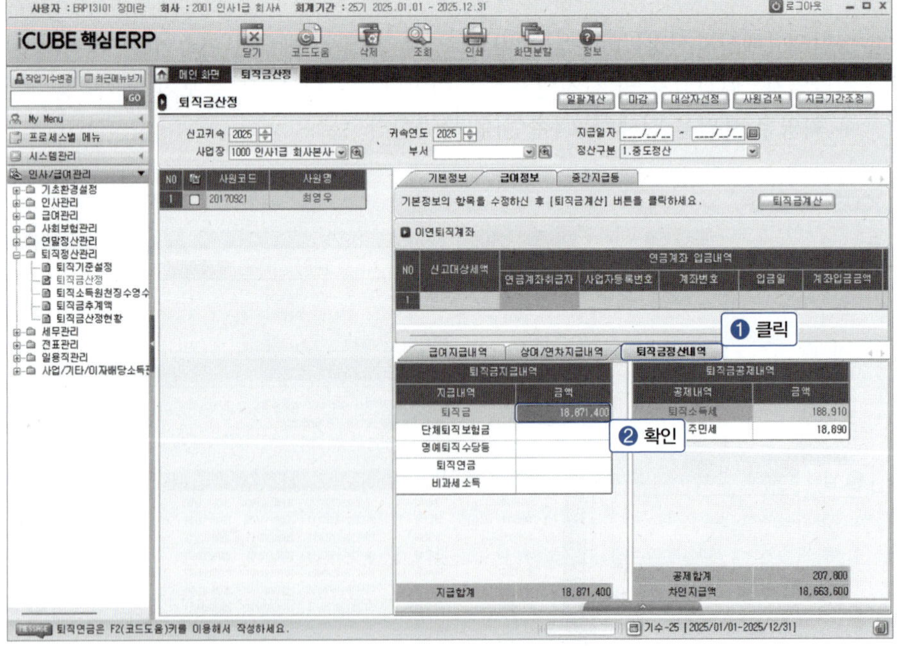

퇴직금추계액이란 해당 연도 말일에 모든 임직원이 퇴직한다고 가정하는 경우에
지급해야 할 퇴직금 총액을 의미한다.

연습문제	퇴직금추계액

당 회사는 퇴직추계총액 기준으로 40%만큼 '퇴직급여충당부채'를 설정하고자 한다. 아래 [보기]
기준으로 퇴직금추계코드를 직접 등록하고 퇴직금 추계액을 계산했을 때, 회사에서 설정할 수
있는 '퇴직급여충당부채'는 얼마인가? (단, 전기 퇴직급여충당부채 잔액은 없는 것으로 가정하
며, 원단위는 절사하고, 그 외 기준은 프로그램의 등록 기준에 따른다)

[보기]

1. 추계코드(명) : [2025.2025년퇴직추계]
2. 기준연월 : 2025/06
3. 대상 사업장(계정) : 인사1급 회사본사(사원), 인사1급 강원지점(사원)

풀이 방법

① [퇴직금추계액]에서 오른쪽 상단의 [추계코드]를 클릭하고, 추계코드는 2025.
2025년퇴직추계, 기준연월은 2025/06을 입력한 후 대상 사업장에서 인사1급
회사본사(사원), 인사1급 강원지점(사원)을 선택하고 [확인]을 클릭한다.

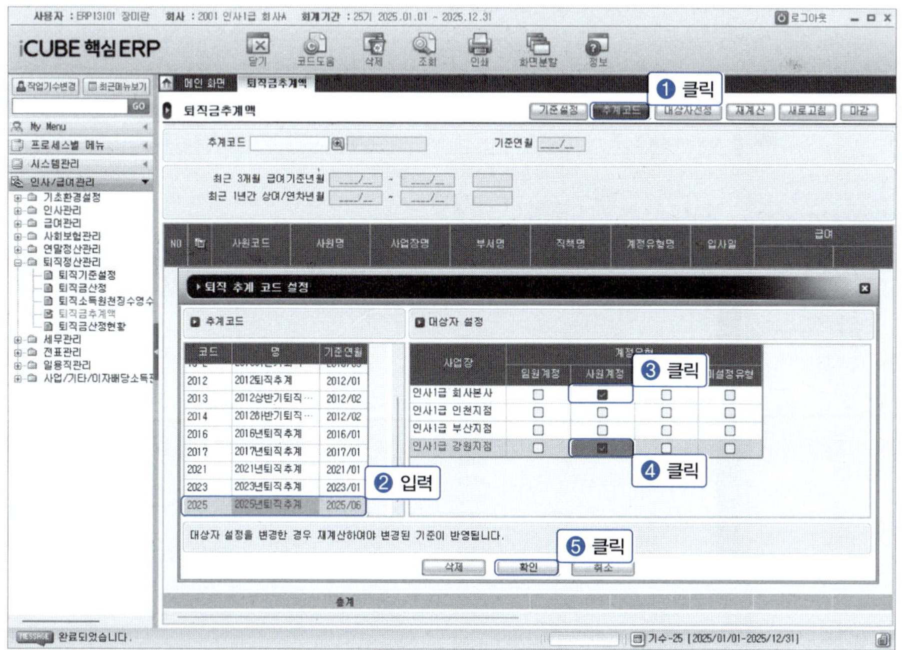

② 왼쪽 상단의 추계코드 옆 **돋보기**(🔍)를 클릭하여 앞서 입력한 추계코드 **2025번**
을 선택하고 [확인] 클릭한다.

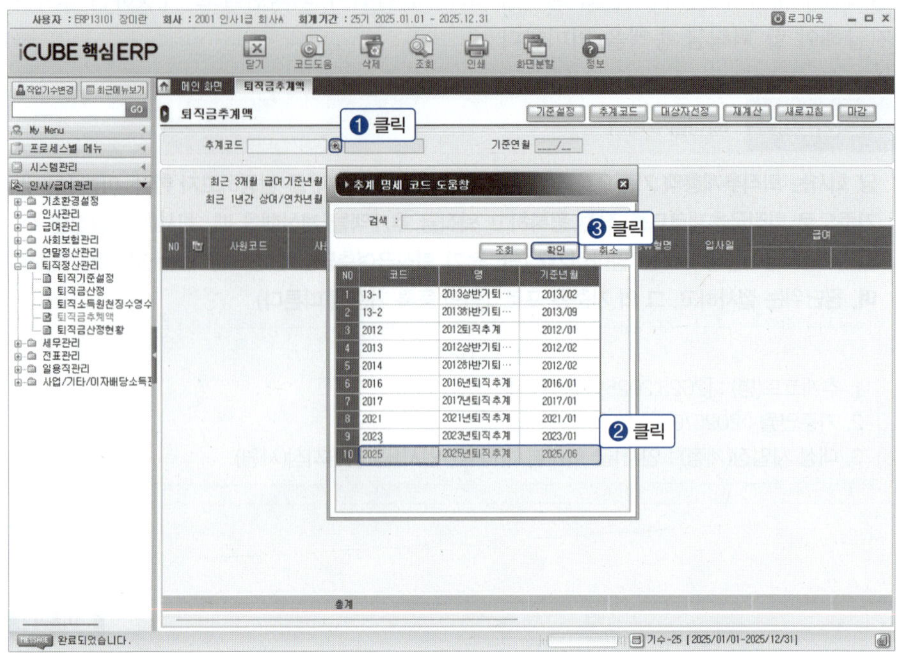

③ 조회된 화면에서 스크롤을 오른쪽으로 넘겨 퇴직추계총액을 확인한 후, 그 금액
의 40%를 퇴직급여충당부채로 계산한다.

정답 343,412,050원 × 40% = 137,364,820원

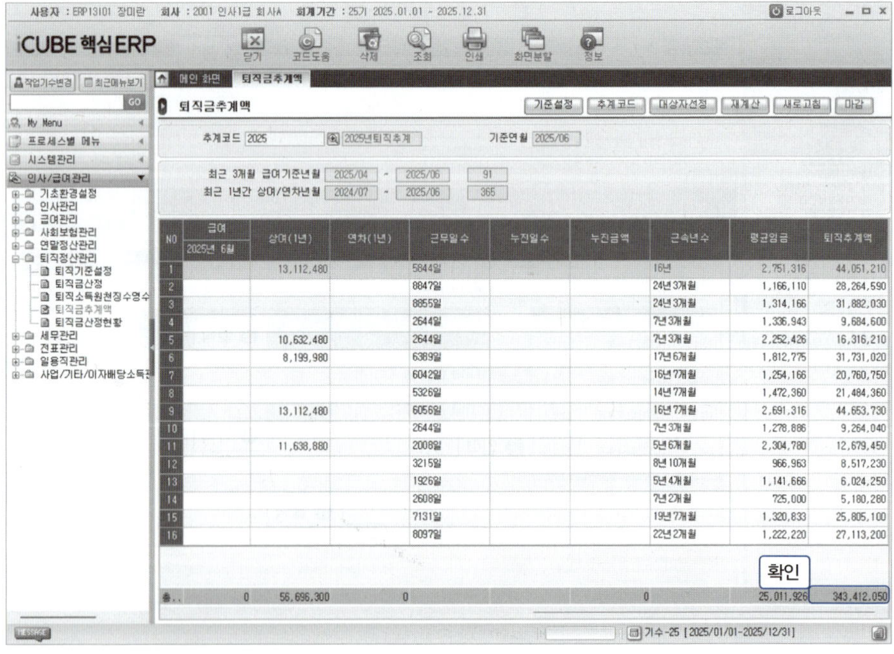

세무관리

빈출 태그 ▶ #근로소득 #기타소득 #원천징수이행상황신고서 #지방소득세특별징수명세/납부서 #신고서생성

01 원천징수이행상황신고서

- [원천징수이행상황신고서]는 기업이 지급한 각종 소득과 세금에 대해 조회하는 메뉴이다.
- [인사/급여환경설정] 메뉴에서 변경 사항을 등록한 후 본 메뉴에서 조회하는 형태로 문제가 출제된다.

연습문제	원천징수이행상황신고서

아래 [보기]를 기준으로 '인사/급여환경설정'을 직접 확인하여 변경한 뒤, 〈1000.인사1급 회사 본사〉 사업장의 원천세 신고서를 추가 시 근로소득 구분에 대한 총지급액과 소득세는 각각 얼마인가? (단, 신고구분은 '정기'이며, 소득처분여부는 '1.비해당'으로 설정한다)

[보기]

1. 원천세 신고유형 : 본점일괄신고
2. 이행상황신고서집계방식 : 귀속연월
3. 신고서 생성 기준 : 귀속년월 2025/04, 지급년월 2025/04(제출일자 2025/05/10)
4. 일반 데이터 반영 : 매월 징수분(전체)
5. 연말정산 소득세, 농특세 반영 : 미적용

(1) [인사/급여환경설정] 메뉴

[인사급여관리]–[기초환경설정]–[**인사/급여환경설정**]에서 원천세 신고유형은 **본점일괄신고**, 이행상황신고서집계방식은 **귀속연월**로 변경한 뒤 메뉴를 닫는다.

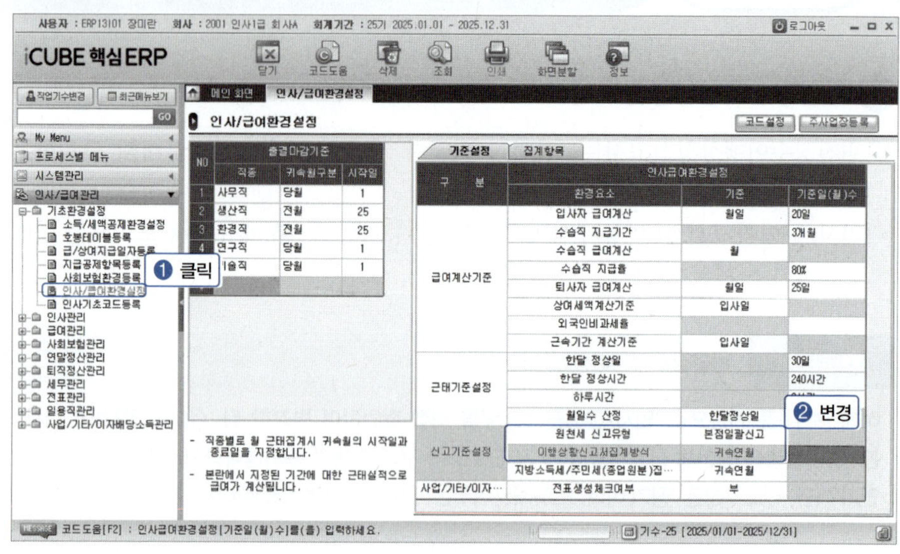

(2) [원천징수이행상황신고서] 메뉴

① [**원천징수이행상황신고서**]에서 제출연도는 2025를 입력하고, 신고사업장 옆 **돋보기**(🔍)를 클릭하여 **인사1급 회계본사**를 선택한 후 [확인]을 클릭한다. 조회된 화면에서 [**신고서추가**] 버튼을 누르면 새로운 창이 생성된다.

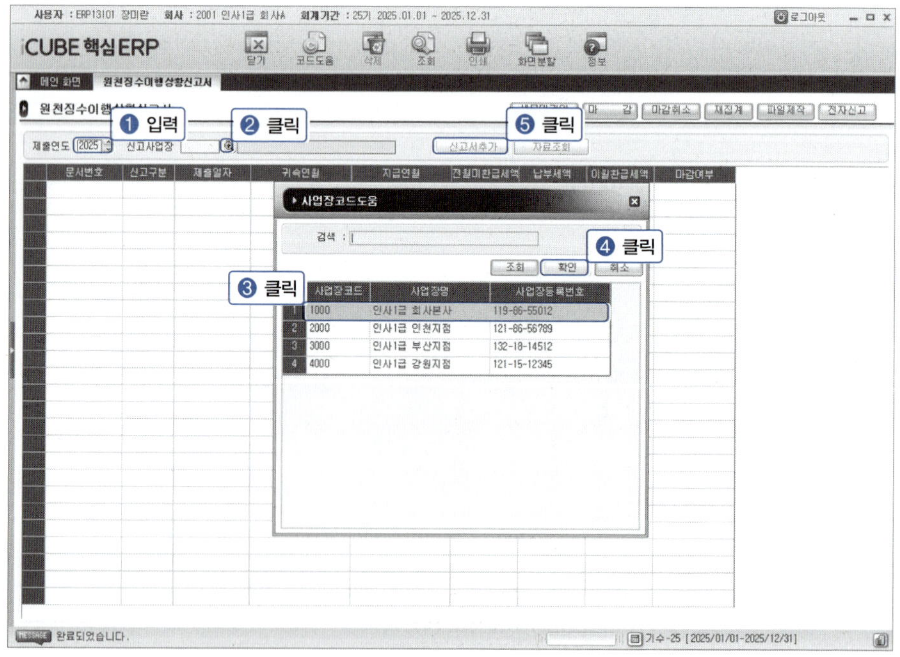

② 귀속년월과 지급년월은 2025/04, 제출일자는 2025/05/10을 입력하고 상단의
[조회] 버튼을 클릭한다. '데이터가 존재하지 않습니다. 새로 생성합니다.'라는
팝업 창이 뜨면 [확인]을 클릭하고, 이어서 '전월미환급 세액이 있을 경우 반드
시 전월문서를 선택 후 집계해 주세요.'라는 팝업 창이 뜨면 [확인]을 클릭한다.

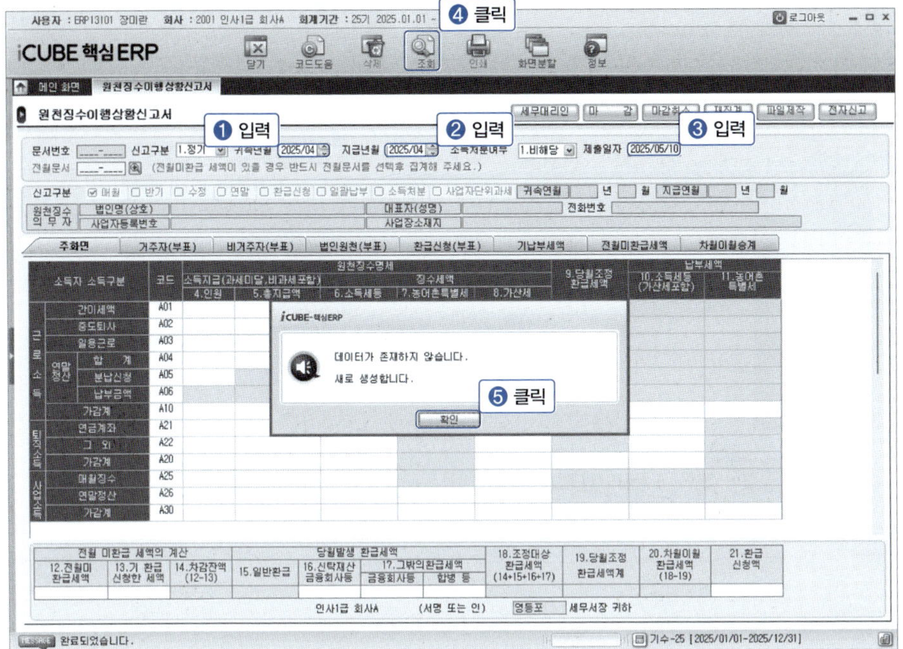

③ '근로소득 데이터 반영기준' 창에서 일반 데이터 반영은 매월 징수분(전체)를 선
택하고, 연말정산 소득세, 농특세 반영은 미적용을 선택한 후 [적용]을 클릭한다.

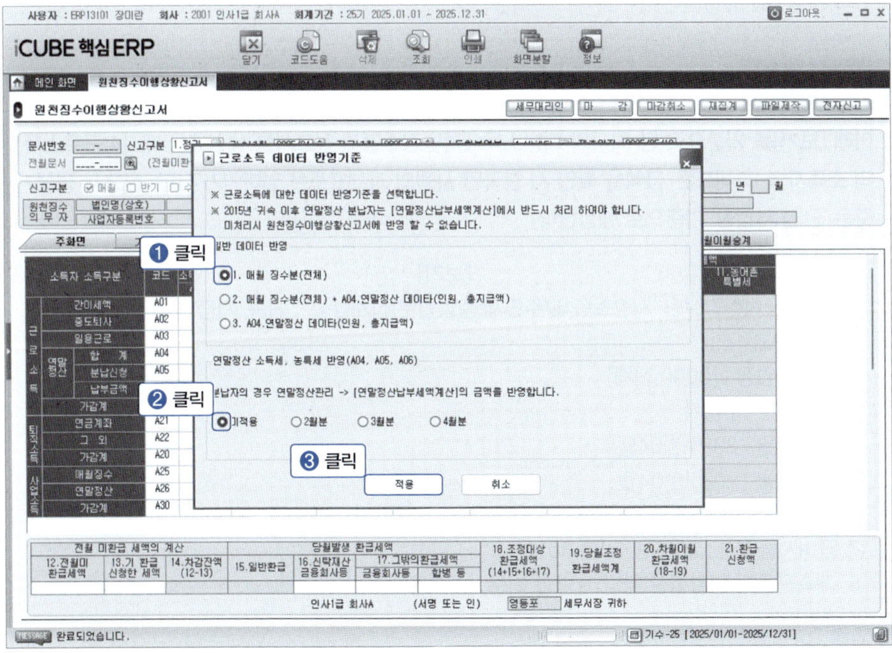

④ 조회된 화면에서 총지급액과 소득세를 확인한다.

정답 총지급액 : 127,171,090원 / 소득세 : 8,056,630원

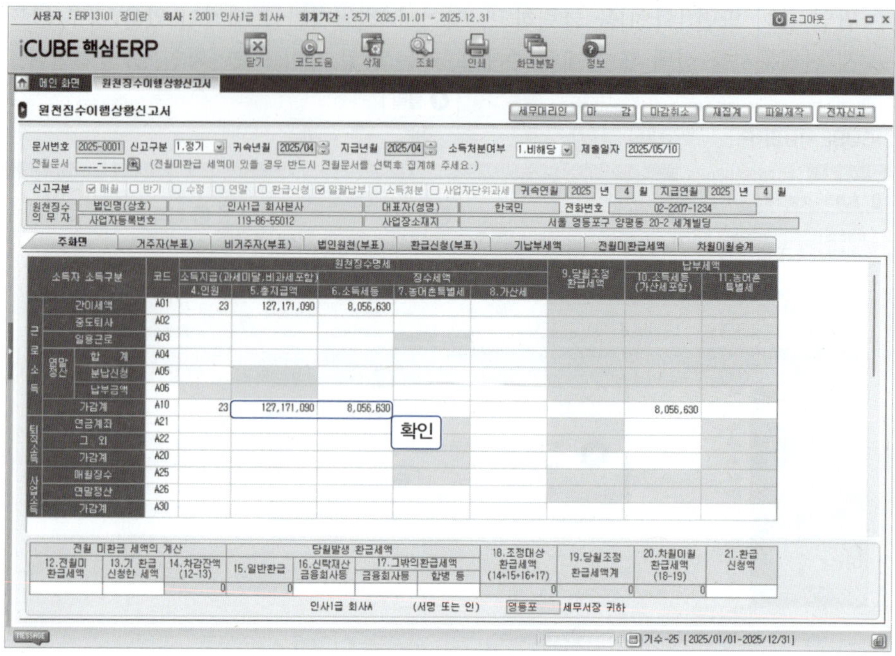

02 지방소득세특별징수명세/납부서

[인사/급여환경설정] 메뉴에서 변경 사항을 등록한 후 본 메뉴에서 조회하는 형태로 문제가 출제된다.

연습문제	지방소득세특별징수명세/납부서

아래 [보기]를 기준으로 당 회사의 지방소득세특별징수명세 신고서를 생성했을 때, [4.근로소득]의 소득자별 '과세표준' 금액을 확인 시 한국민 사원의 과세표준은 얼마인가? (단, 신고서 생성기준은 '단일 사업장' 기준으로 생성한다)

[보기]

※ 인사/급여환경설정 '지방소득세/주민세(종업원분)집계방식' : 귀속, 지급연월

1. 매월 신고

2. 신고사업장 : [0000.전체]

3. 신고구분 : 1.정기

4. 귀속연월 : 2025년 04월

5. 지급연월 : 2025년 04월

6. 제출일자 : 2025년 05월 10일

7. 급여지급일자 : 2025년 04월 30일

8. 계속근무자 연말정산 환급액 반영 기준 : 미적용

(1) [인사/급여환경설정] 메뉴

[인사급여관리]–[기초환경설정]–[인사/급여환경설정]에서 지방소득세/주민세(종
업원분)집계방식을 **귀속**, **지급연월**로 변경하고 메뉴를 닫는다.

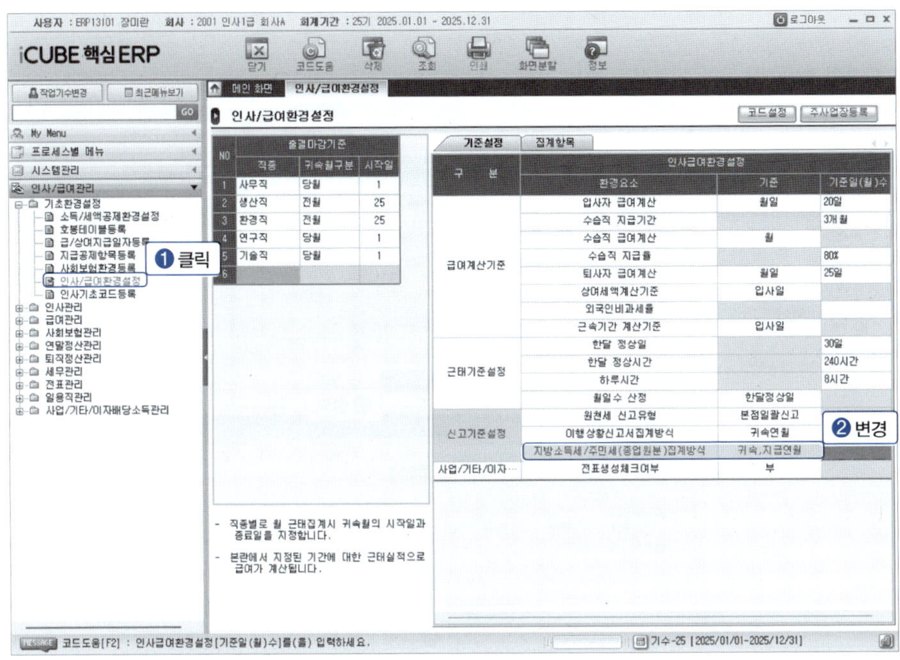

(2) [지방소득세특별징수명세/납부서] 메뉴

① [지방소득세특별징수명세/납부서]에서 상단의 [신고서생성] 버튼을 클릭한 후 **신고서 생성기준, 매월/반기 구분, 신고사업장, 신고구분, 귀속연월, 제출일자, 급여지급일자**를 입력하고 [신고서생성]을 클릭한다. 계속근무자 연말정산 환급 액 반영 기준은 [미적용]을 클릭한다.

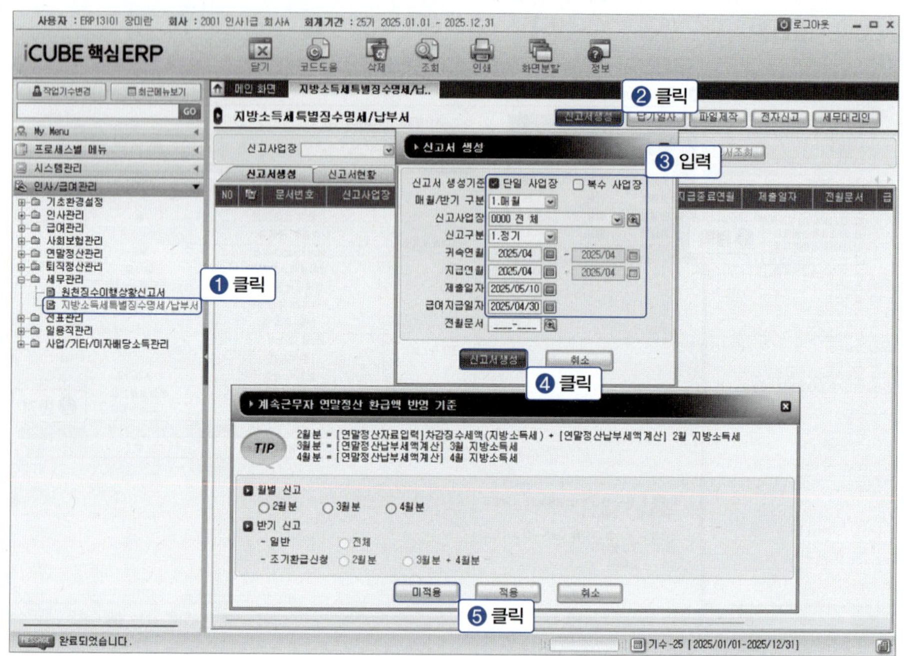

② '조회된 데이터가 없습니다.'라는 팝업 창이 뜨면 [확인]을 클릭한다.

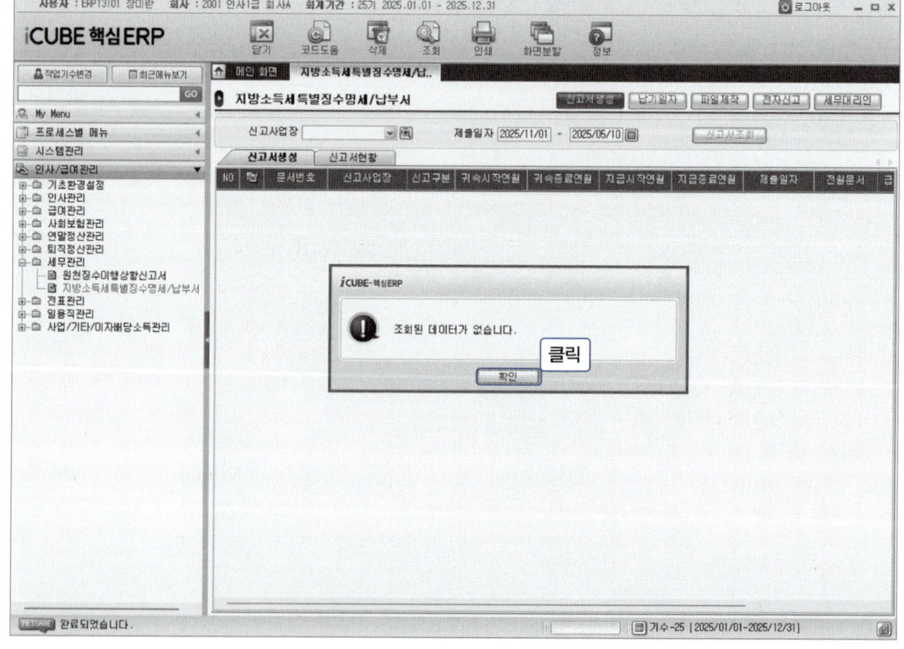

③ 상단의 제출일자를 문제에 제시된 2025/05/10으로 입력한 후 조회된 화면에서 [신고서조회] 버튼을 클릭한다.

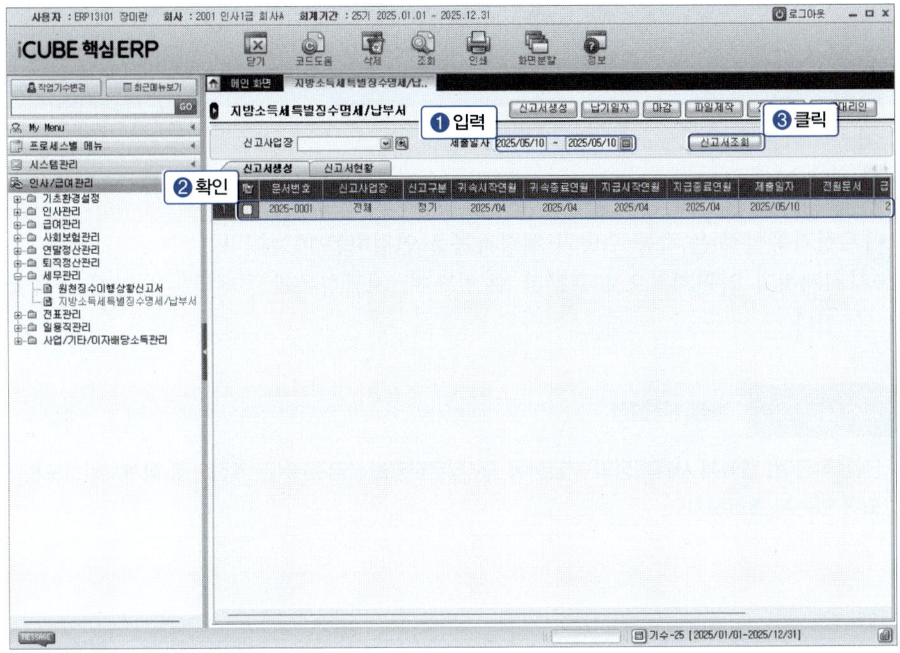

④ 오른쪽의 [징수 및 조정명세서] 탭을 클릭하고 소득구분에서 4.근로소득을 선택한다. 조회된 화면에서 한국민 사원의 과세표준을 확인한다.

정답 345,760원

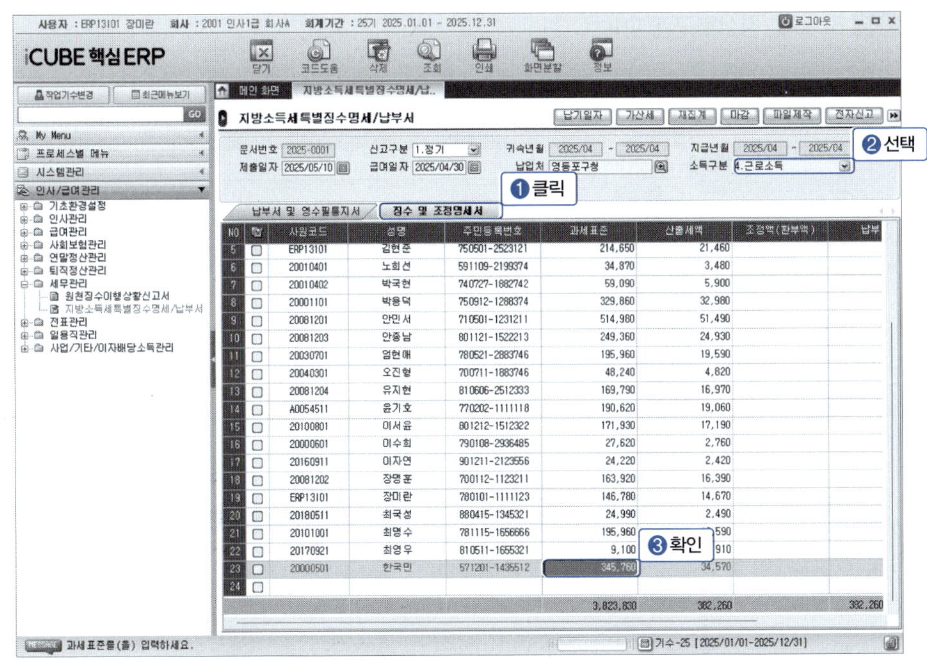

전표관리

빈출 태그 ▶ #계정과목 #사원계정 #임원계정 #전표집계및생성

01 계정과목설정

- [계정과목설정]은 각종 수당과 계정과목을 연결하는 메뉴이다.
- 사원계정과 임원계정으로 구분할 수 있으며, 지급항목과 공제항목을 각각 등록할 수 있다.

연습문제	계정과목설정

[상용직급여] 탭에서 사원계정의 지급항목 중 '직무발명보상금'은 어떤 계정으로 회계처리하도록 되어 있는지 조회하시오.

풀이 방법

[계정과목설정]에서 계정유형은 **사원계정**, 항목구분은 **1.지급항목**을 선택한 후 상단의 [조회] 버튼을 클릭한다. 조회된 화면에서 '직무발명보상금'의 계정과목을 확인한다.

정답 82300. 경상연구개발비

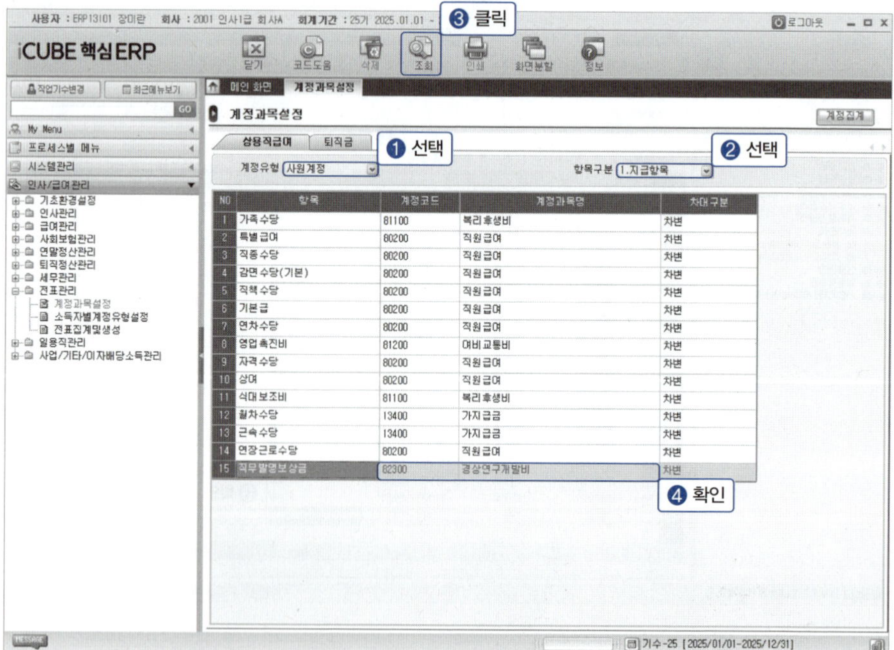

02 전표집계및생성

[전표집계및생성]은 급여 자료를 전표로 집계하여 회계 전표를 자동으로 생성하는 메뉴이다.

연습문제 　전표집계및생성

아래 [보기]를 기준으로 2025년 04월 귀속의 전표를 생성하고, 전표처리결과 계정과목별 금액을 확인 시 여비교통비의 금액은 얼마인가?

[보기]

1. 지급유형 : 상용직급여
2. 회계단위 : [1000.인사1급 회사본사]
3. 결의일자 : 2025/04/30
4. 작성자 : [ERP13I01.장미란]
5. 집계사업장 : 〈1000.인사1급 회사본사〉, 〈4000.인사1급 강원지점〉
6. 집계급여구분 : 급여, 상여

풀이 방법

① [전표집계및생성]에서 상단의 **지급유형, 귀속연월, 회계단위(사업장), 결의일자**를 입력하고 **[집계내역]** 버튼을 클릭한다. 집계내역선택에서 **인사1급 회사본사, 인사1급 강원지점**을 모두 선택하고 [확인]을 클릭한 후 상단의 [전표생성]을 클릭한다.

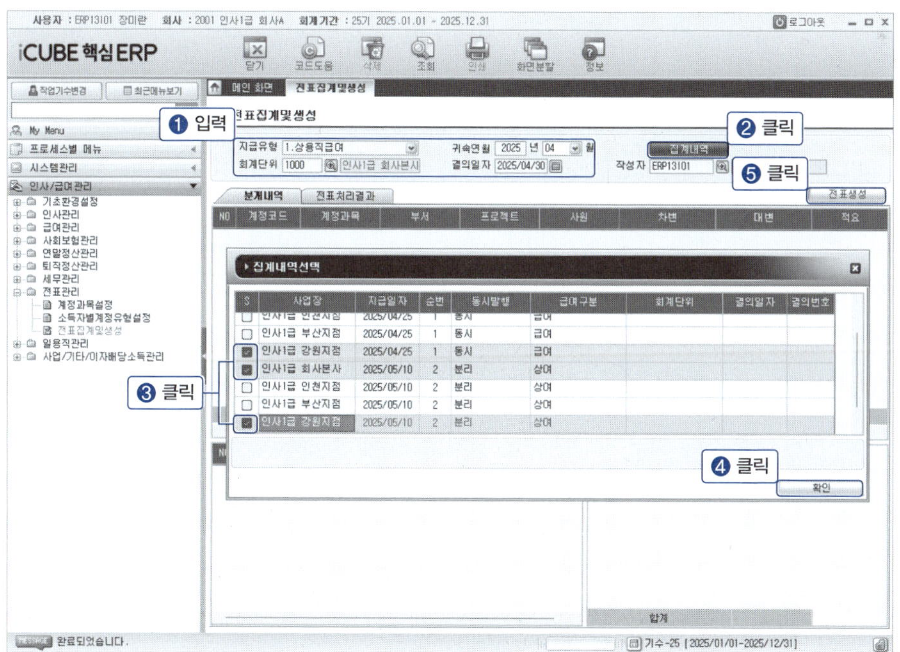

② 조회된 화면에서 [전표처리결과] 탭을 클릭한 후 여비교통비의 금액을 확인한다.

정답 950,000원

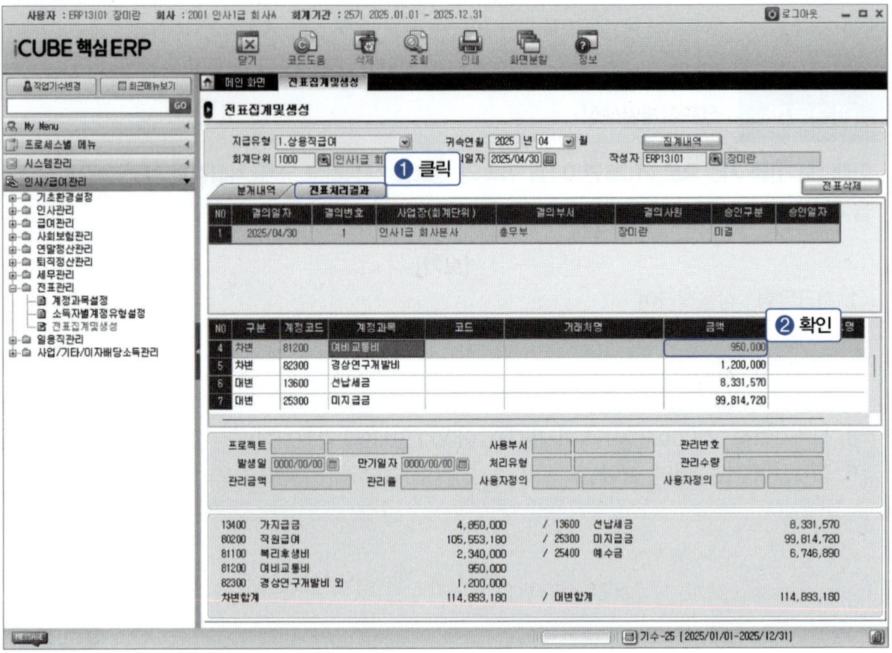

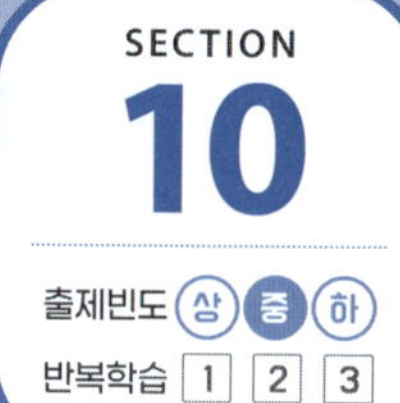

일용직관리

출제빈도 (상) (중) (하)
반복학습 1 2 3

빈출 태그 ▶ #일용직 #사원등록 #일용직급여 #일용직급여지급일자 #일용직급여입력및계산

01 일용직사원등록

- [일용직사원등록]은 일용직 사원에 대한 사항을 등록하는 메뉴이다.
- 본 메뉴에서 등록한 사항을 토대로 [일용직급여입력및계산] 메뉴에서 일용직 급여를 계산하게 된다.

> **한선생님의 TIP**
>
> 상용직 사원은 [인사정보등록] 메뉴에서 입력합니다.

연습문제	일용직사원등록

아래 [보기]를 기준으로 [1018.조선우] 사원의 사원정보를 직접 입력하시오.

[보기]
1. 사원정보 입력 (사원코드 : 1018, 사원명 : 조선우)
2. 입사일자 : 2025/05/07
3. 주민등록번호 : 000101-3234567
4. 부서 : [4100.생산부]
5. 급여형태 : [004.시급]
6. 급여/시간단가 : 54,100원
7. 생산직비과세적용 : 함
8. 국민연금/건강보험/고용보험여부 : 여

[일용직사원등록]에서 사원코드는 **1018**, 사원명은 **조선우**를 입력하고 Enter 를 클릭한다. 오른쪽의 [기본정보] 탭에서 **입사일자, 주민등록번호, 부서, 급여형태** 등 [보기]에서 주어진 사원정보를 빠짐없이 입력한다.

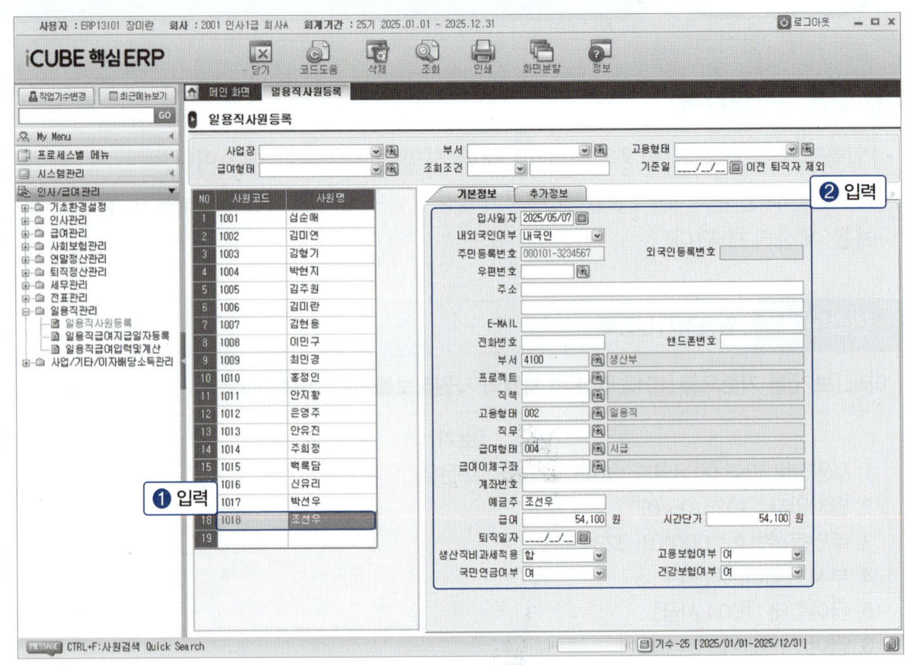

02 일용직급여지급일자등록

- [일용직급여지급일자등록]은 급상여를 지급할 대상이 되는 일용직 사원을 등록하는 메뉴이다.
- 특히 부서와 급여형태를 선택하여 사원을 추가하게 된다.

연습문제	일용직급여지급일자등록

당 회사는 일용직 사원에 대해 사원별 지급형태를 구분하여 일용직 급여를 지급하고 있다. 아래 [보기]를 확인하여 2025년 05월 귀속 지급일 중 '매일지급' 대상자를 직접 반영 후 급여계산할 때, 과세 총액은 얼마인가? (단, 급여계산에 필요한 조건은 프로그램에 등록된 기준대로 확인한다)

[보기]

1. 지급형태 : '매일지급' 지급일
2. 지급 대상자 : '시급직'인 '3200.관리부', '5100.자재부' 사원
3. 평일 10시간 근무, 토요일 4시간 근무
4. 비과세 적용 12,000원(평일만 적용)

(1) [일용직급여지급일자등록] 메뉴 → [보기] 1, 2 수행

① **[일용직급여지급일자등록]**에서 귀속연월은 **2025/05**를 입력하고, 지급일 옆 **돋보기**(🔍)를 클릭하여 **매일지급**을 선택한 후 [확인]을 클릭한다.

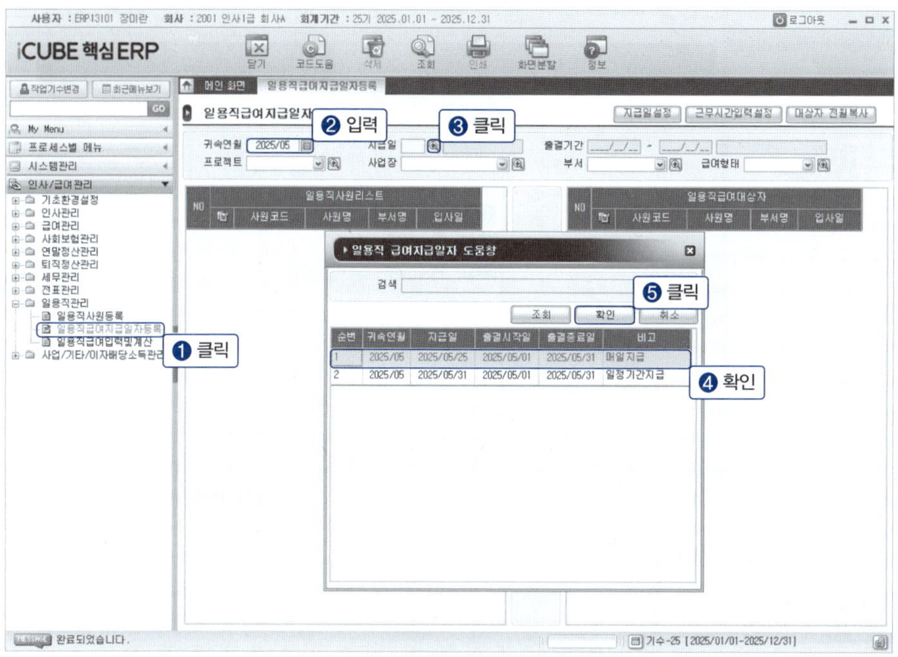

② 부서 옆 **돋보기**(🔍)를 클릭하여 **3200.관리부**, **5100.자재부**를 선택하고 [확인]을 클릭한다.

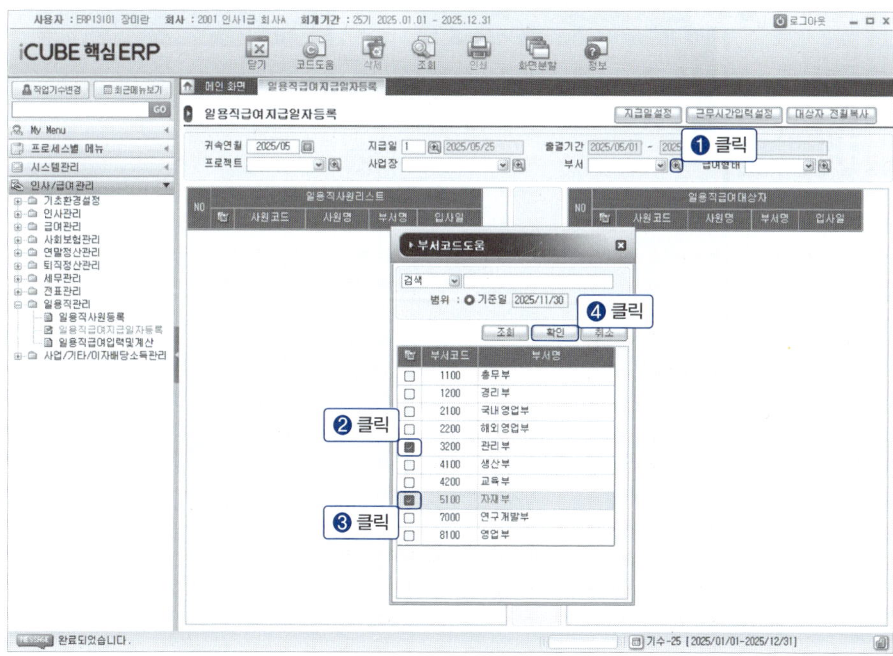

③ 급여형태 옆 돋보기(🔍)를 클릭하여 시급을 선택하고 [확인]을 클릭한다.

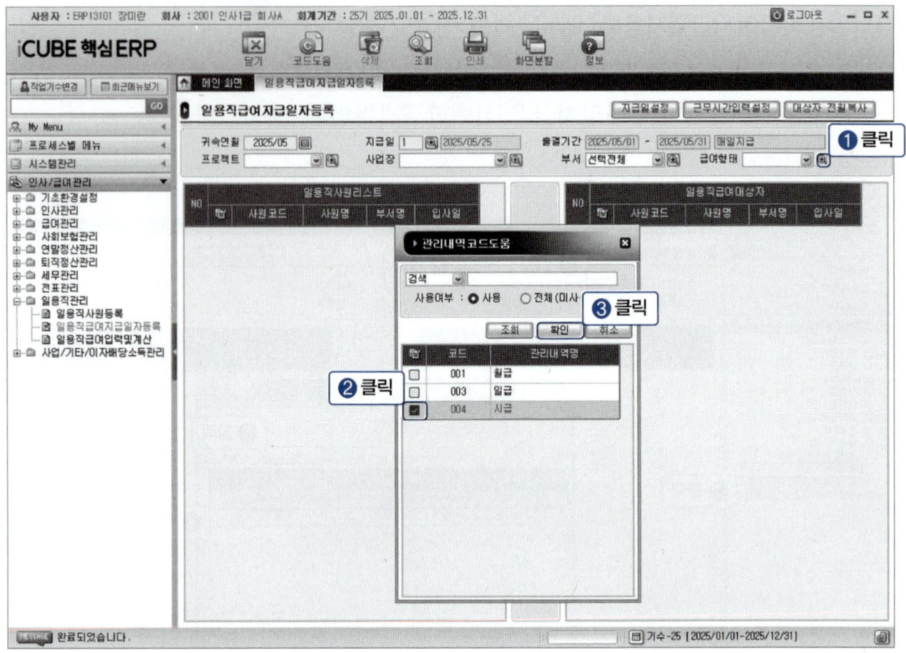

④ 전체 사원을 선택하고 중간의 [추가] 버튼을 눌러 오른쪽으로 이동시켜 준다.

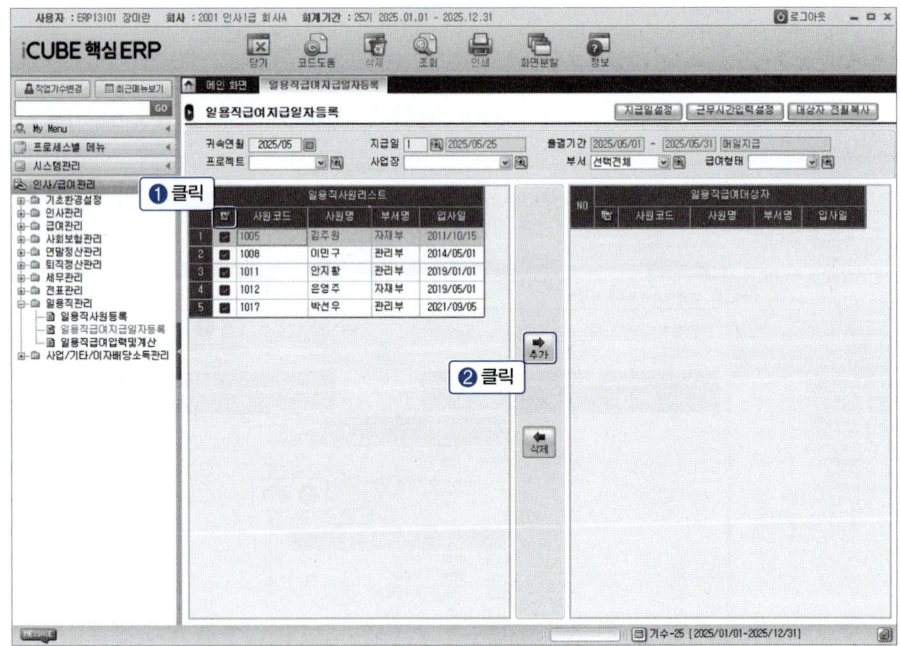

⑤ 추가된 내역을 확인하고 메뉴를 닫는다.

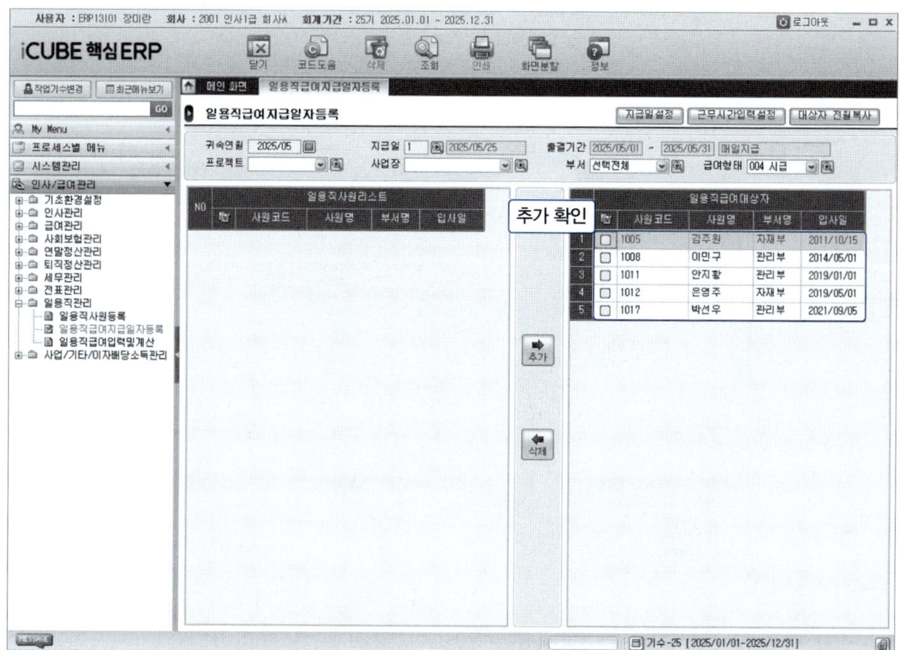

(2) [일용직급여입력및계산] 메뉴 → [보기] 3, 4 수행

① [일용직급여입력및계산]에서 귀속연월은 2025/05, 지급일은 매일지급을 입력한다. 상단의 [조회] 버튼을 누르면 해당 사원들이 조회되는데, 아직 근무 내역을 입력하기 전이기 때문에 근무시간은 표시되지 않는다.

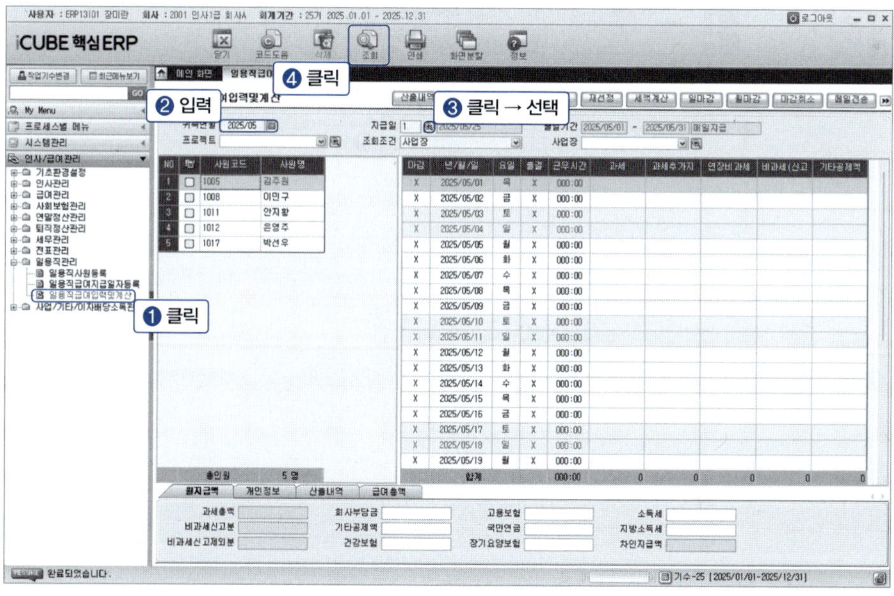

② **전체 사원**을 선택하고 오른쪽 상단의 **[일괄적용]** 버튼을 클릭한다.

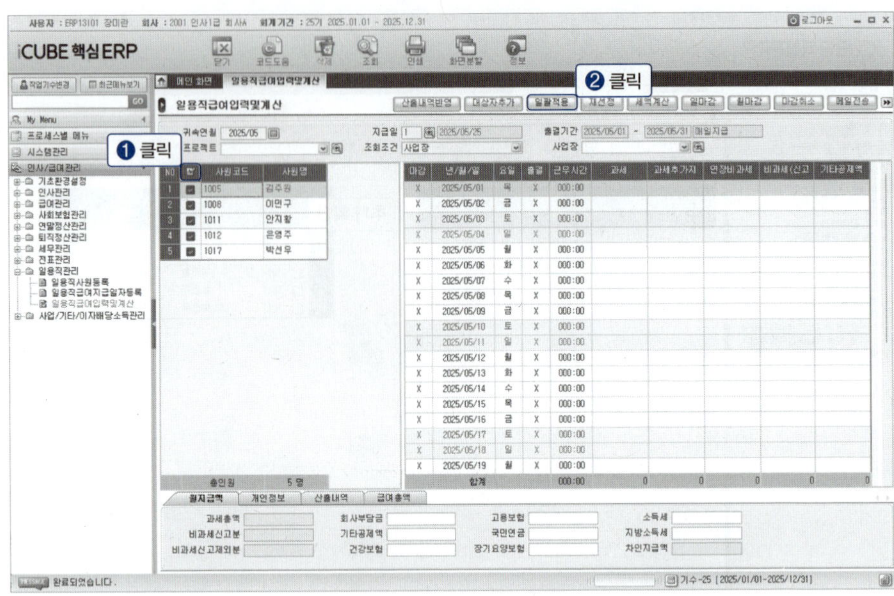

③ 먼저 **평일의 근무 내역**과 **비과세**를 입력하고 [적용]을 클릭한다.

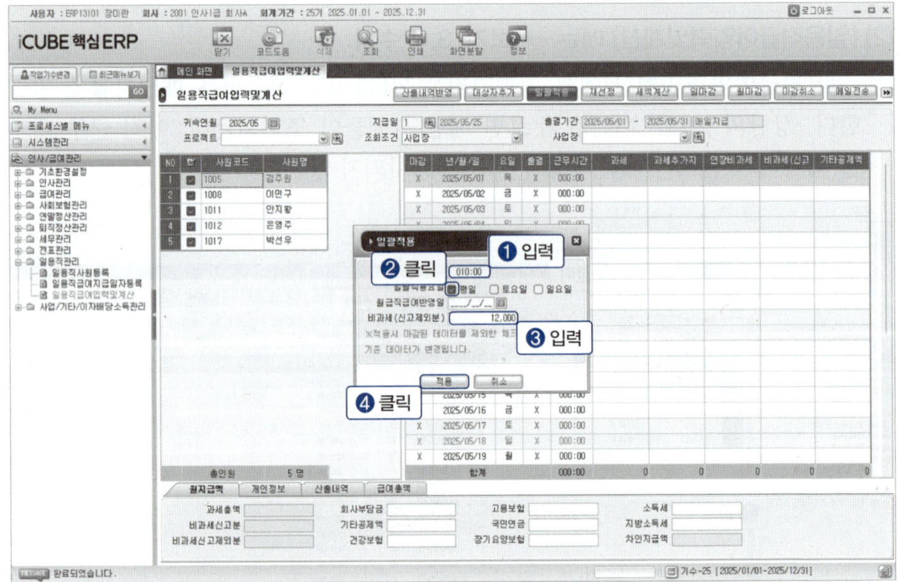

④ 오른쪽 상단의 [일괄적용] 버튼을 한 번 더 클릭한 후 **토요일의 근무 내역**을 입력하고 [적용]을 클릭한다.

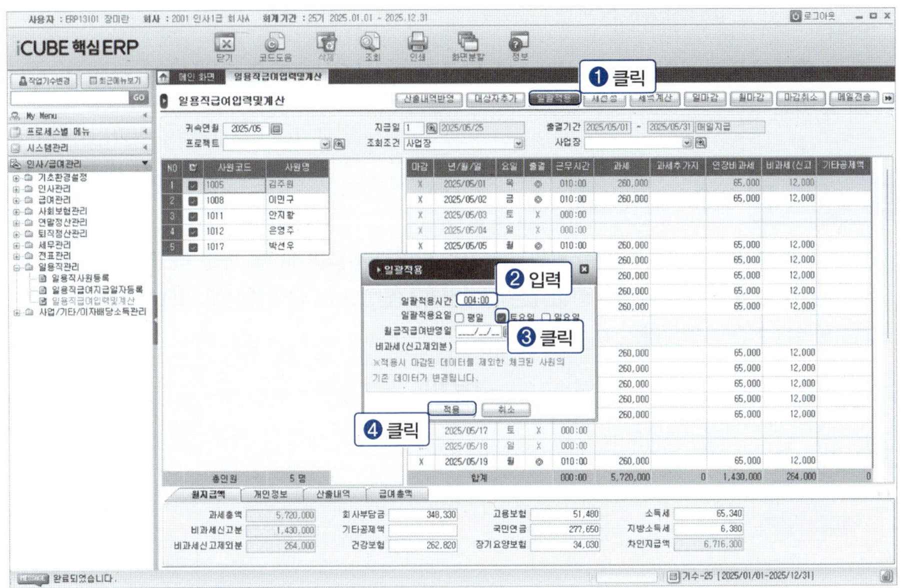

⑤ 하단의 [급여총액] 탭을 클릭한 후 과세총액을 확인한다.

정답 30,277,100원

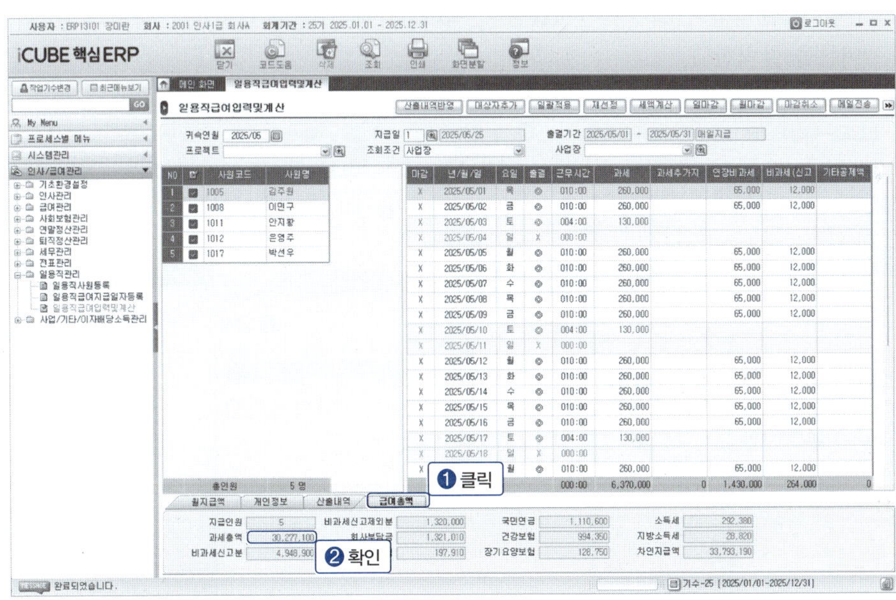

⓸ 일용직급여입력및계산

- [일용직급여입력및계산]은 메뉴명 그대로 일용직 사원들의 급여를 계산하는 메뉴이다.
- 앞의 ⓵ [일용직사원등록] 메뉴에서 등록한 '조선우' 사원을 추가하여 급여를 계산해 보기로 하자.

2025년 05월 귀속 [1018.조선우] 사원을 추가로 반영하여 급여계산을 했을 때, 해당 일용직 대상자들에게 실제 지급된 금액의 총합계는 얼마인가? (단, 그 외 급여계산에 필요한 조건은 프로그램 등록된 기준을 따른다)

[보기]
1. 지급형태 : '일정기간지급' 지급일
2. 평일 10시간 근무 가정(비과세 적용 12,000원)

① [일용직급여입력및계산]에서 귀속연월은 2025/05을 입력하고, 지급일 옆 돋보기(🔍)를 클릭하여 일정기간지급을 선택하고 [확인]을 클릭한 후, 상단의 [조회] 버튼을 클릭한다.

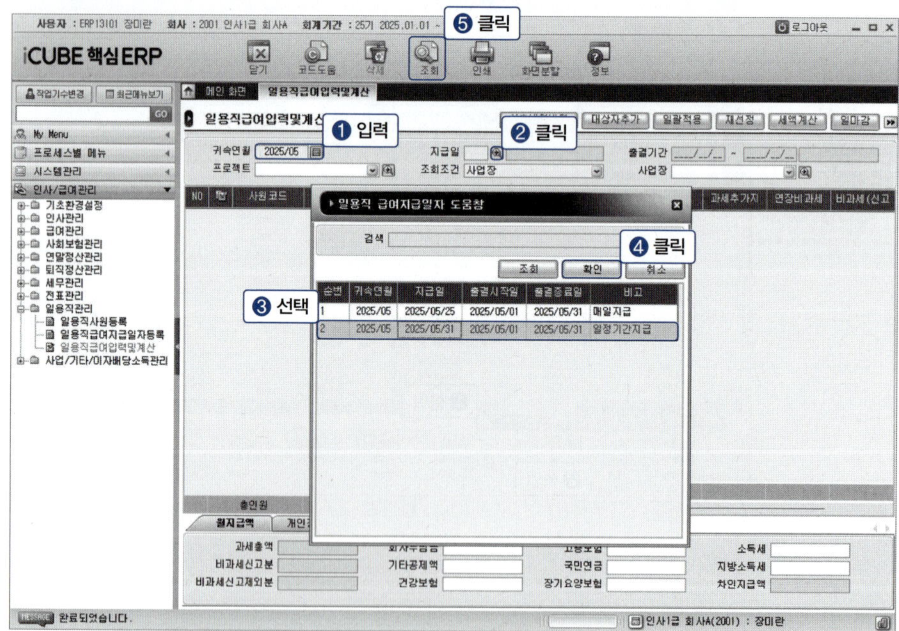

② 조회된 화면에서 조선우 사원이 포함되어 있지 않은 것을 확인한다.

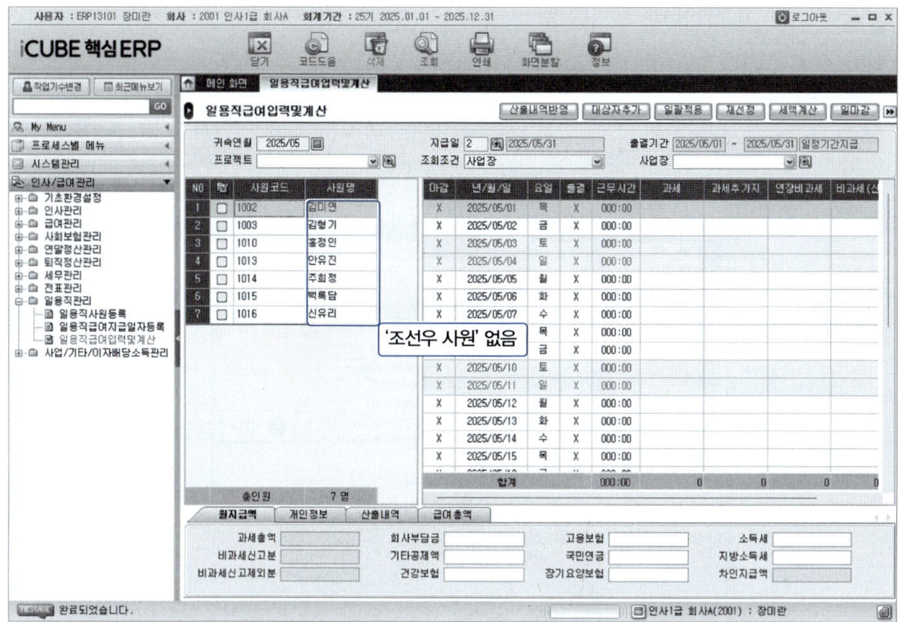

③ 오른쪽 상단의 [대상자추가] 버튼을 클릭하여 조선우 사원을 추가해 준다.

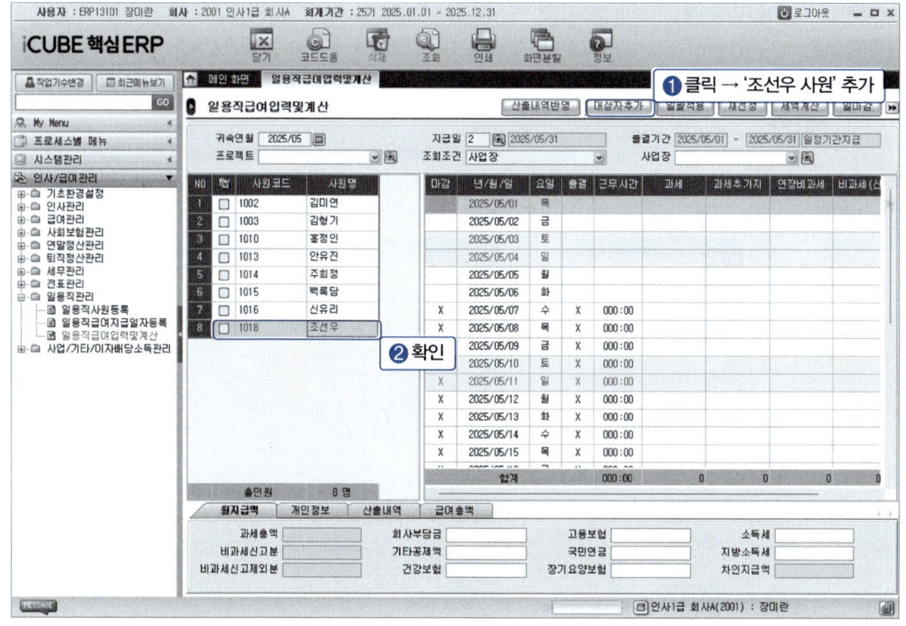

④ **전체 사원**을 클릭하고 상단의 **[일괄적용]**을 클릭한 후 **평일의 근무 내역**과 **비과세**를 입력하고 [적용]을 클릭한다.

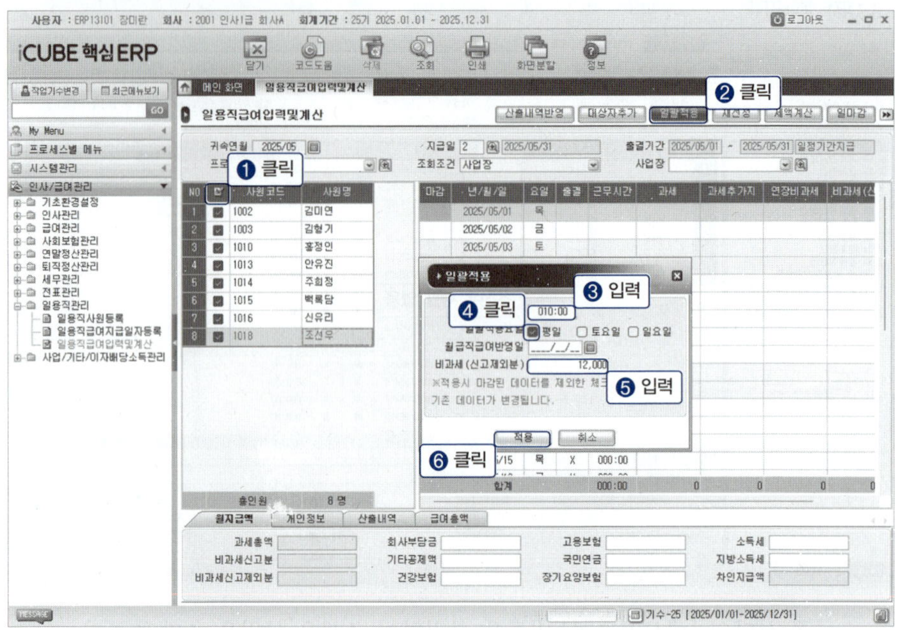

⑤ 하단의 **[급여총액]** 탭을 클릭한 후 차인지급액을 확인한다.

정답 49,748,130원

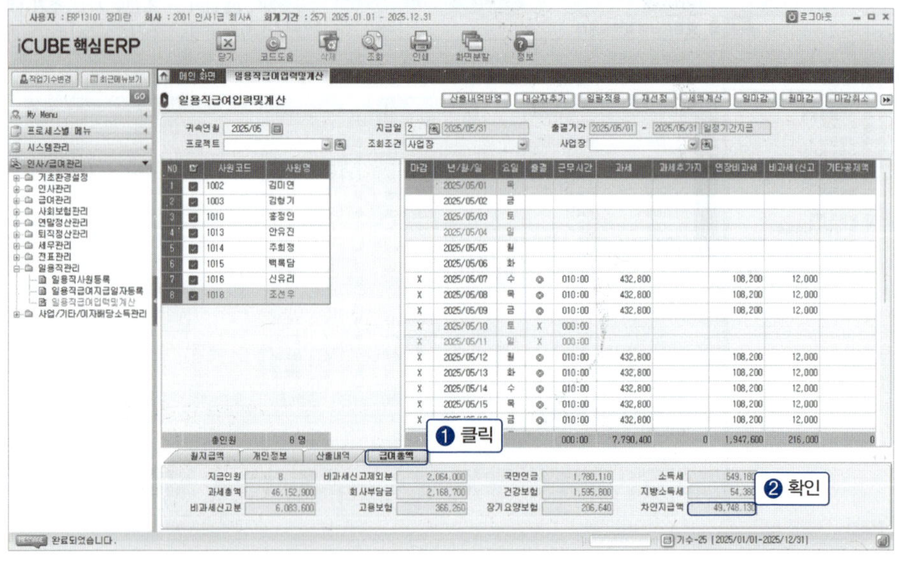

사업/기타/이자배당소득관리

빈출 태그 ▶ #사업소득 #기타소득 #이자배당소득 #소득자별소득현황

01 사업/기타/이자배당소득관리

- 개인은 일반적으로 기업으로부터 근로소득을 지급받는 경우가 많다. 그러나 근로소득 외에도 기업으로부터 사업소득, 기타소득, 이자배당소득 등을 지급받기도 한다.
- 이 중 시험에서 다루는 [소득자별소득현황] 메뉴를 중심으로 살펴보자.

02 소득자별소득현황

- 2024년 4분기에 지급한 '기타소득'을 조회한 예시는 하단의 화면 이미지와 같다 (2025년 2회 기출).
- [소득자별소득현황] 메뉴는 문제에서 제시한 조건만 입력하면 쉽고 정확하게 풀 수 있다.

🇫 한선생님의 TIP

[소득자별소득현황]만 가끔 시험에 출제됩니다.

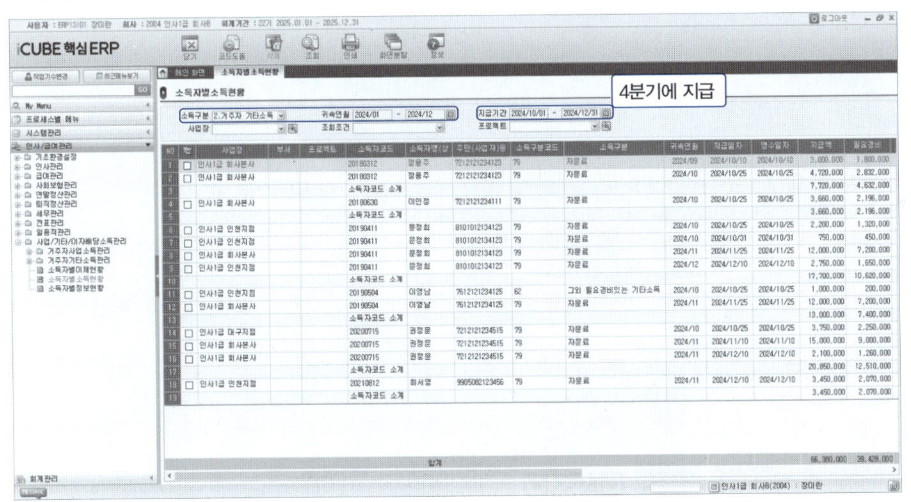

03

기출문제편

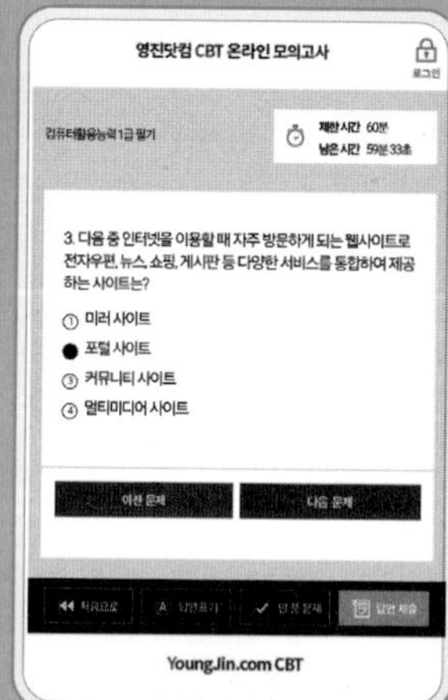

◀ 접속

CBT 온라인 문제집

① QR 코드 찍기(PC는 홈페이지 접속)
② 이론 기출문제 무료 응시
③ 풀이 후 자동 채점
④ 해설 즉시 확인 가능

01

최신 기출문제

학습 방향

시험 대비를 위해서는 많은 기출문제를 직접 풀어보시는 것이 가장 좋습니다. 항상 주어진 시간 안에 풀 수 있도록 시간을 재며 연습하세요. 이론보다는 실무 영역에서 시간 부족이 더 많이 발생하므로, 실무 연습에 더 많은 시간을 투자하는 것이 바람직합니다. 특히 실무는 단순히 눈으로 확인하는 것에 그치지 말고, 반드시 기출문제를 직접 설치하여 하나하나 손으로 풀어보아야 합니다. 연습할 때마다 풀이 시간을 점점 줄여 가며 반복해 보세요.

차례

최신 기출문제 01회 (2025년 4회)

인사 1급	시험 일자	소요 시간
	2025년 7월 26일	이론 40분 / 실무 40분

수험번호 : ___________________

성   명 : ___________________

정답 & 해설 ▶ 334p

이론

01 [보기]의 ㈜생산솔루션 회사가 도입한 인공지능 기술에 대한 설명으로 가장 적절한 것은?

> **[보기]**
> ㈜생산인사솔루션은 최근 급변하는 인사 환경에 대응하기 위해 인공지능 기반의 인사관리 시스템을 도입하였다. 인사팀은 이 시스템을 활용하여 입사 지원자의 이력서와 자기소개서를 자동으로 분석하고, 적합한 인재를 선별하는 과정에서 이미지 인식 및 문장 분석 기능을 활용하고 있다. 또한 근무태도 및 성과 데이터를 시계열로 분석하여 인사 평가에 반영하고자 한다.

① RNN은 이미지 데이터를 효과적으로 분류할 수 있는 딥러닝 알고리즘이다.

② RNN은 고정입력값만을 처리할 수 있으며, 순차적인 자연어 분석에는 적합하지 않다.

③ CNN은 시계열 데이터 분석에 최적화되어 있으며, 인사평가 예측에 주로 활용할 수 있다.

④ CNN은 필터링을 기반으로 이미지 인식에 효과적이며, 이력서 내 사진 판별 등에 활용될 수 있다.

02 [보기]의 ㈜생산에이아이의 블록체인 기술 도입 사례이다. ㈜생산에이아이의 인사정보 관리 방식에 대한 설명으로 가장 적절한 것은?

> **[보기]**
> ㈜생산에이아이는 최근 임직원의 근로계약, 인사 이력, 근태 및 급여 정보 등 주요 인사 데이터를 보다 투명하고 신뢰성 있게 관리하기 위해 블록체인 기반 인사정보 관리 시스템을 도입하였다. 이 시스템은 인사정보의 위변조를 방지하고, 구성원 간 정보 접근 투명성을 확보하는 데 초점을 두고 있다.

① 블록체인은 중앙 서버를 기반으로 하여 인사정보를 단일 시스템에 집중 저장한다.

② 블록체인에서는 블록 단위의 정보가 시간 순서와 무관하게 저장되며 수정이 용이하다.

③ 블록체인은 인사정보 보호를 위해 거래 내역을 개별 참여자에게만 분산 저장하지 않는다.

④ 블록체인 기반 인사정보 관리는 정보 위·변조 방지와 참여자 간 투명한 공유를 가능하게 한다.

03 [보기]에서 ㈜생산개발의 ERP 인사모듈 도입 기대 효과로 가장 적절하지 않은 것은?

> **[보기]**
> ㈜생산인재개발은 인사 업무의 정확성과 효율성을 높이기 위해 ERP 인사모듈을 도입하였다. 도입 이후 입·퇴사자 관리, 급여정산, 인사평가 등 각종 인사 업무가 통합되어 진행되고, 실시간으로 인사 데이터를 조회할 수 있게 되었다. 또한 직원들은 본인의 근태 및 인사기록을 셀프서비스 방식으로 확인할 수 있게 되어, 인사팀의 반복 업무 부담도 줄어들었다.

① 인사 관련 업무의 사이클 타임 단축
② 급여정산과 인사기록 관리의 효율화
③ ERP 인사모듈 교육으로 인한 비용 증가
④ 통합 인사정보를 통한 경영 의사결정 지원

04 e-Business 지원 시스템을 구성하는 단위 시스템에 해당되지 않는 것은?

① 성과측정관리(BSC)
② EC(전자상거래) 시스템
③ 의사결정지원 시스템(DSS)
④ 고객관계관리(CRM) 시스템

05 ERP 시스템 투자비용에 관한 개념 중 '시스템의 전체 라이프사이클(Life-cycle)을 통해 발생하는 전체 비용을 계량화한 비용'에 해당하는 것은?

① 유지보수 비용(Maintenance Cost)
② 시스템 구축비용(Construction Cost)
③ 총소유비용(Total Cost of Ownership)
④ 소프트웨어 라이선스비용(Software License Cost)

06 [보기]의 내용은 인사부문 관리활동 중 어느 활동에 해당하는가? (선택지 중 가장 밀접한 내용을 고르는 문제이다)

> **[보기]**
> ㈜생산의 인사팀은 현재 진행 중인 '업무 동기 전략' 프로그램이 어느 정도 효과를 나태내고 있는지를 평가하기 위해 다양한 지표를 개발하였다.
> • 종업원의 사기 수준이 타 기업에 비해 어느 정도인가?
> • 종업원은 관리자에 대해 만족하는가?
> • 결근율, 지각률 등 불만지표는 감소하고 있는가?
> 본 질문을 바탕으로 다양한 논의를 거쳐 정확한 평가를 위한 측정지표를 개발할 예정이다.

① 구조조정
② 인력계획
③ 인력실천
④ 인력통제

07 직무분석에 대한 설명으로 가장 적절한 것은?

① 인사관리 직군의 급여관리 업무 당담자의 급여자료 입력은 과업(Task)에 해당하며, 근무일 수 입력은 과업을 이루는 직종(Occupation)에 해당한다.
② 비서직은 하나의 직무이여, 비서직이 수행하는 회의록 작성은 요소(Element)에 해당하며, 회의록 작성을 위한 타이핑, 회의록 내용 검토 등은 과업(Task)에 해당한다.
③ 사무관리 직군의 교육훈련 담당자의 직위(Position)는 교육 프로그램 일정 관리이며, 일정 관리를 위한 강의 일정표 작성, 강사 스케줄 확인 등은 직무(Job)에 해당한다.
④ 생산직군에 종사하는 조립 공정 작업자의 과업(Task)은 부품조립이며, 드라이버로 나사 줄이기, 부품 위치 맞추기 등과 같이 가장 단위의 일은 요소(Element)에 해당한다.

08 [보기]는 ㈜생산 인사팀의 회의 내용이다. 주제에 가장 밀접한 직무설계 방법은 무엇인가?

> **[보기]**
>
> - 김대리 : 회사 입장에서 해당 직무설계 방법은 작업자의 훈련이 용이하고, 단순 · 반복 작업으로 대량생산이 가능하기 때문에 높은 생산성을 달성할 수 있습니다. 또한 숙련공의 필요성이 적어지기 때문에 노무비가 절감하고, 작업의 관리가 용이해질 수 있습니다.
> - 박사원 : 그러나 근로자 입장에서는 작업의 반복으로 인한 권태감이 생기고, 세분화된 작업으로 작업에 대한 만족도가 감소하게 됩니다. 또한 작업방법이나 수단을 개선하여 능력을 발휘할 기회도 상실하게 됩니다.
> - 정과장 : 회사 입장에서도 여러 리스크는 존재합니다. 제품 전체에 대한 책임 규명이 힘들고, 품질 관리도 어렵습니다. 또한 작업자의 이직, 지각 및 결근, 생산공정의 고의적인 지체, 작업자의 고충 등으로 인한 비용 증가도 발생합니다.
> - 이차장 : 반대로 근로자에게도 여러 이점이 있습니다. 한 작업자가 수행하는 여러 종류의 일(Task)을 숫자 면에서 줄여주기 때문에 작업 결과에 대한 책임 부담이 적어지고, 정신적 스트레스나 피로도도 줄어듭니다. 또한 전문적인 직무 교육을 받을 필요가 없어지고, 미숙련공들의 취업 기회가 확대될 수 있습니다.

① 직무순환(Job Rotation)

② 직무확대(Job Enlargement)

③ 직무충실화(Job Enrichment)

④ 직무전문화(Job Specialization)

09 [보기]는 NCS(국가직무능력표준) 기반으로 작성된 문서이다. 문서의 종류로 가장 적절한 것은?

[보기]

채용분야	세무·회계	분류체계	대분류	02. 경영·회계·사무			
			중분류	03. 재무·회계			
			소분류	02. 회계		01. 재무	
			세분류	02. 세무	01. 회계·감사	01. 예산	02. 자금
직무 수행내용	○ (세무) 세법의 체계 내에서 조세부담을 최소화시키는 조세전략을 수립하고 과세당국의 세무조사 및 행정처분에 대응하는 업무를 수행함 ○ (회계·감사) 내·외부의 의사결정자들이 효율적인 의사결정을 할 수 있도록 내부 회계기준을 설정하고 내부 통제현황을 관리 및 검토하며 회계감사 및 회계법인의 요구사항에 대응하는 업무를 수행함 ○ (예산, 자금) 조직이 목표로 하는 경영성과를 효과적으로 달성하기 위해 예상되는 수익·비용을 편성 및 집행하고 영업활동의 수행을 위해 현금흐름을 관리하며 이에 수반되는 재무위험 관리 및 도출되는 성과에 대해 분석하는 업무를 수행함						
일반요건	연령	만 60세 미만인 자		직업기초 능력	○ 자원관리능력, 문제해결능력, 조직이해능력, 대인관계능력, 직업윤리		
	학력	제한 없음					
교육요건	학력	제한 없음		권장자격	○ ERP회계정보관리사 1급/2급 ○ ERP인사정보관리사 1급/2급		
	전공	제한 없음					
능력단위	○ 법인세·지방세 신고, 절세방안 등 조세전략 수립, 세무조사 대응, 회계감사 대응, 이종사업간 연결회계, 예산편성지침 및 연간종합예산 수립, 예산위험관리, 재무위험관리, 성과 및 실적분석 등			직무수행 태도	○ 개정세법 적용여부를 확인하는 적극적 태도, 신고·납부기 한을 준수하고자 하는 의지, 수정 및 경정청구사유를 발견하려는 세심한 자세, 경변화에 능동 적이고 적극적으로 대처하려는 자세, 회계감사 대응을 위한 타 부서와의 협업 태도, 부서의 목소리를 들으려는 경청 의지 등		
필요지식	○ 세법상 결산조정 및 신고조정 항목, 법인세법·지방세법 및 조세특례제한법, 수정신고·경정청구의 요건 및 절차, 정부동향 및 기업환경변화, 세무조사 방향 및 최근 쟁점, 불복청구 및 의신청 절차, 분석을 위한 관리·재무회계 지식 등			필요기술	○ 세무정보시스템 운용능력, 법인세 부속서류 작성기술, 추세분석 등 통계적 기법 활용능력, 세무조사 쟁점사항에 대한 대응요령 및 사례검토 능력, 회계감사 결과에 대한 신속한 사후조치 능력, 예산회계상 민감도 추정·분석 능력, 실적분석 및 평가결과에 대한 보고서 작성 능력 등		

① 회계보고서

② 성과평과표

③ 직무명세서

④ 인사발령서

10 인력예측기법에 대한 설명으로 적절하지 않은
것은?

① 자격요건 기법 : 기업 환경이 미래에도 안
  정적이며, 직무내용, 구조, 기술에 큰 변
  화가 없는 경우 개별 직무에 요구되는 요
  건과 과업에 대한 분석을 병행하여 인력
  수요예측 자료로 활용한다.
② 시나리오 기법 : 과거 인력변화를 가져다
  주었던 요인을 찾아서 시간에 따른 변화
  정보를 파악하고 이를 인력의 변화 정도
  와 연결시켜 미래의 인력 변화 정도(인력
  수요)를 예측하는 분석 방법이다.
③ 노동과학적 기법(작업연구 기법) : 작업
  시간연구를 기초로 조직의 하위 작업장별
  필요한 인력을 산출하는 기법으로, 표준
  작업동작, 표준 작업시간, 생산단위당 표
  준작업시간 등을 인력 예측 자료로 활용
  한다.
④ 생산성 비율분석 : 기업에 필요한 인력의
  수는 작업량에 따라 비례한다는 가정을
  바탕으로, 과거 기업이 달성했던 생산성
  의 변화 정보를 가지고 미래에 필요한 생
  산라인 투입 인력을 예측하는 기법이다.

11 선발 의사결정에 관한 설명으로 가장 적절하지
않은 것은?

① 선발률이 일정할 때 타당성 계수가 증가
  하면 예측수단의 성공률이 증가하게 된다.
② 만족스러운 성과를 낼 수 있는 사람을 시
  험성적이 미달되어서 선발하지 않는 오류
  를 제1종 오류라고 한다.
③ 총 지원자 중에서 만족스러운 성과를 낼
  수 있는 사람들을 많이 선발하게 되면 선
  발기준의 타당성이 높다고 말할 수 있다.
④ 선발률이란 총지원자 중 선발된 사람의
  비율을 의미하는 것으로 선발률이 0에 가
  까우면 1종 오류는 줄어들지만 2종 오류
  가 증가하고, 선발률이 1에 가까우면 1종
  오류는 늘어나지만 2종 오류는 줄어드는
  효과가 있다.

12 [보기]는 ㈜생산전자의 직무평가 순서 및 방법에 대한 내용이다. 해당 방법은 개별 직무에 대한 가치가 점수로 명확하게 산정되기 때문에 직무 간 비교가 용이하다. 하지만 평가요소에 대한 가중치 설정에 문제가 제기될 수 있으며, 다른 평가 방법보다 상대적으로 시간과 비용이 많이 발생한다. ㈜생산전자의 직무평가 방법으로 가장 적절한 것은?

[보기]

- 평가순서
  ① 평가요소 선정 → ② 평가요소에 대한 가중치 설정 → ③ 평가요소에 대한 점수부여
- 평가요소의 가중치 선정

평가요소		가중치(%)	
대분류	소분류	소분류	대분류
숙련	• 직무경험 • 교육수준 • 문제해결능력	20 15 15	50
노력	• 육체적 노력 • 정신적 노력	5 5	10
책임	• 안전 • 직무개선 • 원재료관리	10 10 10	30
직무조건	• 작업환경 • 위험도	5 5	10

① 서열법
② 점수법
③ 요소비교법
④ 쌍대비교법

13 배치관리의 원칙으로 적합하지 않은 것은?

① 연공주의 원칙
② 적재적소의 원칙
③ 균형주의의 원칙
④ 인재육성주의 원칙

14 [보기]에서 설명하는 용어를 한글로 입력하시오.

[보기]

- 조직 내부 인력이 부족하거나 전문성이 부족할 때, 특정 업무를 외부 전문기관에 위탁하여 수행하는 방식
- 상시 고용보다 외부 위탁이 더 저렴할 경우 경제적인 효과를 거둘 수 있음
- 일시적인 인력 수요 증가 시 인력 부족의 대응 방안으로 대응할 수 있는 전략 중 하나임

정답 (   )

15 [보기]는 무엇에 대한 설명인가?

[보기]

- 가장 단순한 방법으로 근로자의 장단점과 성과 및 잠재적인 요인의 향상을 위한 제언을 사실적으로 서술하는 방법
- 간편하지만 비교가 어려우며, 평가결과가 상이할 수 있음
- 일종의 자기고과 방법으로 자기평가는 자유롭게 기술함

① 강제선택법
② 자유기술법
③ 대조표고과법
④ 서술식고과법

16 교육훈련에 관한 적절한 설명으로 적절하지 않은 것은?

① 액션러닝(Action Learning)은 현장경험을 중시하는 경험 위주의 교육훈련 학습 방법이다.

② 교육훈련의 프로세스는 크게 필요성분석(수요조사), 계획설계, 실시, 평가의 과정을 거친다.

③ OJT(On-the-Job Training)는 훈련받은 내용을 바로 활용할 수 있지만 잘못된 관행이 전수될 가능성이 있다.

④ 중요사건법은 직무성과에 영향을 미치는 중요한 상황을 가정하고 시뮬레이션을 통해 훈련시키는 교육 방법이다.

17 [보기]는 ㈜생산의 승진제도 내용이다. 본 사례에서 '능력주의 승진'에 대한 설명으로 가장 적절하지 않은 것은?

> **[보기]**
> ㈜생산은 최근 승진제도를 개편하였다. 회사는 기존의 연공서열 중심 승진 방식에서 벗어나, 각 직원의 역량과 직무수행 능력을 중심으로 평가하고, 그 결과에 따라 승진 여부를 결정하고 있다.
> 승진 시 고려되는 기준은 직무의 중요도, 성과 평가결과, 직무 적합성 등이다. 반면, 일반직 하위 계층 근로자들은 여전히 승진 가능성이 낮고, 조직 내에서는 목적보다는 절차와 능력 기준이 강조되고 있다.

① 합리적 기준에 따라 승진이 이루어진다.

② 승진 기준은 직무성과 중심으로 설정된다.

③ 일반직 하위 계층 직종에도 잘 적용되는 방식이다.

④ 승진 기준은 가치적 · 목적적 기준보다는 능력 중심의 절차적 기준이다.

18 경력관리 및 경력개발에 대한 설명으로 가장 적절하지 않은 것은?

① 기업 조직에 대한 일체감을 제고시켜 기업 내 협동시스템의 구축이 원활해진다.

② 기업은 인력의 외적 유입과 다양한 인재 풀 확보를 통해 조직의 경력을 개발시킬 수 있다.

③ 종업원에게 직장에 대한 안정감(Job Se-curity)을 주고 미래에 대한 설계 가능성을 제시함으로써 비전을 제공한다.

④ 직원의 성장욕구를 충족시켜주며, 직원이 지닌 기술 및 역량이 노후화되는 것을 막고 도전적인 직무경험을 하게 함으로써 성장의 기쁨을 준다.

19 Lewin의 변화 과정 중 환경의 변화를 인지하여 고정관념을 탈피하여 개방적이고 새로운 관점을 수용하려는 준비단계는?

① 변화

② 해빙

③ 재동결

④ 정착화

20 [보기]에서 교육훈련 방법을 한글로 기입하시오.

> **[보기]**
> 관리자를 대상으로 직무지식을 획득하기 위한 교육기법이다. 특정 부서의 직속상사 밑에 미래에 그 자리를 계승할 예정 있는 자가 같이 일을 하면서 그 상사로부터 업무에 관한 자세한 내용을 교육받는 제도이다. 해당 교육훈련에는 직장 내 훈련법(OJT)이 동시에 포함되기도 한다.
> - 장점 : 실무의 내용을 그대로 교육받기 때문에 실무 적용성과 학습 효과성이 높다.
> - 단점 : 우수한 상사의 교육훈련이 무조건 우수하지 못할 수 있으며, 교육이 의례적으로 흐를 가능성도 있다.

정답 (   )

21 [보기]에서 김대리가 인식하는 임금의 의미로 가장 적절한 것은?

> **[보기]**
> ㈜의 김대리는 최근 직무 재조정으로 인해 임금에 변화가 생기자 큰 혼란을 겪고 있다. 그는 "임금은 단순히 생계를 위한 수단만이 아니라, 내가 조직에서 어느 정도 인정받고 있는지, 어떤 위치에 있는지를 보여주는 지표 같다"고 말한다. 또한 "회사의 경영성과만을 기준으로 임금이 결정되는 것은 종업원 입장에서는 공정하지 않다"고 주장한다.

① 기업의 비용 요소
② 생산성 향상 수단
③ 경쟁력 확보 수단
④ 신분 및 지위의 상징

22 통상임금과 평균임금에 대한 설명으로 옳지 않은 것은?

① 평균임금이란 이를 산정해야 할 사유가 발생한 날 이전 3개월 동안에 그 근로자에게 지급된 임금의 총액을 그 기간의 총 일수로 나눈 금액을 의미한다.
② 통상임금이란 근로자에게 정기적이고 일률적으로 소정근로 또는 총 근로에 대하여 지급하기로 정한 시간급 금액, 일급 금액, 주급 금액, 월급 금액 또는 도급 금액을 의미한다.
③ 퇴직금, 휴업수당, 재해보상금, 육아휴직급여, 구직급여는 평균임금을 기준으로 적용된다.
④ 연차유급휴가수당, 연장·야간·휴일근로수당은 통상임금을 기준으로 적용된다.

23 [보기]의 사업부별 적용해야 할 성과급제로 가장 적절하게 짝지어진 것은?

> **[보기]**
> ㈜생산은 조직의 생산성과 효율성을 높이기 위해 부서 단위 성과급 제도 도입을 검토하고 있다. 이에 따라 3가지 사업부에서 각각 다른 방식으로 성과급을 운영하고자 한다.
> - A사업부는 제품 단위당 표준시간 대비 실제 작업시간을 기준으로 하여 절감된 시간만큼 성과급을 지급한다.
> - B사업부는 직원들이 자발적으로 생산성 개선 제안을 내고 이를 통해 절감된 비용을 기준으로 성과급을 지급한다.
> - C사업부는 매출에서 외부 비용(원재료, 외주비 등)을 제외한 부가가치 수준을 기준으로 성과급을 지급하고 있다.

① A : 스캔론 플랜 / B : 임프로셰어 /
　 C : 럭커 플랜
② A : 임프로셰어 / B : 스캔론 플랜 /
　 C : 럭커 플랜
③ A : 럭커 플랜 / B : 임프로셰어 /
　 C : 스캔론 플랜
④ A : 임프로셰어 / B : 럭커 플랜 /
　 C : 스캔론 플랜

24 소득을 지급하는 자가 그 지급받는 자의 조세를 징수하여 국가 및 지방자치단체에 납부하는 제도는 무엇인가?

① 종합과세
② 분류과세
③ 기타과세
④ 원천징수

25 [보기]는 ㈜생산의 복리후생에 대한 내용이다. ㈜생산의 복리후생 종류로 가장 적절한 것은?

> **[보기]**
> ㈜생산은 직원들이 아래의 내용을 선택할 수 있는 복리후생 프로그램을 채택하고 있다.
> - 휴가 : 추가 휴가 제공 vs 휴가 수당 지급
> - 보험 : 생명보험 혜택 vs 자동차보험 혜택
> - 상담 : 세무상담 vs 기타 법률상담료 지원
> - 재산 형성 : 저축 vs 증권투자
> 직원들의 선택을 통해 복리후생 혜택이 제공되기 때문에 동기부여에 효과적이며, 기업은 직원들이 선택하지 않는 복리후생 항목을 줄여 예산을 합리적으로 배분할 수 있다.

① 홀리스틱 복리후생
② 문화지원 복리후생
③ 라이프사이클 복리후생
④ 카페테리아형 복리후생

26 [보기]에서 설명하는 용어를 한글로 입력하시오.

> **[보기]**
> 근로자가 근로의 의사와 능력이 있음에도 불구하고 취업하지 못한 상태에 있는 피보험자의 생활에 필요한 급여를 실시하여 근로자 등의 생활 안정과 구직활동을 촉진하기 위한 제도이다.

정답 (　　　　　)

27 [보기]에서 설명하는 용어를 한글로 입력하시오.

> **[보기]**
> 근로자의 업무상 재해를 신속하고 공정하게 보상하며, 재해근로자의 재활 및 사회 복귀를 촉진하기 위한 시설을 설치·운영하고, 재해 예방과 그 밖에 근로자의 복지 증진을 위한 사업을 시행하기 위한 사회제도이다.

정답 (　　　　　)

28 근로시간에 대한 설명으로 가장 적절한 것은?

① 「근로기준법」은 노동을 할 수 있는 대한민국 국민 누구나, 연령 · 성별 등에 차별을 두지 않고 동일한 기준을 적용한다.

② 근로시간은 휴게시간을 제외하고 1일 8시간, 1주 40시간을 초과할 수 없으나, 당사자 간 합의를 통해 1주 16시간 한도 안에서 연장할 수 있다.

③ 사용자는 야간근무 진행 시 통상임금의 100분의 100을 지급해야 하며, 여기서 야간근무는 12시 자정부터 다음날 오전 6시 사이의 근로를 의미한다.

④ 사용자는 8시간을 초과한 휴일근로를 진행할 경우 통상임금의 100분의 100을 가산하여 지급해야 하며, 8시간 이내의 휴일근로 진행 시 통상임금의 100분의 50을 가산하여 지급해야 한다.

29 [보기]는 제품의 디자인부터 제작 설비까지 만드는 ㈜생산프로덕트의 사례이다. 해당 회사 문제점에 대한 대응 방안으로 가장 적절하지 않은 것은?

> **[보기]**
>
> ㈜생산프로덕트는 고객의 요청에 따라 제품을 설계하고, 제작 설비까지 구축해 줄 수 있는 큰 규모의 기업이다. 제품 디자인, 맞춤형 설비 제작 등 다양한 사업을 수행하고 있다.
>
> 직원들의 사기 진작과 효율적인 인사관리를 위해 다양한 근로제도를 일찍부터 도입해 왔으나, 최근에는 사업군별로 다음과 같은 운영상의 고민이 발생하고 있다.
>
> - 디자인 직군은 완성된 프로토타입을 직접 확인한 후 대면 회의가 필수적이나, 근무시간을 자유롭게 조정할 수 있는 선택적 근로시간제 도입 이후 회의 일정 조율과 커뮤니케이션에 차질이 생기면서 업무 리드타임이 증가하였다.
> - 맞춤형 제작 설비에 대한 수요가 증가함에 따라 야간근무와 주말근무가 불가피해졌으며, 이로 인해 주 52시간제 준수가 어려운 상황에 직면하고 있다.
> - 디자인 업무는 안정적인 수요를 유지하고 있으며, 설비 제작 수요는 지속적으로 증가하고 있어 전체적으로 사업의 안정성은 견고한 편이다.

① 박사원 : 디자인 직군의 경우, 직원들과의 협의를 통해 의무적으로 근무해야 하는 회의 시간을 설정함으로써, 선택적 근로시간제를 유지하는 방안을 고려해야 합니다.

② 이대리 : 설비 직군의 경우, 업무량이 많아지는 주요 시기에는 3개월 단위 이내의 탄력적 근로시간제를 도입하고, 환산시간이 주 52시간을 초과하지 않는 범위 안에서 업무가 수행될 수 있도록 관리해야 합니다.

③ 김팀장 : 설비 직군의 경우, 지속적으로 증가하는 수요에 탄력적으로 대응하기 위해 상시 연장근로를 허용하고, 야간 및 주말근무를 포함한 총 근로시간을 자율에 맡기죠. 자율권을 제공함으로써 직원들의 사기가 증대될 수 있어요.

④ 배부장 : 중장기적인 관점에서 안정적인 사업구조를 바탕으로 수요가 증가하는 설비 파트의 인력 충원을 위한 계획을 수립해야겠네요.

30 경영참가제도의 유형 중 이윤 참가(성과 참가)로만 구성된 것은?

① 스캔론 플랜, 럭커 플랜

② 종업원 지주제, 스캔론 플랜

③ 종업원 지주제, 노사협의제도

④ 노사공동결정제도, 노사협의제도

31 단체교섭 및 단체협약에 대한 설명으로 가장 적절하지 않은 것은?

① 단체교섭은 노동조합과 사용자가 임금, 근로시간, 복지 등에 대해 협상하는 활동을 의미한다.

② 단체교섭은 일반적으로 교섭준비, 예비교섭, 본 교섭, 마무리 교섭, 교섭의 평가 순으로 진행된다.

③ 단체협약은 교섭 결과를 바탕으로 서면으로 체결한 계약으로, 법적 효력을 가지는 문서를 의미한다.

④ 단체협약을 체결하지 못할 경우 사용자는 파업, 태업, 보이콧 등 쟁위행위를 통해 분쟁상태를 만들 수 있다.

32 「대한민국헌법」에서 명시하는 노동 3권 세 가지를 모두 한글로 입력하시오. (세 가지를 모두 정확하게 입력해야 정답으로 인정되며, 부분점수는 없다)

정답 (,   ,   )

33 [보기]에서 설명하는 근무유형을 한글로 입력하시오.

> **[보기]**
> 동일한 작업 또는 직무를 둘 이상의 근로자가 시간대를 나누어 순차적으로 수행하는 근무 형태. 즉, 일정한 시간마다 근무자를 바꾸어 가며 하는 근무형태

정답 (   )

※ 더존 iCUBE 핵심 ERP 프로그램과 기출문제 DB를 다운로드한 후 시험을 시작하시기 바랍니다.
- 프로그램 버전 : 2025년 iCUBE 핵심 ERP
- 기출문제 DB : 25년 4회(7월) 기출DB 〉 7월정기_기출DB
- 회사코드 : 2004.인사1급 회사B
- 사원코드 : ERP13I01.장미란

01 다음 중 핵심 ERP 사용을 위한 기초 사업장 정보를 확인하고, 그 내역으로 알맞지 않은 것은 무엇인가?

① 〈1000.인사1급 회사본사〉 사업장은 해당 회사의 '본점' 사업장이며, 종목은 '레저용품'이다.

② 〈2000.인사1급 인천지점〉 사업장의 주업종코드는 '369301.제조업'이며, 원천징수 이행상황신고서 신고 시 '반기' 신고를 진행하는 사업장이다.

③ 〈3000.인사1급 대구지점〉 사업장의 지방세신고지 행정동은 '2714051000.동구청'이며, 관할세무서는 '502.동대구'이고, 개업년월일은 '2005/01/09'이다.

④ 〈4000.인사1급 강원지점〉 사업장은 사업자단위과세 신고 시, 주(총괄납부)사업장으로 신고한다.

02 다음 중 핵심 ERP 사용을 위한 기초 부서 정보를 확인하고, 내역으로 옳지 않은 것은 무엇인가?

① '2000.영업부'는 현재는 사용하지 않는 부서이며, 사용종료일은 '2025/03/31'이다.

② 〈4000.인사1급 강원지점〉 사업장에 속한 부서는 현재 모두 사용 중이다.

③ [6000.연구부문]에 속한 부서는 현재 모두 사용 중이다.

④ '8100.육성부'는 [8000.육성부문]에 속한 부서이며, 사용시작일은 '2021/01/02'이다.

03 당 회사의 인사/급여기준에 대한 설정을 확인했을 때, 올바르게 설명한 [보기] 내용은 몇 개인가? (단, 환경설정 기준은 변경하지 않는다)

> [보기]
> - A : 생산직 비과세를 적용할 직종으로 '002.생산직', '003.연구직' 직종이 등록되어 있다.
> - B : 회사의 '월일수 산정' 기준은 '당월일'이며, 7월 귀속 기준으로 일수 산정 시 일수는 30일이다.
> - C : 입사자의 경우 급여계산 시, 25일 초과 근무 시 월 급여를 '월할' 지급한다.
> - D : 건강보험정산 코드로 'S11.건강보험정산' 코드가 설정되어 있다.

① 1개

② 2개

③ 3개

④ 4개

04 당 회사는 2025년 07월 [800.과장] 직급의 호봉을 아래 [보기]와 같이 일괄 등록하고자 한다. 호봉 등록을 완료하고 호봉 금액을 확인 시, 6호봉 기준의 '호봉합계'는 얼마인가?

> [보기]
> 1. 기본급 초기치 : 3,300,000원(증가액 100,000원)
> 2. 급호수당 초기치 : 150,000원(증가액 15,000원)
> 3. 연장수당 초기치 : 100,000원(증가액 10,000원)
> 4. 일괄인상
>   1) 정률인상 적용 : 기본급 5.5%, 급호수당 2.3%
>   2) 정액인상 적용 : 연장수당 3,000원

① 3,903,500원

② 4,130,485원

③ 4,261,330원

④ 4,392,175원

05 2025년 귀속 기준 급여 지급/공제항목설정을 확인하고, 그 설명으로 옳지 않은 것은 무엇인가? (단, 지급/공제항목설정 기준은 변경하지 않는다)

① [P10.연장근로수당]은 '001.야간근로수당' 비과세 적용 기준요건인 월정급여에 포함되지 않는 지급항목이며, '002.생산직' 직종일 때 책정임금의 월급*0.1로 지급한다.

② [P25.직무발명보상금]은 분류여부가 제외조건으로 설정되어 있으며, '오진형', '장기영' 사원을 제외한 모든 사원에 대해서 1,000,000원을 지급하고 감면 비대상 항목이다.

③ [P30.근속수당]은 근속기간이 07년 01개월일 때 55,000원을 지급하고, 퇴사자인 경우에는 지급하지 않는 항목이다.

④ [P50.식대보조비]는 '2100.국내영업부', '2200.해외영업부'에 속한 사원에게는 지급하지 않고 [P55.영업촉진비]는 해당 부서에 속한 사원에게만 지급한다.

06 당 회사의 2025년 06월 귀속 급/상여 지급일자 등록을 확인하고, 그 내역으로 알맞지 않은 것은 무엇인가?

① '급여'의 '지급직종및급여형태'에 반영된 정보와 일치하는 대상자는 [상용직급여입력및계산] 메뉴에서 직접 대상자 선정을 진행하여 대상자를 반영한다.

② '급여'를 지급하는 일자에 '상여'를 추가하여 지급할 수 있다.

③ '상여' 지급 시, '상여지급대상기간'은 '2025/06/01~2025/06/30'이며 모든 직종에 대해서 지급한다.

④ 입사자의 경우 '상여' 지급 시, 근무일수에 상관없이 '일할'로 지급한다.

07 당 회사는 전체 사업장의 〈620. ERP 활용 교육〉 교육평가가 우수한 사원을 대상으로 포상을 지급하기로 하였다. 아래 [보기]를 기준으로 지급한 대상자들의 총 지급금액으로 알맞은 것은 무엇인가?

> **[보기]**
> • 교육평가 A등급 : 300,000원
> • 교육평가 B등급 : 100,000원

① 1,000,000원
② 1,300,000원
③ 1,400,000원
④ 1,600,000원

08 당 회사는 전체 사업장에 대해 사내 동호회 가입 현황을 확인하고자 한다. 다음 중 현재 '500.런닝동호회' 가입자가 아닌 사원은 누구인가? (단, 퇴사자는 제외한다)

① [20001101.박용덕]
② [20020603.이준상]
③ [20040301.오진형]
④ [20081201.조선우]

09 당 회사의 인사정보를 확인하고 관련된 설명으로 올바르지 않은 것은 무엇인가?

① [20010401.노희선] 사원은 장애인복지법에 의한 장애인이며, 배우자 공제를 적용받는다.

② [20030701.엄현애] 사원은 '2015/06/01~2015/08/31'에 육아휴직 이력이 존재하며, 급여이체은행은 '260.신한'은행으로 설정되어 있다.

③ [20081204.박성호] 사원은 60세 이상 부양가족이 1명 존재하며, 급여형태는 '004.시급'으로 설정되어 있다.

④ [20191118.윤태경] 사원의 직급은 '대리'이며, 학자금상환 대상자로 상환통지액은 '500,000원'이다.

10 당 회사는 창립기념일을 맞아 2025년 06월 30일 기준으로 전체 사업장의 만 15년 이상 장기근속자에 대해 특별근속수당을 지급하기로 하였다. 아래 [보기]를 기준으로 지급한 총 특별근속수당은 얼마인가? (단, 퇴사자는 제외하며, 미만일수는 버리고, 모든 경력사항을 제외한다)

> **[보기]**
> 1. 15년 이상~20년 미만 : 150,000원
> 2. 20년 이상~25년 미만 : 200,000원
> 3. 25년 이상~ : 250,000원

① 2,850,000원
② 2,900,000원
③ 3,150,000원
④ 3,200,000원

11 당 회사의 2025년 07월 귀속 급여(지급일자 : 2025/07/25)에 해당하는 대상자 중 [20181101.이민성] 사원이 개인적인 사유로 휴직을 신청하였다. [20181101.이민성] 사원의 휴직 내역을 [보기]와 같이 등록한 뒤 모든 지급 대상자에 대해 급여를 계산할 때, '과세'총액은 얼마인가? (단, 그 외 급여계산에 필요한 조건은 프로그램에 등록된 기준을 이용한다)

> **[보기]**
> 1. 시작일, 종료일 : 2025/07/01, 2025/07/18
> 2. 휴직사유 : [200.병가]
> 3. 휴직지급율 : 80%
> 4. 퇴직기간적용 : 함

① 50,621,580원
② 51,150,150원
③ 52,745,920원
④ 53,166,870원

12 당 회사는 2025년 07월 귀속 특별급여(지급일자 : 2025/07/31) 소득을 지급하고자 한다. 아래 [보기]를 기준으로 특별급여 지급항목의 지급 요건을 직접 변경하고 모든 지급 대상자에 대해 급여를 계산할 때, 해당 지급일자의 과세총액은 얼마인가? (단, 그 외 급여계산에 필요한 조건은 프로그램에 등록된 기준을 이용한다)

> **[보기]**
> 1. 지급항목 : [P05.특별급여]
> 2. 분류코드 : [005.직종별]
> • '001.사무직' – 계산 : 책정임금의 월급 × 30%
> • '002.생산직' – 금액 : 1,000,000원
> • '003.연구직' – 금액 : 1,500,000원

① 17,360,380원
② 18,220,470원
③ 19,245,680원
④ 20,120,790원

13 당 회사는 〈1000.인사1급 회사본사〉 사업장에 대해 2025년 06월 귀속(지급일 2번)에 이체한 급/상여를 확인하고자 한다. 이체 현황에 대한 설명으로 옳지 않은 것은 무엇인가? (단, 무급자는 제외한다)

① 해당 조회조건의 대상자는 모두 13명이고, 총 실지급액은 63,379,470원이다.

② 해당 조회조건의 대상자 중 가장 많은 금액의 급/상여가 계좌로 이체된 사원은 [20081202.장명훈]이다.

③ 해당 조회조건의 '신한은행'에서 발생한 급/상여 이체 금액은 '우리은행'에서 발생한 급/상여 이체 금액보다 적다.

④ 해당 조회조건의 급/상여는 2025/07/10에 지급되었고, 급/상여 이체 대상의 이름과 예금주명이 다른 사원이 존재한다.

14 당 회사는 초과근무에 대해 수당을 지급하고 있다. 아래 [보기]의 기준을 토대로 2025년 06월 귀속(지급일 1번)의 [20081203.김도균] 사원의 '초과근무수당'을 계산하면 얼마인가? (단, 근무수당을 계산하면서 발생되는 모든 원단위 금액은 절사하며, 책정임금 시급은 원단위 금액을 절사하지 않고 계산한다)

[보기]

초과근무수당

= 1유형 근무수당 + 2유형 근무수당

• 초과근무 시급 : 책정임금 시급

• 1유형 근무수당 : 총 연장근무시간에 초과근무 시급을 곱한 후 150% 가산하여 산정

• 2유형 근무수당 : 총 심야근무시간에 초과근무 시급을 곱한 후 200% 가산하여 산정

① 1,087,990원

② 1,102,810원

③ 1,372,540원

④ 1,494,950원

15 당 회사는 〈1000.인사1급 회사본사〉 사업장에 대해 2025년 2분기에 속한 기간의 지급내역 중 '100.급여', '200.상여' 지급내역에 대해 부서별로 집계하여 금액을 확인하고자 한다. 내역을 확인하고 부서와 항목별 금액이 올바르지 않은 것은 무엇인가?

① 부서 : 총무부 /
공제합계 : 15,170,740원

② 부서 : 경리부 /
직무발명보상금 : 6,000,000원

③ 부서 : 국내영업부 /
소득세 : 5,743,710원

④ 부서 : 해외영업부 /
지급합계 : 70,546,170원

16 당 회사는 일용직 사원에 대해 사원별 지급형 태를 구분하여 일용직 급여를 지급하고 있다. 아래 [보기]를 확인하여 2025년 07월 귀속 지급일 중 '매일지급' 대상자를 직접 반영 후 급여계산할 때, 해당 지급일의 급여내역에 대해 바르지 않은 것은 무엇인가? (단, 급여계산에 필요한 조건은 프로그램에 등록된 기준대로 확인한다)

> **[보기]**
> 1. 지급형태 : '매일지급' 지급일
> 2. 지급 대상자 : '004.시급직'인 '1100.총무부', '1200.경리부' 사원
> 3. 평일 10시간 근무, 토요일 4시간 근무
> 4. 비과세 적용 10,000원(평일만 적용)

① 해당 지급일자에 실제 지급된 금액은 총 36,440,614원이며, 대상자 중 [1004.박현지] 사원만 소득세가 공제되지 않고 급여를 지급받았다.

② 해당 지급일자의 대상자는 총 6명이고, 연장 비과세는 총 4,719,554원 지급되었다.

③ 해당 지급일자에 실제 공제된 건강보험은 총 1,414,900원이며, 건강보험이 공제되지 않고 급여를 지급받은 사원은 존재하지 않는다.

④ 해당 지급일자의 회사부담금은 총 1,901,610원이며, 급여를 계좌로 지급받지 않고 현금으로 지급받는 사원이 존재한다.

17 2025년 07월 귀속 일용직 급여작업 전, 아래 [보기]를 기준으로 [1016.이재문] 사원의 사원정보를 직접 입력하고 [일용직급여지급일자등록]에 대상자를 반영하여 급여계산을 했을 때, 해당 일용직 대상자들에게 실제 지급된 금액의 총합계는 얼마인가? (단, 그 외 급여계산에 필요한 조건은 프로그램 등록된 기준을 따른다)

> **[보기]**
> 1. 사원정보 입력(사원코드 : 1016, 사원명 : 이재문)
>   입사일자 : 2025/07/07, 주민등록번호 : 920101-1234567, 부서 : [4100.생산부], 급여형태 : [004.시급], 급여/시간단가 : 36,140원, 생산직비과세적용 : 함, 국민/건강/고용보험 여부 : 여
> 2. 일용직 급여지급
>   지급형태 : '일정기간지급' 지급일, 평일 10시간 근무 가정(비과세 적용 12,000원)

① 31,569,990원

② 33,994,250원

③ 35,702,810원

④ 37,151,700원

18 당 회사의 〈1000.인사1급 회사본사〉 사업장의 2025년 2분기의 〈과세/비과세〉 총액을 확인하고자 한다. 해당 기간의 〈과세/비과세〉 총액으로 올바른 것은 무엇인가? (단, '사용자부담금'은 포함한다)

① 과세총액 : 249,708,780원 /
　비과세총액 : 43,200,000원

② 과세총액 : 249,708,780원 /
　비과세총액 : 50,658,660원

③ 과세총액 : 481,313,700원 /
　비과세총액 : 83,400,000원

④ 과세총액 : 481,313,700원 /
　비과세총액 : 97,666,080원

19 당 회사의 퇴직금 산정을 위한 퇴직기준설정을 확인했을 때, 올바르게 설명한 [보기] 내용은 몇 개인가? (단, 환경설정 기준은 변경하지 않는다)

[보기]
- A : 노동부기준은 적용하지 않고, 평균임금 기간 산정 시 당월을 기준으로 3개월을 산정한다.
- B : 임원누진만 적용하고 있으며, 적용유형은 [001.기간]이고 적용방식은 [000.가산율]이며 '대표이사'일 때, 가산율이 200만큼 적용된다.
- C : 비과세 항목은 퇴직금 계산 시 사용할 수 없으며, 근속일수에 퇴사일을 포함한다.
- D : 퇴직금 계산식은 '일할'로 설정되어 있고, 연차수당코드는 [P60.월차수당]을 사용한다.

① 0개
② 1개
③ 2개
④ 3개

20 2025년 07월 25일 〈1000.인사1급 회사본사〉 사업장의 [20080103.김민주] 사원이 개인 사유로 중도정산을 신청하였다. 아래 [보기]의 내용에 따라 퇴직기준과 대상자를 직접 반영하여 퇴직 정산작업을 진행했을 때, 정산 결과에 대한 설명으로 올바른 것은 무엇인가? (단, 그 외 퇴직금 계산에 필요한 조건은 프로그램의 등록 기준에 따른다)

[보기]
1. 평균임금 계산식 : '일평균 임금' 적용
2. 지급항목 설정 : 기본급, 연장근로수당, 자격수당, 직무발명보상금, 근속수당, 영업촉진비, 상여
3. 귀속연월 : 2025/07
4. 재직기준 : 2025/07/01~2025/07/31
5. 퇴직일자, 신청일자 : 2025/07/25
6. 지급일자 : 2025/07/31

① [20080103.김민주] 사원은 중도 정산 시 누진이 적용되지 않았고, 산정된 급여의 합계는 11,880,810원이다.
② [20080103.김민주] 사원의 중도 정산 시 퇴직금은 119,017,020원이고, 퇴직금 계산 기간 내 지급된 상여금은 5,940,410원이다.
③ [20080103.김민주] 사원의 중도 정산 시 근속기간은 17년 9개월 23일이고, 근무일수는 89일이며, 퇴직금 지급 시 실제 지급된 금액은 116,342,900원이다.
④ [20080103.김민주] 사원의 중도 정산 시 평균임금은 222,570원이고, 퇴직금 계산 기간 내 지급된 연차수당은 존재하지 않는다.

21 아래 [보기]를 기준으로 2025년 06월 귀속의 전표를 생성하고, 전표처리결과 계정과목별 금액을 확인 시 올바르지 않은 것은 무엇인가?

```
[보기]
1. 지급유형 : 상용직급여
2. 회계단위 : [1000.인사1급 회사본사]
3. 결의일자 : 2025/06/30
4. 작성자 : [ERP13I01.장미란]
5. 집계사업장 : 〈1000.인사1급 회사본사〉,
   〈2000.인사1급 인천지점〉
6. 집계급여구분 : 급여, 상여
```

① 직원급여 : 235,494,820원
② 미지급세금 : 29,348,480원
③ 당좌예금 : 264,634,820원
④ 경상연구개발비 : 22,000,000원

22 아래 [보기]를 기준으로 '인사/급여환경설정'을 직접 확인하여 변경한 뒤, 〈1000.인사1급 회사본사〉 사업장의 원천세 신고서를 추가 시 근로소득 구분에 대한 총지급액과 소득세는 각각 얼마인가? (단, 신고구분은 '정기'이며, 소득처분여부는 '1.비해당'으로 설정한다)

```
[보기]
1. 원천세 신고유형 : 본점일괄신고
2. 이행상황신고서집계방식 : 귀속,지급연월
3. 신고서 생성 기준 : 귀속 : 2025.06 /
   지급 : 2025.06(제출일자 2025.07.10.)
4. 일반 데이터반영 : 매월 징수분(전체)
5. 연말정산 소득세, 농특세 반영 : 미적용
```

① 총지급액 : 127,164,150원 /
   소득세 : 5,046,530원
② 총지급액 : 138,351,640원 /
   소득세 : 5,294,260원
③ 총지급액 : 264,634,820원 /
   소득세 : 26,680,560원
④ 총지급액 : 288,010,420원 /
   소득세 : 28,467,790원

23 아래 [보기]를 기준으로 당 회사의 지방소득세 특별징수명세 신고서를 생성했을 때, [4.근로소득]의 소득자별 '과세표준' 금액을 확인 시 올바르지 않은 것은 무엇인가? (단, 신고서 생성기준은 '단일 사업장' 기준으로 생성한다)

```
[보기]
※ 인사/급여환경설정 '지방소득세/주민세(종업
   원분)집계방식' : 귀속연월
1. 매월 신고
2. 신고사업장 : [0000.전체]
3. 신고구분 : 1.정기
4. 귀속연월 : 2025년 06월
5. 지급연월 : 2025년 06월
6. 제출일자 : 2025년 07월 10일
7. 급여지급일자 : 2025년 06월 30일
8. 계속근무자 연말정산 환급액 반영 기준 : 미적용
```

① [20001101.박용덕]
   – 산출세액 : 80,160원
② [20000601.이수희]
   – 산출세액 : 208,770원
③ [20081201.조선우]
   – 산출세액 : 39,110원
④ [20130701.최현주]
   – 산출세액 : 73,070원

24 당 회사는 퇴직추계총액 기준으로 40%만큼 '퇴직급여충당부채'를 설정하고자 한다. 아래 [보기] 기준으로 퇴직금추계코드를 직접 등록하고 퇴직금 추계액을 계산했을 때, 회사에서 설정할 수 있는 '퇴직급여충당부채'는 얼마인가? (단, 전기 퇴직급여충당부채 잔액은 없는 것으로 가정하며, 원단위는 절사하고, 그 외 기준은 프로그램의 등록 기준에 따른다)

> **[보기]**
> 1. 추계코드(명) : [2025.2025년 퇴직금추계액]
> 2. 기준연월 : 2025/06
> 3. 대상 사업장(계정) : [1000.인사1급 회사본사],
>   [3000.인사1급 대구지점] (사원)

① 458,342,010원
② 521,672,150원
③ 644,825,970원
④ 703,321,120원

25 당 회사는 〈1000.인사1급 회사본사〉 사업장에 대해 수당별 지급/공제현황을 확인하고자 한다. 다음 중 2025년 상반기 동안 'T10.지방소득세'가 가장 적게 공제된 사원은 누구인가?

① [20001101.박용덕]
② [20020603.이준상]
③ [20081202.장명훈]
④ [20130701.최현주]

최신 기출문제 02회 (2025년 3회)

인사 1급	시험 일자	소요 시간
	2025년 5월 24일	이론 40분 / 실무 40분

수험번호 : ______________

성　　명 : ______________

정답 & 해설 ▶ 375p

이론

01 [보기]의 ㈜생산이노베이션 사례와 같이 스마트 ERP를 도입하여 경영혁신을 추진하는 기업의 인사관리 내용으로 적절하지 않은 것은?

> **[보기]**
> ㈜생산이노베이션은 4차 산업혁명 시대에 발맞춰 경영혁신을 추진하고 있다. 이 회사는 기존 ERP 시스템을 스마트 ERP로 전환하여 인공지능 기반의 빅데이터 분석 기능을 도입하고, 이를 통해 인사부서에서 조직 내 이직 예측, 인재 확보 전략 수립, 교육훈련 효과 분석 등을 실시간으로 수행하고자 한다. 또한 경영진은 비즈니스 애널리틱스를 활용한 과학적이고 합리적인 의사결정을 통해 전략적 인사관리 체계를 구축하려 한다.

① 인사부서 내 경험 많은 관리자 개인의 직관에 따라 승진자 명단을 결정한다.

② 인공지능 기반의 교육 분석 시스템을 통해 직무별 최적 교육 콘텐츠를 자동 추천한다.

③ 비즈니스 애널리틱스를 활용하여 인사성과를 수치화하고, 전략적 인사결정을 지원한다.

④ 빅데이터 분석을 통해 고성과 인재의 이직 가능성을 사전에 예측하고, 유지 전략을 수립한다.

02 [보기]의 ㈜생산에이아이의 RPA 도입 사례에 비추어 볼 때, 현재 수행 중인 자동화 업무와 향후 계획된 기술 도입은 각각 RPA 적용단계 중 어떤 것에 해당하는가?

> **[보기]**
> ㈜생산에이아이(AI)는 반복적인 인사 데이터를 수작업으로 정리하던 기존 방식에서 벗어나, 인사기록 자동 작성, 근태 데이터 수집 및 분류, 채용 공고 자동 등록 등 다양한 단순 업무를 자동화하고자 RPA(Robotic Process Automation, 로봇 프로세스 자동화)를 도입하였다.
> 향후에는 OCR(광학 문자 인식)과 자연어 처리 기술을 연동하여, 이미지에서 이력서 정보를 추출하거나, 면접 후 피드백 텍스트를 분석하여 평가 항목별로 자동 분류하는 기능도 구현할 예정이다.

① 현재 : 인지자동화 / 향후 : 인지자동화

② 현재 : 인지자동화 / 향후 : 기초프로세스 자동화

③ 현재 : 데이터 기반의 딥러닝 및 머신러닝 활용 / 향후 : 인지자동화

④ 현재 : 기초프로세스 자동화 / 향후 : 데이터 기반의 딥러닝 및 머신러닝 활용

03 [보기]의 ㈜생산디지털 사례에서 나타난 클라우드 ERP의 특징으로 가장 적절한 것은?

> **[보기]**
> ㈜생산디지털은 급변하는 시장 환경에 빠르게 대응하기 위해 클라우드 ERP 시스템을 도입하기로 결정했다. 이 회사는 서버장비 구매 없이 시스템을 구축할 수 있었으며, 도입 초기 비용이 낮아 소규모 팀에서도 운영이 가능했다. 또한, 클라우드 ERP 내 인공지능 기능을 활용해 인사 이직 예측, 직무분석 자동화 등도 가능해졌다.

① 기업 맞춤형 온프레미스 ERP 시스템을 활용하여 초기 구축 비용이 증가하였다.
② 클라우드 ERP는 단기적인 데이터 저장 기능 등의 일부 기능을 축소하여 효율화를 달성한다.
③ 인공지능 기반 세무신고 등의 기능은 클라우드 ERP에 통합되지 않지만, 별도 시스템을 제공한다.
④ 큰 비용이 발생하는 서버 장비의 구매 없이 ERP 설치 및 운영이 가능하며, 초기 진입 장벽이 낮다.

04 ERP의 발전 과정으로 가장 적절한 것은 무엇인가?

① MRP Ⅱ → MRP Ⅰ → ERP → 확장형 ERP
② ERP → 확장형 ERP → MRP Ⅰ → MRP Ⅱ
③ MRP Ⅰ → ERP → 확장형 ERP → MRP Ⅱ
④ MRP Ⅰ → MRP Ⅱ → ERP → 확장형 ERP

05 [보기]의 (   ) 안에 들어갈 용어로 가장 적절한 것은 무엇인가?

> **[보기]**
> ㈜생산인텔리전스는 최근 퇴직률 증가에 대한 원인을 파악하고 미래 인력계획을 수립하기 위해 ERP 시스템 내 고급 분석 기능을 도입하였다.
> 이 시스템은 인사평가 점수, 근무 시간, 부서 이동 이력 등 구조화된 데이터뿐 아니라, 퇴사 면담 기록이나 사내 커뮤니티 게시글 등 비구조화된 데이터까지 분석한다.
> 회사는 이를 통해 이직 예측 모델을 수립하고, 부서별 인재 유지 전략과 교육 투자 시나리오를 수립하고 있다. ERP 시스템 내에 도입된 데이터 분석 솔루션인 (   )은(는) 과거 분석에 머무르지 않고, 예측 및 전략적 시나리오 수립을 지원하는 기능을 수행한다.

① 리포트(Report)
② SQL(Structured Query Language)
③ 비즈니스 애널리틱스(Business Analytics)
④ 대시보드(Dashboard)와 스코어카드(Scorecard)

06 [보기]에서 설명하는 인사관리의 영역으로 가장 적절한 것은?

> **[보기]**
> 제조기업에서는 기술 변화가 빠르게 이루어지며, 작업자들이 보유한 기술이 쉽게 노후화되기 때문에 이를 보완하기 위한 인력개발이 필수적이다. 이러한 배경에서 근로자의 기술 향상과 직무 유지 능력을 장기적으로 지원하며, 안전한 작업 환경과 복리후생 등 노동조건을 포함하여 근로자 전반의 생활 질 향상을 도모한다.

① 노무관리
② 인적자원개발
③ 인적자원계획
④ 인적자원활용

07 [보기]는 ㈜생산컨설팅의 신규 직무를 관리하기 위한 수행 활동 내용이다. 일반적인 직무관리 절차 순서를 고르시오.

> **[보기]**
> 가. 유사 직무와 비교하여 직무의 상대적 가치를 평가하고, 적정 임금 수준을 산정하였다(직무평가).
> 나. 인사팀은 생산직 사원의 주요 업무, 필요 도구, 근무시간, 보고 체계 등을 파악하기 위해 인터뷰와 관찰을 실시하였다(직무분석).
> 다. 수집한 정보를 바탕으로 생산직 사원의 업무 내용과 책임, 직무 목적 등을 체계적으로 문서화하고, 해당 직무를 수행하기 위해 필요한 학력, 자격, 경험, 신체 조건 등의 요건을 정리하였다(직무명세서 및 직무기술서 작성).

① 가 → 나 → 다
② 가 → 다 → 나
③ 나 → 가 → 다
④ 나 → 다 → 가

08 [보기]는 직무평가 진행을 위한 ㈜생산 인사팀의 회의 내용이다. 일반적인 직무평가 방법을 적용하고자 한다. 접근방법으로 가장 적절하지 않은 의견을 제시한 사람은 누구인가?

> **[보기]**
> • 김사원 : 자격담당부서와 컨설팅담당부서의 직무들을 중요한 순서대로 상하로 나열하면 좋은 인사이트를 도출할 수 있을 것입니다.
> • 이대리 : 각 직무를 수행하는 데 필요한 기술, 책임, 노력, 작업조건 등의 요소별로 나누어 비교하면 목적에 부합하는 평가를 수행할 수 있을 겁니다.
> • 박과장 : 직무별로 사전에 설정된 등급 기준에 따라 1등급~5등급으로 분류하는건 어떤가요?
> • 최팀장 : 특정 직무를 선정하여 기준으로 삼고, 나머지 직무를 그 기준과 단순히 대조하여 상대 가치를 판단하는 게 좋을 것 같습니다.

① 김사원　　　　② 이대리
③ 박과장　　　　④ 최팀장

09 [보기]에서 ㈜생산의 인적자원 미래예측기법으로 가장 적절한 것은?

> **[보기]**
> ㈜생산 인사팀은 향후 3년 동안 부서별 인력의 승진, 전보, 이직률 등을 반영하여 인력 수급을 예측하고자 한다. 이를 위해 다음과 같은 방식으로 인력 변동을 시뮬레이션하고 있다.
> • 검정사업팀의 현재 인원이 100명일 때, 연간 10%는 교육사업팀으로 이동하고 5%는 퇴사하며, 3%는 타부서로 전보된다.
> • 이러한 이동 확률을 바탕으로 다음 해와 그다음 해의 인력 수를 예측하여 중장기 인력계획을 수립하고 있다.

① 관리자목록
② 델파이기법
③ 마코브분석
④ 명목집단법

10 인력이 과잉 시 대응전략 중 조직의 경쟁력을 높이기 위해 다수의 인력을 계획적으로 감축하는 것은?

① 아웃소싱
② 다운사이징
③ 무급휴가제도
④ 조직 내 직무 재배치

11 현직 근로자의 시험성적과 직무성과를 비교하여 선발 도구의 타당성을 검사하는 방법을 의미하는 것은?

① 동시 타당성
② 예측 타당성
③ 내용 타당성
④ 구성 타당성

12 모집에 대한 설명으로 가장 적절하지 않은 것은?

① 종업원의 사기가 높고 공헌의욕이 강한 기업일수록 재직자의 추천제도를 활용할 수 있다. 다만, 조직 내 파벌을 형성하게 하는 등 문제점이 발생할 수 있다.

② 대학, 고등학교, 직업훈련기관 등 교육기관은 지원자의 능력, 적성 등에 다양한 정보를 확보하고 있다. 고용주는 교육기관 추천을 통해 우수한 인재를 확보할 수 있다.

③ 고용24(워크넷)은 고용노동부와 한국고용정보원이 운영하는 취업정보사이트이다. 지원자에게는 취업을 위한 정보를 제공하고, 고용주에게 빠른 모집과 채용을 가능하게 해준다.

④ 사내공모제도를 활용한다면 기업은 저렴한 모집비용 및 이직률 감소 등의 효과를 달성할 수 있다. 특히, 특정부서가 연고주의 기반의 모집이 이루어진다면, 소속감 증대 등의 장점을 가진다.

13 [보기]의 기업들은 동일한 면접 방식을 채택하였다. 사례를 기반으로 추론하였을 때, 적용된 면접기법은 무엇인가?

> [보기]
> • A사는 코딩테스트와 상황면접 중심으로 채용하여 학벌보다 프로젝트 수행 능력을 평가하며 빠르게 성장 중이다.
> • B사는 마케팅 직무에서 SNS 콘텐츠 기획 과제를 제출하게 하고, 그 결과만 보고 평가했다. 결과적으로 비전공자이자 이직 경력이 많은 지원자가 창의성과 타겟 설정 능력을 높이 평가받아 채용되었으며, 실제로 입사 후 바이럴 콘텐츠 성과를 낸 주역이 되었다.
> • C사는 해외 유학 경험 있는 지원자에게 영어 능력 관련 질문을 하지 못해 인재 발굴 기회를 놓쳤다.
> • D사에서 경영학 전공자가 물류직에 지원한 사실을 모르고 평가하여, 나중에 직무 미스매칭이 발생하였다.

① 패널면접
② 압박면접
③ 블라인드 면접
④ 스트레스 면접

14 [보기]는 어느 직무분석 방법(직무정보수집)에 대한 내용이다. 해당하는 직무분석 방법을 한글로 입력하시오.

> [보기]
> • 면접이나 질문지 작성이 어려운 경우 적용하기 좋다.
> • 작업자의 육체적인 활동은 분석이 가능하지만 정신적인 활동(연구개발, 법률 관련 직무 등)에는 적용하기 어렵다.
> • 특정 직무를 오래 분석할 경우 직무수행에 방해가 될 수 있다.
> • 직무자가 본인의 활동이 분석되고 있다고 인지할 경우 직무수행의 왜곡현상이 발생할 수 있다.

정답 (   )

15 인사평가에 대한 설명으로 가장 적절하지 않은 것은?

① 교육훈련 대상자의 현재 수준을 진단하고, 향후 개발 방향을 설정하기 위해 인사평가결과가 적극적으로 활용된다.

② 인사평가는 인재 선발 시 지원자의 응시 태도나 면접 태도를 평가하는 도구로 활용되며, 직무적합성과 무관하게 정성적 평가만을 실시한다.

③ 인사평가는 기업이 향후 인력 운용계획을 세우는 데 필요한 정보를 제공하며, 인력 수급이나 배치 방향을 결정하는 데 기초자료로 활용된다.

④ 승진 및 경력개발과 관련된 의사결정의 공정성을 높이기 위해 인사평가가 사용되며, 특히 구성원의 적성이나 역량을 파악하는 수단으로서 중요성이 강조된다.

16 인사고과에 대한 설명으로 가장 적절하지 않은 것은?

① 자기고과는 동료고과에 비해 관대화 경향이 크게 나타난다.

② 상동적 태도란 타인에 대한 평가가 그에 속한 특정 집단에 대한 지각을 기초로 이루어지는 것을 말한다.

③ 현혹효과는 고과자가 고과대상자의 어느 한 면을 기준으로 다른 것까지 함께 평가해 버리는 경향을 말한다.

④ 강제할당법을 사용하는 경우, 고과대상자의 실제 성과분포와 각 성과집단에 미리 할당된 비율분포가 일치한다.

17 [보기]는 홀(D. T. Hall)의 경력단계모형이다. (가)~(다) 해당하는 경력욕구와 그 단계의 설명이 옳은 것은?

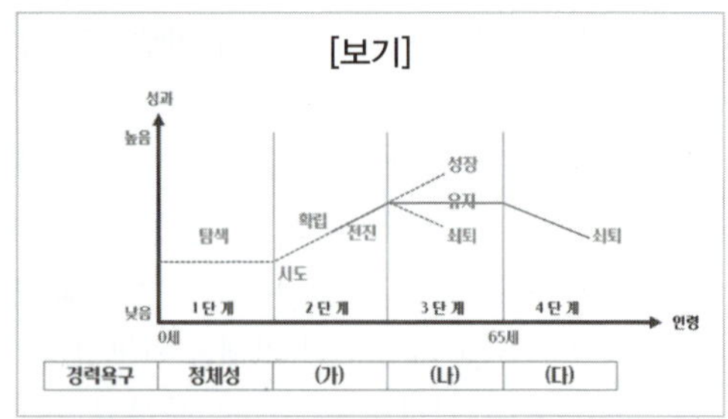

① (가) 연장성 – 개인은 특정한 직무영역에 정착하고, 정체성의 연장 기간을 갖는다. 자신에게 적합한 분야를 탐구하고 전 생애에 걸쳐 나아갈 경력을 설계하는 시기이다.

② (가) 친교성 – 직무에 정착하는 시기이다. 정착 후 업무의 성과가 향상되며, 조직에 대해서는 귀속감을 갖는다. 한편, 다른 동료들 간에 경쟁심이 유발되는 시기이다.

③ (나) 통제성 – 끊임없는 자기통제를 통해 유지하는 단계이다. 일의 일관성이 존재하며, 자신과 조직을 동일시하게 되는 경향이 강해지며, 자신의 직무를 조직의 목표와 관련시켜 바라보게 된다.

④ (다) 생산성 – 개인이 인생에 대한 의미를 총정리하는 단계이다. 가족, 회사, 지인들과의 관계를 재정립하고 은퇴 이후의 인생 설계를 위해 새로운 생산성 및 가치를 창출해야 하는 위기의 시기이며, 위기를 얼마나 잘 극복하느냐에 따라 다시 성장할 수도, 쇠퇴해 버릴 수도 있다.

18 [보기]는 교육훈련 시스템 구조에 대한 내용이다. [보기]를 참고하여, 교육훈련에 대한 설명으로 옳지 않은 것을 고르시오.

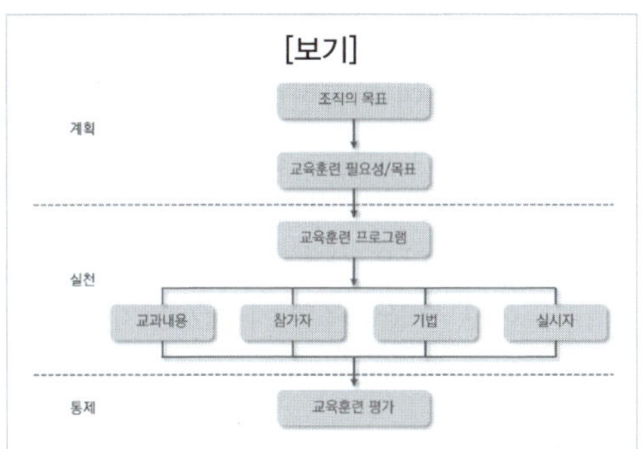

① 본질적으로 교육훈련은 조직 목표에서부터 출발하여 조직의 목표 달성에 기여하는 방향으로 설계되어야 한다.
② 계획(교육훈련 필요성/목표) → 실천(교육훈련 및 교육내용, 참가자, 기법, 실시자 선정) → 통제(교육훈련 평가) 순으로 진행된다.
③ 교육훈련을 실시하기 위해서는 교과내용(교육훈련의 내용), 참가자, 교육훈련 기법, 실시자(담당자)가 세팅되어야 한다.
④ 교육훈련 평가단계에서 조직수준, 직무수준, 개인수준을 고려하기 위해 자료조사법, 질문지법, 작업표본법, 전문가 자문법, 델파이 기법 등 다양한 방법론을 활용할 수 있다.

19 인사이동에 대한 설명으로 가장 적절하지 않은 것은?

① 근로자의 능력이나 조직 변화에 의해 인력을 이동시키는 행위를 말한다.
② 장기간 특정 근무를 수행하는 직원에 대해 강제로 인사이동을 시킬 수 있다.
③ 근로자의 능력과 직무를 고려하여 성과와 목표를 달성할 수 있도록 실시해야 한다.
④ 공정한 수행을 위해 개인적 상황(통근시간, 자녀의 교육문제, 배우자와의 거리 등)을 고려할 수 없다.

20 [보기]에서 설명하는 리더십의 종류를 한글로 입력하시오.

> [보기]
> 구성원의 자율성과 성장 가능성을 믿고, 명령이나 지시보다는 질문과 경청을 통해 스스로 문제를 인식하고 해결하도록 지원하는 리더십이다. 리더는 방향을 제시하기보다는 구성원이 스스로 목표를 설정하고 실행방안을 찾을 수 있도록 돕는 역할을 수행한다. 즉, 대화와 성찰을 통한 자율적 문제해결 지원에 초점을 둔다.

정답 (　　　　) 리더십

21 임금수준 결정의 요인에 대한 설명으로 옳은 것은?

① 복잡성으로 인해 동일 업종의 타사 임금 수준, 노동력의 수요와 공급, 정부 규제 등을 고려하기 어렵다.

② 임금은 근로자의 소득 원천이며 생계 문제와 직결되기 때문에 최대한 많이 지급할 수 있도록 임금수준 결정의 상한선 기준이 된다.

③ 기업 측면에서 임금은 비용에 해당하기 때문에 최소한 지급 기준을 설정하여 이윤확보를 추구해야 한다. 이에 기업의 지급 능력은 임금수준 결정의 하한선 기준이 된다.

④ 국가가 노·사 간의 임금 결정 과정에 개입하여 임금의 최저수준을 정하고, 사용자에게 이 수준 이상의 임금을 지급하도록 법으로 강제함으로써 저임금 근로자를 보호한다.

22 임금체계에 관한 설명으로 가장 적절하지 않은 것은?

① 금융업과 같이 종업원 대부분이 사무직으로 이루어진 경우에는 성과급이 적절하다.

② 직능급이란 직무의 내용과 개별 종업원의 직무수행능력을 모두 고려한 임금 결정 체계이다.

③ 직무급은 동일직무에 대해서 동일급여를 지급하는 제도로 직무가 충분히 분화되고 표준화되어야 적용하기 용이하다.

④ 자격급이란 직무의 전문화를 실시한 후 자격기준을 설정하고 임금을 결정하는 방법으로 높은 자격에 높은 임금을 지급하게 됨으로 종업원의 근로의욕을 향상시킨다.

23 수당에 대한 설명으로 가장 적절한 것은?

① 가족수당은 법으로 지급이 의무화된 법정수당이다.

② 연장근로수당은 평균임금을 기준으로 50% 가산하여 지급한다.

③ 해고예고수당은 통상임금을 기준으로 30일분 이상 지급해야 한다.

④ 휴업수당은 사용자의 귀책사유가 없는 경우에도 통상임금을 기준으로 지급해야 한다.

24 [보기]가 설명하는 과세방법은 무엇인가?

> **[보기]**
> 원천이나 유형이 다른 종류의 소득을 모두 하나의 과세표준에 합산하여 과세하는 방법이다. 이자, 배당, 사업, 근로, 연금, 기타소득을 합산한다.

① 분류과세
② 분리과세
③ 종합과세
④ 병합과세

25 근로소득의 연말정산과 관련하여 인적공제의 추가공제에 해당하지 않는 항목은?

① 장애인 공제
② 위탁아동 공제
③ 경로우대자 공제
④ 한부모 소득공제

26 [보기]에서 설명하고 있는 용어를 한글로 입력하시오.

> **[보기]**
> 세금을 신고하고 납부할 때, 신고 · 납부 대상자의 주소지, 사업장 소재지, 본점 소재지 등과 같이 세금을 관리하는 기준이 되는 장소. 즉, 세무서의 관할을 결정하는 기준이 되는 장소를 의미한다.

정답 (   )

27 [보기]는 국민연금 보험료의 계산에 관한 내용으로 (   ) 안에 들어갈 보험료율을 작성하시오. (정답은 단위(%)를 제외한 숫자만 입력하시오)

> **[보기]**
> 국민연금 보험료 = 가입자의 기준소득월액 × (   )%(연금보험료율)

정답 (   )

28 [보기]에서 설명하는 근로시간제의 유형은 무엇인가?

> **[보기]**
> 신상품 · 신기술의 연구개발, 자연과학 분야, 정보처리시스템의 설계 또는 분석 업무, 신문 기사의 취재, 방봉 제작 사업 등과 같이 업무수행 방법이나 수단, 시간 배분 등이 근로자의 재량에 따라 결정되어 근로시간보다 성과에 의해 근무 여부를 판단할 수 있는 경우 노사 간의 합의시간을 근로시간으로 보는 제도를 말한다.

① 연장 근로시간제
② 재량 근로시간제
③ 선택적 근로시간제
④ 탄력적 근로시간제

29 연장 · 야간 및 휴일근로에 대한 설명으로 가장 적절한 것은?

① 1일 8시간, 1주 최대 52시간을 초과하는 경우 통상임금의 50%를 가산하여 지급해야 한다.
② 18세 미만의 경우 1일 7시간, 1주 최대 40시간을 초과하는 경우 통상임금의 150%를 지급해야 한다.
③ 오후 10시부터 다음날 오전 6시까지는 야간근로에 해당하며, 통상임금에 50%를 가산하여 지급해야 한다.
④ 8시간 이내의 휴일근로에 대해서 통상임금의 50%를 가산해야 하며, 8시간 초과 근무 시 150%를 가산해야 한다.

30 근로자 측 쟁의행위 유형 중 제품구입 거절, 근로계약의 거절 등의 형태로 나타나는 집단적 불매운동은 무엇인가?

① 파업
② 태업
③ 보이콧
④ 피케팅

31 조합원이 되면 일정 기간 탈퇴가 불가능한 변형적 숍제도에 해당하는 것은?

① 클로즈드 숍(Closed Shop)
② 에어전시 숍(Agency Shop)
③ 메인터넌스 숍(Maintenance of Membership Shop)
④ 프리퍼렌셜 숍(Preferential Shop)

32 [보기]의 (   ) 안에 들어갈 용어로 적절한 것은?

> **[보기]**
> 단체협약의 효력 중 (   ) 효력은 협약 당사자의
> 권리, 의무에 관한 조항이며, 평화의무, 평화조항,
> 유일교섭 단체조항, 숍 조항, 단체교섭의 절차 및
> 기타 규칙 등이 있다.

정답 (   )

33 [보기]의 이미지에서 A에 해당하는 교섭의 종류를 한글로 입력하시오.

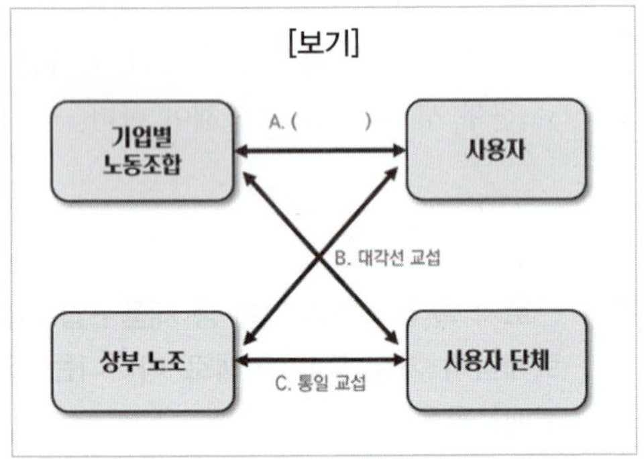

정답 (   ) 교섭

※ 더존 iCUBE 핵심 ERP 프로그램과 기출문제 DB를 다운로드한 후 시험을 시작하시기 바랍니다.
- 프로그램 버전 : 2025년 iCUBE 핵심 ERP
- 기출문제 DB : 25년 3회(5월) 기출DB 〉 5월정기_기출DB
- 회사코드 : 2001.인사1급 회사A
- 사원코드 : ERP13|01.장미란

01 다음 중 핵심 ERP 사용을 위한 기초 사업장 정보를 확인하고, 그 내역으로 알맞지 않은 것은 무엇인가?

① 〈1000.인사1급 회사본사〉 사업장의 대표자는 '한국민'이며, 주업종코드는 '369401.제조업'이다.

② 〈2000.인사1급 인천지점〉 사업장은 사업자단위과세 신고 시, 〈1000.인사1급 회사본사〉 사업장의 종사업장으로 포함하여 신고한다.

③ 〈3000.인사1급 부산지점〉 사업장의 업태는 '제조.도매'이며, 지방세신고지 법정동은 '2635010500.부산광역시 해운대구 우동'이다.

④ 〈4000.인사1급 강원지점〉 사업장은 원천징수이행상황신고서 신고 시, '월별' 신고를 진행하는 사업장이며 관할세무서는 '221.춘천'이다.

02 다음 중 핵심 ERP 사용을 위한 기초 부서 정보를 확인하고, 내역으로 옳지 않은 것은 무엇인가?

① 〈2000.인사1급 인천지점〉 사업장에 속한 부서 중 현재 사용하지 않는 부서는 2개이다.

② '6100.영업부'는 현재는 사용하지 않는 부서이며, 사용종료일은 '2010/12/31'이다.

③ [1000.관리부문]에 속한 부서 중 현재 사용하지 않는 부서는 2개이다.

④ '7000.연구개발부'는 현재 사용하는 부서이며, [6000.연구부문]에 속한 부서이다.

03 당 회사의 인사/급여기준에 대한 설정을 확인했을 때, 올바르게 설명한 [보기] 내용은 몇 개인가? (단, 환경설정 기준은 변경하지 않는다)

> **[보기]**
> • A : 회사의 '월일수 산정' 기준은 '한달정상일'이며, 일수는 30일이다.
> • B : '생산직', '환경직' 직종의 출결마감 기준일은 전월 25일에서 당월 24일까지이다.
> • C : 퇴사자의 경우 급여계산 시, 20일 초과 근무 시 월 급여를 '월할' 지급한다.
> • D : [인사정보등록] 메뉴에서 관리할 고용구분으로 '001.상용직', '005.관리직', '006.파견직'이 등록되어 있다.

① 1개
② 2개
③ 3개
④ 4개

04 당 회사는 2025년 05월 [800.과장] 직급의 호봉을 아래 [보기]와 같이 일괄 등록하고자 한다. [800.과장] 직급의 호봉등록을 완료하고, 5호봉 기준의 '호봉합계'는 얼마인가?

> **[보기]**
> 1. 기본급 초기치 : 3,000,000원(증가액 100,000원)
> 2. 급호수당 초기치 : 200,000원(증가액 10,000원)
> 3. 연장수당 초기치 : 70,000원(증가액 5,000원)
> 4. 일괄인상
>   1) 정률인상 적용 : 기본급 4.5%, 급호수당 2.0%
>   2) 정액인상 적용 : 연장수당 2,000원

① 3,770,100원
② 3,889,800원
③ 4,009,500원
④ 4,129,200원

05 2025년 귀속 기준 급여 지급/공제항목설정을 확인하고, 그 설명으로 옳지 않은 것은 무엇인가? (단, 지급/공제항목설정 기준은 변경하지 않는다)

① [P10.연장근로수당]은 '생산직' 직종에게 100,000원을 지급하며, '001.야간근로수당' 비과세 적용 기준요건인 월정급여에 포함되는 지급항목이다.

② [P25.직무발명보상금]은 휴직자인 경우에 휴직 계산식이 적용되어 지급하는 항목이며, 휴직기간 계산식은 '직무발명보상금*휴직지급율*(휴직일/당월일)'로 설정되어 있다.

③ [P40.가족수당]은 퇴사자인 경우에는 지급하지 않는 항목이며, 배우자가 존재할 때 50,000원을 지급한다.

④ [P55.영업촉진비]는 수습직 사원에게 지급 시, 환경등록에 따라 지급하며 감면대상인 지급항목이다.

06 당 회사의 2025년 04월 귀속 급/상여 지급일자 등록을 확인하고, 그 내역으로 알맞지 않은 것은 무엇인가?

① '급여'의 '지급직종및급여형태'에 반영된 정보와 일치하는 대상자만 [상용직급여입력및계산] 메뉴에서 조회하여 추가할 수 있다.

② '상여지급대상기간'은 상여지급 대상자를 선정하는 기준일로 산출 적용 기간을 의미한다.

③ '상여지급대상기간' 내 '생산직', '기술직' 근로자에 대해서만 상여를 지급한다.

④ 퇴사자의 경우 '상여' 지급 시, 근무일수에 상관없이 '일할'로 지급한다.

07 당 회사는 전체 사업장의 〈917. 2025년 1분기 내부교육〉 교육평가가 우수한 사원을 대상으로 포상을 지급하기로 하였다. 아래 [보기]를 기준으로 지급한 대상자들의 총 지급금액으로 알맞은 것은 무엇인가?

> [보기]
> • 교육평가 A등급 : 200,000원
> • 교육평가 B등급 : 100,000원

① 900,000원

② 1,000,000원

③ 1,200,000원

④ 1,300,000원

08 당 회사는 전체 사업장의 2025/05 기준 유효한 자격증을 보유한 사원에 대해 아래 [보기]와 같이 〈특별자격수당〉을 지급하기로 하였다. 아래 [보기]를 기준으로 〈특별자격수당〉을 지급 시, 그 지급액은 얼마인가? (단, 퇴사자는 제외한다)

> [보기]
> 1. 100. 정보기술자격(ITQ) : 40,000원
> 2. 200. ERP정보관리사1급 : 60,000원
> 3. 수당여부 : 해당

① 240,000원

② 300,000원

③ 340,000원

④ 380,000원

09 당 회사의 인사정보를 확인하고 관련된 설명으로 올바르지 않은 것은 무엇인가?

① [20000501.한국민] 사원의 고용보험여부(대표)는 '여'로 설정되어 있고, [전표집계및생성] 메뉴에서 전표처리 시, 적용할 계정은 '100.임원계정'으로 설정되어 있다.

② [20001101.박용덕] 사원은 종교관련 종사자이며 '2009/06/30'에 중도정산 이력이 존재한다.

③ [20081201.안민서] 사원의 직급은 '상무이사'이며, '2012/06/30', '2018/04/04'에 중도정산이력이 존재한다.

④ [20130701.고진수] 사원은 생산직총급여 비과세 대상자로 설정되어 있고, 배우자 공제를 적용받는다.

10 당 회사는 창립기념일을 맞아 2025년 04월 30일 기준으로 전체 사업장의 만 15년 이상 장기근속자에 대해 특별근속수당을 지급하기로 하였다. 아래 [보기]를 기준으로 지급한 총 특별근속수당은 얼마인가? (단, 퇴사자는 제외하며, 미만일수는 버리고, 모든 경력사항을 제외한다)

> [보기]
> 1. 15년 이상~20년 미만 : 150,000원
> 2. 20년 이상~ : 200,000원

① 2,700,000원
② 2,850,000원
③ 2,900,000원
④ 3,100,000원

11 당 회사의 2025년 05월 귀속 급여(지급일자 : 2025/05/25)에 해당하는 대상자 중 [20101001.최명수] 사원의 '책정임금'이 변경되었다. [보기]를 기준으로 직접 '책정임금'을 변경하고 모든 지급 대상자에 대한 급여를 계산할 때, '과세'총액은 얼마인가? (단, 그 외 급여계산에 필요한 조건은 프로그램에 등록된 기준을 이용한다)

> [보기]
> 1. 사원명(사원코드) : [20101001.최명수]
> 2. 계약시작년월 : 2025/05
> 3. 연봉 : 52,000,000원

① 61,883,760원
② 62,943,520원
③ 63,124,130원
④ 64,622,320원

12 당 회사는 2025년 05월 귀속 '특별급여' 소득을 지급하고자 한다. 아래 [보기]의 지급대상요건으로 지급일자를 직접 추가하여 급여계산을 진행한 뒤 확인한 정보로 올바르지 않은 것은 무엇인가? (단, 그 외 급여계산에 필요한 조건은 프로그램에 등록된 기준을 이용한다)

> [보기]
> 1. 특별급여지급일자 : 2025/05/31
> 2. 동시발행 및 대상자선정 : 분리, 직종및급여형태별
> 3. 특별급여지급대상 : 〈1000.인사1급 회사본사〉 사업장을 제외한 사업장의 모든 직종 및 급여형태

① 해당 지급일자의 과세총액은 24,305,520원이며, 지급인원 중 소득세가 공제되지 않은 사원이 존재한다.
② 해당 지급일자의 지급인원 중 실제 지급액이 가장 적은 사원은 [20090701.김성실]이며, 모두 동일한 금액의 특별급여를 지급받았다.
③ 해당 지급일자의 직종수당은 '직종별'로 지급되었고, [20130701.고진수] 사원의 직종수당은 '책정임금의 월급/30*0.2'로 계산된 금액이 지급되었다.
④ 해당 지급일자의 국민연금의 총합계는 1,291,760원이고, 회사부담금 총액은 1,230,690원이다.

13 당 회사는 〈1000.인사1급 회사본사〉 사업장을 제외한 사업장에 대해 2025년 04월 귀속(지급일 1번)에 이체한 급/상여를 확인하고자 한다. 이체 현황에 대한 설명으로 옳지 않은 것은 무엇인가? (단, 무급자는 제외한다)

① 해당 조회조건의 대상자 중 가장 많은 금액의 급여가 계좌로 이체된 사원은 [20000501.한국민]이다.

② 해당 조회조건의 대상자는 모두 7명이고, 총 5개의 금융기관에서 급여 이체가 발생했다.

③ 해당 조회조건의 '국민은행'에서 발생한 급여 이체 금액은 '카카오뱅크'에서 발생한 급여 이체 금액보다 많다.

④ 해당 조회조건의 급여는 2025/04/25에 지급되었고, 총 실지급액은 30,339,030원이다.

14 당 회사는 초과근무에 대해 수당을 지급하고 있다. 아래 [보기]의 기준을 토대로 2025년 04월 귀속(지급일 1번)의 [20100801.이서윤] 사원의 '초과근무수당'을 계산하면 얼마인가? (단, 근무수당을 계산하면서 발생되는 모든 원단위 금액은 절사하며, 책정임금 시급은 원단위 금액을 절사하지 않고 계산한다)

> **[보기]**
> 초과근무수당
> = 1유형근무 수당 + 2유형근무 수당
> • 초과근무 시급 : 책정임금 시급
> • 1유형 근무수당 : 총 연장근무시간에 초과근무 시급을 곱한 후 100% 가산하여 산정
> • 2유형 근무수당 : 총 심야근무시간에 초과근무 시급을 곱한 후 150% 가산하여 산정

① 687,220원

② 702,920원

③ 712,600원

④ 734,140원

15 당 회사는 〈1000.인사1급 회사본사〉 사업장에 대해 2025년 1분기에 속한 기간의 지급내역 중 '100.급여' 지급내역에 대해 직종별로 집계하여 금액을 확인하고자 한다. 내역을 확인하고 직종과 항목별 금액이 올바르지 않은 것은 무엇인가?

① 직종 : 사무직 / 건강보험 : 3,510,690원

② 직종 : 생산직 / 식대보조비 : 600,000원

③ 직종 : 연구직 / 근속수당 : 2,250,000원

④ 직종 : 기술직 / 공제합계 : 1,741,050원

16 당 회사는 일용직 사원에 대해 사원별 지급형태를 구분하여 일용직 급여를 지급하고 있다. 아래 [보기]를 확인하여 2025년 05월 귀속 지급일 중 '매일지급' 대상자를 직접 반영 후 급여 계산할 때, 해당 지급일의 급여내역에 대해 바르지 않은 것은 무엇인가? (단, 급여계산에 필요한 조건은 프로그램에 등록된 기준대로 확인한다)

> **[보기]**
> 1. 지급형태 : '매일지급' 지급일
> 2. 지급 대상자 : '시급직'인 '3200.관리부', '5100.자재부' 사원
> 3. 평일 10시간 근무, 토요일 4시간 근무
> 4. 비과세 적용 12,000원(평일만 적용)

① 해당 지급일자에 실제 지급된 금액은 총 33,793,190원이며, 대상자 중 소득세가 가장 적게 공제된 대상자는 [1011.안지황] 사원이다.

② 해당 지급일자의 대상자는 총 5명이며, 모두 생산직 비과세 적용 대상자이다.

③ 해당 지급일자에 신고 대상 비과세는 총 4,948,900원 지급되었으며, 4대 사회보험이 공제되지 않고 급여를 지급받은 사원이 존재한다.

④ 해당 지급일자에 실제 공제된 국민연금은 1,110,600원이며, 대상자 중 [1008.이민구] 사원만 연장 비과세 항목이 지급되지 않았다.

17 2025년 05월 귀속 일용직 급여작업 전, 아래 [보기]를 기준으로 [1018.조선우] 사원의 사원정보를 직접 입력하고 [일용직급여지급일자등록]에 대상자를 반영하여 급여계산을 했을 때, 해당 일용직 대상자들에게 실제 지급된 금액의 총합계는 얼마인가? (단, 그 외 급여계산에 필요한 조건은 프로그램 등록된 기준을 따른다)

[보기]
1. 사원정보 입력(사원코드 : 1018, 사원명 : 조선우)
   입사일자 : 2025/05/07, 주민등록번호 : 000101-3234567, 부서 : [4100.생산부], 급여형태 : [004.시급], 급여/시간단가 : 54,100원, 생산직비과세적용 : 함, 국민/건강/고용보험 여부 : 여
2. 일용직 급여지급
   지급형태 : '일정기간지급' 지급일, 평일 10시간 근무 가정(비과세 적용 12,000원)

① 46,152,900원

② 47,814,650원

③ 48,772,240원

④ 49,748,130원

18 당 회사의 〈1000.인사1급 회사본사〉 사업장의 2025년 1분기의 〈과세/비과세〉 총액을 확인하고자 한다. 해당 기간의 〈과세/비과세〉 총액으로 올바른 것은 무엇인가? (단, '사용자부담금'은 제외한다)

① 과세총액 : 184,290,150원 /
   비과세총액 : 6,600,000원

② 과세총액 : 184,290,150원 /
   비과세총액 : 14,547,120원

③ 과세총액 : 285,968,820원 /
   비과세총액 : 10,500,000원

④ 과세총액 : 285,968,820원 /
   비과세총액 : 22,805,880원

19 당 회사의 퇴직금 산정을 위한 퇴직기준설정을 확인했을 때, 올바르게 설명한 [보기] 내용은 몇 개인가? (단, 환경설정 기준은 변경하지 않는다)

[보기]
• A : 평균임금 기간 산정 시 전월을 기준으로 3개월을 산정하고, 퇴사일은 포함하지 않는다.
• B : 평균임금의 상여/연차반영 시 월할로 계산하고, 노동부 기준은 적용하지 않는다.
• C : 근속누진만 적용하고 있으며, 근무년수가 20년 이상인 대상자인 경우 가산율이 2,000만큼 적용된다.
• D : 퇴직금 계산식은 '일할'로 설정되어 있고, 상여 항목은 퇴직금 계산 시 사용할 수 없다.

① 1개

② 2개

③ 3개

④ 4개

20 2025년 05월 25일 〈1000.인사1급 회사본사〉 사업장의 [20170921.최영우] 사원이 개인 사유로 중도정산을 신청하였다. 아래 [보기]의 내용에 따라 퇴직기준과 대상자를 직접 반영하여 퇴직 정산작업을 진행했을 때, 정산 결과에 대한 설명으로 옳지 않은 것은 무엇인가? (단, 그 외 퇴직금 계산에 필요한 조건은 프로그램의 등록 기준에 따른다)

> [보기]
> 1. 평균임금 계산식 : '일평균 임금' 적용
> 2. 지급항목 설정 : 기본급, 근속수당, 가족수당, 영업촉진비
> 3. 귀속연월 : 2025/05
> 4. 재직기준 : 2025/05/01~2025/05/31
> 5. 퇴직일자, 신청일자 : 2025/05/25
> 6. 지급일자 : 2025/05/31

① [20170921.최영우] 사원은 근속 누진으로 누진일수가 37일이 적용되었고, 퇴직금 계산 시 산정된 급여의 합계는 10,605,000원이다.

② [20170921.최영우] 사원의 중도 정산 시의 퇴직금은 18,871,400원이고, 근속기간은 5년 2개월 3일이다.

③ [20170921.최영우] 사원의 퇴직금 계산 시 산정된 근무일수는 89일이며, 퇴직금 지급 시 공제된 금액은 총 188,910원이다.

④ [20170921.최영우] 사원의 평균임금은 119,150원이고, 퇴직금계산 기간 내 지급된 상여금은 존재하지 않는다.

21 아래 [보기]를 기준으로 2025년 04월 귀속의 전표를 생성하고, 전표처리결과 계정과목별 금액을 확인 시 올바르지 않은 것은 무엇인가?

> [보기]
> 1. 지급유형 : 상용직급여
> 2. 회계단위 : [1000.인사1급 회사본사]
> 3. 결의일자 : 2025/04/30
> 4. 작성자 : [ERP13I01.장미란]
> 5. 집계사업장 : 〈1000.인사1급 회사본사〉, 〈4000.인사1급 강원지점〉
> 6. 집계급여구분 : 급여, 상여

① 복리후생비 : 2,340,000원
② 경상연구개발비 : 1,200,000원
③ 가지급금 : 4,850,000원
④ 예수금 : 8,331,570원

22 아래 [보기]를 기준으로 '인사/급여환경설정'을 직접 확인하여 변경한 뒤, 〈1000.인사1급 회사본사〉 사업장의 원천세 신고서를 추가 시 근로소득 구분에 대한 총지급액과 소득세는 각각 얼마인가? (단, 신고구분은 '정기'이며, 소득처분여부는 '1.비해당'으로 설정한다)

> [보기]
> 1. 원천세 신고유형 : 본점일괄신고
> 2. 이행상황신고서집계방식 : 귀속연월
> 3. 신고서 생성 기준 : 귀속 : 2025.04 / 지급 : 2025.04(제출일자 2025.05.10.)
> 4. 일반 데이터반영 : 매월 징수분(전체)
> 5. 연말정산 소득세, 농특세 반영 : 미적용

① 총지급액 : 63,630,050원 / 소득세 : 2,451,810원
② 총지급액 : 80,105,720원 / 소득세 : 5,052,410원
③ 총지급액 : 98,822,940원 / 소득세 : 3,823,830원
④ 총지급액 : 127,171,090원 / 소득세 : 8,056,630원

23 아래 [보기]를 기준으로 당 회사의 지방소득세 특별징수명세 신고서를 생성했을 때, [4.근로소득]의 소득자별 '과세표준' 금액을 확인 시 올바르지 않은 것은 무엇인가? (단, 신고서 생성기준은 '단일 사업장' 기준으로 생성한다)

> **[보기]**
> ※ 인사/급여환경설정 '지방소득세/주민세(종업원분)집계방식' : 귀속,지급연월
> 1. 매월 신고
> 2. 신고사업장 : [0000.전체]
> 3. 신고구분 : 1.정기
> 4. 귀속연월 : 2025년 04월
> 5. 지급연월 : 2025년 04월
> 6. 제출일자 : 2025년 05월 10일
> 7. 급여지급일자 : 2025년 04월 30일
> 8. 계속근무자 연말정산 환급액 반영 기준 : 미적용

① [20000502.김종욱]
  – 산출세액 : 32,580원
② [20030701.엄현애]
  – 산출세액 : 19,590원
③ [20040301.오진형]
  – 산출세액 : 4,820원
④ [20101001.최명수]
  – 산출세액 : 100,070원

24 당 회사 〈1000.인사1급 회사본사〉 사업장 [20180511.최국성] 사원의 2024년 귀속의 근로소득 지급내역을 확인했을 때, 총 '지급명세서 작성 제외대상 비과세 소득'과 실제 공제된 총 '연금보험'은 각각 얼마인가? (단, 모든 정보는 현재 프로그램에 반영되어 있는 데이터를 기준으로 확인한다)

① 지급명세서 작성 제외대상 비과세 소득 :
  1,156,560원 / 연금보험 : 960,560원
② 지급명세서 작성 제외대상 비과세 소득 :
  1,156,560원 / 연금보험 : 1,080,000원
③ 지급명세서 작성 제외대상 비과세 소득 :
  1,200,000원 / 연금보험 : 960,560원
④ 지급명세서 작성 제외대상 비과세 소득 :
  1,200,000원 / 연금보험 : 1,080,000원

25 당 회사는 전체 사업장 기준 2025년 04월 귀속(지급일 1번) 급여구분의 대장을 확인하고자 한다. 직종별로 대장을 집계하여 확인했을 때, 직종별 지급/공제항목의 금액으로 옳지 않은 것은?

① 사무직 – 근속수당 : 4,675,000원
② 생산직 – 자격수당 : 190,000원
③ 연구직 – 국민연금 : 245,270원
④ 환경직 – 영업촉진비 : 100,000원

최신 기출문제 03회 (2025년 2회)

인사 1급	시험 일자	소요 시간
	2025년 3월 22일	이론 40분 / 실무 40분

수험번호 : ___________________

성　　명 : ___________________

정답 & 해설 ▶ 417p

이론

01 [보기]에서 설명하는 디지털 전환(Digital Transformation)의 개념으로 가장 적절한 것은?

> **[보기]**
> ㈜생산컨설팅의 인사팀에서 근무하는 홍과장은 최근 회사가 '디지털 전환(Digital Transformation)' 전략을 추진한다는 발표를 들었다. 이에 따라, 인사팀에서도 기존 종이 기반의 평가 및 급여 관리 시스템을 클라우드 기반의 HR 시스템으로 전환하고, AI를 활용한 직원 성과 분석 및 맞춤형 교육 추천 시스템을 도입할 계획이다.
> 또한, 회사 전체적으로 빅데이터 분석을 활용한 고객 맞춤형 서비스 제공, 비대면 협업 플랫폼 확대, AI 챗봇을 통한 고객 응대 자동화 등을 추진하고 있다. 이를 통해 기업 내부뿐만 아니라, 고객과의 접점에서도 디지털 기술을 활용한 혁신이 이루어지고 있다.

① 클라우드 컴퓨팅만을 적용하여 기업운영을 최적화하는 과정

② 디지털 기술을 활용하여 전통적인 사회 구조를 혁신하는 과정

③ 디지털 기술을 활용하여 기업 내부의 IT 부서만 개선하는 과정

④ 스마트폰 보급과 같은 개별 디지털 기기 보급에 초점을 맞춘 과정

02 [보기]에서 빅데이터의 5V 요소 중 'Veracity'가 의미하는 것은?

> **[보기]**
> ㈜KPC의 인사팀은 직원 성과 평가를 위해 빅데이터 기반의 AI 분석 시스템을 도입하였다. 그러나, 직원들의 성과 데이터를 수집하는 과정에서 일부 직원의 근태 기록이 부정확하게 저장되거나, 설문 조사에서 응답이 일관되지 않은 사례가 발견되었다. 이로 인해 AI 분석 결과에 대한 신뢰도가 낮아지고, 잘못된 데이터로 인해 직원들의 평가결과가 왜곡될 가능성이 제기되었다. 따라서 인사팀은 데이터의 정확성과 신뢰성을 높이는 것이 중요하다고 판단하고, 수집된 데이터를 검증하고 정제하는 과정을 강화하기로 하였다.

① 데이터의 속도

② 데이터의 규모

③ 데이터의 정확성

④ 데이터의 다양성

03 컨설팅 기업인 ㈜생산옵티마이즈는 ERP 시스템 도입 후 회계 모듈과 인사 모듈을 연계하여 급여 관리를 자동화하고자 한다. 그러나 두 모듈 간 데이터 동기화가 원활하지 않아 급여계산 오류가 발생하고 있다. 이 문제를 해결하기 위한 가장 적절한 방법은?

① ERP 시스템 폐기

② 급여계산을 수작업으로 병행하여 오류를 보완

③ 회계 모듈을 제외하고 급여 관리를 수동으로 진행

④ ERP 시스템의 모듈 간 데이터 관리 프로세스를 개선

04 'Best Practice'를 목표로 ERP 시스템을 도입할 때 가장 적절한 방법은?

① 1위 기업이 사용하는 ERP S/W 제품을 선택한다.

② ERP 시스템을 도입하면서 기존 업무 프로세스를 효율적으로 개선한다.

③ ERP 도입 시 기존 업무 방식을 유지하는 것이 효율성을 높이는 최선의 방법이다.

④ 커스터마이징(Customizing) 및 시스템 유지보수 비용을 줄이기 위해 표준 기능만을 사용한다.

05 [보기]에서 가장 성공적인 ERP 도입이 기대되는 회사는 어디인가?

> [보기]
> • 회사 A : 실무담당자의 참여를 유도하기 위해 경영자는 배제한다.
> • 회사 B : IT 전문지식이 풍부한 전산부서 직원들로 구성된 도입 TFT를 결성한다.
> • 회사 C : 기존 업무 방식이 유지되도록 업무 단위에 맞추어 ERP 도입을 추진 중이다.
> • 회사 D : 업무 프로세스를 재정립하고, 경험이 많고 유능한 컨설턴트의 도움을 받는다.

① 회사 A

② 회사 B

③ 회사 C

④ 회사 D

06 인적자원관리의 패러다임 변화에 대한 설명으로 적절하지 않은 것은?

① 연공중심에서 성과중심으로의 변화

② 일방적 통보에서 양방향 의사소통으로의 변화

③ 수직적 상하관계에서 수평적 상하관계로의 변화

④ 성과 위주의 보상에서 공평하고 획일적인 보상으로의 변화

07 ㈜생산성의 인사팀에서는 직무를 체계적으로 정의하기 위해 직무관리를 진행하려고 한다. 절차로 가장 적절한 것은?

① 먼저 직무명세서를 작성하고, 이후 직무평가, 직무분석, 직무기술서 순으로 진행한다.

② 먼저 직무기술서를 작성하고, 이어서 직무명세서를 작성한 후, 직무평가를 진행하고 마지막으로 직무분석을 수행한다.

③ 먼저 직무평가를 수행한 후, 해당 내용을 바탕으로 직무분석을 진행하고, 이후 직무기술서와 직무명세서를 작성한다.

④ 먼저 직무분석을 수행한 후, 해당 내용을 바탕으로 직무기술서를 작성하고, 이를 기반으로 직무명세서를 작성한 후, 최종적으로 직무평가를 진행한다.

08 기술, 교육, 몰입, 도전성, 판단력과 같은 요소를 평가할 때, 이들은 어떤 평가 기준에 해당하는지 고르시오.

① 숙련요소 – 직무를 수행하는 데 필요한 지식, 경험 등

② 책임요소 – 직무에서 요구되는 의사결정 및 권한 수준

③ 노력요소 – 직무수행 시 요구되는 신체적/정신적 노력

④ 작업요소 – 특정 업무수행을 위해 필요한 환경 및 절차

09 [보기]에서 ㈜생산의 인적자원 미래예측기법으로 가장 적절한 것은?

> [보기]
> ㈜생산의 인사팀에서는 최근 5년간의 매출 증가율과 채용 인원 간의 관계를 분석한 결과, 매출이 10% 증가할 때마다 신규 채용 인력이 평균 5% 증가한다는 패턴을 확인했다. 이에 따라, ㈜생산은 올해 매출이 20% 증가할 것으로 예상됨에 따라, 해당 데이터만을 고려하여 올해 인력 충원 계획을 세우려 한다.

① 회귀분석법
② 추세분석법
③ 델파이기법
④ 브레인스토밍

10 모집평가의 주요 지표 중 수용률에 대한 설명으로 옳은 것은?

① 지원자 가운데 최종 선발된 인원의 비율이다.

② 단계별로 지원자들이 어떻게 축소, 배치되는지를 보여주는 비율이다.

③ 선발에 최종 합격한 사람 중 회사의 입사 제의를 받아들여 실제 입사하는 인원의 비율이다.

④ 지원자들 가운데 선발과정을 거치지 않고 무작위로 선택하여 채용했을 때 일정 기간이 경과한 후 업무를 잘하는 사람의 비율을 말한다.

11 ㈜생산은 창의적이고 자기주도적인 인재를 채용하기 위해 기존의 획일적인 질문 방식에서 벗어나 [보기]와 같이 면접을 진행하였다. ㈜생산의 면접방법은 무엇인가?

> **[보기]**
> ㈜생산의 면접관 홍길동씨는 면접 진행 중 지원자의 답변에 따라 즉석에서 추가 질문을 던지고, 지원자가 자유롭게 자신의 생각을 표현할 수 있도록 유도한다.
> 이러한 방식에서는 면접관의 경청 능력, 고도의 질문 기술 및 훈련이 필요하며, 정해진 답변이 아니라 지원자의 자유로운 사고와 솔직한 의견을 확인할 수 있다.

① 집단면접
② 구조화 면접
③ 비지시적 면접
④ 스트레스 면접

12 [보기]에서 나타난 ㈜생산의 신입사원 인력배치 원칙으로 가장 적절한 것은 무엇인가?

> **[보기]**
> ㈜생산은 신입사원의 배치를 진행하면서, 직원들의 현재 실력뿐만 아니라 미래 성장 가능성을 고려하여 배치하는 원칙을 적용하려 한다. 이를 통해 단순히 현재 업무수행 능력이 뛰어난 사람을 배치하는 것이 아니라, 향후 해당 직무에서 더욱 성장할 가능성이 높은 인재를 고려하는 것이 목표이다.
> 예를 들어, 현재 실력은 부족하지만 기술 습득 능력이 뛰어난 직원은 R&D 부서에 배치하고, 영업 경험은 없지만 설득력이 강한 인재는 영업팀에 배치하는 방안을 고려하고 있다.
> 이처럼 ㈜생산은 현재 역량만이 아니라 성장 가능성까지 평가한 후, 각 부서의 중장기적인 인재 육성 전략과 맞추어 배치하는 방식을 도입하고 있다.

① 균형주의 원칙
② 적재적소 원칙
③ 실력주의 원칙
④ 인재육성주의 원칙

13 [보기]는 무엇이 대한 설명인가?

> **[보기]**
> ㈜생산의 인사팀은 직원들의 업무 효율성을 높이기 위한 직무설계 방법을 도입했다. 이전에는 한 직원이 계약서 작성 및 검토만 담당했으나, 최근에는 계약서 관리뿐만 아니라 클라이언트와의 소통 및 데이터 분석 업무도 추가적으로 수행하도록 하였다. 이를 통해 직원들이 보다 다양한 업무를 경험할 수 있도록 하고, 업무 몰입도를 높이는 효과를 기대하고 있다.

① 직무순환
② 직무확대
③ 직무단순화
④ 직무전문화

14 [보기]의 모집관리 및 충원과 관련된 용어를 한글로 입력하시오.

> **[보기]**
> (   )제도란 기업에서 특정 프로젝트나 신규 사업에 필요한 인재를 모으기 위해 기업(관) 내에 있는 인재를 널리 활용하는 제도이다. 구성원들에게 새로운 직무수행에 대한 동기부여를 할 수 있으며, 구성원들은 이직을 하지 않고도 원하는 직무로 기회를 제공받을 수 있는 기회가 있다는 장점이 있다. 반면, 구성원들이 선호하는 일부 포지션, 업무 등에 지원이 몰리는 현상이 발생할 수 있으며, 구성원들의 이동으로 특정 직무의 연쇄적인 인력 이탈이 발생할 수 있다.

정답 (   )제도

15 인사고과의 구성요건 중 수용성에 대한 설명으로 옳은 것은?

① 평가내용이 평가의 목적을 잘 반영하고 있는지에 대한 점검
② 측정하고자 하는 내용을 정확하게 측정되었는지에 대한 점검
③ 피평가자들이 평가결과와 활용목적에 동의하는가에 대한 점검
④ 인사고과의 설계와 실행에 들어가는 비용이 적정한가에 대한 점검

16 직장 내 훈련(O.J.T)의 단점으로 옳지 않은 것은?

① 교육시간의 통일이 어렵다.
② 교육내용과 수준의 통일이 어렵다.
③ 작업 수행의 지장초래 가능성이 높다.
④ 교육생들의 능력 차이를 고려하기 힘들다.

17 [보기]에서 적용된 ㈜생산IT의 승진 기준과 가장 관련이 깊은 요소는 무엇인가?

> **[보기]**
> ㈜생산IT는 업무 사기 진작과 성과 달성을 독려하기 위해, 기존의 근속연수와 조직 내 경험을 중심으로 한 연공주의 승진 제도에서 성과주의 기반의 승진 제도로 전환했다.
> 이제 직원의 개인 성과와 조직 기여도가 가장 중요한 평가 요소로 작용하며, 일정 기간 이상 근속한 직원이라도 성과가 부족하면 승진 대상에서 제외될 수 있다.
> 이는 장기적인 조직 안정성과 직무 충성도를 유지하는 장점이 있지만, 단기 성과 압박이 높아지는 단점도 존재한다.

① 근속연수
② 업무실적
③ 연공서열
④ 직무안정성

18 [보기]에서 설명하는 조직개발기법은 무엇인가?

> **[보기]**
> ㈜생산컨설팅은 최근 관리자의 리더십 역량 강화 및 조직 내 원활한 의사소통 개선을 목표로 새로운 조직개발기법을 도입했다.
> 이를 위해 외부 컨설턴트가 관리자와 협력하여 조직 내 작업 흐름, 비공식적 관계, 의사소통 문제 등을 분석하고, 보다 효과적인 관리 방식을 제안하도록 돕고 있다. 이 과정에서 컨설턴트는 직접적인 해결책을 제공하기보다는 관리자 스스로 문제를 인식하고 해결하도록 조력하는 역할을 수행한다.

① 팀 구축법
② 과정 자문법
③ 감수성 훈련
④ 조사연구 피드백

19 [보기]에서 설명하는 교육훈련 방법을 고르시오.

> **[보기]**
> ㈜생산은 직원들의 문제해결 역량을 높이기 위해 실제 조직 내 발생하는 문제를 팀 단위로 해결하는 방식의 교육훈련을 도입하였다.
> 직원들은 실제 프로젝트나 업무 개선 과제를 수행하면서 학습하고, 이 과정에서 팀원 간 협력 및 실행 과정을 반복적으로 경험하며 학습 효과를 극대화하고 있다. 또한, 과정이 끝난 후 팀별로 결과를 발표하고 피드백을 받으며 조직 내 최적의 해결 방법을 도출한다.

① 코칭(Coaching)
② E-러닝(E-Learning)
③ 액션 러닝(Action Learning)
④ 강의식 교육(Lecture Training)

20 [보기]에서 설명하는 선발오류의 유형을 입력하시오.

> **[보기]**
> ㈜생산은 신입사원을 채용하는 과정에서 필기시험과 면접을 통해 최종 합격자를 선발하고 있다. 하지만 최근 채용 평가결과를 분석한 결과, 지원자 중 실제로는 업무수행 능력이 뛰어나고 높은 성과를 낼 수 있었던 인재들이 시험이나 면접에서 탈락하는 현상이 발생하고 있음이 확인되었다. 이로 인해 우수한 인재를 놓치는 문제가 반복되고 있으며, 인사팀은 평가 방식의 개선을 검토하고 있다.

정답 (　　　　) 오류

21 임금의 성격 중 기업의 특성에 해당하지 않는 것은?

① 생산 원가 요소
② 사회적 신분 상징
③ 기업 경쟁력 요인
④ 근로자의 유치와 유지의 요인

22 「근로기준법」에 대한 설명으로 적절하지 않은 것은?

① 「근로기준법」상 '근로'란 정신노동과 육체노동을 의미한다.
② 1일의 근로시간은 휴게시간을 제외하고 8시간을 초과할 수 없다.
③ 사용자는 휴일의 야간근로 시 통상임금의 100분의 50만을 가산한 임금을 지급하여야 한다.
④ 임금이란 사용자가 근로의 대가로 근로자에게 임금, 봉급, 그 밖에 어떠한 명칭으로든지 지급하는 모든 금품을 말한다.

23 [보기]에서 설명하고 있는 임금형태는 무엇인가?

> **[보기]**
> 기업 임금 산정에 있어서 경제적 조건의 변화(물가 변동)나 기업의 사정에 순응하여 임금률을 자동으로 변동·조정하여 지급하는 제도

① 포괄임금제
② 임금피크제
③ 순응임률제
④ 표준시간급제

24 [보기]의 ㈜생산이 가장 중요하게 생각하는 복리후생의 설계원칙은 무엇인가?

> **[보기]**
> 복리후생 제도를 개편하면서 근로자들의 의견을 적극 반영하는 방식을 도입했다.
> 이를 위해 사내 여론조사를 실시하고, 노사 대표가 함께 참여하는 복리후생 협의회를 운영하고 있다.
> 이를 통해 직원들은 자신들에게 필요한 복리후생 항목을 직접 제안할 수 있으며, 제도의 공정성과 만족도를 높이는 효과를 기대하고 있다.

① 지불능력의 원칙
② 다수 혜택의 원칙
③ 근로자의 참여 원칙
④ 근로자의 욕구충족 원칙

25 원천징수에 대한 설명으로 적합하지 않은 것은?

① 완납적 원천징수란 원천징수에 의하여 납세의무가 종결되는 원천징수를 말한다.

② 원천징수 의무자는 원천징수한 세금을 소득 지급일이 속하는 달의 마지막 날까지 관할세무서 또는 금융기관에 납부해야 한다.

③ 예납적 원천징수란 당해 원천징수에 의하여 납세의무가 종결되는 것이 아니라 확정신고 시 납부할 세액에 대한 예납적 성격의 원천징수를 말한다.

④ 원천징수란 소득 또는 수입금액을 지급하는 원천징수 의무자가 그 금액을 지급할 때, 상대방인 원천납세 의무자가 내야 할 세금을 국가를 대신하여 징수하고 납부하는 조세 징수 방법이다.

26 [보기]에서 설명하는 사회보장제도를 한글로 입력하시오.

> **[보기]**
> 사기업인 ㈜생산에서 근무했던 홍길동씨는 30년 동안 근무한 후 정년퇴직을 앞두고 있다. 그동안 매월 일정 금액을 보험료로 납부해왔으며, 퇴직 후에도 매달 일정 급액을 지급받아 안정적인 노후를 보장받을 예정이다. 만약 그가 불의의 사고로 사망할 경우, 그의 배우자나 자녀가 받을 수 있도록 보장되는 제도도 포함되어 있다. 이와 같이 근로자가 일정 기간 보험료를 납부하고, 이후 소득이 없을 때 본인이나 유족이 일정 금액을 받을 수 있도록 설계된 지원제도가 있어 노후를 대비할 수 있었다.

정답 (   )

27 [보기]에서 설명하는 정부의 보장제도를 한글로 입력하시오.

> **[보기]**
> ㈜푸른희망기업은 최근 자금난으로 인해 직원들의 급여와 퇴직금을 제때 지급하지 못하는 상황에 처했다.
> 결국 기업은 법원에 도산을 신청했고, 일부 근로자들은 퇴직을 결정했다. 그러나 퇴직한 직원들은 미지급된 임금과 퇴직금을 받을 수 있는 방법이 없어 생활고에 시달리고 있었다.
> 이때, 정부에서 사업주를 대신하여 근로자들에게 미지급된 임금과 퇴직금을 지급하는 제도가 적용되었다. 이 제도를 통해 퇴직자들은 일정 금액을 보전받아 생계를 유지할 수 있었다.

정답 (   )보장제도

28 법정근로시간에 대한 설명으로 옳은 것은?

① 법정근로시간과 소정근로시간은 항상 일치한다.

② 1주라 함은 반드시 일요일에서 토요일까지를 의미한다.

③ 근로시간이라 함은 사용자의 지휘에 종속하는 시간이므로 휴게시간은 포함되지 않는다.

④ 1일이라 함은 0~24시까지를 의미하므로 오후 6시에서 익일 오전 6시 근무는 2일에 해당한다.

29 교대근무제에 대한 설명으로 가장 적절한 것은?

① 종업원들이 일정한 제약조건 내에서 자유롭게 출퇴근 시간을 정해놓고 근무하는 제도를 말한다.

② 1일 근로시간을 정규직 근로자와 달리 4~7시간 정도 일하며 임금은 직무에 따른 시간급을 지급한다.

③ 두 사람 이상의 시간제 근무자가 직무시간 교대를 통해서 일주일 40시간의 근무를 나누어 수행하도록 하는 제도를 말한다.

④ 회사가 1일 근무시간을 두 개 이상의 시간계열로 구분하고 근로자들을 2개조 이상으로 편성하여 교대로 작업하도록 하는 근로시간제를 말한다.

30 [보기]는 무엇에 대한 설명인가?

> **[보기]**
> 일정지역 동종 노동자 중 소수에 속하는 노동자들에게도 하나의 단체협약의 효력이 미치게 함으로써 그 지역 사용자들이 낮은 근로조건으로 노동력을 공급받는 것을 방지하고, 이에 따라 단체협약의 실효성을 확보함으로써 노동조합의 단결력 강화, 균등한 근로조건의 보장으로 소수 노동자들을 보호하기 위한 것

① 규범적 효력
② 채무적 효력
③ 지역적 구속력
④ 일반적 구속력

31 사용자와 노동조합 간의 정당한 권리를 침해하는 일련의 행위인 '부당 노동행위'로 가장 적절하지 않은 것은?

① 근로자의 배치전환, 전근, 휴직 등의 불이익 대우

② 단체교섭을 정당한 이유 없이 거부하거나 방해하는 경우

③ 종업원의 경영의사결정 참가를 권장하여 노사협의체를 구성

④ 노동조합에 가입하지 않거나, 탈퇴를 조건으로 고용하는 경우

32 [보기]의 연차유급휴가 및 「근로기준법」 관련하여 (   )에 들어갈 내용을 숫자로 입력하시오.

> **[보기]**
> 연차유급휴가는 1년간 계속 근로한 근로자에 대하여 일정한 기간 유급으로 근로의무가 면제되는 날을 말한다.
> 「근로기준법」 제60조 제1항에서는 "사용자는 1년간 80% 이상 출근한 근로자에게 (   )일의 유급휴가를 주어야 한다"라고 정하고 있다.

정답 (   )일

33 [보기]에서 설명하는 자본참여 방법을 한글로 입력하시오.

> **[보기]**
> ㈜생산성은 직원들의 동기 부여와 장기 근속을 유도하기 위해 근로자들에게 주식 100주를 무상 지급하여, 이들이 회사의 주주로 참여하게 하였다. 주식을 제공한 것이며, 구매 권리나 주가 차익을 전제로 하지 않는다. 또한, 기존에 제공되었던 성과금과는 별도로 주식을 지급한 방식이다.

정답 (   )

※ 더존 iCUBE 핵심 ERP 프로그램과 기출문제 DB를 다운로드한 후 시험을 시작하시기 바랍니다.
- 프로그램 버전 : 2024년 iCUBE 핵심 ERP
- 기출문제 DB : 25년 2회(3월) 기출DB 〉 3월정기_기출DB
- 회사코드 : 2004.인사1급 회사B
- 사원코드 : ERP13I01.장미란

01 다음 중 핵심 ERP 사용을 위한 기초 사업장 정보를 확인하고, 그 내역으로 올바르지 않은 것은?

① [1000.인사1급 회사본사] 사업장의 관할 세무서는 [104.남대문]이다.
② [2000.인사1급 인천지점] 사업장은 주(총괄납부)사업장 신고 시, [1000.인사1급 회사본사] 사업장에 속해 신고되는 종사업장이다.
③ [3000.인사1급 대구지점] 사업장은 원천징수이행상황신고서를 '월별'로 작성하여 신고하는 사업장이다.
④ [4000.인사1급 강원지점] 사업장의 지방세신고지 행정동은 [4211067500.춘천시청]이다.

02 당 회사에 등록된 부서를 '2025/03/22' 기준으로 조회했을 때, 조회된 부서의 설명으로 올바른 것은?

① 현재 사용 중인 부서는 총 11개이다.
② [4000.인사1급 강원지점] 사업장에 속한 부서는 모두 [7000.교육부문]에 속해있다.
③ 가장 오래 사용된 부서는 모두 [1000.관리부문]에 속해있다.
④ 현재 사용 중인 부서 중 [2000.영업부]는 2025/03/31에 사용이 종료될 예정이다.

03 당 회사의 인사/급여기준에 대한 설정을 확인했을 때, 올바르게 설명한 [보기] 내용은 몇 개인가? (단, 환경설정 기준은 변경하지 않는다)

[보기]
- A : 모든 직종의 출결마감 기준일은 당월 1일에서 말일까지이다.
- B : 당 회사의 기본급이 책정임금의 '월급'을 기준으로 지급하고 [지급공제항목등록] 메뉴에서 기본급의 수습적용 설정이 '환경등록적용'인 경우, 2025년 3월 10일에 입사한 사무직 사원(월급 : 3,100,000원)의 3월 귀속 급여 기본급은 1,650,000원(수습기간 적용)이다.
- C : 3월 귀속의 급여를 계산할 때, 3월 21일 퇴사한 사무직 사원의 경우 해당 월의 실제 근무일수만큼 급여가 지급된다.
- D : 3월 귀속의 급여를 계산할 때 한달정상일로 기재한 30일을 기준으로 급여가 계산된다.

① 0개
② 1개
③ 2개
④ 3개

04 당 회사는 2025년 03월 [800.과장] 직급의 호봉을 아래 [보기]와 같이 일괄 등록하고자 한다. [800.과장] 직급의 호봉등록을 완료하고, 5호봉 기준의 '기본급'은 얼마인가?

[보기]
1. 기본급 초기치 : 3,280,000원(증가액 71,500원)
2. 급호수당 초기치 : 110,000원(증가액 14,500원)
3. 연장수당 초기치 : 52,000원(증가액 17,000원)
4. 정률인상 적용 : 기본급 7.5%

① 3,833,450원
② 3,910,312원
③ 4,121,450원
④ 4,229,812원

05 당 회사의 2025년도 귀속 급여 지급항목에 대한 설정 기준의 설명으로 올바르지 않은 것은?

① 2025년에 지급하는 지급항목 중 지급코드가 'P'로 시작하는 비과세 항목의 분류여부 설정이 '분류'인 항목은 [P10.연장근로수당] 하나만 존재한다.

② [P20.자격수당]을 지급하는 기준의 자격증을 모두 취득한 경우 총 20만원을 지급하며, [150.SMAT 1급]의 금액이 가장 높게 책정되어 있다.

③ 10년 이상 근속한 사원은 105,000원의 근속수당을 지급받는다.

④ [P50.식대보조비]는 '국내영업부'와 '해외영업부'에 속하지 않는 근로자만 200,000원을 지급한다.

06 당 회사의 2025년 01월 귀속 급/상여 지급일자 등록을 확인하고, 그 내역으로 올바른 것은?

① 급여와 상여를 같은 일자에 지급하며, 하나의 지급 순번에서 관리된다.

② [상용직급여입력및계산] 메뉴의 대상자는 '지급직종및급여형태' 기준으로 급여 대상자를 조회하여, 사용자가 직접 선택하여 반영한다.

③ '상여지급대상기간' 내 사무직 근로자에 대해서만 상여를 지급한다.

④ '상여지급대상기간' 내 입사자와 퇴사자는 실제 근무한 일 수만큼 상여를 지급한다.

07 당 회사는 2025년 1분기에 진행한 [610. AI 활용 교육] 교육평가가 우수한 사원을 대상으로 포상을 지급하기로 하였다. 아래 [보기]를 확인하여 대상자들의 총 지급금액으로 올바른 것은?

> **[보기]**
> • 교육평가 S등급 : 100,000원
> • 교육평가 A등급 : 50,000원

① 600,000원
② 750,000원
③ 900,000원
④ 950,000원

08 당 회사는 [1000.인사1급 회사본사] 사업장의 2024년 4분기에 자격증을 취득한 사원에 대해 아래 [보기]와 같이 '특별자격수당'을 자격취득자에게 지급하기로 하였다. [보기]와 같이 '특별자격수당'을 지급할 때, 그 지급액은 얼마인가? (단, 퇴사자는 제외한다)

> **[보기]**
> 1. [150. SMAT 1급] : 20,000원
> 2. [200. ERP정보관리사1급] : 40,000원
> 3. 수당여부 : 해당

① 100,000원
② 120,000원
③ 140,000원
④ 180,000원

09 당 회사의 인사정보를 확인하고 관련된 설명으로 올바른 것은?

① [20000601.이수희] 사원은 [2100.국내영업부]에 속하며, 직종은 [002.생산직]이다.

② [20010401.노희선] 사원은 수습기간을 거친 이력이 없으며, 2025/01의 날짜로 새롭게 임금을 책정했다.

③ [20081201.조선우] 사원은 배우자공제를 받고 있으며, 현재 책정된 월급은 5,352,500원이다.

④ [20191118.윤태경] 사원은 현재 노조에 가입되어 있으며, 부녀자공제를 받는다.

10 당 회사 [20081203.김도균] 사원의 '가족' 정보를 확인했을 때, 등록된 정보에 대한 설명으로 올바르지 않은 것은?

① 등록된 가족은 모두 현재 해당 사원이 부양하고 있는 가족이다.

② 해당 사원이 부양하고 있는 가족의 부양관계는 '배우자', '소득자의 직계존속', '직계비속((손)자녀/입양자)'으로 이루어져 있다.

③ 연말정산 경로우대공제를 받을 수 있는 나이요건이 만 70세 이상인 경우, 2024년 기준 해당 사원이 부양하고 있는 가족 중 경로우대공제에 해당하는 구성원은 2명이다.

④ 연말정산 자녀공제를 받을 수 있는 나이요건이 만 8세 이상부터 만 20세 이하까지 해당할 때, 2024년 기준 해당 사원이 부양하고 있는 가족 중 자녀공제에 해당하는 구성원은 1명이다.

11 당 회사의 2025년 03월 귀속 급여(지급일자 : 2025/03/25)에 해당하는 대상자 중 [20010401.노희선] 사원이 개인 질병 치료를 위한 휴직을 신청하였다. [20010401.노희선] 사원의 휴직 내역을 [보기]와 같이 등록한 뒤 모든 급여 지급 대상자들의 급여를 계산했을 때, 해당 지급일자의 '과세'총액으로 올바른 것은? (단, 그 외 급여계산에 필요한 조건은 프로그램에 등록된 기준을 이용한다)

> **[보기]**
> 1. 시작일, 종료일 : 2025/03/10, 2025/03/18
> 2. 휴직사유 : [000.일반휴직]
> 3. 휴직지급율 : 80%
> 4. 퇴직기간적용 : 함

① 110,368,640원

② 110,551,640원

③ 138,168,640원

④ 138,351,640원

12 당 회사는 2025년 1분기에 대한 [101.특별급여]를 2025년 03월 귀속분에 지급하고자 한다. 아래 [보기]와 같이 지급대상 요건을 직접 추가하여 급여계산을 진행한 뒤 확인한 정보로 올바르지 않은 것은? (단, 그 외 급여계산에 필요한 조건은 프로그램에 등록된 기준을 이용한다)

> [보기]
> 1. 특별급여지급일자 : 2025/04/10
> 2. 동시발행여부 및 대상자선정 : 분리, 직종및급여형태별
> 3. 특별급여지급대상 : 전체 사업장 기준 직종이 '생산직' 또는 '연구직'이고, 급여형태가 '월급'인 근로자

① 해당 지급일자의 대상자는 모두 6명이고, 총 과세금액은 19,350,310원이다.

② 해당 지급일자에서 지급된 특별급여는 책정된 임금의 [월급] 항목에 80%만큼 계산되었다.

③ 해당 지급일자의 대상자 중 특별급여 금액이 가장 큰 사원은 [20081202.장명훈]이다.

④ 해당 지급일자에서 발생한 소득세와 지방소득세의 총합은 514,860원이다.

13 당 회사는 [1000.인사1급 회사본사] 사업장을 제외한 나머지 사업장에 대해 2025년 02월 귀속(지급일 1번)에 이체한 급/상여를 확인하고자 한다. 이체 현황에 대한 설명으로 올바르지 않은 것은? (단, 무급자는 제외한다)

① 해당 조회조건의 대상자는 모두 12명이고, 4개의 금융기관에서 급여이체가 발생했다.

② 해당 조회조건의 대상자 중 가장 적은 금액의 급여가 이체된 사원은 [20181101.이민성]이다.

③ 국민은행을 통해 지급된 급상여금액은 나머지 금융기관을 통해 지급된 급상여금액보다 크다.

④ 해당 조회조건에서 발생한 급상여금액은 총 48,857,730원이며, 2025/02/25에 지급되었다.

14 당 회사는 초과근무에 대해 수당을 지급하고 있다. 아래 [보기]의 기준을 토대로 2025년 02월 귀속 〈급여〉구분 [20080103.김민주] 사원의 '초과근무수당'을 계산하면 얼마인가? (단, 근무수당을 계산하면서 발생되는 모든 원단위 금액은 절사하며, 책정임금 시급은 원단위 금액을 절사하지 않고 계산한다)

> [보기]
> 초과근무수당
> = 1유형 근무수당 + 2유형 근무수당
> • 초과근무 시급 : 책정임금 시급
> • 1유형 근무수당 : 총 연장근무시간에 초과근무 시급을 곱한 후 50% 가산하여 산정
> • 2유형 근무수당 : 총 심야근무시간에 초과근무 시급을 곱한 후 150% 가산하여 산정

① 570,100원

② 574,220원

③ 577,530원

④ 581,650원

15 당 회사는 [2000.인사1급 인천지점] 사업장에
대해 2024년 4분기에 속한 기간의 지급내역
중 [100.급여] 지급내역에 대해 기간별로 집계
하여 금액을 확인하고자 한다. 내역을 확인했을
때, 기간과 지급항목 금액이 올바르지 않은 것은?

① 2024년 10월의 연장근로수당 :
　1,949,990원
② 2024년 10월의 직무발명보상금 :
　9,000,000원
③ 2024년 11월의 근속수당 : 930,000원
④ 2024년 12월의 식대보조비 : 6,000,000원

16 당 회사는 일용직 사원에 대해 사원별 지급형
태를 구분하여 일용직 급여를 지급하고 있다.
아래 [보기]를 확인하여 2025년 03월 귀속 지
급일 중 '매일지급' 대상자를 직접 반영 후 급여
계산할 때, 해당 지급일의 급여내역에 대해 올
바르지 않은 것은? (단, 그 외 급여계산에 필요
한 조건은 프로그램 등록된 기준을 따른다)

> [보기]
> 1. 지급형태 : '매일지급' 지급일
> 2. 지급 대상자 : '시급직'인 [1100.총무부] 사원
> 3. 평일 9시간 근무
> 4. 비과세(신고제외분) 10,000원

① 해당 지급일자의 대상자는 모두 5명이며,
　모든 대상자가 21일을 근무했다.
② [1001.심순애] 사원을 제외한 모든 사원
　에게서 '연장비과세' 금액이 발생했다.
③ 실지급액이 가장 큰 사원은 [1002.김미
　연] 사원이며, 7,233,200원을 지급받았다.
④ 해당 지급일자의 과세총액의 합은 22,441,692
　원이고, 비과세신고제외분의 금액은 발생
　하지 않았다.

17 2025년 03월 귀속 지급일 2번(2025.03.25.)
일용직 급여작업 전, 아래 [보기]를 기준으로
[1015.노혜수] 사원의 사원정보를 직접 변경하
고 급여계산을 했을 때, 2025년 03월 귀속 해
당 일용직 대상자들의 실지급액의 총계는 얼마
인가? (단, 그 외 급여계산에 필요한 조건은 프
로그램 등록된 기준을 따른다)

> [보기]
> 1. 사원정보 변경
> 　1) 생산직비과세적용 '함'
> 　2) 국민/건강/고용보험여부 '여'
> 2. 일용직 급여지급
> 　1) 지급형태 : '일정기간지급' 지급일
> 　2) 평일 9시간 근무 가정
> 　3) 비과세(신고제외분) : 8,000원

① 21,007,456원
② 21,291,888원
③ 22,071,498원
④ 22,315,848원

18 당 회사의 [2000.인사1급 인천지점] 사업장 기
준으로 2024년 하반기의 〈과세/비과세〉총액은
각각 얼마인가? (단, '사용자부담금'은 제외한다)

① 과세총액 : 47,747,850원 /
　비과세총액 : 6,000,000원
② 과세총액 : 47,747,850원 /
　비과세총액 : 28,000,000원
③ 과세총액 : 240,887,550원 /
　비과세총액 : 6,000,000원
④ 과세총액 : 240,887,550원 /
　비과세총액 : 28,000,000원

19 당 회사의 퇴직금 산정을 위한 퇴직기준설정을 확인하고, 그 내역으로 올바르지 않은 것은?

① 퇴직금은 고용노동부 기준의 계산식이 아닌 당 회사의 퇴직금 산정 기준으로 계산한다.

② 퇴직금 계산 시 급여 지급항목에 대해서만 선택이 가능하고, 상여 지급항목에 대해서는 선택이 불가하다.

③ 퇴직금 계산 시 평균임금 산출 기간은 퇴사일로부터 3개월을 일수로 계산하여 산정한다.

④ 퇴직금 계산 시 임원누진에 대해 적용하고 있으며, 적용유형은 [001.기간]이고 적용방식은 [001.가산일수]이다.

20 2025년 02월 19일 [2000.인사1급 인천지점] 사업장의 [20040301.오진형] 사원이 주택구매를 위한 중도정산을 신청하였다. 아래 [보기]의 내용에 따라 퇴직기준과 대상자를 직접 반영하여 퇴직 정산작업을 진행했을 때, 정산 결과에 대한 설명으로 올바르지 않은 것은? (단, 그 외 퇴직금 계산에 필요한 조건은 프로그램의 등록기준에 따른다)

> **[보기]**
> 1. 평균임금 계산식 : '일평균 임금' 적용
> 2. 지급항목 설정 : 기본급, 자격수당, 근속수당
> 3. 귀속연월 : 2025/02
> 4. 재직기준 : 2025/02/01~2025/02/28
> 5. 퇴직일자, 신청일자 : 2025/02/19
> 6. 지급일자 : 2025/02/25

① [20040301.오진형] 사원의 중도 정산 시의 근속기간은 7636일이다.

② [20040301.오진형] 사원의 퇴직금계산 시 산정된 급여는 2024/11/20~2025/02/19까지의 내역이다.

③ [20040301.오진형] 사원에게 실제로 지급될 퇴직금액은 72,370,450원이다.

④ [20040301.오진형] 사원의 퇴직금계산 시 산정된 급여의 총 지급합계는 10,608,856원이다.

21 당 회사는 퇴직추계총액 기준으로 40%만큼 '퇴직급여충당부채'를 설정하고자 한다. 아래 [보기] 기준으로 퇴직금추계코드를 직접 등록하고 퇴직금 추계액을 계산했을 때, 회사에서 설정할 수 있는 '퇴직급여충당부채'는 얼마인가? (단, 전기 퇴직급여충당부채 잔액은 없는 것으로 가정하며, 원단위는 절사한다. 그 외 기준은 프로그램 등록 기준을 따른다)

[보기]
1. 추계코드(명) : [2025.2025년 퇴직금추계액]
2. 기준연월 : 2025/02
3. 대상 사업장(계정) : [2000.인사1급 인천지점],
   [3000.인사1급 대구지점] (사원)

① 348,915,490원
② 578,332,450원
③ 751,911,090원
④ 809,997,060원

22 당 회사는 2024년 귀속 거주자 기타소득에 대해 소득자별 소득현황을 확인하고자 한다. 2024년 4분기에 지급한 소득에 대해 조회한 내용 중 올바른 것은? (단, 모든 정보는 프로그램에 입력된 기준으로 확인한다)

① 해당 조회조건의 대상자는 모두 6명이 조회되고, 총 소득금액의 합은 63,380,000원이다.

② 해당 조회조건의 대상자에게서 발생한 소득은 모두 [79.자문료]이고, 총 5,150,400원의 소득세가 공제되었다.

③ 해당 조회조건에서 발생한 소득 중 2024/12에 지급된 소득은 모두 2024/12 귀속의 소득이며, 총 3,320,000원의 소득금액이 발생했다.

④ 해당 조회조건에서 발생한 실지급액의 합이 가장 큰 소득자는 [20200715.권정문]이며, 총 19,015,200원의 금액이 지급되었다.

23 아래 [보기]를 기준으로 2025년 02월 귀속의 전표를 생성하고, 전표처리결과 계정과목별 금액을 확인 시 올바르지 않은 것은?

[보기]
1. 지급유형 : 상용직급여
2. 회계단위 : [1000.인사1급 회사본사]
3. 결의일자 : 2025/02/25
4. 작성자 : [ERP13I01.장미란]
5. 집계사업장 : [2000.인사1급 인천지점],
   [3000.인사1급 대구지점]
6. 집계급여구분 : 급여

① 직원급여 : 46,568,960원
② 복리후생비 : 3,720,000원
③ 당좌예금 : 60,288,960원
④ 미지급세금 : 2,086,580원

24 아래 [보기]를 기준으로 당 회사의 지방소득세 특별징수명세 신고서를 생성했을 때, '사업소득'의 소득자별 '과세표준'과 '산출세액'이 올바르지 않은 것은? (단, 신고서 생성기준은 '단일사업장' 기준이며 [인사/급여환경설정]은 프로그램 기준을 따른다)

> [보기]
> 1. 매월 신고
> 2. 신고사업장 : [1000.인사1급 회사본사]
> 3. 신고구분 : 1.정기
> 4. 귀속연월 : 2025년 02월
> 5. 지급연월 : 2025년 02월
> 6. 제출일자 : 2025년 03월 10일
> 7. 급여지급일자 : 2025년 02월 25일
> 8. 계속근무자 연말정산 환급액 반영 기준 : 미적용

① [20180524.고세형]
   - 과세표준 : 113,400원 /
     산출세액 : 11,340원
② [20180501.안민서]
   - 과세표준 : 90,000원 /
     산출세액 : 9,000원
③ [20180601.이준성]
   - 과세표준 : 300,000원 /
     산출세액 : 30,000원
④ [20200601.최성연]
   - 과세표준 : 101,200원 /
     산출세액 : 10,120원

25 아래 [보기]를 기준으로 '인사/급여환경설정'을 직접 확인하여 변경한 뒤, [1000.인사1급 회사본사] 사업장의 원천세 신고서를 추가했을 때 조회된 내용 중 올바른 것은? (단, 신고구분은 '정기'이며, 소득처분여부는 '1.비해당'으로 설정한다)

> [보기]
> 1. 원천세 신고유형 : 사업장별신고
> 2. 이행상황신고서집계방식 : 지급연월
> 3. 신고서 생성 기준 : 귀속연월, 지급연월 : 2025/02
>   (제출일자 2025/03/10)
> 4. 일반 데이터반영 : 매월 징수분(전체) / 연말정산
>   소득세, 농특세 반영 : 미적용
> 5. 집계데이타선택 : 매월 징수분 + 사업연말/
>   종교인연말정산

① 해당 지급연월의 신고서에서 발생한 소득은 근로소득과 사업소득뿐이며, 총 지급액의 합은 78,187,010원이다.
② 신고서 생성을 한 뒤 근로소득-간이세액의 총지급액과 소득세는 해당 신고서에서 바로 수정이 가능하다.
③ A25. 사업소득-매월징수에 집계된 금액의 상세 소득내역은 비거주자(부표) 탭에서 확인할 수 있다.
④ 근로소득의 1인당 평균 총지급액(원단위절사)는 사업소득의 1인당 평균 총지급액(원단위절사)보다 더 크다.

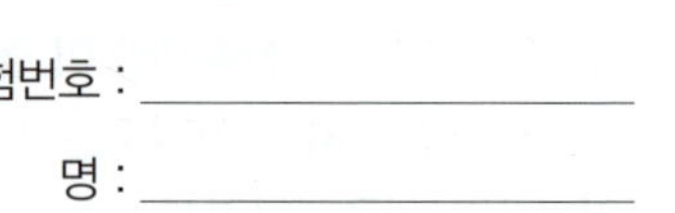

인사 1급	시험 일자	소요 시간	수험번호 : ___________
	2025년 1월 25일	이론 40분 / 실무 40분	성 명 : ___________

정답 & 해설 ▶ 447p

이론

01 [보기]는 무엇에 대한 설명인가?

> **[보기]**
> • 자연어(Natural Language) 형태로 구성된 비정형 또는 반정형 데이터에서 패턴 또는 관계를 추출하여 의미 있는 정보를 찾아내는 기법이다.
> • 온라인 쇼핑몰 남긴 제품리뷰(구매후기)로부터 제품에 대한 정보를 수집하고, 분석하여 구매자의 행동예측과 제품선호도 등을 분석할 수 있다.

① 블록체인(Block Chain)
② 가상현실(Virtual Reality)
③ 텍스트마이닝(Text Mining)
④ 시뮬레이션학습(Simulation Learning)

02 기업의 업무처리에 필요한 서버, 스토리지, 데이터베이스, 네트워크 등의 IT 인프라 자원을 클라우드 서비스로 빌려 쓰는 형태의 클라우드 서비스 유형은 무엇인가?

① SaaS(Software as a Service)
② PaaS(Platform as a Service)
③ IaaS(Infrastructure as a Service)
④ MaaS(Manufacturing as a Service)

03 ERP 구축 절차 중 TO-BE Process 도출, 패키지 설치, 인터페이스 문제 논의를 하는 단계로 옳은 것은?

① 분석단계
② 구축단계
③ 설계단계
④ 구현단계

04 ERP 시스템의 SCM 모듈을 실행함으로써 얻는 장점으로 가장 적절하지 않은 것은?

① 공급사슬에서의 가시성 확보로 공급 및 수요변화에 대한 신속한 대응이 가능하다.
② 정보투명성을 통해 재고수준 감소 및 재고회전율(Inventory Turnover) 증가를 달성할 수 있다.
③ 공급사슬에서의 계획(Plan), 조달(Source), 제조(Make) 및 배송(Deliver) 활동 등 통합 프로세스를 지원한다.
④ 마케팅(Marketing), 판매(Sales) 및 고객서비스(Customer Service)를 자동화함으로써 현재 및 미래 고객들과 상호작용할 수 있다.

05 ERP 도입 전략 중 ERP 자체개발 방법에 비해 ERP 패키지를 선택하는 방법의 장점으로 가장 적절하지 않은 것은?

① 커스터마이징을 최대화할 수 있다.
② 검증된 기술과 기능으로 위험 부담을 최소화할 수 있다.
③ 검증된 방법론 적용으로 구현 기간의 최소화가 가능하다.
④ 향상된 기능과 최신의 정보기술이 적용된 버전(Version)으로 업그레이드(Upgrade)가 가능하다.

06 인적자원관리에 대한 설명으로 적절하지 않은 것은?

① 종업원들의 노동생산성을 향상시키기 위한 관리활동이다.
② 자동화시스템의 발달로 인적자원의 중요성은 점차 감소할 전망이다.
③ 기업의 목표를 달성하기 위해 필요로 하는 인력을 조달, 유지, 개발 및 활용하는 관리활동이다.
④ 최근에는 종업원들의 역량개발 등을 통해 개인과 조직의 목표를 일치시켜 나가는 것을 중요하게 여긴다.

07 직무기술서 양식과 내용에 관한 설명으로 옳지 않은 것은?

① 직무확인은 직무에 대한 기본사항을 확인하고 관련정보를 기술한다.
② 직무개요는 직무의 주요 기능과 활동 등 직무의 일반적 성격에 대해 묘사한다.
③ 직무요건은 직무를 구성요소인 과업들로 나누고 상세한 묘사와 부연설명을 한다.
④ 보고 및 감독관계는 직무 담당자와 관계 있는 사내외 관계자의 직무를 기입한다.

08 직무평가 방법 중 분석적 평가 방법의 특징으로 옳은 것은?

① 간명하고 탄력적이다.
② 직무의 상대적 가치를 계량적으로 표시한다.
③ 직무의 상대적 가치를 서열 내지 등급으로 표시한다.
④ 인원이 적은 중소기업의 직무평가에서 많이 활용한다.

09 인력계획의 수요예측 방법 중 산업공학적 접근법에 대한 내용으로 가장 적절한 것은?

① 시뮬레이션
② 시계열 분석
③ 경영자 판단
④ 작업표본 기법

10 인적자원관리의 진행 과정(계획 → 실행 → 통제)을 제시한 것 중 '통제'에 가장 근접한 활동은?

① 사기유발, 노사분규해결
② 모집홍보, 선발면접, 배치
③ 사기 향상 정도, 모집효과분석, 투입비용 계산
④ 인력공급추이 파악, 임금기준 파악, 인사평가, 경력개발

11 [보기]는 무엇에 대한 설명인가?

[보기]
다수의 면접자가 한 사람의 피면접자를 상대로 하는 면접 방식으로 피면접자에 대한 면접자의 면접 결과에 대해 의견교환의 절차를 거쳐 광범위한 정보수집 및 정확한 평가를 할 수 있으며, 관리직이나 전문직 선발 시 많이 활용되고 있는 면접시험의 유형이다.

① 집단면접
② 개별면접
③ 패널면접
④ 스트레스 면접

12 '도전성, 교육, 경험, 몰입, 창의성'은 직무평가의 어느 요소에 해당하는지 고르시오.

① 작업요건
② 숙련요소
③ 책임요소
④ 노력요소

13 인적자원관리 목표와 실천에 대한 설명으로 가장 적절하지 않은 것은?

① 경영자는 종업원들을 기업의 생산요소 중 자본으로 취급하여 기업의 성과를 낼 수 있어야 한다.
② 인적자원관리의 기준은 효율성과 공정성을 추구하지만 상충될 때가 있기 때문에 균형을 유지하는 것이 중요하다.
③ 인사 담당자가 정책을 실현할 때 제도적 측면과 인간적 측면에 직면하게 될 때에는 사람에 대한 관리보다 인사제도에 치중하여야 한다.
④ 기업의 입장에서는 성과를, 종업원 입장에서는 만족을, 그리고 사회의 입장에서는 사회적 공헌을 이룩하였을 때 효율적 인사관리라고 할 수 있다.

14 ㈜KPC가구는 나무의자를 생산하는 기업이다. 기존에는 1명의 직원이 A~F까지의 작업을 모두 수행해왔다. 경영효율화를 위해 [보기]와 같이 변경하였는데, ㈜KPC가 선택한 직무구조설계 방법은 무엇인가? (정답은 한글로 입력하시오)

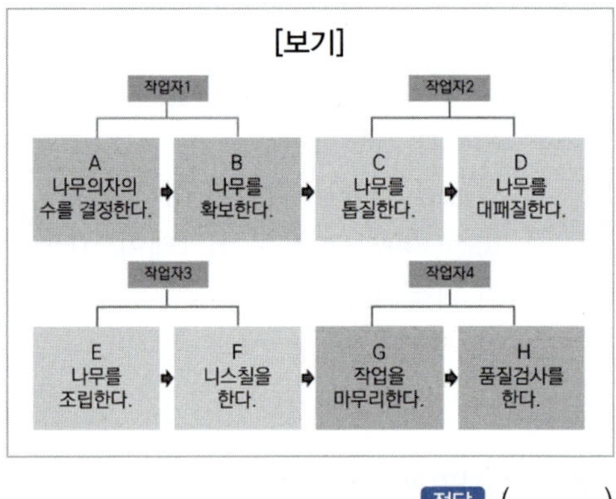

정답 (   )

15 인사평가의 목표에 대한 설명으로 가장 적절한 것은?

① 신뢰성(Reliability) : 평가내용이 평가목적을 얼마나 잘 반영하고 있는가?
② 타당성(Validity) : 평가내용이 평가목적을 얼마나 잘 반영하고 있는가?
③ 실용성(Practicability) : 평가하고자 하는 내용에 대해서 피평가자가 정당하게 느끼고 있는가?
④ 수용성(Acceptability) : 평가제도가 비용 및 효과 측면에서 얼마나 효율적인가?

16 직장 내 훈련(O.J.T)의 훈련 내용과 가장 관련이 없는 것은?

① 코칭
② 직무순환
③ 위원회 참석
④ 훈련기관 위탁

17 [보기]에 해당하는 교육훈련 방법으로 가장 적절한 것은?

> **[보기]**
> • 조속한 시일 내에 은퇴나 승진, 전보 등을 앞둔 사람의 직무를 승계할 계획으로, 주로 관리자의 직무지식을 습득하는 데 사용되는 교육기법
> • 상사로부터 업무에 관한 자세한 사항을 교육받아 관리자의 공석을 대비하는 방법

① 대역법
② 사례연구
③ 감수성훈련
④ 상호작용분석

18 [보기]에서 설명하는 인사 담당자의 역할은 무엇인가?

> **[보기]**
> • 기능 : 전략적 인적자원관리
> • 활동 : 인적자원관리를 기업의 전략으로 동일화, 사업전략에 따른 인적자원의 확립 등

① 관리 전문가
② 변화 촉진자
③ 종업원 조력자
④ 전략적 동반자

19 인사이동관리에서 능력주의 사회문화적 전통으로 가장 적절하지 않은 것은?

① 개인주의
② 단기고용제
③ 능력서열관
④ 운명공동체적 풍토

20 [보기]에서 설명하는 승진방법을 한글로 입력하시오.

> **[보기]**
> ㈜생산성은 대외업무를 담당하는 홍길동 대리의 승진을 진행하였다. 대외업무 수행 시 고객에게 신뢰감을 높이기 위해 더 높은 직급을 부여하였고, 오랫동안 승진을 못한 사원에게 승진을 시켜줌으로써 정체된 조직분위기를 개선시키고자 한다. 다만, 승진으로 인한 보상(임금)에는 변화가 없다.

정답 (   )승진

21 임금의 체계에서 부가적 임금에 해당하는 것은?

① 퇴직금
② 장려수당
③ 직무수당
④ 초과근무수당

22 일정한 기준에 따라 분류한 집단별로 임금을 산정하여 지급하는 특수임금제도는?

① 연봉제
② 순응임률제
③ 종업원지주제
④ 집단자극임금제

23 기업에서 추구하는 복리후생에 대한 설명으로 가장 적절한 것은?

① 사회적 목적 : 돈을 번 기업이 가난한 개인을 도와야 한다는 목적에서 복지후생제도가 발전되었다.
② 윤리적 목적 : 복지후생이 잘 된 종업원은 직장생활에 만족하고 사기가 오르고 생산성이 올라가 결국은 회사에 이바지하게 된다.
③ 경제적 목적 : 기업의 복지후생제도는 노동 이외의 부가급부로서 직원의 가족 중 노동에 참여하지 않은 사람들을 보호하는 의미가 있다.
④ 정치적 목적 : 기업에서는 종업원들로부터 환심과 충성을 얻고 노조의 영향력을 줄이기 위해 자발적으로 복지후생을 실시하기도 한다.

24 근로소득의 연말정산과 관련하여 인적공제의 추가공제에 해당하지 않는 항목은?

① 부녀자 공제
② 장애인 공제
③ 위탁아동 공제
④ 경로우대자 공제

25 ㈜생산성은 소비자의 욕구를 파악하기 위하여 시장조사를 실시하였다. 시장조사 시 일용직 사원을 활용하였다. 일용직 사원의 일당 250,000원을 현금으로 지급하는 경우 당사가 원천징수하여야 할 소득세는 얼마인가? (단, 지방소득세는 포함하지 않는다)

① 2,300원
② 2,700원
③ 3,000원
④ 3,300원

26 [보기]의 (   ) 안에 들어갈 내용을 숫자로 입력하시오.

> **[보기]**
> 고용보험법령상 일용근로자란 (   )개월 미만 동안 고용되는 사람을 말한다.

정답 (   )개월

27 [보기]에서 설명하는 용어를 한글로 입력하시오.

> **[보기]**
> • 원천징수 의무자가 소득을 받는 사람에게 소득을 지급했다는 것을 증명하기 위해 소득자에게 주는 서류를 의미한다.
> • 해당 서류에는 소득의 지급 사실뿐 아니라 소득자로부터 세금을 원천징수했다는 것을 증명하는 서류로도 사용된다.

정답 (   )

28 [보기]에서 설명하는 근무방식을 고르시오.

> **[보기]**
>
> ■ 장점
> - 가정과 직장이 멀리 떨어져 있는 경우 종업원에게 매우 유리하다.
> - 근로자는 워라벨을 실현시킬 수 있다.
> - 근무시간의 시작과 종료가 관련 종업원에게 동일하게 적용되기 때문에 직무들이 상호관련성이 높은 경우 높은 협동업무진행의 효율성이 높다.
> ■ 단점
> - 교대근무제가 없는 작업자의 경우 장비&설비의 활용도가 낮다.
> - 고객에 대한 서비스 기간이 주당 5일에서 4일로 줄어들 경우 고객의 불만을 야기시킬 수 있다.
> - 1일 10시간 혹은 그 이상의 근무로 인한 저녁 자유시간의 단축이 개입의 불만요인으로 나타난다.

① 집중근무제
② 파트타임제
③ 원격근무제
④ 24시간 선택적 근무제

29 단체교섭의 절차로 옳은 것은?

① 교섭준비 – 예비교섭 – 본교섭 – 마무리교섭 – 교섭의 평가
② 예비교섭 – 교섭준비 – 본교섭 – 마무리교섭 – 교섭의 평가
③ 예비교섭 – 본교섭 – 교섭준비 – 마무리교섭 – 교섭의 평가
④ 교섭준비 – 본교섭 – 예비교섭 – 마무리교섭 – 교섭의 평가

30 [보기]에서 (ㄱ), (ㄴ)에 해당하는 용어를 고르시오.

> **[보기]**
>
> - (ㄱ) : 근로자가 어느 노동조합에 가입하지 아니할 것 또는 탈퇴할 것을 고용조건으로 하거나 특정한 노동조합의 조합원이 될 것을 고용조건으로 하는 행위를 부당 노동행위로 규정하고 이러한 고용조건에 따라 고용계약을 체결하는 경우
> - (ㄴ) : 노동조합의 대표자 또는 노동조합으로부터 위임을 받은 자와의 단체협약 체결, 기타의 단체교섭을 정당한 이유 없이 거부하거나 해태하는 행위에 해당하는 부당 노동행위

① (ㄱ) 단체교섭 거부　(ㄴ) 황견계약
② (ㄱ) 황견계약　　　(ㄴ) 불매운동
③ (ㄱ) 피케팅　　　　(ㄴ) 단체교섭 거부
④ (ㄱ) 황견계약　　　(ㄴ) 단체교섭 거부

31 경영참가제도에 대한 설명으로 가장 적절하지 않은 것은?

① 이윤참가는 이윤의 일부를 임금 이외의 형태로 근로자에게 배분하는 방식이다.
② 노사협의제란 노사의 공동협의를 기본으로 하여, 최종결정에도 경영자와 동일한 의사결정권을 가진다.
③ 경영참가제도란 근로자 또는 노동조합이 기업경영과 관련하여 제기되는 제반 의사결정에 영향력을 행사하는 과정을 의미한다.
④ 자본참가는 근로자들로 하여금 자본의 출자자로서 기업경영에 참가시키고자 하는 것으로서 주된 형태로는 종업원지주제도가 있다.

32 다음 [보기]의 연차유급휴가 및 「근로기준법」 관련하여 (   ) 안에 들어갈 숫자를 입력하시오.

> **[보기]**
>
> 3년 이상 계속하여 근로한 근로자에게는 제1항에 따른 휴가에 최초 1년을 초과하는 계속 근로연수 매 2년에 대하여 1일을 가산한 유급휴가를 주되, 가산휴가를 포함한 총 휴가일수는 (   )일을 한도로 한다.

정답 (   )일

33 [보기]에서 설명하는 제도를 한글로 입력하시오.

> **[보기]**
>
> • 근무시간 · 근무일을 변경하거나 근로자와 사용자가 근로시간이나 근로장소 등을 선택 · 조정하여 일과 생활을 조화롭게 하고, 인력활용의 효율성을 높일 수 있는 제도이다.
> • 대표적으로 시차출퇴근제, 선택적 근로시간제, 재량근로시간제, 원격근무제, 재택근무제 등이 해당한다.
> • 「근로기준법」에 따르면 탄력적 근로시간제, 선택적 근로시간제, 사업장 밖 간주근로시간제, 재량근로시간제 등이 해당 제도의 유형으로 구분된다.
> • 승진, 금전적 보상과 같은 전통적인 동기부여요소 외에 업무에 대한 자기 주도성, 일과 생활의 균형(Work–Life Balance)을 높게 평가하는 젊은 인재들의 유인요소로 작용하며, 일 · 가정이 양립할 수 있는 근로환경을 조성할 수 있다.

정답 (   )제

01 다음 중 핵심 ERP 사용을 위한 기초 사업장 정보를 확인하고, 그 내역으로 알맞지 않은 것은 무엇인가?

① 〈1000.인사1급 회사본사〉 사업장은 해당 회사의 '본점' 사업장이며, 대표자는 '한국민'이고, 개업년월일은 '2000/03/20'이다.

② 〈2000.인사1급 인천지점〉 사업장의 종목은 '스포츠'이며, 관할세무서는 '121.인천'이다.

③ 〈3000.인사1급 부산지점〉 사업장의 주업종코드는 '729000.정보통신업'이며, 사업자단위과세 신고 시 〈1000.인사1급 회사본사〉 사업장의 종사업장으로 포함하여 신고한다.

④ 〈4000.인사1급 강원지점〉 사업장의 지방세신고지(행정동)은 '4211067500.춘천시청'이며, 원천징수이행상황신고서 신고 시 '반기' 신고를 진행하는 사업장이다.

02 다음 중 핵심 ERP 사용을 위한 기초 부서 정보를 확인하고, 내역으로 옳지 않은 것은 무엇인가?

① 〈2000.인사1급 인천지점〉 사업장에 속한 부서 중 현재 사용 중인 부서는 2개이다.

② [1000.관리부문]에 속한 부서 중 현재 사용하지 않는 부서는 4개이다.

③ '1300.인사부', '1400.영업부'는 현재는 사용하지 않는 부서이다.

④ 〈4000.인사1급 강원지점〉 사업장에 속한 부서는 모두 사용 중이다.

03 당 회사의 인사/급여 설정기준을 확인하고 관련된 설명으로 옳지 않은 것은 무엇인가? (단, 환경설정 기준은 변경하지 않는다)

① 퇴사자의 경우 급여계산 시, '20일' 초과 근무 시, 월 급여를 정상 지급한다.

② 사회보험정산코드로는 어떠한 코드도 등록되어 있지 않다.

③ 생산직 비과세를 적용할 직종으로 '002.생산직', '003.환경직', '005.기술직'이 등록되어 있다.

④ 회사의 월일수 산정기준에 따라 2025년 1월 귀속 근태 기준 일수는 30일로 산정한다.

04 당 회사는 2025년 01월 [900.대리] 직급의 호봉을 아래 [보기]와 같이 일괄 등록하고자 한다. [900.대리] 직급의 호봉등록을 완료하였을 때, 4호봉 기준의 '호봉합계'는 얼마인가?

> **[보기]**
> 1. [900.대리] 직급의 '2022.01' 호봉이력 기준 적용
> 2. 정률인상 적용 : 기본급 4.5%, 급호수당 2.0%
> 3. 정액인상 적용 : 연장수당 5,000원

① 2,774,700원

② 2,778,257원

③ 2,825,680원

④ 2,902,289원

05 당 회사의 2024년 12월 귀속 급/상여 지급일자 등록을 확인하고, 그 내역으로 알맞지 않은 것은 무엇인가?

① '상여' 지급 시, '상여지급대상기간' 내 '생산직', '기술직' 근로자에 대해서만 상여를 지급한다.

② '급여'의 '지급직종및급여형태'에 반영된 정보와 일치하지 않는 대상자는 [상용직급여입력및계산] 메뉴에서 직접 대상자 선정을 진행하여 추가 반영할 수 있다.

③ '급여'를 지급하는 일자에 '상여'를 추가하여 지급할 수 있다.

④ '상여' 지급 시, 퇴사자의 경우 근무일수에 상관없이 상여 지급 대상 기간 내 근무일수 기준으로 지급한다.

06 2025년 귀속 기준 급여 지급/공제항목설정을 확인하고, 그 설명으로 옳지 않은 것은 무엇인가? (단, 지급/공제항목설정 기준은 변경하지 않는다)

① [P10.연장근로수당]은 직종이 '생산직'인 사원에게만 100,000원을 지급한다.

② [P20.자격수당]은 'ERP정보관리사1급' 자격 대상자에게는 50,000원을 지급한다.

③ [P30.근속수당]은 근속기간이 9년 3개월인 대상자에게는 225,000원을 지급한다.

④ [P55.영업촉진비]는 '국내영업부'와 '해외영업부'에 속한 직원들에게 100,000원을 지급한다.

07 당 회사는 발령일자 2025/01/31 날짜로 [2025년 1/4분기 인사발령]을 진행하였다. [20250131] 발령호수의 〈발령내역〉에 대한 설명으로 옳지 않은 것은? (단, 발령적용은 진행하지 않고, 모든 정보는 현재 프로그램에 반영되어 있는 데이터를 기준으로 확인한다)

① 발령대상자는 모두 4명이며, 모든 대상자는 발령일자 이후에 동일한 근무조에서 근무한다.

② 해당 발령 전, '장명훈' 사원의 부서는 '관리부'였으며, 발령 후 부서는 '생산부'로 변경된다.

③ '안종남' 사원의 현재 부서는 '국내영업부'이고, 발령 후 호봉은 '7호봉'으로 변경된다.

④ 해당 발령 후, '유지현' 사원의 부서, 근무조 및 호봉이 변경된다.

08 당 회사는 전체 사업장의 〈916. 2025년 임직원 역량강화교육〉 교육평가가 우수한 사원을 대상으로 포상을 지급하기로 하였다. 아래 [보기]를 확인하여 대상자들의 총 지급액으로 알맞은 것은 무엇인가?

> **[보기]**
> • 교육평가 A등급 : 150,000원
> • 교육평가 B등급 : 100,000원

① 900,000원

② 1,000,000원

③ 1,050,000원

④ 1,200,000원

09 당 회사는 창립기념일을 맞아 2024년 12월 31일 기준으로 전체 사업장의 만 15년 이상 장기근속자에 대해 특별근속수당을 지급하기로 하였다. 아래 [보기]를 기준으로 지급한 총 특별근속수당은 얼마인가? (단, 퇴사자는 제외하며, 미만일수는 올리고, 모든 경력사항을 제외한다)

> **[보기]**
> 1. 15년 이상~20년 미만 : 100,000원
> 2. 20년 이상~ : 300,000원

① 3,000,000원

② 3,300,000원

③ 3,400,000원

④ 3,600,000원

10 당 회사의 인사정보를 확인하고 관련된 설명으로 올바르지 않은 것은 무엇인가?

① [20010401.노희선] 사원의 직급은 '700. 차장'이며, 급여이체은행은 '040.국민'은행으로 설정되어 있다.

② [20030701.엄현애] 사원은 노조에 가입되어 있으며, [상용직급여입력및계산] 메뉴에서 급여계산 시, 15,770원만큼 장기요양보험료가 공제된다.

③ [20040301.오진형] 사원은 학자금상환 대상자로 상환통지액은 500,000원이며, 배우자공제를 적용 받는다.

④ [20160911.이자연] 사원은 국외소득이 존재하지 않으며, 현재 책정된 임금의 '연봉'은 26,500,000원이다.

11 당 회사의 2025년 01월 귀속 급여(지급일자 : 2025/01/25)에 해당하는 대상자 중 [20100801. 이서윤] 사원이 개인적인 사유로 휴직을 신청하였다. [20100801.이서윤] 사원의 휴직 내역을 [보기]와 같이 등록한 뒤 모든 지급 대상자에 대해 급여를 계산할 때, '과세'총액은 얼마인가? (단, 그 외 급여계산에 필요한 조건은 프로그램에 등록된 기준을 이용한다)

> [보기]
> 1. 시작일, 종료일 : 2025/01/01, 2025/01/17
> 2. 휴직사유 : [200.병가]
> 3. 휴직지급율 : 80%
> 4. 퇴직기간적용 : 함

① 58,922,180원
② 59,762,130원
③ 60,693,190원
④ 61,430,050원

12 당 회사는 2025년 01월 귀속 '특별급여' 소득을 지급하고자 한다. 아래 [보기]의 지급대상 요건으로 지급일자를 직접 추가하여 급여계산을 진행한 뒤 확인한 정보로 올바르지 않은 것은 무엇인가? (단, 그 외 급여계산에 필요한 조건은 프로그램에 등록된 기준을 이용한다)

> [보기]
> 1. 특별급여지급일자 : 2025/01/31
> 2. 동시발행 및 대상자선정 : 분리, 직종및급여형태별
> 3. 특별급여지급대상 : 〈1000.인사1급 회사본사〉 사업장을 제외한 사업장의 모든 직종 및 급여형태

① 해당 지급일자의 지급인원은 직종별로 다른 특별급여를 지급받았고, 총 과세금액은 24,305,520원이다.

② 해당 지급일자의 지급인원은 모두 7명이고, 장기요양보험료의 총합계는 155,140원이다.

③ [20040301.오진형] 사원에게 실제 지급된 금액은 2,646,630원이고, 고용보험료는 공제되지 않았다.

④ [20130701.고진수] 사원에게 지급된 금액은 총 2,819,260원이고, 소득세는 20,260원 공제되었다.

13 당 회사는 〈1000.인사1급 회사본사〉 사업장을 제외한 사업장에 대해 2024년 12월 귀속(지급일 1번)에 이체한 급/상여를 확인하고자 한다. 이체 현황에 대한 설명으로 옳지 않은 것은 무엇인가? (단, 무급자는 제외한다)

① 해당 조회조건의 대상자 중 급여 이체 대상의 이름과 예금주명이 다른 사원이 존재한다.

② 해당 지급일자에 계좌로 급여를 이체 받는 인원은 총 6명이며, 총 이체 금액은 26,868,840원이다.

③ '국민'은행을 통해 급여를 지급받는 인원은 2명이며, 총 이체 금액은 9,174,920원이다.

④ '20040301.오진형' 사원에게 이체된 금액은 현금으로 급여를 지급받는 사원에게 지급된 금액보다 적다.

14 당 회사는 〈1000.인사1급 회사본사〉 사업장에 대해 2024년 4분기에 속한 기간의 지급내역 중 '100.급여' 지급내역에 대해 직종별로 집계하여 금액을 확인하고자 한다. 내역을 확인하고 직종과 항목별 금액이 올바르게 짝지어지지 않은 것은 무엇인가?

① 직종 : 사무직 / 가족수당 : 420,000원

② 직종 : 생산직 / 연장근로수당 : 600,000원

③ 직종 : 연구직 / 고용보험 : 104,730원

④ 직종 : 기술직 / 차인지급액 : 10,572,810원

15 당 회사는 초과근무에 대해 수당을 지급하고 있다. 아래 [보기]의 기준을 토대로 2024년 12월 귀속 〈급여〉구분 [20130701.고진수] 사원의 '초과근무수당'을 계산하면 얼마인가? (단, 근무수당을 계산하면서 발생되는 모든 원단위 금액은 절사하며, 책정임금 시급은 원단위 금액을 절사하지 않고 계산한다)

> **[보기]**
> 초과근무수당 = 1유형 근무수당 + 2유형근무수당
> • 초과근무 시급 : 책정임금 시급
> • 1유형 근무수당 = (평일연장근무시간 + 토일정상근무시간)*2*초과근무 시급
> • 2유형 근무수당 = (평일심야근무시간 + 토일연장근무시간)*2.5*초과근무 시급

① 527,790원

② 534,210원

③ 552,160원

④ 564,950원

16 당 회사는 일용직 사원에 대해 사원별 지급형태를 구분하여 일용직 급여를 지급하고 있다. 아래 [보기]를 확인하여 2025년 01월 귀속 지급일 중 '매일지급' 대상자를 직접 반영 후 급여계산할 때, 해당 지급일의 급여내역에 대해 올바르지 않은 것은 무엇인가? (단, 급여계산에 필요한 조건은 프로그램에 등록된 기준대로 확인한다)

> [보기]
> 1. 지급형태 : '매일지급' 지급일
> 2. 지급 대상자 : '시급직'인 '1100.총무부' 사원
> 3. 평일 10시간 근무, 토요일 4시간 근무
> 4. 비과세 적용 12,000원(평일만 적용)

① 해당 지급일자의 대상자는 총 31일 중 27일을 근무하였으며, 과세총액은 28,596,250원이다.

② [1010.홍정인] 사원의 연장비과세총액은 1,219,000원이고, 해당 금액은 신고대상인 비과세이다.

③ [1014.주희정] 사원은 생산직 비과세 적용 여부가 '안함'으로 설정되어 있으며, 소득세가 공제되지 않았다.

④ 해당 지급일자의 회사부담금 총액은 1,393,350원이고, 모든 사원은 건강보험이 공제되었다.

17 2025년 01월 귀속 일용직 급여작업 전, 아래 [보기]를 기준으로 [1008.이민구] 사원의 사원정보를 직접 변경하고 급여계산을 했을 때, 2025년 01월 귀속 해당 일용직 대상자들의 실지급액의 총계는 얼마인가? (단, 그 외 급여계산에 필요한 조건은 프로그램 등록된 기준을 따른다)

> [보기]
> 1. 사원정보 변경
>   1) 생산직비과세적용 '함'
>   2) 국민연금여부 : '여' / 건강보험여부 : '여'
>   3) 급여 : 43,420원 / 시간단가 : 43,420원
> 2. 일용직 급여지급
>   1) 지급형태 : '일정기간지급' 지급일
>   2) 평일 10시간 근무 가정
>   3) 비과세 적용 : 10,000원(평일만 적용)

① 42,208,680원

② 42,805,300원

③ 47,933,870원

④ 48,677,940원

18 당 회사는 2024년 4분기 귀속 급여 작업에 대해 수당별 지급현황을 확인하고자 한다. 다음 중 〈1000.인사1급 회사본사〉 사업장 기준 'T10.지방소득세'가 가장 적게 공제된 사원은 누구인가?

① [20010402.박국현]

② [20080103.김소현]

③ [20081202.장명훈]

④ [20101001.최명수]

19 2025년 01월 25일 〈1000.인사1급 회사본사〉 사업장의 [20001101.박용덕] 사원이 개인 사유로 중도정산을 신청하였다. 아래 [보기]의 내용에 따라 퇴직기준과 대상자를 직접 반영하여 퇴직 정산작업을 진행했을 때, 정산 결과에 대한 설명으로 옳지 않은 것은 무엇인가? (단, 그 외 퇴직금 계산에 필요한 조건은 프로그램의 등록 기준에 따른다)

> [보기]
> 1. 평균임금 계산식 : '일평균 임금' 적용
> 2. 지급항목 설정 : 기본급, 연장근로수당, 근속수당, 식대보조비, 상여
> 3. 귀속연월 : 2025/01
> 4. 재직기준 : 2025/01/01~2025/01/31
> 5. 퇴직일자, 신청일자 : 2025/01/25
> 6. 지급일자 : 2025/01/31

① 퇴직금 계산 시, 산정된 상여금의 합계는 6,556,240원이고 연차수당은 존재하지 않는다.
② 중도 정산 시의 기산일은 2009/07/01이고, 산정기간은 15년 6개월 25일이다.
③ 퇴직금 계산 시, 산정된 기본급의 합계는 14,837,490원이다.
④ 퇴직금은 87,067,170원이고, 퇴직금 지급 시 공제된 금액은 총 1,224,970원이다.

20 당 회사는 퇴직추계총액 기준으로 40%만큼 '퇴직급여충당부채'를 설정하고자 한다. 아래 [보기] 기준으로 퇴직금추계코드를 직접 등록하고 퇴직금 추계액을 계산했을 때, 회사에서 설정할 수 있는 '퇴직급여충당부채'는 얼마인가? (단, 전기 퇴직급여충당부채 잔액은 없는 것으로 가정하며, 원단위는 절사하고, 그 외 기준은 프로그램의 등록 기준에 따른다)

> [보기]
> 1. 추계코드(명) : [2024.2024년 퇴직금추계액]
> 2. 기준연월 : 2024/12
> 3. 대상 사업장(계정) : [1000.인사1급 회사본사], [4000.인사1급 강원지점] (사원)

① 339,148,960원
② 356,262,140원
③ 402,781,130원
④ 425,890,620원

21 당 회사 〈4000.인사1급 강원지점〉 사업장 [20081204.유지현] 사원의 2024년 귀속의 근로소득에 대해 실제 원천징수한 총 '소득세'와 '연금보험'은 각각 얼마인가?

① 소득세 : 2,179,200원 / 연금보험 : 2,099,120원
② 소득세 : 2,179,200원 / 연금보험 : 2,359,800원
③ 소득세 : 2,342,740원 / 연금보험 : 2,099,120원
④ 소득세 : 2,342,740원 / 연금보험 : 2,359,800원

22 아래 [보기]를 기준으로 '인사/급여환경설정'을 직접 확인하여 변경한 뒤, 〈1000.인사1급 회사 본사〉 사업장의 원천세 신고서를 생성했을 때, 근로소득 구분에 대한 '총지급액'과 '소득세'는 각각 얼마인가? (단, 신고구분은 '정기'이며, 소득처분여부는 '1.비해당'으로 설정한다)

> **[보기]**
> 1. 원천세 신고유형 : 본점일괄신고
> 2. 이행상황신고서집계방식 : 귀속연월
> 3. 신고서 생성 기준 : 귀속 : 2024.12 /
>   지급 : 2025.01(제출일자 2025.02.10.)
> 4. 일반 데이터반영(사업소득 동일) : 매월 징수분 (전체)
> 5. 연말정산 소득세, 농특세 반영 : 미적용

① 총지급액 : 16,475,670원 /
　소득세 : 1,186,170원
② 총지급액 : 28,348,150원 /
　소득세 : 1,720,300원
③ 총지급액 : 123,621,090원 /
　소득세 : 5,555,290원
④ 총지급액 : 145,298,150원 /
　소득세 : 7,448,500원

23 아래 [보기]를 기준으로 당 회사의 지방소득세 특별징수명세 신고서를 생성했을 때, [4.근로소득]의 소득자별 '과세표준'이 올바르지 않은 것은 무엇인가? (단, 신고서 생성기준은 '단일 사업장' 기준으로 생성한다)

> **[보기]**
> ※ 인사/급여환경설정 '지방소득세/주민세(종업원분)집계방식' : 귀속.지급연월
> 1. 매월 신고
> 2. 신고사업장 : [0000.전체]
> 3. 신고구분 : 1.정기
> 4. 귀속연월 : 2024년 12월
> 5. 지급연월 : 2024년 12월
> 6. 제출일자 : 2025년 01월 10일
> 7. 급여지급일자 : 2024년 12월 31일
> 8. 계속근무자 연말정산 환급액 반영 기준 : 미적용

① [20101001.최명수]
　- 과세표준 : 616,200원
② [20000502.김종욱]
　- 과세표준 : 317,540원
③ [20001101.박용덕]
　- 과세표준 : 329,860원
④ [20081201.안민서]
　- 과세표준 : 514,980원

24 당 회사는 〈퇴직금〉에 대해 전표집계 및 생성 작업을 진행하고 있다. 전표집계를 위한 〈사원 계정〉 퇴직금 항목별 계정과목 설정을 확인하고, 그 내역으로 알맞지 않은 것은? (단, 모든 정보는 프로그램에 입력된 기준으로 확인한다)

① 퇴직금 − 80800.퇴직급여
② 비과세소득 − 60900.퇴직급여
③ 퇴직소득세 − 25400.예수금
④ 차인지급액 − 10301.보통예금

25 당 회사는 전체 사업장 기준 2024년 12월 귀속 (지급일 1번) 급여구분의 대장을 확인하고자 한다. 직종별로 대장을 집계하여 확인했을 때, 직종별 지급/공제항목의 금액으로 옳지 않은 것은?

① 사무직 − 국민연금 : 2,384,690원
② 생산직 − 직무발명보상금 : 1,450,000원
③ 연구직 − 소득세 : 228,590원
④ 환경직 − 근속수당 : 125,000원

인사 1급	시험 일자	소요 시간
	2024년 11월 23일	이론 40분 / 실무 40분

수험번호 : ___________________

성　　명 : ___________________

정답 & 해설 ▶ 474p

이론

01 기계학습의 종류에 해당하지 않는 것은?

① 지도학습(Supervised Learning)

② 강화학습(Reinforcement Learning)

③ 비지도학습(Unsupervised Learning)

④ 시뮬레이션학습(Simulation Learning)

02 [보기]에서 설명하는 RPA 적용단계는 무엇인가?

> **[보기]**
> 빅데이터 분석을 통해 사람이 수행한 복잡한 의사결정을 내리는 수준이다. 이것은 RPA가 업무 프로세스를 스스로 학습하면서 자동화하는 단계이다.

① 인지자동화

② 데이터 전처리

③ 기초프로세스 자동화

④ 데이터 기반의 머신러닝(기계학습) 활용

03 ERP와 기존의 정보시스템(MIS) 특성 간의 차이점에 대한 설명으로 가장 적절하지 않은 것은?

① 기존 정보시스템의 업무범위는 단위업무이고, ERP는 통합업무를 담당한다.

② 기존 정보시스템의 전산화 형태는 중앙집중식이고, ERP는 분산처리구조이다.

③ 기존 정보시스템은 수평적으로 업무를 처리하고, ERP는 수직적으로 업무를 처리한다.

④ 기존 정보시스템은 파일시스템을 이용하고, ERP는 관계형 데이터베이스시스템(RDBMS)을 이용한다.

04 'Best Practice'를 목적으로 ERP 패키지를 도입하여 시스템을 구축하고자 할 경우 가장 적절하지 않은 방법은?

① BPR과 ERP 시스템 구축을 병행하는 방법

② ERP 패키지에 맞추어 BPR을 추진하는 방법

③ 기존 업무처리에 따라 ERP 패키지를 수정하는 방법

④ BPR을 실시한 후에 이에 맞도록 ERP 시스템을 구축하는 방법

05 ERP 시스템 투자비용에 관한 개념 중 '시스템의 전체 라이프사이클(Life-cycle)을 통해 발생하는 전체 비용을 계량화한 비용'에 해당하는 것은?

① 유지보수 비용(Maintenance Cost)

② 시스템 구축비용(Construction Cost)

③ 총소유비용(Total Cost of Ownership)

④ 소프트웨어 라이선스비용(Software License Cost)

06 인적자원관리는 조직의 유효성을 높이기 위해 실천되는 하나의 과정이다. 인적자원관리 기본 기능 외에 실무 운영 기능에 대한 설명으로 적합하지 않은 것은?

① 확보 기능 – 직무관리, 인적자원계획

② 개발 기능 – 교육훈련, 경력개발, 경력관리

③ 보상 기능 – 임금관리, 복리후생관리

④ 유지 기능 – 안전보건관리, 이직관리, 노사관계관리

07 직무정보의 수집방법 중 직무수행에 있어서 성공과 실패를 결정할 수 있는 특수한 작업행동의 사례정보를 수집 및 활용하는 것은?

① 관찰법

② 체험법

③ 질문지법

④ 중요사건기록법

08 [보기]에서 설명하고 있는 인력계획의 미래예측기법은?

> [보기]
> 독립변수들의 선형관계를 기초로 종속변수를 예측하는 방법으로 인적자원에 대한 미래 수요를 예측하는 경우에도 효과적으로 활용되는 분석방법이다.

① 회귀분석법

② 추세분석법

③ 델파이기법

④ 브레인스토밍

09 모집 방법 중 사외모집 방법으로 옳지 않은 것은?

① 헤드헌터

② 인턴사원제

③ 기능목록표 활용

④ 기존 종업원의 추천

10 ㈜생산성의 인사팀에서 본 신입사원 최종면접을 [보기]와 같이 실시하였다. ㈜생산성의 면접 방법으로 가장 적절한 것은?

> [보기]
> • 면접위원을 내부위원 2명과 외부위원 3명으로 섭외하여 실시합니다.
> • 지원자는 1명씩 지정된 공간에서 15분간 면접에 참여합니다.

① AI면접

② 패널면접

③ 토론면접

④ 압박면접

11 선발시험을 실시하여 합격한 지원자의 시험성적(예측치)과 입사 후의 직무성과(표준치)를 비교하여 선발시험의 타당성을 측정하는 방법은 무엇인가?

① 동시 타당성
② 예측 타당성
③ 내용 타당성
④ 구성 타당성

12 종업원의 직무 능력 및 잠재력 등을 기준으로 적정배치가 될 수 있도록 하는 원칙은?

① 능력주의 원칙
② 균형주의 원칙
③ 공정보상의 원칙
④ 인재육성주의 원칙

13 인적자원관리의 진행 과정(계획 → 실행 → 통제)을 제시한 것 중 '통제'에 가장 근접한 활동은?

① 사기유발, 노사분규해결
② 모집홍보, 선발면접, 배치
③ 사기 향상 정도, 모집효과분석, 투입비용 계산
④ 인력공급추이 파악, 임금기준 파악, 인사평가, 경력개발

14 [보기]의 (   )에 들어갈 용어를 한글로 입력하시오.

> **[보기]**
> (   )는 허즈버그의 2요인 이론에 기초하여 종업원이 자신의 직무를 스스로 계획하고 실천하며 평가할 수 있도록 자율과 책임을 증대시키고 자신의 성과를 평가하고 수정할 수 있도록 피드백을 제공하며, 도전적이고 보람된 일이 되도록 하는 직무설계 방법이다.

정답 (   )

15 [보기]는 무엇에 대한 설명인가?

> **[보기]**
> • 가장 단순한 방법으로 근로자의 장단점과 성과 및 잠재적인 요인의 향상을 위한 제언을 사실적으로 서술하는 방법
> • 간편하지만 비교가 어려우며, 평가결과가 상이할 수 있음
> • 일종의 자기고과 방법으로 자기평가는 자유롭게 기술함

① 자유기술법
② 강제선택법
③ 대조표고과법
④ 서술식고과법

16 인사고과의 오류 중 중심화 경향을 줄이기 위한 개선방향으로 가장 효과적인 것은?

① 평가시기에 즈음하여 평가자료를 확보한다.
② 평가자의 가치관 등을 평가내용에 반영한다.
③ 피평가자의 특징적인 전반적 인상을 강조한다.
④ 평가기간을 늘리고, 다양한 평가자료를 확보한다.

17 [보기]가 설명하는 교육훈련 방법은?

> **[보기]**
> 특정한 상황을 설정하여 피훈련자에게 그 상황 속의 특정 역할을 맡기고 그 역할에 관한 행동을 실행하도록 하는 방법이다.

① 그리드훈련
② 역할연기법
③ 감수성훈련
④ 인바스켓훈련

18 [보기]에서 설명하는 리더십 이론으로 가장 적절한 것은?

> **[보기]**
> 리더가 먼저 리더의 행동을 보임으로써 부하에게 대리학습의 모델이 되고 부하 스스로 리더가 될 수 있도록 목표 설정을 지원하고 코치의 역할을 하며 조직이 스스로 변화할 수 있도록 변화담당자로서의 역할을 하는 리더십

① 코칭 리더십
② 셀프 리더십
③ 슈퍼 리더십
④ 변혁적 리더십

19 [보기]에서 설명하는 조직 변화의 방향은 무엇인가?

> **[보기]**
> 지식의 중요성을 인식하여 지식을 창출하고, 체계적인 지식관리를 실시하여 교육조직을 설계하고 운영하는 것을 의미한다.

① 고객 지향
② 개인 지향
③ 공생 지향
④ 학습 지향

20 [보기]에서 설명하는 조직의 형태를 한글로 입력하시오.

> **[보기]**
> • 기존 기능부서의 상태를 유지하면서 특정한 프로젝트를 위해 서로 다른 부서의 인력이 함께 일하는 조직으로, 기능별 조직 또는 부문별 조직 형태로 프로젝트팀 조직을 결합시킨 독특한 형태의 조직이다.
> • 해당 조직 형태는 경쟁이 심하고, 새로운 아이디어에 대한 수명주기가 짧은 고성장 산업 등에서 시작되었지만, 현재는 정부, 학교, 일반 기업 등 다양한 조직에서 광범위하게 사용되고 있다.

정답 (   ) 조직

21 임금관리의 차원에서 [보기]는 무엇을 실현하기 위한 것인가?

> **[보기]**
> 임금수준은 임금액 또는 임금률의 크기를 나타내는 개념으로서, 기업 전체의 임금총액 수준이나 각 종업원의 개별임금수준, 초과근무 임금의 수준을 나타내는 의미로 쓰이고 있다.

① 임금관리의 체계성
② 임금관리의 적정성
③ 임금관리의 합리성
④ 임금관리의 공정성

22 통상임금과 평균임금에 대한 설명으로 옳지 않은 것은?

① 평균임금 – 퇴직금
② 평균임금 – 해고예고수당
③ 통상임금 – 연장근로가산수당
④ 통상임금 – 야간근로가산수당

23 복리후생관리의 3원칙으로 가장 옳지 않은 것은?

① 적정성의 원칙
② 합리성의 원칙
③ 협력성의 원칙
④ 지불능력의 원칙

24 연말정산 시 근로자 제출서류로 가장 적절하지 않은 것은?

① 기부금 명세서
② 의료비 지급명세서
③ 근로소득 공제신고서
④ 원천징수이행상황신고서

25 [보기]에 해당하는 것을 고르시오.

[보기]	
㈜생산성은 다음과 같이 성과급을 포함하여 임금을 지급하기로 하였다(단위 : 천원).	
• 지급임금액	70,000
• 표준생산성	2,100
• 표준부가가치	229,600
• 실제부가가치	259,000
• 초과된 부가가치	29,400
• 종업원 측 분배	11,760
• 기업 측 분배	17,640

① 럭커 플랜
② 스캔론 플랜
③ 이윤분배제
④ 임프로쉐어 플랜

26 2024년도 종합소득 기본 세율을 적용하였을 때, 종합소득 10억원 초과가 될 경우 기본세율은 몇 %인가? (정답은 단위(%)를 제외한 숫자만 입력하시오)

정답 (   )%

27 [보기]에서 설명하는 용어를 한글로 입력하시오.

[보기]
• 정년까지 고용을 보장하는 조건으로 일정한 연령에 이른 근로자의 임금을 삭감하는 제도이다.
• 사측과 노조의 협의에 따라 정년보장형, 정년연장형, 고용연장형 중에서 선택할 수 있다.

정답 (   )

28 교대근무제에 대한 설명으로 적합한 것은?

① 종업원들이 일정한 제약조건 내에서 자유롭게 출퇴근 시간을 정해놓고 근무하는 제도를 말한다.

② 1일 근로시간을 정규직 근로자와 달리 4~7시간 정도 일하며 임금은 직무에 따른 시간급을 지급한다.

③ 두 사람 이상의 시간제 근무자가 직무시간 교대를 통해서 일주일 40시간의 근무를 나누어 수행하도록 하는 제도를 말한다.

④ 회사가 1일 근무시간을 두 개 이상의 시간계열로 구분하고 근로자들을 2개조 이상으로 편성하여 교대로 작업하도록 하는 근로시간제를 말한다.

29 기업별 노동조합의 단위조합 또는 지부가 산업별의 상부 노동단체와 공동으로 당해 기업의 사용자 대표와 교섭하는 방식은 무엇인가?

① 통일교섭
② 집단교섭
③ 공동교섭
④ 대각선교섭

30 부당 노동행위로 적절하지 않은 것은?

① 사용자의 조업계속
② 사용자의 단체교섭 거부행위
③ 노동조합에 대한 자금을 원조하는 행위
④ 노동조합의 가입을 이유로 노동자의 해고 등의 불이익대우

31 경영참가제도를 직접참가와 간접참가로 구분할 때 간접참가의 유형에 해당하는 것은?

① 노사협의제
② 공동의사결정
③ 이윤분배제도
④ 종업원지주제

32 [보기] 「근로기준법」에 따른 휴게시간에 대한 설명이다. (   )에 들어갈 내용을 숫자로 입력하시오.

> **[보기]**
> ・「근로기준법」 제54조에 따르면 사용자는 근로시간이 4시간인 경우 30분 이상 휴게시간을 제공해야 한다.
> ・근로시간이 8시간인 경우 (   )시간 이상 휴게시간을 근로시간 도중에 제공해야 한다.

정답 (   )시간

33 [보기]에서 설명하는 노동 3권은 무엇인가?

> **[보기]**
> ・노동조건의 유지・개선과 기타 경제적 지위향상을 위해 단결하는 권리를 의미한다.
> ・노동자가 자주적 단체인 노동조합을 통해 집단적 압력을 행사함으로써 사용자와 대등한 위치에서 교섭을 하도록 하는 것을 목적으로 한다. 따라서 단체교섭권, 쟁의권 등 단체행동을 할 권리가 뒷받침되어야 실질적인 의미가 있다.

정답 (   )권

※ 더존 iCUBE 핵심 ERP 프로그램과 기출문제 DB를 다운로드한 후 시험을 시작하시기 바랍니다.
- 프로그램 버전 : 2024년 iCUBE 핵심 ERP
- 기출문제 DB : 24년 6회(11월) 기출DB 〉 11월기출DB
- 회사코드 : 2004.인사1급 회사B
- 사원코드 : ERP13I01.장미란

01 다음 중 핵심 ERP 사용을 위한 기초 사업장 정보를 확인하고, 그 설명으로 옳지 않은 것은?

① [1000.인사1급 회사본사] 사업장은 당 회사의 '본점' 사업장이다.

② [2000.인사1급 인천지점] 사업장은 당 회사에 등록된 사업장 중 유일하게 '반기'로 이행상황신고서를 작성하는 사업장이다.

③ [3000.인사1급 대구지점] 사업장은 [1000.인사1급 회사본사] 사업장에 속한 종사업장이며, [1000.인사1급 회사본사] 사업장에 속한 종사업장은 [4000.인사1급 강원지점]을 제외한 모든 사업장이 등록되어 있다.

④ [4000.인사1급 강원지점] 사업장의 지방세신고지 법정동은 [4211040024.강원도 춘천시 남산면 수동리]이다.

02 핵심 ERP 사용을 위해 사용자별 권한을 설정해야 한다. [ERP13I01.장미란] 사원에게 부여된 메뉴 권한의 설명으로 옳지 않은 것은?

① [인사정보등록] 메뉴에 등록된 근로자의 정보를 수정할 수 있다.

② [급여명세] 메뉴를 통해 당 회사에 속한 모든 근로자의 급여명세서를 출력할 수 있다.

③ [전표관리]에 속한 메뉴는 권한이 있지만, 일부 메뉴의 변경/삭제/출력은 불가하다.

④ [사업/기타/이자배당소득관리]에 속한 메뉴 권한이 없어, 소득자들의 정보와 소득내역을 등록할 수 없다.

03 당 회사에 등록된 부서를 '2024/11/23' 기준으로 조회했을 때, 조회된 부서의 설명으로 옳은 것은?

① 현재 사용 중인 부서는 총 11개이다.

② [2000.인사1급 인천지점] 사업장에 속한 부서의 사용시작일은 모두 '2005/01/01'이다.

③ 2021년 이후 사용한 부서는 모두 [4000.인사1급 강원지점] 사업장에 속해있다.

④ 현재 사용 중인 부서 중 2021년에 등록된 부서의 수가 제일 많다.

04 당 회사의 인사/급여 설정기준을 [보기]와 비교했을 때, 옳지 않은 설명은 몇 개인가? (단, 환경설정 기준은 변경하지 않는다)

> [보기]
> 1. 퇴사자의 급여는 25일 이상 근무한 경우에만 급여를 모두 지급하고 그렇지 않은 경우엔 일할 지급한다.
> 2. 수습직은 지급하기로 한 급여의 75%를 3개월 간 지급한다.
> 3. 당 회사에 등록된 직종 중 생산직의 출결시작일은 전월 25일이며, 그 외 직종은 모두 당월 1일이다.
> 4. 지방소득세특별징수명세서는 '귀속연월' 또는 '지급연월'이 같은 데이터만 집계한다.

① 0개
② 1개
③ 2개
④ 3개

05 당 회사는 2024년 01월 [800.과장] 직급의 호봉을 아래 [보기]와 같이 일괄 등록하고자 한다. [800.과장] 직급의 호봉등록을 완료 후, 5호봉 기준의 '기본급'으로 옳은 것은?

> [보기]
> 1. 기본급 초기치 : 3,125,000원(증가액 178,000원)
> 2. 급호수당 초기치 : 18,000원(증가액 9,860원)
> 3. 연장수당 초기치 : 13,250원(증가액 7,500원)
> 4. 정률인상 적용 : 기본급 5.5%, 연장수당 4.5%
> 5. 정액인상 적용 : 급호수당 3,000원

① 3,837,000원
② 3,937,690원
③ 4,048,035원
④ 4,153,671원

06 2024년 귀속 기준 급여의 지급/공제항목설정을 확인하고, 그 설명으로 옳지 않은 것은? (단, 지급/공제항목설정 기준은 변경하지 않는다)

① 입사자의 [P00.기본급]은 [인사/급여환경설정] 메뉴의 설정에 따라 지급된다.
② [P10.연장근로수당]은 직종별로 지급되며, 모든 직종이 [책정임금의 월급]*0.1로 계산하여 지급된다.
③ [P20.자격수당]에 등록된 자격증 중 [200.ERP정보관리사1급]이 가장 높은 금액으로 책정되어 있다.
④ [P45.육아수당]은 [E01.육아휴직급여]에 해당하는 비과세 수당이며, 해당 귀속월에 육아휴직일이 하루라도 존재하는 직원은 30만원을 지급받는다.

07 당 회사의 인사정보를 확인하고 관련된 설명으로 옳은 것은?

① [20040301.오진형] 사원의 입사일자와 그룹입사일자는 다르다.
② [20081201.조선우] 사원은 2012년 중도퇴사를 한 적이 있으며, 현재 60세 이상 부양가족 공제를 받고 있다.
③ [20081203.김도균] 사원은 국외 소득이 발생하는 사원이며, 노조에 가입되어 있다.
④ [20090701.김동민] 사원은 파견근로자이며, 가장 최근 책정된 임금의 시작년월은 '2023/01'이다.

08 다음 중 [인사기초코드등록] 메뉴의 [4. 사원그룹(G)] 출력구분에 대한 설명으로 옳은 것은?

① [G1.고용구분] 관리내역의 '비고'가 '1'인 경우, [일용직사원등록] 메뉴에서 조회되는 코드이다.

② [G1.고용구분]의 기초코드 중 [인사정보등록] 메뉴의 '고용형태'에서 조회되는 코드는 [001.상용직]만 해당한다.

③ [G2.직종] 관리내역의 '비고'가 '0'인 경우, 생산직 연장근로 비과세 적용대상 직종이다.

④ [G2.직종]의 기초코드 중 생산직 연장근로 비과세 적용 대상이 되는 코드는 [002.생산직], [003.연구직]이다.

09 당 회사 [20091215.이서경] 사원의 '가족' 정보를 확인했을 때, 등록된 정보에 대한 설명으로 옳지 않은 것은?

① 등록된 가족은 모두 현재 해당 사원이 부양하고 있는 가족이다.

② 해당 사원이 부양하고 있는 가족의 부양관계는 '배우자', '소득자의 직계존속', '직계비속((손)자녀/입양자)'으로 이루어져 있다.

③ 부양가족 중 연말정산 장애인공제를 받을 수 있는 구성원이 존재한다.

④ 연말정산 자녀공제를 받을 수 있는 나이 요건이 만 8세 이상부터 만 20세 이하까지 해당할 때, 2024년 현재 해당 사원이 부양하고 있는 가족 중 자녀공제에 해당하는 구성원은 존재하지 않는다.

10 당 회사에서 2024년 4분기에 진행 중인 [650.2024년 법정의무교육]에서 보기의 대상자 중 이수 여부가 다른 대상자로 옳은 것은?

① [20080103.김민주]

② [20081201.조선우]

③ [20130701.최현주]

④ [20181101.이민성]

11 당 회사의 2024년 11월 귀속 급여(지급일자 : 2024/11/25)에 해당하는 대상자 중 [20081201.조선우] 사원이 개인 질병 치료를 위한 휴직을 신청하였다. [20081201.조선우] 사원의 휴직 내역을 [보기]와 같이 등록한 뒤 모든 급여 지급 대상자들의 급여를 계산했을 때, '과세'총액으로 옳은 것은? (단, 그 외 급여 계산에 필요한 조건은 프로그램에 등록된 기준을 이용한다)

> [보기]
> 1. 시작일, 종료일 : 2024/11/11, 2024/11/22
> 2. 휴직사유 : [000.일반휴직]
> 3. 휴직지급율 : 80%
> 4. 퇴직기간적용 : 함

① 126,440,940원

② 126,807,340원

③ 130,240,940원

④ 130,607,340원

12 당 회사는 2024년 11월 귀속 '상여' 소득을 지급하고자 한다. 아래 [보기]의 지급대상 요건으로 지급일자를 직접 추가하여 상여를 계산했을 때, 대상자별로 계산된 상여금액으로 옳지 않은 것은? (단, 그 외 급여계산에 필요한 조건은 프로그램에 등록된 기준을 이용한다)

> **[보기]**
> 1. 상여지급일자 : 2024/12/10
> 2. 상여지급대상기간 : 2024/07/01~2024/09/30
> 3. 동시발행 및 대상자선정 : 분리, 직종및급여형태별
> 4. 입/퇴사자의 상여계산 방법 : 제외
> 5. 상여지급대상 : 당 회사에 등록된 모든 사업장의 생산직, 연구직의 급여형태가 '월급'인 근로자

① [20000501.한국민] : 7,712,490원
② [20081202.장명훈] : 7,062,490원
③ [20081203.김도균] : 4,762,690원
④ [20101001.최명수] : 6,919,990원

13 당 회사는 [1000.인사1급 회사본사] 사업장에 대해 2024년 10월 귀속(지급일 1번)에 이체한 급/상여를 확인하고자 한다. 이체 현황에 대한 설명으로 옳지 않은 것은? (단, 무급자는 제외한다)

① 근로자의 계좌로 이체되는 총 급여는 57,092,130원이다.
② 해당 사업장의 급여가 지급된 일자는 모두 2024/10/25이다.
③ 급여를 이체한 근로자 수가 가장 적은 금융기관은 '카카오뱅크'이며, 총 3명이다.
④ 이체된 급여 금액이 가장 큰 금융기관은 '우리은행'이며, 총 18,039,200원이 이체되었다.

14 당 회사에 등록된 전체 사업장의 [100.급여] 내역을 직종별로 집계하여 확인하고자 한다. 2024년 3분기에 지급된 내역을 확인하고, 직종별 지급 항목 금액으로 옳은 것은?

① 사무직의 자격수당 : 3,330,000원
② 생산직의 근속수당 : 910,000원
③ 연구직의 식대보조비 : 2,000,000원
④ 연구직의 영업촉진비 : 1,350,000원

15 당 회사는 사원별 '지각/조퇴/외출시간'을 기준으로 '근태 공제액'을 계산하여 해당 금액을 '기본급'에서 공제하고 지급한다. 아래 [보기]의 기준을 토대로 2024년 10월 귀속 〈급여〉구분 [20081202.장명훈] 사원의 근태내역을 확인하고, '기본급 공제액'을 계산한 결과로 옳은 것은? (단, 공제액을 계산하면서 발생되는 모든 원단위 금액은 절사하며, 책정임금 시급은 원단위 금액을 절사하지 않고 계산한다)

> **[보기]**
> 기본급 공제액
> = 1유형 공제액 + 2유형 공제액
> • 1유형 공제액 : (지각시간 + 조퇴시간)*1.2*책정임금 시급
> • 2유형 공제액 : (외출시간)*1.5*책정임금 시급

① 47,370원
② 63,260원
③ 78,440원
④ 96,280원

16 당 회사에서 2024년 상반기에 지급한 급/상여를 '직책'별, '과세/비과세'로 구분하여 조회했을 때, 직책별 과세총액/비과세총액으로 옳지 않은 것은? (단, '사용자부담금'은 제외한다)

① 사원 – 과세총액 : 114,659,910원 /
　　　　비과세총액 : 21,000,000원
② 주임 – 과세총액 : 70,620,700원 /
　　　　비과세총액 : 15,600,000원
③ 대리 – 과세총액 : 126,695,540원 /
　　　　비과세총액 : 18,600,000원
④ 과장 – 과세총액 : 177,779,030원 /
　　　　비과세총액 : 21,600,000원

17 당 회사는 일용직 사원에 대해 사원별 지급형태를 구분하여 일용직 급여를 지급하고 있다. 아래 [보기]를 확인하여 2024년 11월 귀속 지급일 중 '매일지급' 대상자를 직접 반영 후 급여계산할 때, 해당 지급일의 급여내역에 대해 옳지 않은 것은? (단, 그 외 급여계산에 필요한 조건은 프로그램에 등록된 기준을 따르며, 지급형태는 관련 메뉴에서 직접 확인한다)

[보기]
1. 지급형태 : '매일지급' 지급일
2. 지급 대상자 : '시급직'인 [1100.총무부] 사원
3. 평일 8시간 근무, 토요일 4시간 근무
4. 비과세 적용 10,000원(평일만 적용)

① 해당 지급일자의 비과세신고제외분 총액은 1,050,000원이다.
② 해당 지급일자의 실지급 총액은 19,021,664원이다.
③ 모든 사원들은 소득세를 공제하고 급여를 지급받는다.
④ 모든 사원들은 건강보험 금액을 공제하며, 총 735,730원이 공제되었다.

18 2024년 11월 귀속 일용직 급여작업 전, 아래 [보기]를 기준으로 [1015.현단비] 사원의 사원정보를 직접 입력하고 일용직급여지급일자등록에 대상자를 반영하여 급여계산을 했을 때, 2024년 11월 귀속 해당 일용직 대상자들의 실지급액의 총계로 옳은 것은? (단, 그 외 급여계산에 필요한 조건은 프로그램에 등록된 기준을 따른다)

[보기]
1. 사원정보 입력(사원코드 : 1015, 사원명 : 현단비)
　입사일자 : 2024/11/11, 주민등록번호 : 900514-1234567, 부서 : [3100.관리부], 급여형태 : [004.시급], 급여/시간단가 : 28,450원, 생산직비과세적용 : 함, 국민/건강/고용보험여부 : 여
2. 일용직 급여지급
　지급형태 : '일정기간지급' 지급일, 평일 9시간 근무 가정

① 8,736,000원
② 8,985,540원
③ 12,150,000원
④ 12,434,640원

19 당 회사의 퇴직금 산정을 위한 퇴직기준설정을 확인했을 때, 올바르게 설명한 [보기] 내용은 몇 개인가? (단, 환경설정 기준은 변경하지 않는다)

> [보기]
> • A : 평균임금 기간 산정 시 전월을 기준으로 3개월을 산정하며, 퇴직금 계산식은 '일할'로 설정되어 있다.
> • B : 퇴직자의 급여는 해당 월의 급여를 '일할' 계산하여 반영하며, 퇴직금 계산항목은 상여 지급 항목을 제외한 급여 지급 항목만 조회하고 선택하여 사용할 수 있다.
> • C : 평균임금기간 산정 시 퇴사일을 포함하며, 평균임금 계산 시 10원 단위 절사 처리한다.
> • D : 임원누진만 적용하고 있으며, 해당 누진항목의 적용유형은 [001.기간]이고 적용방식은 [000.가산율]이다.

① 1개
② 2개
③ 3개
④ 4개

20 2024년 10월 25일 [1000.인사1급 회사본사] 사업장의 [20191118.윤태경] 사원이 주택구매를 사유로 중도정산을 신청하였다. 아래 [보기]의 내용에 따라 퇴직기준과 대상자를 직접 반영하여 퇴직 정산작업을 진행했을 때, [20191118.윤태경] 사원의 퇴직금산정 내용으로 옳지 않은 것은? (그 외 퇴직금 계산에 필요한 조건은 프로그램의 등록 기준에 따른다)

> [보기]
> 1. 평균임금 계산식 : '일평균임금' 적용
> 2. 지급항목 설정 : 기본급, 직무발명보상금, 근속수당
> 3. 귀속연월 : 2024/10
> 4. 재직기준 : 2024/10/01~2024/10/31
> 5. 퇴직일자, 신청일자 : 2024/10/25
> 6. 지급일자 : 2024/10/31

① 해당 사원이 중도정산 받는 퇴직금의 실지급액은 19,512,220원이다.
② 퇴직금 계산 시 집계된 기본급의 총합계는 9,249,990원이다.
③ 해당 사원이 중도정산을 신청한 기산일로부터 중도퇴직일자까지의 근속기간은 1800일이다.
④ 퇴직금 계산 시 책정된 급여지급 산정기간은 2024/07/01~2024/09/30이다.

21 당 회사는 2024년 귀속 거주자 기타소득에 대해 소득자별 소득현황을 확인하고자 한다. 2024년 10월에 지급한 소득에 대해 조회한 내용 중 옳은 것은? (단, 모든 정보는 프로그램에 입력된 기준으로 확인한다)

① 대상자는 모두 5명이 조회되고, 총 소득금액의 합은 19,080,000원이다.

② 대상자의 소득은 모두 2024년 10월 귀속에 발생한 소득이다.

③ [2000.인사1급 인천지점] 사업장에서 발생한 소득구분은 모두 [79.자문료]이다.

④ 가장 많은 실지급액이 발생한 소득자는 [20180312.정용주]이며, 총 7,040,640원이 발생했다.

22 아래 [보기]를 기준으로 2024년 10월 귀속의 전표를 생성하려 했을 때 발생하는 오류에 대한 처리로 옳은 것은? (단, 현재 반영되어 있는 데이터를 기준으로 오류내역을 조회한다)

> **[보기]**
> 1. 지급유형 : 상용직급여
> 2. 회계단위 : [1000.인사1급 회사본사]
> 3. 결의일자 : 2024/10/25
> 4. 작성자 : [ERP13I01.장미란]
> 5. 집계사업장 : [1000.인사1급 회사본사]

① [소득자별계정유형설정] 메뉴에서 계정유형이 누락된 사원의 계정유형을 설정한다.

② [계정과목설정] 메뉴의 상용직급여 탭에서 조회되는 계정유형별 지급항목의 계정코드 중 누락된 계정코드를 설정한다.

③ [계정과목설정] 메뉴의 상용직급여 탭에서 조회되는 계정유형별 공제항목의 계정코드 중 누락된 계정코드를 설정한다.

④ [전표집계및생성] 메뉴의 전표처리결과 탭에서 기존에 생성해 놓은 전표를 확인한 뒤 전표삭제를 한다.

23 당 회사는 퇴직추계총액 기준으로 40%만큼 '퇴직급여충당부채'를 설정하고자 한다. 아래 [보기] 기준으로 퇴직금추계코드를 직접 등록하고 퇴직금 추계액을 계산했을 때, 회사에서 설정할 수 있는 '퇴직급여충당부채'는 얼마인가? (단, 전기 퇴직급여충당부채 잔액은 없는 것으로 가정하며, 원단위는 절사한다. 그 외 기준은 프로그램 등록 기준을 따른다)

> **[보기]**
> 1. 추계코드(명) : [2024.2024년 10월 퇴직금추계액]
> 2. 기준연월 : 2024/10
> 3. 대상 사업장(계정) : [1000.인사1급 회사본사](사원), [4000.인사1급 강원지점](사원)

① 176,619,880원

② 289,745,040원

③ 373,697,860원

④ 560,546,790원

24 아래 [보기]를 기준으로 당 회사의 지방소득세 특별징수명세 신고서를 생성했을 때, 〈사업소득〉의 소득자별 '과세표준'과 '산출세액'이 옳지 않은 것은? (단, 신고서 생성기준은 '단일 사업장' 기준이며 [인사/급여환경설정]은 프로그램 기준을 따른다)

> [보기]
> 1. 매월 신고
> 2. 신고사업장 : [1000.인사1급 회사본사]
> 3. 신고구분 : 1.정기
> 4. 귀속연월 : 2024년 10월
> 5. 지급연월 : 2024년 10월
> 6. 제출일자 : 2024년 11월 11일
> 7. 급여지급일자 : 2024년 10월 25일

① [20180501.안민서]
　－ 과세표준 : 98,250원 /
　　산출세액 : 9,820원
② [20190502.오준영]
　－ 과세표준 : 74,560원 /
　　산출세액 : 7,450원
③ [20200515.이소담]
　－ 과세표준 : 108,780원 /
　　산출세액 : 10,870원
④ [20180601.이준성]
　－ 과세표준 : 137,850원 /
　　산출세액 : 13,780원

25 아래 [보기]를 기준으로 '인사/급여환경설정'을 직접 확인하여 변경한 뒤, [1000.인사1급 회사본사] 사업장의 원천세 신고서를 추가했을 때 조회된 내용의 설명으로 옳은 것은? (단, 신고구분은 '정기'이며, 소득처분여부는 '1.비해당'으로 설정한다)

> [보기]
> 1. 원천세 신고유형 : 사업장별신고
> 2. 이행상황신고서집계방식 : 지급연월
> 3. 신고서 생성 기준 : 귀속연월, 지급연월 : 2024/10
> 　(제출일자 2024/11/11)
> 4. 일반 데이터반영 : 매월 징수분(전체) / 연말정산
> 　소득세, 농특세 반영 : 미적용

① 해당 신고서에 집계된 소득은 근로소득과 사업소득이며, 총 18명이 집계되었다.
② 근로소득의 일용근로(A03) 항목의 데이터는 [일용직급여입력] 메뉴에서 입력한 데이터를 집계하며, 직접 입력 및 수정이 불가한 항목이다.
③ 사업소득에 집계된 세무코드는 A25이며, 해당 항목의 '5.총지급액'은 '주화면' 탭에서 직접 수정이 가능하다.
④ 해당 신고서에 집계된 '5.총지급액'의 합은 92,849,310원이며, 집계된 소득 중 근로소득의 '5.총지급액'이 가장 많이 집계되었다.

인사 1급	시험 일자	소요 시간
	2024년 9월 28일	이론 40분 / 실무 40분

수험번호 : ________________

성　　명 : ________________

정답 & 해설 ▶ 499p

이론

01 [보기]는 무엇에 대한 설명인가?

> **[보기]**
>
> 조직의 효율성을 제고하기 위해 업무흐름뿐만 아니라 전체 조직을 재구축하려는 경영혁신전략 기법이다. 주로 정보기술을 통해 기업경영의 핵심과 과정을 전면 개편함으로 경영성과를 향상시키려는 경영기법인데 매우 신속하고 극단적인 그리고 전면적인 혁신을 강조하는 이 기법은 무엇인가?

① 지식경영
② 벤치마킹
③ 리스트럭처링
④ 리엔지니어링

02 차세대 ERP의 비즈니스 애널리틱스(Business Analytics)에 관한 설명으로 가장 적절하지 않은 것은?

① 비즈니스 애널리틱스는 구조화된 데이터 (Structured Data)만 분석대상으로 한다.
② ERP 시스템의 방대한 데이터 분석을 위해 비즈니스 애널리틱스가 차세대 ERP의 핵심요소가 되고 있다.
③ 비즈니스 애널리틱스는 리포트, 쿼리, 대시보드, 스코어카드뿐만 아니라 예측 모델링과 같은 진보된 형태의 분석기능도 제공한다.
④ 비즈니스 애널리틱스는 질의 및 보고와 같은 기본적 분석기술과 예측 모델링과 같은 수학적으로 정교한 수준의 분석을 지원한다.

03 ERP 시스템의 기능적 특징 중에서 오픈 멀티-벤더(Open Multi-vendor) 지원 기능에 대한 설명으로 적절하지 않은 것은?

① ERP는 특정 하드웨어 업체에 의존하지 않는다.
② ERP는 커스터마이징이 최대한 가능하도록 지원한다.
③ ERP는 어떠한 운영체제에서도 운영될 수 있도록 설계되어 있다.
④ ERP는 다양한 소프트웨어와 병행하여 사용할 수 있도록 지원한다.

04 [보기]에서 가장 성공적인 ERP 도입이 기대되는 회사를 고르시오.

> **[보기]**
> • 회사 A : 현재 업무 방식이 최대한 반영될 수 있도록 업무 단위에 맞추어 ERP 도입을 추진 중이다.
> • 회사 B : 시스템의 전문지식이 풍부한 IT 및 전산 관련 부서 구성원으로 도입 TFT를 결성하였다.
> • 회사 C : 프로세스 개선을 위해 효율적인 업무 프로세스를 재정립하고, 성공적인 ERP 도입을 위해 유능한 컨설턴트를 고용하고자 한다.
> • 회사 D : ERP 도입 과정에서 부서 간 갈등 발생 시, 최고 경영층의 개입이 최소화될 수 있도록 하향식(Top-Down) 의사결정을 배제한다.

① 회사 A
② 회사 B
③ 회사 C
④ 회사 D

05 클라우드 서비스 기반 ERP와 관련된 설명으로 가장 적절하지 않은 것은?

① PaaS에는 데이터베이스 클라우드 서비스와 스토리지 클라우드 서비스가 있다.
② ERP 소프트웨어 개발을 위한 플랫폼을 클라우드 서비스로 제공받는 것을 PaaS라고 한다.
③ ERP 구축에 필요한 IT 인프라 자원을 클라우드 서비스로 빌려 쓰는 형태를 IaaS라고 한다.
④ 기업의 핵심 애플리케이션인 ERP, CRM 솔루션 등의 소프트웨어를 클라우드 서비스를 통해 제공받는 것을 SaaS라고 한다.

06 인적자원관리의 주요 기능 중 보상 기능에 해당하는 것은?

① 채용관리
② 임금관리
③ 노사관계관리
④ 안전보건관리

07 직무관리 절차의 순서 중 가장 먼저 진행되는 것은?

① 직무평가
② 직무분석
③ 직무기술서 작성
④ 직무명세서 작성

08 관리감독, 기계설비, 직무개선, 원재료 책임 등은 직무평가의 요소 중 무엇에 해당하는가?

① 작업조건
② 노력요소
③ 책임요소
④ 숙련요소

09 인력이 과잉일 경우의 대응 방안으로 가장 적절하지 않은 것은?

① 일시해고
② 파견근로
③ 사내벤처
④ 소사장제

10 인적자원의 모집 방법 중 내부모집에 의한 방법으로만 구성된 것은?

① 교육기관의 추천, 광고
② 채용박람회, 인터넷 모집
③ 인턴십 제도, 근로자 추천
④ 사내공개모집제도, 관리자 및 기능목록 작성

11 선발오류란 직무요건의 적임자를 선발하지 못하는 현상을 말한다. 선발할 때 여러 가지 방법을 통해 인력을 선발하지만 1종 오류와 2종 오류를 가져올 수 있다. 이러한 오류 없이 올바른 결정을 하기 위해서 선발 도구가 갖추어야 할 것으로 가장 적절하지 않은 것은?

① 신뢰성
② 타당성
③ 효용성
④ 공정성

12 현재의 직무에 직접적으로 관련된 전문지식이나 기술을 측정하는 데 활용할 수 있는 가장 적절한 검사 방법은 무엇인가?

① 적성검사
② 지능검사
③ 흥미검사
④ 성취도검사

13 적정배치의 원칙에서 직무와 인재의 유기적인 결합관리를 통한 조직성과와 개인만족의 통합적 실현에 주요 목적을 두고 있는 원칙은?

① 균형주의 원칙
② 능력주의 원칙
③ 적재적소의 원칙
④ 인재육성주의 원칙

14 [보기]에서 설명하는 인력계획 예측기법을 한글로 입력하시오.

> **[보기]**
> • 인적자원의 공급에 대한 예측 방법 중 하나로 시간이 경과함에 따라 한 직급에서 다른 직급으로 이동해 나가는 확률을 기술함으로써 인적자원계획에 사용된다.
> • 조직내부 인력흐름이 비교적 안정적인 패턴을 보일 때, 해당 분석을 통한 인력예측기법의 유효성이 보장될 수 있다. 승진, 이직, 퇴사 등 인력 변동 현상이 심하다면 해당 기법 예측의 정확도는 낮아지게 된다.

정답 (   )분석

15 [보기]의 (   ) 안에 들어갈 용어로 적절한 것은?

> **[보기]**
> (   )은(는) 인사평가의 타당성, 신뢰성, 객관성을 높이고자 개발된 평가 방법으로 근무평가를 위해 자신, 직속상사, 부하직원, 동료, 고객 등 외부인까지 평가자에 참여시킨다.

① 면접법
② 다면평가
③ 목표관리법
④ 균형성과표

16 인사고과 또는 근무평정을 실시할 때 생길 수 있는 것으로 과거 행위보다는 바로 최근의 행위에 영향을 받음으로써 평가에 오류를 미치는 것은?

① 현혹효과
② 근접 오류
③ 상동적 태도
④ 중심화 경향

17 다음 중 참가자들이 소규모집단을 구성하여 개인과 집단이 팀워크를 바탕으로 경영상의 실제 문제를 정해진 시점까지 해결하도록 하여 문제해결 과정에 대한 성찰을 통해 학습하도록 지원하는 교육훈련 실기기법은?

① 액션러닝
② 감수성훈련
③ 그리드훈련
④ 역할연기법

18 직무에 따른 승진이기보다는 조직운영의 원리에 의한 승진방식에 가장 가까운 것은?

① 직급승진
② 자격승진
③ 대용승진
④ 역직승진

19 종업원의 적성 · 지식 · 경험 · 기타 능력과 조직의 목표 달성에 필요한 직무가 잘 조화되도록 자격요건과 적성 및 선호구조에 대한 정보를 충분히 파악하여야 하는 원칙과 관련된 경력개발관리의 기본개념은?

① 후진양성의 원칙
② 승진경로의 원칙
③ 경력기회개발의 원칙
④ 적재적소배치의 원칙

20 [보기]는 홀(D. T. Hall)의 경력단계모형에 대한 일부 설명이다. [보기]에서 설명하는 단계를 한글로 입력하시오.

> **[보기]**
> 개인은 자신의 적성과 가능성을 평가하고 자신의 성장 정도를 설정하여 노력하게 되며, 직무성과의 발전과 조직에 대한 귀속감을 갖게 된다. 그러나 이 시기는 경쟁자들과의 경쟁심이 작용하게 되므로, 경쟁과정에서 나타나는 갈등 및 실패에 대한 감정적 처리가 중요한 단계이다.

정답 (   )단계

21 임금의 성격 중 종업원에 대한 특성을 고르시오.

① 생산원가의 요소
② 기업경쟁력의 요인
③ 사회적 신분의 상징
④ 종업원 유치와 유지의 요인

22 「근로기준법」에 대한 설명으로 적절하지 않은 것은?

① 「근로기준법」 '근로'란 정신노동과 육체노동을 의미한다.
② 1일의 근로시간은 휴게시간을 제외하고 8시간을 초과할 수 없다.
③ 사용자는 근로자에게 1주에 평균 1회 이상의 유급휴일을 보장하여야 한다.
④ 사용자는 휴일의 야간근로 시 통상임금의 100분의 50 이상을 가산한 임금을 지급하여야 한다.

23 [보기]에 해당하는 특수임금제는 무엇인가?

> **[보기]**
> 기본적 보상 외에 영업 수익의 일부를 근로자에게 지급하는 임금형태로, 근로자들을 기업의 소유주처럼 생각하게 이끄는 제도

① 럭커 플랜(Rucker Plan)
② 스캔론 플랜(Scanlon Plan)
③ 이윤분배제(Profit Sharing System)
④ 임프로쉐어 플랜(Impro-share Plan)

24 사용자 입장에서의 복리후생의 효과로 가장 적절한 것은?

① 기업의 이미지 개선
② 사기와 동기부여 향상
③ 복지확대에 대한 요구
④ 경력개발을 통한 자아실현

25 산업재해보상보험에 대한 설명으로 적절하지 않은 것은?

① 보험사업에 소요되는 재원인 보험료는 원칙적으로 근로자가 전액 부담한다.
② 산재근로자와 그 가족의 생활을 보장하기 위해 국가가 책임을 지는 의무보험이다.
③ 근로자의 업무상 재해에 대하여 사용자에게는 고의·과실의 유무를 불문하는 무과실 책임주의에 따른다.
④ 산재보험 급여는 재해 발생에 따른 손해 전체를 보상하는 것이 아니라 평균임금을 기초로 하는 정률보상 방식으로 행한다.

26 [보기]는 건강보험료의 계산에 관한 내용으로 괄호 안에 들어갈 보험료율(%)을 입력하시오. (정답은 단위(%)를 제외한 소수점 둘째 자리까지 입력하시오)

> **[보기]**
> 건강보험료에서 말하는 보수 총액은 근로소득 원천징수영수증상의 과세 대상 급여와 국외 근로 부분을 합산한 금액이다.
> 2024년 건강보험료율은 (   )%이며, 근로자와 사용자가 50%씩 부담한다.

정답 (   )%

27 ㈜인사는 소비자의 시장조사를 위해 일용직을 고용하였다. 해당 일용직 사원에게 일당 250,000원을 현금으로 지급할 경우 ㈜인사가 원천징수하여야 할 소득세는 얼마인가? (정답은 단위(원)을 제외한 숫자만 입력하시오)

정답 (   )원

28 [보기]가 설명하는 근로시간제는 무엇인가?

> **[보기]**
> 근로자가 출장, 기타의 사유로 인하여 근로시간의 전부 또는 일부를 사업장 밖에서 근로하여 근로시간 산정이 어려운 경우 근로시간에 관계없이 일정 합의시간을 근로시간으로 본다.

① 간주 근로시간제
② 재량 근로시간제
③ 선택적 근로시간제
④ 탄력적 근로시간제

29 재량 근로시간제에 대한 설명으로 가장 적절한 것은?

① 하루의 근로시간대에서 일정의 근로시간을 정하여 특정의 고유 업무에만 집중하도록 하는 근무제도이다.
② 근로자가 본사나 영업소로 출근하지 않고 현장의 거래처로 직행하여 업무를 수행하고 일이 끝나면 곧바로 귀가하게 하는 등의 근무형태이다.
③ 업무의 성질상 업무수행방법을 근로자에게 맡길 필요가 있는 경우 사용자가 근로자 대표와 서면합의로 정한 시간대에서 근로자에게 근로시간의 관리를 위임하는 제도이다.
④ 근로자가 출장, 기타의 사유로 인하여 근로시간의 전부 또는 일부를 사업장 밖에서 근로하여 근로시간 산정이 어려운 경우 근로시간에 관계없이 일정 합의시간을 근로시간으로 보는 제도이다.

30 노동조합의 가입 방법 중 노조의 통제력(지배력)이 가장 높은 형태는 무엇인가?

① 오픈 숍(Open Shop)
② 유니온 숍(Union Shop)
③ 클로즈드 숍(Closed Shop)
④ 에이전시 숍(Agency Shop)

31 [보기]에서 설명하고 있는 노동쟁의 관련 개념은 무엇인가?

> **[보기]**
> 법령 · 단체협약 · 취업규칙 · 근로계약 등으로 이미 확정된 권리를 두고 일어나는 노사 간 해석 · 적용 · 준수 등을 둘러싼 분쟁으로, 체불임금 청산, 해고자 복직, 단체협약 이행, 부당 노동행위 구제 등이 이에 해당한다.

① 권리분쟁
② 이익분쟁
③ 황견계약
④ 직장폐쇄

32 [보기]의 (   )에 들어갈 근로유형을 한글로 입력하시오.

> **[보기]**
> • (   )(이)란 근로자가 근로시간의 전부 또는 일부를 회사가 제공하는 통상의 사무실이 아닌 장소에서 정보통신기기(컴퓨터 통신, 팩스 등)를 이용하여 근무하는 형태를 말한다.
> • 재택근무와 다르게 (   )(은)는 근로 장소가 집으로 한정되는 것은 아니다.

정답 (   )

33 [보기]는 무엇에 대한 설명인가? (정답은 한글로 입력하시오)

> **[보기]**
> • 조합비를 징수할 때 사용자가 노동조합의 의뢰를 받아 급여계산 시 조합비를 공제하여 노동조합으로 교부하는 징수방식이다.
> • 단체협약에 해당 징수방식에 대한 사항이 명시되어 있어야 한다.

정답 (   )제도

※ 더존 iCUBE 핵심 ERP 프로그램과 기출문제 DB를 다 운로드한 후 시험을 시작하시기 바랍니다.
- 프로그램 버전 : 2024년 iCUBE 핵심 ERP
- 기출문제 DB : 24년 5회(9월) 기출DB 〉 9월 기출DB
- 회사코드 : 2001.인사1급 회사A
- 사원코드 : ERP13I01.장미란

01 다음 중 핵심 ERP 사용을 위한 기초 사업장 정보를 확인하고, 그 내역으로 알맞지 않은 것은 무엇인가?

① 〈1000.인사1급 회사본사〉 사업장의 관할 세무서는 '107.영등포'이며, 주업종코드는 '369401.제조업'이다.

② 〈2000.인사1급 인천지점〉 사업장은 원천 징수이행상황신고서 신고 시, '월별' 신고를 진행하는 사업장이며 종목은 '스포츠'이다.

③ 〈3000.인사1급 부산지점〉 사업장의 지방세신고지 행정동은 '2635056000.해운대구청'이며, 사업자단위과세 신고 시 〈1000.인사1급 회사본사〉 사업장의 종사업장으로 포함하여 신고한다.

④ 〈4000.인사1급 강원지점〉 사업장의 대표자는 '김창현'이며, 업태는 '교육서비스업'이다.

02 다음 중 핵심 ERP 사용을 위한 기초 부서 정보를 확인하고, 내역으로 옳은 것은 무엇인가?

① 〈2000.인사1급 인천지점〉 사업장에 속한 부서는 모두 사용 중이다.

② '3100.관리부'는 현재는 사용하지 않는 부서이며, 사용종료일은 '2022/12/31'이다.

③ [4000.생산부문]에 속한 부서는 모두 사용 중이다.

④ [2000.영업부문]에 속한 부서 중 현재 사용 중인 부서는 2개이다.

03 당 회사의 인사/급여기준에 대한 설정을 확인했을 때, 올바르게 설명한 [보기] 내용은 몇 개인가? (단, 환경설정 기준은 변경하지 않는다)

[보기]
- A : '환경직' 직종의 출결마감 기준일은 전월 25일에서 당월 24일까지이다.
- B : 퇴사자의 경우 급여계산 시, 지정한 '기준일수' 미만 근무 시 월 급여를 '일할' 지급한다.
- C : 생산직 비과세를 적용하는 직종으로 '002.생산직', '003.환경직'만 등록되어 있다.
- D : 회사의 '월일수 산정' 기준은 '당월일'이며, 일수는 30일이다.

① 1개
② 2개
③ 3개
④ 4개

04 당 회사는 2024년 09월 [900.대리] 직급의 호봉을 아래 [보기]와 같이 일괄 등록하고자 한다. [900.대리] 직급의 호봉등록을 완료하고, 6호봉 기준의 '호봉합계'는 얼마인가?

> **[보기]**
> 1. 기본급 초기치 : 2,500,000원(증가액 100,000원)
> 2. 급호수당 초기치 : 15,000원(증가액 10,000원)
> 3. 연장수당 초기치 : 10,000원(증가액 5,000원)
> 4. 일괄인상
>   1) 정률인상 적용 : 기본급 5.5%, 급호수당 3.0%
>   2) 정액인상 적용 : 연장수당 3,000원

① 3,149,150원
② 3,269,950원
③ 3,390,750원
④ 3,489,600원

05 2024년 귀속 기준 급여 지급/공제항목설정을 확인하고, 그 설명으로 옳지 않은 것은 무엇인가? (단, 지급/공제항목설정 기준은 변경하지 않는다)

① [P00.기본급]은 책정된 임금의 월급을 기준으로 지급하며, '001.야간근로수당' 비과세 적용 기준요건인 월정급여에 포함되는 지급항목이다.
② [P25.직무발명보상금]은 휴직자인 경우에 휴직 계산식이 적용되어 지급하는 항목이며, 비과세 지급 항목으로 비과세 유형은 'R11.직무발명보상금'으로 설정되어 있다.
③ [P40.가족수당]은 입사자인 경우에는 지급하지 않는 항목이며, 배우자가 존재할 때 50,000원을 지급한다.
④ [P50.식대보조비]는 수습직 사원에게는 지급하지 않는 항목이며, 모든 대상자에게 100,000원을 지급한다.

06 당 회사의 2024년 08월 귀속 급/상여 지급일자 등록을 확인하고, 그 내역으로 알맞은 것은 무엇인가?

① 퇴사자의 경우 '상여' 지급 시, 근무일수에 상관없이 '일할'로 지급한다.
② '급여'의 '지급직종및급여형태'에 반영된 정보와 일치하지 않는 대상자도 [상용직급여입력및계산] 메뉴에서 임의로 조회하여 추가할 수 있다.
③ '상여지급대상기간' 내 기술직 근로자에 대해서만 상여를 지급한다.
④ '상여지급대상기간'은 상여지급 대상자를 선정하는 기준으로, 상여세액 계산과는 관련이 없다.

07 당 회사는 전체 사업장의 〈915. 2024년 2분기 내부교육〉 교육평가가 우수한 사원을 대상으로 포상을 지급하기로 하였다. 아래 [보기]를 기준으로 지급한 대상자들의 총 지급금액으로 알맞은 것은 무엇인가?

> **[보기]**
> • 교육평가 S등급 : 200,000원
> • 교육평가 A등급 : 100,000원

① 700,000원
② 800,000원
③ 900,000원
④ 1,000,000원

08 당 회사는 전체 사업장의 2024/09 기준 유효한 자격증을 보유한 사원에 대해 아래 [보기]와 같이 〈특별자격수당〉을 자격취득자에게 지급하기로 하였다. 아래 [보기]를 기준으로 〈특별자격수당〉을 지급 시, 그 지급액은 얼마인가? (단, 퇴사자는 제외한다)

> **[보기]**
> 1) 100. 정보기술자격(ITQ) : 30,000원
> 2) 200. ERP정보관리사1급 : 50,000원
> 3) 수당여부 : 해당

① 130,000원
② 180,000원
③ 200,000원
④ 240,000원

09 당 회사의 인사정보를 확인하고 관련된 설명으로 올바르지 않은 것은 무엇인가?

① [20000502.김종욱] 사원은 국외소득이 존재하지 않으며, 「장애인복지법」에 의한 장애인이다.
② [20000601.이수희] 사원의 급여형태는 '월급'이며, [전표집계및생성] 메뉴에서 전표처리 시, 적용할 계정은 '임원계정'으로 설정되어 있다.
③ [20010402.박국현] 사원의 근무조는 '3조'이며, 생산직총급여 비과세 대상자로 설정되어 있다.
④ [20080103.김소현] 사원은 휴직이력이 존재하고, 휴직사유는 '육아휴직'이며 노조에 가입되어 있다.

10 당 회사는 창립기념일을 맞아 2024년 08월 31일 기준으로 전체 사업장의 만 10년 이상 장기근속자에 대해 특별근속수당을 지급하기로 하였다. 아래 [보기]를 기준으로 지급한 총 특별근속수당은 얼마인가? (단, 퇴사자는 제외하며, 미만일수는 올리고, 모든 경력사항을 제외한다)

> **[보기]**
> 1. 10년 이상~15년 미만 : 100,000원
> 2. 15년 이상~20년 미만 : 150,000원
> 3. 20년 이상~ : 200,000원

① 3,050,000원
② 3,150,000원
③ 3,300,000원
④ 3,400,000원

11 당 회사의 2024년 09월 귀속 급여(지급일자 : 2024/09/25)에 해당하는 대상자 중 [20081201.안민서] 사원의 '책정임금'이 변경되었다. [보기]를 기준으로 직접 '책정임금'을 변경하고 모든 지급 대상자에 대해 급여를 계산할 때, '과세'총액은 얼마인가? (단, 그 외 급여계산에 필요한 조건은 프로그램에 등록된 기준을 이용한다)

> **[보기]**
> 1. 사원명(사원코드) : [20081201.안민서]
> 2. 계약시작년월 : 2024/09
> 3. 연봉 : 75,000,000원

① 61,380,050원
② 61,963,390원
③ 62,138,430원
④ 62,412,350원

12 당 회사는 2024년 09월 귀속 '특별급여' 소득을 지급하고자 한다. 아래 [보기]의 지급대상 요건으로 지급일자를 직접 추가하여 급여계산을 진행한 뒤 확인한 정보로 올바른 것은 무엇인가? (단, 그 외 급여계산에 필요한 조건은 프로그램에 등록된 기준을 이용한다)

> **[보기]**
> 1. 특별급여지급일자 : 2024/09/30
> 2. 동시발행 및 대상자선정 : 분리, 직종및급여형태별
> 3. 특별급여지급대상 : 〈1000.인사1급 회사본사〉 사업장을 제외한 사업장의 모든 직종 및 급여형태

① 해당 지급일자의 과세총액은 24,305,520원이며, 실제 지급액이 가장 적은 사원은 [20130701.고진수]이다.

② 해당 지급일자의 직종수당은 '직종별'로 지급되었고, [20090701.김성실] 사원의 직종수당은 책정임금의 월급/30*0.2로 계산된 금액이 지급되었다.

③ 해당 지급일자의 지급인원은 모두 소득세가 공제되었고, 모두 동일한 금액의 특별급여를 지급받았다.

④ 해당 지급일자의 회사부담금의 총합계는 1,291,760원이고, 비과세 항목은 지급되지 않았다.

13 당 회사는 〈1000.인사1급 회사본사〉 사업장에 대해 2024년 08월 귀속(지급일 1번)에 이체한 급/상여를 확인하고자 한다. 이체 현황에 대한 설명으로 옳지 않은 것은 무엇인가? (단, 무급자는 제외한다)

① 해당 조회조건의 대상자는 모두 16명이고, 총 5개의 금융기관에서 급여 이체가 발생했다.

② 해당 조회조건의 대상자 중 가장 적은 금액의 급여가 계좌로 이체된 사원은 [20180511.최국성]이다.

③ 해당 조회조건의 '국민은행'에서 발생한 급여 이체 금액은 '기업은행'과 '신한은행'에서 발생한 급여 이체 금액의 합보다 적다.

④ 해당 조회조건의 급여는 2024/08/25에 지급되었고, 총 이체 금액은 55,211,200원이다.

14 당 회사는 초과근무에 대해 수당을 지급하고 있다. 아래 [보기]의 기준을 토대로 2024년 08월 귀속(지급일 1번)의 [20081202.장명훈] 사원의 '초과근무수당'을 계산하면 얼마인가? (단, 근무수당을 계산하면서 발생되는 모든 원 단위 금액은 절사하며, 책정임금 시급은 원단위 금액을 절사하지 않고 계산한다)

> **[보기]**
> 초과근무수당
> = 1유형 근무수당 + 2유형 근무수당
> • 초과근무 시급 : 책정임금 시급
> • 1유형 근무수당 : 총 연장근무시간에 초과근무 시급을 곱한 후 100% 가산하여 산정
> • 2유형 근무수당 : 총 심야근무시간에 초과근무 시급을 곱한 후 150% 가산하여 산정

① 836,040원
② 842,160원
③ 872,250원
④ 893,120원

15 당 회사는 〈1000.인사1급 회사본사〉 사업장에 대해 2024년 2분기에 속한 기간의 지급내역 중 '100.급여' 지급내역에 대해 직종별로 집계하여 금액을 확인하고자 한다. 내역을 확인하고 직종과 항목별 금액이 올바르지 않은 것은 무엇인가?

① 직종 : 사무직 / 국민연금 : 4,347,180원
② 직종 : 생산직 / 자격수당 : 330,000원
③ 직종 : 연구직 / 건강보험 : 735,810원
④ 직종 : 기술직 / 공제합계 : 2,698,820원

16 당 회사는 일용직 사원에 대해 사원별 지급형태를 구분하여 일용직 급여를 지급하고 있다. 아래 [보기]를 확인하여 2024년 09월 귀속 지급일 중 '매일지급' 대상자를 직접 반영 후 급여계산할 때, 해당 지급일의 급여내역 중 바르지 않은 것은 무엇인가? (단, 급여계산에 필요한 조건은 프로그램에 등록된 기준대로 확인한다)

> **[보기]**
> 1. 지급형태 : '매일지급' 지급일
> 2. 지급 대상자 : '시급직'인 '3200.관리부', '4100. 생산부' 사원
> 3. 평일 10시간 근무, 토요일 2시간 근무
> 4. 비과세 적용 12,000원(평일만 적용)

① 해당 지급일자의 대상자는 총 5명이며, 해당 지급일자의 대상자는 모두 급여를 현금으로 지급받는다.
② 해당 지급일자에 연장 비과세는 총 5,542,110원 지급되었으며, [1015.백록담] 사원만 연장 비과세 항목이 지급되지 않았다.
③ 해당 지급일자에 실제 지급된 금액은 총 32,629,370원이며, 대상자 중 4대 사회보험이 공제되지 않고 급여를 지급받은 직원이 존재한다.
④ 해당 지급일자의 대상자 중 소득세가 가장 적게 공제된 대상자는 [1017.박선우] 사원으로 35,700원이 공제되었다.

17 2024년 09월 귀속 일용직 급여작업 전, 아래 [보기]를 기준으로 [1018.정용빈] 사원의 사원 정보를 직접 입력하고 [일용직급여지급일자등록]에 대상자를 반영하여 급여계산을 했을 때, 해당 일용직 대상자들에게 실제 지급한 금액의 총합계는 얼마인가? (단, 그 외 급여계산에 필요한 조건은 프로그램에 등록된 기준을 따른다)

[보기]
1. 사원정보 입력(사원코드 : 1018, 사원명 : 정용빈)
   입사일자 : 2024/09/05, 주민등록번호 : 941222-1234567, 부서 : [1100.총무부], 급여형태 : [004.시급], 급여/시간단가 : 51,250원, 생산직비과세적용 : 함, 국민/건강/고용보험 여부 : 여
2. 일용직 급여지급
   지급형태 : '일정기간지급' 지급일, 평일 10시간 근무 가정(비과세 적용 10,000원)

① 45,275,710원
② 47,216,430원
③ 49,510,480원
④ 51,224,350원

18 당 회사의 〈1000.인사1급 회사본사〉 사업장의 2024년 상반기의 〈과세/비과세〉 총액을 확인하고자 한다. 해당 기간의 〈과세/비과세〉 총액으로 올바른 것은 무엇인가? (단, '사용자부담금'은 포함한다)

① 과세총액 : 368,080,300원 /
   비과세총액 : 13,200,000원
② 과세총액 : 368,080,300원 /
   비과세총액 : 28,808,760원
③ 과세총액 : 381,280,300원 /
   비과세총액 : 46,298,470원
④ 과세총액 : 396,889,060원 /
   비과세총액 : 46,298,470원

19 당 회사의 퇴직금 산정을 위한 퇴직기준설정을 확인했을 때, 올바르게 설명한 [보기] 내용은 몇 개인가? (단, 환경설정 기준은 변경하지 않는다)

[보기]
• A : 평균임금 기간 산정 시 전월을 기준으로 3개월을 산정하고, 노동부기준은 적용하지 않는다.
• B : 비과세 항목도 퇴직금 계산 시 사용할 수 있으며, 중도정산자인 경우 급여반영 시 월할로 계산한다.
• C : 근속누진만 적용하고 있으며, 적용유형은 [001.기간]이고 적용방식은 [001.가산일수]이며 근무년수가 5년 이상인 대상자인 경우에만 근속누진이 적용된다.
• D : 퇴직금 계산식은 '일할'로 설정되어 있고, 연차수당코드는 [P80.연차수당]을 사용한다.

① 1개
② 2개
③ 3개
④ 4개

20 2024년 09월 25일 〈3000.인사1급 부산지점〉 사업장의 [20130701.고진수] 사원이 개인 사유로 중도정산을 신청하였다. 아래 [보기]의 내용에 따라 퇴직기준과 대상자를 직접 반영하여 퇴직 정산작업을 진행했을 때, 정산 결과에 대한 설명으로 옳지 않은 것은 무엇인가? (단, 그 외 퇴직금 계산에 필요한 조건은 프로그램의 등록 기준에 따른다)

> [보기]
> 1. 평균임금 계산식 : '일평균 임금' 적용
> 2. 지급항목 설정 : 기본급, 근속수당, 가족수당, 상여
> 3. 귀속연월 : 2024/09
> 4. 재직기준 : 2024/09/01~2024/09/30
> 5. 퇴직일자, 신청일자 : 2024/09/25
> 6. 지급일자 : 2024/09/30

① [20130701.고진수] 사원의 중도 정산 시의 퇴직금은 54,360,490원이고, 근속기간은 4105일이다.

② [20130701.고진수] 사원의 퇴직금 계산 시 산정된 급여내역은 2024/06/01~2024/08/31까지의 기간이며, 퇴직금계산 기간 내 지급된 상여금은 존재하지 않는다.

③ [20130701.고진수] 사원은 근속 누진으로 누진일수가 123일이 적용되었고, 퇴직소득세는 632,650원이 공제되었다.

④ [20130701.고진수] 사원의 퇴직금 계산 시 산정된 급여의 합계는 11,696,250원이며, 산정기간은 11년 2개월 25일이다.

21 아래 [보기]를 기준으로 2024년 08월 귀속의 전표를 생성하고, 전표처리결과 계정과목별 금액을 확인 시 올바르지 않은 것은 무엇인가?

> [보기]
> 1. 지급유형 : 상용직급여
> 2. 회계단위 : [1000.인사1급 회사본사]
> 3. 결의일자 : 2024/08/31
> 4. 작성자 : [ERP13I01.장미란]
> 5. 집계사업장 : 〈1000.인사1급 회사본사〉,
>   〈3000.인사1급 부산지점〉
> 6. 집계급여구분 : 급여, 상여

① 가지급금 : 4,875,000원

② 복리후생비 : 2,180,000원

③ 선납세금 : 3,254,900원

④ 여비교통비 : 950,000원

22 아래 [보기]를 기준으로 '인사/급여환경설정'을 직접 확인하여 변경한 뒤, 〈1000.인사1급 회사본사〉 사업장의 원천세 신고서를 추가 시 근로소득 구분에 대한 총지급액과 소득세는 각각 얼마인가? (단, 신고구분은 '정기'이며, 소득처분여부는 '1.비해당'으로 설정한다)

> [보기]
> 1. 원천세 신고유형 : 본점일괄신고
> 2. 이행상황신고서집계방식 : 귀속연월
> 3. 신고서 생성 기준 : 귀속 : 2024.08 /
>   지급 : 2024.08(제출일자 2024.09.10.)
> 4. 일반 데이터반영 : 매월 징수분(전체)
> 5. 연말정산 소득세, 농특세 반영 : 미적용

① 총지급액 : 63,580,050원 /
   소득세 : 2,477,760원

② 총지급액 : 98,772,940원 /
   소득세 : 3,834,990원

③ 총지급액 : 115,382,300원 /
   소득세 : 6,087,350원

④ 총지급액 : 138,262,520원 /
   소득세 : 9,725,240원

23 아래 [보기]를 기준으로 당 회사의 지방소득세 특별징수명세 신고서를 생성했을 때, [4.근로소득]의 소득자별 '과세표준' 금액을 확인 시 올바르지 않은 것은 무엇인가? (단, 신고서 생성기준은 '단일 사업장' 기준으로 생성한다)

> [보기]
> ※ 인사/급여환경설정 '지방소득세/주민세(종업
>   원분)집계방식' : 귀속,지급연월
> 1. 매월 신고
> 2. 신고사업장 : [0000.전체]
> 3. 신고구분 : 1.정기
> 4. 귀속연월 : 2024년 08월
> 5. 지급연월 : 2024년 08월
> 6. 제출일자 : 2024년 09월 10일
> 7. 급여지급일자 : 2024년 08월 31일
> 8. 계속근무자 연말정산 환급액 반영 기준 : 미적용

① [20001101.박용덕]
  – 과세표준 : 329,860원
② [20090701.김성실]
  – 과세표준 : 943,120원
③ [20101001.최명수]
  – 과세표준 : 195,960원
④ [20180511.최국성]
  – 과세표준 : 24,990원

24 당 회사 〈4000.인사1급 강원지점〉 사업장 [20081204.유지현] 사원의 2023년 귀속의 근로소득 지급내역을 확인했을 때, 총 '지급명세서 작성 대상 비과세 소득'과 실제 공제된 총 '고용보험'은 각각 얼마인가? (단, 모든 정보는 현재 프로그램에 반영되어 있는 데이터를 기준으로 확인한다)

① 지급명세서 작성 대상 비과세 소득 :
  2,359,800원 / 고용보험 : 192,960원
② 지급명세서 작성 대상 비과세 소득 :
  2,408,830원 / 고용보험 : 423,890원
③ 지급명세서 작성 대상 비과세 소득 :
  3,600,000원 / 고용보험 : 192,960원
④ 지급명세서 작성 대상 비과세 소득 :
  4,800,000원 / 고용보험 : 423,890원

25 당 회사는 전체 사업장 기준 2024년 08월 귀속(지급일 1번) 급여구분의 대장을 확인하고자 한다. 부서별로 대장을 집계하여 확인했을 때, 부서별 지급/공제항목의 금액으로 옳지 않은 것은?

① 관리부 – 소득세 : 736,160원
② 국내영업부 – 가족수당 : 220,000원
③ 연구개발부 – 사회보험부담금 : 542,960원
④ 총무부 – 근속수당 : 1,775,000원

정답 & 해설

최신 기출문제 6회분의 이론 시험과 실무 시험 해설을 상세하게 수록했습니다. 문제를 풀다가 헷갈리거나 어려웠던 부분이 있다면, 해설을 참고하여 내용을 확실하게 정리하세요. 특히 가장 최신 기출인 2025년 4회, 3회의 실무편은 매우 자세하게 풀이해 두었으므로, 반드시 이 두 회차를 먼저 반복해서 꼼꼼하게 풀이할 것을 강력히 추천합니다.

차례

정답 & 해설

최신 기출문제 01회 정답 & 해설

240p

이론

01 ④	02 ④	03 ③	04 ①	05 ③	06 ④	07 ④	08 ④	09 ③	10 ②
11 ④	12 ②	13 ①	14 아웃소싱		15 ②	16 ④	17 ③	18 ②	19 ②
20 대역법	21 ④	22 ③	23 ②	24 ④	25 ④	26 실업급여		27 산업재해보상보험	
28 ④	29 ③	30 ①	31 ④	32 단결권, 단체교섭권, 단체행동권			33 교대근무		

이론

01 ④

CNN은 이미지(2D 자료) 데이터 인식에 효과적인 방법이며, RNN은 시퀀스 데이터(텍스트, 음성)를 처리하며 순서를 고려(시계열)하는 방법이다.

02 ④

오답 피하기

- ① : 블록체인은 분산된 네트워크를 사용하여 데이터를 분산 저장함
- ② : 블록체인에 기록된 내용은 수정이 불가능함
- ③ : 블록체인의 모든 참여자는 같은 데이터를 보유함

03 ③

ERP 인사모듈 교육으로 인한 비용은 감소한다.

04 ①

성과측정관리(BSC)는 전략적 기업경영(SEM)에 해당한다.

오답 피하기

전략적 기업경영(SEM) : 부가가치경영(VBM), 활동기준경영(ABM), 성과측정관리(BSC), 전략계획 및 시뮬레이션(SFS)

05 ③

시스템의 전체 라이프사이클(Life-cycle)을 통해 발생하는 전체 비용을 총소유비용(Total Cost of Ownership)이라고 한다.

06 ④

[보기]의 내용은 인사 관련 업무의 수행 상황을 평가하고 있으므로 '인력통제'에 해당한다.

오답 피하기

인사부분의 관리활동은 크게 인력계획, 인력실천, 인력통제로 구분할 수 있다.
- 인력계획 : 인적자원관리가 원활하게 이루어지도록 미리 계획하는 과정
- 인력실천 : 인력계획을 실제로 실천하는 과정
- 인력통제 : 실천된 수행 상황을 평가하고 잘못된 것을 수정하는 과정

07 ④

드라이버로 나사 조이기, 부품 위치 맞추기 등 가장 기본적인 활동은 과업 요소(Element)에 해당한다.

08 ④

직무설계 방법 중 작업을 세분화하여 한 작업자가 수행하는 업무 범위를 줄이는 것(분업의 원리)에 해당하는 것은 직무전문화(Job Specialization)이다.

09 ③

직무를 수행하는 자의 연령, 직업기초능력, 권장자격, 필요지식, 직무수행 태도, 필요기술 등이 서술된 문서는 직무명세서에 해당한다.

10 ②

과거 인력변화를 가져다 주었던 요인을 찾아서 시간에 따른 변화 정보를 파악하고 이를 토대로 미래를 예측하는 방법은 추세분석 방법에 해당한다.

오답 피하기

시나리오 기법은 정성적 예측 방법으로, 미래에 발생할 수 있는 여러 상황을 가정하여 다양한 예측을 수행하는 기법이다.

11 ④

- 선발률이 0에 가깝다는 건 전체 지원자 중 대부분이 탈락되었다는 것을 의미한다. 따라서 2종 오류(부적격자의 선발)는 줄어들지만 1종 오류(적격자의 탈락)가 증가할 수 있다.
- 선발률이 1에 가까우면 지원자 대부분이 합격하였다는 것을 의미한다. 따라서 2종 오류는 늘어나지만 1종 오류는 줄어드는 효과가 있다.

12 ②

개별 직무의 가치가 점수로 명확하게 산정되는 직무평가 방법으로, [보기]는 점수법에 해당한다.

13 ①

배치관리의 원칙은 능력(실력)주의 원칙, 적재적소의 원칙, 균형주의의 원칙, 인재육성주의 원칙이 있다.

14 **아웃소싱**

조직 내부 인력이나 전문성이 부족한 경우, 일정한 업무를 외부의 전문기관에 위탁하여 수행하는 방식을 아웃소싱이라고 한다.

15 ②

오답 피하기

- ① 강제선택법 : 쌍으로 된 평가항목의 서술문 중에서 반드시 한 곳에만 체크하도록 하여, 고과자의 주관적 평가를 최소화하고 관대화 경향을 방지할 수 있는 방법
- ③ 대조표고과법 : 표준 행동을 미리 평가항목에 배열해 두고, 해당 항목을 체크하여 평가하는 방법
- ④ 서술식고과법 : 근로자의 능력이나 기술을 서술하여 평가하는 방법

16 ④

중요사건법은 미래의 상황을 미리 가정하는 방법이 아니라, 과거 실제 상황을 토대로 평가하는 방법이다.

17 ③

능력주의 승진 제도는 일반적으로 전문직종, 고위직, 관리자급 계층에 더 적합하며, 하위 계층 근로자의 능력을 파악하기는 쉽지 않다.

18 ②

인력의 외적 유입과 다양한 인재풀 확보는 확보(채용)관리의 영역에 해당하고, 경력관리(개발)는 개발관리의 영역에 속한다.

19 ②

레윈(Lewin)의 3단계 변화에는 해빙단계, 변화단계, 재동결단계가 있다. 이 중 해빙단계는 기존의 고정관념을 깨고 변화의 필요성을 인식하는 준비단계이다.

20 **대역법**

관리자 계층의 OJT에 해당하는 교육기법은 대역법이다.

21 ④

종업원의 입장(임금의 의미)은 사회적 신분의 상징, 생계비 및 가계 수입의 원천, 욕구충족의 수단 등이 있다.

22 ③

육아휴직급여는 통상임금을 기준으로 적용된다.

23 ②

- 임프로쉐어 플랜 : 표준노동시간과 실제노동시간을 비교하여 절약된 노동시간만큼을 배분하는 방식
- 스캔론 플랜 : 총매출액에 대한 인건비 절약분을 성과급으로 배분하는 방식
- 럭커 플랜 : 기업이 창출한 부가가치에서 인건비에 해당하는 금액을 배분하는 방식

24 ④

원천징수란 급여 등의 소득을 지급하는 자가 세금(및 4대 보험)을 미리 공제한 후 지급하고, 이후 납세의무자를 대신하여 이를 국가 및 지방자치단체에 납부하는 제도이다.

25 ④

직원들의 선택을 통해 복리후생 혜택이 제공되는 제도를 카페테리아형 복리후생제도라고 한다.

26 실업급여

실업급여란 근로의 의사와 능력이 있음에도 불구하고 취업하지 못한 피보험자에게 생활에 필요한 급여를 제공하여, 근로자 등의 생활 안정을 도모하고 구직활동을 촉진하기 위한 제도를 말한다.

27 산업재해보상보험

산업재해보상보험(산재보험)은 근로자의 업무상 재해를 신속 · 공정하게 보상하고 재활 및 사회 복귀를 지원하는 사회보장제도로, 재해 예방과 근로자의 복지 증진을 목적으로 한다.
※ 복수 정답 : 산재보험

28 ④

8시간 초과근로(연장근로 또는 초과근로) 시 통상임금의 100분의 50을 가산하며, 휴일근로 시에도 통상임금의 100분의 50을 가산해야 하기 때문에, 결과적으로 통상임금의 100분의 100을 가산한다.

오답 피하기

- ① : 「근로기준법」은 연령 · 성별 등에 차별을 두고 있음(예 연소근로자 및 여성근로자의 야간근무 제한 등)
- ② : 1주 52시간 한도 내에서 연장근로가 가능함
- ③ : 야간근로수당의 통상임금의 가산률은 50%임

29 ③

상시 연장근로를 허용하거나 총 근로시간을 자율에 맡기는 것은 여러 문제가 발생할 소지가 있다.

30 ①

- 엄밀히 말하자면 스캔론 플랜, 럭커 플랜은 성과 참가의 생산성 배분제도에 해당한다.
- 종업원 지주제, 스톡옵션제도는 자본 참가제도이며, 노사공동결정제도, 노사협의제도는 의사결정 참가제도에 해당한다.

31 ④

파업, 태업, 보이콧 등은 근로자 측 쟁의행위에 해당한다.

32 단결권, 단체교섭권, 단체행동권

근로자는 근로조건의 향상을 위하여 자주적인 단결권 · 단체교섭권 및 단체행동권을 가진다(「헌법」 제33조 제1항).

33 교대근무

동일한 작업 또는 직무를 둘 이상의 근로자가 시간대를 나누어 순차적으로 수행하고, 일정한 시간마다 근무자를 교체하는 근무형태는 교대근무이다.
※ 복수 정답 : 교대근무제도, 교대근무제, 교대제, 교대제 근무 등

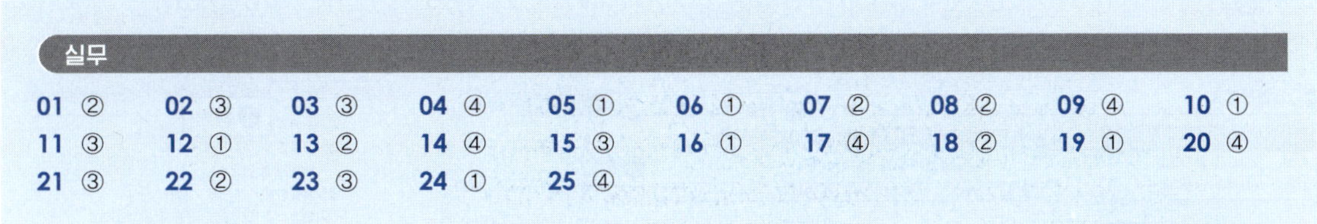

실무

01 ②

② : 〈2000.인사1급 인천지점〉 사업장의 주업종코드는 '369301.제조업'이며, 원천징수이행상황신고서 신고 시 '반기' 신고를 진행하는 사업장이다. (×)
→ 원천징수이행상황신고서 신고 시 '월별' 신고를 진행하는 사업장이다.

메뉴 길잡이

[시스템관리]-[회사등록정보]-[사업장등록]

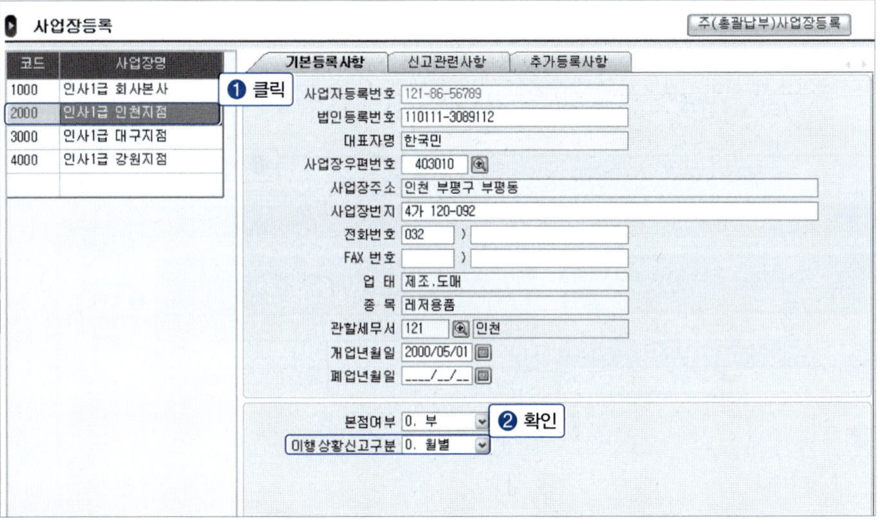

오답 피하기

• ① : 〈1000.인사1급 회사본사〉 사업장은 해당 회사의 '본점' 사업장이며, 종목은 '레저용품'이다. (○)

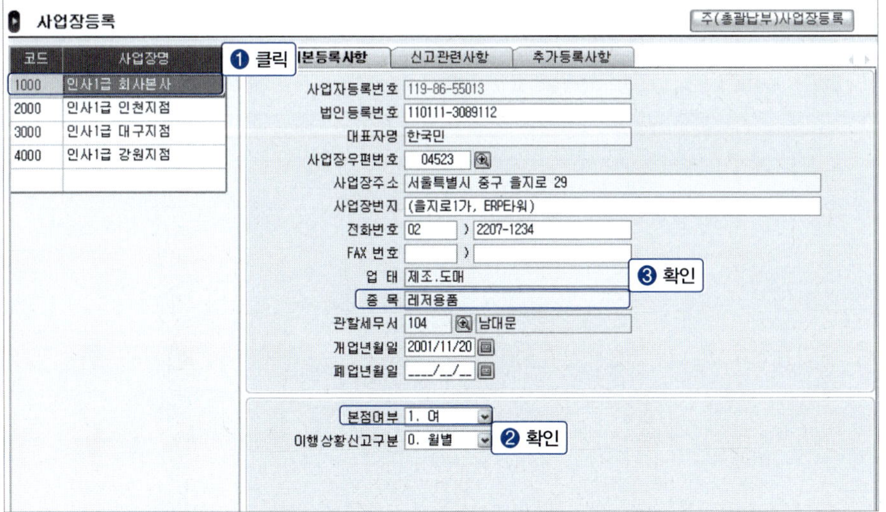

- ③ : ⟨3000.인사1급 대구지점⟩ 사업장의 지방세신고지 행정동은 '2714051000.동구청'이며, 관할세무서는 '502.동대구'이고, 개업년월일은 '2005/01/09'이다. (○)

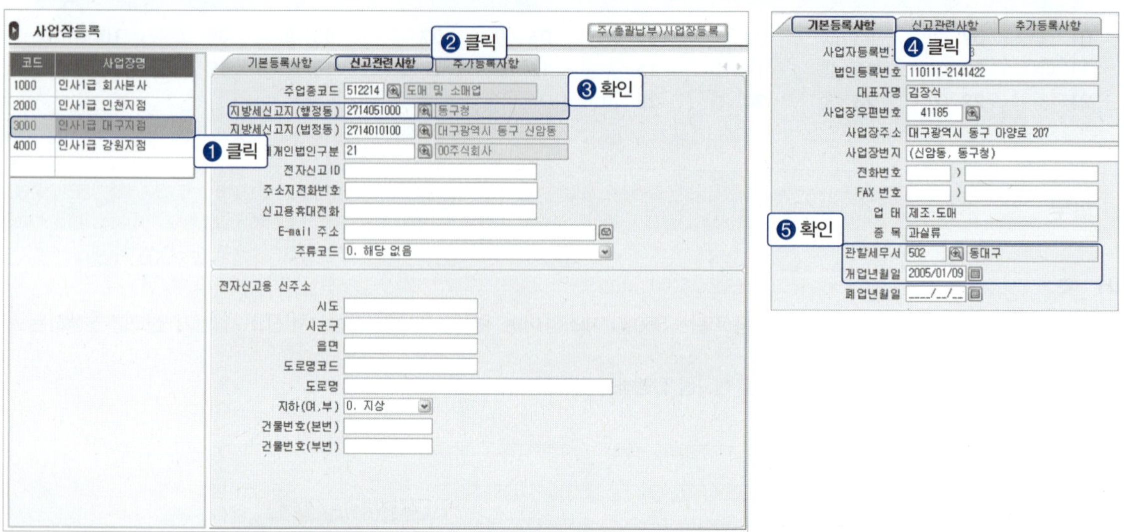

- ④ : ⟨4000.인사1급 강원지점⟩ 사업장은 사업자단위과세 신고 시, 주(총괄납부)장으로 신고한다. (○)

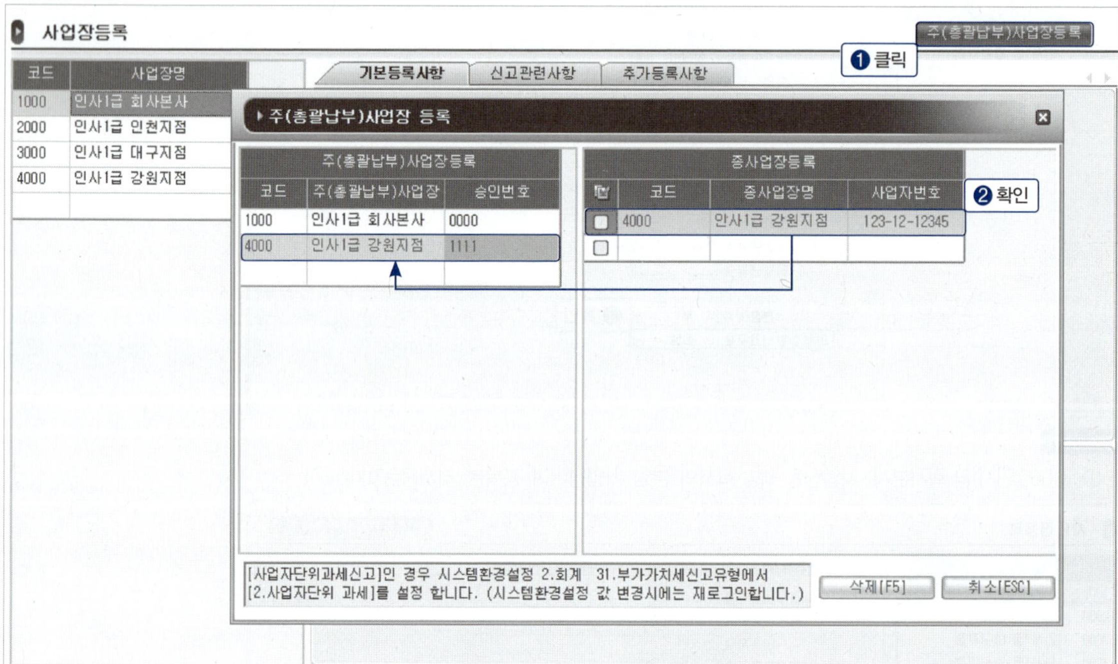

③ : [6000.연구부문]에 속한 부서는 현재 모두 사용 중이다. (×)
　→ [6000.연구부문]에 속한 부서 중 '6100.연구개발부'는 현재 사용하지 않는 부서이다.

메뉴 길잡이

[시스템관리]-[회사등록정보]-[부서등록]

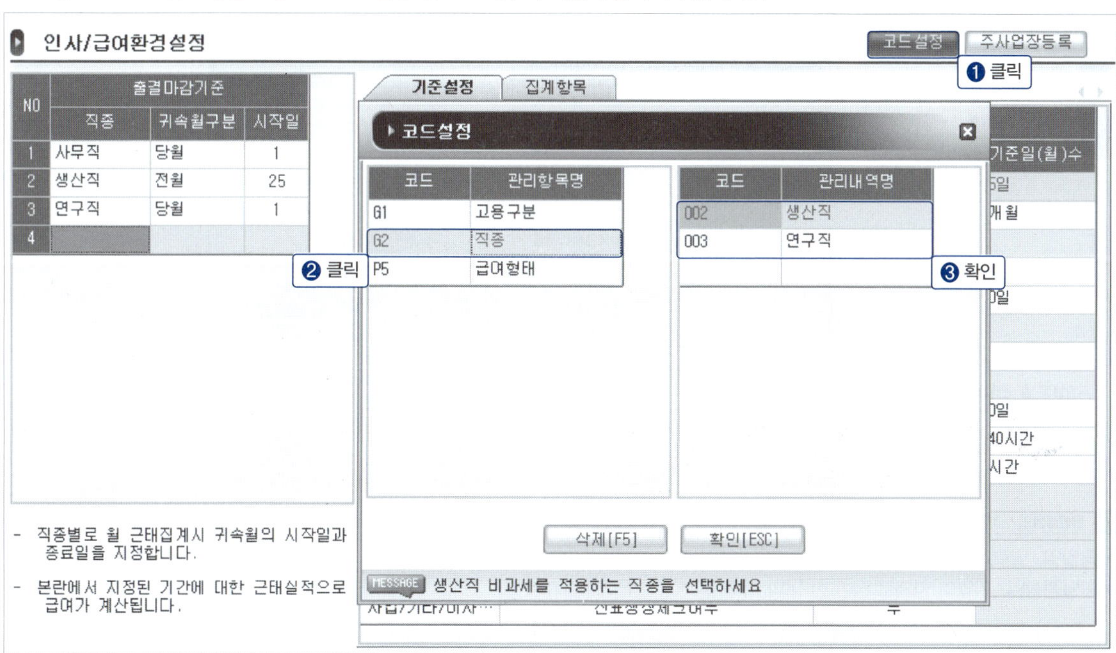

부서코드	부서명	사업장코드	사업장명	부문코드	부문명	사용기간	사용기간
1100	총무부	1000	인사1급 회사본사	1000	관리부문	2005/01/01	
1200	경리부	1000	인사1급 회사본사	1000	관리부문	2005/01/01	
1300	기획부	1000	인사1급 회사본사	9000	기획부문	2021/01/02	2024/10/31
2000	영업부	1000	인사1급 회사본사	2000	영업부문	2005/01/01	2025/03/31
2100	국내영업부	1000	인사1급 회사본사	2000	영업부문	2008/01/01	
2200	해외영업부	1000	인사1급 회사본사	2000	영업부문	2008/01/01	
3100	관리부	2000	인사1급 인천지점	1000	관리부문	2008/01/01	
4100	생산부	2000	인사1급 인천지점	4000	생산부문	2008/01/01	
5100	자재부	2000	인사1급 인천지점	5000	자재부문	2008/01/01	
6100	연구개발부	3000	인사1급 대구지점	6000	연구부문	2008/01/01	2024/10/31
6150	연구부	3000	인사1급 대구지점	6000	연구부문	2021/01/01	
7100	교육부	4000	인사1급 강원지점	7000	교육부문	2021/01/02	
8100	육성부	4000	인사1급 강원지점	8000	육성부문	2021/01/02	

03 ③

올바르게 설명한 [보기] 내용은 A, C, D로 3개이다.

메뉴 길잡이

[인사/급여관리]-[기초환경설정]-[인사/급여환경설정]
• A : 생산직 비과세를 적용할 직종으로 '002.생산직', '003.연구직' 직종이 등록되어 있다. (○)

• C : 입사자의 경우 급여계산 시, 25일 초과 근무 시 월 급여를 '월할' 지급한다. (○)

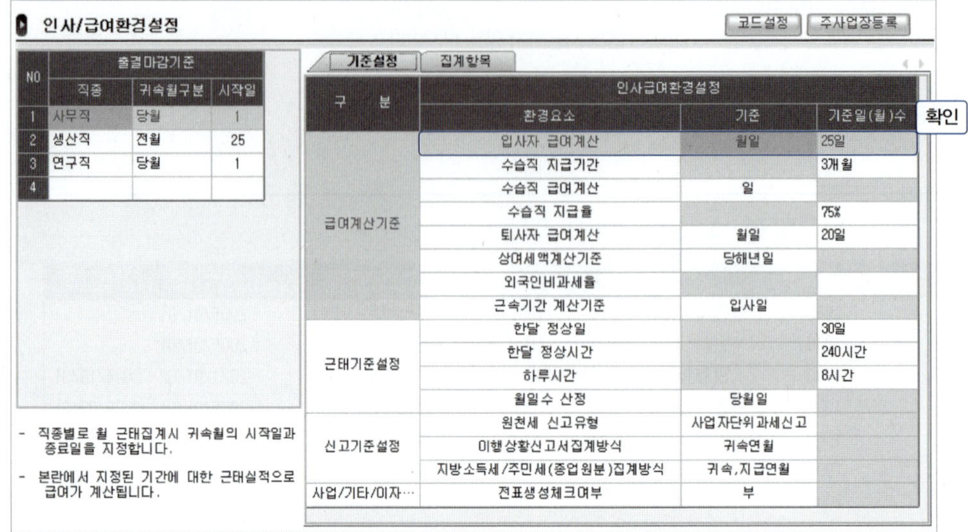

• D : 건강보험정산 코드로 'S11.건강보험정산' 코드가 설정되어 있다. (○)

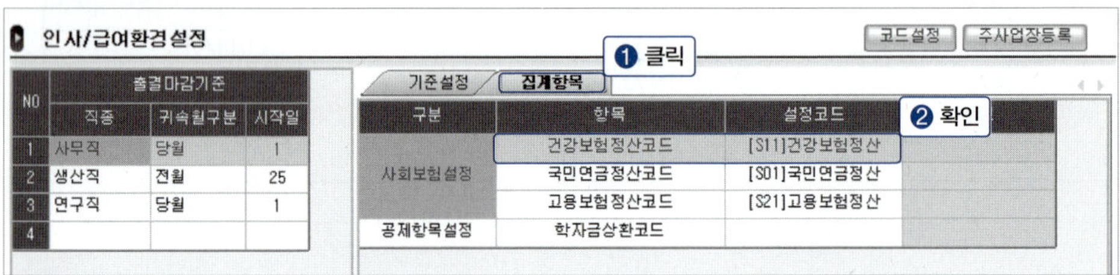

B : 회사의 '월일수 산정' 기준은 '당월일'이며, 7월 귀속 기준으로 일수 산정 시 일수는 30일이다. (×)
　　→ 7월 귀속 기준으로 일수 산정 시 일수는 31일이다.

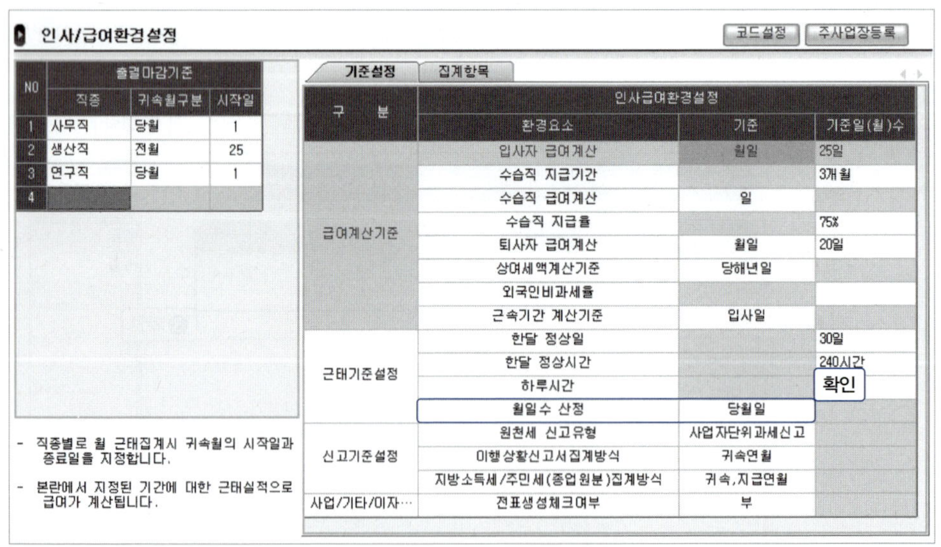

• 당월일 : 달력상 한 달(1역월)의 일수 예 5월 : 31일, 6월 : 30일
• 한달정상일 : 기업이 임의로 정한 한 달의 기준 일수

6호봉 기준의 '호봉합계'는 4,392,175원이다.

메뉴 길잡이

[인사/급여관리]–[기초환경설정]–[호봉테이블등록]

(1) 초기치 입력([일괄등록] 버튼)

과장 직급 호봉이력의 '적용시작연월'을 2025/07로 입력하고, 오른쪽 상단의 [일괄등록] 버튼을 눌러 기본급·급호수당·연장수당의 초기치와 증가액을 입력한다.

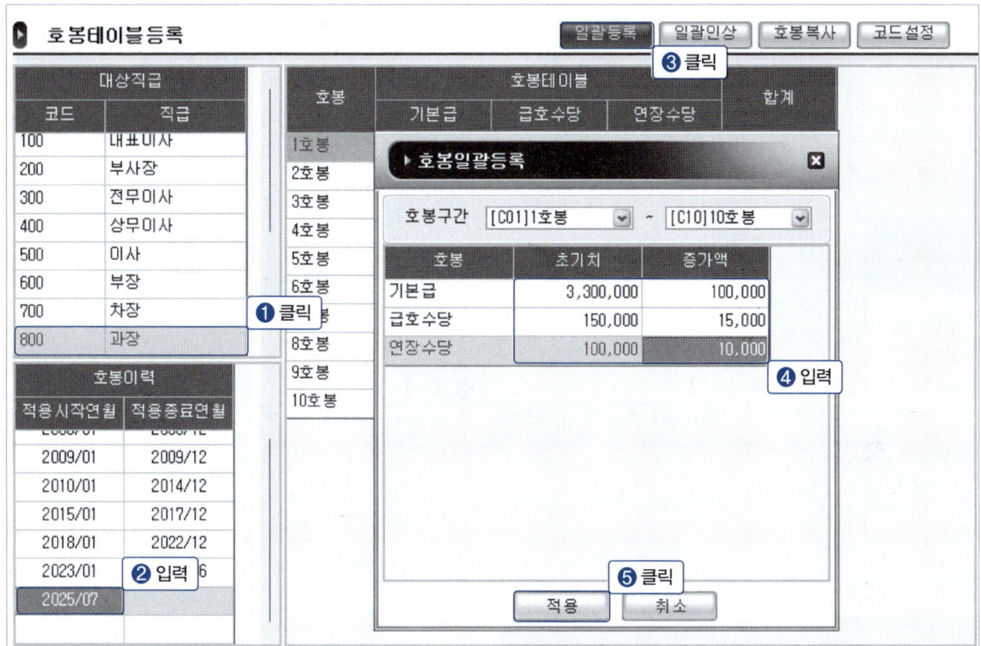

(2) 일괄인상

① 오른쪽 상단의 [일괄인상] 버튼을 눌러 기본급·급호수당의 정률을 입력한 후 [정률적용] 버튼을 누른다.

② 오른쪽 상단의 **[일괄인상]** 버튼을 눌러 **연장수당의 금액**을 입력한 후 **[정액적용]** 버튼을 누른다.

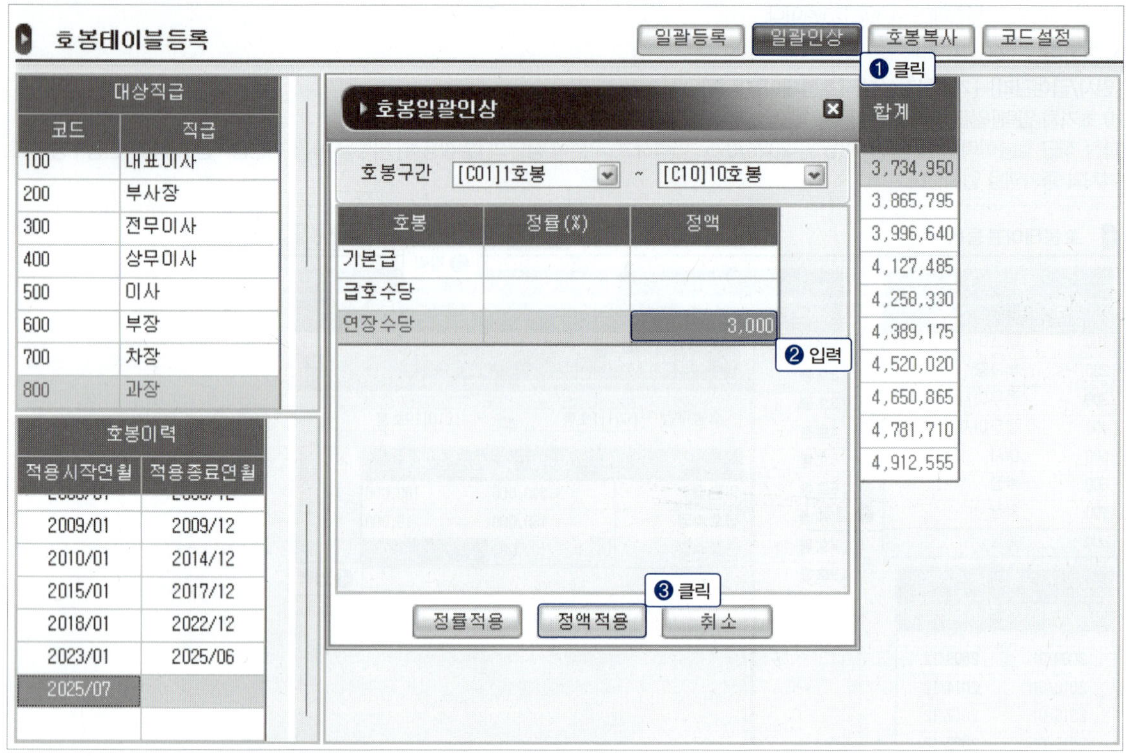

③ 조회된 화면에서 6호봉 기준의 호봉합계(4,392,175원)를 확인한다.

호봉	호봉테이블			합계
	기본급	급호수당	연장수당	
1호봉	3,481,500	153,450	103,000	3,737,950
2호봉	3,587,000	168,795	113,000	3,868,795
3호봉	3,692,500	184,140	123,000	3,999,640
4호봉	3,798,000	199,485	133,000	4,130,485
5호봉	3,903,500	214,830	143,000	4,261,330
6호봉	4,009,000	230,175	153,000	4,392,175
7호봉	4,114,500	245,520	163,000	4,523,020
8호봉	4,220,000	260,865	173,000	4,653,865
9호봉	4,325,500	276,210	183,000	4,784,710
10호봉	4,431,000	291,555	193,000	4,915,555

① : [P10.연장근로수당]은 '001.야간근로수당' 비과세 적용 기준요건인 월정급여에 포함되지 않는 지급항목이며, '002.생산직' 직종일 때
　　책정임금의 월급*0.1로 지급한다. (×)
　　→ 총연장근무시간*시급*1.5로 지급한다.

[메뉴 길잡이]

[인사/급여관리]-[기초환경설정]-[지급공제항목등록]
반드시 오른쪽 상단의 [마감취소] 버튼을 눌러 마감을 취소한다(암호는 입력하지 않는다). 급여구분은 **급여**, 지급/공제구분은 **지급**을 선택
하고, 귀속연도는 **2025년**으로 입력한다. 조회된 화면 하단의 생산직 직종의 계산식(총연장근무시간*시급*1.5)을 확인한다.

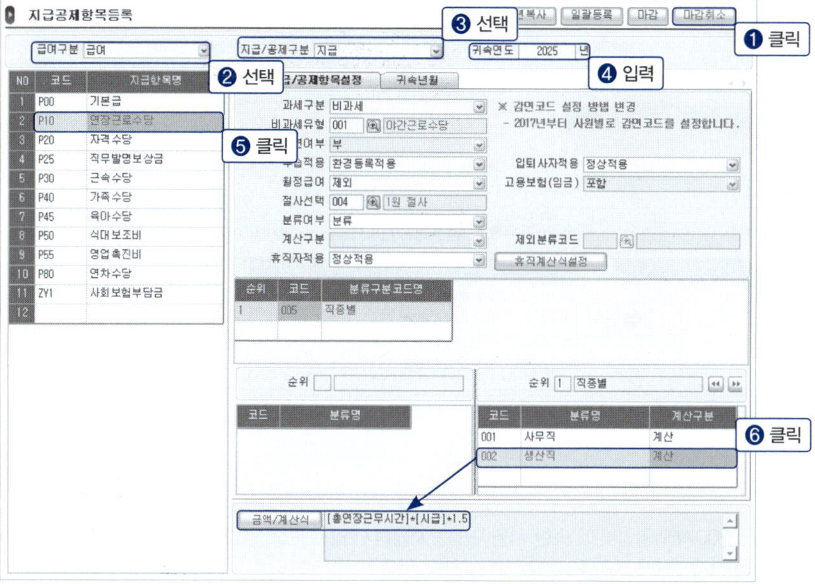

[한선생님의 노하우]

ERP 수험용 프로그램에서는 암호를 입력하지 않아도 됩니다. 따라서 암호란은 항상 비워둔 상태에서 [확인]만 클릭하면 됩니다.

[오답 피하기]

- ② : [P25.직무발명보상금]은 분류여부가 제외조건으로 설정되어 있으며, '오진형', '장기영' 사원을 제외한 모든 사원에 대해서
1,000,000원을 지급하고 감면 비대상 항목이다. (○)

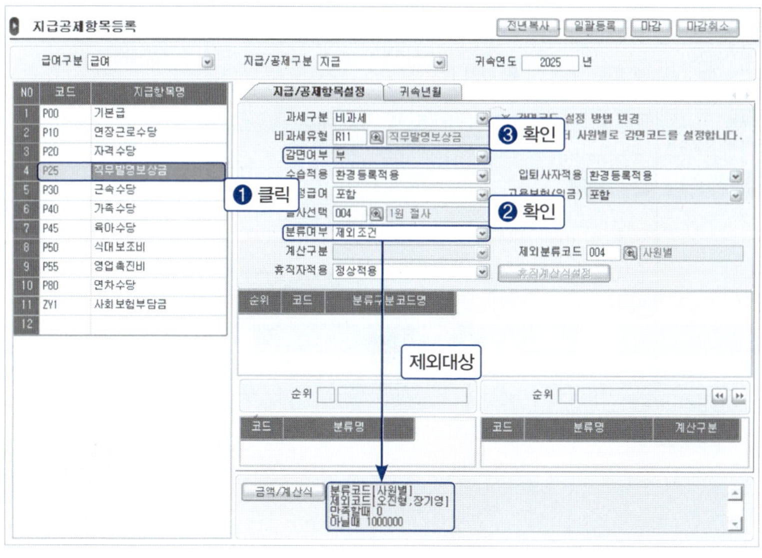

[한선생님의 노하우]

분류여부가 '제외조건'인 경우에는 해당 수당을 지급하지 않을 사원을 등록하는 방식입니다.

- ③ : [P30.근속수당]은 근속기간이 07년 01개월일 때 55,000원을 지급하고, 퇴사자인 경우에는 지급하지 않는 항목이다. (○)

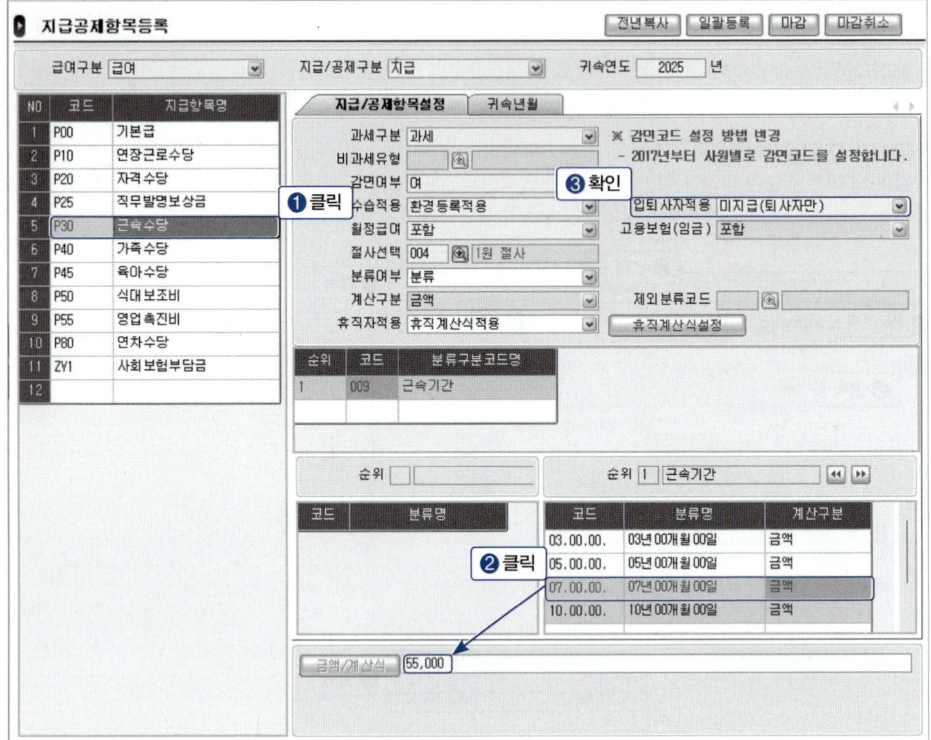

- ④ : [P50.식대보조비]는 '2100.국내영업부', '2200.해외영업부'에 속한 사원에게는 지급하지 않고 [P55.영업촉진비]는 해당 부서에 속한
  사원에게만 지급한다. (○)

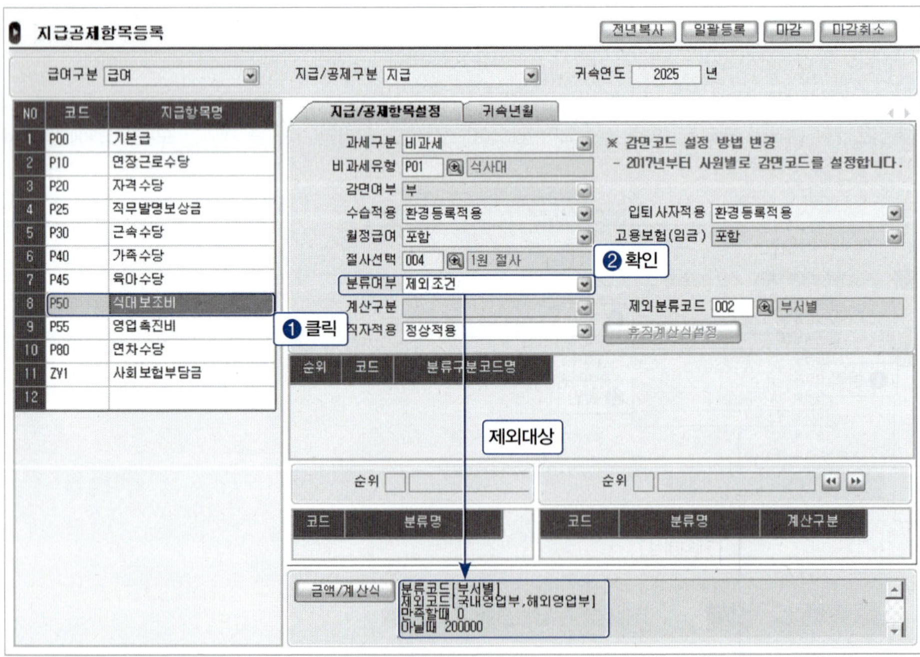

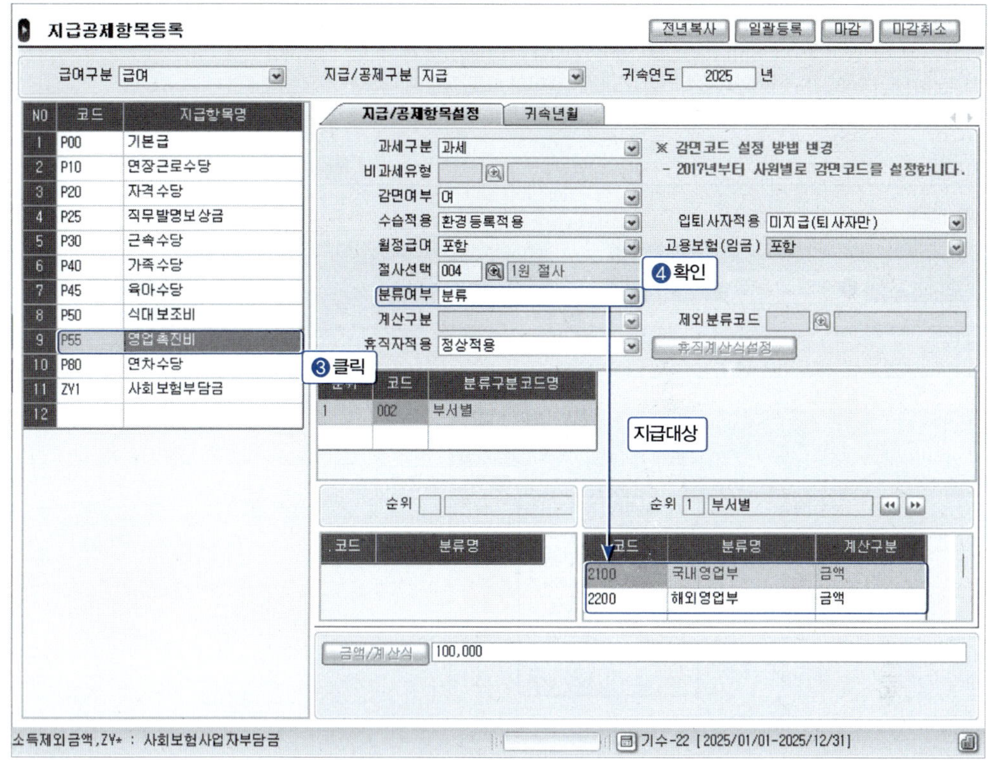

분류여부가 '분류'인 경우에는 해당 수당의 지급대상 사원만 등록하는 방식입니다.

06 ①

① : '급여'의 '지급직종및급여형태'에 반영된 정보와 일치하는 대상자는 [상용직급여입력및계산] 메뉴에서 직접 대상자 선정을 진행하여
　　대상자를 반영한다. (×)
　　　→ [상용직급여입력및계산] 메뉴에 자동으로 반영된다.

[인사/급여관리]-[기초환경설정]-[급/상여지급일자등록]

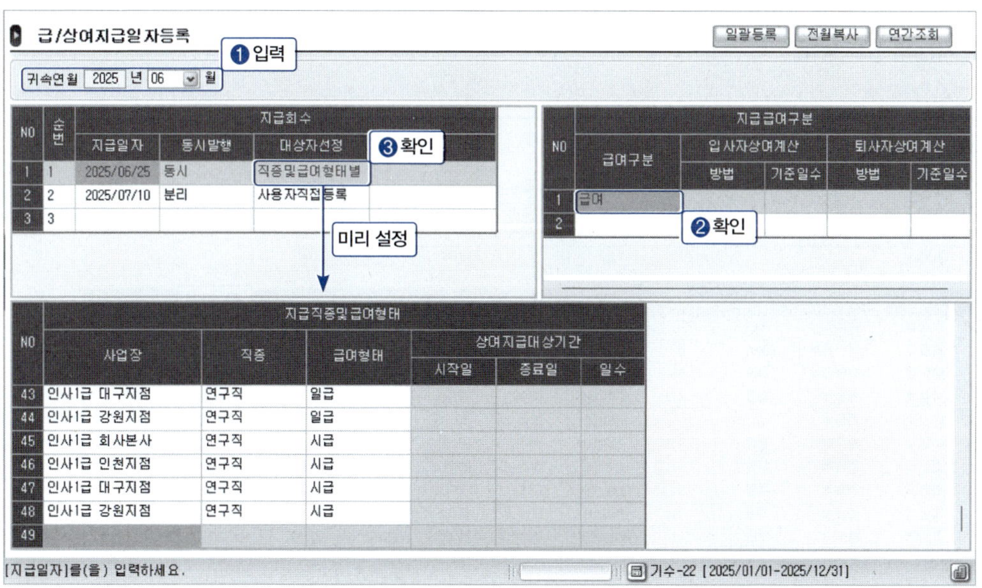

- ② : '급여'를 지급하는 일자에 '상여'를 추가하여 지급할 수 있다. 동시발행 여부가 '동시'이므로 가능하다. (○)
- ③ : '상여' 지급 시, '상여지급대상기간'은 '2025/06/01∼2025/06/30'이며 모든 직종에 대해서 지급한다. (○)
- ④ : 입사자의 경우 '상여' 지급 시, 근무일수에 상관없이 '일할'로 지급한다. (○)

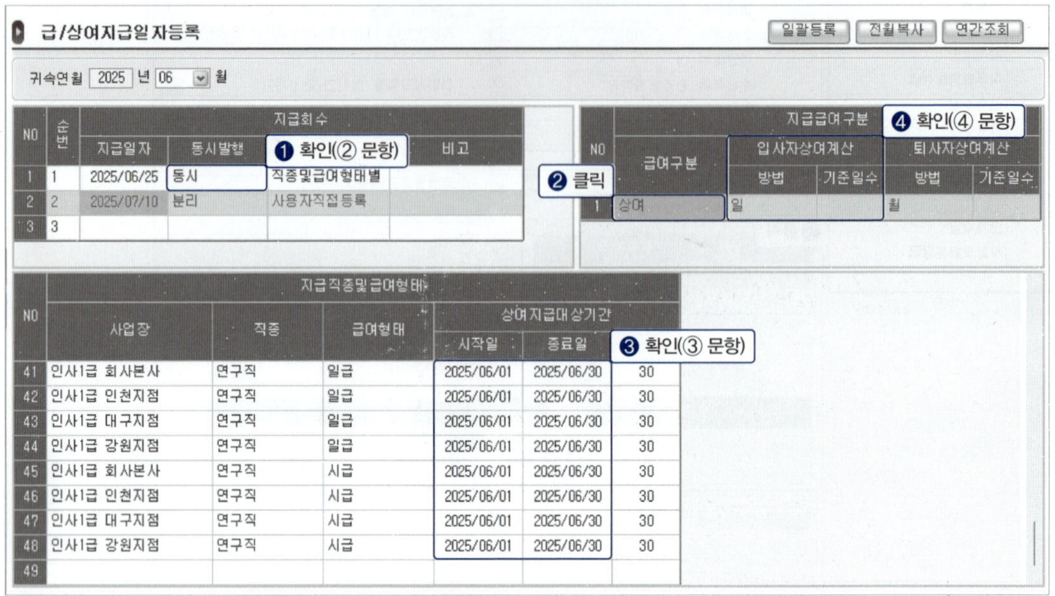

중도 입 · 퇴사자는 한 달을 다 채우지 못하는 경우가 있는데, 이때의 급 · 상여는 다음과 같이 지급합니다.

- 월 : 한 달치 모두 지급
- 일 : 일한 날짜만큼 지급
- 월일 : 기준일수 이상은 '월', 기준일수 미만은 '일'로 적용

07 ②

- 교육평가 A등급 3명 : 300,000원 × 3 = 900,000원
- 교육평가 B등급 4명 : 100,000원 × 4 = 400,000원
- 총 지급금액 : 900,000원 + 400,000원 = 1,300,000원

[인사/급여관리]─[인사관리]─[교육평가]

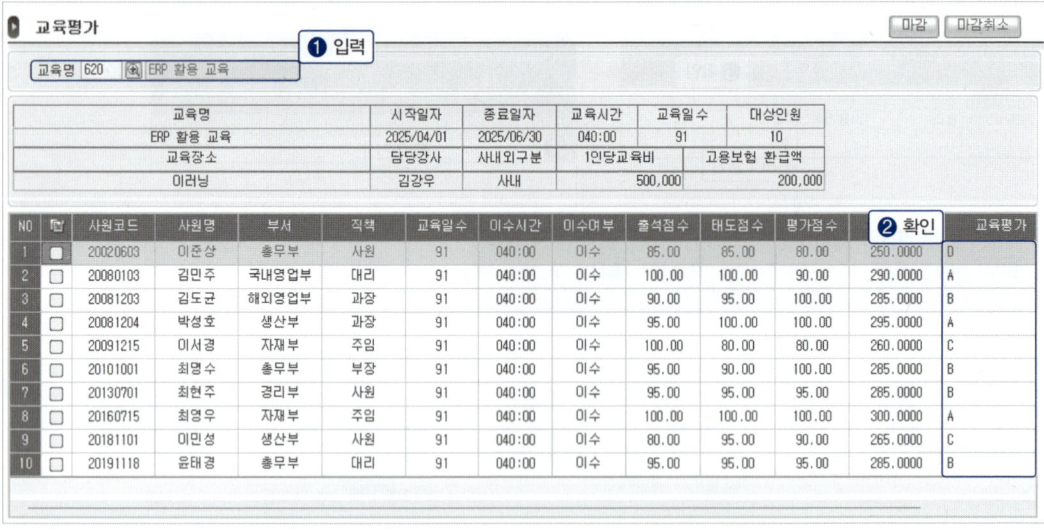

[20020603.이준상]은 2021년에 탈퇴했다.

메뉴 길잡이

[인사/급여관리]-[인사관리]-[사원정보현황]
[동호회] 탭에서 **런닝동호회**를 선택한다. 오른쪽 상단의 [퇴직제외] 버튼을 클릭한 후 현재 가입자가 아닌 회원을 확인한다.

한선생님의 노하우

어학시험, 자격증, 동호회에 대해 조회하는 경우에는 [사원정보현황] 메뉴를 사용합니다.

09 ④

④ : [20191118.윤태경] 사원의 직급은 '대리'이며, 학자금상환 대상자로 상환통지액은 '500,000원'이다. (×)
　　→ 학자금상환통지액은 '200,000원'이다.

메뉴 길잡이

[인사/급여관리]-[인사관리]-[인사정보등록]

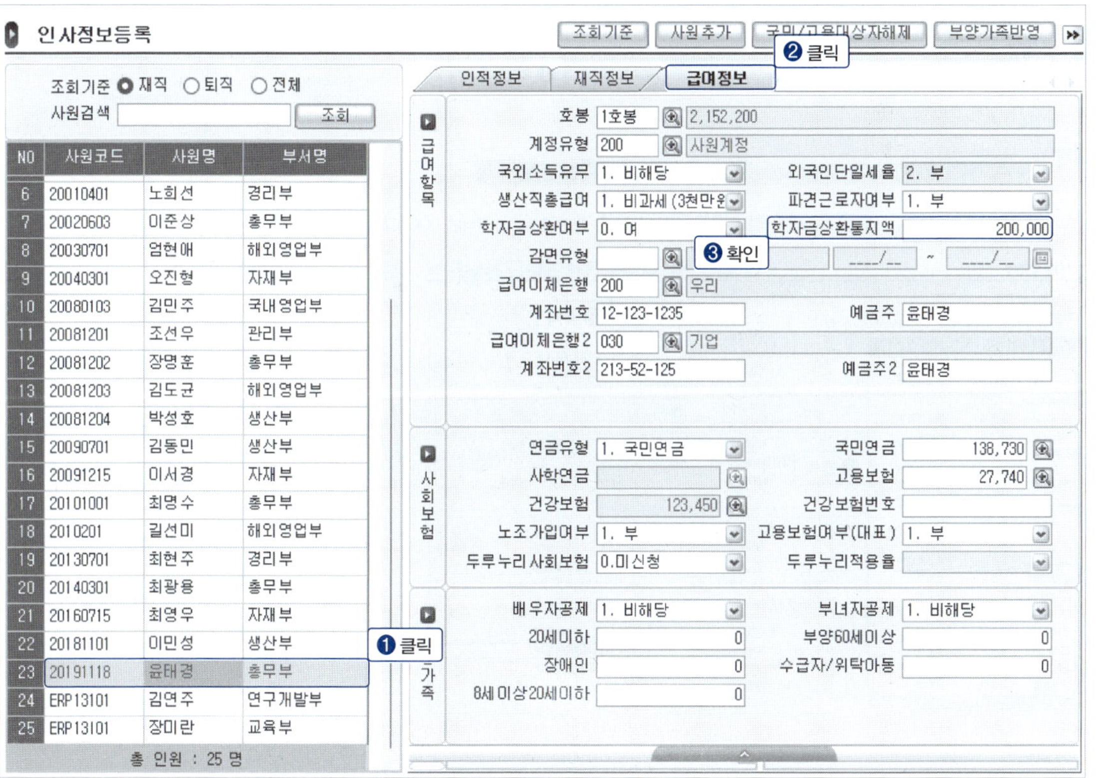

- ① : [20010401.노희선] 사원은 장애인복지법에 의한 장애인이며, 배우자 공제를 적용받는다. (○)

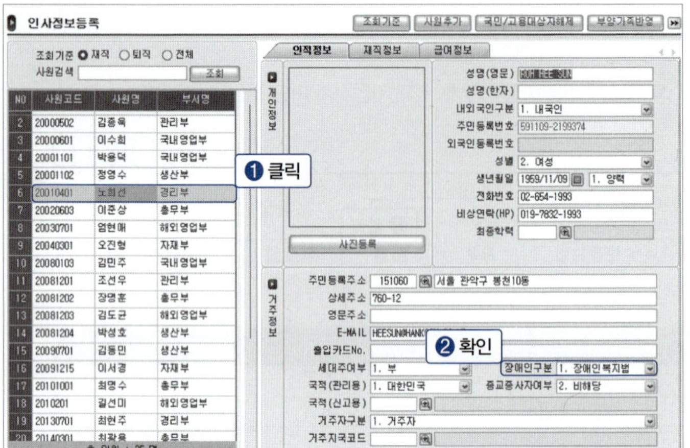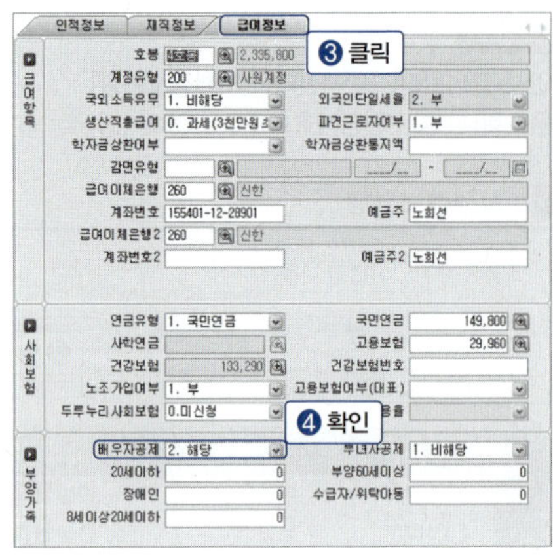

- ② : [20030701.엄현애] 사원은 '2015/06/01~2015/08/31'에 육아휴직 이력이 존재하며, 급여이체은행은 '260.신한'은행으로 설정되어 있다. (○)

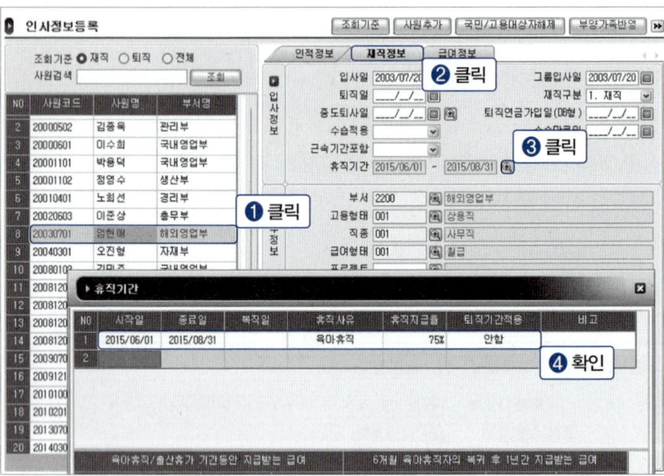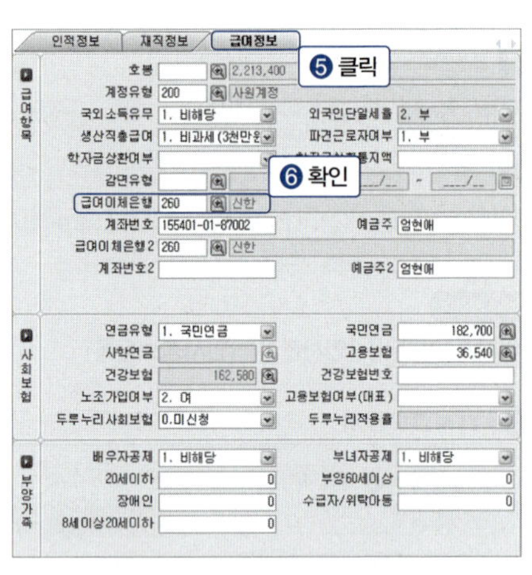

- ③ : [20081204.박성호] 사원은 60세 이상 부양가족이 1명 존재하며, 급여형태는 '004.시급'으로 설정되어 있다. (○)

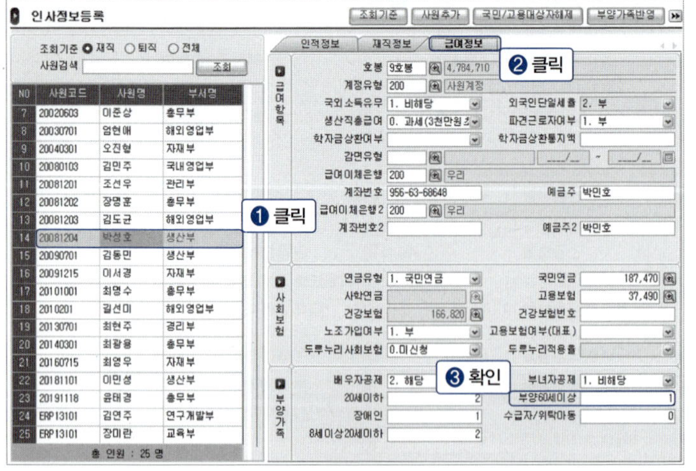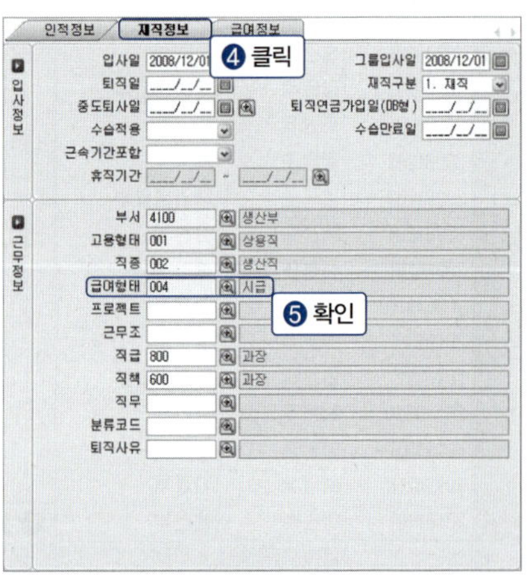

10 ①

- 근속년수 15년 이상~20년 미만 근속수당 : 150,000원 × 대상자 6명 : 900,000원
- 근속년수 20년 이상~25년 미만 근속수당 : 200,000원 × 대상자 6명 : 1,200,000원
- 근속년수 25년 이상~ : 250,000원 × 대상자 3명 : 750,000원
- 총 특별근속수당 : 900,000원 + 1,200,000원 + 750,000원 = 2,850,000원

메뉴 길잡이

[인사/급여관리]–[인사관리]–[근속년수현황]

① 기준일, 년수기준, 퇴사자, 경력포함을 입력한 후, 근속년수 20년 이하를 클릭하여 근속년수 15년 이상~20년 미만의 대상자(6명)를 확인한다.

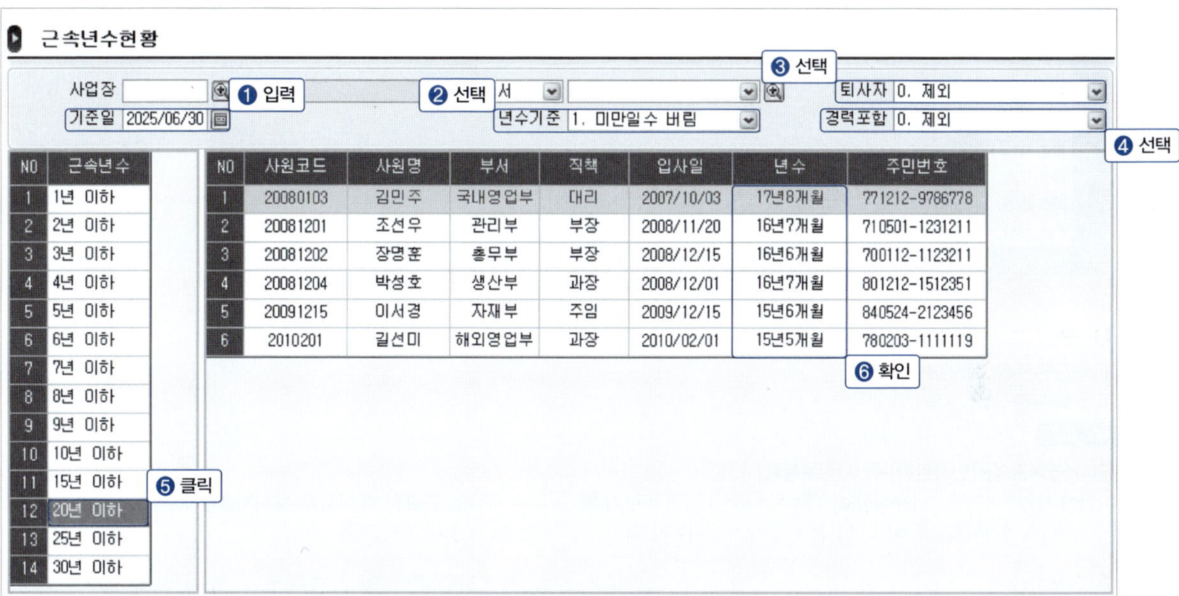

② 근속년수 25년 이하를 클릭하여 근속년수 20년 이상~25년 미만의 대상자(6명)를 확인한다.

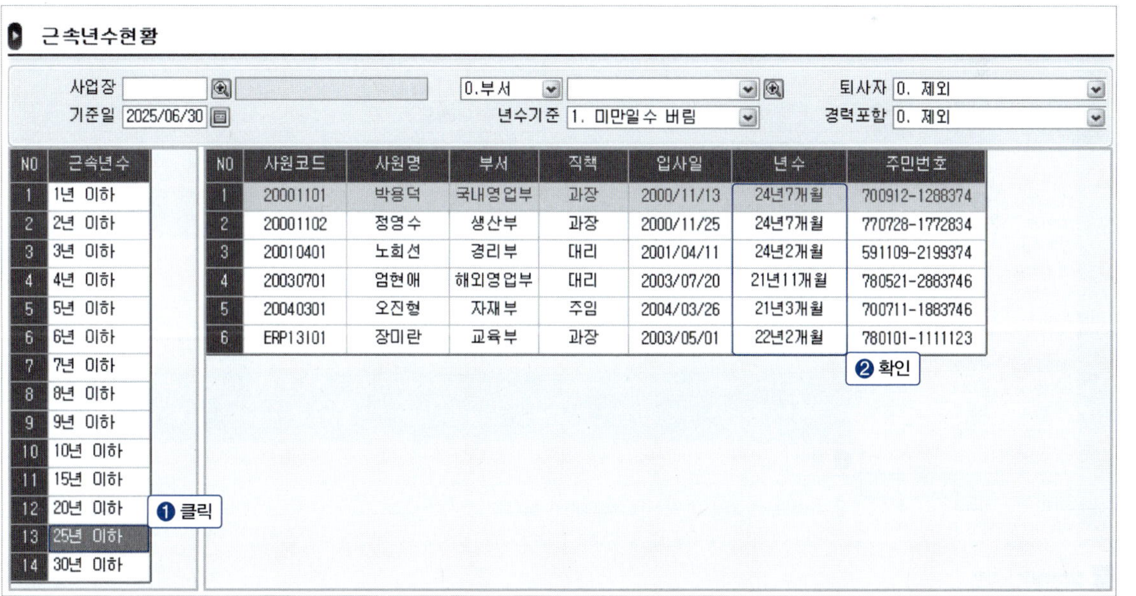

③ 근속년수 **30년 이하**를 클릭하여 근속년수 25년 이상의 대상자(3명)를 확인한다.

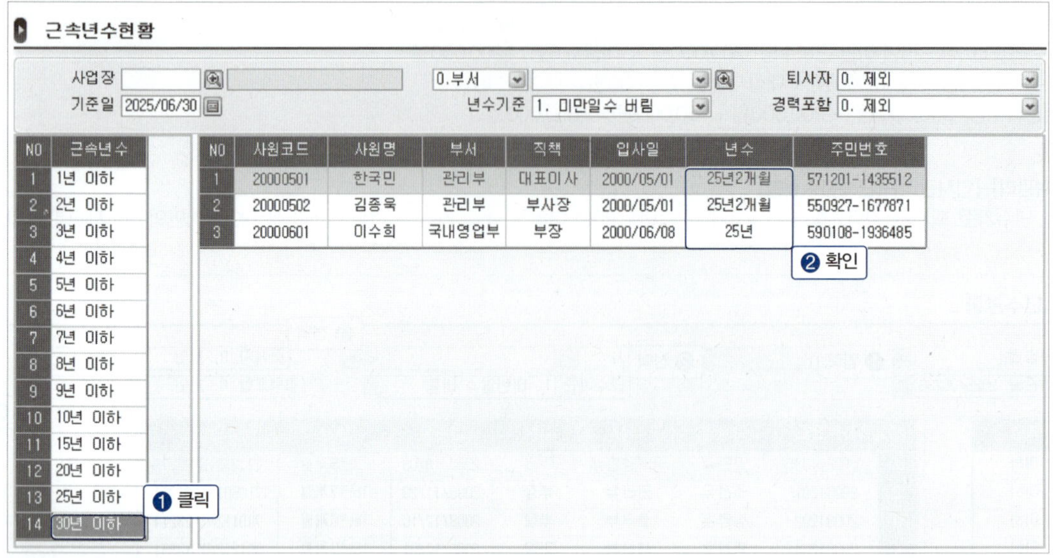

11 ③

'과세'총액은 52,745,920원이다.

(1) 휴직 등록

메뉴 길잡이

[인사/급여관리]–[인사관리]–[인사정보등록]

이민성 사원을 선택하고 [재직정보] 탭에서 휴직기간 옆 **돋보기**(🔍)를 눌러 **시작일, 종료일, 휴직사유, 휴직지급율, 퇴직기간적용**을 입력한다. 입력 후 데이터를 저장하고 메뉴를 닫는다(휴직사유와 퇴직기간적용은 F2를 눌러 조회한 후 선택한다).

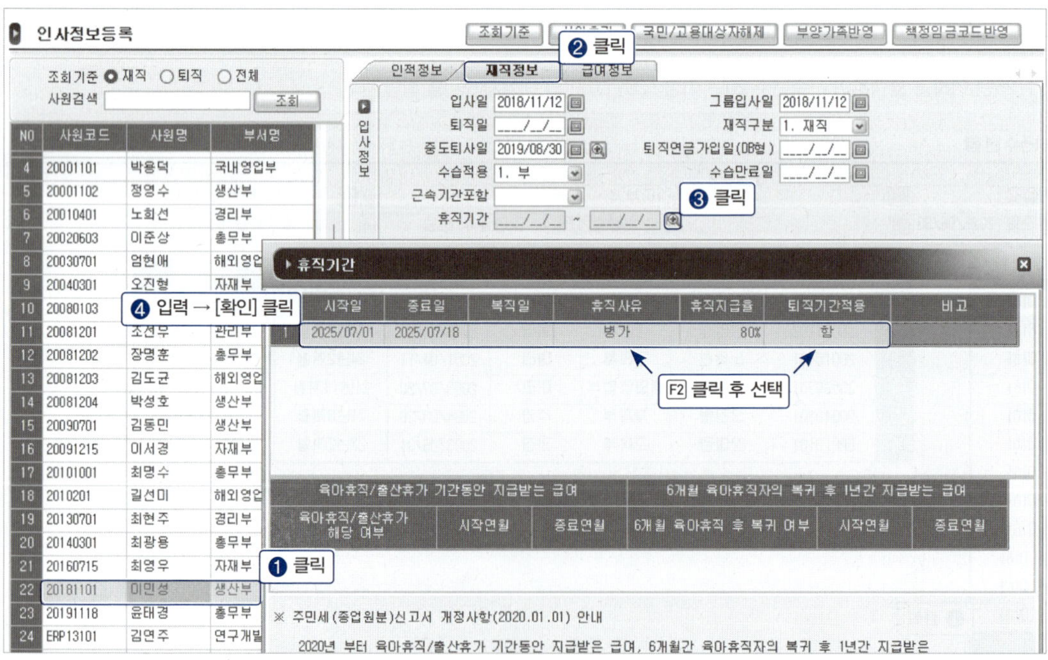

한선생님의 노하우

하나의 메뉴에서 설정을 변경한 후에 다른 메뉴에서 작업을 하는 경우에는 반드시 '첫 번째로 설정한 메뉴는 닫고' 나서 두 번째 메뉴를 열어 작업합니다.

(2) 급여계산

[인사/급여관리]-[급여관리]-[상용직급여입력및계산]

① **귀속연월**과 **지급일**을 입력하여 조회한 후 **전체 사원**을 체크한다. 오른쪽 상단의 [급여계산] 버튼을 눌러 급여를 계산한다.

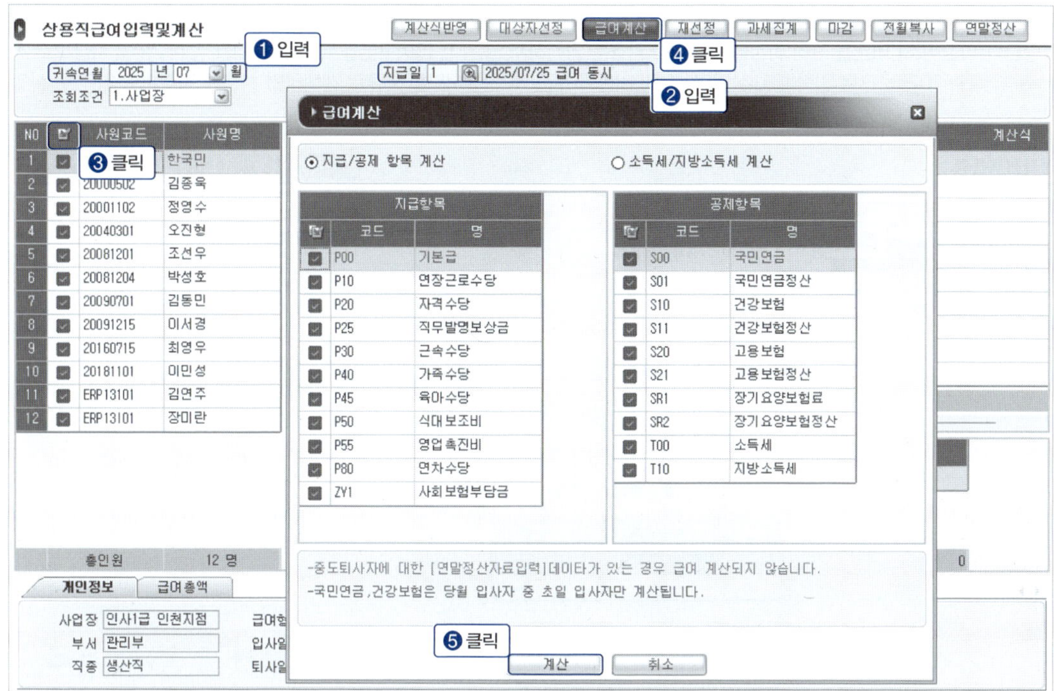

② 조회된 화면에서 **이민성 사원**을 클릭한 후 하단의 [급여총액] 탭에서 과세총액(52,745,920원)을 확인한다.

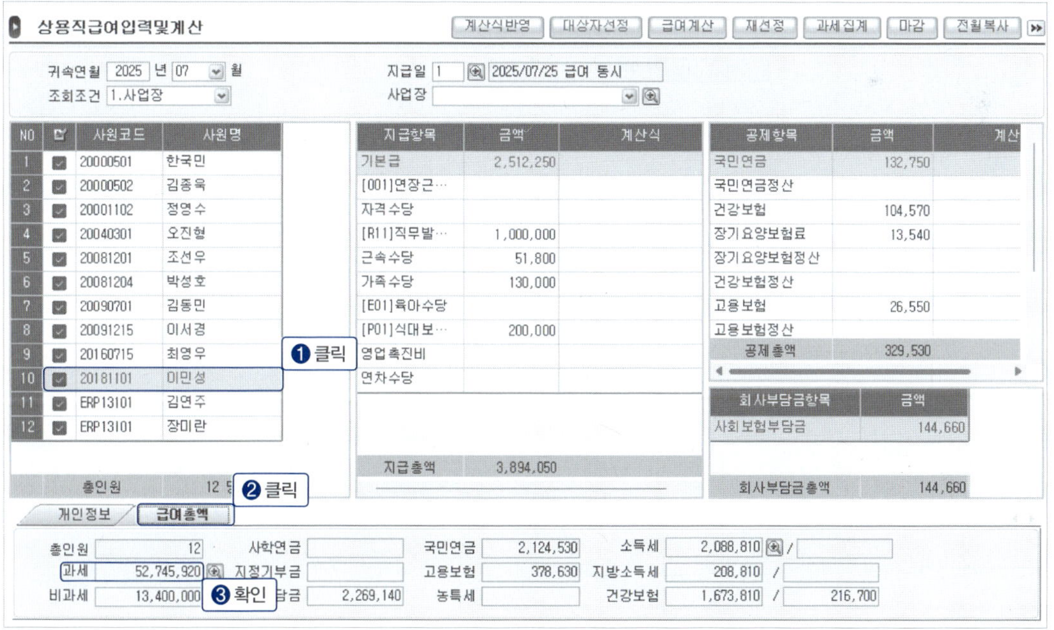

과세총액은 17,360,380원이다.

(1) 지급 항목 등록

메뉴 길잡이

[인사/급여관리]-[기초환경설정]-[지급공제항목등록]

① 오른쪽 상단의[마감취소] 버튼을 눌러 마감을 취소한다(암호는 입력하지 않는다). 급여구분을 **특별급여**, 지급/공재구분을 **지급**으로 선택한다. 귀속연도는 **2025년**으로 입력하고, 상단의 [조회] 버튼을 누른 후 분류여부를 **분류**로 선택하면 하단에 직종별로 입력할 수 있게 된다.

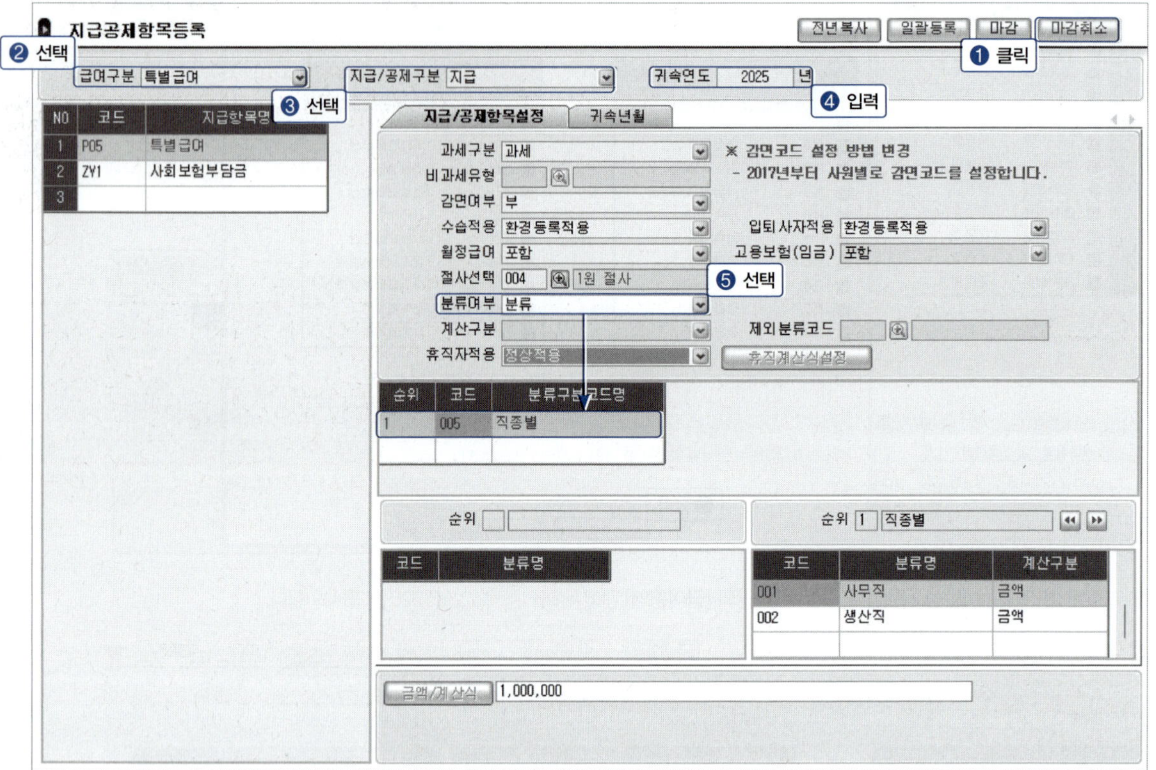

② 사무직의 계산구분을 **계산**으로 변경하고, 하단의 **[금액/계산식]** 버튼을 눌러 '책정임금의 월급(F02)*0.3'으로 설정한다.

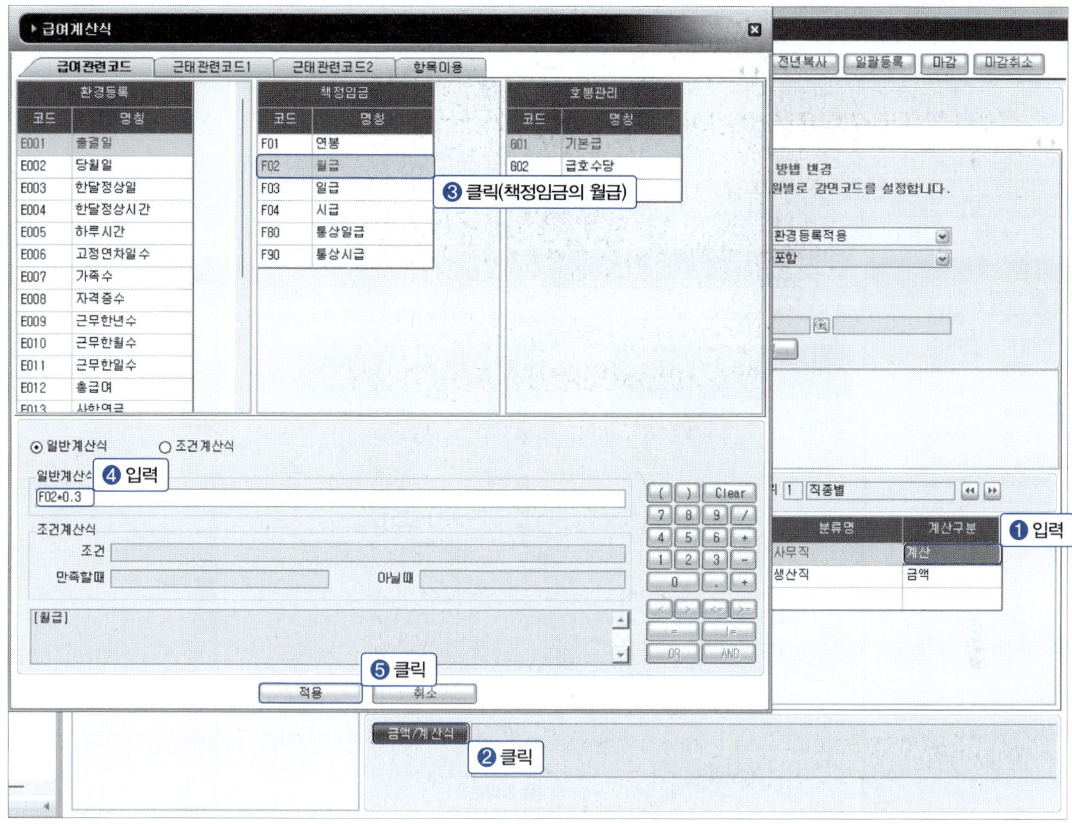

③ 하단의 코드 빈칸에서 **F2**를 눌러 **연구직**을 추가해 준다. **생산직과 연구직의 금액**을 각각 입력한 후 메뉴를 닫는다.

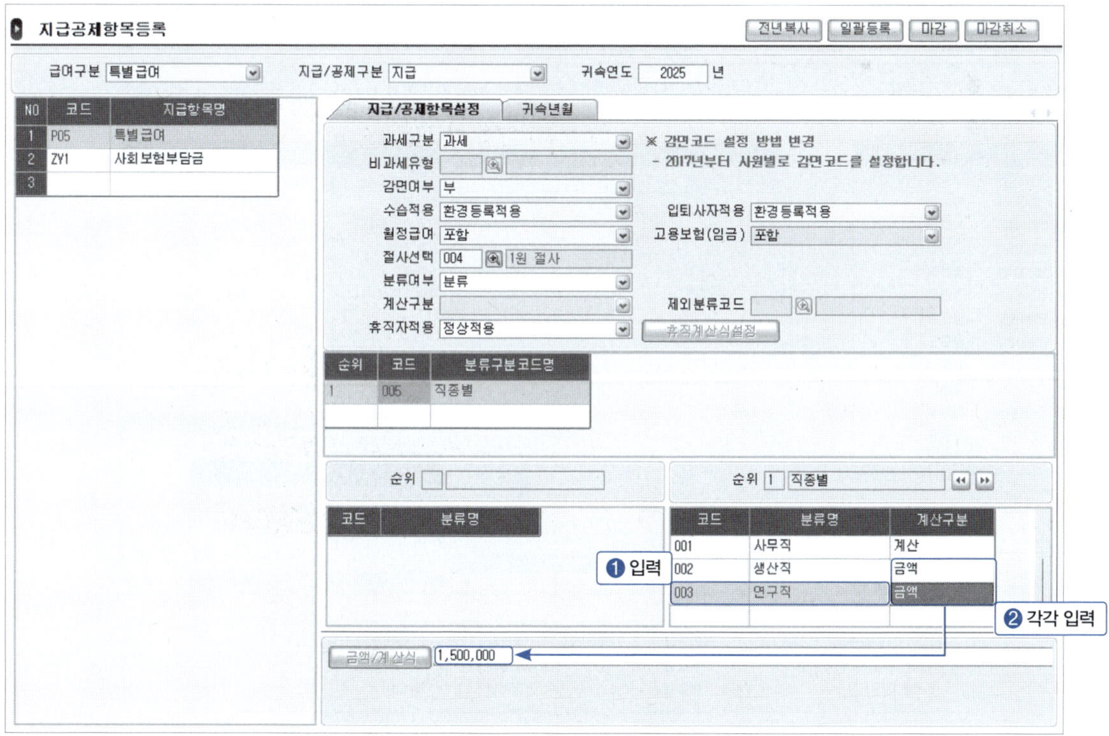

(2) 급여계산

[인사/급여관리]-[급여관리]-[상용직급여입력및계산]

① **귀속연월**과 **지급일(특별급여)**을 입력하고 상단의 [조회] 버튼을 누른다. **전체 사원**을 선택한 후 오른쪽 상단의 [급여계산] 버튼을 클릭하여 급여를 계산한다.

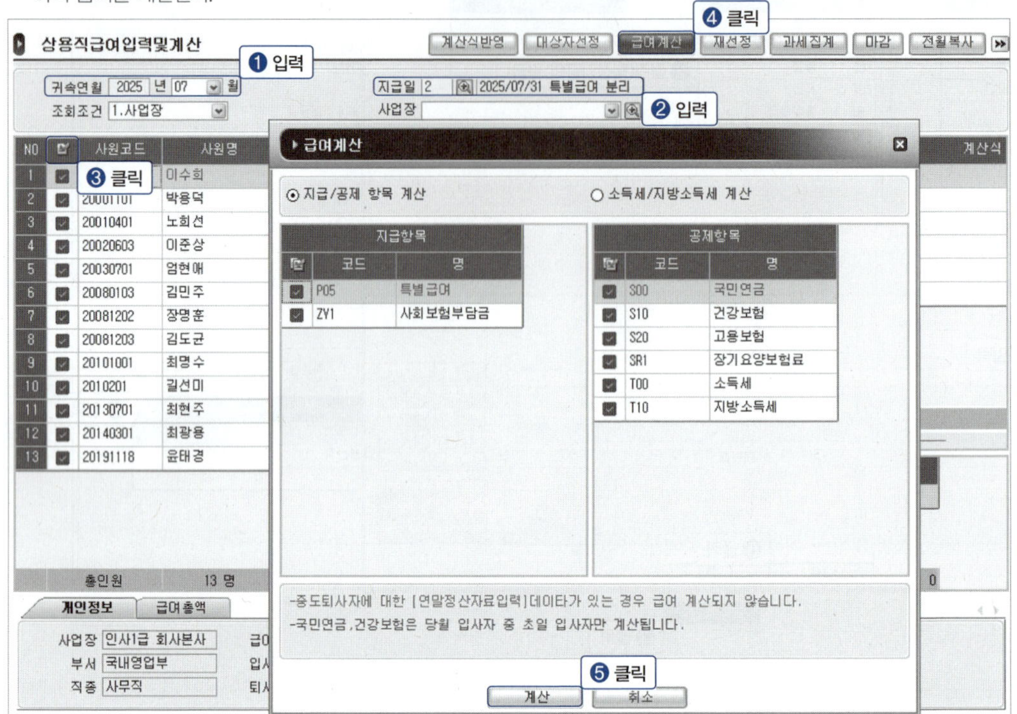

② 하단의 **[급여총액]** 탭을 클릭하여 과세총액(17,360,380원)을 확인한다.

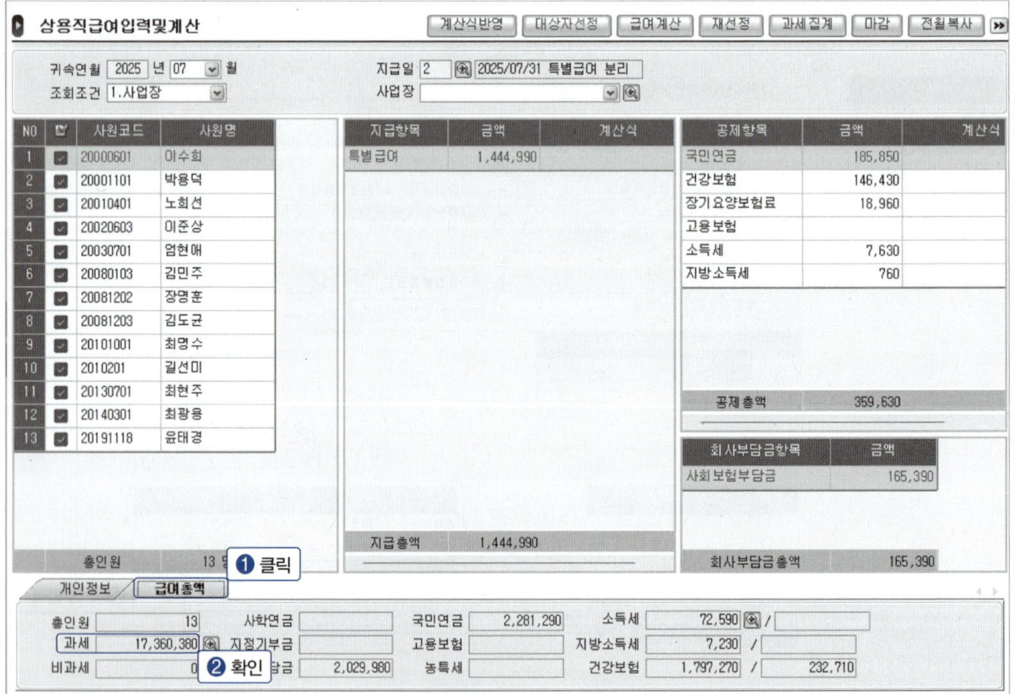

② : 해당 조회조건의 대상자 중 가장 많은 금액의 급/상여가 계좌로 이체된 사원은 [20081202.장명훈]이다. (×)
　　→ 가장 많은 금액의 급/상여가 계좌로 이체된 사원은 [20101001.최명수]이며, [20081202.장명훈] 사원은 현금으로 지급받았다.

메뉴 길잡이

[인사/급여관리]-[급여관리]-[급/상여이체현황]
귀속연월, 지급일, 사업장을 변경하여 조회한 후 가장 많은 금액의 급/상여가 계좌로 이체된 [20101001.최명수] 사원과 [20081202.장명훈] 사원의 현급 지급 내역을 확인한다.

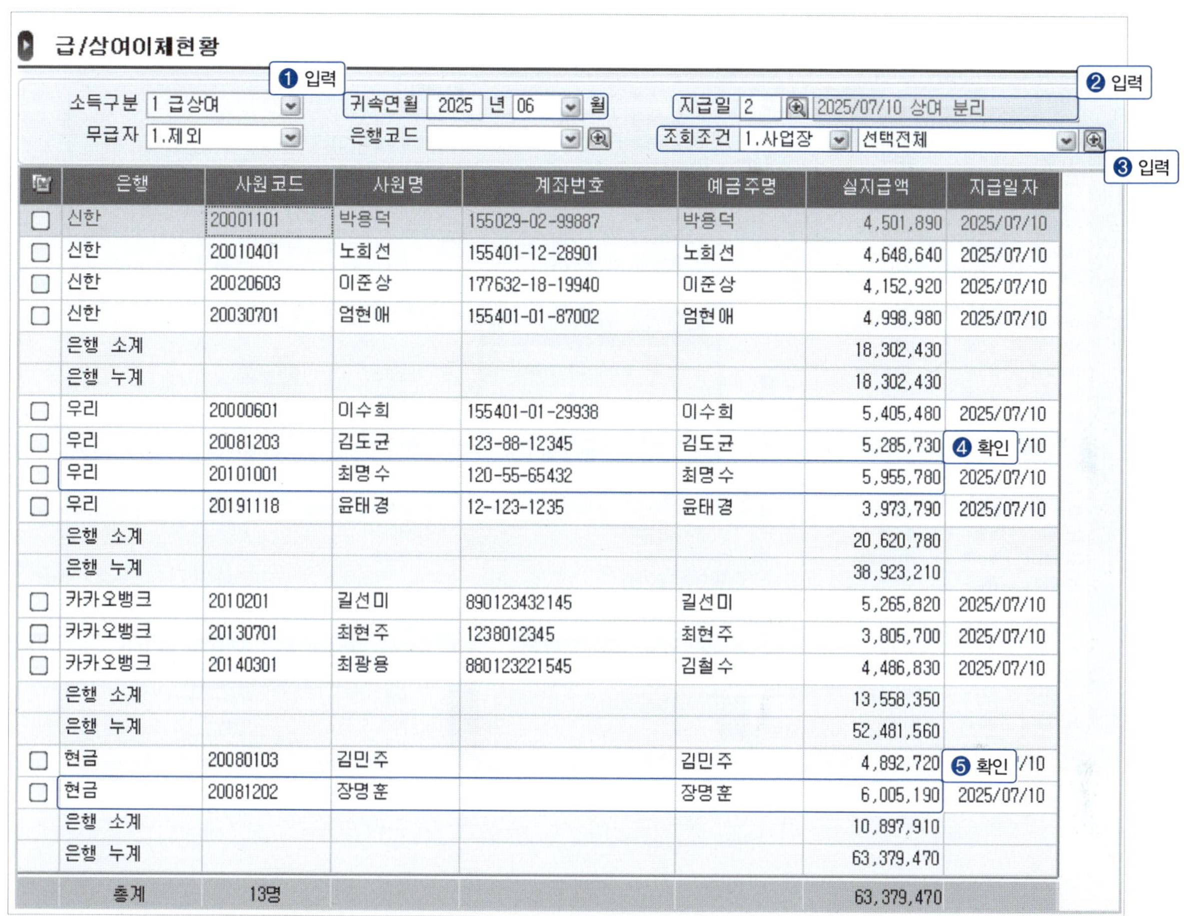

은행	사원코드	사원명	계좌번호	예금주명	실지급액	지급일자
신한	20001101	박용덕	155029-02-99887	박용덕	4,501,890	2025/07/10
신한	20010401	노희선	155401-12-28901	노희선	4,648,640	2025/07/10
신한	20020603	이준상	177632-18-19940	이준상	4,152,920	2025/07/10
신한	20030701	엄현애	155401-01-87002	엄현애	4,998,980	2025/07/10
은행 소계					18,302,430	
은행 누계					18,302,430	
우리	20000601	이수희	155401-01-29938	이수희	5,405,480	2025/07/10
우리	20081203	김도균	123-88-12345	김도균	5,285,730	❹ 확인 /10
우리	20101001	최명수	120-55-65432	최명수	5,955,780	2025/07/10
우리	20191118	윤태경	12-123-1235	윤태경	3,973,790	2025/07/10
은행 소계					20,620,780	
은행 누계					38,923,210	
카카오뱅크	2010201	길선미	890123432145	길선미	5,265,820	2025/07/10
카카오뱅크	20130701	최현주	1238012345	최현주	3,805,700	2025/07/10
카카오뱅크	20140301	최광용	880123221545	김철수	4,486,830	2025/07/10
은행 소계					13,558,350	
은행 누계					52,481,560	
현금	20080103	김민주		김민주	4,892,720	❺ 확인 /10
현금	20081202	장명훈		장명훈	6,005,190	2025/07/10
은행 소계					10,897,910	
은행 누계					63,379,470	
총계	13명				63,379,470	

[20081203.김도균] 사원의 '초과근무수당'은 1,494,950원이다.

(1) 책정임금 조회

메뉴 길잡이

[인사/급여관리]–[인사관리]–[인사정보등록]

① 김도균 사원을 선택하고 [급여정보] 탭에서 하단의 '책정임금'란을 확인한다. 책정임금의 * 금액 부분을 클릭하고 Ctrl+F3을 누른 후 [암호 입력] 창에서 암호는 비워두고 [확인]을 클릭한다.

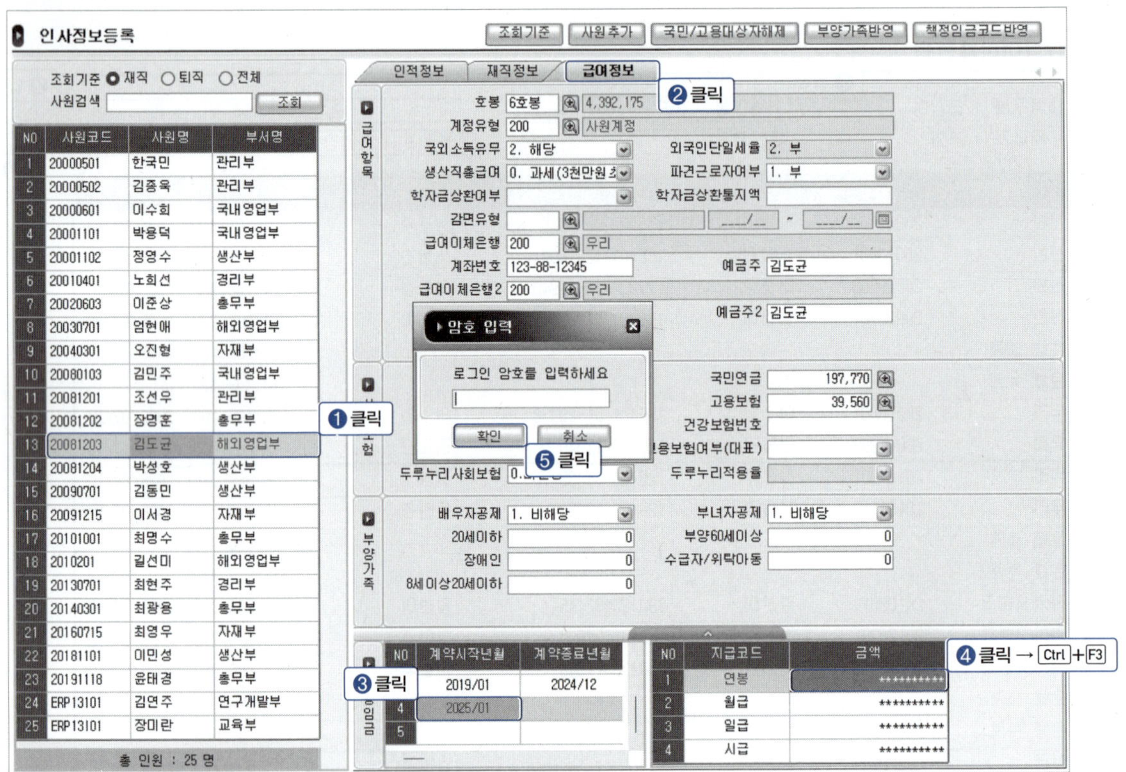

② 조회된 화면에서 시급 금액(18,315원)을 확인한다.

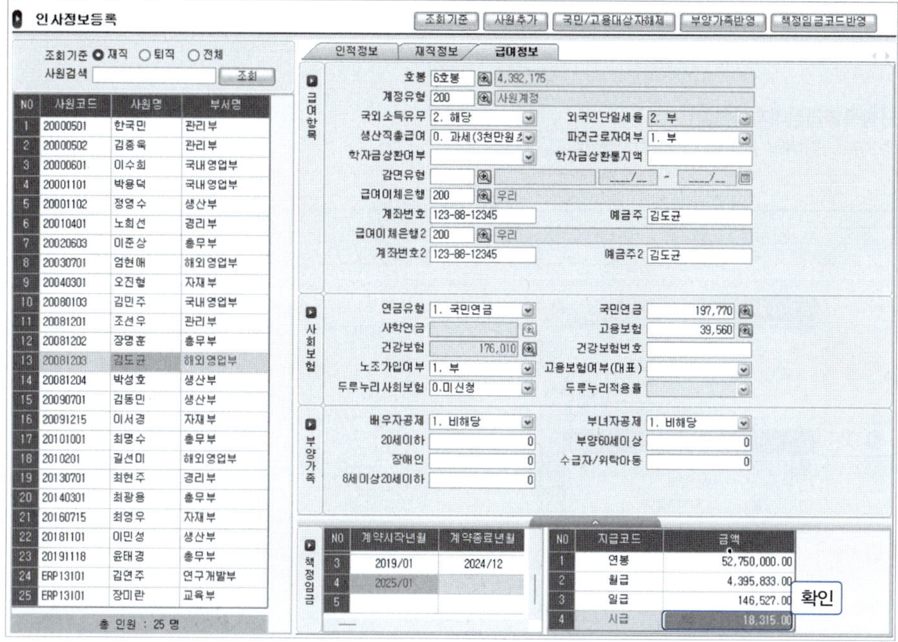

(2) 초과근무 시간 조회

메뉴 길잡이

[인사/급여관리]-[급여관리]-[근태결과입력]

- 1유형 근무수당 : 22.75 × 18,315원 × 2.5 = 1,041,660원
- 2유형 근무수당 : 8.25 × 18,315원 × 3 = 453,290원
- 초과근무수당 : 1,041,660원 + 453,290원 = 1,494,950원

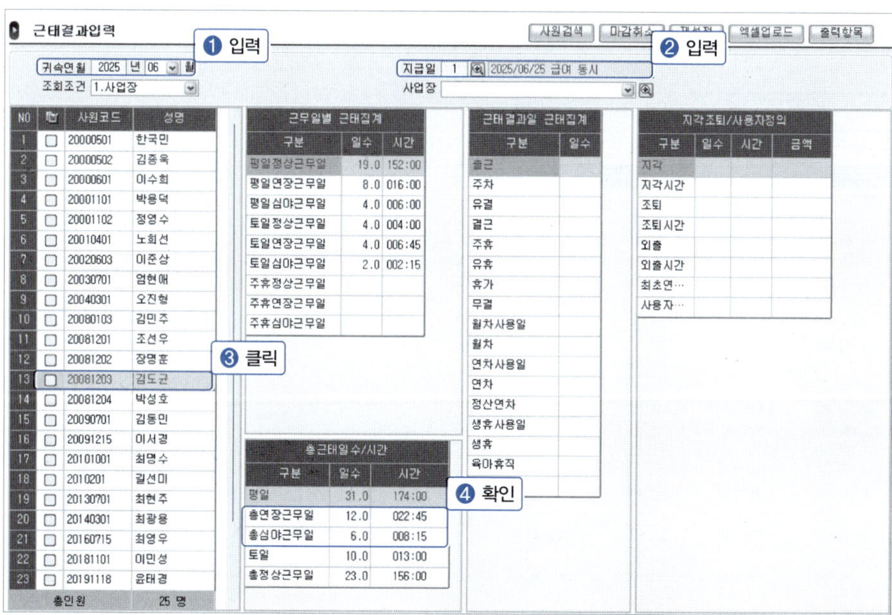

한선생님의 노하우

시간 계산 방법은 먼저 전체 시간을 분으로 환산한 후, 그 값을 60으로 나누어 시간으로 환산하는 것입니다.

예 22시간 45분

① 먼저 분으로 환산하면 1,365시간이 됩니다.

② 1,365시간을 60으로 나누면 22.75시간이 됩니다.

③ : 부서 : 국내영업부 / 소득세 : 5,743,710원 (×)
　　→ 소득세 : 5,857,620원

메뉴 길잡이

[인사/급여관리]–[급여관리]–[항목별급상여지급현황]
① 귀속연월을 입력하고, 지급구분을 **급여**와 **상여**로 선택하여 입력한다.

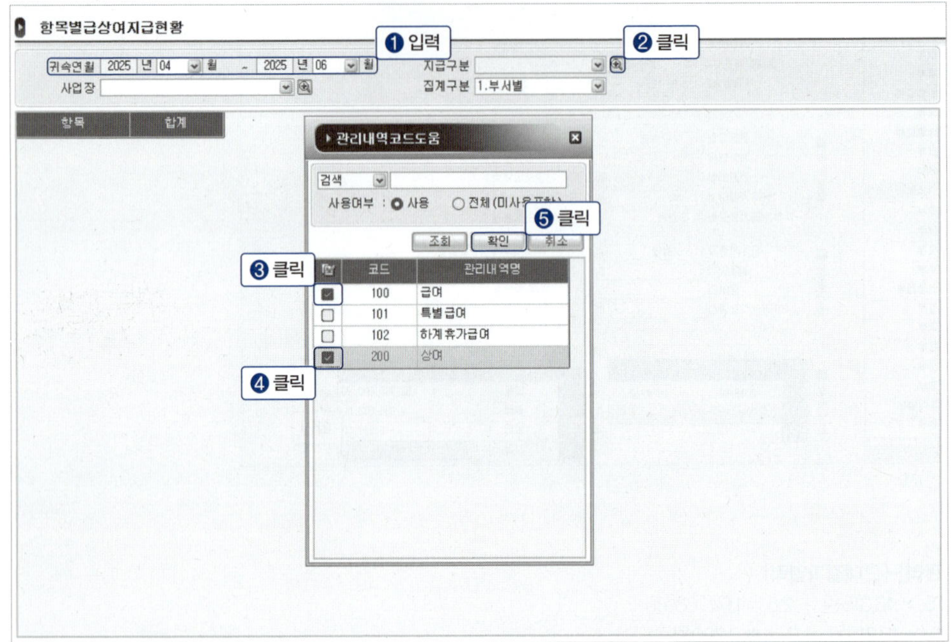

② 사업장은 **회사본사**, 집계구분은 **1.부서별**로 선택한 후 조회된 화면에서 부서와 항목별 금액을 확인한다. 국내영업부의 소득세는 5,857,620원이다.

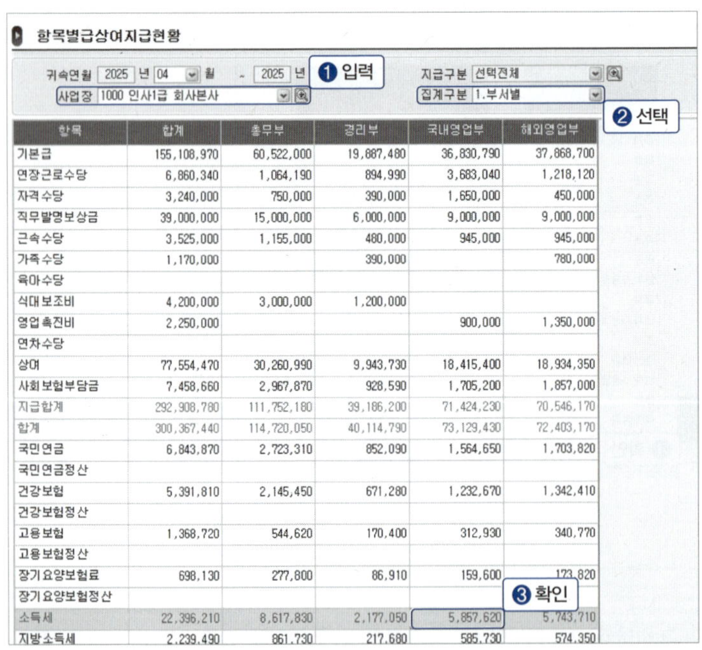

항목	합계	총무부	경리부	국내영업부	해외영업부
기본급	155,108,970	60,522,000	19,887,480	36,830,790	37,868,700
연장근로수당	6,860,340	1,064,190	894,990	3,683,040	1,218,120
자격수당	3,240,000	750,000	390,000	1,650,000	450,000
직무발명보상금	39,000,000	15,000,000	6,000,000	9,000,000	9,000,000
근속수당	3,525,000	1,155,000	480,000	945,000	945,000
가족수당	1,170,000		390,000		780,000
육아수당					
식대보조비	4,200,000	3,000,000	1,200,000		
영업촉진비	2,250,000			900,000	1,350,000
연차수당					
상여	77,554,470	30,260,990	9,943,730	18,415,400	18,934,350
사회보험부담금	7,458,660	2,967,870	928,590	1,705,200	1,857,000
지급합계	292,908,780	111,752,180	39,186,200	71,424,230	70,546,170
합계	300,367,440	114,720,050	40,114,790	73,129,430	72,403,170
국민연금	6,843,870	2,723,310	852,090	1,564,650	1,703,820
국민연금정산					
건강보험	5,391,810	2,145,450	671,280	1,232,670	1,342,410
건강보험정산					
고용보험	1,368,720	544,620	170,400	312,930	340,770
고용보험정산					
장기요양보험료	698,130	277,800	86,910	159,600	123,820
장기요양보험정산					
소득세	22,396,210	8,617,830	2,177,050	5,857,620	5,743,710
지방소득세	2,239,490	861,730	217,680	585,730	574,350

한선생님의 노하우

○○별(부서별, 직종별, 기간별, 근무조별)로 조회할 때는 [항목별급상여지급현황] 메뉴를 사용합니다.

① : 해당 지급일자에 실제 지급된 금액은 총 36,440,614원이며, 대상자 중 [1004.박현지] 사원만 소득세가 공제되지 않고 급여를 지급받았다. (×)
→ 대상자 중 [1004.박현지], [1011.김유라] 사원은 소득세가 공제되지 않고 급여를 지급받았다.

(1) 일용직 사원 추가

메뉴 길잡이

[인사/급여관리]-[일용직관리]-[일용직급여지급일자등록]
① 귀속연월, 지급일, 부서, 급여형태를 입력하여 해당하는 사원을 불러온다.

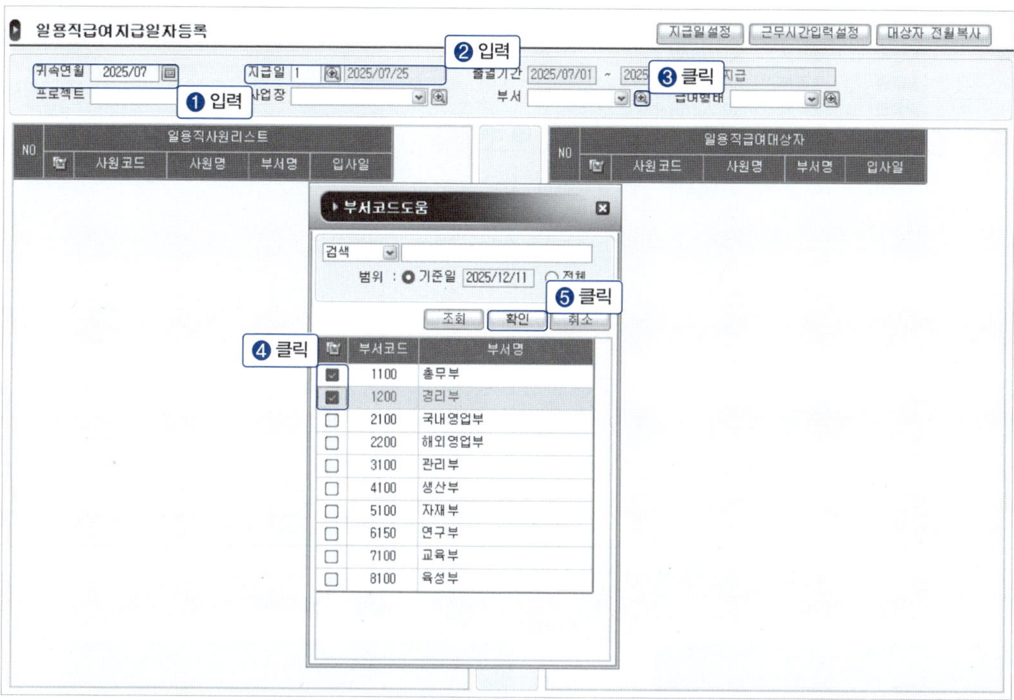

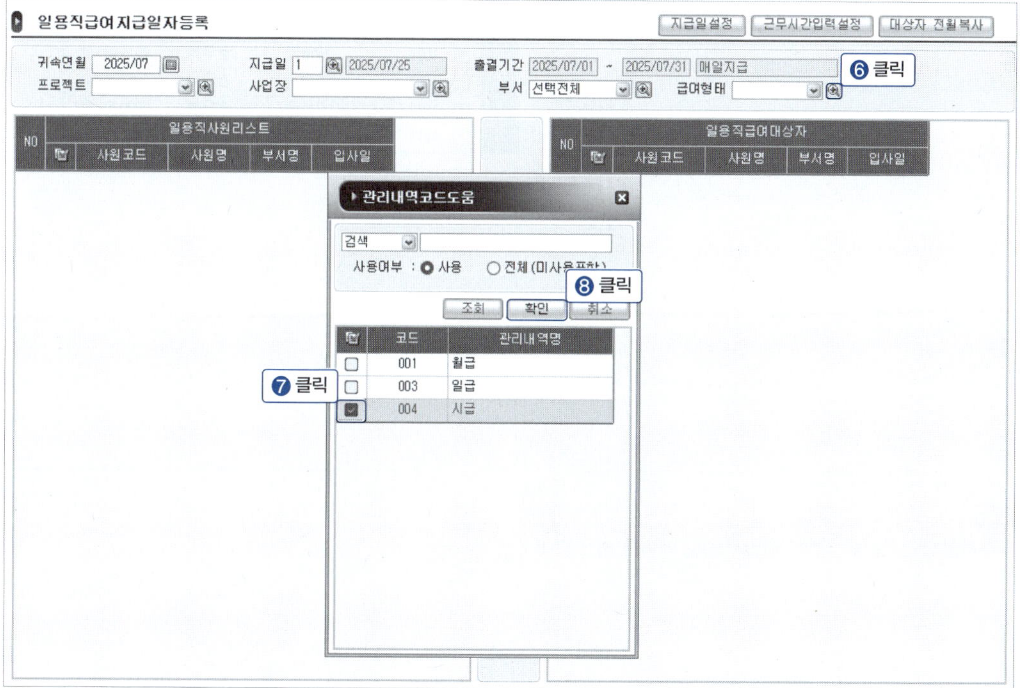

② **전체 사원**을 체크하고 가운데 [**추가**] 버튼을 클릭하여 오른쪽으로 이동해 준 후 메뉴를 닫는다.

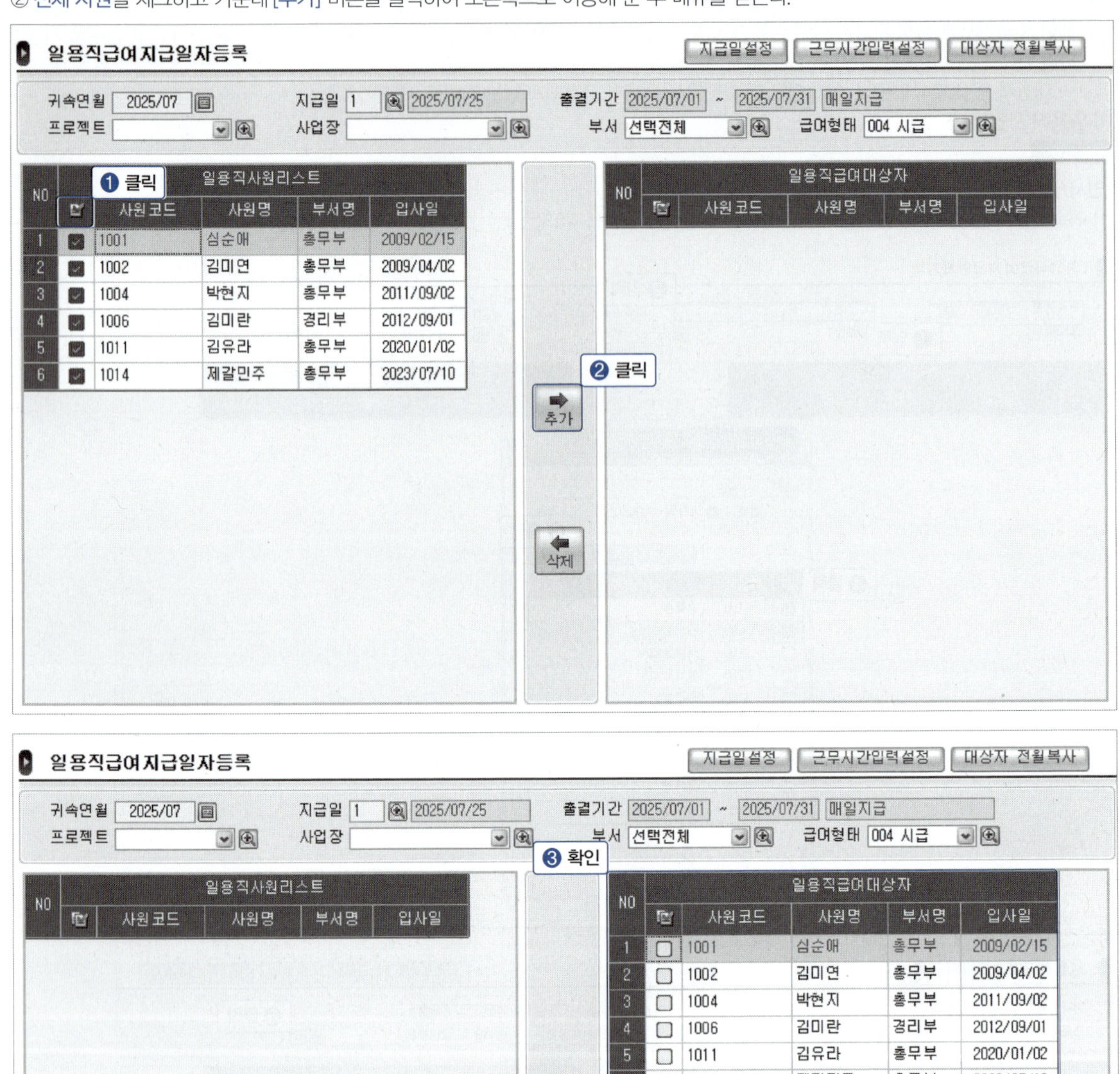

한선생님의 노하우

일용직 사원을 추가할 때는 [일용직급여지급일자등록] 메뉴를 사용합니다.

(2) 급여계산

메뉴 길잡이

[인사/급여관리]–[일용직관리]–[일용직급여입력및계산]

① 귀속연월을 2025/07로 입력하고 지급일은 1번(매일지급)을 선택하여 조회한다. 전체 사원을 클릭하고 상단의 [일괄적용] 버튼을 눌러 평일 10시간, 비과세신고제외 10,000원을 등록한다.

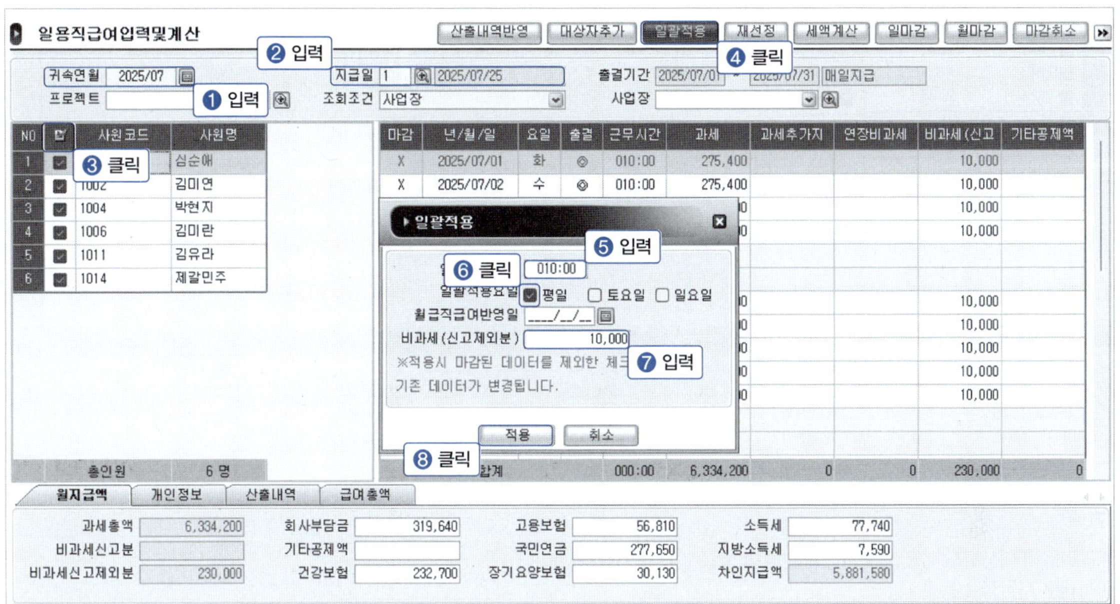

② 이어서 상단의 [일괄적용] 버튼을 눌러 토요일 4시간을 등록한다.

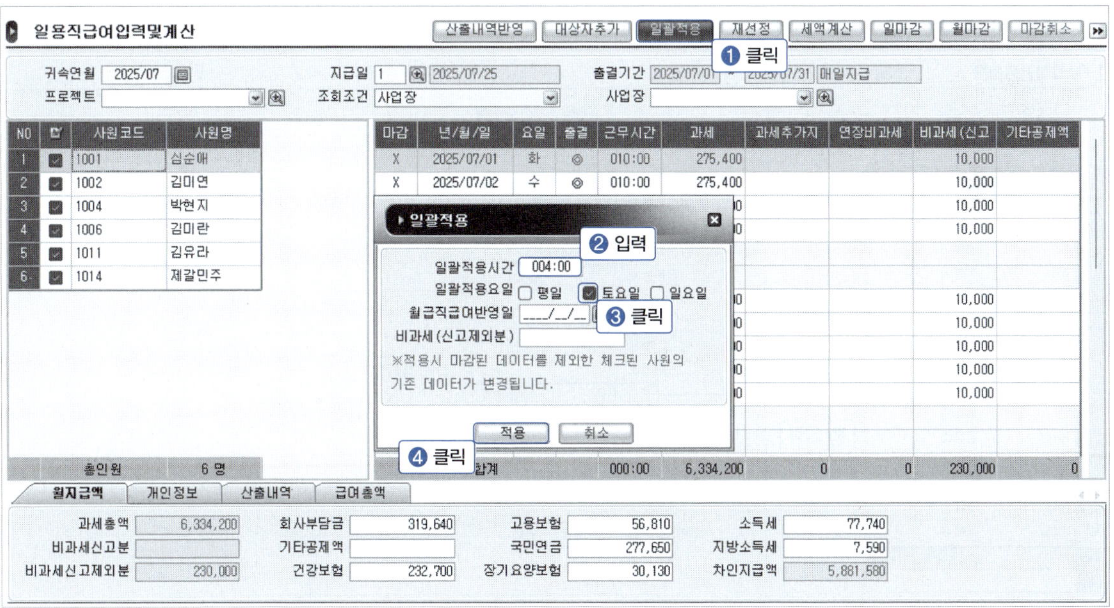

③ 김유라 사원도 소득세가 차감되지 않았다.

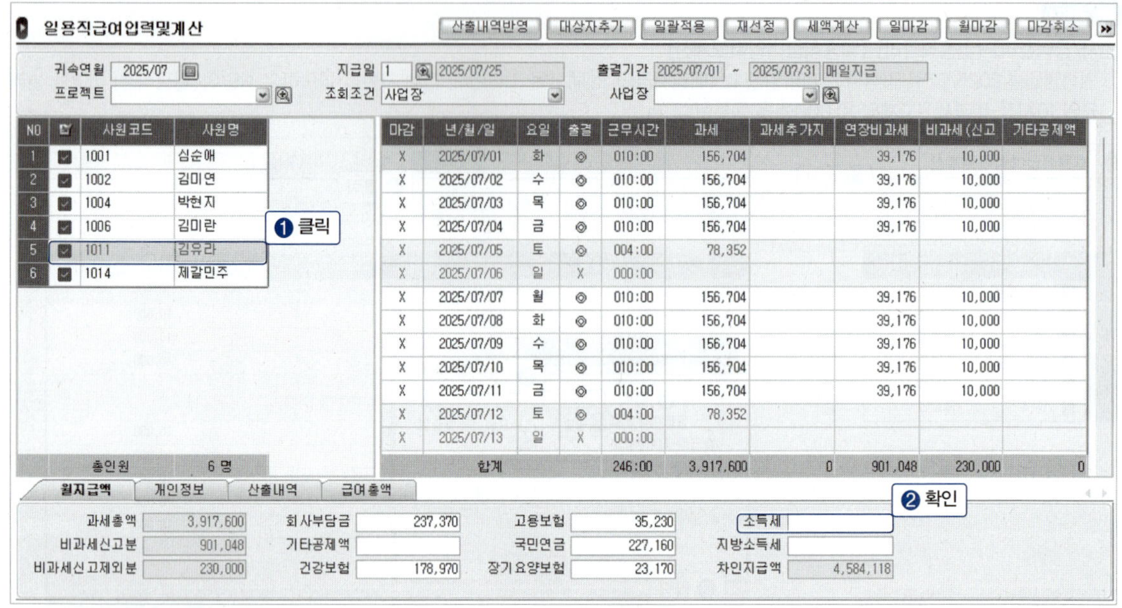

17 ④

해당 일용직 대상자들에게 실제 지급된 금액의 총합계는 37,151,700원이다.

(1) 이재문 사원정보 등록

메뉴 길잡이

[인사/급여관리]-[일용직관리]-[일용직사원등록]
문제에 제시된 [1016.이재문] 사원의 사원정보를 입력하고 메뉴를 닫는다(부서와 급여형태는 **돋보기**(🔍)를 눌러 선택해 준다).

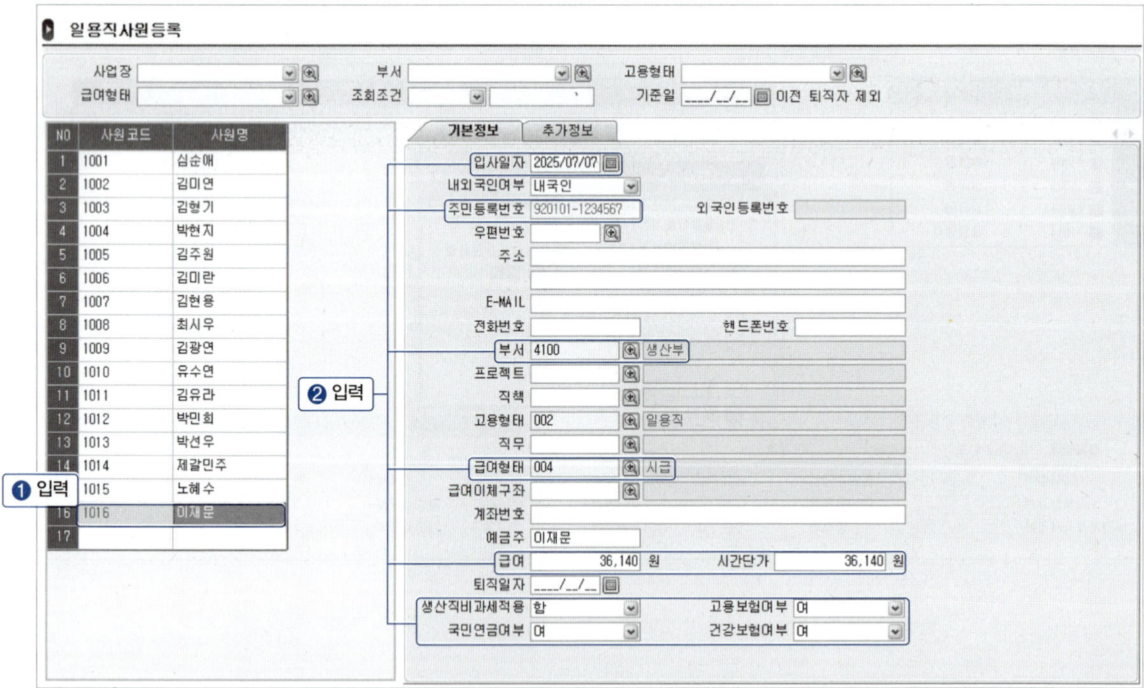

(2) 급여계산

메뉴 길잡이

[인사/급여관리]-[일용직관리]-[일용직급여입력및계산]

① **귀속연월**과 **지급일(일정기간지급)**을 입력하여 대상자를 불러온 후, 상단의 **[대상자추가]** 버튼을 클릭하여 **이재문 사원**을 추가한다.

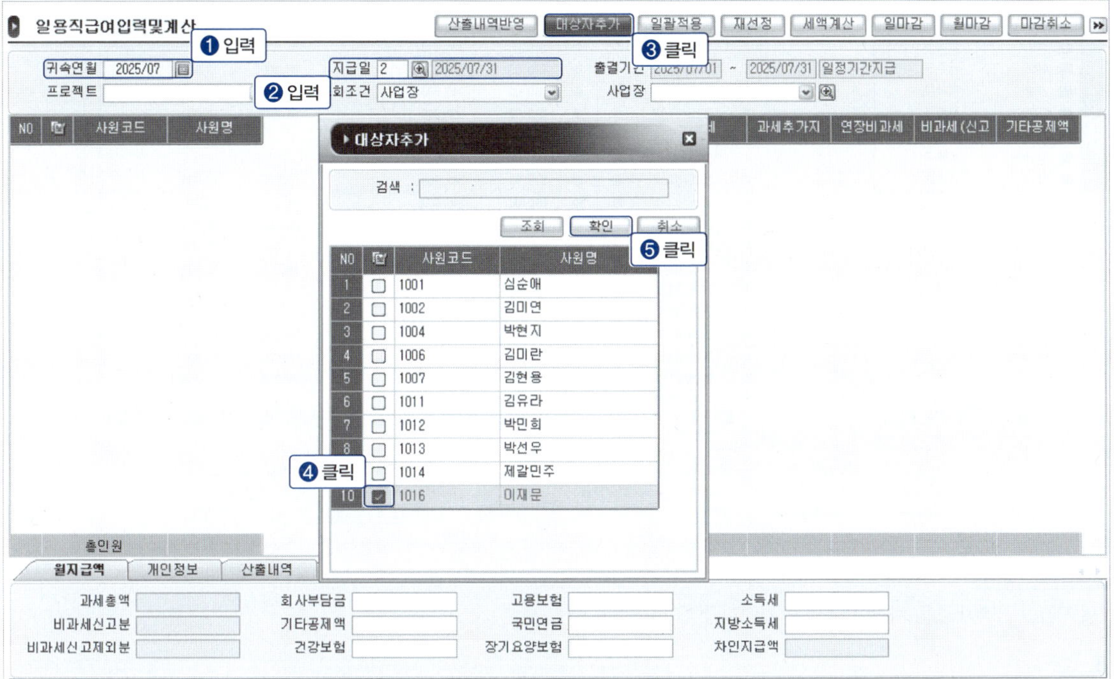

② **전체 사원**을 선택하고 상단의 **[일괄적용]** 버튼을 클릭한 후 급여를 계산한다.

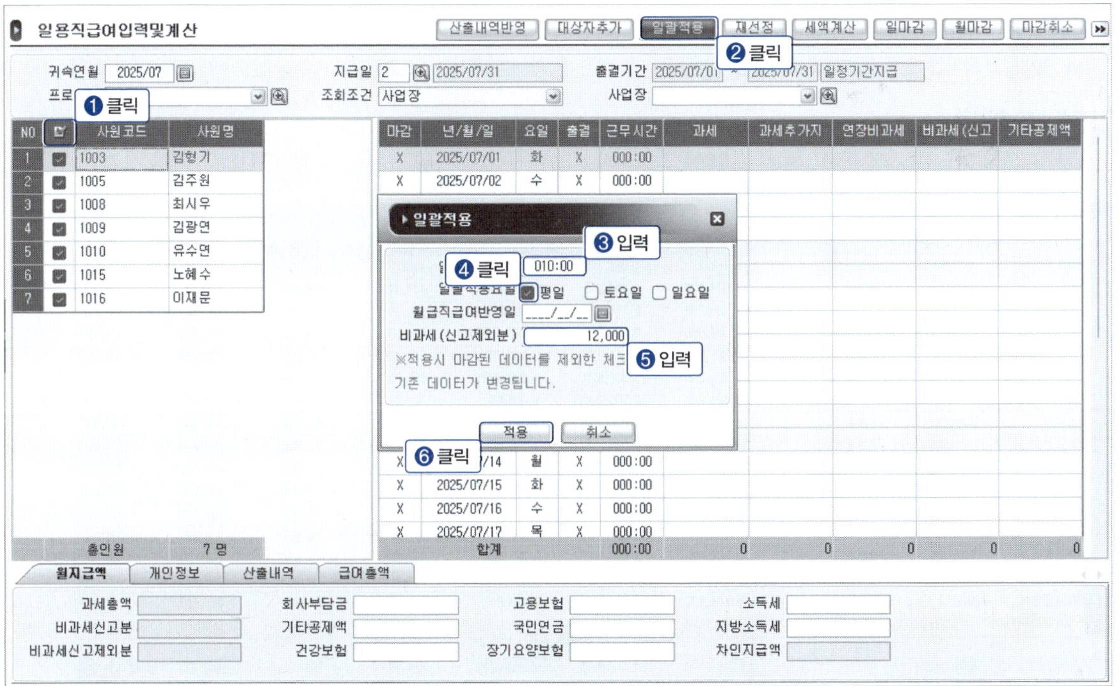

③ 하단의 [급여총액] 탭을 눌러 차인지급액 총액(37,151,700원)을 확인한다.

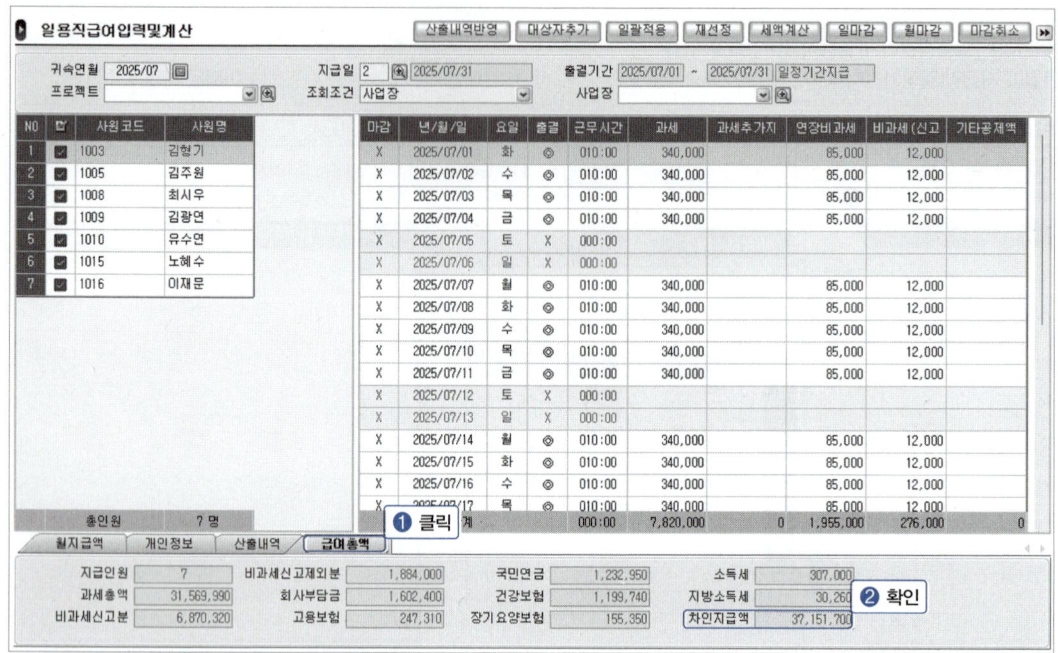

NO	⚐	사원코드	사원명
1	☑	1003	김형기
2	☑	1005	김주원
3	☑	1008	최시우
4	☑	1009	김광연
5	☑	1010	유수연
6	☑	1015	노혜수
7	☑	1016	이재문

마감	년/월/일	요일	출결	근무시간	과세	과세추가지	연장비과세	비과세(신고)	기타공제액
X	2025/07/01	화	◎	010:00	340,000		85,000	12,000	
X	2025/07/02	수	◎	010:00	340,000		85,000	12,000	
X	2025/07/03	목	◎	010:00	340,000		85,000	12,000	
X	2025/07/04	금	◎	010:00	340,000		85,000	12,000	
X	2025/07/05	토	X	000:00					
X	2025/07/06	일	X	000:00					
X	2025/07/07	월	◎	010:00	340,000		85,000	12,000	
X	2025/07/08	화	◎	010:00	340,000		85,000	12,000	
X	2025/07/09	수	◎	010:00	340,000		85,000	12,000	
X	2025/07/10	목	◎	010:00	340,000		85,000	12,000	
X	2025/07/11	금	◎	010:00	340,000		85,000	12,000	
X	2025/07/12	토	X	000:00					
X	2025/07/13	일	X	000:00					
X	2025/07/14	월	◎	010:00	340,000		85,000	12,000	
X	2025/07/15	화	◎	010:00	340,000		85,000	12,000	
X	2025/07/16	수	◎	010:00	340,000		85,000	12,000	
X	2025/07/17	목	◎	010:00	340,000		85,000	12,000	
계				000:00	7,820,000	0	1,955,000	276,000	0

실제 지급한 금액(세금 등 차감한 금액)을 '차인지급액'이라고 합니다.

18 ②

과세총액 : 249,708,780원 / 비과세총액 : 50,658,660원

[인사/급여관리]–[급여관리]–[연간급여현황]

문제에 제시된 조회기간, 분류기준, 사업장, 사용자부담금을 입력한 후 과세총액(249,708,780원)과 비과세총액(50,658,660원)을 확인한다.

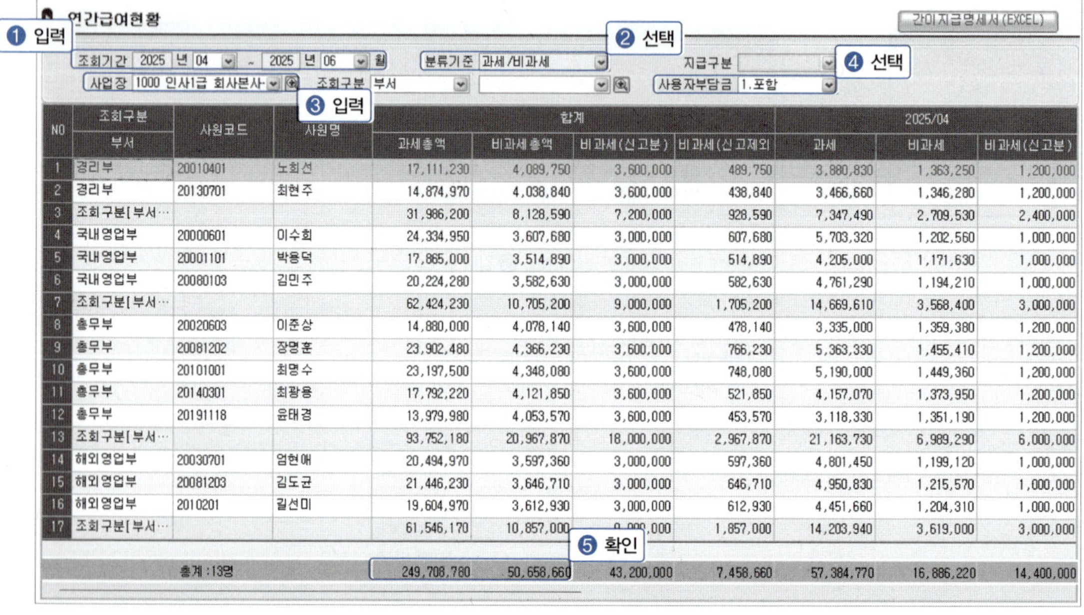

NO	조회구분 부서	사원코드	사원명	합계 과세총액	비과세총액	비과세(신고분)	비과세(신고제외)	2025/04 과세	비과세	비과세(신고분)
1	경리부	20010401	노회선	17,111,230	4,089,750	3,600,000	489,750	3,880,830	1,363,250	1,200,000
2	경리부	20130701	최현주	14,874,970	4,038,840	3,600,000	438,840	3,466,660	1,346,280	1,200,000
3	조회구분[부서…			31,986,200	8,128,590	7,200,000	928,590	7,347,490	2,709,530	2,400,000
4	국내영업부	20000601	이수회	24,334,950	3,607,680	3,000,000	607,680	5,703,320	1,202,560	1,000,000
5	국내영업부	20001101	박용덕	17,865,000	3,514,890	3,000,000	514,890	4,205,000	1,171,630	1,000,000
6	국내영업부	20080103	김민주	20,224,280	3,582,630	3,000,000	582,630	4,761,290	1,194,210	1,000,000
7	조회구분[부서…			62,424,230	10,705,200	9,000,000	1,705,200	14,669,610	3,568,400	3,000,000
8	총무부	20020603	이준상	14,880,000	4,078,140	3,600,000	478,140	3,335,000	1,359,380	1,200,000
9	총무부	20081202	장명훈	23,902,480	4,366,230	3,600,000	766,230	5,363,330	1,455,410	1,200,000
10	총무부	20101001	최명수	23,197,500	4,348,080	3,600,000	748,080	5,190,000	1,449,360	1,200,000
11	총무부	20140301	최광용	17,792,220	4,121,850	3,600,000	521,850	4,157,070	1,373,950	1,200,000
12	총무부	20191118	윤태경	13,979,980	4,053,570	3,600,000	453,570	3,118,330	1,351,190	1,200,000
13	조회구분[부서…			93,752,180	20,967,870	18,000,000	2,967,870	21,163,730	6,989,290	6,000,000
14	해외영업부	20030701	엄현애	20,494,970	3,597,360	3,000,000	597,360	4,801,450	1,199,120	1,000,000
15	해외영업부	20081203	김도균	21,446,230	3,646,710	3,000,000	646,710	4,950,830	1,215,570	1,000,000
16	해외영업부	2010201	길선미	19,604,970	3,612,930	3,000,000	612,930	4,451,660	1,204,310	1,000,000
17	조회구분[부서…			61,546,170	10,857,000	9,000,000	1,857,000	14,203,940	3,619,000	3,000,000
	총계 :13명			249,708,780	50,658,660	43,200,000	7,458,660	57,384,770	16,886,220	14,400,000

지급/공제 또는 과세/비과세 금액을 묻는 경우 [연간급여현황] 메뉴를 조회합니다.

올바르게 설명한 [보기] 내용은 없다.

[메뉴 길잡이]

[인사/급여관리]-[퇴직정산관리]-[퇴직기준설정]

오른쪽 상단의 [마감취소] 버튼을 눌러 마감을 취소한 후 조회한다.

- A : 노동부기준은 적용하지 않고, 평균임금 기간 산정 시 당월을 기준으로 3개월을 산정한다. (×)
  → 평균임금 기간 산정 시 전월을 기준으로 3개월을 산정한다.
- C : 비과세 항목은 퇴직금 계산 시 사용할 수 없으며, 근속일수에 퇴사일을 포함한다. (×)
  → 비과세 항목은 퇴직금 계산 시 사용할 수 있다.
- D : 퇴직금 계산식은 '일할'로 설정되어 있고, 연차수당코드는 [P60.월차수당]을 사용한다. (×)
  → 연차수당코드는 [P80.연차수당]을 사용한다.

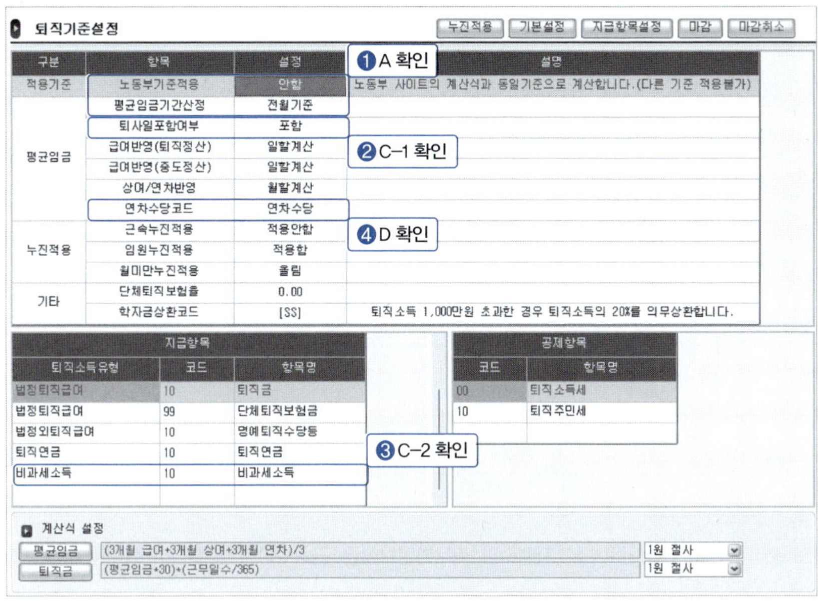

- B : 임원누진만 적용하고 있으며, 적용유형은 [001.기간]이고 적용방식은 [000.가산율]이며 '대표이사'일 때, 가산율이 200만큼 적용된다. (×)
  → 적용방식은 [001.가산일수]이며 '대표이사'일 때, 가산일수가 200만큼 적용된다.

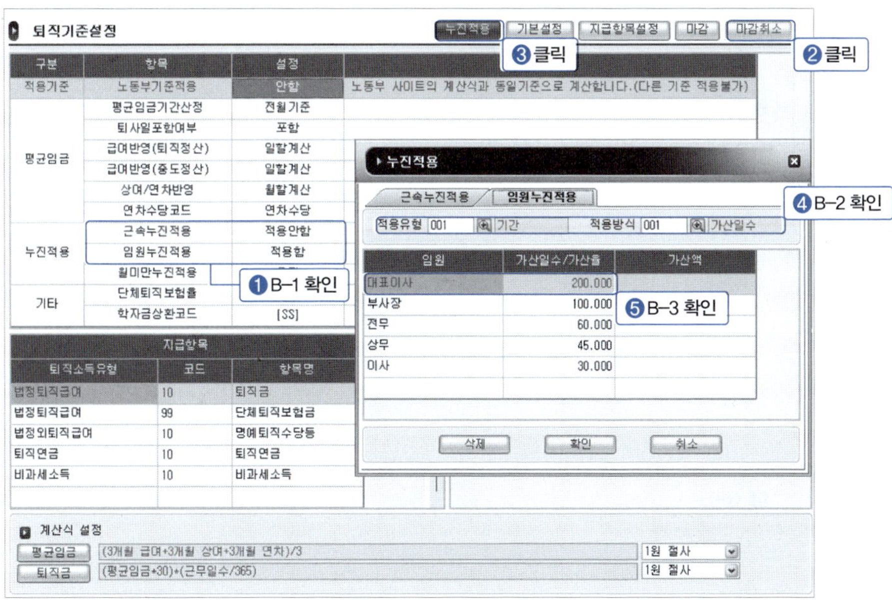

④ : [20080103.김민주] 사원의 중도 정산 시 평균임금은 222,570원이고, 퇴직금 계산 기간 내 지급된 연차수당은 존재하지 않는다. (○)

(1) 평균임금 계산식 설정

메뉴 길잡이

[인사/급여관리]–[퇴직정산관리]–[퇴직기준설정]

① **[마감취소]** 버튼으로 마감을 취소하고, 오른쪽 상단의 **[기본설정]** 버튼을 누른 후 평균임금 계산식을 **일평균 임금**으로 선택한다.

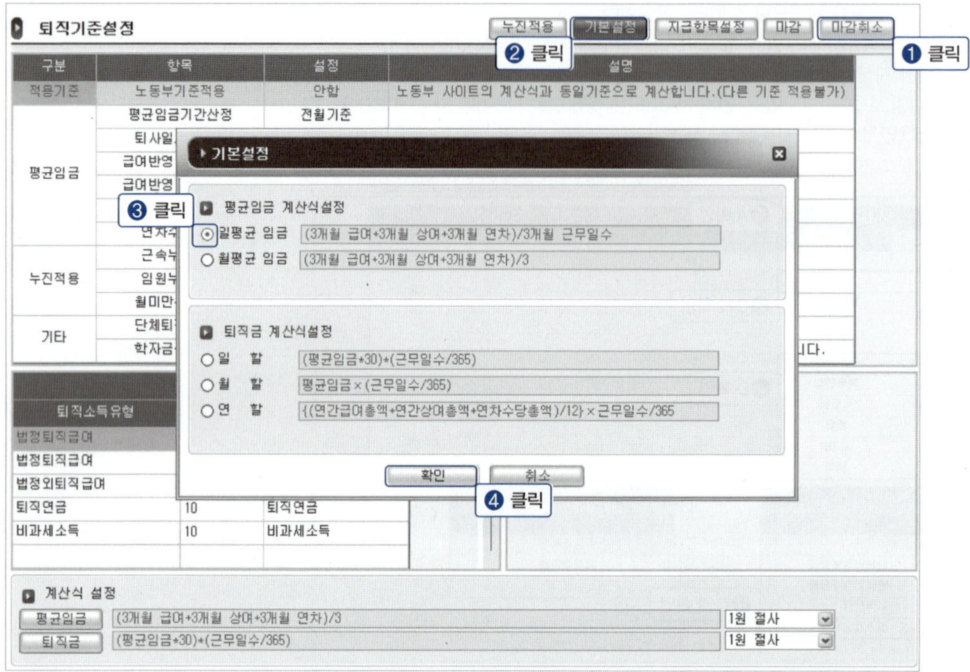

② 오른쪽 상단의 **[지급항목설정]** 버튼을 눌러 **기본급, 연장근로수당, 자격수당, 직무발명보상금, 근속수당, 영업촉진비, 상여**를 체크하고 **[확인]**을 클릭한 후 메뉴를 닫는다.

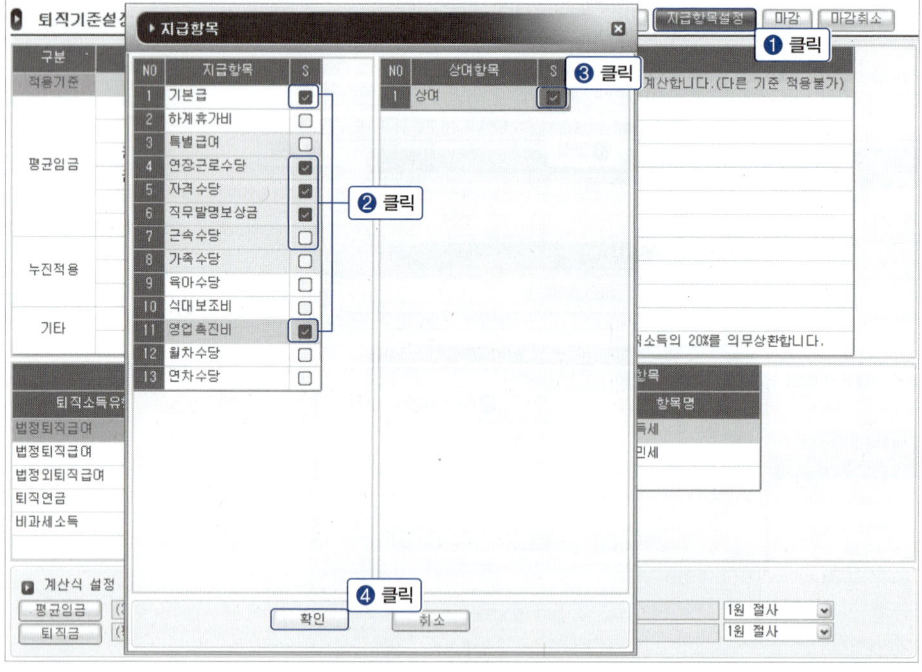

(2) 퇴직금 산정

[인사/급여관리]–[퇴직정산관리]–[퇴직금산정]

① 신고귀속, 귀속연도를 2025로 입력하고, 사업장을 회사본사로 선택한다. 정산구분은 1.중도정산으로 선택한 후 상단의 [조회] 버튼을
  누른다. 아직 대상자가 없기 때문에 상단의 [대상자선정] 버튼을 클릭한 후 귀속연월, 재직기준, 지급일자, 퇴직일자, 신청일자, 사원코드
  를 입력한다.

ERP 프로그램에서 노란색 란은 필수 입력 항목이므로 반드시 입력해야 하지만, 흰색 란은 필수 항목이 아니므로 반드시 입력할 필요는
없습니다.

② [급여정보] 탭에서 [퇴직금계산] 버튼을 눌러 퇴직금을 계산한다.

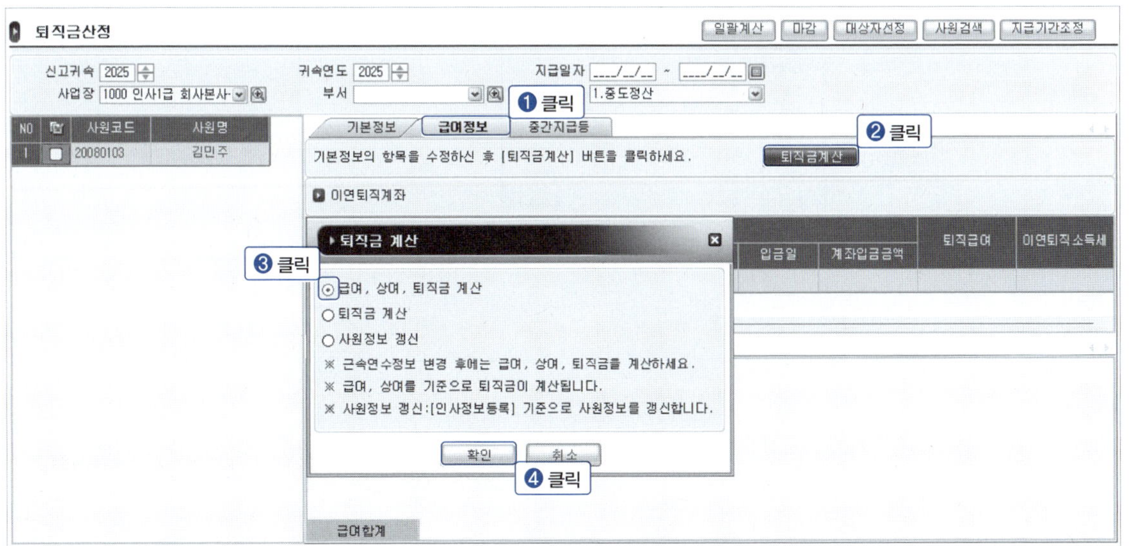

③ 조회된 화면에서 하단의 [퇴직금정산내역] 탭을 클릭하여 평균임금(222,570원)을 확인한다.

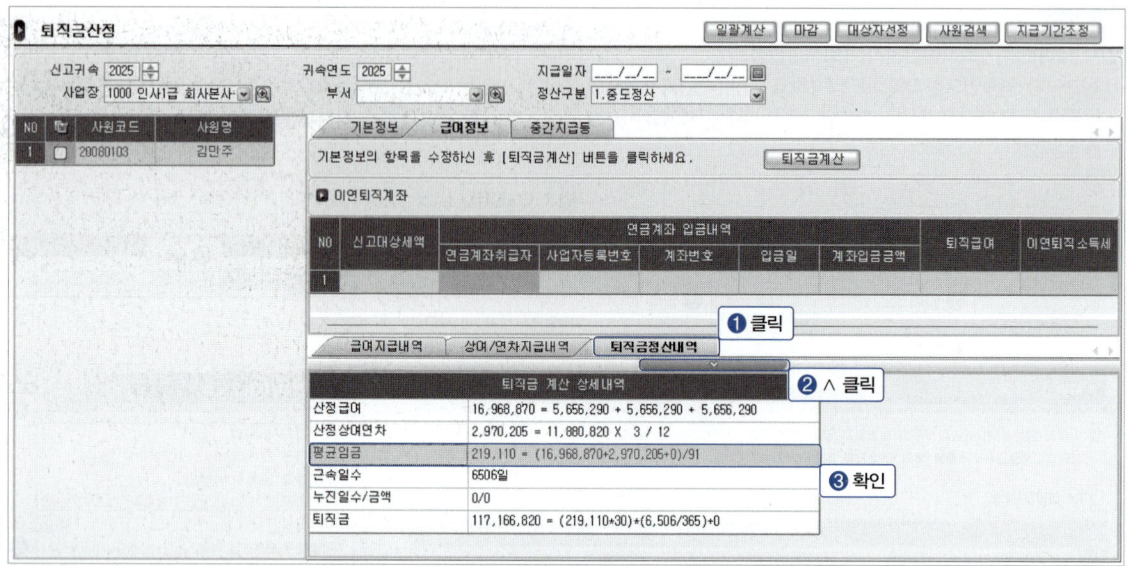

④ 하단의 [상여/연차지급내역] 탭을 클릭하여 퇴직금 계산 기간 내 지급된 연차수당이 존재하지 않는 것을 확인한다.

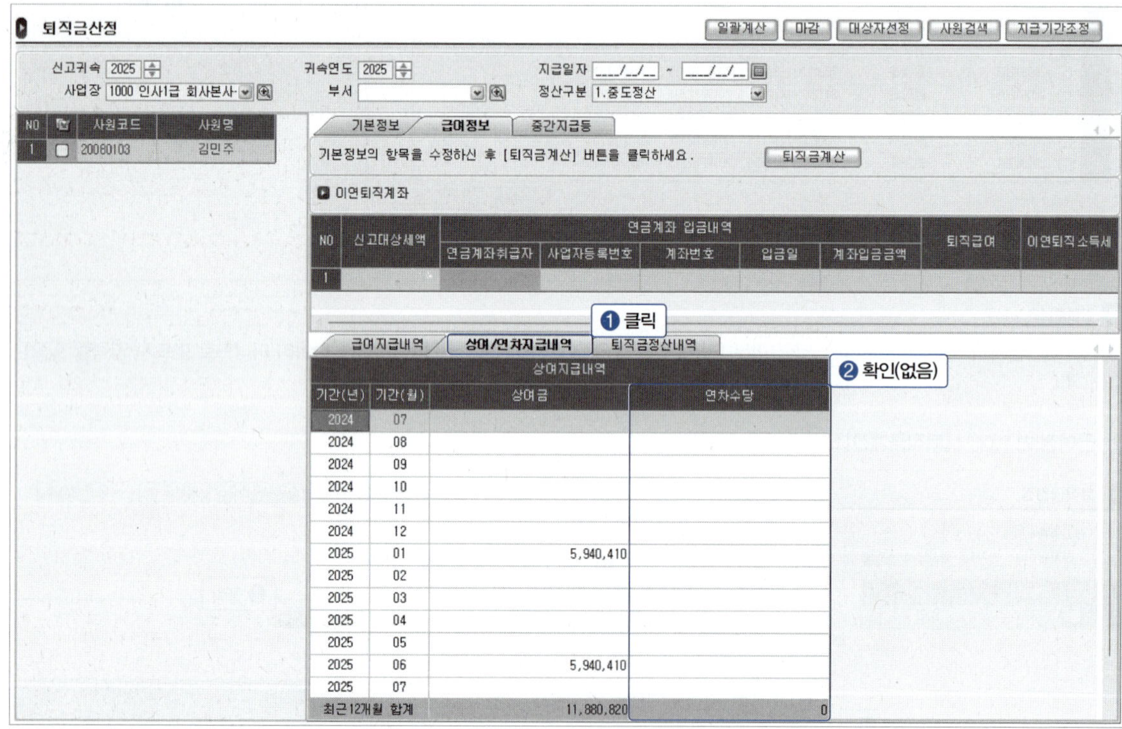

21 ③

③ : 당좌예금 : 264,634,820원 (×)
　　→ 당좌예금 : 226,889,190원

[인사/급여관리]―[전표관리]―[전표집계및생성]

① 지급유형, 귀속연월, 회계단위, 결의일자, 작성자를 입력한 후 [집계내역] 버튼을 눌러 회사본사와 인천지점의 급여, 상여를 체크하고 [확인] 버튼을 누른다.

② [전표생성] 버튼을 눌러 전표를 생성하고, [전표처리결과] 탭에서 상단의 [조회]를 클릭한 후 내역을 확인한다. 당좌예금은 226,889,190원 이다.

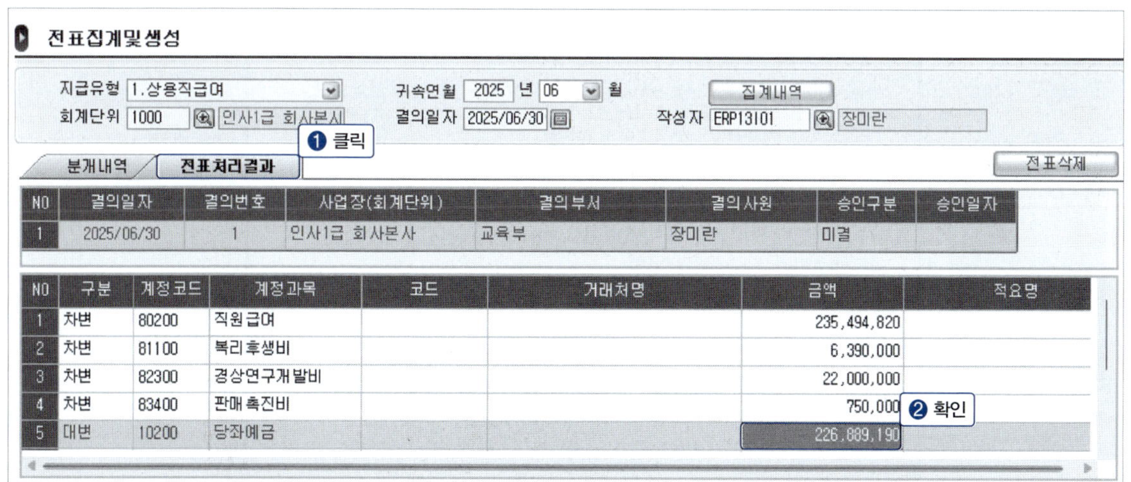

총지급액 : 138,351,640원 / 소득세 : 5,294,260원

(1) 인사/급여환경설정 변경

메뉴 길잡이

[인사/급여관리]–[기초환경설정]–[인사/급여환경설정]
원천세 신고유형(본점일괄신고)과 이행상황신고서집계방식(귀속,지급연월)을 변경하고 메뉴를 닫는다.

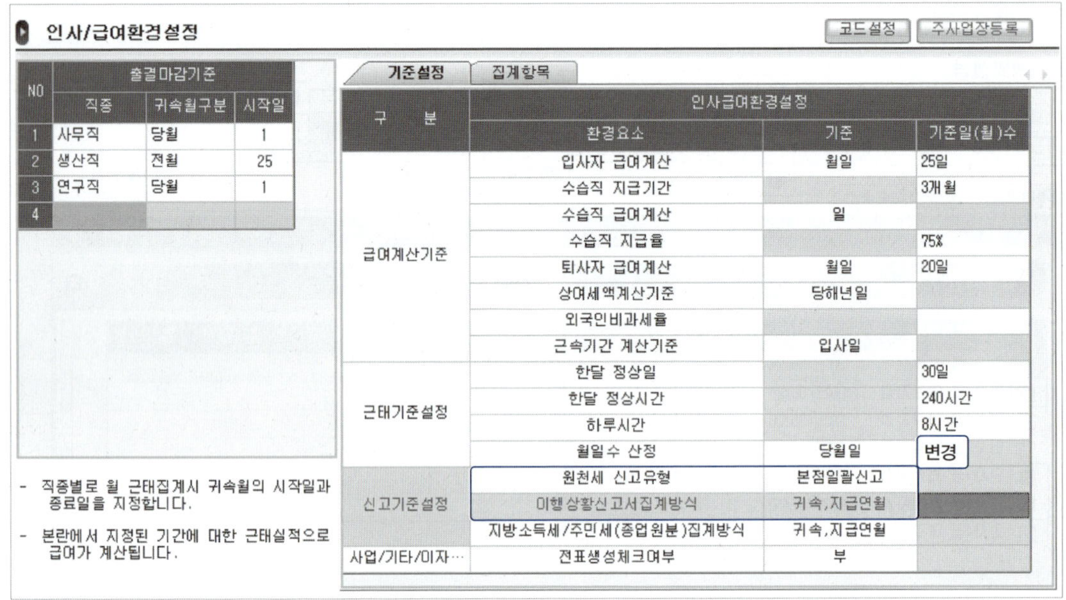

(2) 원천징수이행상황신고서 생성

메뉴 길잡이

[인사/급여관리]–[세무관리]–[원전징수이행상황신고서]
① 제출연도를 2025로 입력하고, 신고사업장으로 **회사본사**를 선택하고 [신고서추가] 버튼을 누른 후 **귀속년월 지급년월 제출일자**를 입력한다(만약 안내 문구가 나오면 무시한다). '근로소득 데이터 반영기준' 창에서 일반 데이터 반영은 **매월 징수분(전체)**, 연말정산 소득세, 농특세 반영은 **미적용**을 선택한 후 [적용]을 클릭한다.

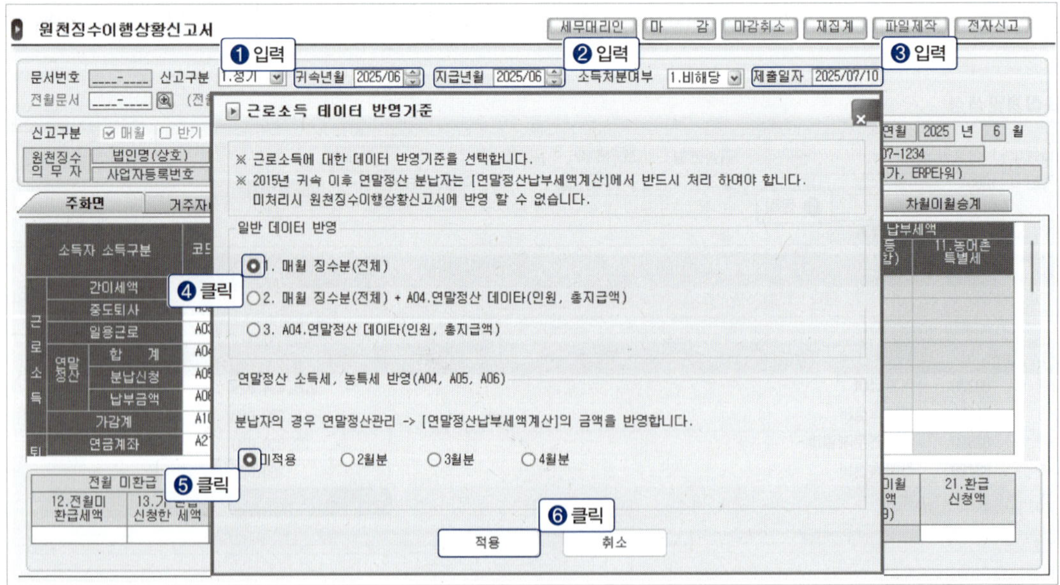

② 조회된 화면에서 근로소득의 총지급액(138,351,640원)과 소득세(5,294,260원)를 확인한다.

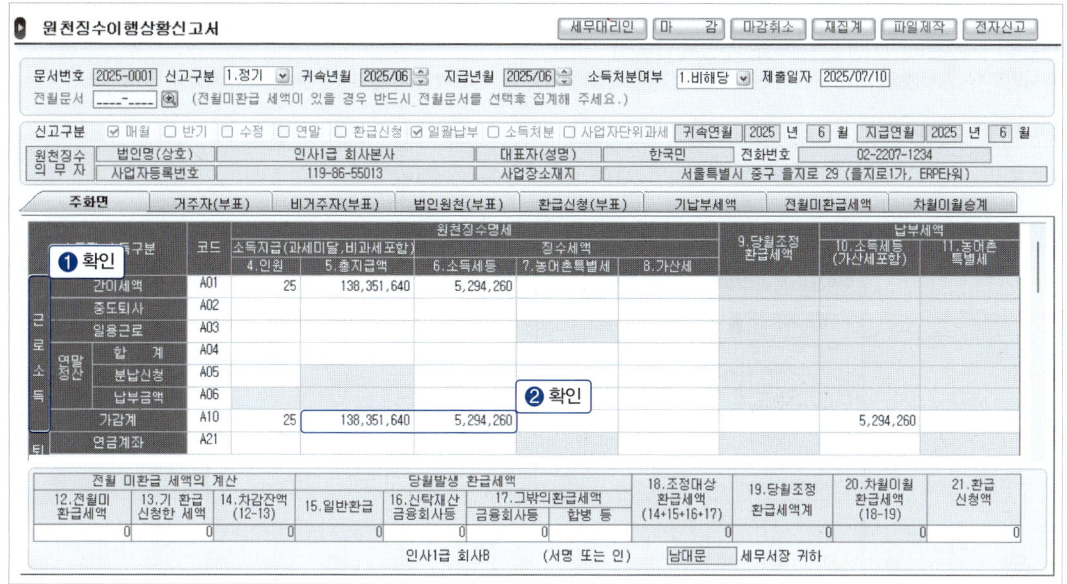

| 신고구분 | ☑매월 | ☐반기 | ☐수정 | ☐연말 | ☐환급신청 | ☑일괄납부 | ☐소득처분 | ☐사업자단위과세 | 귀속연월 2025 년 6 월 | 지급연월 2025 년 6 월 |

원천징수 의 무 자	법인명(상호)	인사1급 회사본사	대표자(성명)	한국민	전화번호	02-2207-1234
	사업자등록번호	119-86-55013	사업장소재지		서울특별시 중구 을지로 29 (을지로1가, ERP타워)	

주화면 | 거주자(부표) | 비거주자(부표) | 법인원천(부표) | 환급신청(부표) | 기납부세액 | 전월미환급세액 | 차월이월승계

| | 소득구분 | 코드 | 원천징수명세 소득지급(과세미달,비과세포함) | | 징수세액 | | | 9.당월조정
환급세액 | 납부세액 | |
			4.인원	5.총지급액	6.소득세등	7.농어촌특별세	8.가산세		10.소득세등 (가산세포함)	11.농어촌 특별세
❶ 확인 근로소득	간이세액	A01	25	138,351,640	5,294,260					
	중도퇴사	A02								
	일용근로	A03								
연말정산	합 계	A04								
	분납신청	A05								
	납부금액	A06			❷ 확인					
	가감계	A10	25	138,351,640	5,294,260				5,294,260	
퇴	연금계좌	A21								

| 전월 미환급 세액의 계산 | | | | 당월발생 환급세액 | | | 18.조정대상
환급세액
(14+15+16+17) | 19.당월조정
환급세액계 | 20.차월이월
환급세액
(18-19) | 21.환급
신청액 |
12.전월미 환급세액	13.기 환급 신청한 세액	14.차감잔액 (12-13)	15.일반환급	16.신탁재산 금융회사등	17.그밖의환급세액 금융회사등	합병 등				
0	0	0	0	0	0	0	0	0	0	0

23 ③

③ : [20081201.조선우] – 산출세액 : 39,110원 (×)
  → 산출세액 : 186,280원

(1) 인사/급여환경설정 변경

메뉴 길잡이

[인사/급여관리]-[기초환경설정]-[인사/급여환경설정]

'지방소득세/주민세(종업원분)집계방식'을 **귀속연월**로 변경하고 메뉴를 닫는다.

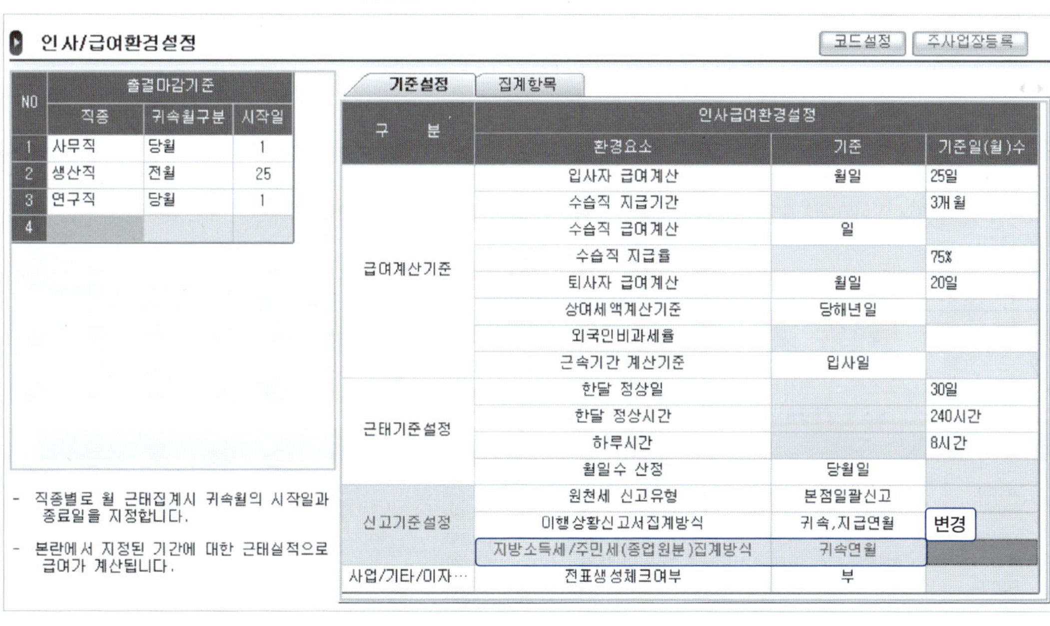

NO	출결마감기준		
	직종	귀속월구분	시작일
1	사무직	당월	1
2	생산직	전월	25
3	연구직	당월	1
4			

기준설정 | 집계항목

구 분	인사급여환경설정		
	환경요소	기준	기준일(월)수
급여계산기준	입사자 급여계산	월일	25일
	수습직 지급기간		3개월
	수습직 급여계산	일	
	수습직 지급율		75%
	퇴사자 급여계산	월일	20일
	상여세액계산기준	당해년일	
	외국인비과세율		
	근속기간 계산기준	입사일	
근태기준설정	한달 정상일		30일
	한달 정상시간		240시간
	하루시간		8시간
	월일수 산정	당월일	
신고기준설정	원천세 신고유형	본점일괄신고	
	이행상황신고서집계방식	귀속,지급연월	변경
	지방소득세/주민세(종업원분)집계방식	귀속연월	
사업/기타/이자…	전표생성체크여부	부	

- 직종별로 월 근태집계시 귀속월의 시작일과
  종료일을 지정합니다.

- 본란에서 지정된 기간에 대한 근태실적으로
  급여가 계산됩니다.

(2) 지방소득세특별징수명세 신고서 생성

[인사/급여관리]─[세무관리]─[지방소득세특별징수명세/납부서]

① 오른쪽 상단의 [신고서생성] 버튼을 눌러 신고서 생성기준. 매월/반기 구분. 신고사업장. 신고구분 등 주어진 자료를 입력한다.

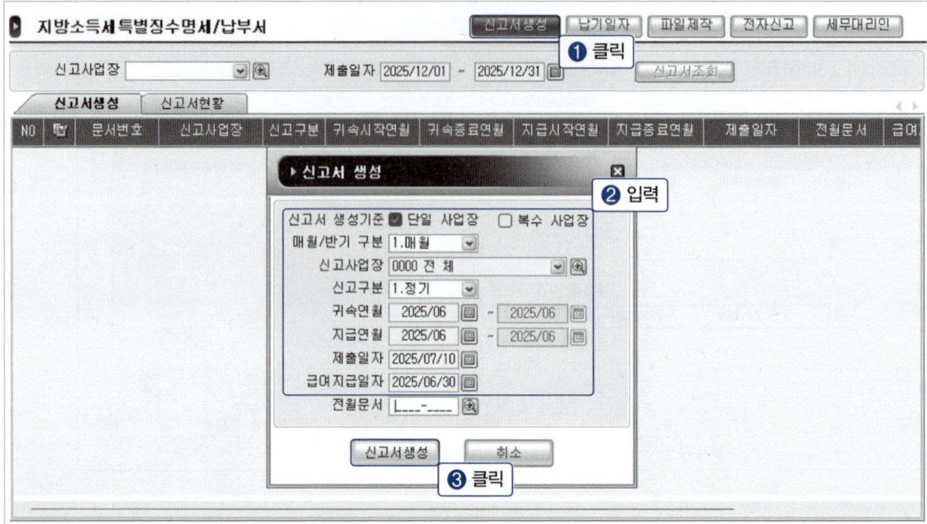

② '계속근무자 연말정산 환급액 반영 기준' 창에서 **미적용**을 클릭한다.

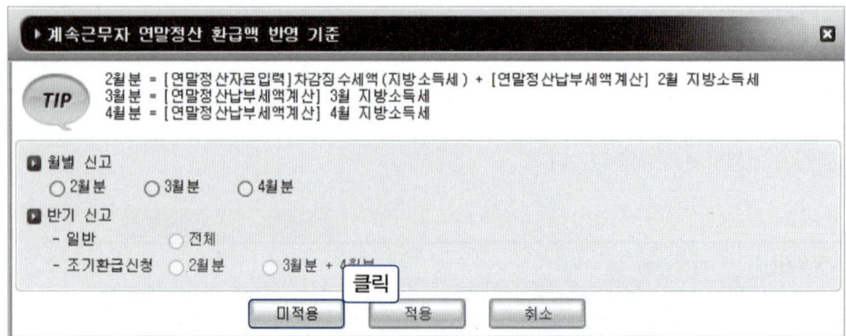

③ 상단의 제출일자를 2025/07/10로 수정한 후 [신고서조회] 버튼을 누르고, [징수 및 조정명세서] 탭에서 소득구분을 4.근로소득으로 변경하면 사원별 내역이 조회된다(자료가 나오지 않으면 왼쪽 탭을 클릭했다가 다시 돌아오면 조회된다). 조선우 사원의 산출세액은 186,280원이다.

NO		사원코드	성명	주민등록번호	과세표준	산출세액	조정액(환부액)	납부액	비고
14	☐	20091215	이서경	840524-2123456	783,220	78,320		78,320	
15	☐	20000601	이수희	590108-1936485	2,087,740	208,770		208,770	
16	☐	20020603	이준상	630821-1667896	761,650	76,160		76,160	
17	☐	20081202	장영훈	700112-1123211	2,028,960	202,890		202,890	
18	☐	ERP13I01	장미란	780101-1111123	1,248,440	124,840		124,840	
19	☐	20001102	정영수	770728-1772834	1,150,070	115,000		115,000	
20	☐	20081201	조선우	710501-1231211	1,862,890	186,280		186,280	
21	☐	20140301	최광용	801212-1512311	973,000	97,290		97,290	
22	☐	20101001	최명수		1,880,460	188,040		188,040	
23	☐	20160715	최영우	810511-1655321	668,380	66,830		66,830	
24	☐	20130701	최현주	870520-2531656	730,780	73,070		73,070	
25	☐	20000501	한국민	571201-1435512	1,342,930	134,280		134,280	
26	☐								
					28,467,790	2,846,630		2,846,630	

'퇴직급여충당부채'는 458,342,010원이다.

메뉴 길잡이

[인사/급여관리]-[퇴직정산관리]-[퇴직금추계액]

① 오른쪽 상단의 [추계코드] 버튼을 눌러 추계코드(명), 기준연월, 대상 사업장(계정)을 등록한다.

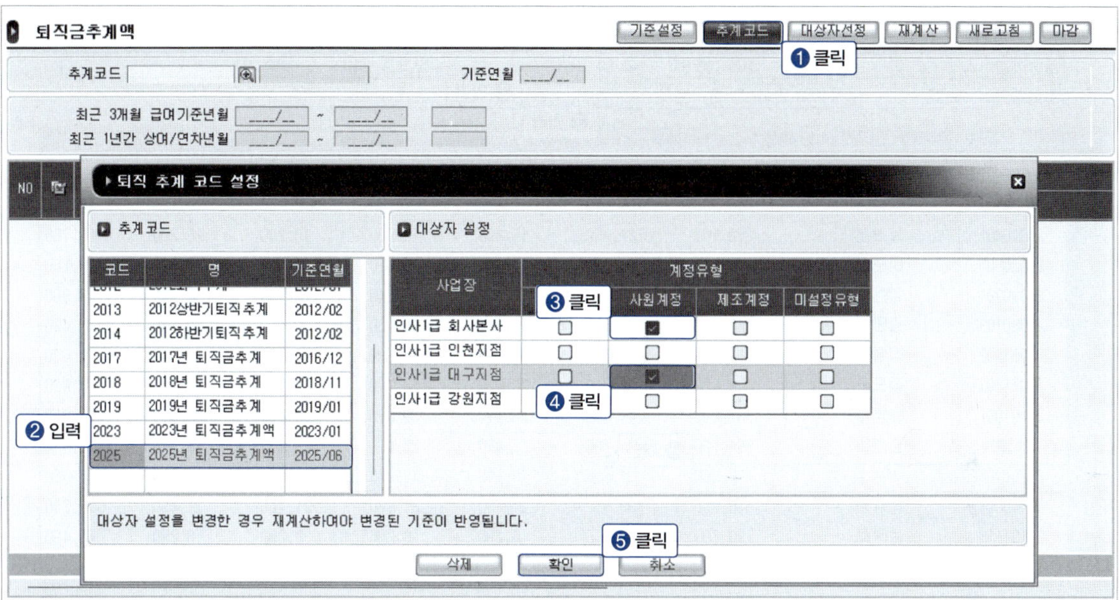

한선생님의 노하우

왼쪽 상단에서 '추계코드'를 선택하는 것이 아니라, 오른쪽 상단의 [추계코드] 버튼을 눌러 새로 생성하는 것입니다.

② 왼쪽 상단의 추계코드 옆 돋보기(🔍)를 클릭한 후 2025.2025년 퇴직금추계액 선택하여 내역을 조회한다. 퇴직급여충당부채는 1,145,855,030원 × 40% = 458,342,010원이다.

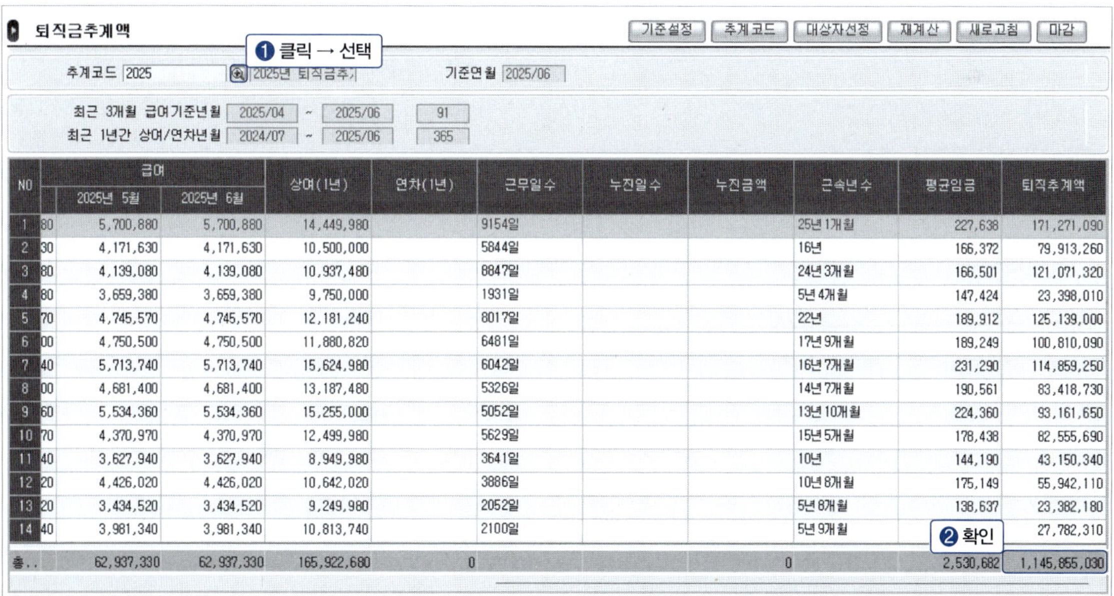

NO	급여 2025년 5월	2025년 6월	상여(1년)	연차(1년)	근무일수	누진일수	누진금액	근속년수	평균임금	퇴직추계액
1	5,700,880	5,700,880	14,449,980		9154일			25년1개월	227,638	171,271,090
2	4,171,630	4,171,630	10,500,000		5844일			16년	166,372	79,913,260
3	4,139,080	4,139,080	10,937,480		8847일			24년 3개월	166,501	121,071,320
4	3,659,380	3,659,380	9,750,000		1931일			5년 4개월	147,424	23,398,010
5	4,745,570	4,745,570	12,181,240		8017일			22년	189,912	125,139,000
6	4,750,500	4,750,500	11,880,820		6481일			17년 9개월	189,249	100,810,090
7	5,713,740	5,713,740	15,624,980		6042일			16년 7개월	231,290	114,859,250
8	4,681,400	4,681,400	13,187,480		5326일			14년 7개월	190,561	83,418,730
9	5,534,360	5,534,360	15,255,000		5052일			13년 10개월	224,360	93,161,650
10	4,370,970	4,370,970	12,499,980		5629일			15년 5개월	178,438	82,555,690
11	3,627,940	3,627,940	8,949,980		3641일			10년	144,190	43,150,340
12	4,426,020	4,426,020	10,642,020		3886일			10년 8개월	175,149	55,942,110
13	3,434,520	3,434,520	9,249,980		2052일			5년 8개월	138,637	23,382,180
14	3,981,340	3,981,340	10,813,740		2100일			5년 9개월		27,782,310
총..	62,937,330	62,937,330	165,922,680	0			0		2,530,682	1,145,855,030

2025년 상반기 동안 'T10.지방소득세'가 가장 적게 공제된 사원은 [20130701.최현주]이다.

메뉴 길잡이

[인사/급여관리]–[급여관리]–[수당별연간급여현황]

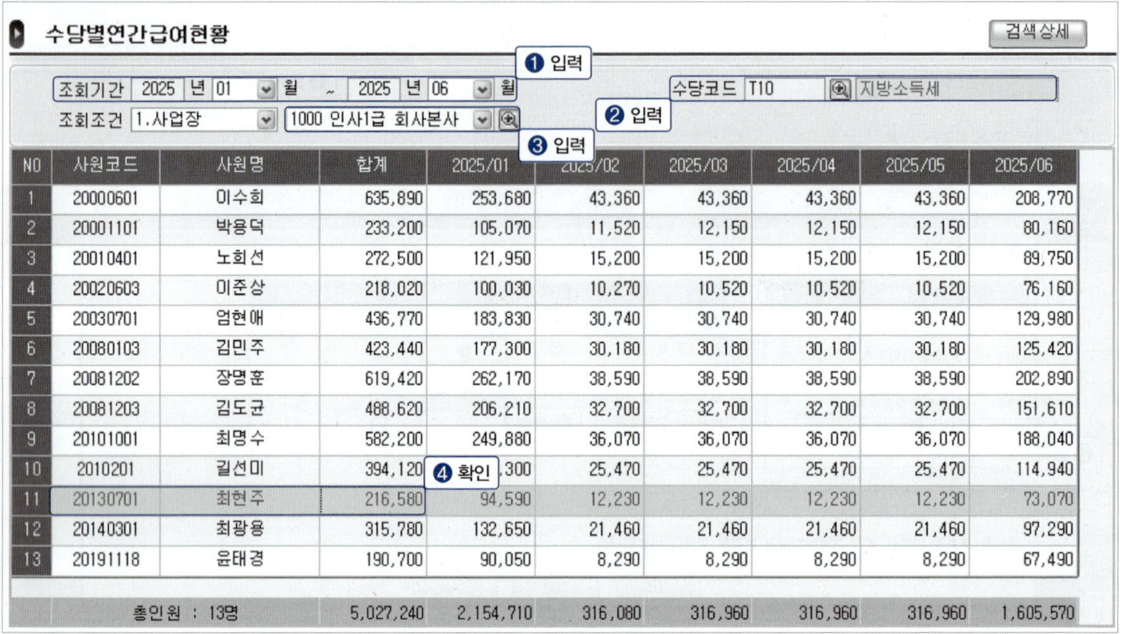

NO	사원코드	사원명	합계	2025/01	2025/02	2025/03	2025/04	2025/05	2025/06
1	20000601	이수회	635,890	253,680	43,360	43,360	43,360	43,360	208,770
2	20001101	박용덕	233,200	105,070	11,520	12,150	12,150	12,150	80,160
3	20010401	노회선	272,500	121,950	15,200	15,200	15,200	15,200	89,750
4	20020603	이준상	218,020	100,030	10,270	10,520	10,520	10,520	76,160
5	20030701	엄현애	436,770	183,830	30,740	30,740	30,740	30,740	129,980
6	20080103	김민주	423,440	177,300	30,180	30,180	30,180	30,180	125,420
7	20081202	장명훈	619,420	262,170	38,590	38,590	38,590	38,590	202,890
8	20081203	김도균	488,620	206,210	32,700	32,700	32,700	32,700	151,610
9	20101001	최명수	582,200	249,880	36,070	36,070	36,070	36,070	188,040
10	2010201	길선미	394,120	❹ 확인 ,300	25,470	25,470	25,470	25,470	114,940
11	20130701	최현주	216,580	94,590	12,230	12,230	12,230	12,230	73,070
12	20140301	최광용	315,780	132,650	21,460	21,460	21,460	21,460	97,290
13	20191118	윤태경	190,700	90,050	8,290	8,290	8,290	8,290	67,490
	총인원 : 13명		5,027,240	2,154,710	316,080	316,960	316,960	316,960	1,605,570

한선생님의 노하우

- 어떤 수당을 받았거나(또는 가장 많이 받은) 세금을 가장 많이(적게) 차감(공제) 받은 사원을 묻는 경우에는 [수당별연간급여현황] 메뉴를 조회합니다.
- 프로그램상 윤태경 사원이 가장 적은 금액이지만 지문에 제시되어 있지 않으므로, 최현주 사원이 정답입니다.

이론									
01 ①	02 ④	03 ④	04 ④	05 ③	06 ①	07 ④	08 ④	09 ③	10 ②
11 ①	12 ④	13 ③	14 관찰법	15 ②	16 ④	17 ②	18 ④	19 ④	20 코칭
21 ④	22 ①	23 ③	24 ③	25 ②	26 납세지	27 9	28 ②	29 ③	30 ③
31 ③	32 채무적	33 기업별							

이론

01 ①

사람의 경험이나 직관에 따라 의사결정을 하는 방법을 정성적 기법이라고 한다. 이는 전통적인 방식으로, 스마트 ERP와는 무관한 내용이라고 할 수 있다.

02 ④

현재 다양한 단순 업무를 자동화하는 것은 RPA의 '기초프로세스 자동화'에 해당한다. 향후 OCR(광학 문자 인식)과 자연어 처리 기술을 연동하여 이력서 정보 추출 및 텍스트 분석 · 분류까지 수행하는 것은 '데이터 기반의 딥러닝 및 머신러닝 활용'에 해당한다.

오답 피하기

인지자동화는 사람이 하던 반복적인 업무를 기계가 처리하도록 함으로써 인적자원은 더 높은 부가가치를 생산하는 업무에 집중하도록 하는 단계이다.

03 ④

클라우드 ERP는 초기 구축비용과 진입장벽이 낮다. 별도의 하드웨어나 소프트웨어 설치가 필요하지 않기 때문이다.

04 ④

ERP는 'MRP Ⅰ → MRP Ⅱ → ERP → 확장형 ERP'의 순서로 발전해 왔다.

05 ③

ERP 시스템 내에 도입된 데이터 분석 솔루션을 비즈니스 애널리틱스(Business Analytics)라고 한다.

06 ①

근로자의 기술을 향상하고, 안전한 작업 환경과 복리후생 등을 통해 근로자 전반의 생활 질 향상을 도모하는 전체적인 내용은 노무관리의 영역에 해당한다.

07 ④

일반적인 직무관리 절차는 직무분석(직무기술서 작성 → 직무명세서 작성) → 직무평가 순서이다.

08 ④

직무평가의 방법 중 김사원은 서열법(순서대로 나열), 이대리는 요소비교법(요소별로 나누어 평가), 박과장은 분류법(등급에 따라 분류)을 제시하고 있다.

오답 피하기

직무평가 시 쌍대비교법을 사용할 수 있다. 두 가지 직무를 비교하면서 더 가치가 큰 것을 계속 선택해 나가는 방법이다. 그러나 최팀장의 말대로 특정 직무를 기준으로 삼아 전체를 평가하는 건 적절치 못하다.

09 ③

인력의 이동 확률을 기반으로 미래를 예측하는 방법은 마코브분석이다.

10 ②

다운사이징은 인력을 체계적으로 감소시키는 방법으로서 경영혁신의 일환이다.

> **오답 피하기**
> - ① 아웃소싱 : 인력을 줄이는 대신 일감을 외부에 위탁하는 것
> - ③ 무급휴가제도 : 인력은 증감시키지 않고 무급으로 쉬게 하는 것
> - ④ 조직 내 직무 재배치 : 인력의 증감 없이 조직 내 인력을 재배치하는 것

11 ①

동시 타당성은 현직 근로자의 시험성적과 직무성과를 비교하는 방법이다.

> **오답 피하기**
> - ② 예측 타당성 : 신규 채용자의 시험성적과 직무성과를 비교하는 방법
> - ③ 내용 타당성 : 선발 도구가 측정하는 내용이 담당하게 될 직무와 얼마나 유사한지를 확인하는 방법
> - ④ 구성 타당성 : 선발 도구가 측정하고자 하는 것을 얼마나 정확하게 측정했는지를 검증하는 방법

12 ④

연고주의 기반의 모집이 이루어진다면, 소속감이 증대될 수 있지만 파벌이 형성될 수 있다.

13 ③

지원자의 학력, 경력, 기타 자격 사항 등을 배제하고 능력 중심으로 채용하는 방식으로, 블라인드 면접에 해당한다.

14 관찰법

관찰법은 담당자가 직무수행자(종업원)를 직접 관찰하여 직무정보를 얻는 방법이다. 단, 컴퓨터 작업 등 구체적으로 눈에 보이지 않는 업무의 경우 적용이 어렵다는 한계가 있다.

> **오답 피하기**
> 워크 샘플링법은 전체 작업 과정 동안 무작위로 관찰하는 방법이다.

15 ②

인사평가 시 정성적 평가뿐 아니라, 정량적 평가도 함께 이루어져야 한다.

16 ④

강제할당법은 평가 점수가 한쪽으로 치우치는 현상(경향 오류)을 방지하기 위해 각 점수별로 평가 개수를 미리 정해 두는 기법이다. 이로 인해 고과대상자의 실제 성과분포와는 다를 수 있다는 단점도 존재한다.

17 ②

홀(D. T. Hall)의 경력개발 4단계
- 1단계 정체성 : 자기를 탐색하고 경력의 방향을 정하는 시기
- 2단계 친교성 : 선택한 직업에 정착하고 적응하는 시기
- 3단계 생산성 : 본인의 업적을 생산하고자 하는 시기
- 4단계 통합성 : 본인의 생애를 통합하고자 하는 시기

18 ④

자료조사법, 작업표본법 등의 방법론을 활용하여 교육훈련의 필요성을 파악하게 되는데, 이는 계획단계에 해당하는 내용이다.

19 ④

공정성이 유지되는 상황이라면 개인적인 요건 및 만족을 충족할 수 있는 방안을 선택하는 것이 바람직하다.

20 코칭

구성원이 스스로 문제를 인식하고 해결하도록 지원하는 리더십은 코칭 리더십이다.

21 ④

최저임금은 임금수준의 하한선으로, 임금이 근로자의 생계비에 해당하기 때문에 국가가 개입하여 미리 결정한다.

22 ①

금융업의 경우 본인의 직무에 따라 직무급으로 급여를 지급하거나 직능급을 사용할 수 있다.

23 ③

- ① 가족수당 : 법정수당이 아니라 임의수당으로서, 기업이 지급 여부를 결정
- ② 연장근로수당 : 통상임금을 기준으로 50%를 가산하여 지급
- ④ 휴업수당 : 사용자의 귀책 사유가 있는 경우에 지급하며, 평균임금을 기준으로 지급

24 ③

개인의 소득 중 이자, 배당, 사업, 근로, 연금, 기타소득을 합산하는 방식은 종합과세 방법이다.

25 ②

추가공제에는 경로우대자 공제, 장애인 공제, 부녀자 공제, 한부모 공제가 포함된다.

26 납세지

세무서의 관할을 결정하는 기준이 되는 장소는 납세지를 말한다.

27 9

현재 국민연금은 가입자의 기준소득월액의 9%로 부과되도록 되어 있다.

28 ②

신상품 · 신기술의 연구개발, 자연과학 분야, 정보처리시스템의 설계 또는 분석 업무, 신문 기사의 취재, 방봉 제작 사업 등 비교적 전문적인 분야에서 근로시간보다 성과에 의해 근로 여부를 판단하는 경우 재량 근로시간제를 사용한다.

29 ③

- ① : 기준근로시간은 1일 8시간, 1주 40시간으로 정해져 있음
- ② : 18세 미만의 경우 기준근로시간은 1일 7시간, 1주 35시간으로 정해져 있음
- ④ : 8시간 이내의 휴일근로에 대해서 통상임금의 50%를 가산해야 하며, 8시간 초과 근무 시 100%를 가산해야 함

30 ③

보이콧은 자기업의 상품 등을 홍보하는 것과는 반대로 불매운동을 벌이는 행위를 말한다.

31 ③

메인터넌스 숍(Maintenance of Membership Shop)은 일정 기간 조합원의 지위를 '유지'하도록 하는 제도이다.

32 채무적

채무적 효력은 협약 당사자의 권리, 의무에 관한 조항으로, 평화의무, 평화조항, 유일교섭 단체조항, 숍 조항, 단체교섭의 절차 및 기타 규칙 등을 포함한다.

33 기업별

기업별 노조와 개별 기업의 사용자 간의 교섭은 기업별 교섭에 해당한다.

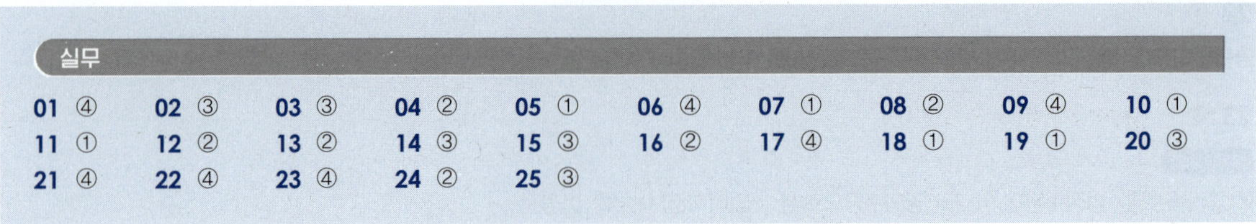

실무

01 ④

④ : 〈4000.인사1급 강원지점〉 사업장은 원천징수이행상황신고서 신고 시, '월별' 신고를 진행하는 사업장이며 관할세무서는 '221.춘천' 이다. (×)

→ 원천징수이행상황신고서 신고 시, '반기' 신고를 진행한다.

메뉴 길잡이

[시스템관리]─[회사등록정보]─[사업장등록]

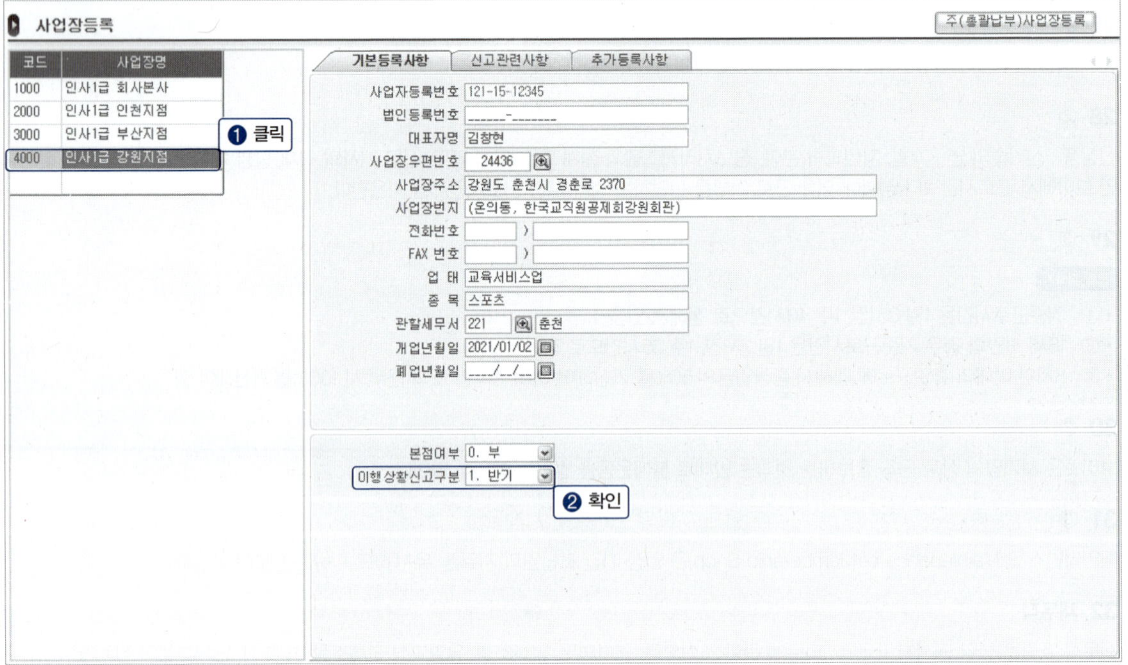

② : 〈2000.인사1급 인천지점〉 사업장은 사업자단위과세 신고 시, 〈1000.인사1급 회사본사〉 사업장의 종사업장으로 포함하여 신고한다. (○)

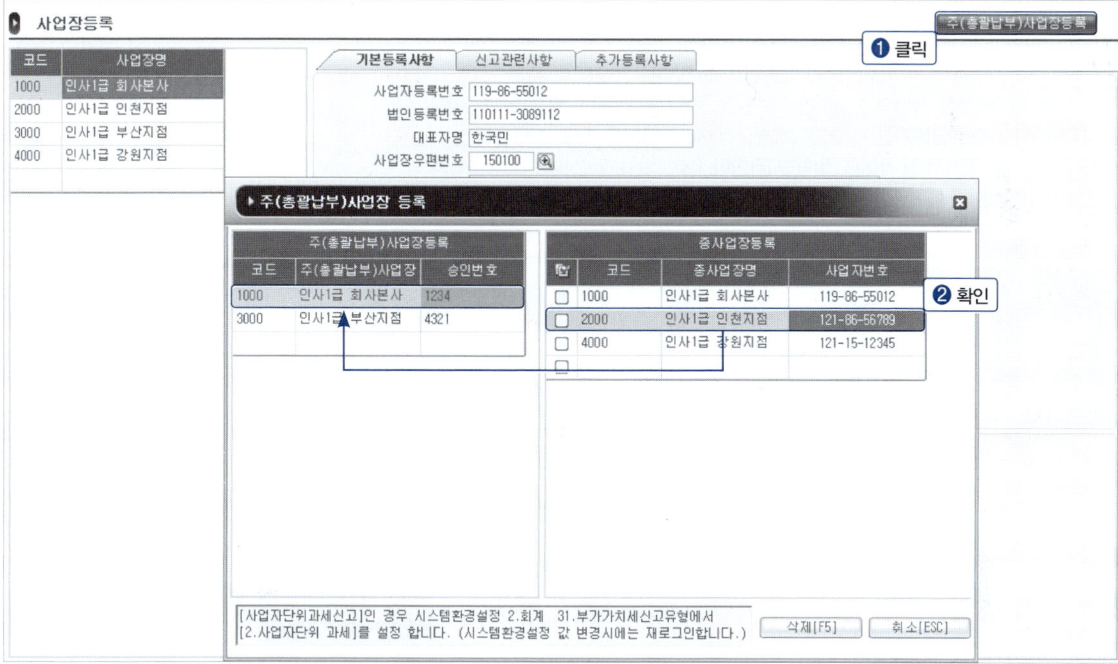

02 ③

③ : [1000.관리부문]에 속한 부서 중 현재 사용하지 않는 부서는 2개이다. (×)
    → 현재 사용하지 않는 부서는 3개이다.

[시스템관리]-[회사등록정보]-[부서등록]

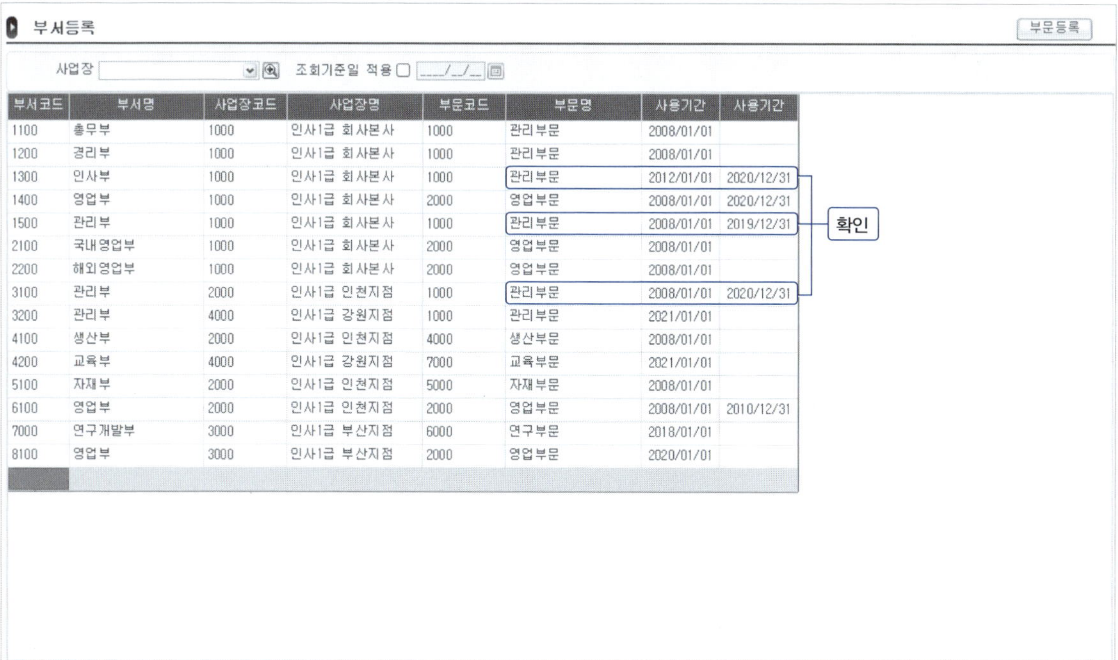

올바르게 설명한 [보기] 내용은 A, B, D로 3개이다.

메뉴 길잡이

[인사/급여관리]-[기초환경설정]-[인사/급여환경설정]

- A : 회사의 '월일수 산정' 기준은 '한달정상일'이며, 일수는 30일이다. (○)
- B : '생산직', '환경직' 직종의 출결마감 기준일은 전월 25일에서 당월 24일까지이다. (○)
- C : 퇴사자의 경우 급여계산 시, 20일 초과 근무 시 월 급여를 '월할' 지급한다.
  → 25일 이상 근무 시 월 급여를 '월할' 지급한다. (×)
- D : [인사정보등록] 메뉴에서 관리할 고용구분으로 '001.상용직', '005.관리직', '006.파견직'이 등록되어 있다. (○)

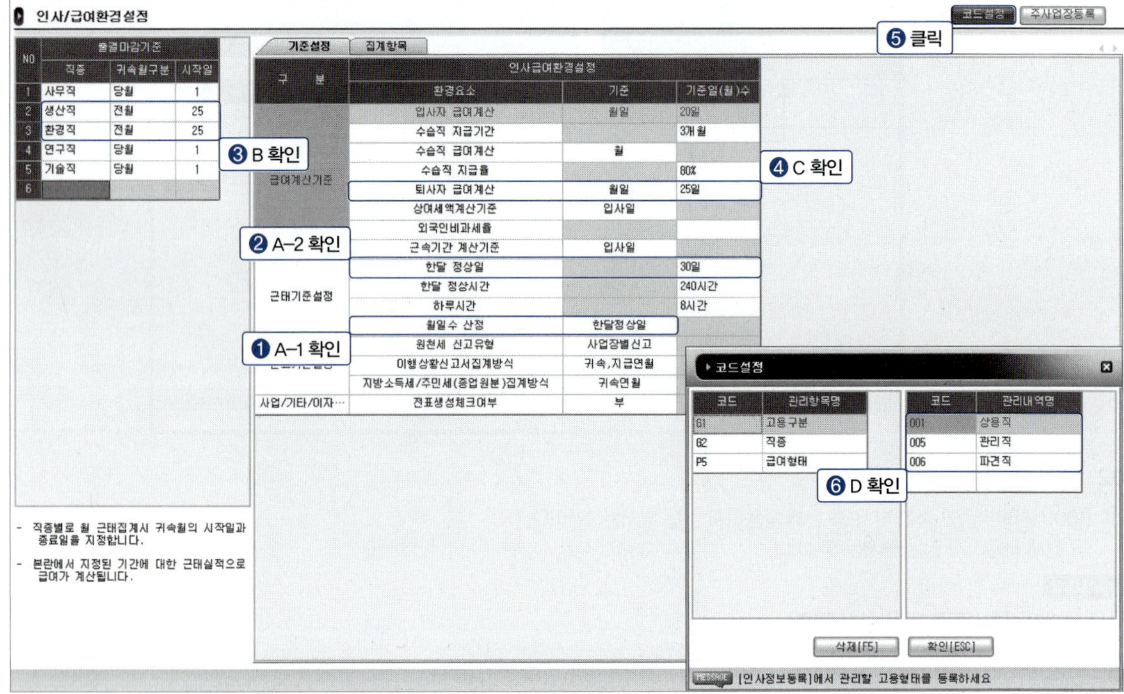

5호봉 기준의 '호봉합계'는 3,889,800원이다.

[메뉴 길잡이]

[인사/급여관리]-[기초환경설정]-[호봉테이블등록]

① 800.과장을 클릭하고 '적용시작연월'을 2025/05로 입력한다. 오른쪽 상단의 [일괄등록] 버튼을 클릭하여 기본급 · 급호수당 · 연장수당
  의 초기치와 증가액을 입력하고 [적용]을 클릭한다.

② 오른쪽 상단의 [일괄인상] 버튼을 클릭하여 '정률인상'을 실시한다.

③ 오른쪽 상단의 [일괄인상] 버튼을 클릭하여 '정액인상'을 실시한다.

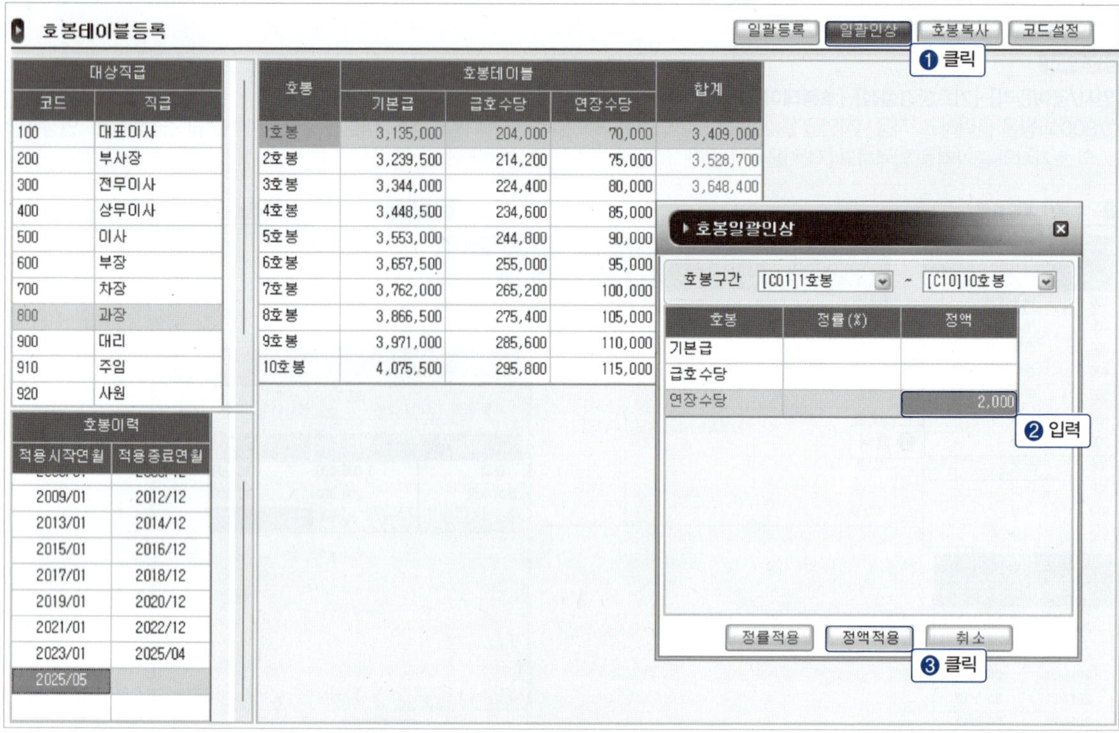

④ 조회된 화면에서 5호봉 기준의 '호봉합계(3,889,800원)'를 확인한다.

호봉	호봉테이블			합계
	기본급	급호수당	연장수당	
1호봉	3,135,000	204,000	72,000	3,411,000
2호봉	3,239,500	214,200	77,000	3,530,700
3호봉	3,344,000	224,400	82,000	3,650,400
4호봉	3,448,500	234,600	87,000	3,770,100
5호봉	3,553,000	244,800	92,000	3,889,800
6호봉	3,657,500	255,000	97,000	4,009,500
7호봉	3,762,000	265,200	102,000	4,129,200
8호봉	3,866,500	275,400	107,000	4,248,900
9호봉	3,971,000	285,600	112,000	4,368,600
10호봉	4,075,500	295,800	117,000	4,488,300

확인

① : [P10.연장근로수당]은 '생산직' 직종에게 100,000원을 지급하며, '001.야간근로수당' 비과세 적용 기준요건인 월정급여에 포함되는 지
급항목이다. (×)
→ 월정급여에 포함되지 않는다.

한선생님의 노하우

[지급공제항목등록] 메뉴에 들어오면 무조건 [마감취소] 버튼을 눌러 마감을 취소해야 합니다.

메뉴 길잡이

[인사/급여관리]-[기초환경설정]-[지급공제항목등록]

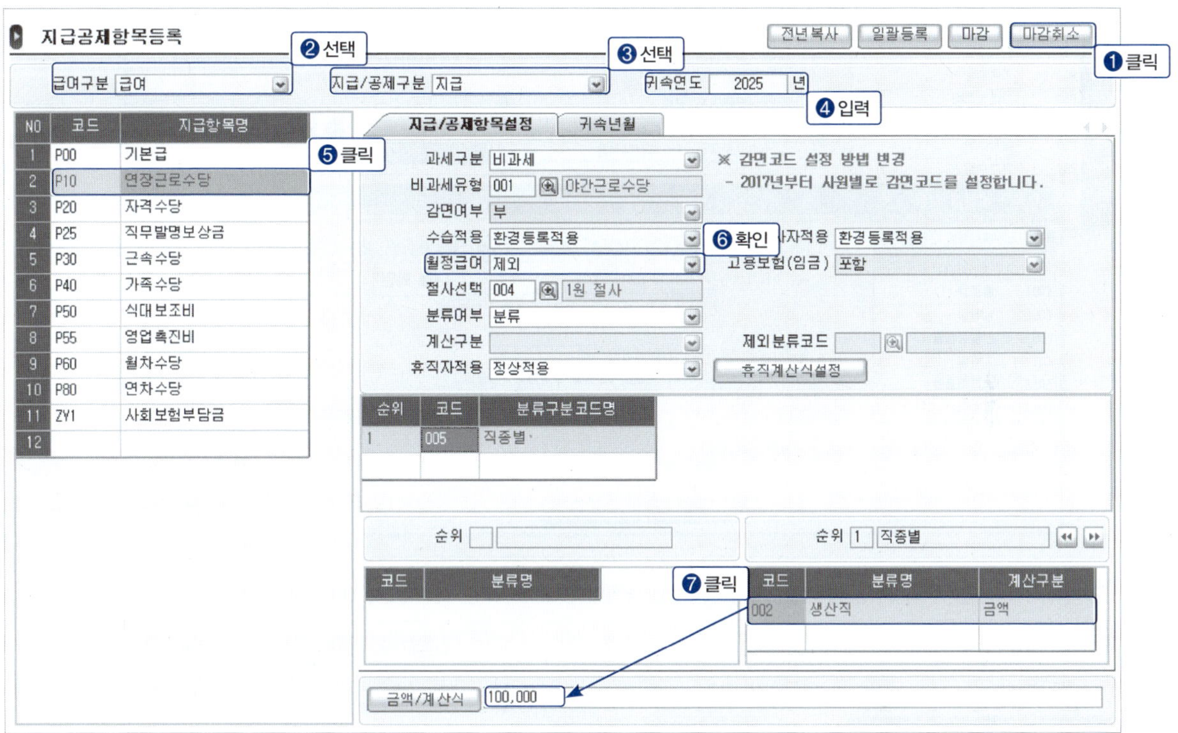

• ② : [P25.직무발명보상금]은 휴직자인 경우에 휴직 계산식이 적용되어 지급하는 항목이며, 휴직기간 계산식은 '직무발명보상금*휴직지급율*(휴직일/당월일)'로 설정되어 있다. (○)

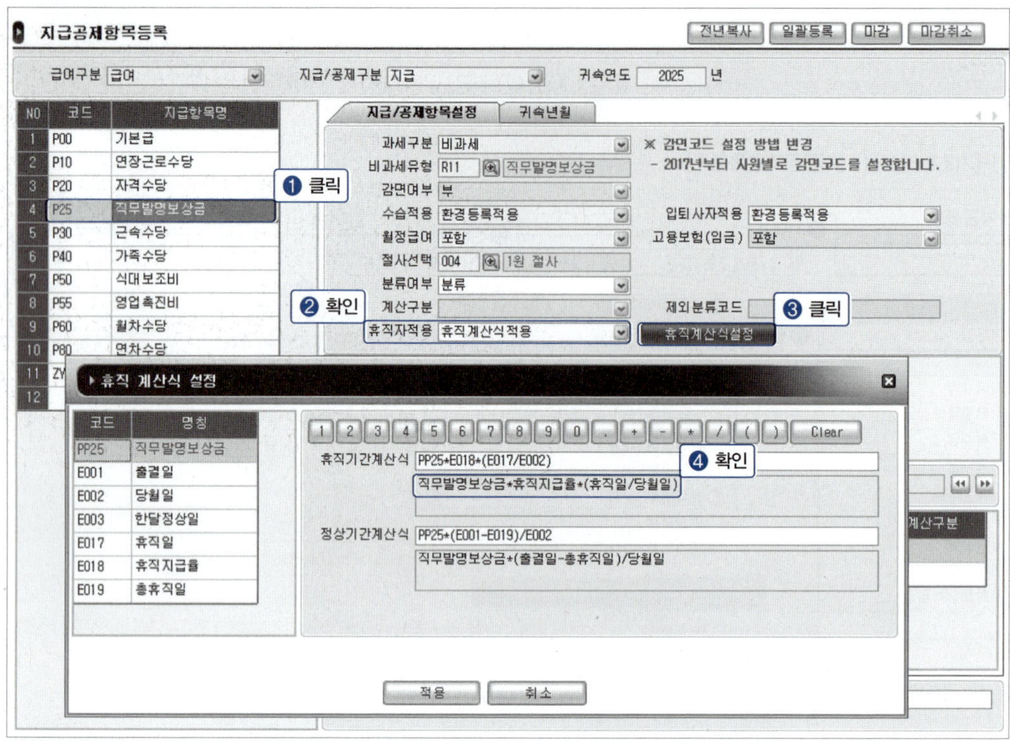

• ③ : [P40.가족수당]은 퇴사자인 경우에는 지급하지 않는 항목이며, 배우자가 존재할 때 50,000원을 지급한다. (○)

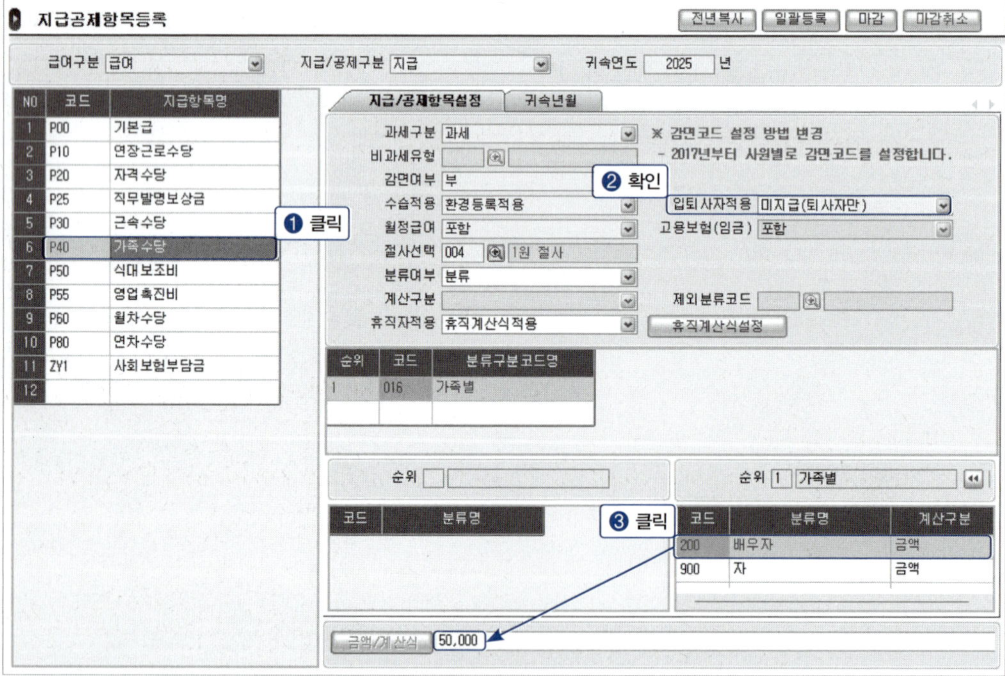

• ④ : [P55.영업촉진비]는 수습직 사원에게 지급 시, 환경등록에 따라 지급하며 감면대상인 지급항목이다. (○)

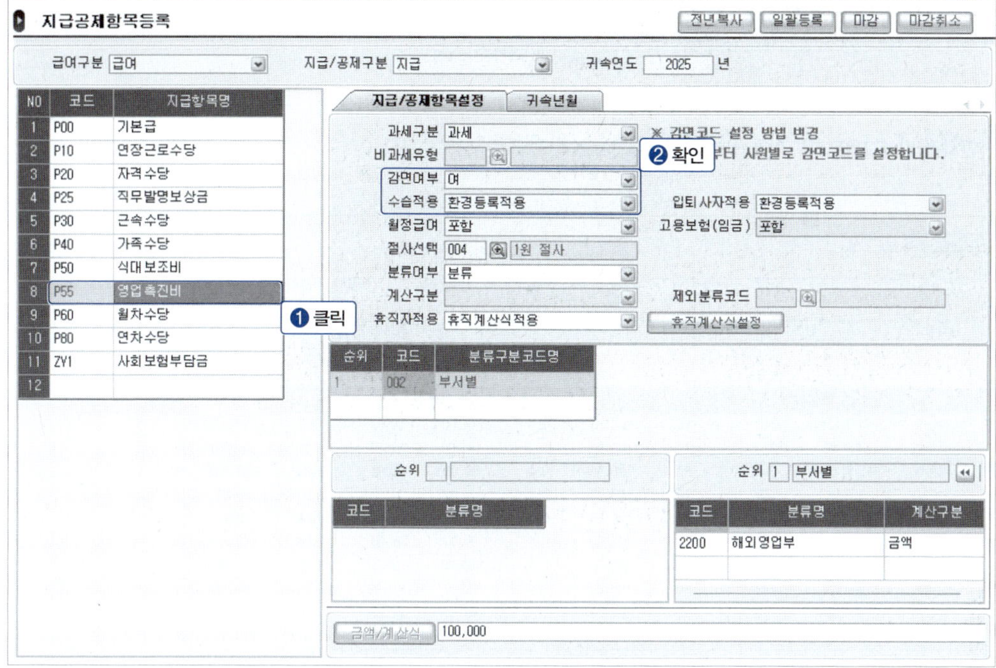

06 ④

④ : 퇴사자의 경우 '상여' 지급 시, 근무일수에 상관없이 '일할'로 지급한다. (×)
　　→ 근무일수에 상관없이 '월할'로 지급한다.

메뉴 길잡이

[인사/급여관리]–[기초환경설정]–[급/상여지급일자등록]

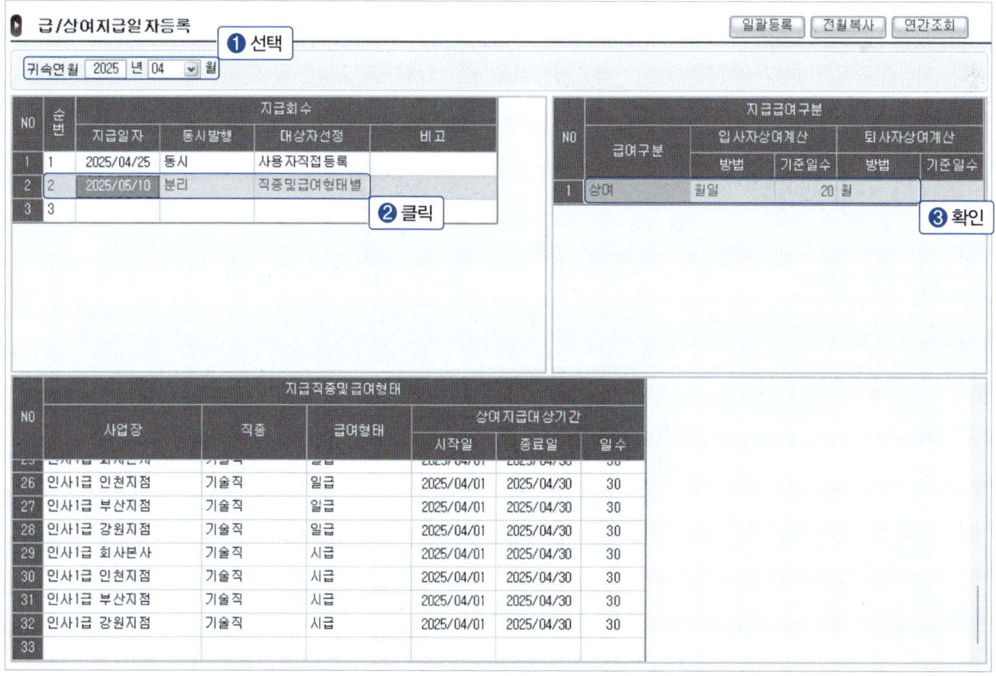

07 ①

- 교육평가 A등급 3명 : 200,000원 × 3 = 600,000원
- 교육평가 B등급 3명 : 100,000원 × 3 = 300,000원
- 총 지급금액 : 600,000원 + 300,000원 = 900,000원

메뉴 길잡이

[인사/급여관리]–[인사관리]–[교육평가]

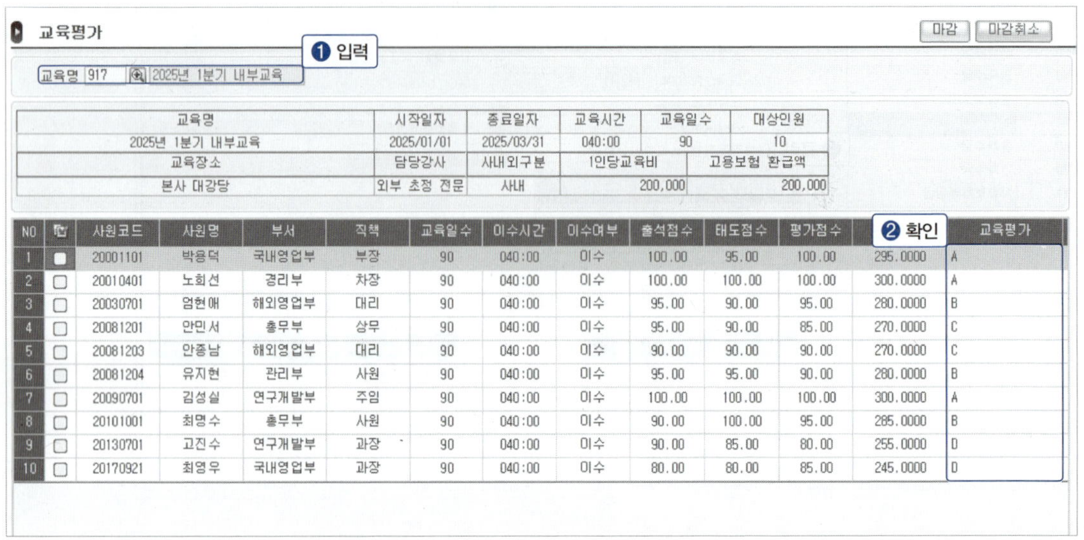

08 ②

- 정보기술자격(ITQ) : 40,000원 × 수당 해당인원 3명 = 120,000원
- ERP정보관리사1급 : 60,000원 × 수당 해당인원 3명 = 180,000원
- 지급액 : 120,000원 + 180,000원 = 300,000원

메뉴 길잡이

[인사/급여관리]–[인사관리]–[사원정보현황]

① [자격/면허] 탭에서 자격증 종류로 정보기술자격(ITQ)을 선택하고, 오른쪽 상단의 [퇴직제외] 버튼을 클릭한다. 수당 해당인원(3명)을 확인한다.

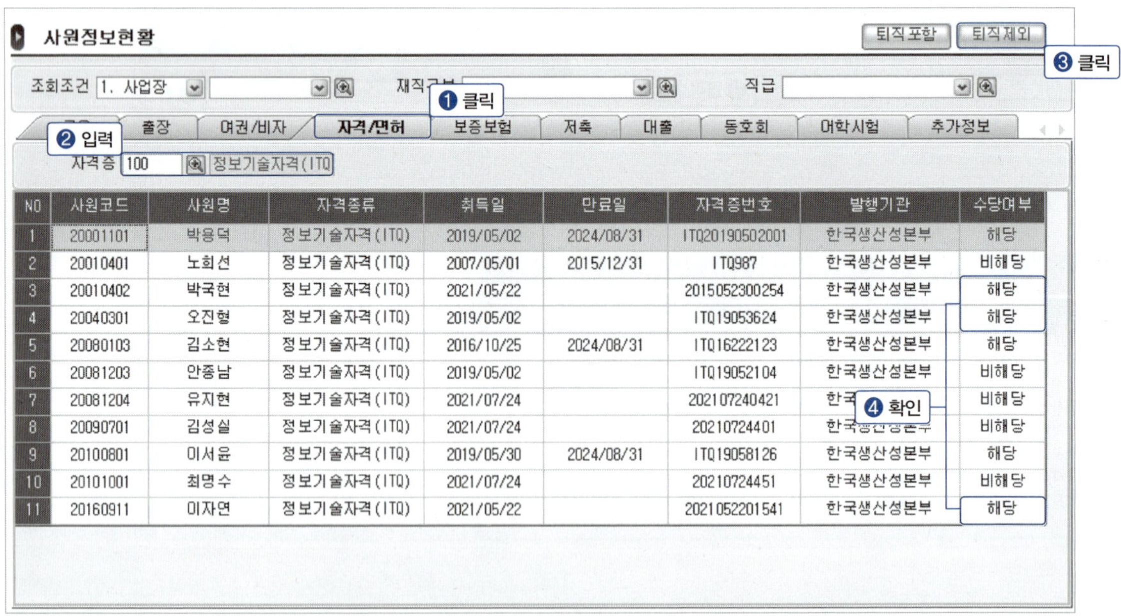

② 자격증 종류로 **ERP정보관리사1급**을 선택한 후 수당 해당인원(3명)을 확인한다.

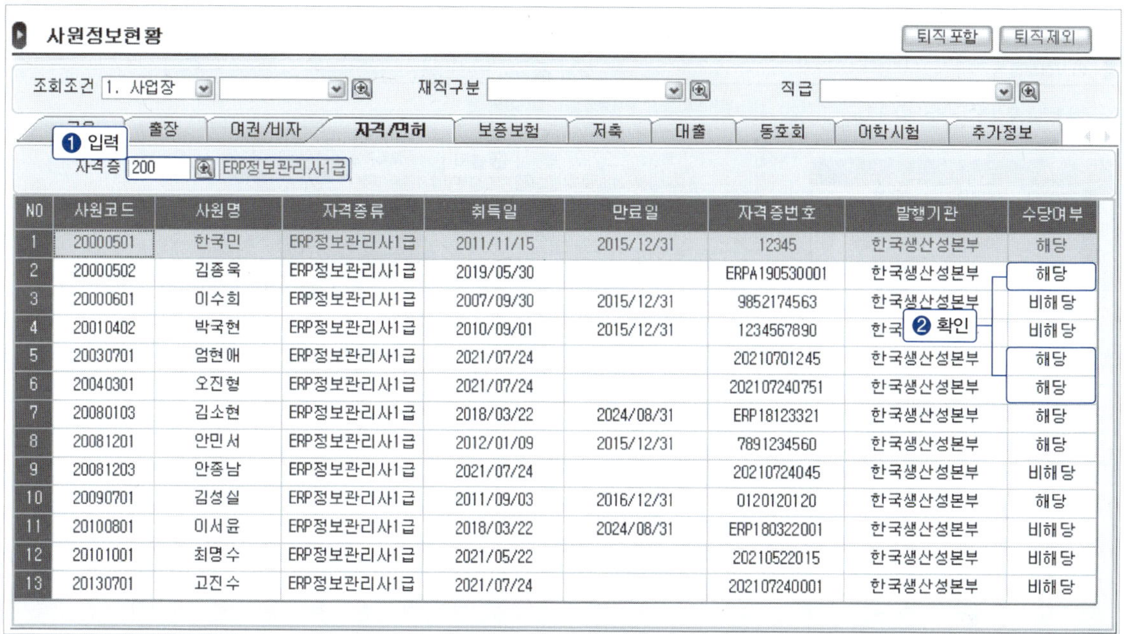

09 ④

④ : [20130701.고진수] 사원은 생산직총급여 비과세 대상자로 설정되어 있고, 배우자 공제를 적용받는다. (×)
　　→ 생산직총급여 과세 대상자로 설정되어 있다.

메뉴 길잡이

[인사/급여관리]─[인사관리]─[인사정보등록]

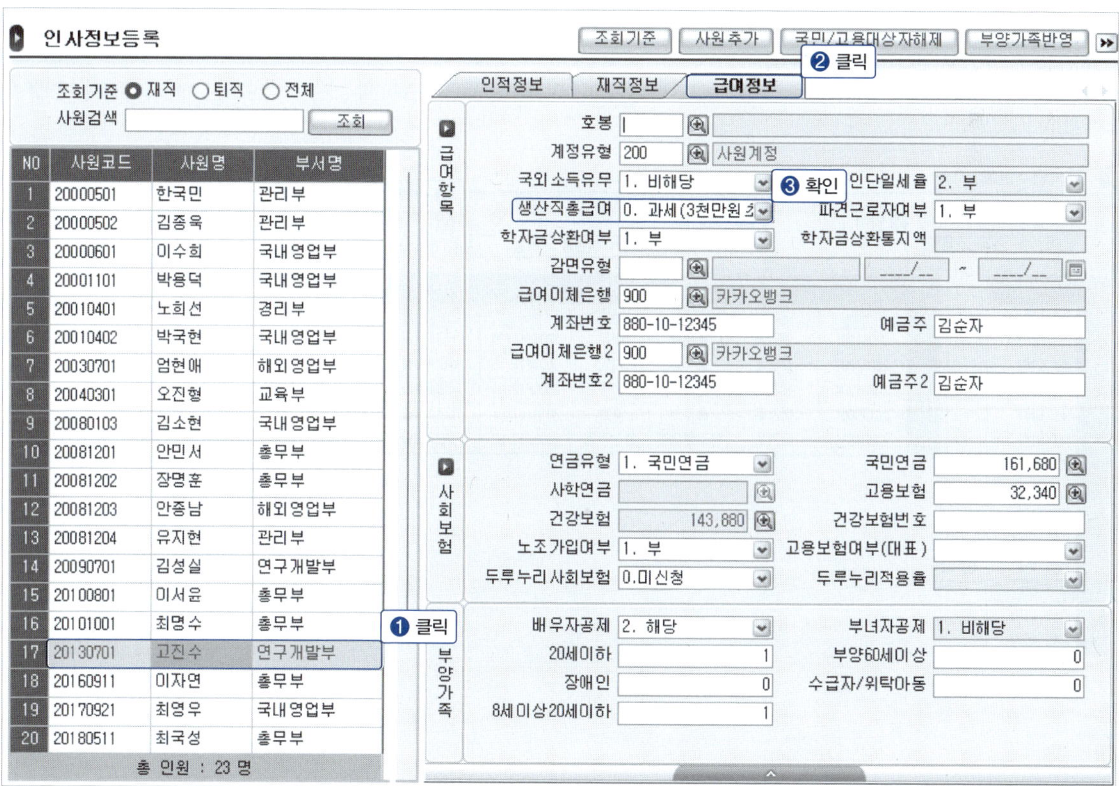

③ : [20081201.안민서] 사원의 직급은 '상무이사'이며, '2012/06/30', '2018/04/04'에 중도정산이력이 존재한다. (○)

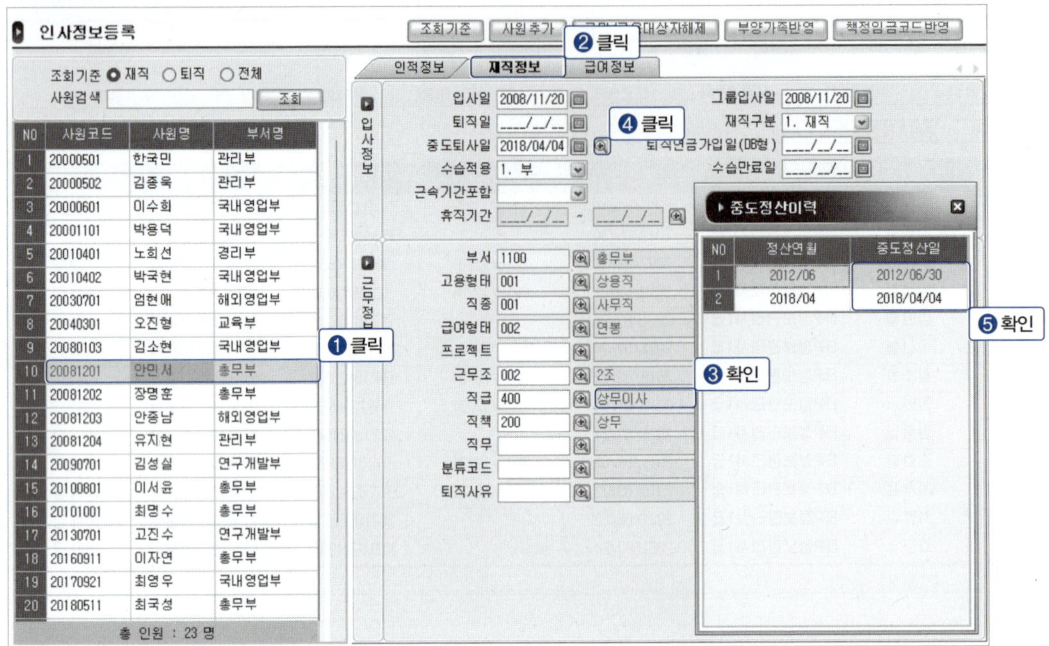

10 ①

- 근속년수 15년 이상 ~ 20년 미만 근속수당 : 150,000원 × 대상자 6명 : 900,000원
- 근속년수 20년 이상 근속수당 : 200,000원 × 대상자 9명 : 1,800,000원
- 총 특별근속수당 : 900,000원 + 1,800,000원 = 2,700,000원

[인사/급여관리]–[인사관리]–[근속년수현황]

① 기준일, 년수기준, 퇴사자, 경력포함을 입력한 후, 근속년수 20년 이하를 클릭하여 근속년수 15년 이상~20년 미만의 대상자(6명)를 확인한다.

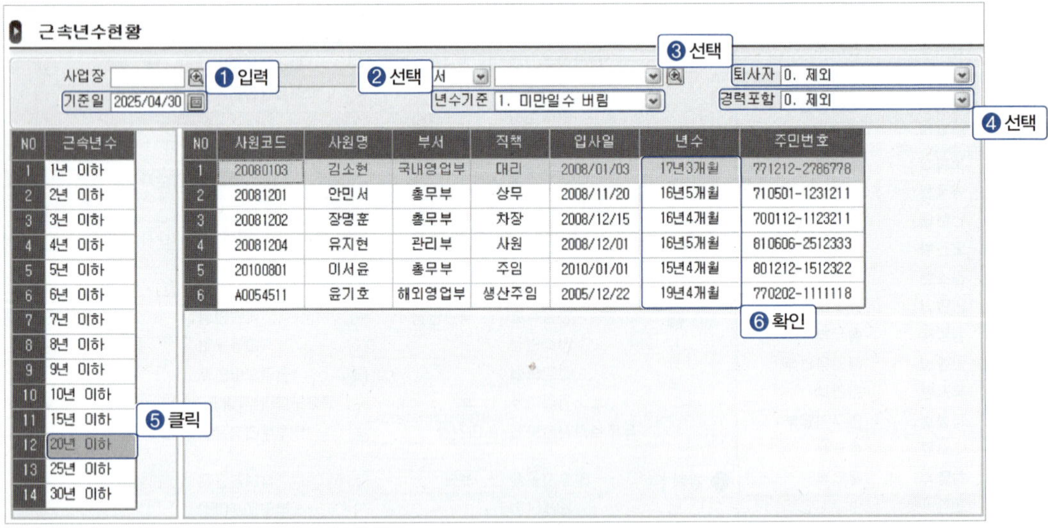

② 근속년수 25년 이하, 30년 이하를 각각 클릭하여 근속년수 20년 이상의 대상자(9명)를 확인한다.

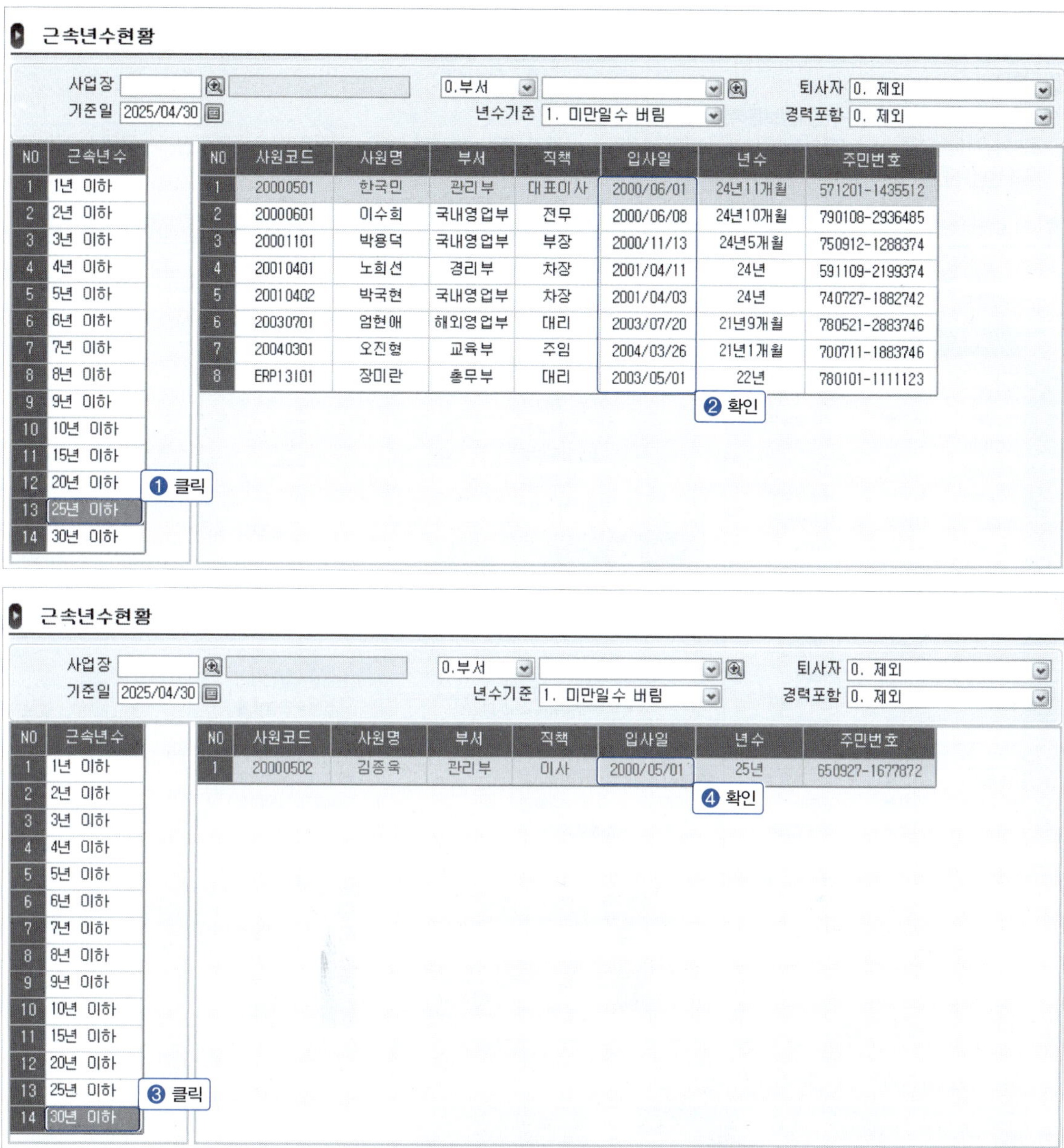

NO	근속년수
1	1년 이하
2	2년 이하
3	3년 이하
4	4년 이하
5	5년 이하
6	6년 이하
7	7년 이하
8	8년 이하
9	9년 이하
10	10년 이하
11	15년 이하
12	20년 이하
13	25년 이하
14	30년 이하

NO	사원코드	사원명	부서	직책	입사일	년수	주민번호
1	20000501	한국민	관리부	대표이사	2000/06/01	24년11개월	571201-1435512
2	20000601	이수희	국내영업부	전무	2000/06/08	24년10개월	790108-2936485
3	20001101	박용덕	국내영업부	부장	2000/11/13	24년5개월	750912-1288374
4	20010401	노희선	경리부	차장	2001/04/11	24년	591109-2199374
5	20010402	박국현	국내영업부	차장	2001/04/03	24년	740727-1882742
6	20030701	엄현애	해외영업부	대리	2003/07/20	21년9개월	780521-2883746
7	20040301	오진형	교육부	주임	2004/03/26	21년1개월	700711-1883746
8	ERP13101	장미란	총무부	대리	2003/05/01	22년	780101-1111123

근속년수현황

NO	근속년수
1	1년 이하
2	2년 이하
3	3년 이하
4	4년 이하
5	5년 이하
6	6년 이하
7	7년 이하
8	8년 이하
9	9년 이하
10	10년 이하
11	15년 이하
12	20년 이하
13	25년 이하
14	30년 이하

NO	사원코드	사원명	부서	직책	입사일	년수	주민번호
1	20000502	김종욱	관리부	이사	2000/05/01	25년	650927-1677872

'과세'총액은 61,883,760원이다.

(1) 책정임금 추가

메뉴 길잡이

[인사/급여관리]–[인사관리]–[인사정보등록]

① **최명수 사원**을 클릭한 후 [급여정보] 탭에서 하단 책정임금의 '**계약시작년월(2025/05)**'을 입력한다. 오른쪽 연봉의 * **금액** 부분을 클릭하고 **Ctrl**+**F3**을 눌러 금액이 '0'으로 보이도록 조회한다.

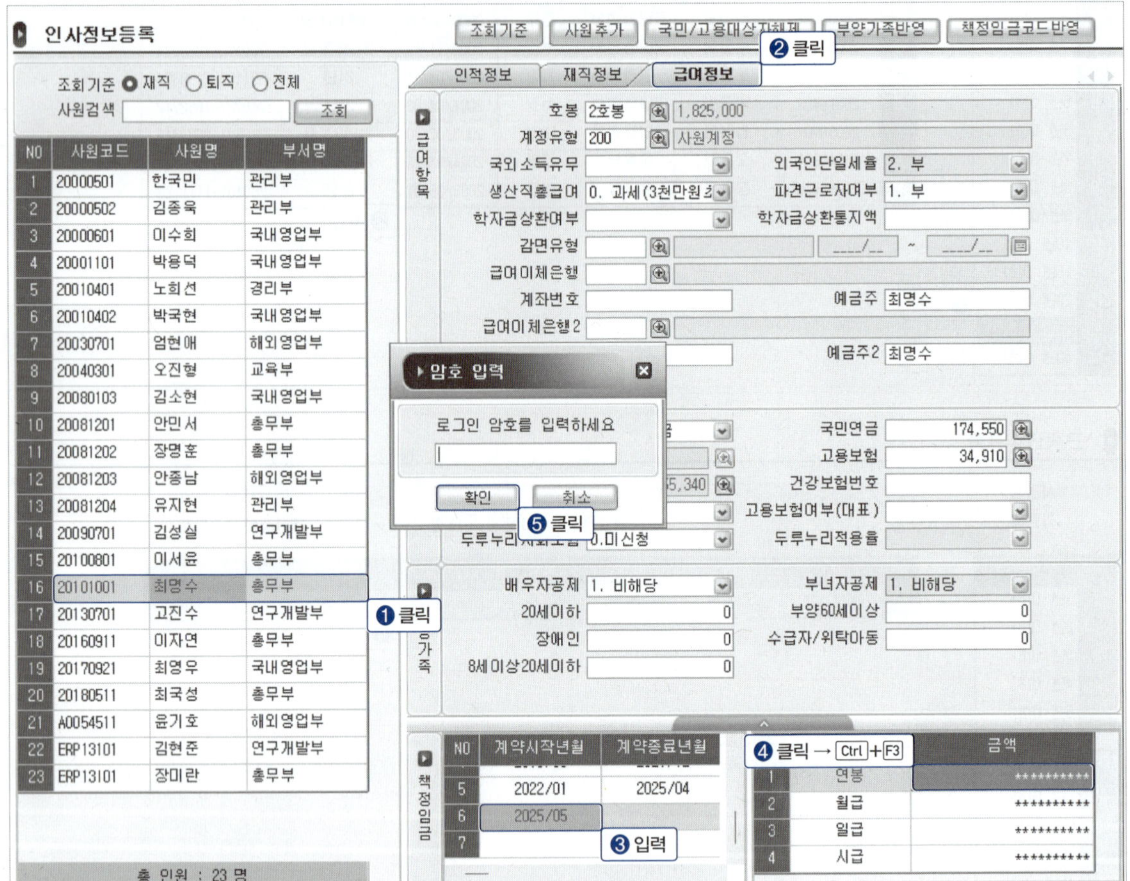

② 연봉을 **52,000,000원**으로 입력하고 메뉴를 닫는다.

(2) 급여계산

메뉴 길잡이

[인사/급여관리]–[급여관리]–[상용직급여입력및계산]

① 귀속연월과 지급일을 입력하고 상단의 [조회] 버튼을 눌러 모든 사원을 불러온다.

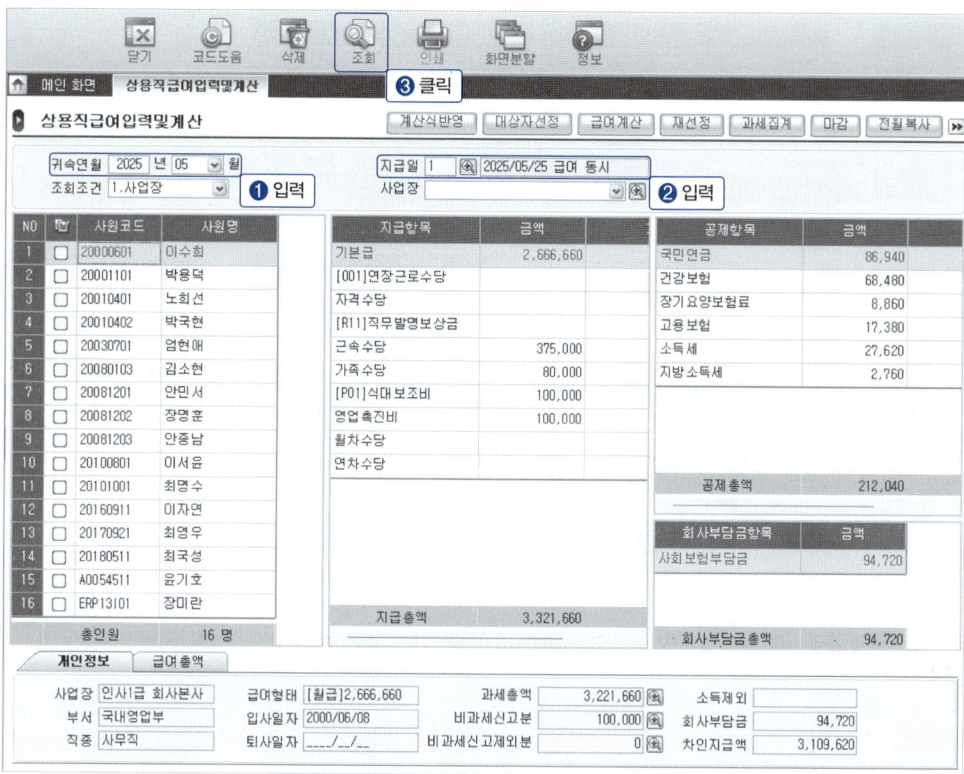

② 전체 사원을 클릭하고 [급여계산] 버튼을 눌러 급여를 계산한다.

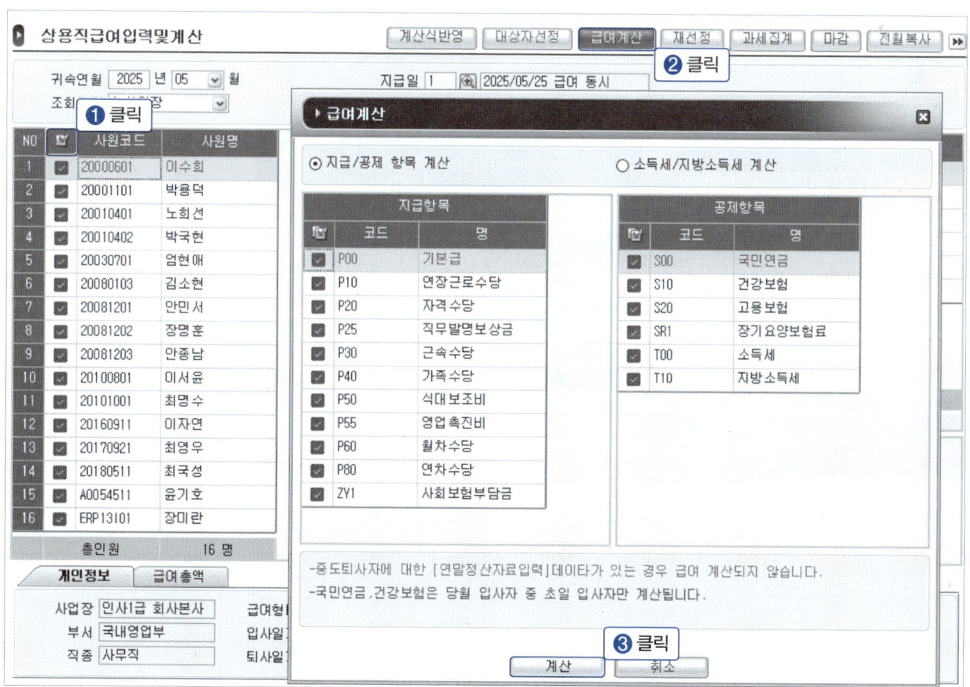

③ 하단의 [급여총액] 탭에 들어가서 '과세(61,883,760원)'란을 확인한다.

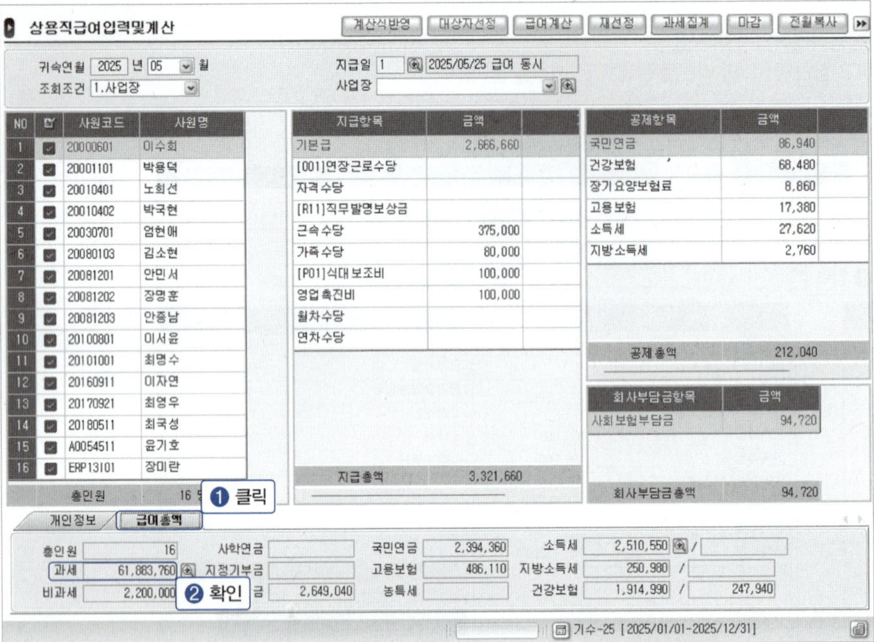

12 ②

② : 해당 지급일자의 지급인원 중 실제 지급액이 가장 적은 사원은 [20090701.김성실]이며, 모두 동일한 금액의 특별급여를 지급받았다. (×)
　　→ 직종별로 다른 금액을 지급받았다.

(1) 지급일자 추가

메뉴 길잡이

[인사/급여관리]–[기초환경설정]–[급/상여지급일자등록]

① 귀속연월을 2025년 05월로 입력하고 (순번 2번) 특별급여지급일자를 2025/05/31로 입력한 후, 동시발행(F2)은 분리, 대상자선정은
직종및급여형태별로 입력한다. 오른쪽 칸의 급여구분(F2)에서 특별급여를 추가해 준다.

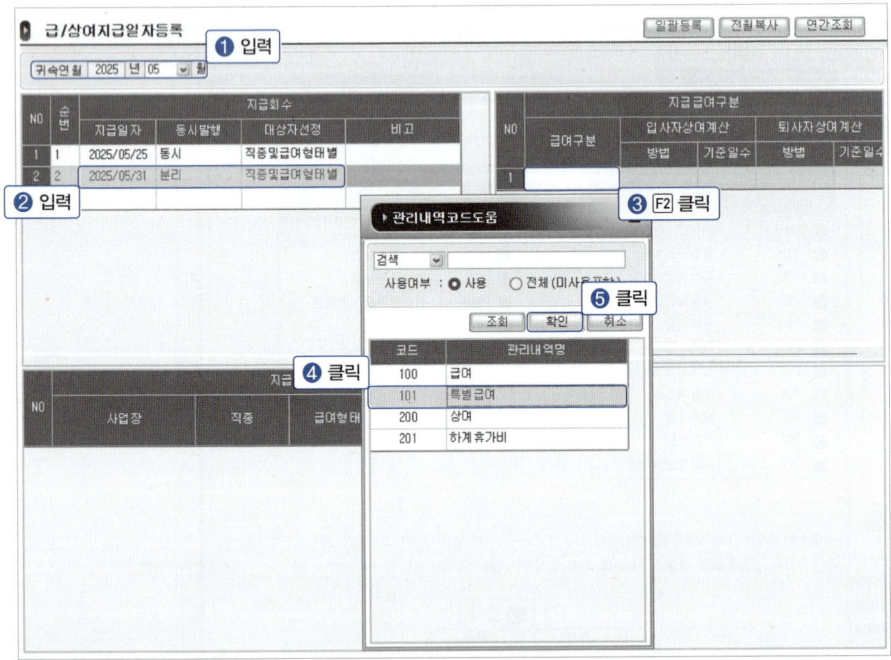

② 오른쪽 상단의 [일괄등록] 버튼을 눌러 전체 직종에 체크하고, 본사 사업장을 제외한 나머지 사업장을 선택한 후 메뉴를 닫는다.

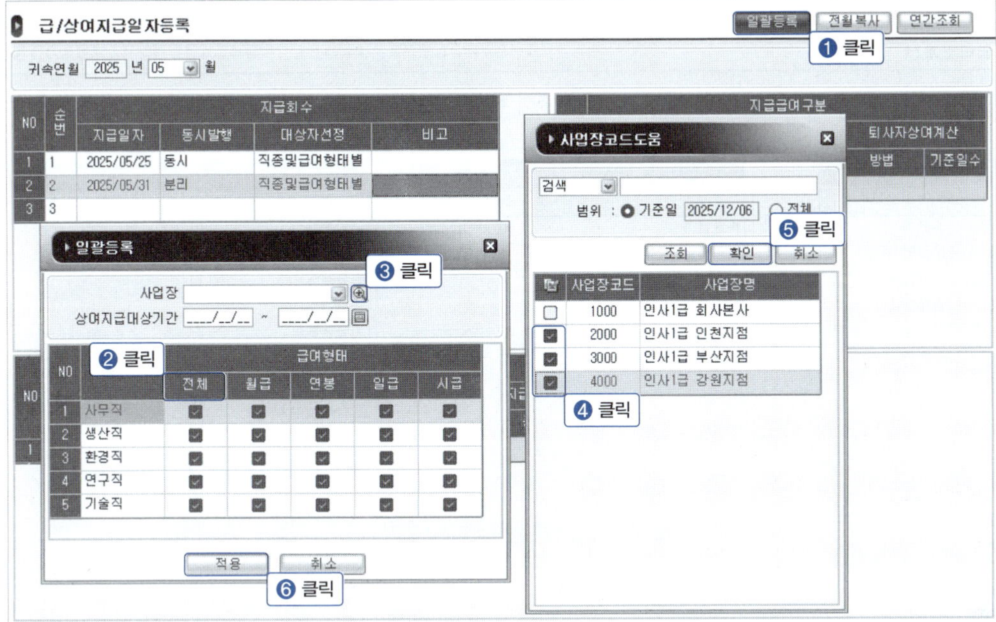

(2) 급여계산

메뉴 길잡이

[인사/급여관리]–[급여관리]–[상용직급여입력및계산]

① 귀속연월과 지급일(특별급여)을 입력하고 상단의 [조회] 버튼을 누른다. 전체 사원을 선택한 후 오른쪽 상단의 [급여계산] 버튼을 클릭
하여 급여를 계산한다.

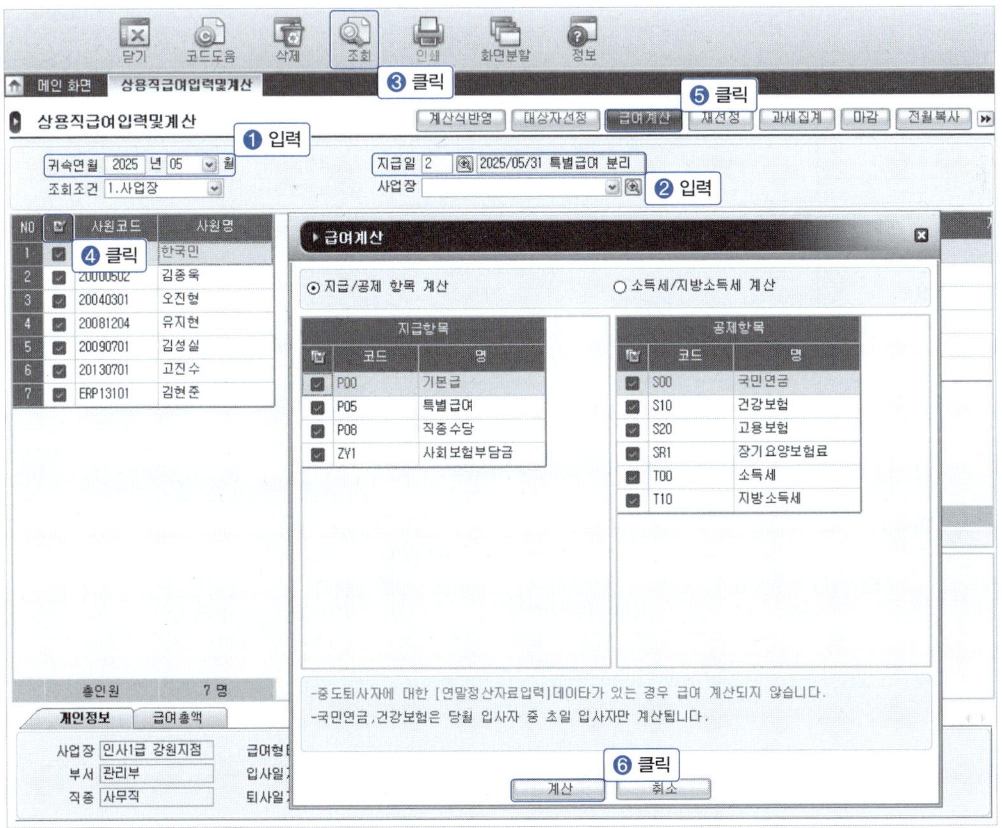

② **각 사원**을 클릭하여 직종과 특별급여 금액을 비교한다. 사무직의 특별급여 금액은 100,000원임을 확인한다. ❹ 한국민(사무직) : 100,000원

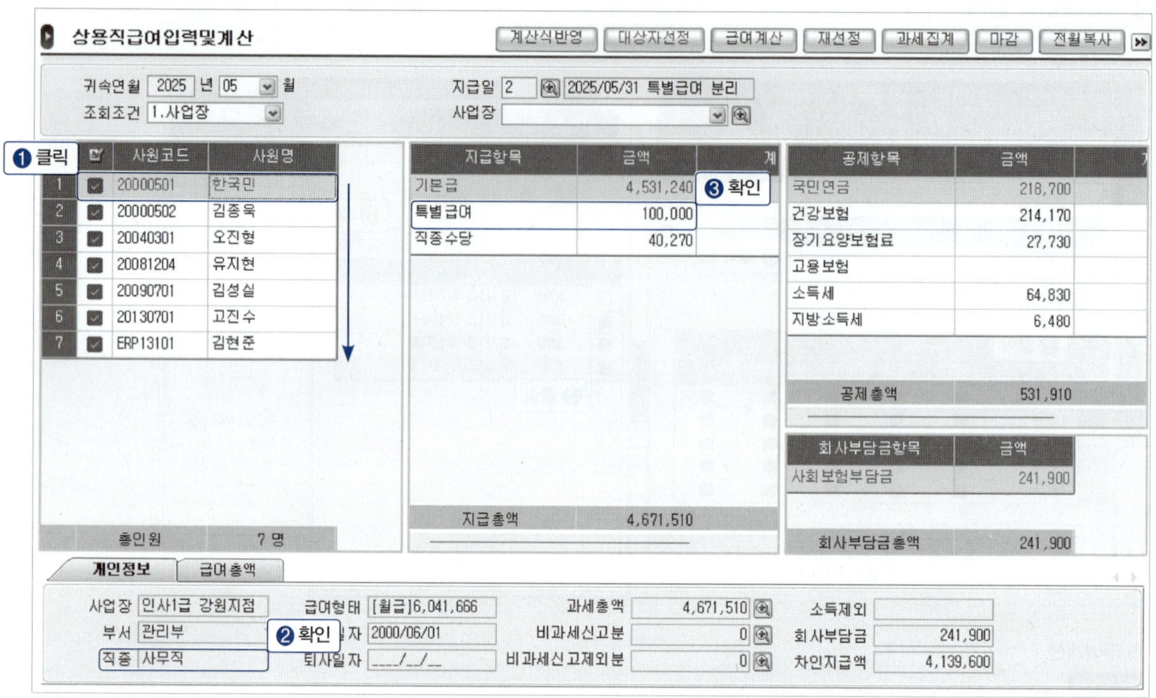

③ 생산직의 특별급여 금액은 200,000원임을 확인한다. ❹ 오진형(생산직) : 200,000원

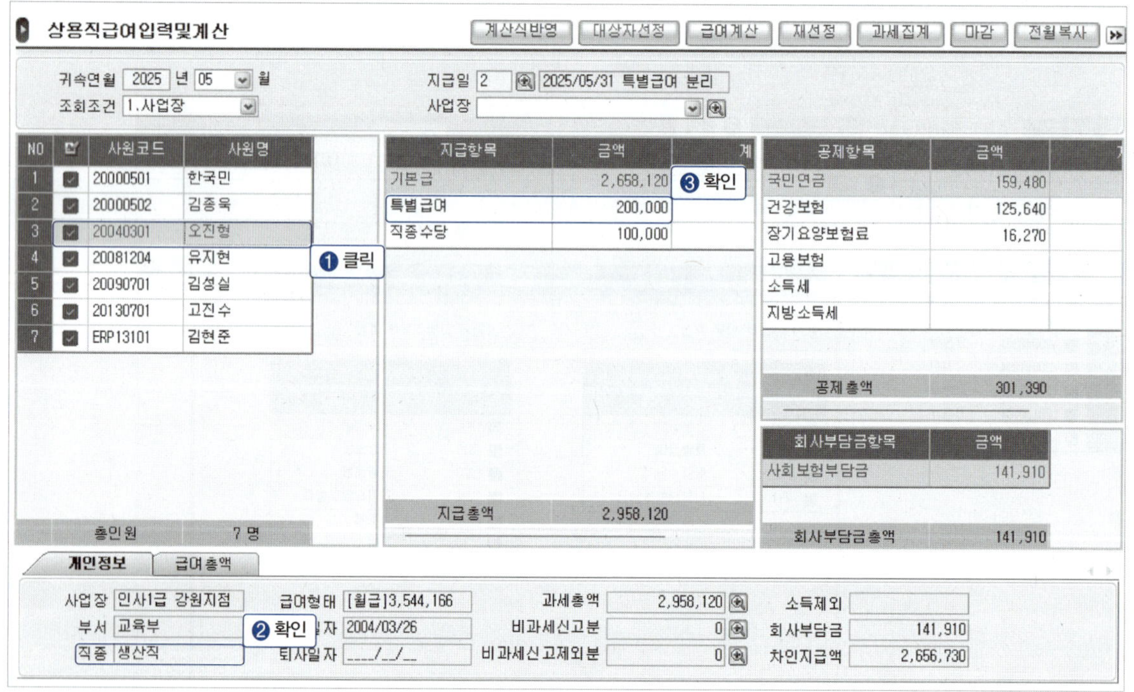

- ① : 해당 지급일자의 과세총액은 24,305,520원이며, 지급인원 중 소득세가 공제되지 않은 사원이 존재한다. (○)

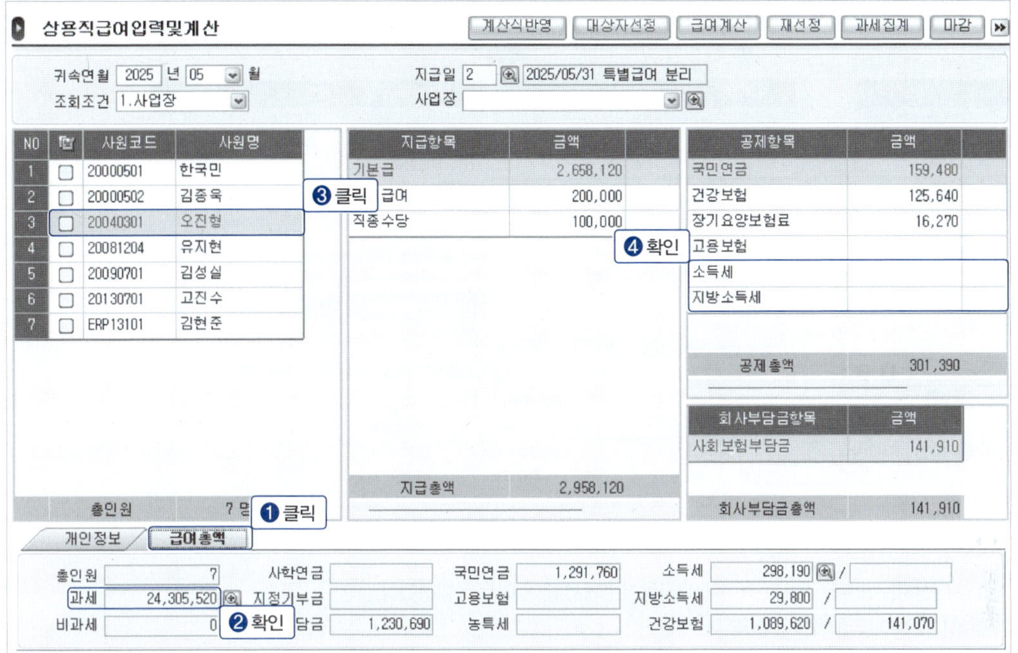

- ③ : 해당 지급일자의 직종수당은 '직종별'로 지급되었고, [20130701.고진수] 사원의 직종수당은 '책정임금의 월급/30*0.2'로 계산된 금액이 지급되었다(고진수 사원은 사무직이다). (○)

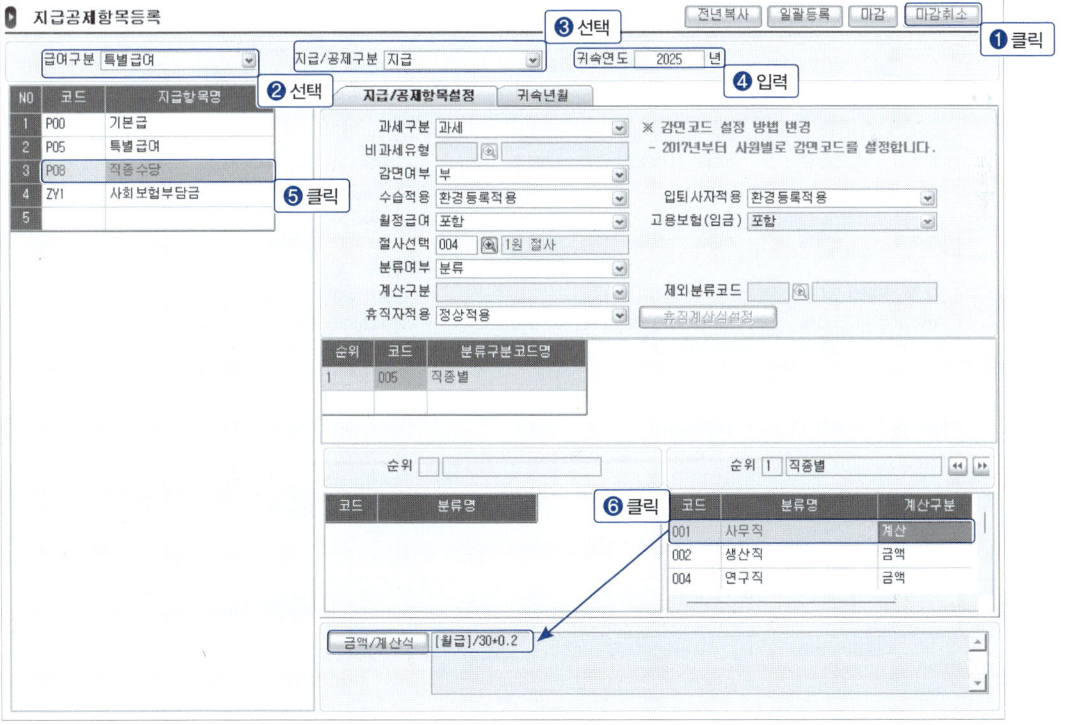

직종수당의 계산식과 적용 여부는 [지급공제항목등록] 메뉴에서 확인합니다.

• ④ : 해당 지급일자의 국민연금의 총 합계는 1,291,760원이고, 회사부담금 총액은 1,230,690원이다. (○)

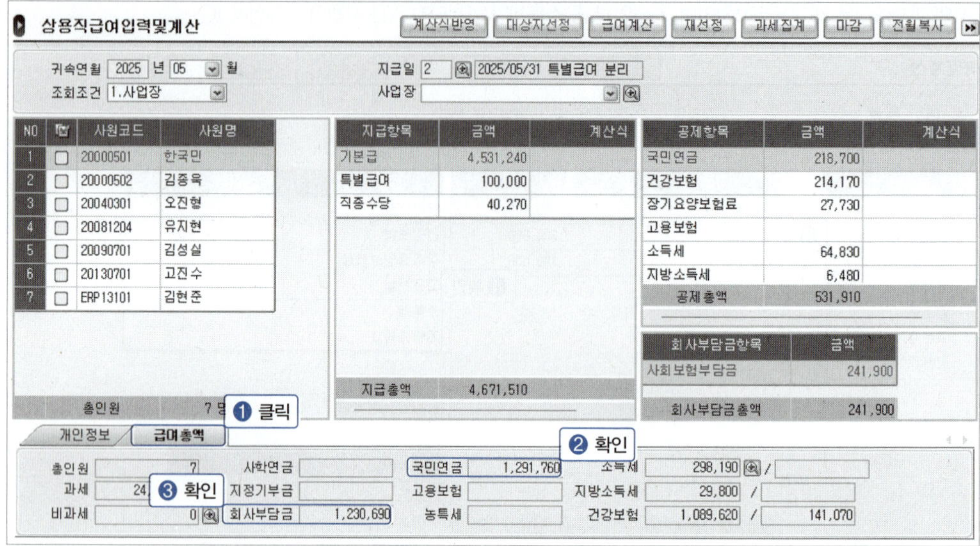

13 ②

② : 해당 조회조건의 대상자는 모두 7명이고, 총 5개의 금융기관에서 급여 이체가 발생했다. (×)
   → 총 4개의 금융기관에서 급여 이체가 발생했다.

메뉴 길잡이

[인사/급여관리]─[급여관리]─[급/상여이체현황]

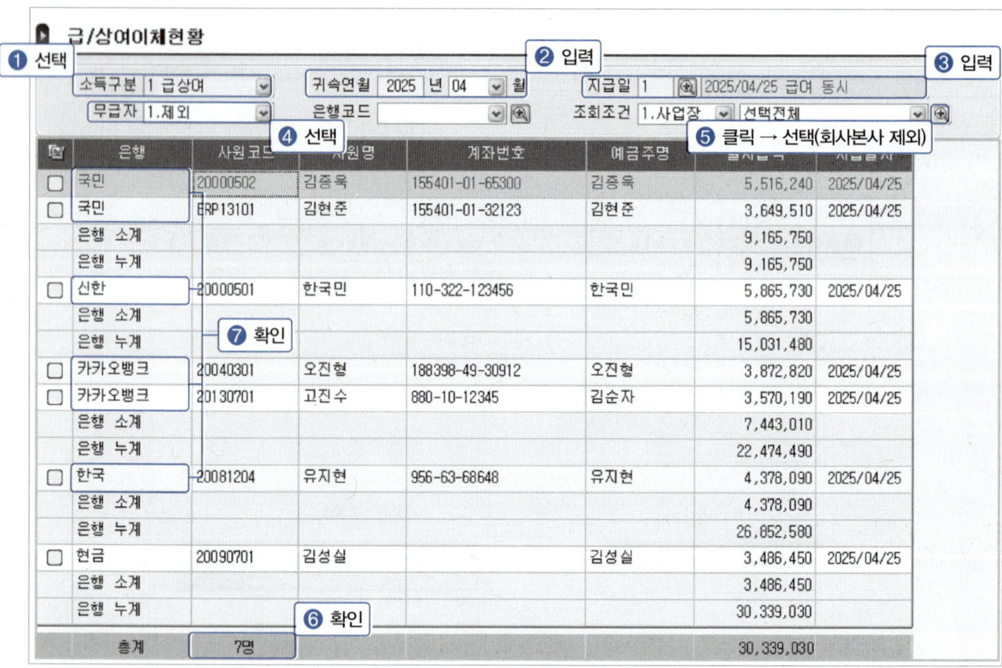

'초과근무수당'은 712,600원이다.

(1) 책정임금 조회

메뉴 길잡이

[인사/급여관리]–[인사관리]–[인사정보등록]

이서윤 사원을 선택하고 [급여정보] 탭에서 하단의 '책정임금'란을 확인한다. 책정임금의 * 금액 부분을 클릭하고 Ctrl+F3을 눌러 시급 금액(14,506원)을 확인한다(암호는 비워두고 [확인]을 클릭한다).

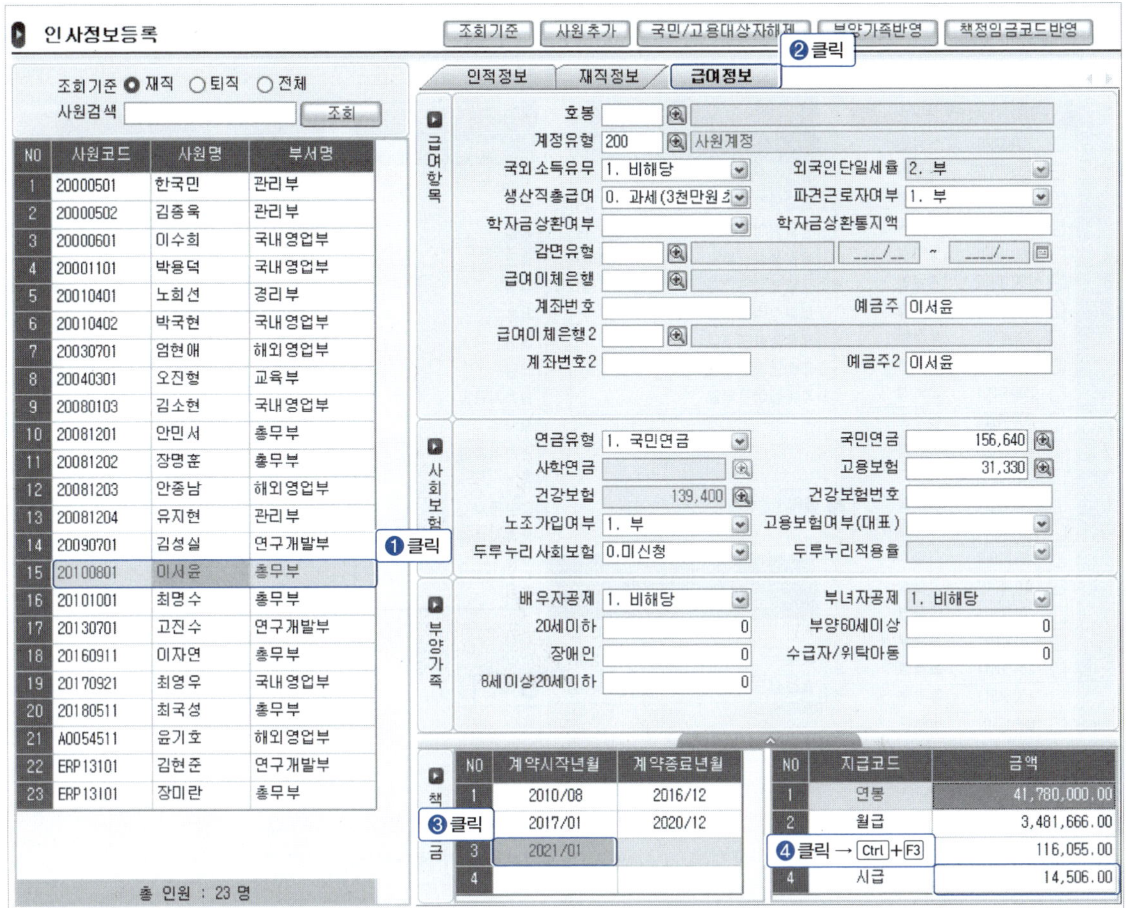

(2) 초과근무 시간 조회

[인사/급여관리]−[급여관리]−[근태결과입력]

- 1유형 근무수당 : 16.75 × 14,506원 × 2 = 485,950원
- 2유형 근무수당 : 6.25 × 14,506원 × 2.5 = 226,650원
- 초과근무수당 : 485,950원 + 226,650원 = 712,600원

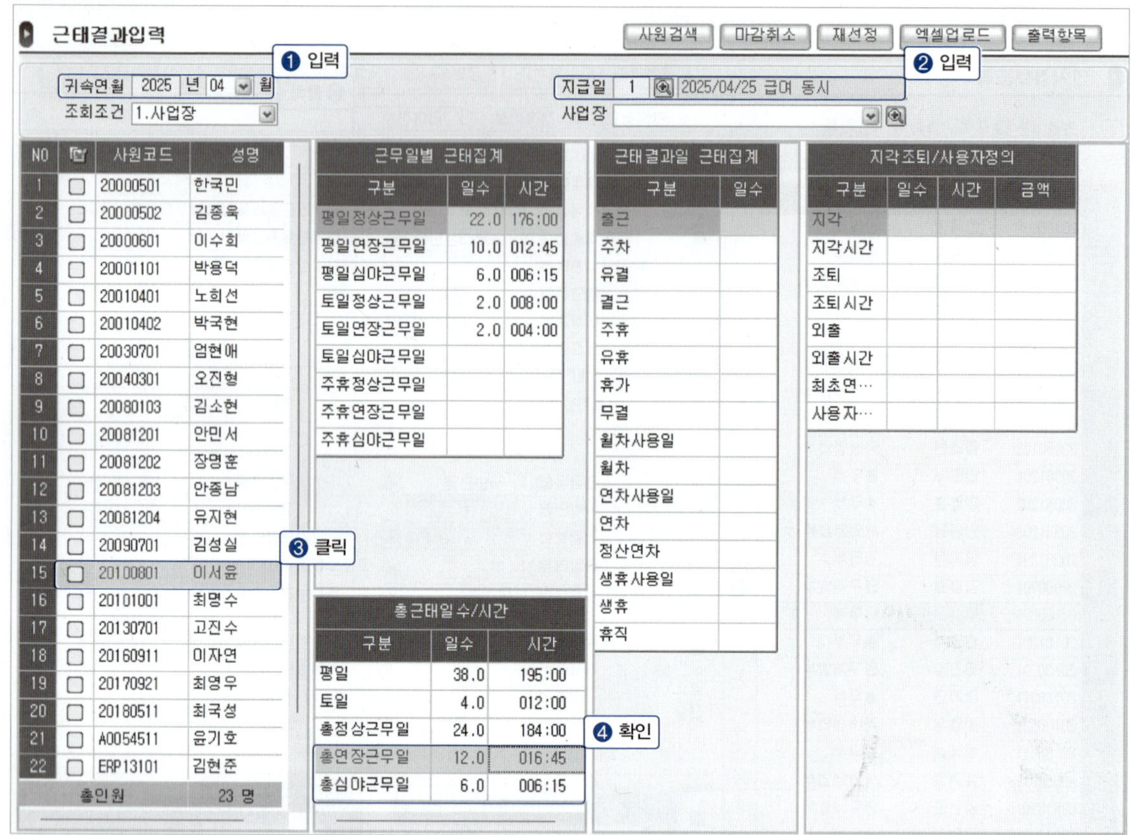

시간 계산 방법은 먼저 전체 시간을 분으로 환산한 후, 그 값을 60으로 나누어 시간으로 환산하는 것입니다.

예 16시간 45분

① 먼저 분으로 환산하면 1,005시간이 됩니다.

② 1,005시간을 60으로 나누면 16.75시간이 됩니다.

15 ③

③ : 직종 : 연구직 / 근속수당 : 2,250,000원 (×)
　　→ 근속수당 : 2,100,000원

메뉴 길잡이

[인사/급여관리]–[급여관리]–[항목별급상여지급현황]

항목별급상여지급현황

① 입력 ② 입력

귀속연월 2025 년 01 월 ~ 2025 년 03 월　　지급구분 100 급여
사업장　　　집계구분 2.직종별

③ 선택

항목	합계	사무직	생산직	환경직	연구직	기술직
기본급	256,763,820	169,710,030	45,057,450	9,600,000	20,757,480	11,638,860
연장근로수당	1,200,000		1,200,000			
자격수당	1,590,000	840,000	570,000		180,000	
직무발명보상금	3,600,000		3,600,000			
근속수당	21,225,000	14,025,000	4,350,000	375,000	2,100,000	375,000
가족수당	2,340,000	1,500,000	420,000	330,000	90,000	
식대보조비	6,900,000	4,500,000	1,200,000	300,000	600,000	300,000
영업촉진비	2,850,000	1,650,000	600,000	300,000	300,000	
월차수당						
연차수당						
사회보험부담금	12,305,880	8,050,740	2,195,730	470,790	1,017,870	570,750
지급합계	296,468,820	192,225,030	56,997,450	10,905,000	24,027,480	12,313,860
합계	308,774,700	200,275,770	59,193,180	11,375,790	25,045,350	12,884,610
국민연금	11,058,360	7,154,070	2,014,740	432,000	933,900	523,650
건강보험	9,013,830	5,937,810	1,587,300	340,320	735,810	412,590
고용보험	2,125,020	1,344,180	402,930	86,400	186,780	104,730
장기요양보험료	1,167,030	768,750	205,500	44,070	95,280	53,430
소득세	11,471,490	8,181,930	1,981,320	27,300	693,060	587,880
지방소득세	1,146,780	817,950	198,060	2,730	69,270	58,770
공제합계	35,982,510	24,204,690	6,389,850	932,820	2,714,100	1,741,050
차인지급액	260,486,310	168,020,340	50,607,600	9,972,180	21,313,380	10,572,810
인원	23	15	4	1	2	1

④ 확인

한선생님의 노하우

○○별(직종별, 근무조별 등) 조회는 [항목별급상여지급현황] 메뉴를 사용합니다.

② : 해당 지급일자의 대상자는 총 5명이며, 모두 생산직 비과세 적용 대상자이다. (×)
　　→ [1008.이민구] 사원은 생산직 비과세 적용 대상자가 아니다.

(1) 대상자 추가

메뉴 길잡이

[인사/급여관리]─[일용직관리]─[일용직급여지급일자등록]

① 귀속연월을 2025/05로 입력하고, 지급일은 1번(매일지급)을 선택한다. 부서는 **관리부, 자재부**를 선택하고, 급여형태는 **시급**으로 선택한다.

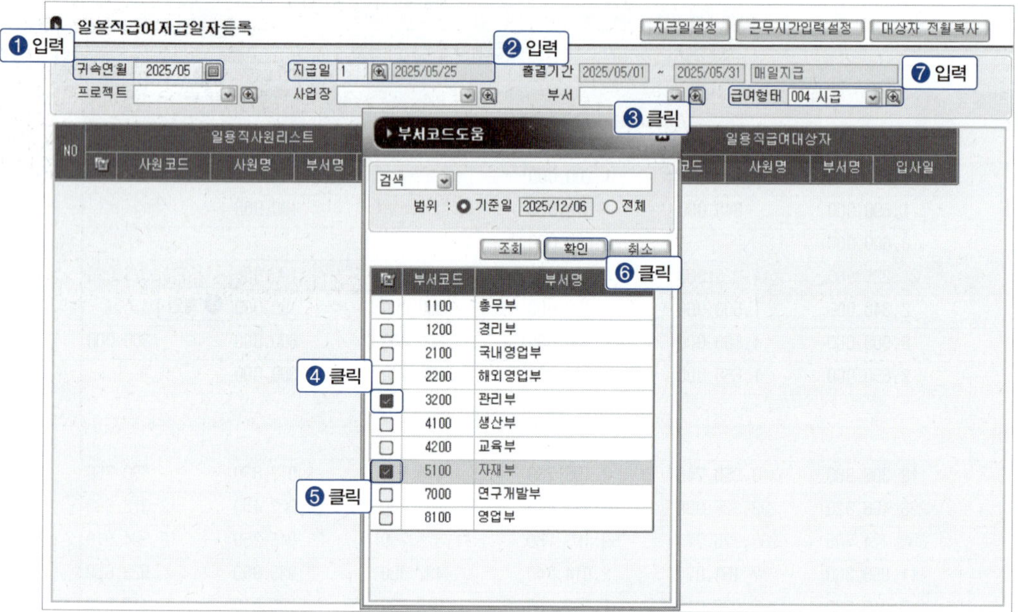

② **전체 직원**을 선택하고 가운데의 [추가] 버튼을 눌러 사원을 오른쪽으로 이동하고, 메뉴를 닫는다.

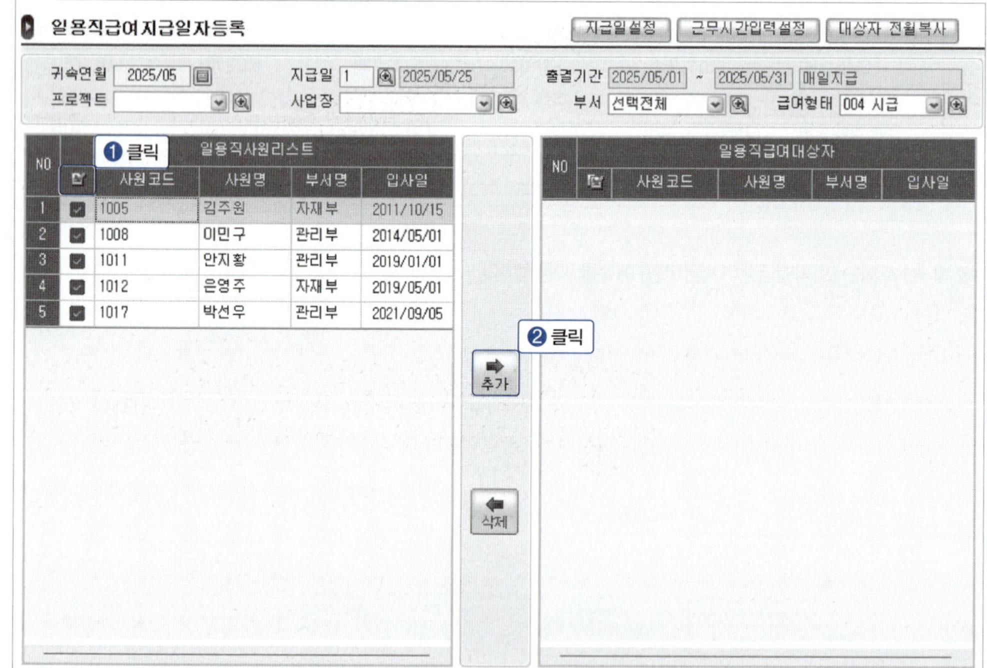

(2) 일용직 급여계산

[인사/급여관리]–[일용직관리]–[일용직급여입력및계산]

① 귀속연월을 2025/05로 입력하고 지급일은 1번(매일지급)을 선택하여 조회한다. 전체 사원을 선택하고 상단의 [일괄적용] 버튼을 눌러 급여를 계산한다. 먼저 평일의 급여를 계산한다.

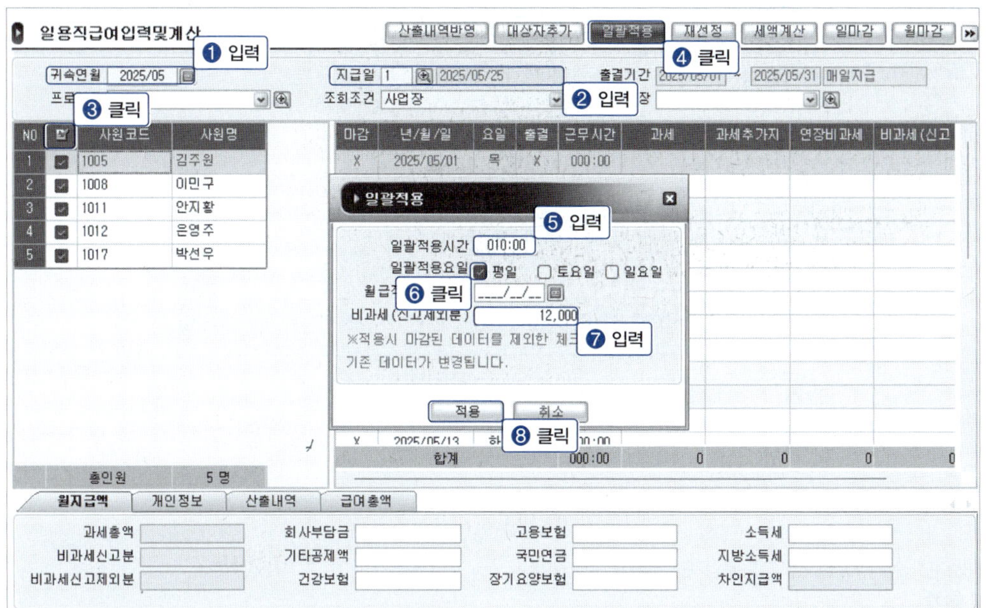

② [일괄적용] 버튼을 눌러 토요일의 급여 내역을 입력한다.

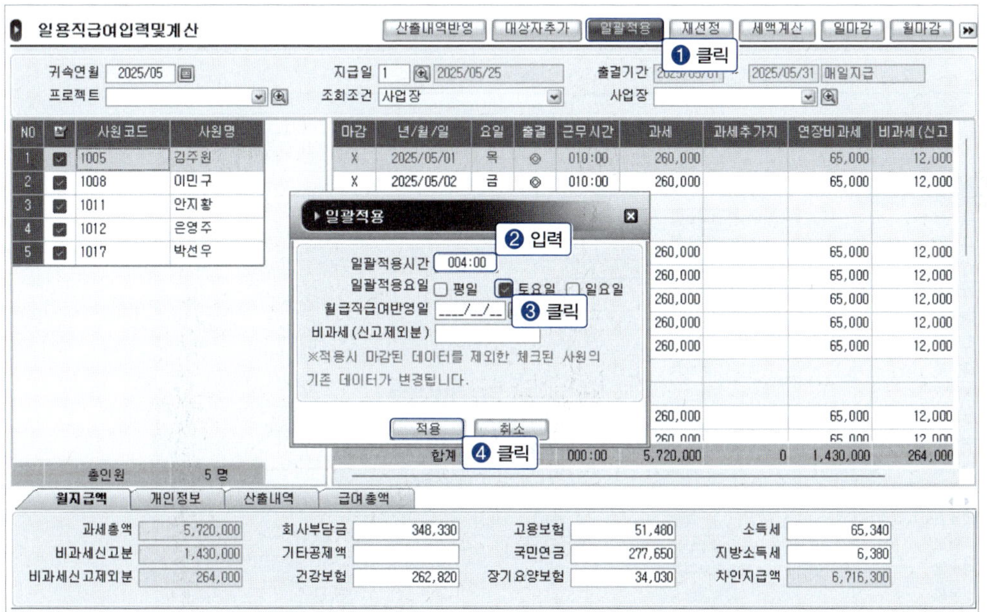

③ 이민구 사원은 생산직 비과세 대상이 아님을 확인한다.

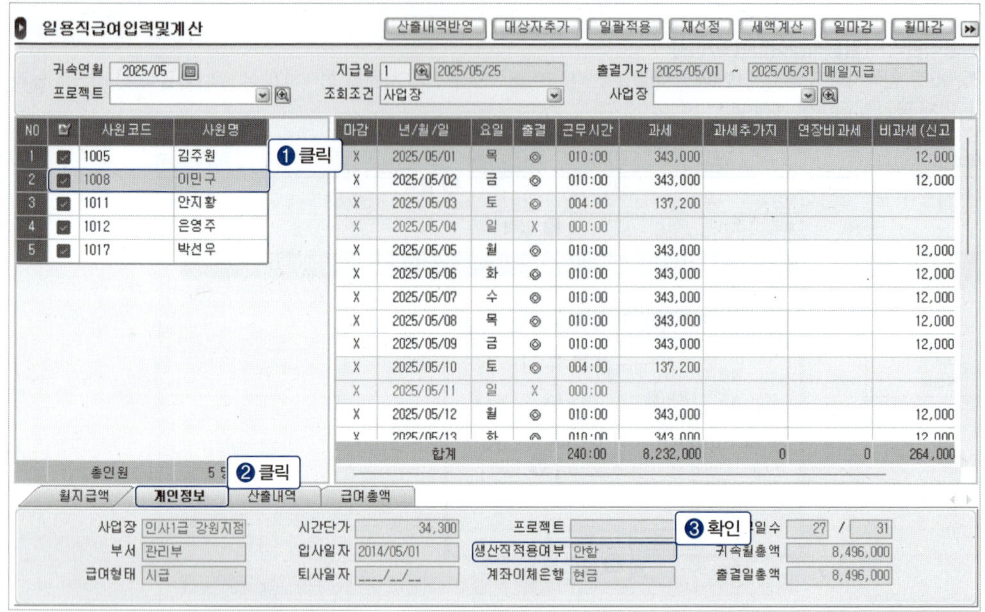

17 ④

해당 일용직 대상자들에게 실제 지급된 금액의 총합계는 49,748,130원이다.

(1) 조선우 사원정보 등록

메뉴 길잡이

[인사/급여관리]-[일용직관리]-[일용직사원등록]
조선우 사원을 입력한 후, 오른쪽 [기본정보]에 문제에 제시된 사원정보를 입력하고 메뉴를 닫는다.

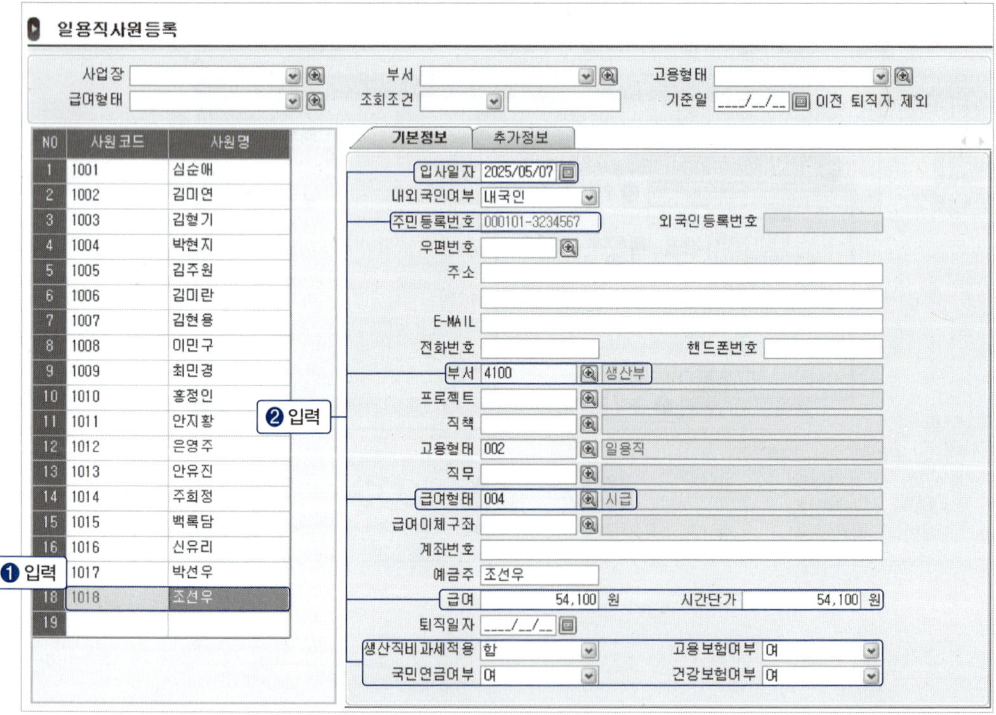

(2) 일용직 급여계산

메뉴 길잡이

[인사/급여관리]–[일용직관리]–[일용직급여입력및계산]

① **귀속연월**과 **지급일(일정기간지급)**을 입력하여 대상자를 불러온 후, 아직 대상자가 없기 때문에 상단의 **[대상자추가]** 버튼을 클릭하여
조선우 사원을 추가한다.

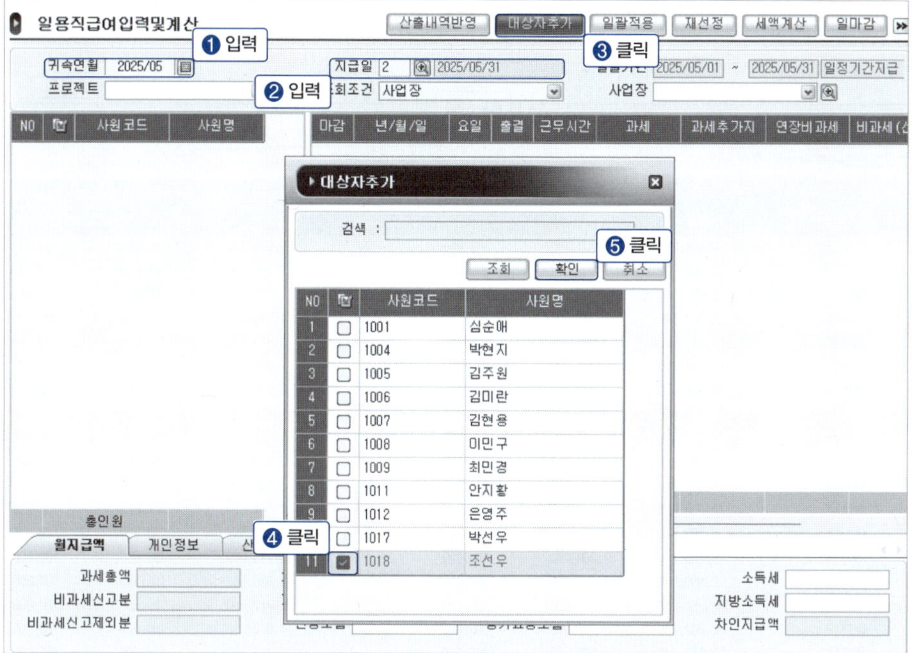

② **전체 사원**을 선택하고 상단의 **[일괄적용]** 버튼을 클릭하여 평일의 급여를 계산한 후, 하단의 **[급여총액]** 탭에서 차인지급액(49,748,130원)
을 확인한다.

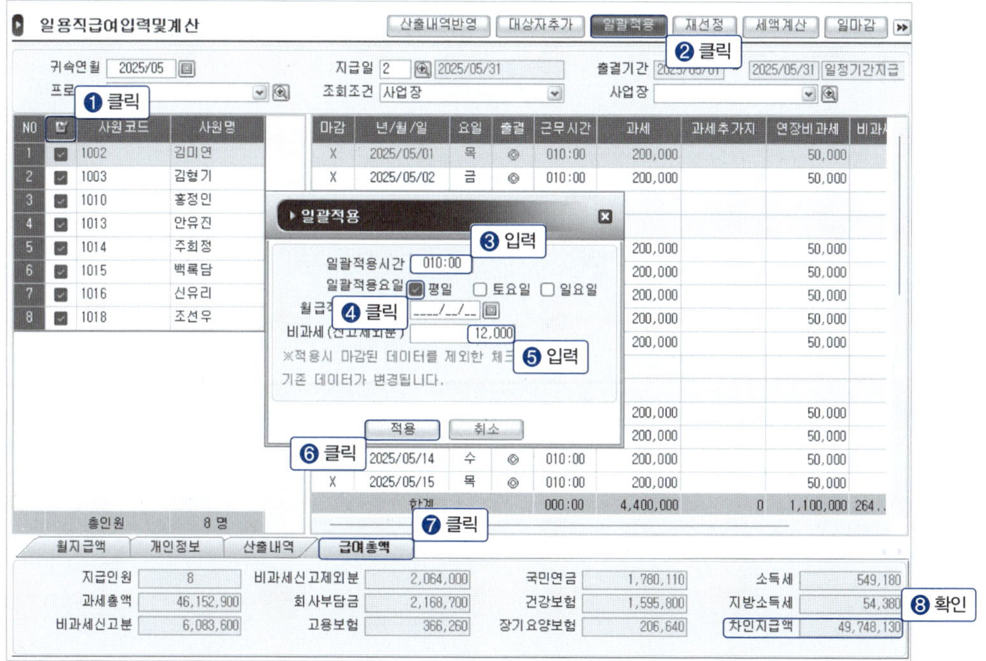

한선생님의 노하우

공제 항목을 차감하고 실제로 지급하는 금액을 '차인지급액'이라고 합니다.

18 ①

과세총액 : 184,290,150원 / 비과세총액 : 6,600,000원

▣ 한선생님의 노하우

지급/공제 또는 과세/비과세 금액을 묻는 경우 [연간급여현황] 메뉴를 조회합니다.

메뉴 길잡이

[인사/급여관리]–[급여관리]–[연간급여현황]

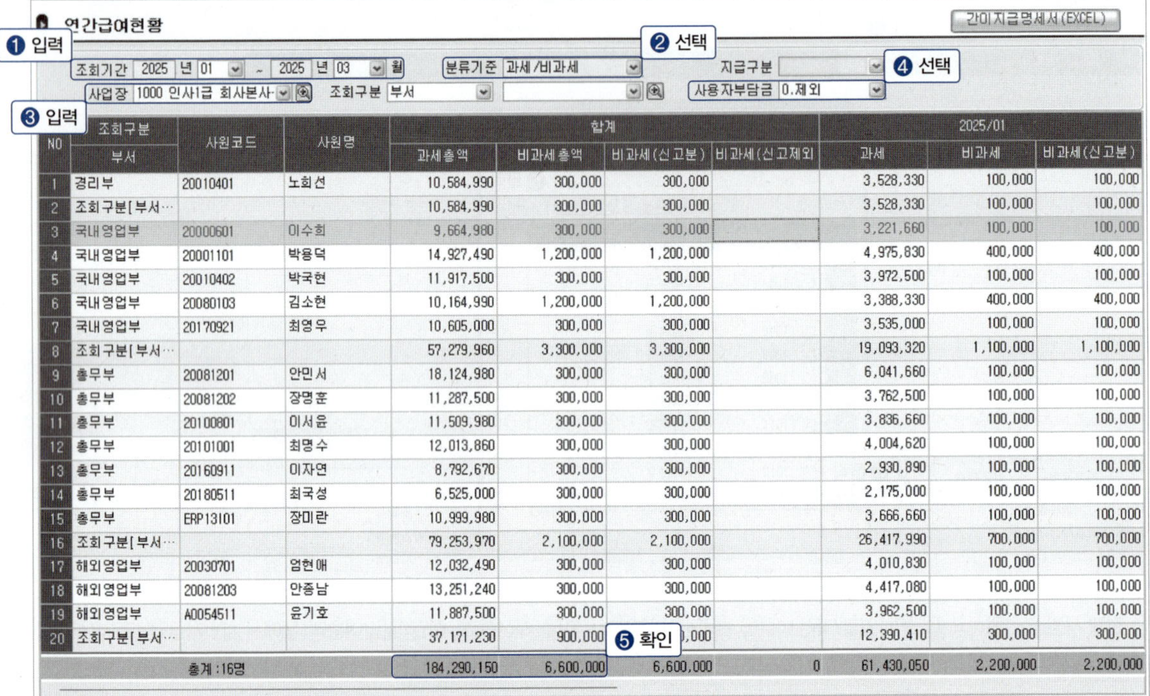

NO	조회구분 / 부서	사원코드	사원명	합계 과세총액	비과세 총액	비과세(신고분)	비과세(신고제외)	2025/01 과세	비과세	비과세(신고분)
1	경리부	20010401	노회선	10,584,990	300,000	300,000		3,528,330	100,000	100,000
2	조회구분[부서…			10,584,990	300,000	300,000		3,528,330	100,000	100,000
3	국내영업부	20000601	이수희	9,664,980	300,000	300,000		3,221,660	100,000	100,000
4	국내영업부	20001101	박용덕	14,927,490	1,200,000	1,200,000		4,975,830	400,000	400,000
5	국내영업부	20010402	박국현	11,917,500	300,000	300,000		3,972,500	100,000	100,000
6	국내영업부	20080103	김소현	10,164,990	1,200,000	1,200,000		3,388,330	400,000	400,000
7	국내영업부	20170921	최영우	10,605,000	300,000	300,000		3,535,000	100,000	100,000
8	조회구분[부서…			57,279,960	3,300,000	3,300,000		19,093,320	1,100,000	1,100,000
9	총무부	20081201	안민서	18,124,980	300,000	300,000		6,041,660	100,000	100,000
10	총무부	20081202	장명훈	11,287,500	300,000	300,000		3,762,500	100,000	100,000
11	총무부	20100801	이서윤	11,509,980	300,000	300,000		3,836,660	100,000	100,000
12	총무부	20101001	최명수	12,013,860	300,000	300,000		4,004,620	100,000	100,000
13	총무부	20160911	이자연	8,792,670	300,000	300,000		2,930,890	100,000	100,000
14	총무부	20180511	최국성	6,525,000	300,000	300,000		2,175,000	100,000	100,000
15	총무부	ERP13I01	장미란	10,999,980	300,000	300,000		3,666,660	100,000	100,000
16	조회구분[부서…			79,253,970	2,100,000	2,100,000		26,417,990	700,000	700,000
17	해외영업부	20030701	엄현애	12,032,490	300,000	300,000		4,010,830	100,000	100,000
18	해외영업부	20081203	안종남	13,251,240	300,000	300,000		4,417,080	100,000	100,000
19	해외영업부	A0054511	윤기호	11,887,500	300,000	300,000		3,962,500	100,000	100,000
20	조회구분[부서…			37,171,230	900,000	900,000		12,390,410	300,000	300,000
	총계 :16명			184,290,150	6,600,000	6,600,000	0	61,430,050	2,200,000	2,200,000

올바르게 설명한 [보기] 내용은 B로 1개이다.

메뉴 길잡이

[인사/급여관리]─[퇴직정산관리]─[퇴직기준설정]

- A : 평균임금 기간 산정 시 전월을 기준으로 3개월을 산정하고, 퇴사일은 포함하지 않는다. (×)
  → 퇴사일을 포함한다.
- B : 평균임금의 상여/연차반영 시 월할로 계산하고, 노동부 기준은 적용하지 않는다. (○)
- C : 근속누진만 적용하고 있으며, 근무년수가 20년 이상인 대상자인 경우 가산율이 2.000만큼 적용된다. (×)
  → 20년 이상은 가산율이 5.000이다.
- D : 퇴직금 계산식은 '일할'로 설정되어 있고, 상여 항목은 퇴직금 계산 시 사용할 수 없다. (×)
  → 상여 항목은 퇴직금 계산 시 사용할 수 있다.

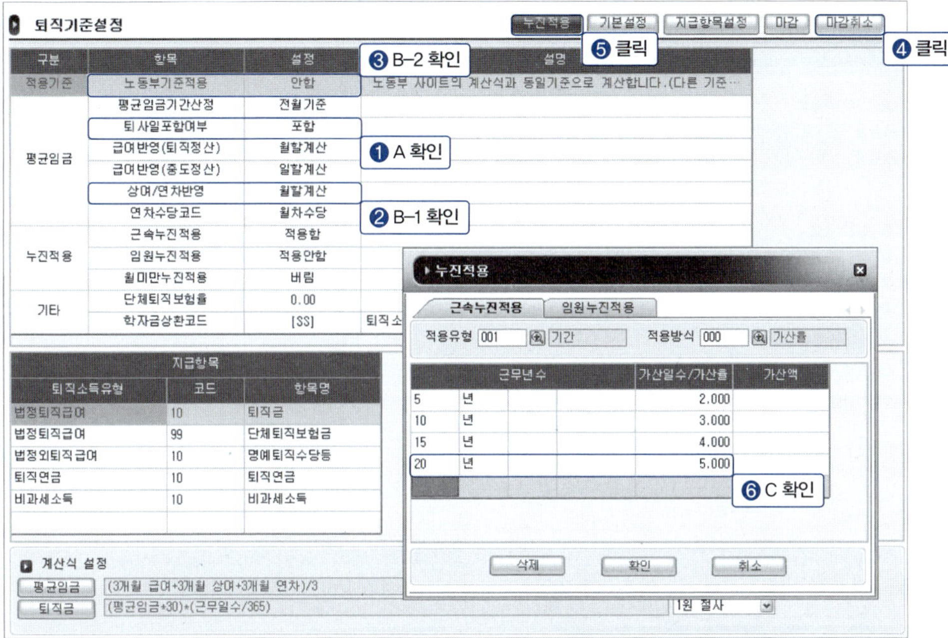

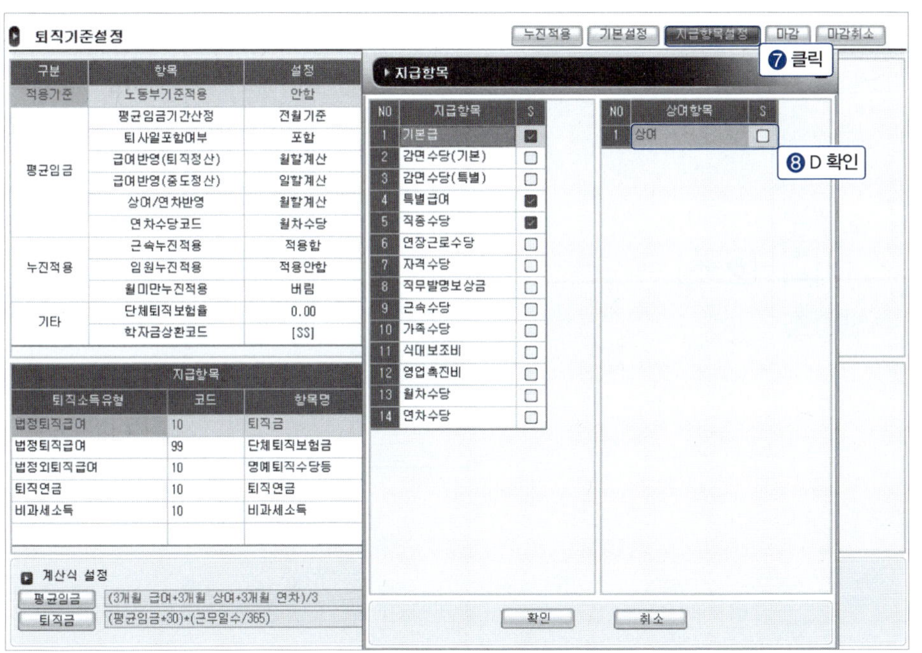

③ : [20170921.최영우] 사원의 퇴직금 계산 시 산정된 근무일수는 89일이며, 퇴직금 지급 시 공제된 금액은 총 188,910원이다. (×)
→ 퇴직금 지급 시 공제된 금액은 총 207,800원이다.

(1) 평균임금 계산식 설정

[메뉴 길잡이]

[인사/급여관리]–[퇴직정산관리]–[퇴직기준설정]

① [마감취소] 버튼을 클릭하여 마감을 취소하고 상단의 [기본설정] 버튼을 누른다. 평균임금 계산식을 **일평균 임금**으로 선택한다.

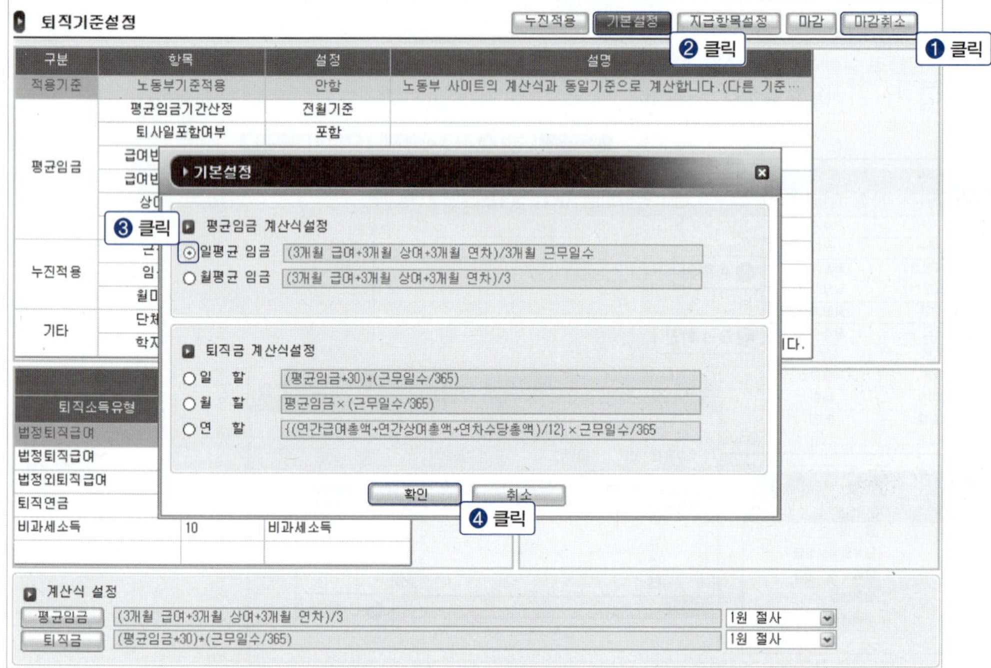

② 상단의 [지급항목설정]을 클릭한 후 **기본급, 근속수당, 가족수당, 영업촉진비**를 체크하여 설정하고 메뉴를 닫는다.

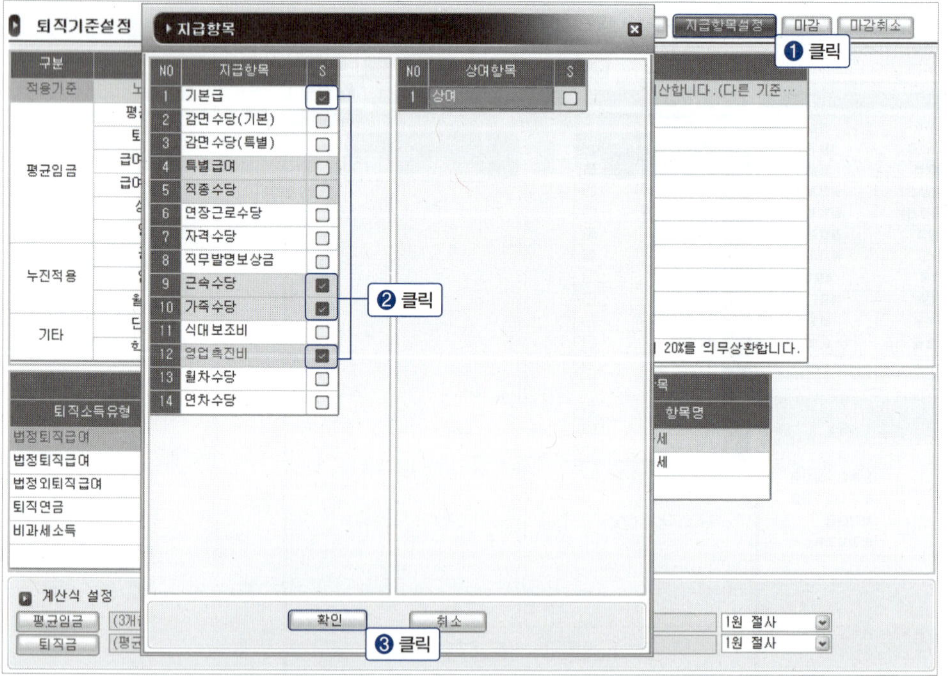

(2) 퇴직금 산정

[인사/급여관리]-[퇴직정산관리]-[퇴직금산정]

① 신고귀속, 귀속연도를 2025로 입력하고, 사업장을 **회사본사**로 선택한다. 정산구분은 **1.중도정산**으로 선택하고 상단의 [조회] 버튼을 누른다. 아직 대상자가 없기 때문에 상단의 **[대상자선정]** 버튼을 클릭한 후 **귀속연월, 재직기준, 지급일자, 퇴직일자, 신청일자, 사원코드**를 입력한다.

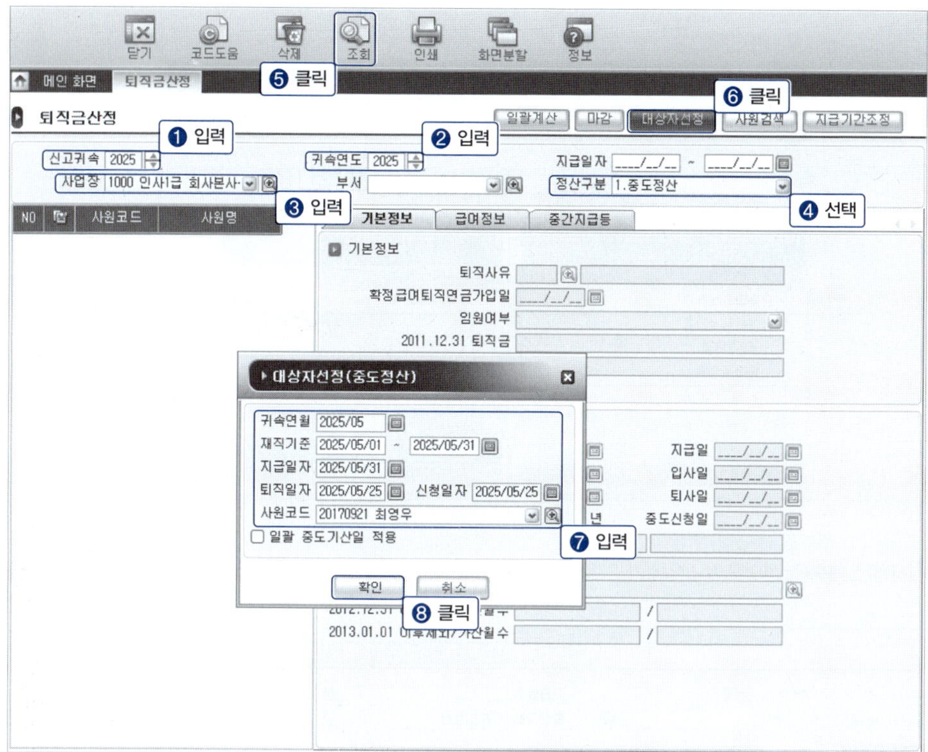

② [급여정보] 탭에서 [퇴직금계산] 버튼을 눌러 퇴직금을 계산한다.

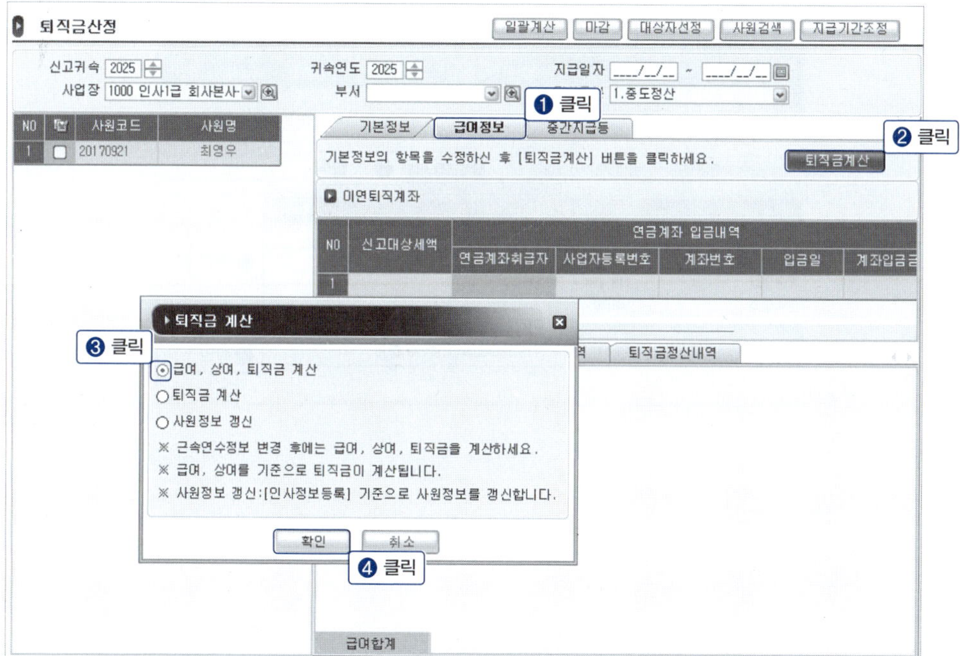

③ [퇴직금정산내역] 탭을 클릭하면 공제합계가 207,800원임을 확인할 수 있다.

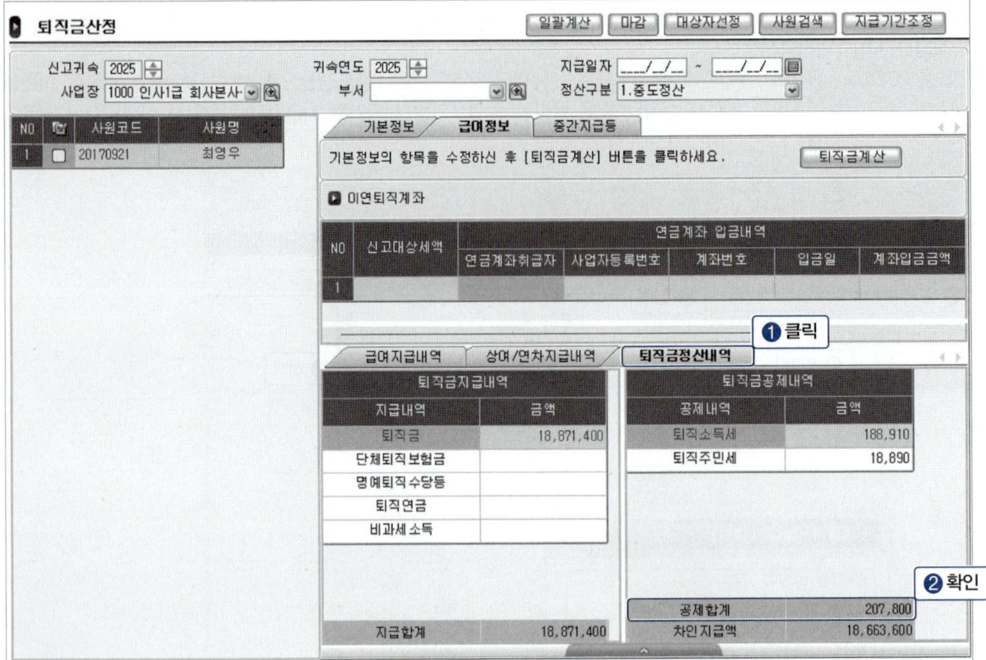

• ① : [20170921.최영우] 사원은 근속 누진으로 누진일수가 37일이 적용되었고, 퇴직금 계산 시 산정된 급여의 합계는 10,605,000원
  이다. (○)

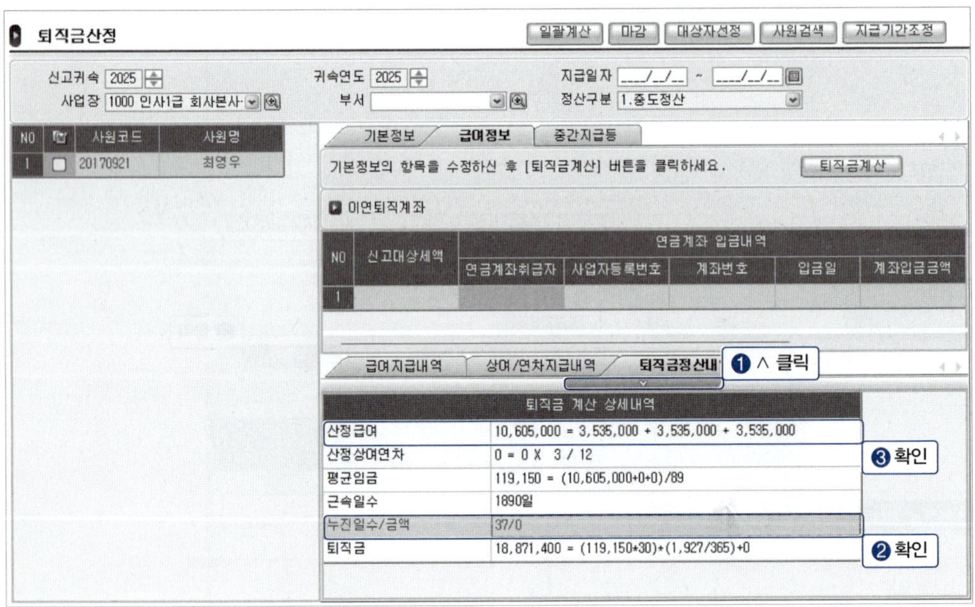

• ② : [20170921.최영우] 사원의 중도 정산 시의 퇴직금은 18,871,400원이고, 근속기간은 5년 2개월 3일이다. (○)

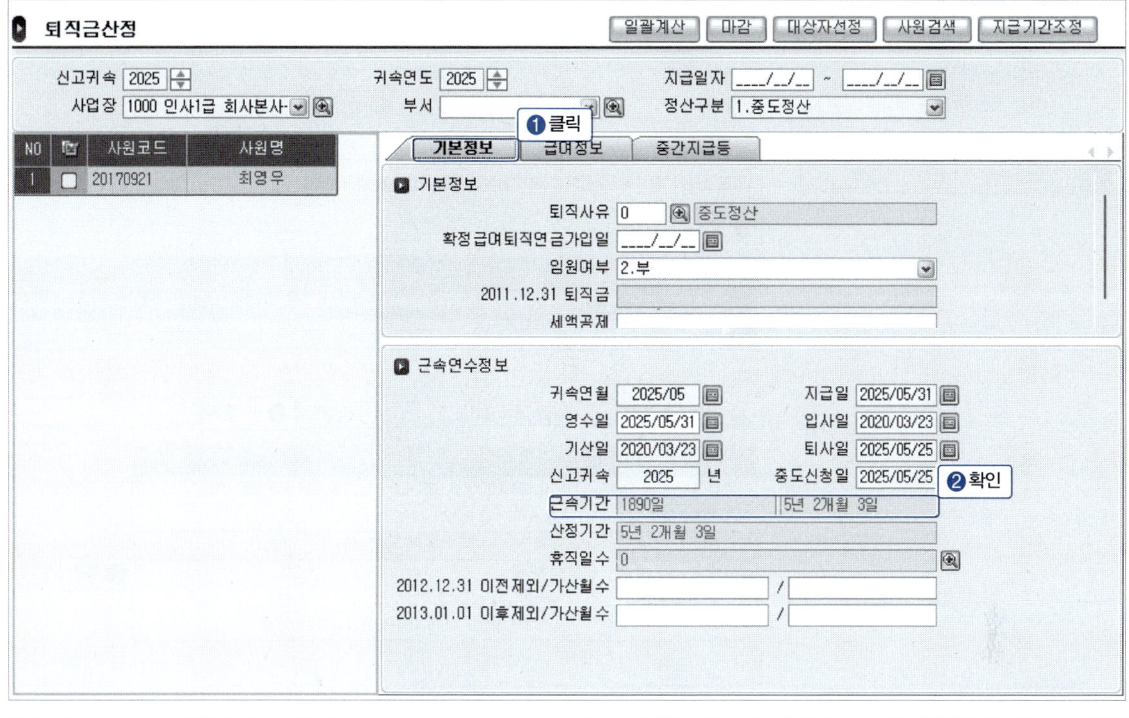

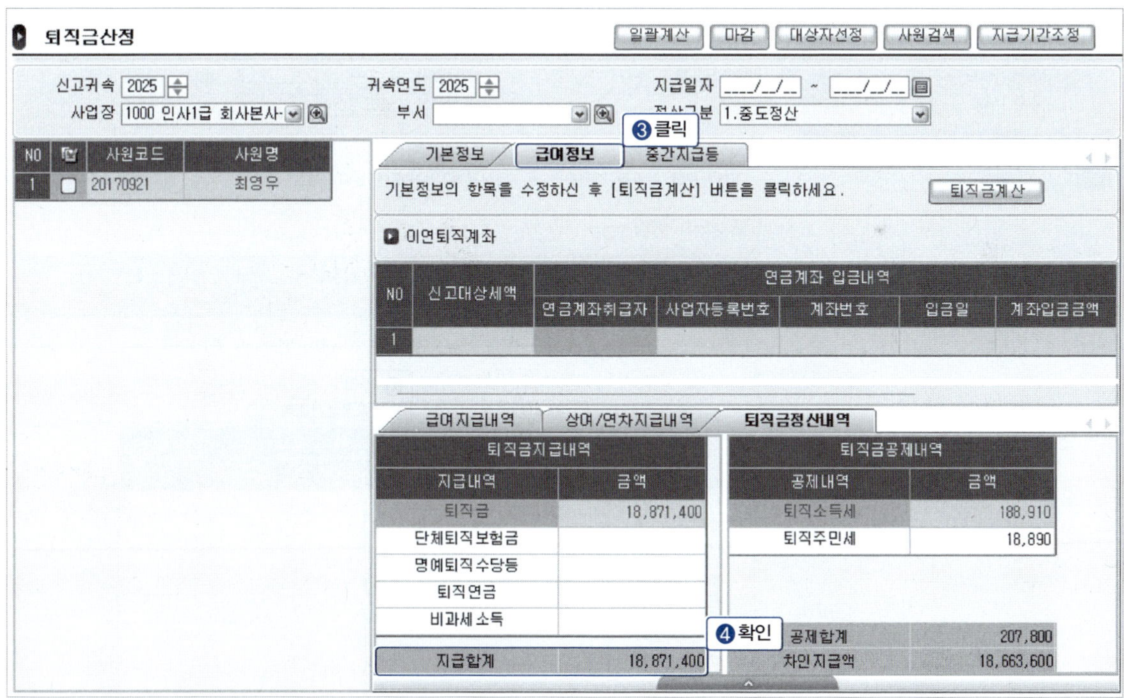

• ④ : [20170921.최영우] 사원의 평균임금은 119,150원이고, 퇴직금계산 기간 내 지급된 상여금은 존재하지 않는다. (○)

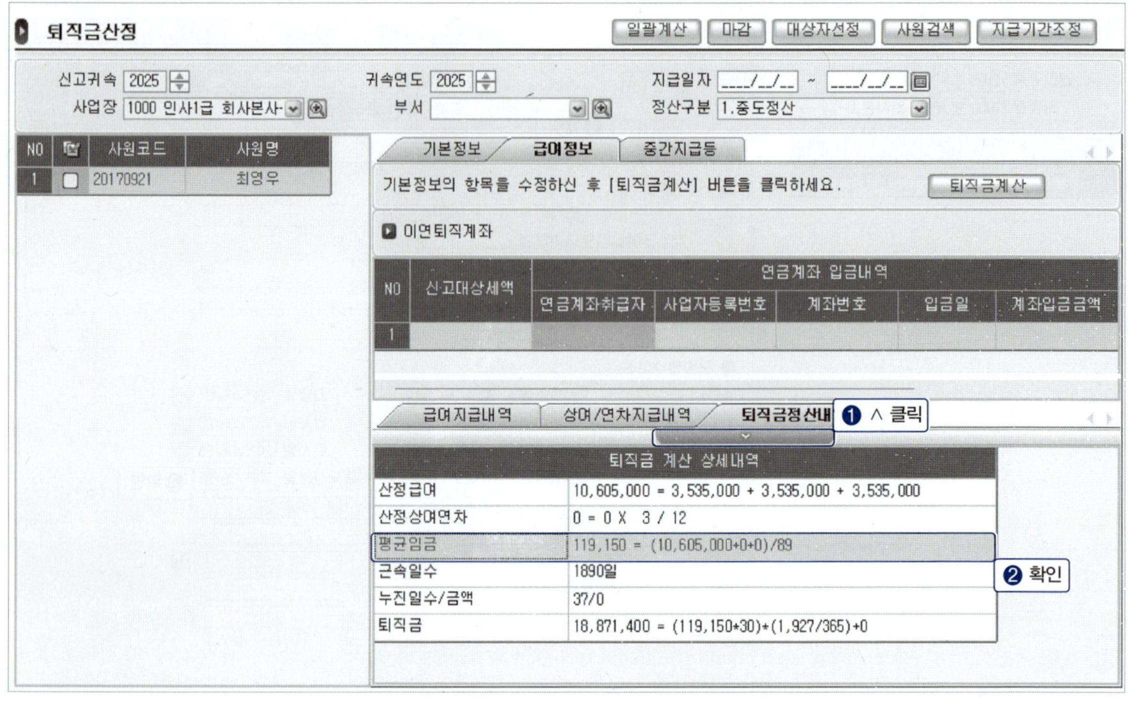

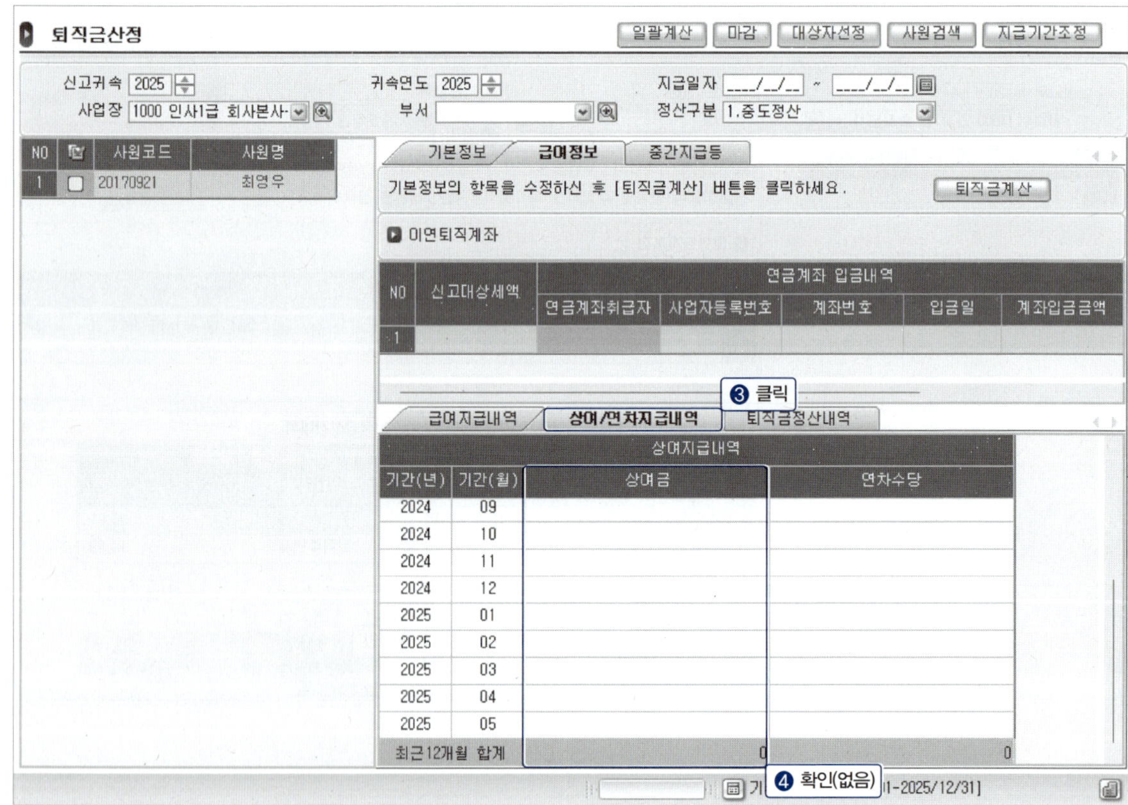

④ : 예수금 : 8,331,570원 (×)
　　→ 예수금 : 6,746,890원

메뉴 길잡이

[인사/급여관리]-[전표관리]-[전표집계및생성]

① 지급유형, 귀속연월, 회계단위, 결의일자, 작성자를 입력한 후 [집계내역] 버튼을 눌러 회사본사, 강원지점을 체크하고 [확인] 버튼을 누른다.

② [전표생성] 버튼을 눌러 전표를 생성하고, [전표처리결과] 탭에서 상단의 [조회]를 클릭한 후 내역을 확인한다. 예수금은 6,746,890원이다.

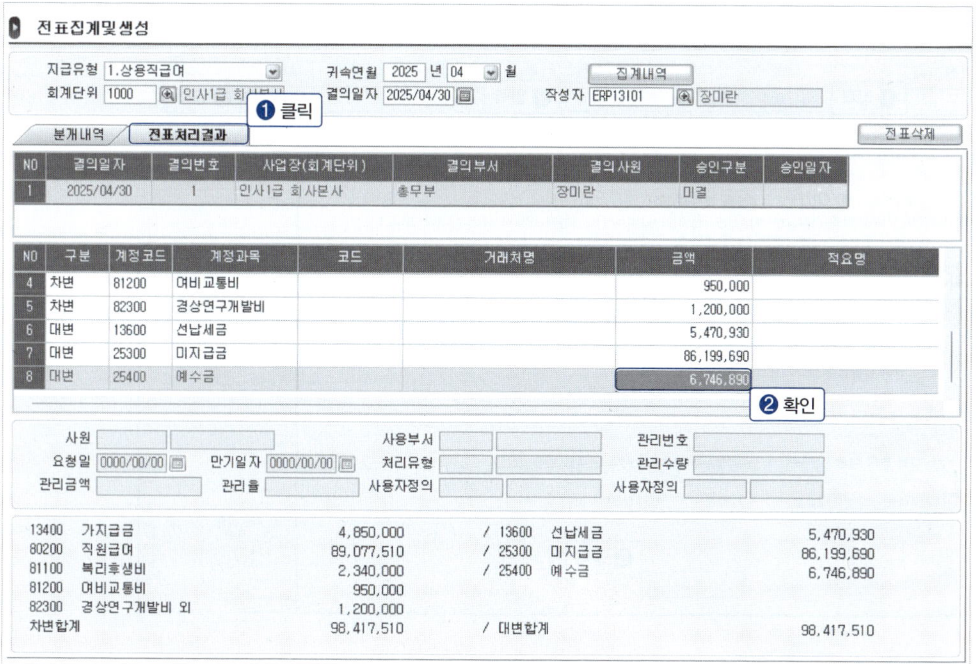

총지급액 : 127,171,090원 / 소득세 : 8,056,630원

(1) 인사/급여환경설정 변경

메뉴 길잡이

[인사/급여관리]–[기초환경설정]–[인사/급여환경설정]
원천세 신고유형(본점일괄신고)과 이행상황신고서집계방식(귀속연월)을 변경하고 메뉴를 닫는다.

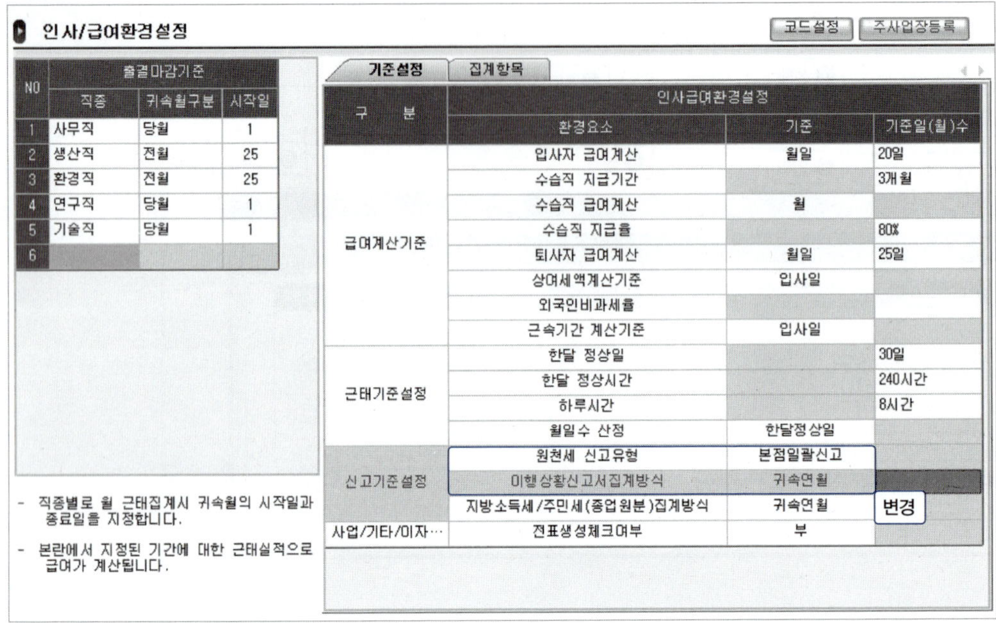

(2) 원천징수이행상황신고서 생성

메뉴 길잡이

[인사/급여관리]–[세무관리]–[원전징수이행상황신고서]
① 제출연도를 2025로 입력하고, 신고사업장으로 **회사본사**를 선택하고 **[신고서추가]** 버튼을 눌러 **귀속년월, 지급년월, 제출일자**를 입력
한다(만약 안내 문구가 나오면 무시한다). '근로소득 데이터 반영기준' 창에서 일반 데이터 반영은 **매월 징수분(전체), 연말정산 소득세,
농특세 반영은 미적용**을 선택한 후 **[적용]**을 클릭한다.

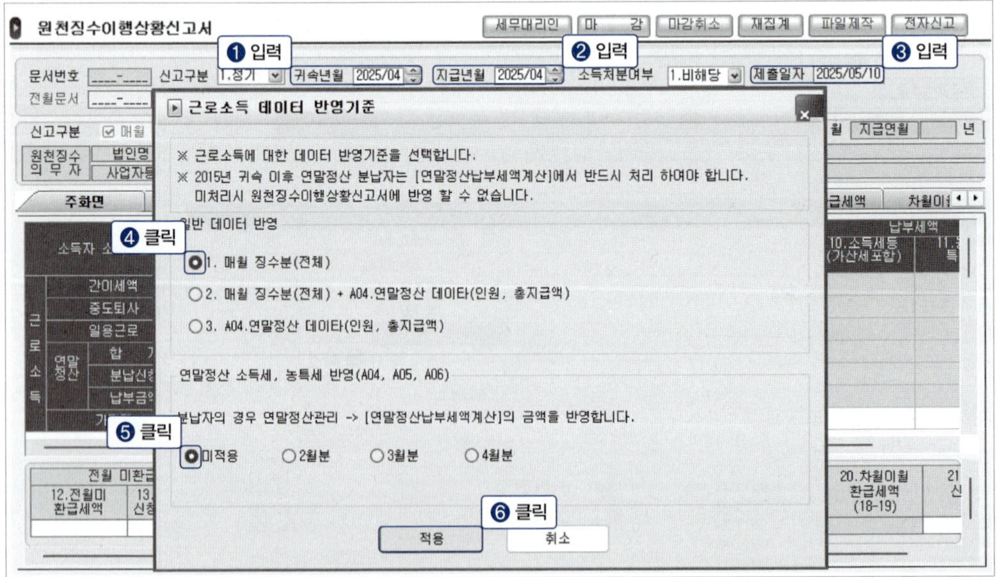

② 조회된 화면에서 근로소득의 총지급액(127,171,090원)과 소득세(8,056,630원)를 확인한다.

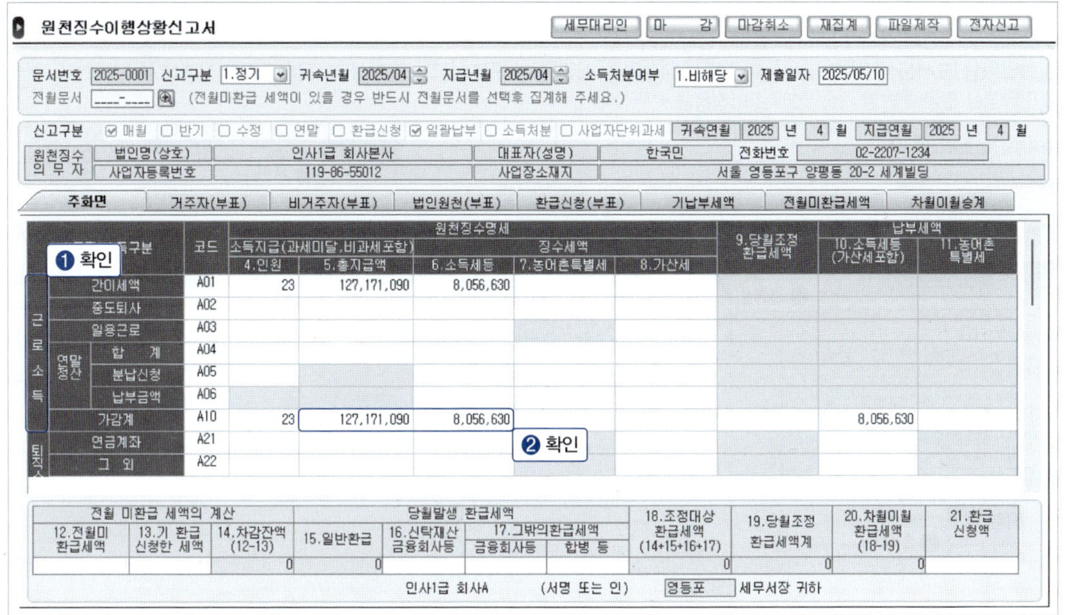

23 ④

④ : [20101001.최명수] − 산출세액 : 100,070원 (×)
  → 산출세액 : 19,590원

(1) 인사/급여환경설정 변경

메뉴 길잡이

[인사/급여관리]−[기초환경설정]−[인사/급여환경설정]

'지방소득세/주민세(종업원분)집계방식'을 귀속,지급연월로 변경하고 메뉴를 닫는다.

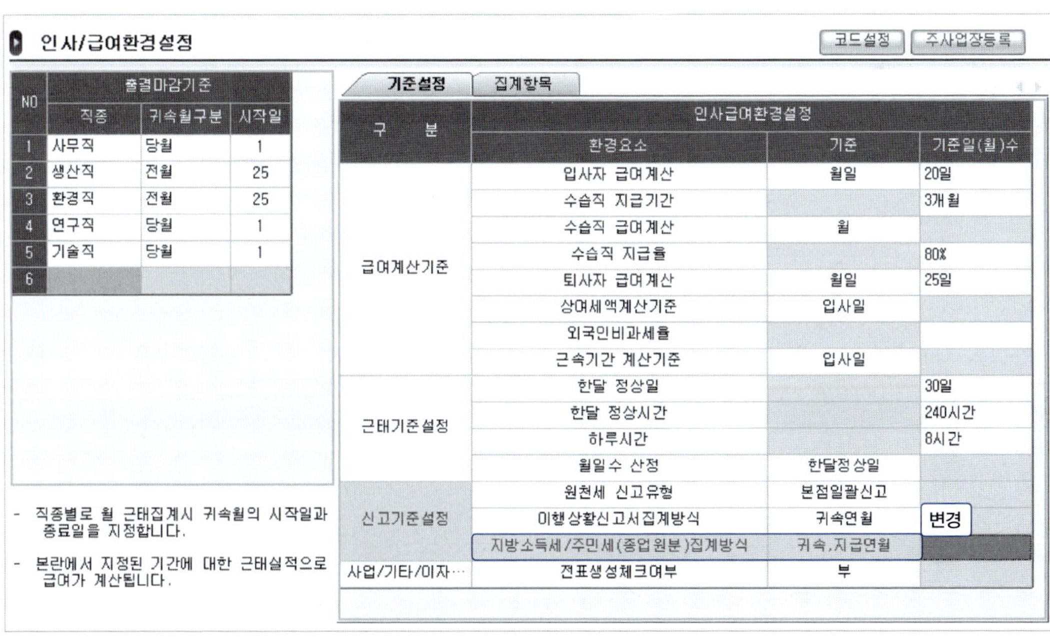

(2) 지방소득세특별징수명세 신고서 생성

메뉴 길잡이

[인사/급여관리]-[세무관리]-[지방소득세특별징수명세/납부서]

① 오른쪽 상단의 [신고서생성] 버튼을 누른 후 신고서 생성기준, 매월/반기 구분, 신고사업장, 신고구분 등 주어진 자료를 입력한다. '계속 근무자 연말정산 환급액 반영 기준' 창에서 **미적용**을 클릭한다.

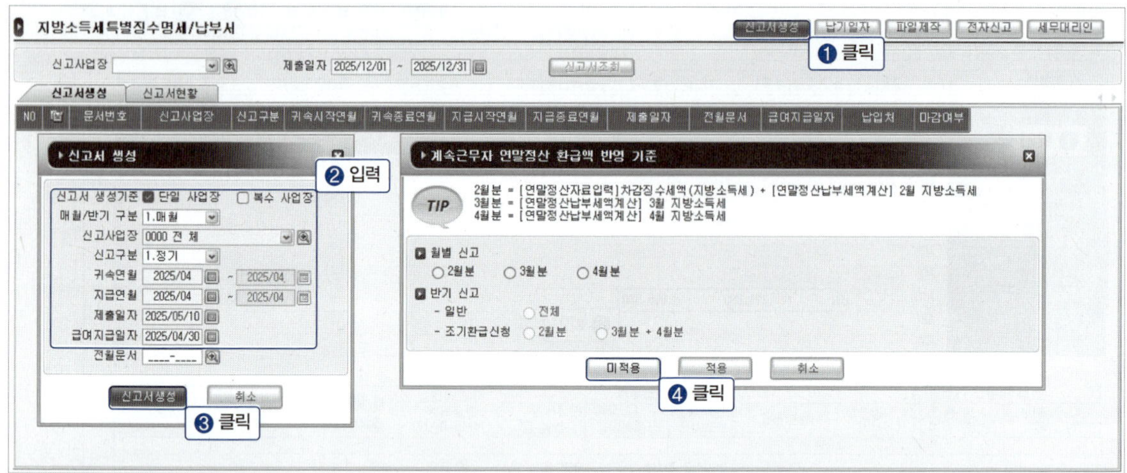

② 상단의 제출일자를 2025/05/10로 수정한 후 [신고서조회] 버튼을 누르고, [징수 및 조정명세서] 탭에서 소득구분을 4.근로소득으로 변경하면 사원별 내역이 조회된다(자료가 나오지 않으면 왼쪽 탭을 클릭했다가 다시 돌아오면 조회된다). 최명수 사원의 산출세액은 19,590원이다.

NO		사원코드	성명	주민등록번호	과세표준	산출세액	조정액(환부액)	납부액	비고
9	☐	20081201	안민서	710501-1231211	514,980	51,490		51,490	
10	☐	20081203	안종남	801121-1522213	249,360	24,930		24,930	
11	☐	20030701	엄현애	780521-2883746	195,960	19,590		19,590	
12	☐	20040301	오진형	700711-1883746	48,240	4,820		4,820	
13	☐	20081204	유지현	810606-2512333	169,790	16,970		16,970	
14	☐	A0054511	윤기호	770202-1111118	190,620	19,060		19,060	
15	☐	20100801	이서윤	801212-1512322	171,930	17,190		17,190	
16	☐	20000601	이수희	790108-2936485	27,620	2,760		2,760	
17	☐	20160911	이자연	901211-2123556	24,220	2,420		2,420	
18	☐	20081202	장명훈	700112-1123211	163,920	16,390		16,390	
19	☐	ERP13I01	장미란	780101-1111123	146,780	14,670		14,670	
20	☐	20180511	최국성	880415-1345321	24,990	2,490		2,490	
21	☐	20101001	최명수	781115-1656666	195,960	19,590		19,590	
22	☐	20170921	최영우	810511-1655321	9,100	910		910	
23	☐	20000501	한국민	571201-1435512	345,760	34,570		34,570	
24	☐								
					3,823,830	382,260		382,260	

지급명세서 작성 제외대상 비과세 소득 : 1,156,560원 / 연금보험 : 1,080,000원

메뉴 길잡이

[인사/급여관리]–[연말정산관리]–[근로소득원천징수부]

① 귀속연도는 **2024**, 사업장은 **회사본사**를 선택하고 상단의 [조회] 버튼을 클릭한다. **최국성 사원**을 선택한 후 지급명세서 작성 제외대상
비과세 소득의 총계(1,156,560원)를 확인한다.

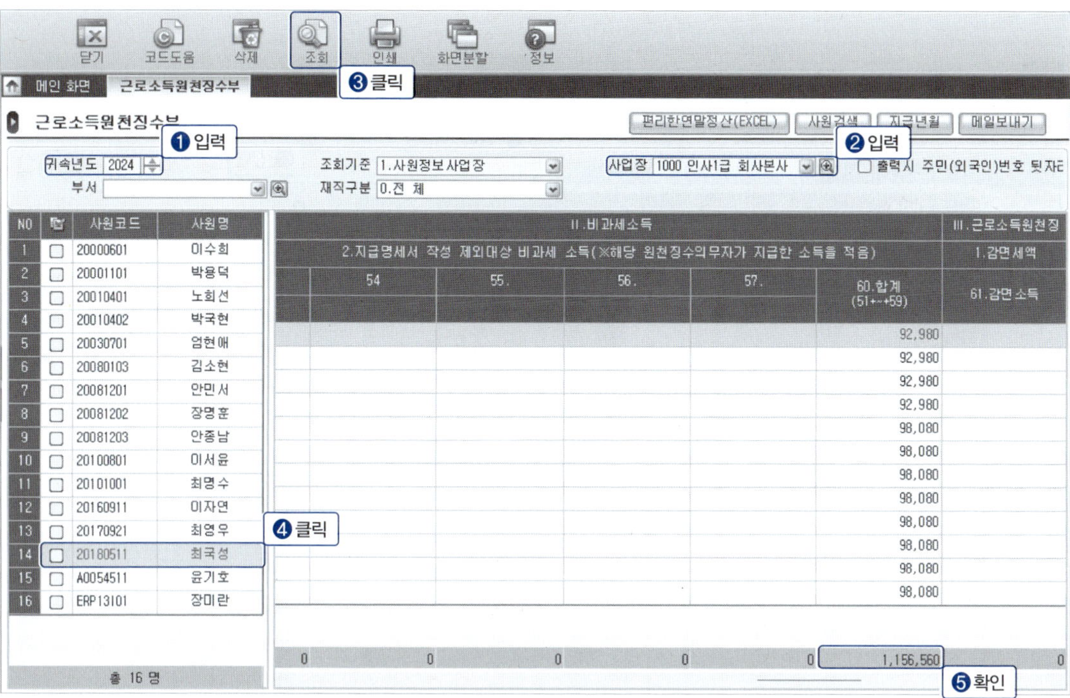

② 연금보험의 총계(1,080,000원)를 확인한다.

③ : 연구직 – 국민연금 : 245,270원 (×)
　→ 국민연금 : 311,300원

메뉴 길잡이

[인사/급여관리]–[급여관리]–[급여대장]

① **귀속연월**, **지급일**(1번), **집계**(6.직종별)를 입력한다. 상단의 **[출력항목]** 버튼을 누른 후 **전체** 클릭하여 적용하면 내역을 자세하게 볼 수 있다.

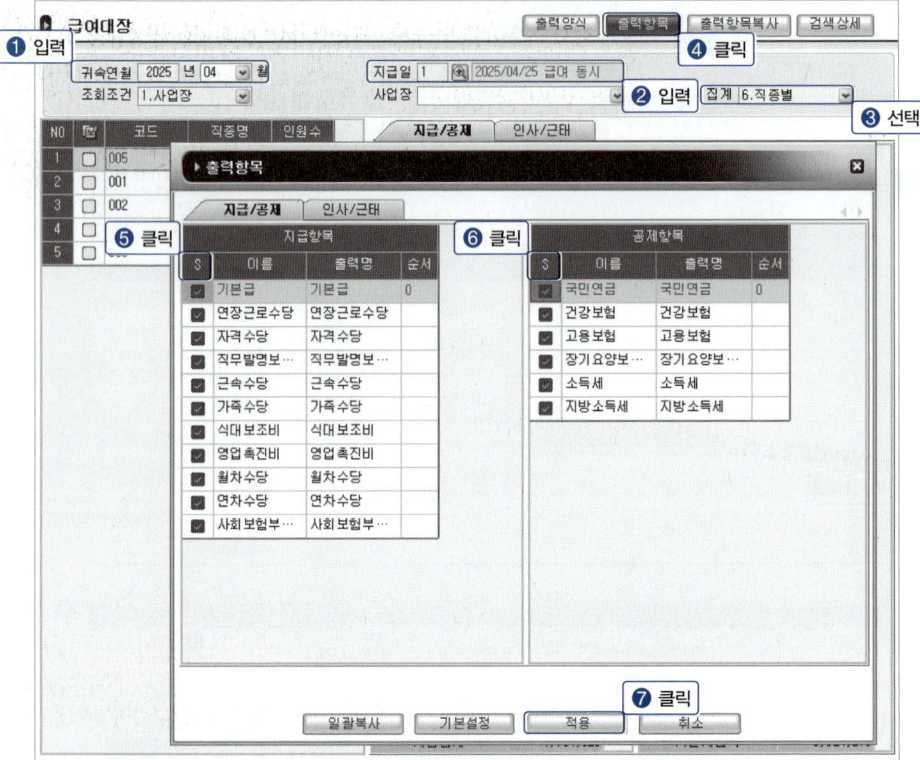

② 조회된 화면에서 **연구직**을 선택하고 국민연금의 공제액(311,300원)을 확인한다.

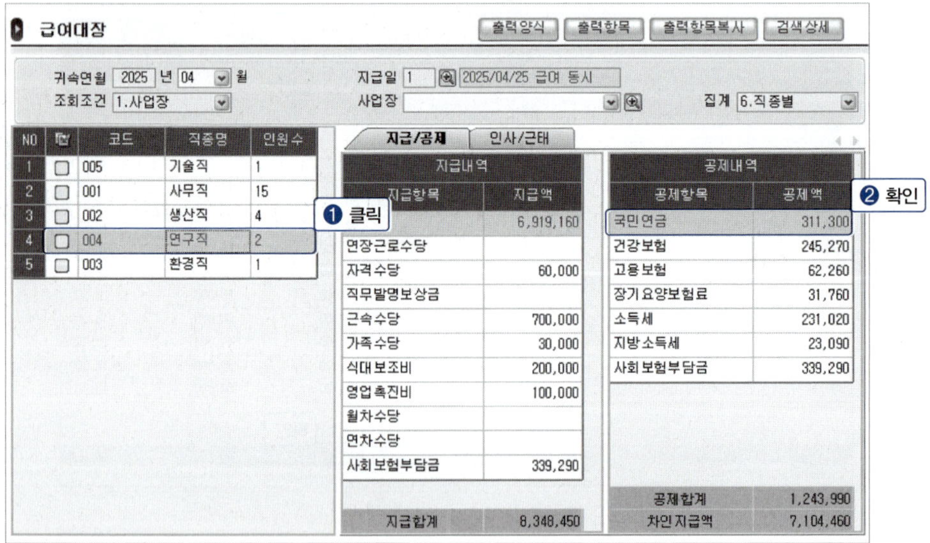

이론

01 ②	**02** ③	**03** ④	**04** ②	**05** ④	**06** ④	**07** ④	**08** ①	**09** ②	**10** ③
11 ③	**12** ②	**13** ②	**14** 사내공모		**15** ③	**16** ④	**17** ②	**18** ②	**19** ③
20 1종	**21** ②	**22** ③	**23** ③	**24** ③	**25** ②	**26** 국민연금		**27** 임금채권	
28 ③	**29** ④	**30** ③	**31** ③	**32** 15	**33** 종업원지주제도				

이론

01 ②

디지털 전환(Digital Transformation)이란 디지털 기술을 활용하여 전통적인 사회 구조를 혁신하는 과정을 말한다.

02 ③

빅데이터의 5V 요소에는 Volume(규모), Velocity(속도), Variety(다양성), Veracity(정확성), Value(가치)가 있다.

03 ④

급여계산 오류의 원인은 회계 모듈과 인사 모듈 간 데이터 연계 문제이므로, 모듈 간 데이터 관리 프로세스를 개선해야 한다.

04 ②

ERP 도입의 가장 큰 목표 중 하나는 기업 업무 프로세스를 완전히 혁신하는 것이다(BPR). 따라서 ERP 도입 시 반드시 BPR이 이루어져야 한다.

05 ④

오답 피하기

IT 기술 위주의 ERP 도입은 바람직하지 않다. 전사적 자원관리(ERP)를 위해서는 누구나 쉽게 ERP를 활용할 수 있어야 하는데, IT 기술이 지나치게 복잡해지면 사용이 어려워지기 때문이다.

06 ④

획일적 보상에서 성과 위주의 보상으로 변화하였다.

07 ④

직무관리는 보통 '직무분석 → 직무기술서 작성 → 직무명세서 작성 → 직무평가' 순으로 진행한다.

08 ①

오답 피하기

- ② 책임요소 : 관리감독, 기계설비, 직무개선, 원재료 책임
- ③ 노력요소 : 육체적 · 정신적 노력
- ④ 작업요소 : 위험도, 작업시간, 작업환경, 작업위험

09 ②

최근 5년간의 매출 증가율과 채용 인원 간의 관계를 분석하여 미래를 예측한 것은 추세분석법에 해당한다.

10 ③

오답 피하기

- ① 지원자 가운데 최종 선발된 인원의 비율 : 선발율
- ② 단계별로 지원자들이 어떻게 축소, 배치되는지를 보여주는 비율 : 산출율
- ④ 지원자들 가운데 선발과정을 거치지 않고 무작위로 선택하여 채용했을 때 일정 기간이 경과한 후 업무를 잘하는 사람의 비율 : 기초율

11 ③

지원자의 답변에 따라 즉석에서 추가 질문을 던지고, 지원자가 자유롭게 자신의 생각을 표현할 수 있도록 유도하는 면접방법은 비지시적 면접에 해당한다.

12 ②

현재 실력뿐만 아니라 미래 성장 가능성과 부서의 중장기 인재육성 전략을 기준으로 배치하고 있으므로, 이는 적재적소 원칙에 해당한다.

13 ②

오답 피하기

- ① 직무순환 : 여러 가지 직무를 일정 기간마다 교대로 수행하도록 하는 것
- ④ 직무전문화 : 분업의 원리와 유사하게 직무를 세분화하여 단순한 업무를 수행하도록 하는 것

14 사내공모

기업 내부에서 특정 프로젝트나 신규 사업에 필요한 인력을 사내공지(공모)를 통해 모집하는 것을 사내공모제도라고 하며, 이직 없이도 원하는 직무에 도전할 기회를 주는 대신 인기 부서·직무에 지원이 몰리거나 연쇄적인 인력 이탈이 발생할 수 있다.

15 ③

오답 피하기

- ① 평가내용이 평가의 목적을 잘 반영하고 있는지에 대한 점검 : 타당성
- ② 측정하고자 하는 내용을 정확하게 측정되었는지에 대한 점검 : 신뢰성
- ④ 인사고과의 설계와 실행에 들어가는 비용이 적정한가에 대한 점검 : 실용성

16 ④

O.J.T를 활용하면 Off-JT에 비해 교육생의 능력 수준에 맞춘 교육이 가능하다.

17 ②

성과주의 승진에서는 근속연수나 연공서열보다 개인의 업무실적이 승진의 핵심 기준이 된다.

18 ②

외부 컨설턴트가 관리자와 협력하여 조직 내 작업 흐름, 비공식적 관계, 의사소통 문제 등을 분석하고, 보다 효과적인 관리 방식을 제안하는 방식은 과정 자문법에 해당한다.

19 ③

실제 조직 내 발생하는 문제를 팀 단위로 해결하는 교육훈련 방식은 액션러닝(Action Learning)이다.

오답 피하기

- ① 코칭(Coaching) : 개별 직원에게 멘토가 지속적인 피드백과 조언을 제공하는 교육 방식
- ② E-러닝(E-Learning) : 인터넷 기반으로 이뤄지는 자기주도형 학습 방식

20 1종

채용되었을 경우 만족할 만한 성과를 낼 수 있는 지원자가 시험이나 면접에서 불합격되는 오류, 즉 훌륭한 인재를 놓치는 오류는 1종 오류에 해당한다.

21 ②

근로자의 특성에는 사회적 신분, 동기부여 효과, 생계비 원천 등이 있다.

22 ③

사용자는 휴일의 야간근로 시 통상임금의 100분의 100 이상을 가산하여 임금을 지급하여야 한다.

23 ③

경제적 조건의 변화(물가 변동)나 기업의 사정에 순응하여 임금률을 자동으로 변동·조정하여 지급하는 제도는 순응임률제이다.

24 ③

근로자 참여 원칙은 여론조사와 노사협의 등을 통해 근로자의 의견을 반영하는 것이다.

오답 피하기

- ① 지불능력의 원칙 : 기업 재정 상황에 맞춰 복리후생을 설계하는 원칙
- ② 다수 혜택의 원칙 : 최대한 많은 근로자가 혜택을 받을 수 있도록 설계하는 원칙
- ④ 근로자의 욕구충족 원칙 : 기본적인 욕구(의식주, 안전)를 충족하는 기본원칙

25 ②

원천징수 의무자는 원천징수한 세금을 소득 지급일이 속하는 달의 다음 달 10일까지 관할세무서 또는 금융기관에 납부해야 한다.

26 국민연금

근로자가 일할 때 매달 보험료를 내고, 은퇴 후 매달 연금을 받아 노후를 보장받는 제도가 바로 국민연금이다. 또한 사망 시에는 배우자나 자녀가 유족연금을 받는 것도 국민연금의 중요한 특징이다.

27 임금채권

임금채권보장제도는 사업주가 지급을 청구하면 근로자의 미지급 임금 등을 고용노동부장관이 사업주를 대신하여 지급하는 제도이다.

28 ③

오답 피하기

- ① : 법정근로시간 범위 내에서 소정근로시간을 정할 수 있으므로 항상 일치하지 않음
- ② : 「근로기준법」에서 '1주'는 7일을 의미하며, 사업장에서 정한 기준(예 월요일~일요일)에 따라 달라질 수 있음
- ④ : 연속된 근무형태로 보아 1일 근무로 계산됨

29 ④

오답 피하기

- ① 종업원들이 일정한 제약조건 내에서 자유롭게 출퇴근 시간을 정해놓고 근무하는 제도 : 선택적 근로시간제
- ② 1일 근로시간을 정규직 근로자와 달리 4~7시간 정도 일하며 임금은 직무에 따른 시간급을 지급하는 것 : 파트타임제
- ③ 두 사람 이상의 시간제 근무자가 직무시간 교대를 통해서 일주일 40시간의 근무를 나누어 수행하도록 하는 제도 : 직무분할제

30 ③

지역적 구속력은 동일 지역의 동종 근로자에 대하여 단체협약의 효력을 확대 · 적용하는 효력이다.

31 ③

종업원의 경영의사결정 참가를 권장하여 노사협의체를 구성하도록 하는 것은 정당한 행위이다.

32 15

「근로기준법」 제60조 제1항에 따르면 사용자는 1년간 80% 이상 출근한 근로자에게 15일의 유급휴가를 주어야 한다.

33 종업원지주제도

오답 피하기

스톡옵션은 종업원지주제도와는 달리, 추후 일정한 금액으로 주식을 구매할 수 있는 권리를 제공하는 방식으로 현재가 아닌 미래에 주식을 구입할 수 있도록 하는 것이다.

실무

01 ③	02 ④	03 ②	04 ①	05 ②	06 ①	07 ②	08 ①	09 ③	10 ③
11 ①	12 ②	13 ③	14 ④	15 ④	16 ④	17 ③	18 ④	19 ②	20 ③
21 ①	22 ④	23 ③	24 ④	25 ②					

실무

01 ③

③ : [3000.인사1급 대구지점] 사업장은 원천징수이행상황신고서를 '월별'로 작성하여 신고하는 사업장이다. (×)
→ '반기'마다 작성하여 신고하는 사업장이다.

메뉴 길잡이

[시스템관리]-[회사등록정보]-[사업장등록]

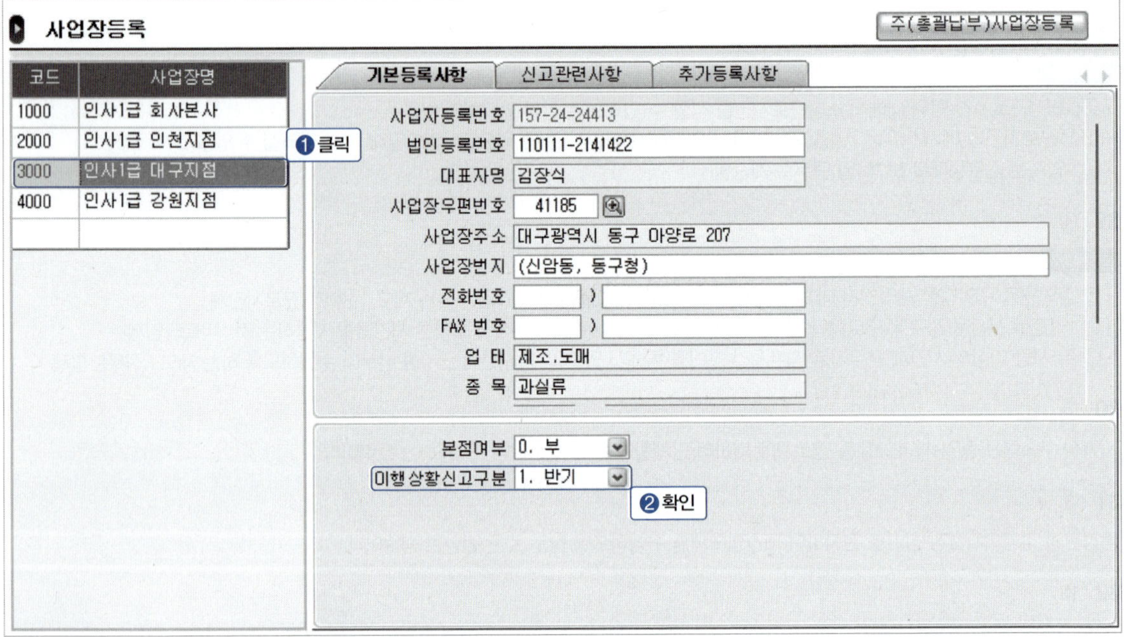

오답 피하기

- ② : [2000.인사1급 인천지점] 사업장은 주(총괄납부)사업장 신고 시, [1000.인사1급 회사본사] 사업장에 속해 신고되는 종사업장이다. (○)
  → 오른쪽 상단의 [주(총괄납부)사업장등록] 버튼을 눌러 조회한다. '회사본사, 인천지점, 대구지점'은 모두 회사본사에 속해 있는 사업장이다.
- ④ : [4000.인사1급 강원지점] 사업장의 지방세신고지 행정동은 [4211067500.춘천시청]이다. (○)
  → [신고관련사항] 탭에서 확인할 수 있다.

02 ④

④ : 현재 사용 중인 부서 중 [2000.영업부]는 2025/03/31에 사용이 종료될 예정이다. (○)

메뉴 길잡이

[시스템관리]–[회사등록정보]–[부서등록]

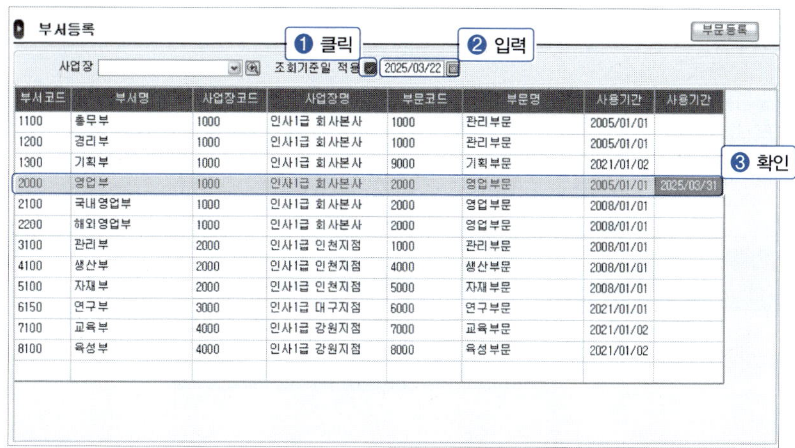

오답 피하기

- ① : 현재 사용 중인 부서는 총 11개이다. (×)
  - → 현재 사용 중인 부서는 총 12개이다.
- ② : [4000.인사1급 강원지점] 사업장에 속한 부서는 모두 [7000.교육부문]에 속해있다. (×)
  - → [4000.인사1급 강원지점] 사업장에 속한 부서는 [7000.교육부문]과 [8000.육성부문]에 속해있다.
- ③ : 가장 오래 사용된 부서는 모두 [1000.관리부문]에 속해있다. (×)
  - → 가장 오래 사용된 부서 중 [2000.영업부]는 [2000.영업부문]에 속한다.

03 ②

올바르게 설명한 [보기] 내용은 B로 1개이다.

메뉴 길잡이

[인사/급여관리]–[기초환경설정]–[인사/급여환경설정]

- A : 모든 직종의 출결마감 기준일은 당월 1일에서 말일까지이다. (×)
  - → 생산직의 출결은 전월 25일부터 당월 24일까지이다.
- B : 당 회사의 기본급이 책정임금의 '월급'을 기준으로 지급하고 [지급공제항목등록] 메뉴에서 기본급의 수습적용 설정이 '환경등록적용'인 경우, 2025년 3월 10일에 입사한 사무직 사원(월급 : 3,100,000원)의 3월 귀속 급여 기본급은 1,650,000원(수습기간 적용)이다. (○)
  - → 3,100,000원 × (22일 근무/31일) × 75%(수습적용) = 1,650,000원이다.
- C : 3월 귀속의 급여를 계산할 때, 3월 21일 퇴사한 사무직 사원의 경우 해당 월의 실제 근무일수만큼 급여가 지급된다. (×)
  - → 해당 퇴사자는 21일 퇴사이고, 퇴사자 급여계산 기준인 20일 이후 퇴사이기 때문에 당월의 급여를 모두 지급한다.
- D : 3월 귀속의 급여를 계산할 때 한달정상일로 기재한 30일을 기준으로 급여가 계산된다. (×)
  - → 근태 기준은 당월일(달력상 실제 일수)이기 때문에 31일 기준으로 계산한다.

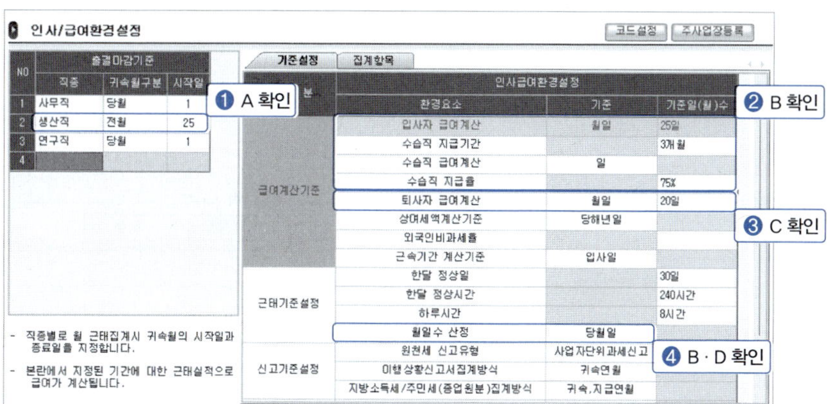

- 당월일 : 달력에 표시된 실제 일수를 한 달의 일수로 합니다.
- 한달정상일 : 회사에서 정한 기준 일수(例 30일)를 한 달의 일수로 합니다.

04 ①

5호봉 기준의 '기본급'은 3,833,450원이다.

[인사/급여관리]-[기초환경설정]-[호봉테이블등록]

① 과장 직급의 '적용시작연월'을 2025/03으로 입력한다. 오른쪽 상단의 [일괄등록] 버튼을 눌러 기본급·급호수당·연장수당의 초기치, 증가액을 입력한다.

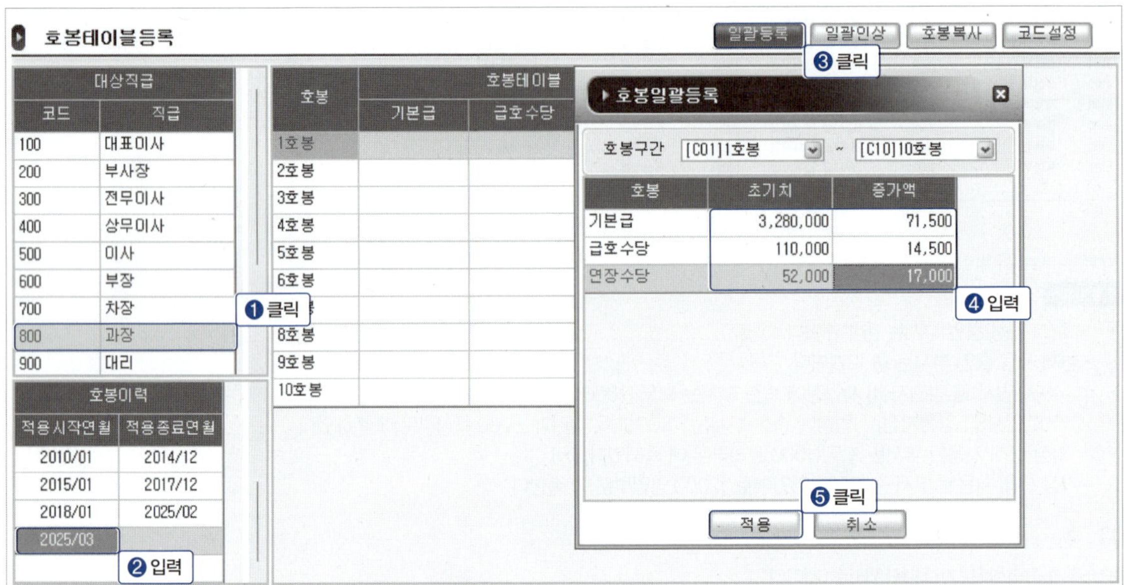

② 오른쪽 상단의 [일괄인상] 버튼을 눌러 기본급을 인상한 후 조회된 화면에서 5호봉 기준의 '기본급(3,833,450원)'을 확인한다.

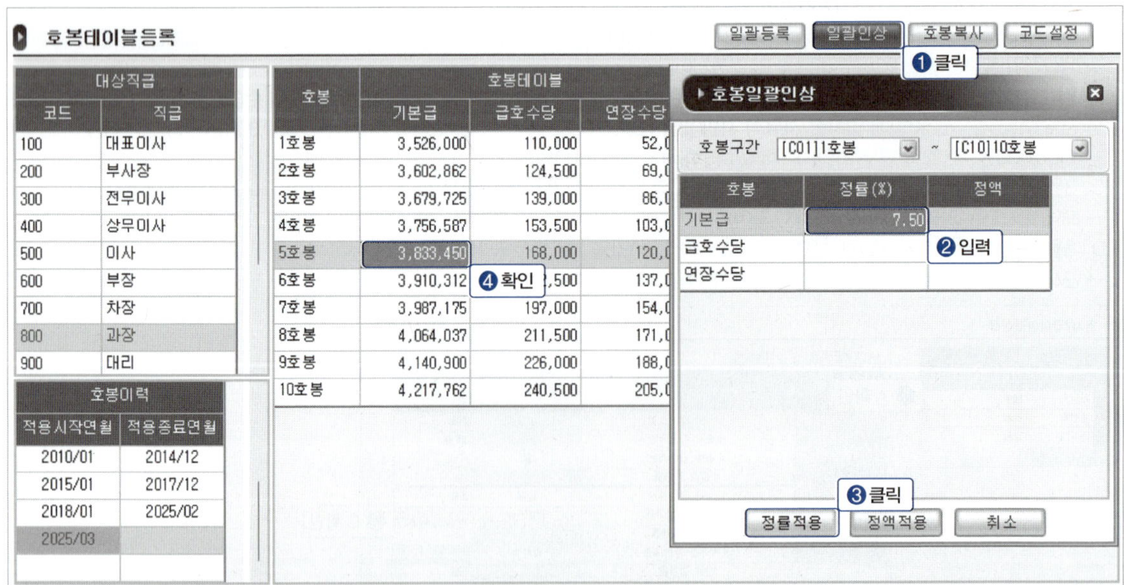

② : [P20.자격수당]을 지급하는 기준의 자격증을 모두 취득한 경우 총 20만원을 지급하며, [150.SMAT 1급]의 금액이 가장 높게 책정되어
있다. (×)
→ [200.ERP정보관리사1급]의 금액이 가장 높다.

메뉴 길잡이

[인사/급여관리]−[기초환경설정]−[지급공제항목등록]

오른쪽 상단의 [마감취소] 버튼을 눌러 마감을 취소한다. **급여구분(급여), 지급/공제구분(지급), 귀속연도(2025년)**를 입력하고 조회한 후,
자격수당에서 SMAT 자격증은 70,000원, ERP 자격증은 80,000원으로 책정된 것을 확인한다.

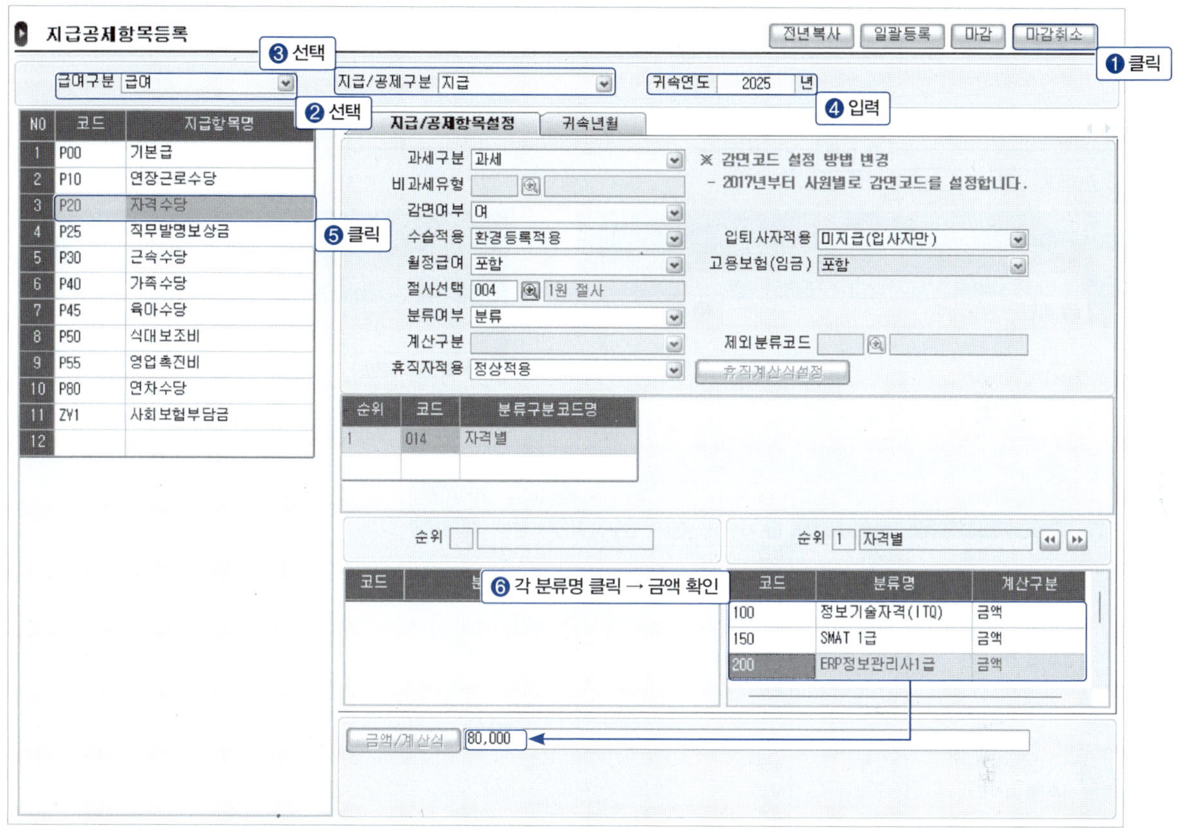

① : 급여와 상여를 같은 일자에 지급하며, 하나의 지급 순번에서 관리된다. (○)

메뉴 길잡이

[인사/급여관리]–[기초환경설정]–[급/상여지급일자등록]

- ② : [상용직급여입력및계산] 메뉴의 대상자는 '지급직종및급여형태' 기준으로 급여 대상자를 조회하여, 사용자가 직접 선택하여 반영한다. (×)
  → '지급직종및급여형태' 기준으로 급여 대상자는 자동으로 반영된다.
- ③ : '상여지급대상기간' 내 사무직 근로자에 대해서만 상여를 지급한다. (×)
  → 사무직, 생산직, 연구직에게 지급한다.
- ④ : '상여지급대상기간' 내 입사자와 퇴사자는 실제 근무한 일 수만큼 상여를 지급한다. (×)
  → '제외'로 설정되어 있기 때문에 지급하지 않는다.

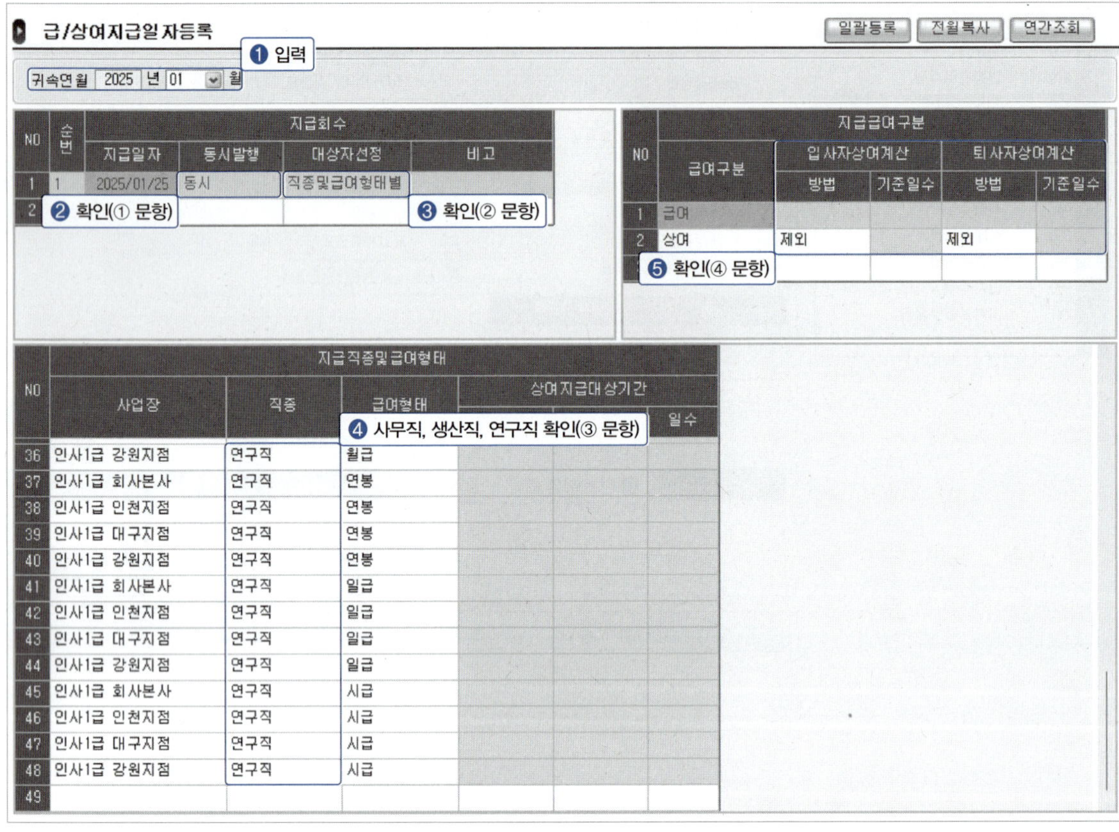

- 교육평가 S등급 4명 : 100,000원 × 4 = 400,000원
- 교육평가 A등급 7명 : 50,000원 × 7 = 350,000원
- 총 지급금액 : 400,000원 + 350,000원 = 750,000원

메뉴 길잡이

[인사/급여관리]-[인사관리]-[교육평가]

교육명에서 610. AI 활용 교육을 선택한 후, 조회된 화면에서 교육등급(S등급 4명, A등급 7명)을 확인한다.

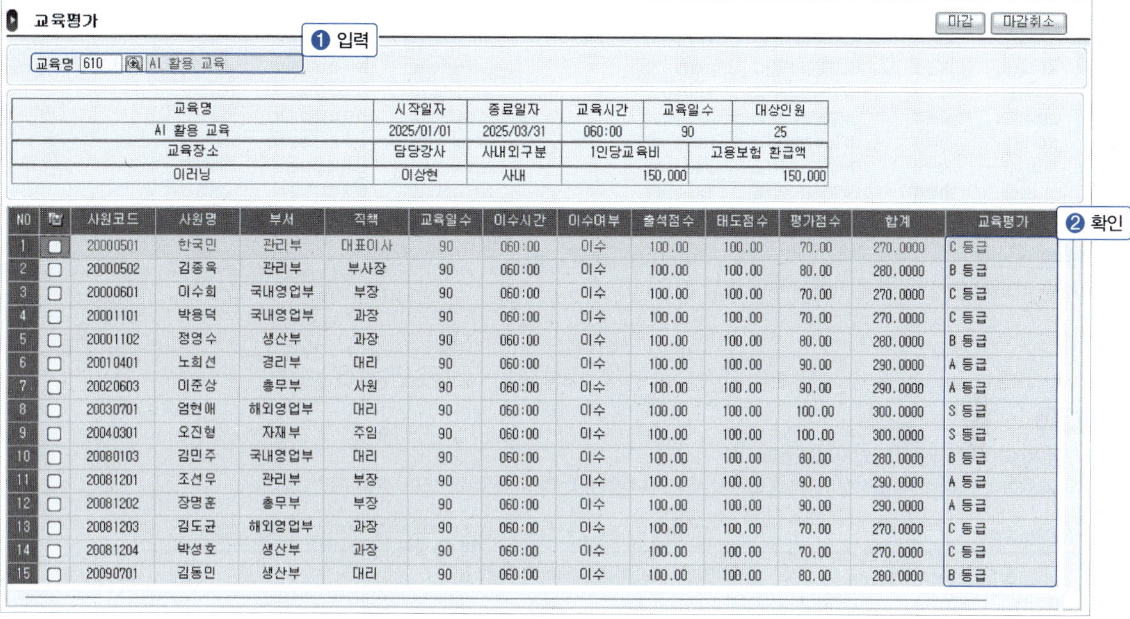

08 ①

- SMAT 1급 : 20,000원 × 수당 해당인원 3명 = 60,000원
- ERP정보관리사1급 : 40,000원 × 수당 해당인원 1명 = 40,000원
- 총 지급액 : 60,000원 + 40,000원 = 100,000원

메뉴 길잡이

[인사/급여관리]-[인사관리]-[사원정보현황]

① 사업장을 회사본사로 설정하고 오른쪽 상단의 [퇴직제외] 버튼을 클릭한다. [자격/면허] 탭에서 150. SMAT 1급 자격증을 조회하여 특별자격수당 대상자(3명)를 확인한다.

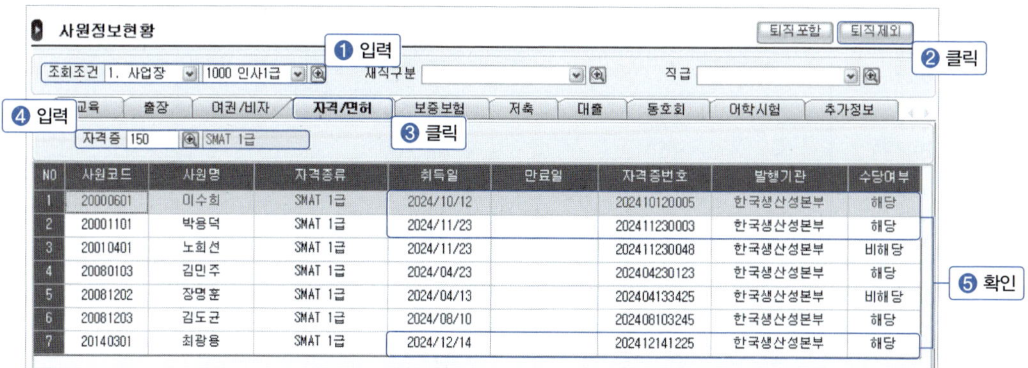

② 200. ERP정보관리사1급 자격증을 조회하여 특별자격수당 대상자(1명)를 확인한다.

NO	사원코드	사원명	자격종류	취득일	만료일	자격증번호	발행기관	수당여부
1	20000601	이수희	ERP정보관리 사1급	2014/10/22		201410220031	한국생산성본부	해당
2	20001101	박용덕	ERP정보관리 사1급	2024/11/23		202411230008	한국생산성본부	해당
3	20010401	노희선	ERP정보관리 사1급	2021/01/23		202101230055	한국생산성본부	해당
4	20020603	이준상	ERP정보관리 사1급	2024/11/23		202411230100	한국생산성본부	비해당
5	20030701	엄현애	ERP정보관리 사1급	2021/01/23		202101230009	한국생산성본부	해당
6	20080103	김민주	ERP정보관리 사1급	2020/07/01		202007010066	한국생산성본부	해당
7	20081202	장명훈	ERP정보관리 사1급	2021/01/23		202101230325	한국생산성본부	비해당
8	20081203	김도균	ERP정보관리 사1급	2020/12/19		202012191423	한국생산성본부	비해당
9	20140301	최광용	ERP정보관리 사1급	2013/11/23		201311233425	한국생산성본부	해당

한선생님의 노하우

퇴직자를 제외할 때는 [퇴직제외] 버튼을 누릅니다.

09 ③

③ : [20081201.조선우] 사원은 배우자공제를 받고 있으며, 현재 책정된 월급은 5,352,500원이다. (○)

메뉴 길잡이

[인사/급여관리]–[인사관리]–[인사정보등록]
조선우 사원을 선택하고 [급여정보] 탭에서 배우자공제 여부(해당)와 책정임금(5,352,500원)을 확인한다.

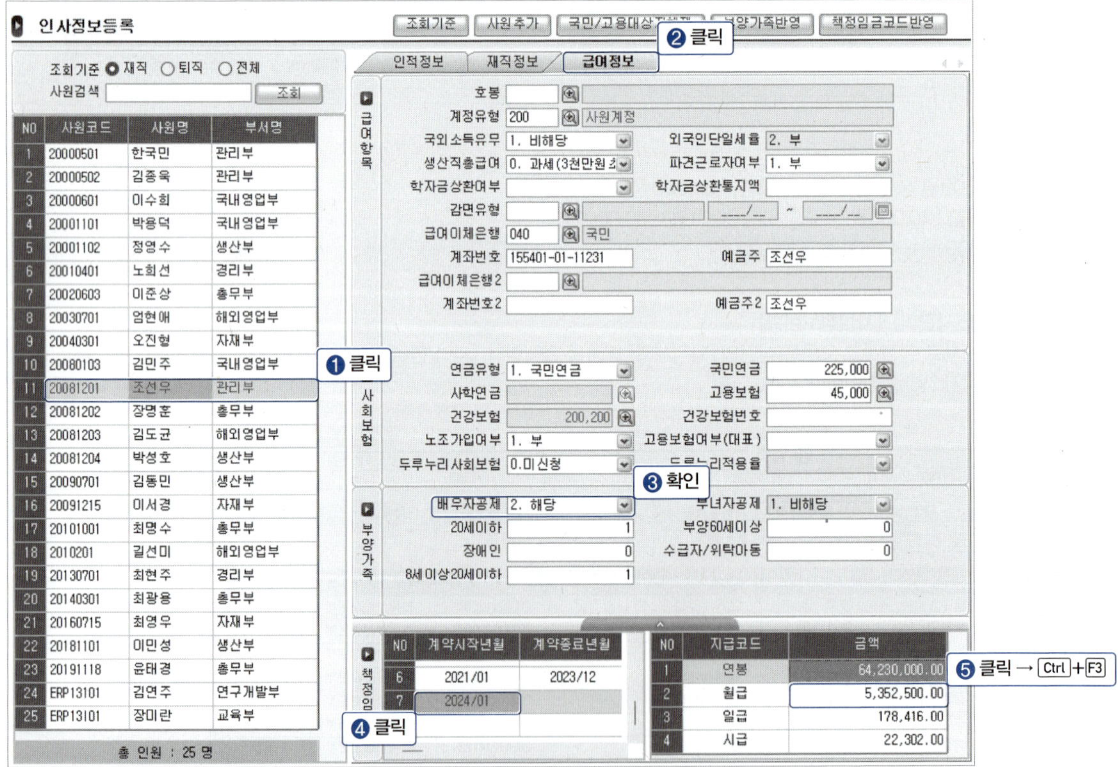

NO	사원코드	사원명	부서명
1	20000501	한국민	관리부
2	20000502	김종욱	관리부
3	20000601	이수희	국내영업부
4	20001101	박용덕	국내영업부
5	20001102	정영수	생산부
6	20010401	노희선	경리부
7	20020603	이준상	총무부
8	20030701	엄현애	해외영업부
9	20040301	오진형	자재부
10	20080103	김민주	국내영업부
11	20081201	조선우	관리부
12	20081202	장명훈	총무부
13	20081203	김도균	해외영업부
14	20081204	박성호	생산부
15	20090701	김동민	생산부
16	20091215	이서경	자재부
17	20101001	최명수	총무부
18	2010201	길선미	해외영업부
19	20130701	최현주	경리부
20	20140301	최광용	총무부
21	20160715	최영우	자재부
22	20181101	이민성	생산부
23	20191118	윤태경	총무부
24	ERP13I01	김연주	연구개발부
25	ERP13I01	장미란	교육부

NO	계약시작년월	계약종료년월
6	2021/01	2023/12
7	2024/01	

NO	지급코드	금액
1	연봉	64,230,000.00
2	월급	5,352,500.00
3	일급	178,416.00
4	시급	22,302.00

한선생님의 노하우

책정임금은 개인정보이기 때문에 암호가 걸려있습니다. 금액란(*로 표시된 부분)을 클릭한 상태에서 Ctrl + F3을 누르면 금액을 볼 수 있습니다(역시 암호는 필요 없습니다).

10 ③

③ : 연말정산 경로우대공제를 받을 수 있는 나이요건이 만 70세 이상인 경우, 2024년 기준 해당 사원이 부양하고 있는 가족 중 경로우대 공제에 해당하는 구성원은 2명이다. (×)

　　→ 경로우대공제에 해당하는 구성원은 1명(김중현)이다.

메뉴 길잡이

[인사/급여관리]-[인사관리]-[인사기록카드]

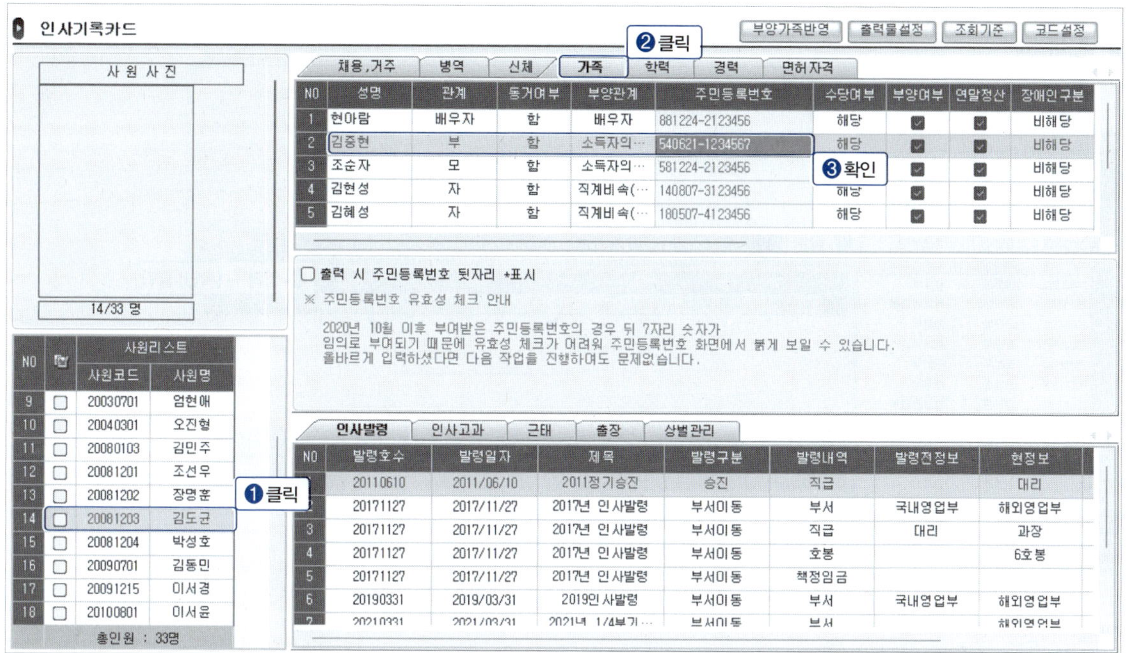

한선생님의 노하우

· 경로우대자 공제 : 가족 중 70세 이상인 자가 있는 경우
· 나이 계산 : 현재연도 − 출생연도로 계산
　예 조순자(1958년생) : 2025년 − 1958년 = 67세

11 ①

'과세'총액은 110,368,640원이다.

(1) 휴직 등록

메뉴 길잡이

[인사/급여관리]-[인사관리]-[인사정보등록]

노희선 사원을 선택하고, [재직정보] 탭에서 휴직기간 옆 돋보기(🔍)를 눌러 휴직 관련 사항을 입력한 후 [확인]을 클릭한다. 데이터를 저장하고 메뉴를 닫는다.

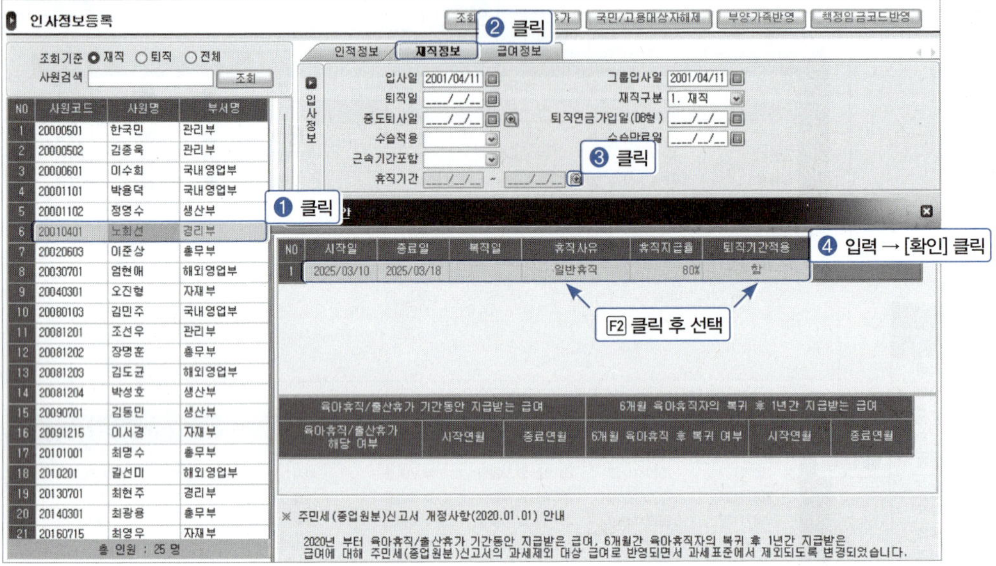

(2) 급여계산

메뉴 길잡이

[인사/급여관리]-[급여관리]-[상용직급여입력및계산]

귀속연월과 지급일을 입력하고 조회한 후 전체 사원을 체크한다. 오른쪽 상단의 [급여계산] 버튼을 눌러 급여를 계산하고, 하단의 [급여총액] 탭에서 과세총액(110,368,640원)을 확인한다.

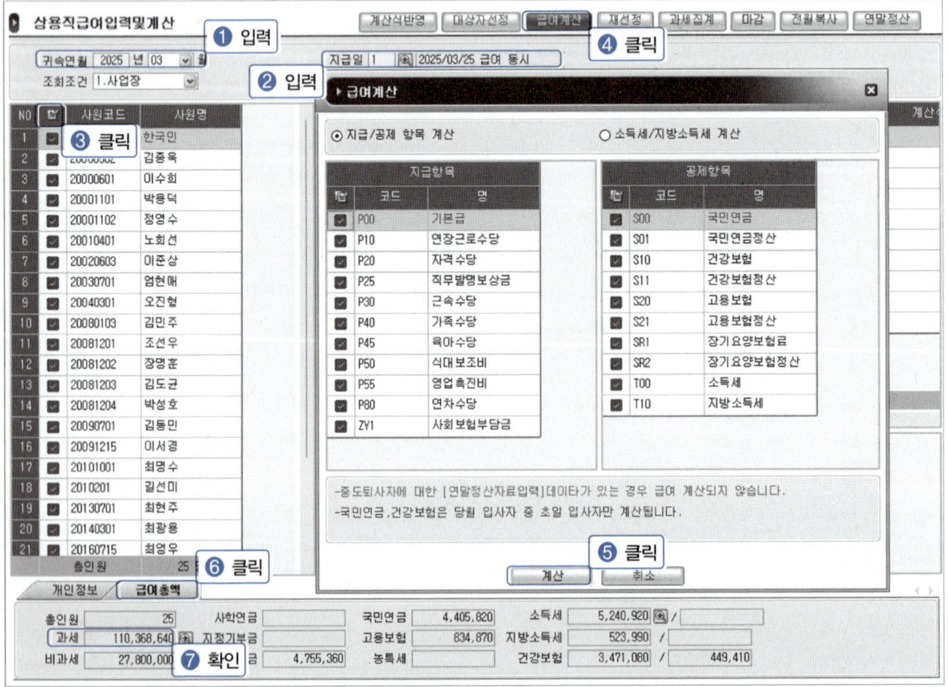

② : 해당 지급일자에서 지급된 특별급여는 책정된 임금의 [월급] 항목에 80%만큼 계산되었다. (×)
　　→ 책정임금의 [월급] 항목에 70%만큼 계산되었다.

메뉴 길잡이

[인사/급여관리]-[기초환경설정]-[지급공제항목등록]

오른쪽 상단의 [마감취소] 버튼을 눌러 마감을 취소한 후 급여구분(특별급여) 지급/공제구분(지급) 귀속연도(2025년)를 입력하고 조회한다. 하단의 [급여/계산식] 버튼을 눌러 월급 항목의 일반계산식(F02*0.7)을 확인한다.

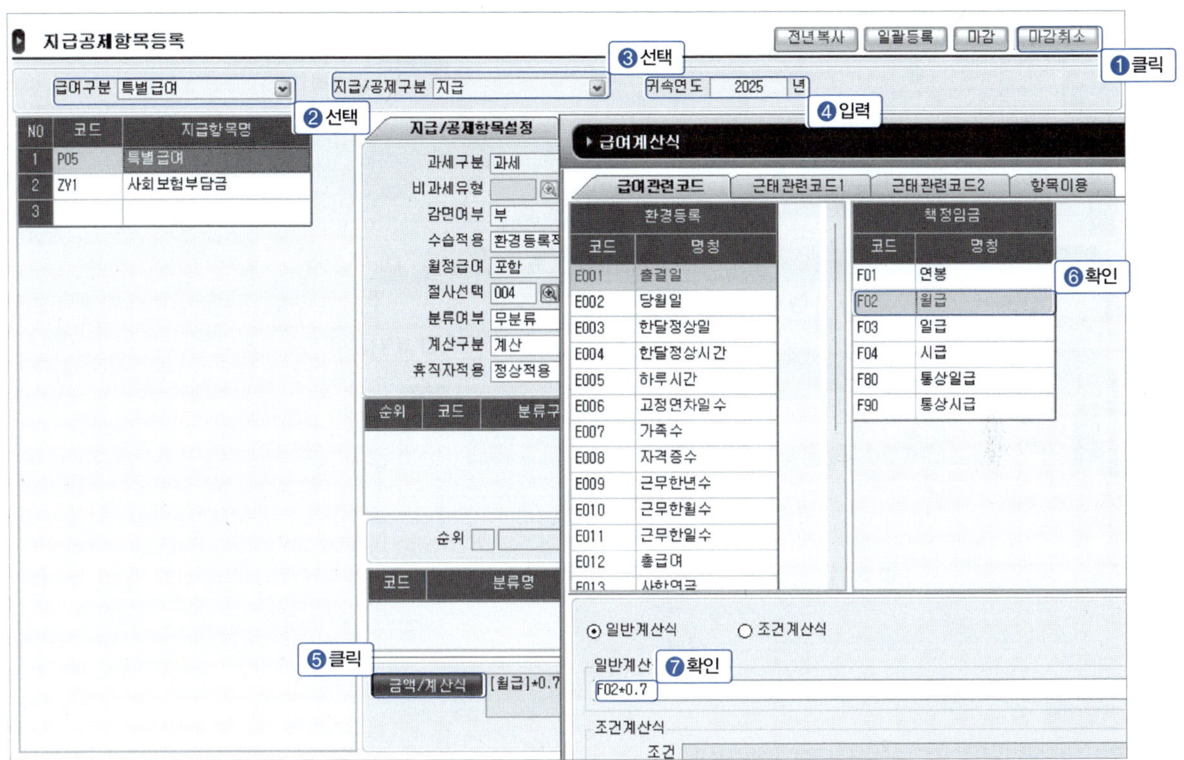

(1) 특별급여지급일자 등록

메뉴 길잡이

[인사/급여관리]–[기초환경설정]–[급/상여지급일자등록]

① 특별급여 생성 : **귀속연월**을 선택하고 순번 2(두 번째 칸)에 **지급일자**를 입력한다. **동시발행**은 **F2**를 눌러 **분리**로 등록하고, 대상자선정 은 **직종및급여형태별**로 입력한 후, 오른쪽 란에서 급여구분은 **F2**를 눌러 **특별급여**로 입력한다.

② 일괄등록 : 오른쪽 상단의 **[일괄등록]** 버튼을 눌러 급여형태가 **월급**인 **생산직**과 **연구직**을 입력하고 **전체 사업장**을 선택한다. 설정을 마 친 후 메뉴를 닫는다.

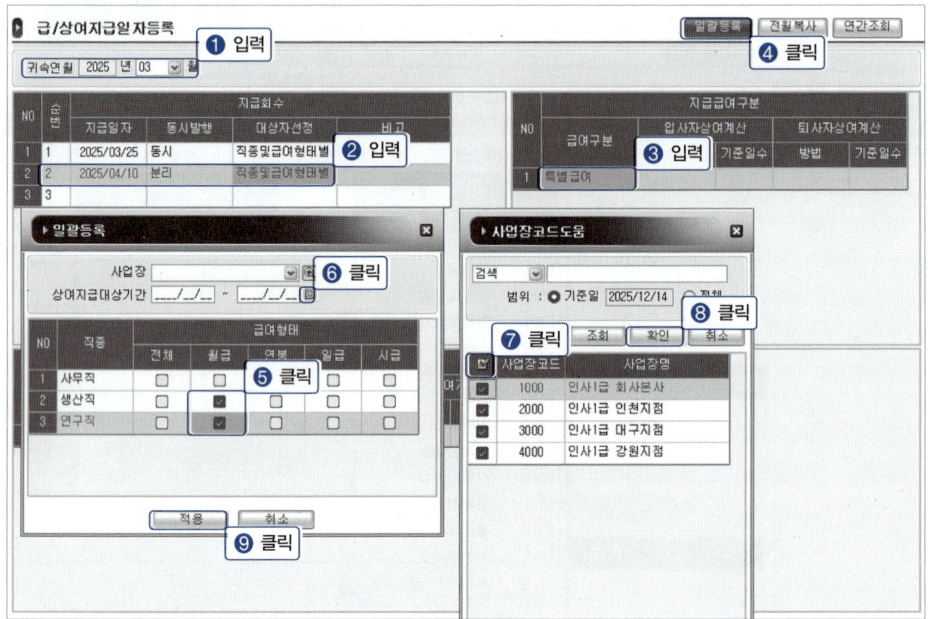

(2) 급여계산

메뉴 길잡이

[인사/급여관리]–[급여관리]–[상용직급여입력및계산]

① **귀속연월**과 **지급일**을 입력하고 조회한 후 **전체 사원**을 클릭하여 급여계산을 한다.

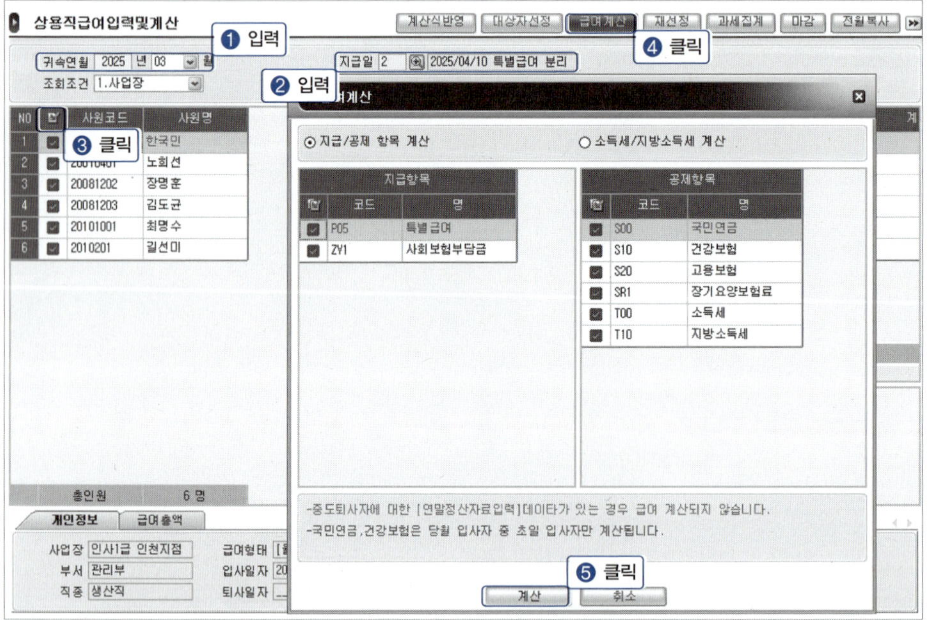

② 조회된 화면 하단의 [급여총액] 탭을 클릭하고, ① · ③ · ④ 문항에 해당하는 내용이 모두 옳다는 것을 확인한다.

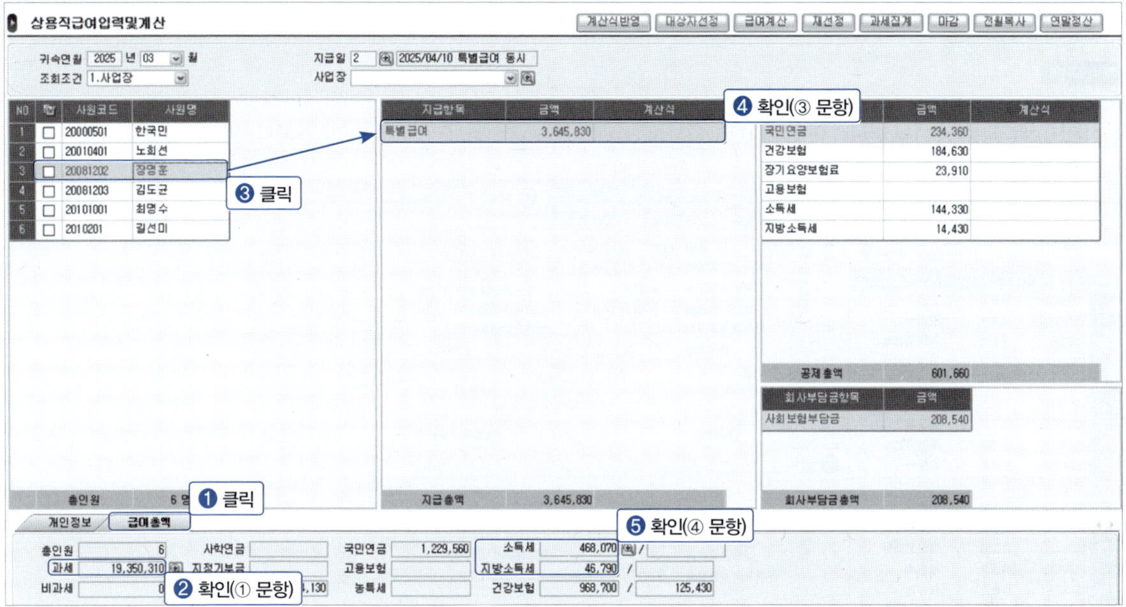

13 ③

③ : 국민은행을 통해 지급된 급상여금액은 나머지 금융기관을 통해 지급된 급상여금액보다 크다. (×)
　　→ 나머지 금융기관을 통해 지급된 급상여금액보다 적다.

메뉴 길잡이

[인사/급여관리]-[급여관리]-[급/상여이체현황]

소득구분, 귀속연월, 지급일, 무급자를 입력하고, 조회조건 옆 돋보기(🔍)를 눌러 **회사본사를 제외한 사업장**을 선택하여 조회한다. 국민은행을 통해 지급된 급상여금액은 나머지 금융기관을 통해 지급된 급상여금액보다 적다. ① · ② · ④은 모두 옳은 설명이다.

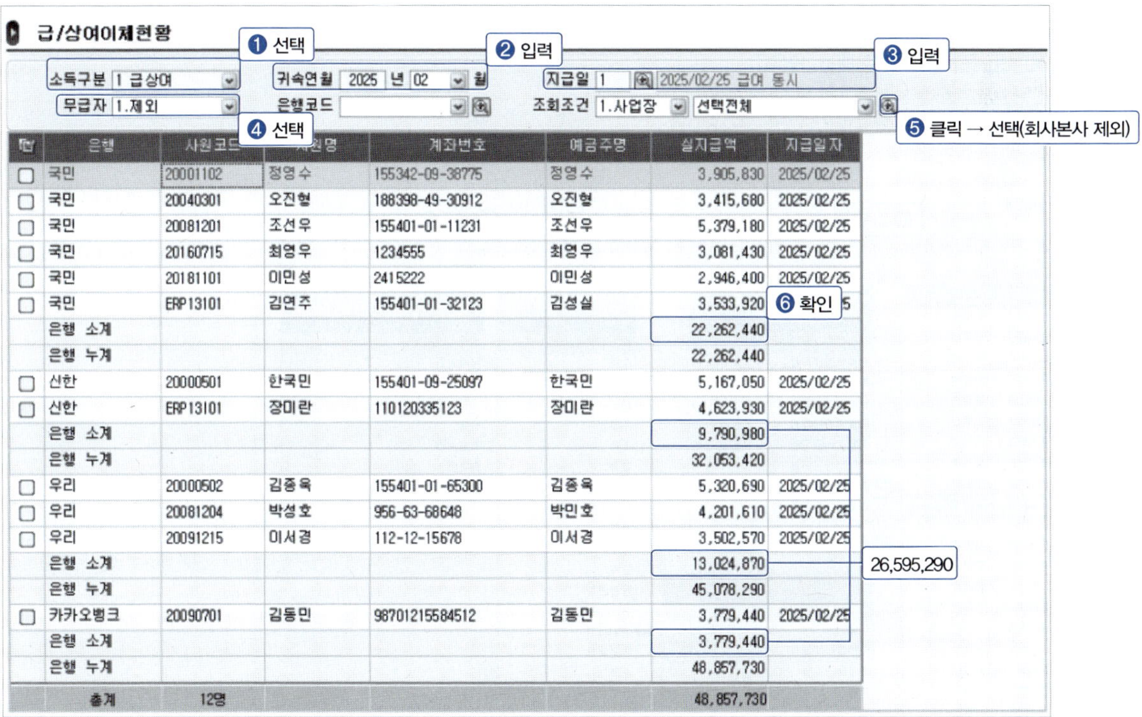

[20080103.김민주] 사원의 '초과근무수당'은 581,650원이다.

(1) 책정임금 시급 조회

메뉴 길잡이

[인사/급여관리]–[인사관리]–[인사정보등록]
김민주 사원을 선택하고, [급여정보] 탭 하단에서 책정임금 시급(16,501원)을 확인한다(금액의 *란을 클릭한 후 Ctrl + F3으로 조회한다).

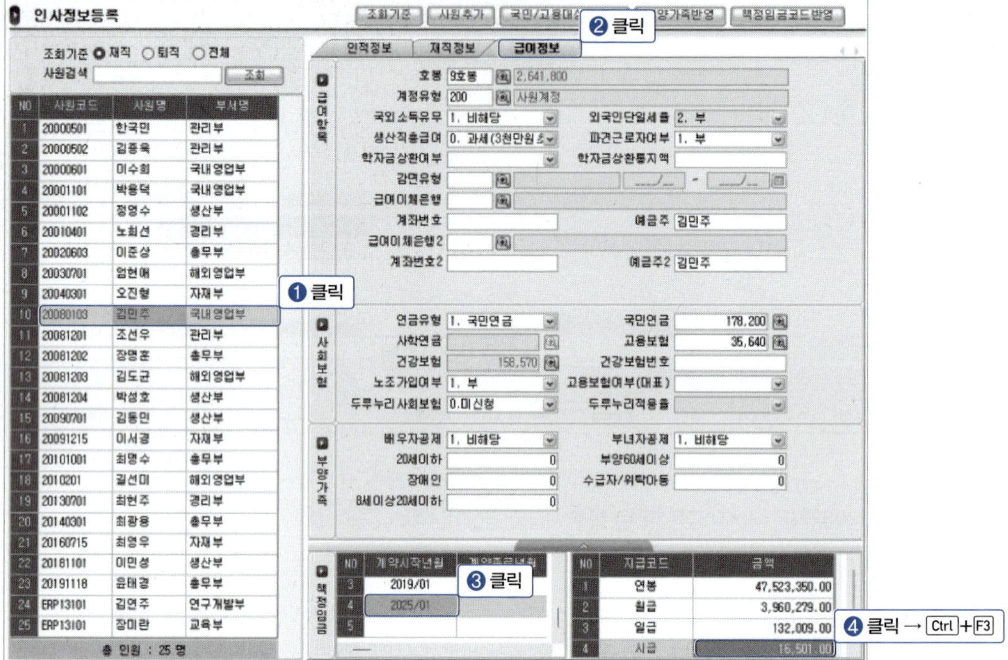

(2) 초과근무 시간

메뉴 길잡이

[인사/급여관리]–[급여관리]–[근태결과입력]
- 1유형 근무수당 : 19.75 × 16,501원 × 1.5 = 488,840원
- 2유형 근무수당 : 2.25 × 16,501원 × 2.5 = 92,810원
- 초과근무수당 : 488,840원 + 92,810원 = 581,650원

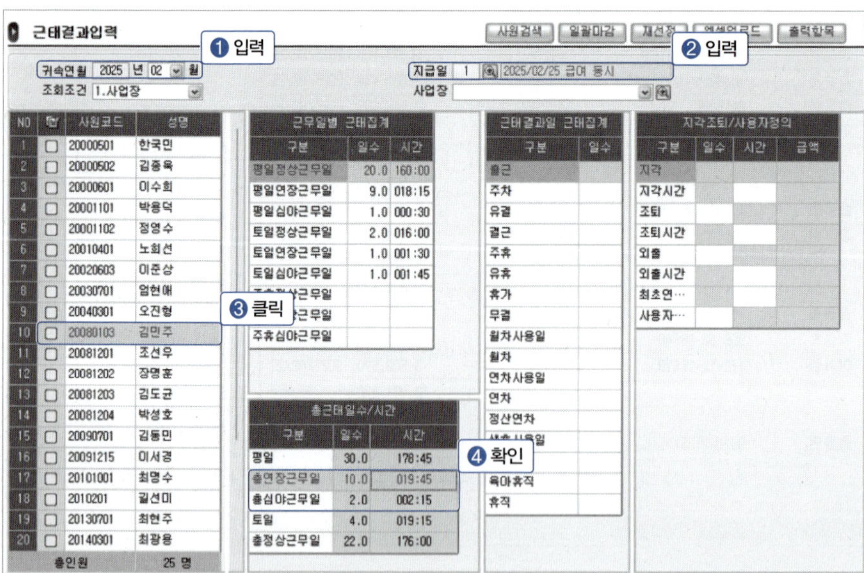

15 ④

④ : 2024년 12월의 식대보조비 : 6,000,000원 (×)
　　→ 2,000,000원

메뉴 길잡이

[인사/급여관리]–[급여관리]–[항목별급상여지급현황]

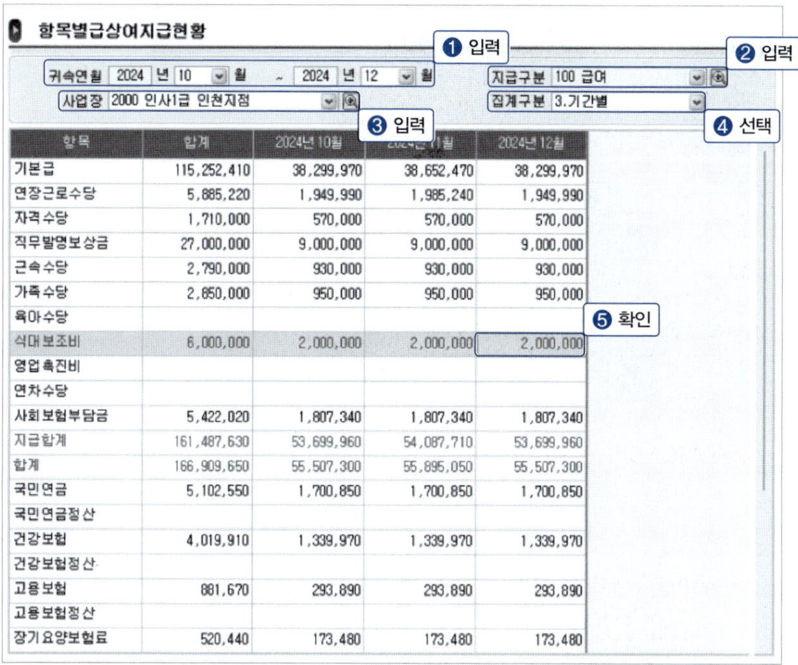

16 ④

④ : 해당 지급일자의 과세총액의 합은 22,441,692원이고, 비과세신고제외분의 금액은 발생하지 않았다. (×)
　　→ 비과세 신고제외분의 금액은 1,050,000원이 발생했다.

(1) 일용직 사원 추가

메뉴 길잡이

[인사/급여관리]–[일용직관리]–[일용직급여지급일자등록]

① 귀속연월, 지급일, 부서, 급여형태를 입력하여 해당하는 사원을 불러온다.

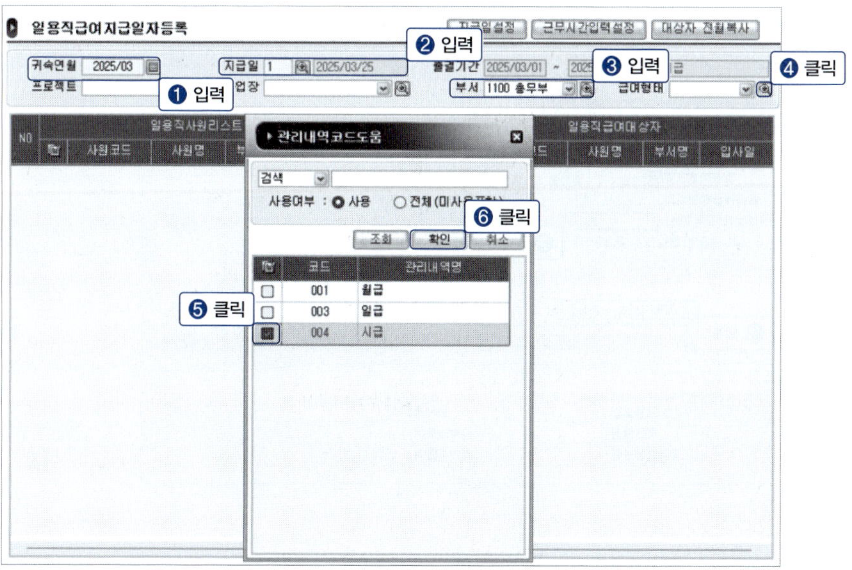

② **전체 사원**을 체크하고 가운데 [추가] 버튼을 클릭하여 오른쪽으로 이동해 준 후 메뉴를 닫는다.

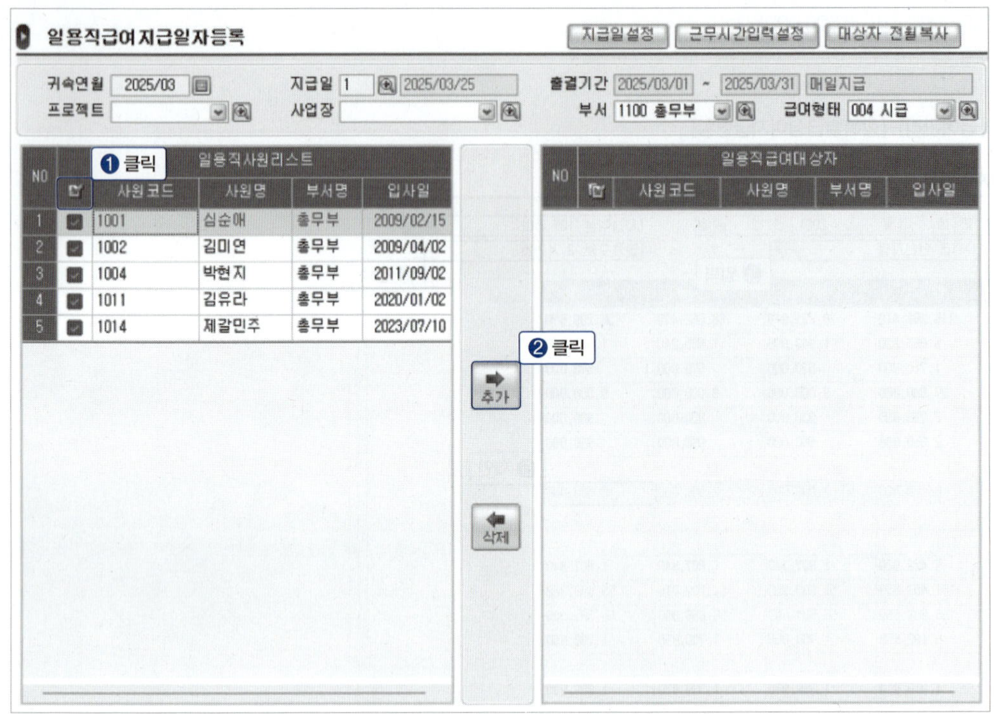

한선생님의 노하우

일용직 사원을 추가할 때는 [일용직급여지급일자등록] 메뉴를 사용합니다.

(2) 급여계산

메뉴 길잡이

[인사/급여관리]−[일용직관리]−[일용직급여입력및계산]

① **귀속연월, 지급일**을 입력한 후, 조회된 화면에서 **전체 사원**을 클릭하고 상단의 [일괄적용] 버튼을 눌러 **평일 9시간, 비과세신고제외 10,000원**을 등록한다.

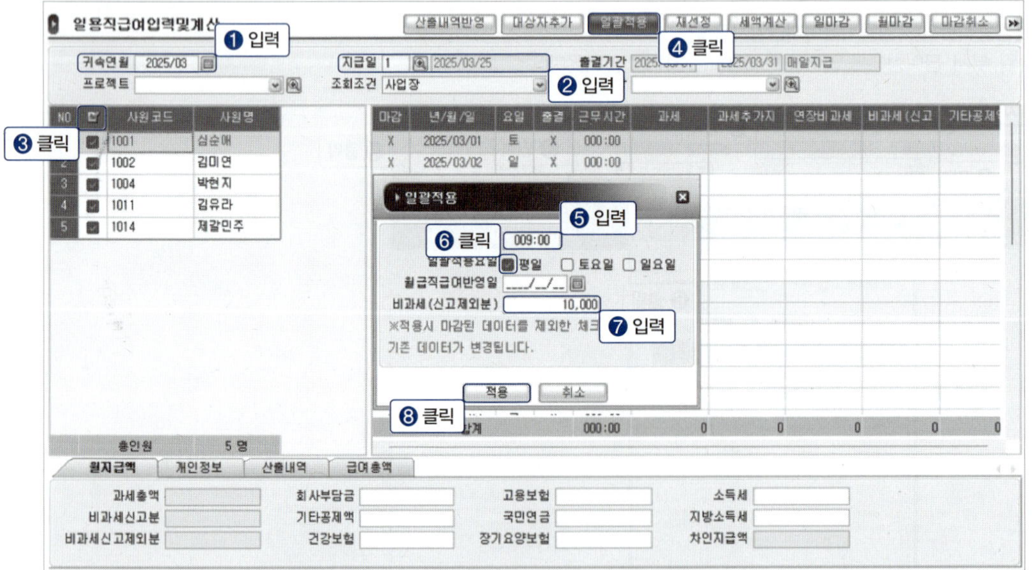

② 하단의 [급여총액] 탭에서 과세총액(22,441,692원)과 비과세신고제외분(1,050,000원)을 확인한다.

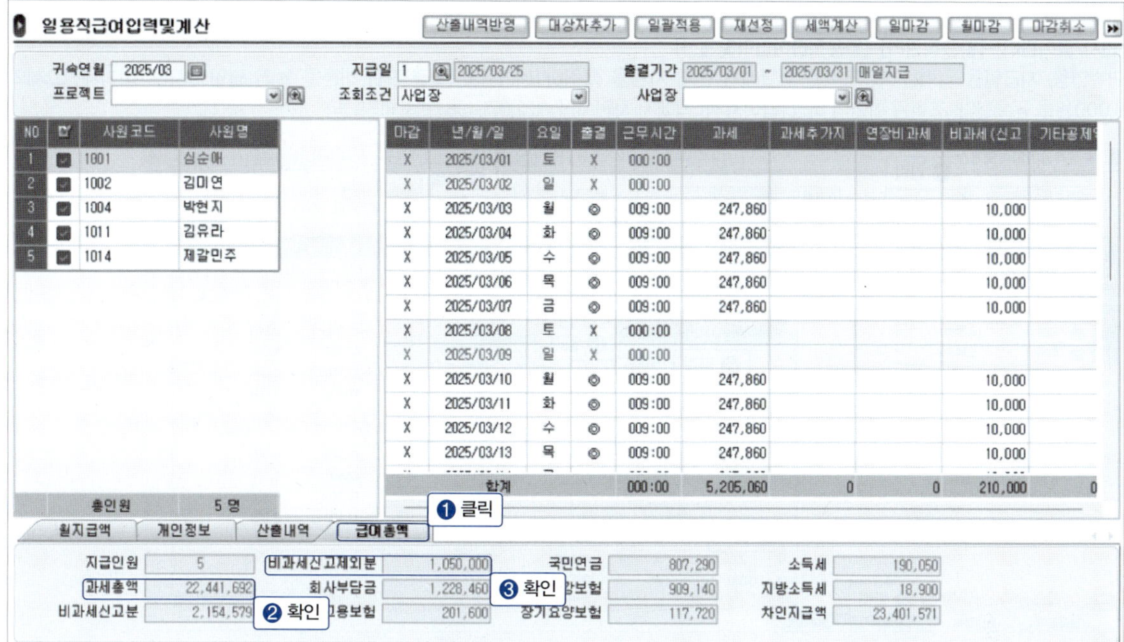

17 ③

실지급액의 총계는 22,071,498원이다.

(1) 일용직 사원 등록

메뉴 길잡이

[인사/급여관리]–[일용직관리]–[일용직사원등록]
노혜수 사원을 선택한 후 생산직비과세적용, 국민/건강/고용보험여부에 대한 정보를 변경하고 메뉴를 닫는다.

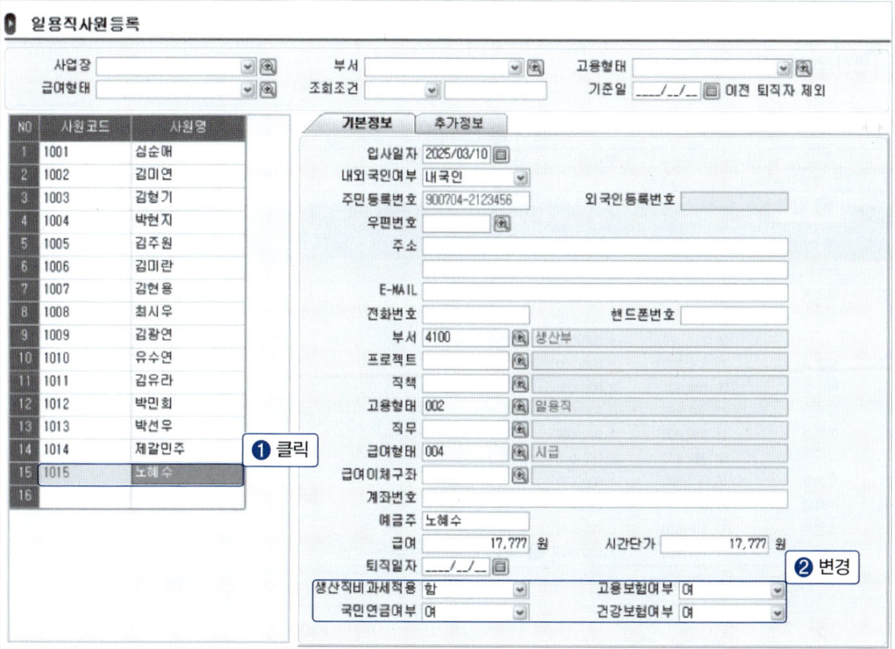

(2) 급여계산

[인사/급여관리]-[일용직관리]-[일용직급여입력및계산]

귀속연월, 지급일을 입력한 후, 조회된 화면에서 전체 사원을 클릭하고 상단의 [일괄적용] 버튼을 눌러 평일 9시간, 비과세신고제외 8,000원을 등록한다. 조회된 화면의 하단 [급여총액] 탭에서 차인지급액(22,071,498원)을 확인한다.

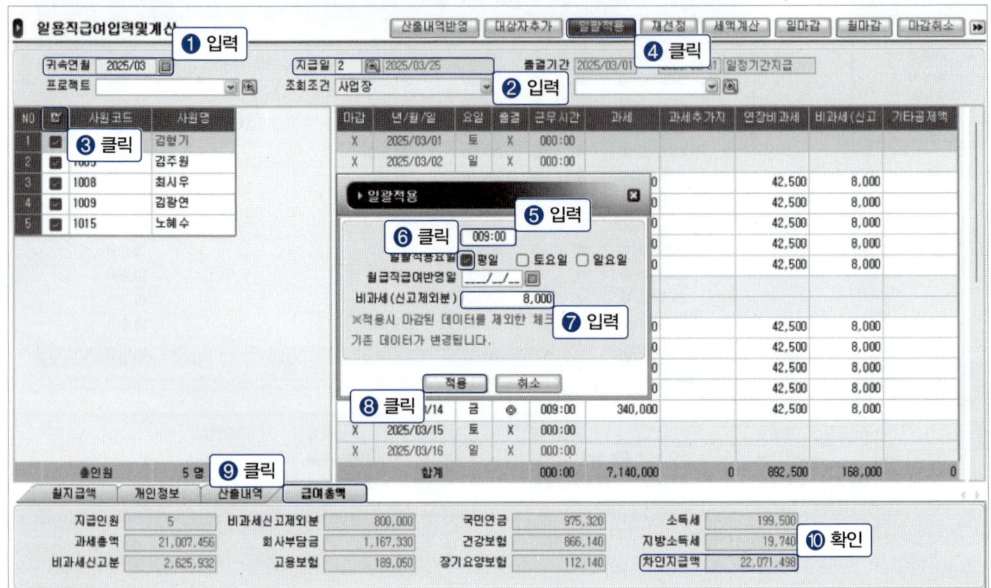

기본급 등 지급항목에서 공제항목(소득세 등)을 차감한 실제 지급액을 '차인지급액'이라고 합니다.

18 ④

과세총액 : 240,887,550원 / 비과세총액 : 28,000,000원

[인사/급여관리]-[급여관리]-[연간급여현황]

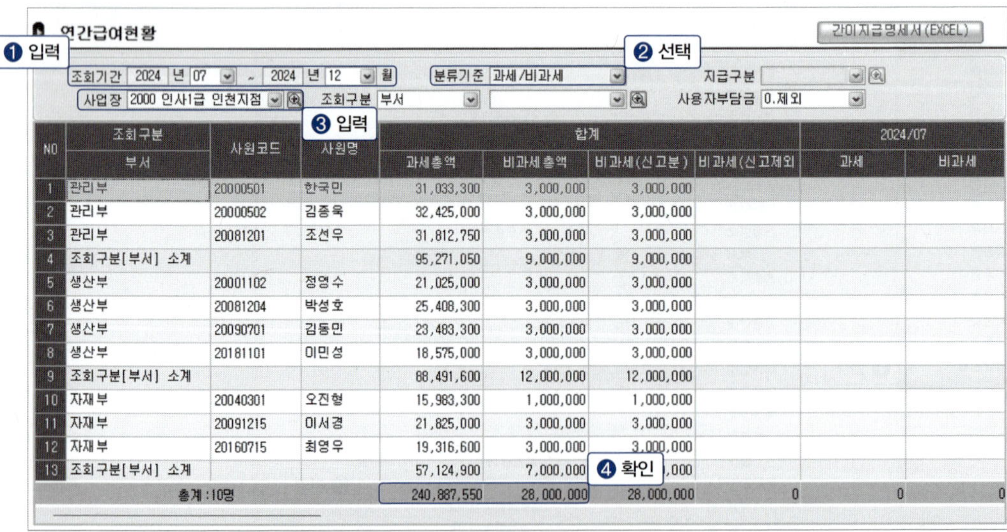

19 ②

② : 퇴직금 계산 시 급여 지급항목에 대해서만 선택이 가능하고, 상여 지급항목에 대해서는 선택이 불가하다. (×)
　　→ 상여 지급항목도 선택이 가능하다.

[메뉴 길잡이]

[인사/급여관리]-[퇴직정산관리]-[퇴직기준설정]
오른쪽 상단의 [마감취소] 버튼으로 마감을 취소한 후, [지급항목설정] 버튼을 눌러 지급항목을 조회한다.

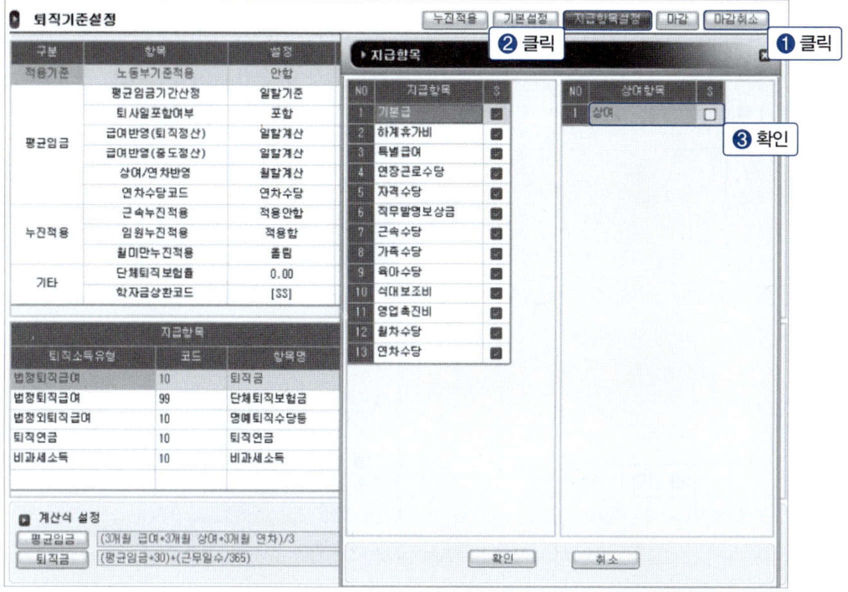

20 ③

③ : [20040301.오진형] 사원에게 실제로 지급될 퇴직금액은 72,370,450원이다. (×)
　　→ 실제로 지급될 퇴직금액은 71,964,690원이다.

(1) 퇴직기준 설정

[메뉴 길잡이]

[인사/급여관리]-[퇴직정산관리]-[퇴직기준설정]
① 오른쪽 상단의 [마감취소] 버튼으로 마감을 취소한 후, [기본설정] 버튼을 눌러 평균임금 계산식을 일평균 임금으로 선택한다.

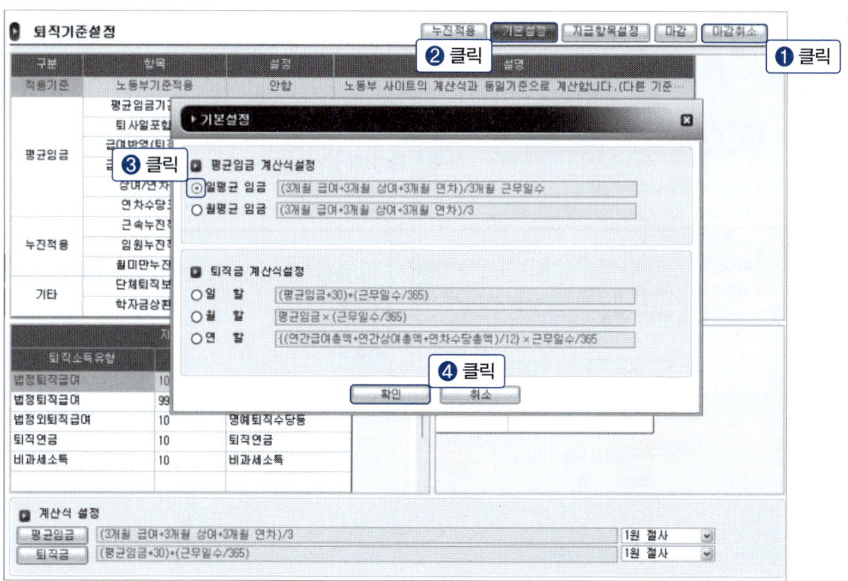

② [지급항목설정] 버튼을 눌러 지급항목을 **기본급, 자격수당, 근속수당**으로 설정한 후 메뉴를 닫는다.

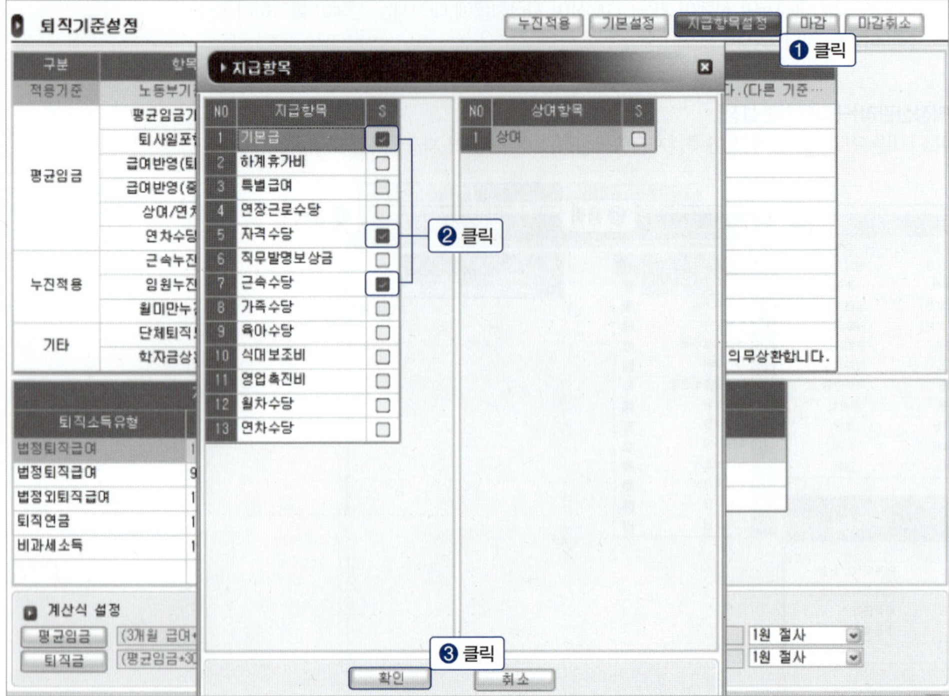

(2) 퇴직금 계산

메뉴 길잡이

[인사/급여관리]–[퇴직정산관리]–[퇴직금산정]

① 신고귀속, 귀속연도를 2025로 입력하고, 사업장은 **인천지점**을 선택한다. 정산구분은 **1.중도정산**으로 선택하고 상단의 [조회] 버튼을 클릭한다. 아직 대상자가 없기 때문에 상단의 [대상자선정] 버튼을 눌러 **귀속연월, 재직기준, 지급일자, 퇴직일자, 신청일자, 사원코드**를 입력한다.

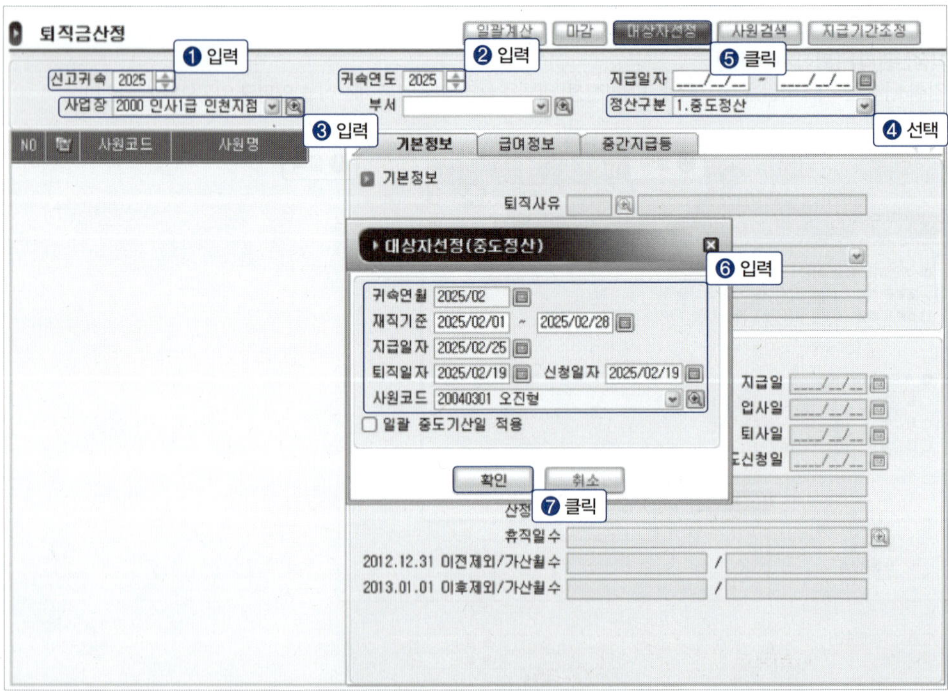

② [급여정보] 탭에서 [퇴직금계산] 버튼을 클릭하여 퇴직금을 계산한다.

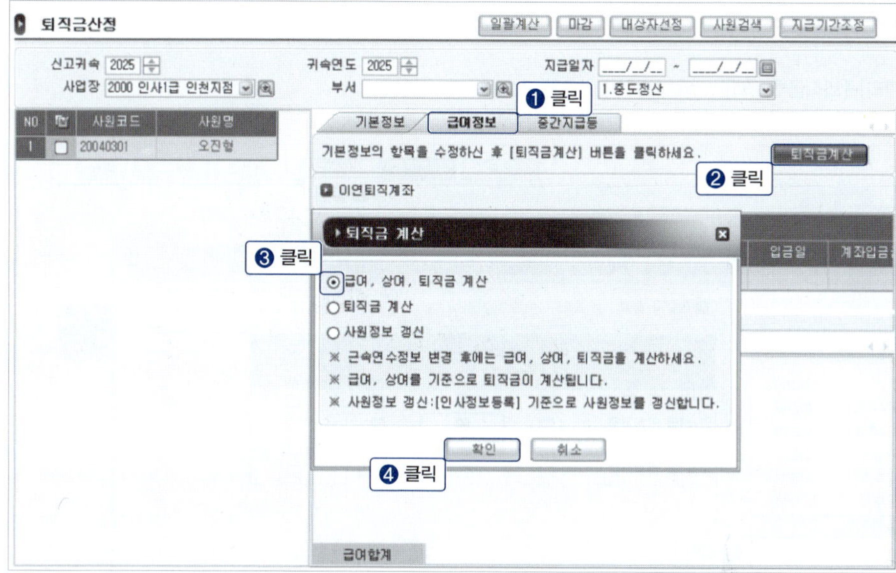

③ 하단의 [퇴직금정산내역] 탭에서 실제로 지급될 퇴직금액(71,964,690원)을 확인한다.

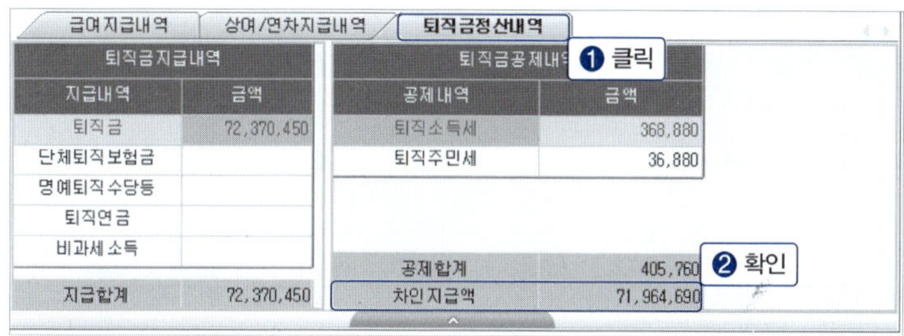

오답 피하기

① : [20040301.오진형] 사원의 중도 정산 시의 근속기간은 7636일이다. (○)
　　→ [퇴직급정산내역] 탭에서 가장 하단의 **화살표**(∧)를 누른 후 근속일수를 확인한다.

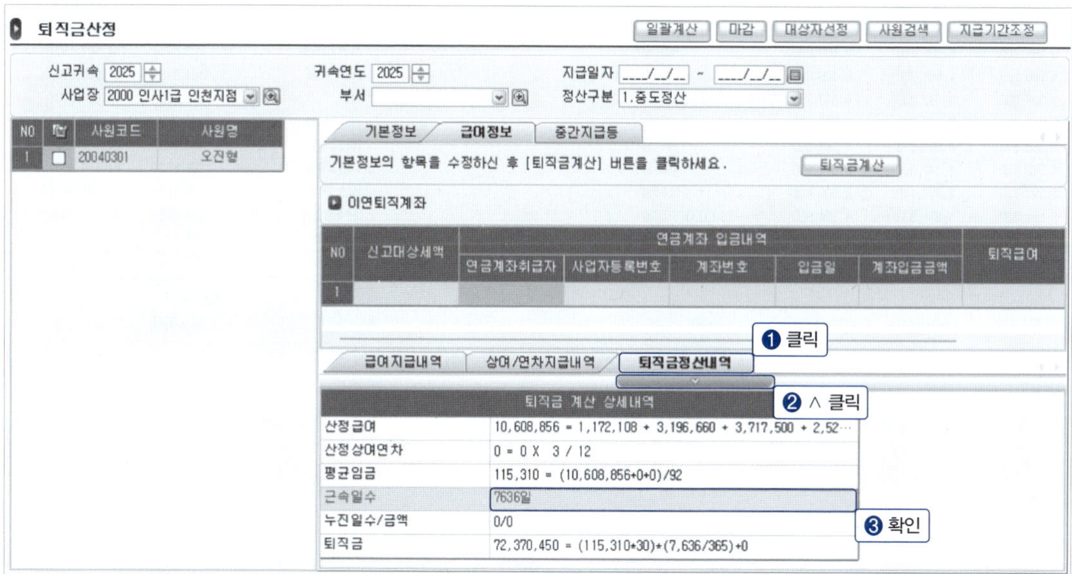

21 ①

'퇴직급여충당부채'는 348,915,490원이다.

메뉴 길잡이

[인사/급여관리]-[퇴직정산관리]-[퇴직금추계액]
① 오른쪽 상단의 [추계코드] 버튼을 눌러 추계코드(명), 기준연월, 대상 사업장(계정)을 등록한다.

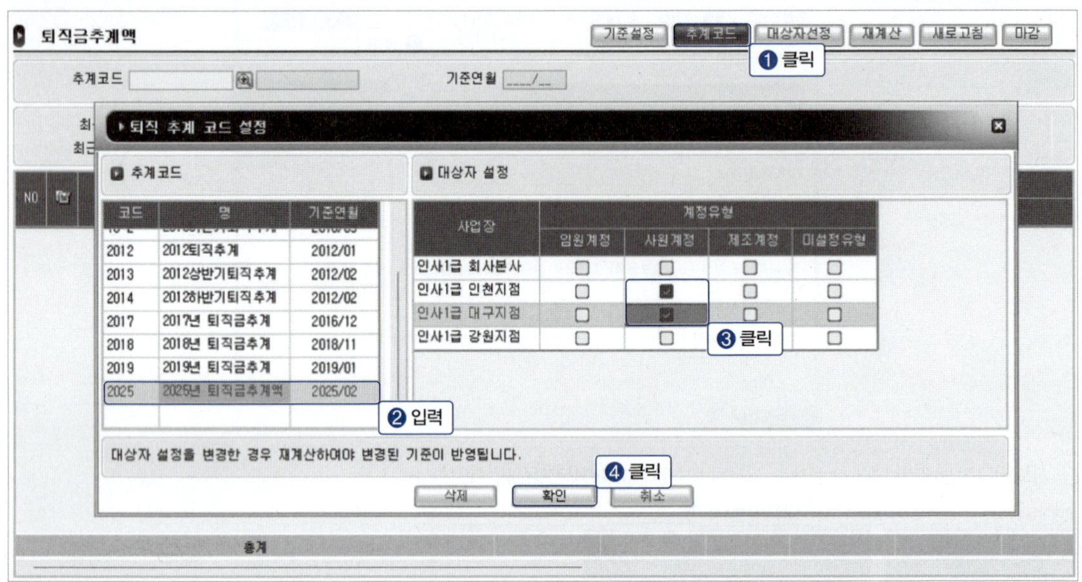

② 왼쪽 상단의 추계코드 옆 돋보기(🔍)를 클릭하고 2025.2025년 퇴직금추계액을 선택하여 내역을 조회한다. 퇴직급여충당부채는
872,288,740원 × 40% = 348,915,490원이다.

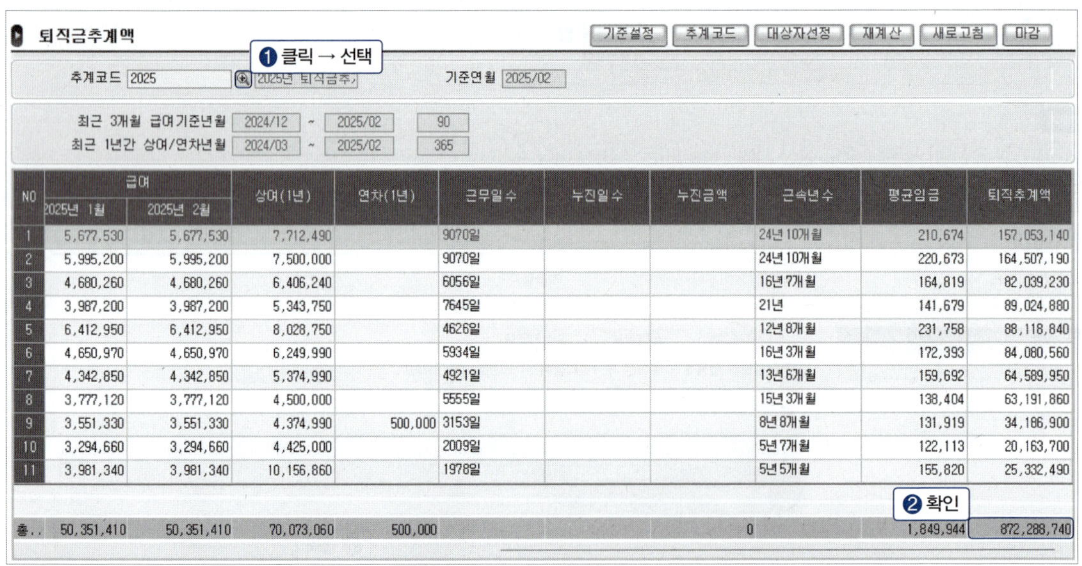

NO	급여 2025년 1월	2025년 2월	상여(1년)	연차(1년)	근무일수	누진일수	누진금액	근속년수	평균임금	퇴직추계액
1	5,677,530	5,677,530	7,712,490		9070일			24년 10개월	210,674	157,053,140
2	5,995,200	5,995,200	7,500,000		9070일			24년 10개월	220,673	164,507,190
3	4,680,260	4,680,260	6,406,240		6056일			16년 7개월	164,819	82,039,230
4	3,987,200	3,987,200	5,343,750		7645일			21년	141,679	89,024,880
5	6,412,950	6,412,950	8,028,750		4626일			12년 8개월	231,758	88,118,840
6	4,650,970	4,650,970	6,249,990		5934일			16년 3개월	172,393	84,080,560
7	4,342,850	4,342,850	5,374,990		4921일			13년 6개월	159,692	64,589,950
8	3,777,120	3,777,120	4,500,000		5555일			15년 3개월	138,404	63,191,860
9	3,551,330	3,551,330	4,374,990	500,000	3153일			8년 8개월	131,919	34,166,900
10	3,294,660	3,294,660	4,425,000		2009일			5년 7개월	122,113	20,163,700
11	3,981,340	3,981,340	10,156,860		1978일			5년 5개월	155,820	25,332,490
총..	50,351,410	50,351,410	70,073,060	500,000			0		1,849,944	872,288,740

▶ 한선생님의 노하우

왼쪽 상단에서 '추계코드'를 선택하는 것이 아니라, 오른쪽 상단의 [추계코드] 버튼을 눌러 새로 생성하는 것입니다.

22 ④

④ : 해당 조회조건에서 발생한 실지급액의 합이 가장 큰 소득자는 [20200715.권정문]이며, 총 19,015,200원의 금액이 지급되었다. (○)

메뉴 길잡이

[인사/급여관리]-[사업/기타/이자배당소득관리]-[소득자별소득현황]

소득구분을 2.거주자 기타소득으로 선택하고, 귀속은 2024년 전체 지급기간은 4분기로 입력한다. 조회된 화면에서 실지급액의 합이 가장 큰 소득자([20200715.권정문])와 총 지급금액(19,015,200원)을 확인한다.

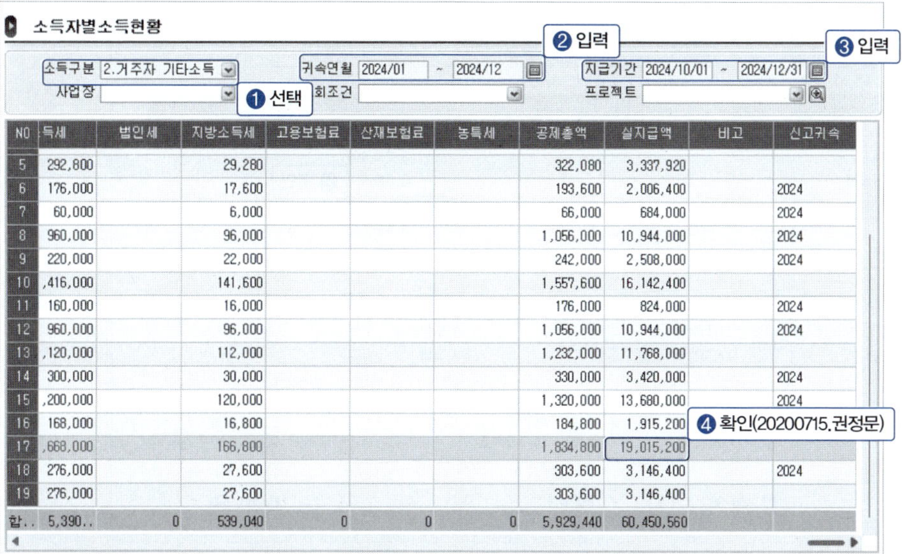

23 ③

③ : 당좌예금 : 60,288,960원 (×)
　　→ 54,233,800원

메뉴 길잡이

[인사/급여관리]-[전표관리]-[전표집계및생성]

① 지급유형, 귀속연월, 회계단위(회사본사), 결의일자, 작성자를 입력하고 [집계내역] 버튼을 눌러 인천지점, 대구지점의 급여를 체크한다.

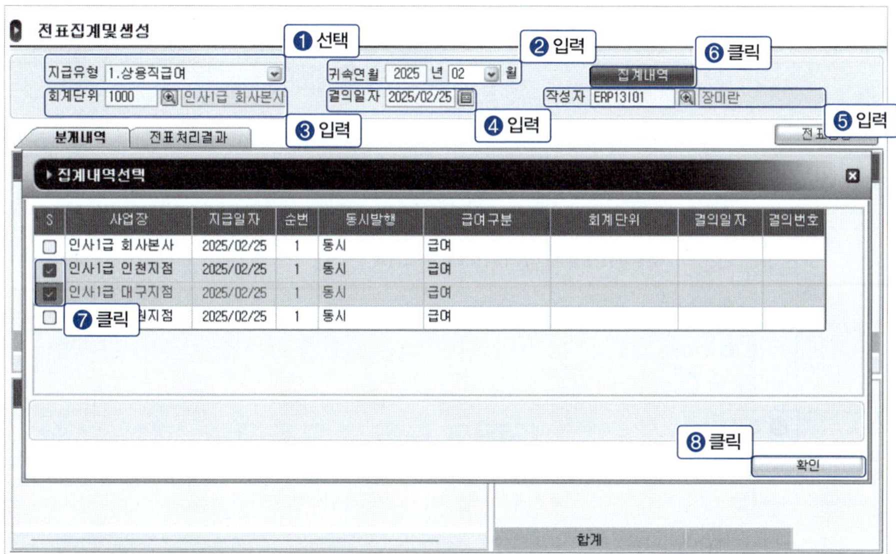

② [전표생성] 버튼을 눌러 전표를 생성하고, [전표처리결과] 탭에서 상단의 [조회]를 클릭한 후 내역을 확인한다. 당좌예금은 54,233,800원이다.

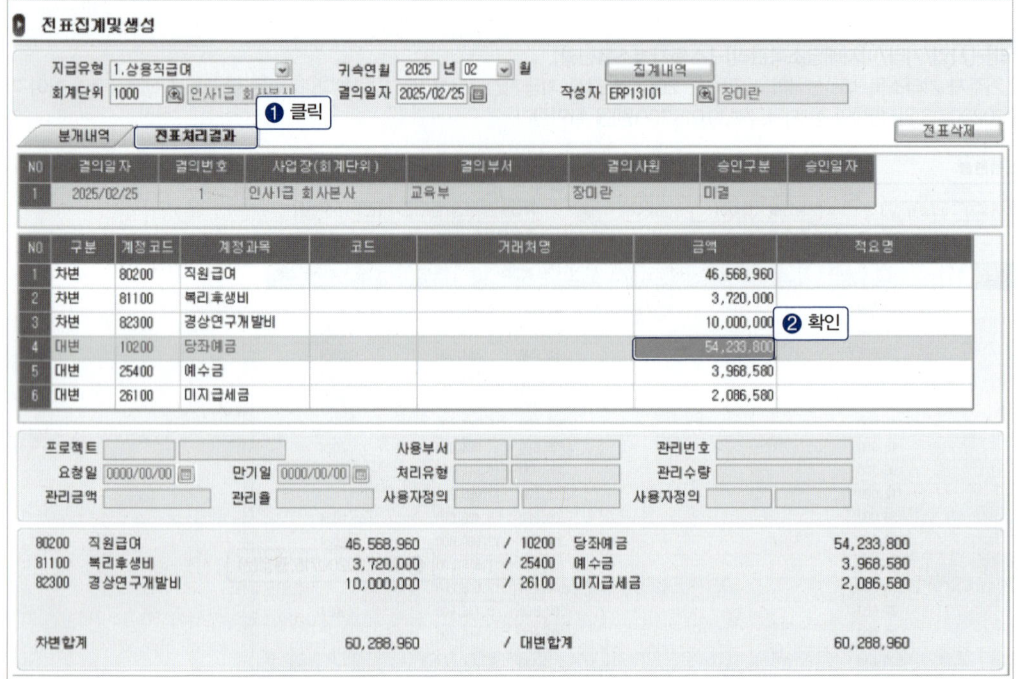

24 ④

④ : [20200601.최성연] – 과세표준 : 101,200원 / 산출세액 : 10,120원 (×)
　　→ 과세표준 : 101,230원 / 산출세액 : 10,120원

메뉴 길잡이

[인사/급여관리]–[세무관리]–[지방소득세특별징수명세/납부서]

① 오른쪽 상단의 [신고서생성] 버튼을 눌러 신고서 생성기준, 매월/반기 구분, 신고사업장, 신고구분 등 제시된 자료를 입력하고, '계속근무자 연말정산 환급액 반영 기준' 창에서 **미적용**을 클릭한다.

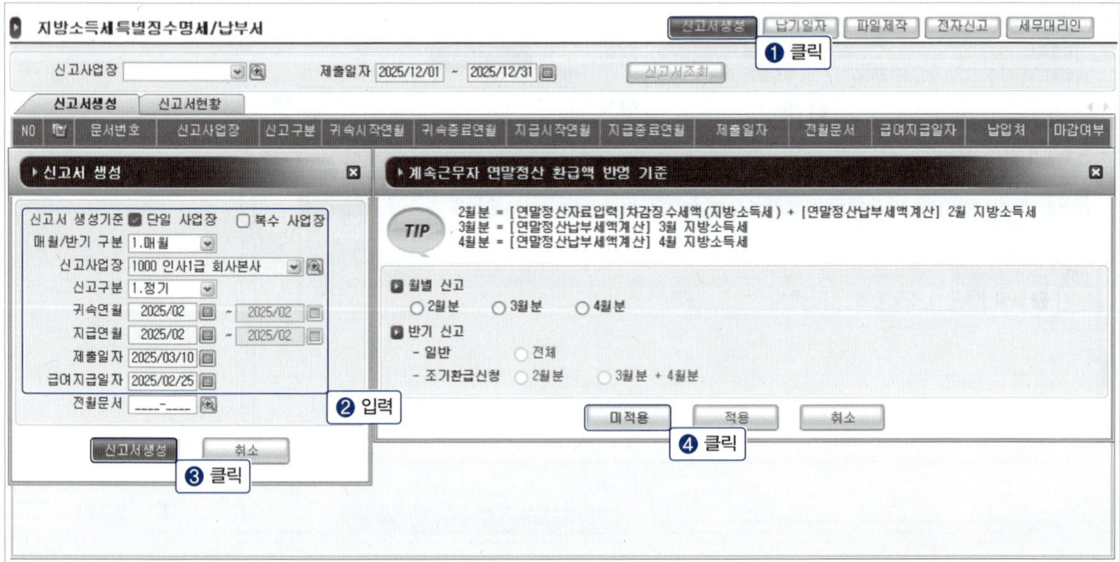

② 상단의 제출일자를 2025/03/10로 수정한 후 [신고서조회] 버튼을 누르고, [징수 및 조정명세서] 탭에서 소득구분을 3.사업소득으로 변경하면 사원별 내역이 조회된다(자료가 나오지 않으면 왼쪽 탭을 클릭했다가 다시 돌아오면 조회된다). 최성연 사원의 과세표준 (101,230원)과 산출세액(10,120원)을 확인한다.

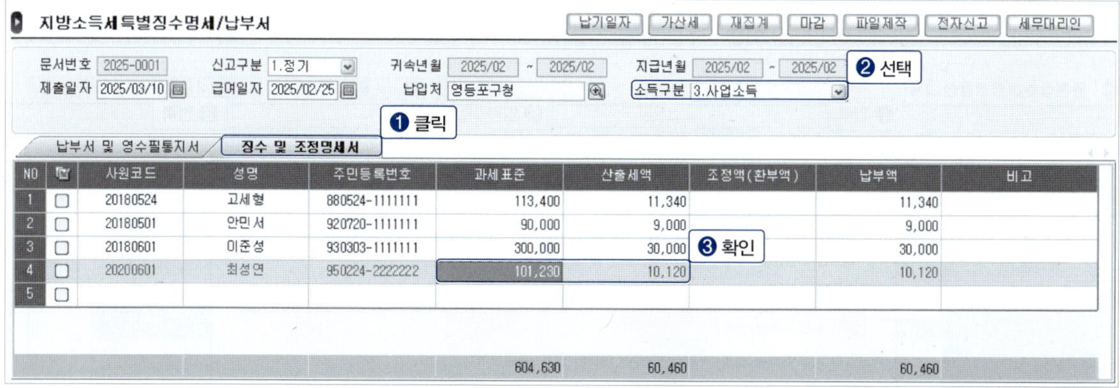

25 ②

② : 신고서 생성을 한 뒤 근로소득─간이세액의 총지급액과 소득세는 해당 신고서에서 바로 수정이 가능하다. (○)

(1) 인사/급여환경설정 변경

메뉴 길잡이

[인사/급여관리]─[기초환경설정]─[인사/급여환경설정]

원천세 신고유형은 **사업장별신고**, 이행상황신고서집계방식은 **지급연월**로 변경하고 메뉴를 닫는다.

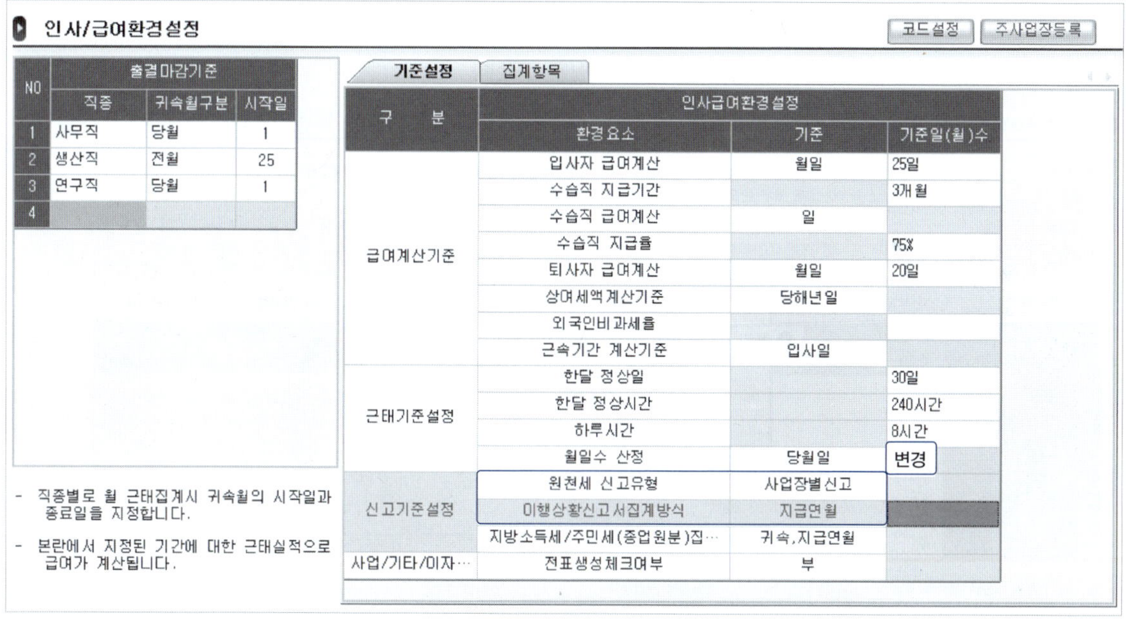

(2) 원천징수이행상황신고서 생성

[인사/급여관리]–[세무관리]–[원천징수이행상황신고서]

① 신고사업장을 **회사본사**로 하고 [신고서추가] 버튼을 누른다. 화면이 바뀌면 **귀속연월, 지급연월, 제출일자**를 입력한다. '근로소득 데이터 반영기준' 창에서 일반 데이터 반영은 **매월 징수분(전체)**, 연말정산 소득세, 농특세 반영은 **미적용**을 선택한 후 [적용]을 클릭한다.

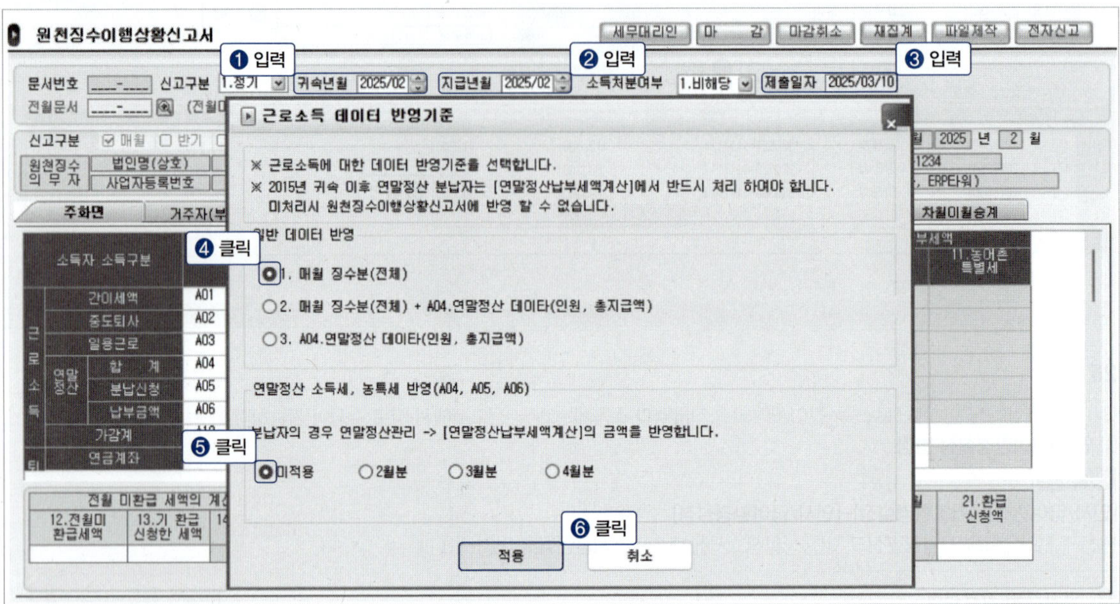

② '집계데이터선택' 창에서 **매월징수분 + 사업연말/종교인연말정산**을 선택한다.

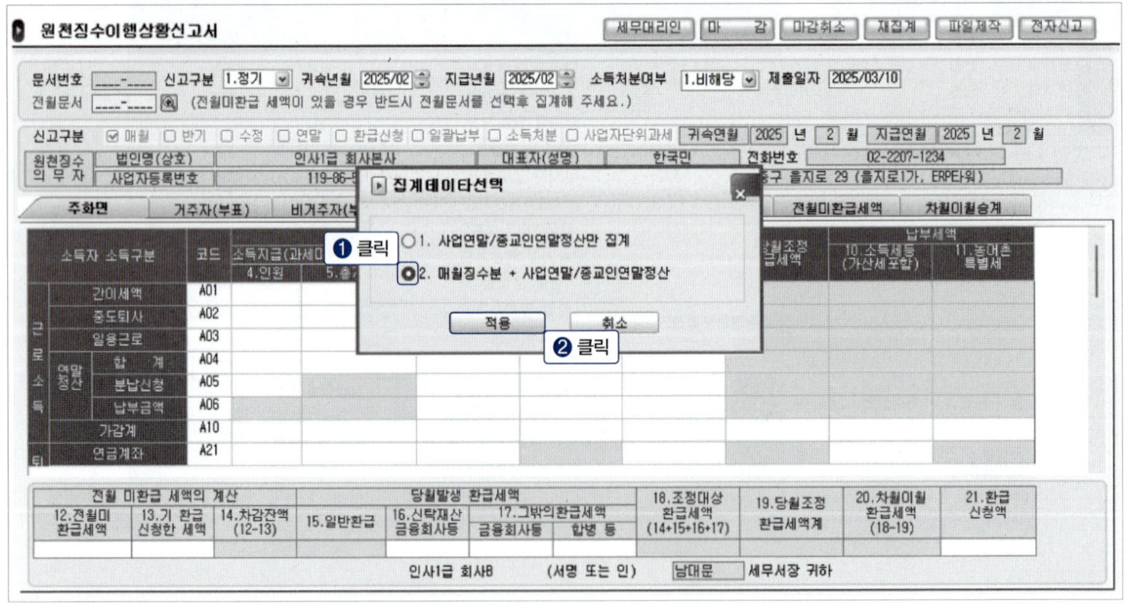

③ 근로소득−간이세액의 총지급액과 소득세는 해당 신고서에서 바로 수정이 가능하다.

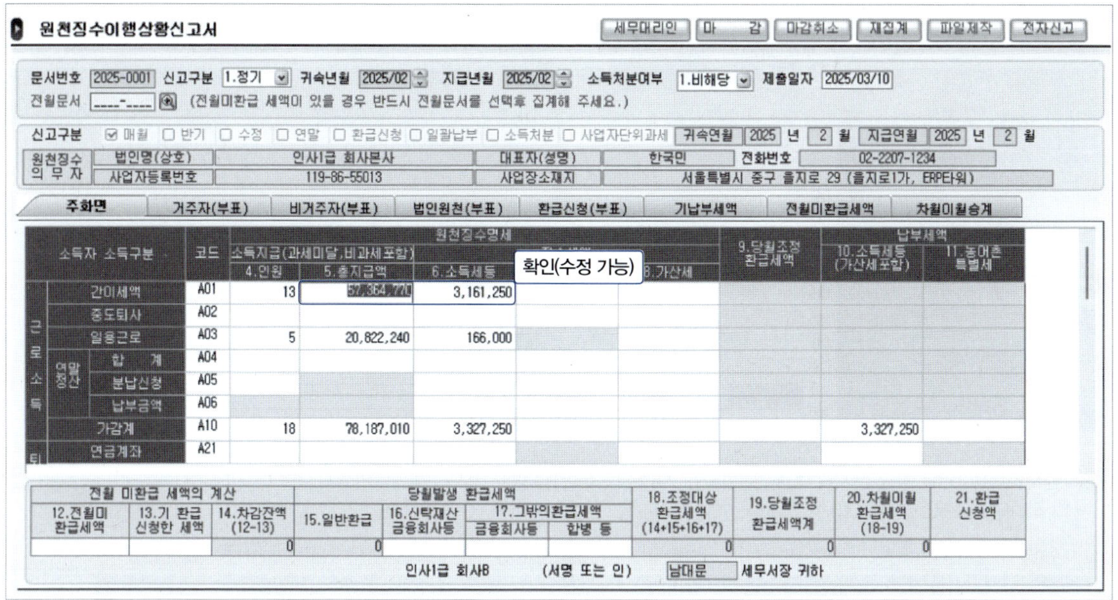

오답 피하기

- ① : 해당 지급연월의 신고서에서 발생한 소득은 근로소득과 사업소득뿐이며, 총 지급액의 합은 78,187,010원이다. (×)
  → 총 지급액의 합은 101,086,560원이다.

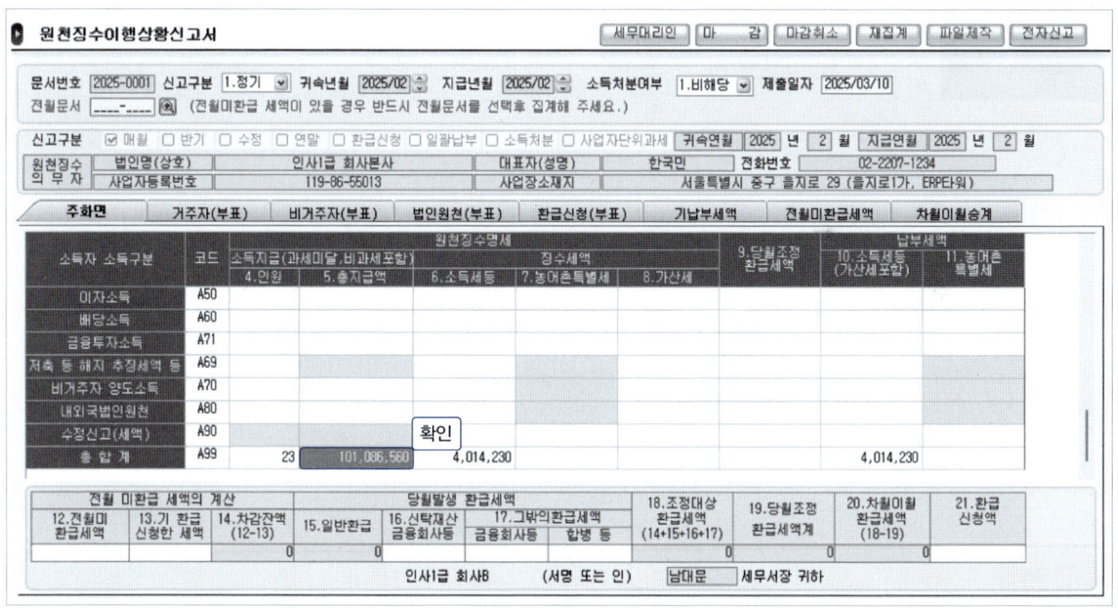

- ③ : A25. 사업소득-매월징수에 집계된 금액의 상세 소득내역은 비거주자(부표) 탭에서 확인할 수 있다. (×)
  → 거주자(부표) 탭에서 확인할 수 있다.

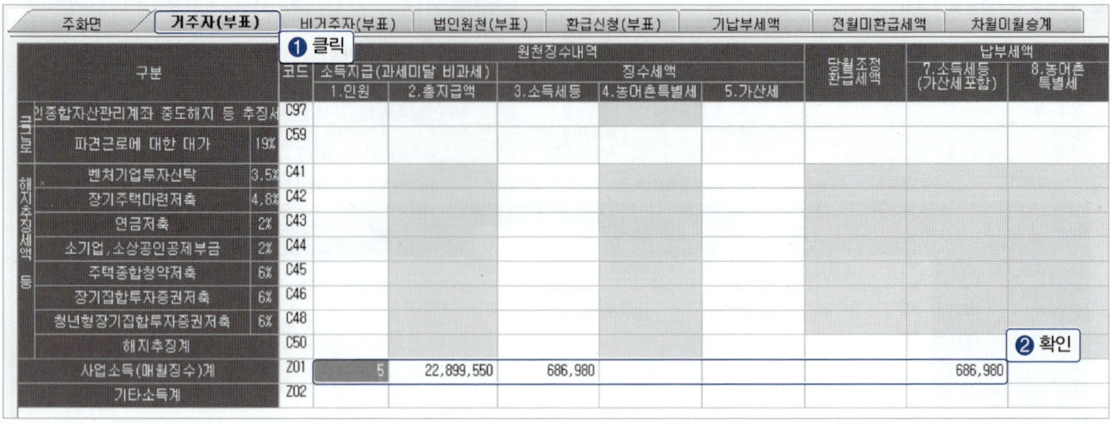

구분		코드	원천징수내역					당월조정환급세액	납부세액	
			소득지급(과세미달 비과세)		징수세액				7.소득세등(가산세포함)	8.농어촌특별세
			1.인원	2.총지급액	3.소득세등	4.농어촌특별세	5.가산세			
근로	인종합자산관리계좌 중도해지 등 추징세	C97								
	파견근로에 대한 대가 19%	C59								
해지추징세액 등	벤처기업투자신탁 3.5%	C41								
	장기주택마련저축 4.8%	C42								
	연금저축 2%	C43								
	소기업,소상공인공제부금 2%	C44								
	주택종합청약저축 6%	C45								
	장기집합투자증권저축 6%	C46								
	청년형장기집합투자증권저축 6%	C48								
	해지추징계	C50								
	사업소득(매월징수)계	Z01	5	22,899,550	686,980				686,980	
	기타소득계	Z02								

- ④ : 근로소득의 1인당 평균 총지급액(원단위절사)는 사업소득의 1인당 평균 총지급액(원단위절사)보다 더 크다. (×)
  → 더 적다(근로소득 : 78,187,010/18 = 4,343,722, 사업소득 : 22,899,550/5 = 4,579,910).

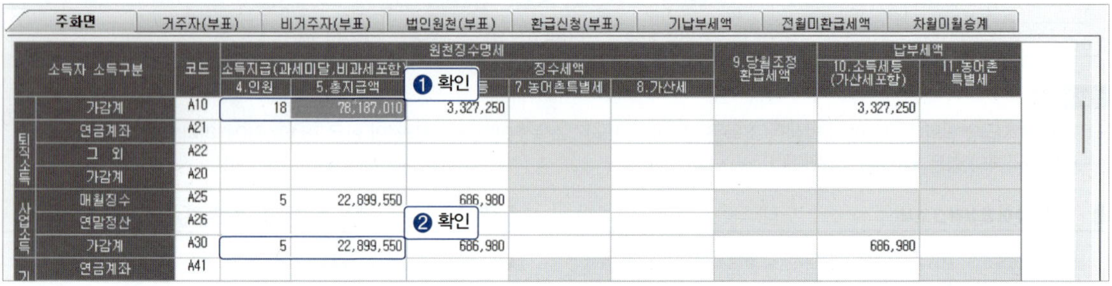

소득자 소득구분		코드	원천징수명세					9.당월조정환급세액	납부세액	
			소득지급(과세미달,비과세포함)		징수세액				10.소득세등(가산세포함)	11.농어촌특별세
			4.인원	5.총지급액		7.농어촌특별세	8.가산세			
	가감계	A10	18	78,187,010	3,327,250				3,327,250	
퇴직소득	연금계좌	A21								
	그 외	A22								
	가감계	A20								
사업소득	매월징수	A25	5	22,899,550	686,980					
	연말정산	A26								
	가감계	A30	5	22,899,550	686,980				686,980	
기	연금계좌	A41								

이론

01 ③	**02** ③	**03** ③	**04** ④	**05** ①	**06** ②	**07** ③	**08** ②	**09** ④	**10** ③
11 ③	**12** ②	**13** ③	**14** 직무전문화		**15** ②	**16** ④	**17** ①	**18** ④	**19** ④
20 대용	**21** ①	**22** ④	**23** ④	**24** ③	**25** ②	**26** 1	**27** 원천징수영수증		**28** ①
29 ①	**30** ④	**31** ②	**32** 25	**33** 유연근무					

이론

01 ③

텍스트마이닝(Text Mining)은 텍스트(글자, 문장) 데이터에서 정보를 추출하는 기술로, 자연어 처리(NLP)와 데이터마이닝을 결합하여 비정형 또는 반정형 데이터에서 패턴 또는 관계를 추출하여 의미 있는 정보를 찾아내는 기법이다.

02 ③

IT 인프라 자원을 클라우드 서비스로 빌려 쓰는 형태의 클라우드 서비스 유형은 IaaS(Infrastructure as a Service)이다.

03 ③

TO-BE Process 도출, 패키지 설치 등은 설계단계에서 이루어진다.

04 ④

현재 및 미래 고객들과 상호작용하도록 하는 것은 CRM(Customer Relationship Management, 고객관계관리) 모듈이다.

05 ①

ERP의 도입을 통해 기업 업무 프로세스를 혁신해야 하는데(BPR), 커스터마이징을 극대화하여 과거의 업무 프로세스에 과도하게 맞춘다면 ERP 도입의 효과가 매우 떨어지게 된다.

06 ②

자동화시스템의 도입이 확대되더라도 인적자원의 중요성은 감소하지 않는다.

07 ③

직무를 구성요소인 과업들로 나누고 상세한 묘사와 부연설명을 하는 것은 직무내용이다.

08 ②

분석적 평가 방법은 수치 정보를 통해 계량적으로 평가하는 방법이다.

오답 피하기

비계량적(정성적) 방법은 사람의 경험과 직관을 활용하는 다소 전통적인 평가 방법으로, 간명하고 탄력적이며 직무의 상대적 가치를 서열 내지 등급으로 표시하고, 인원이 적은 중소기업의 직무평가에서 많이 활용한다.

09 ④

오답 피하기

- ① 시뮬레이션 : 수학적 기법
- ② 시계열 분석 : 통계적 접근법
- ③ 경영자 판단 : 주관적 접근법

10 ③

사기 향상 정도, 모집효과분석, 투입비용계산은 인적자원관리의 통제 단계에 해당한다.

11 ③

다수의 면접자가 한 사람의 피면접자를 상대로 실시하는 면접 방식은 패널면접이다.

12 ②

오답 피하기

- ① 작업요건 : 위험도, 작업시간, 작업환경, 작업위험 등
- ③ 책임요소 : 관리감독, 기계설비, 직무개선, 원재료 책임 등
- ④ 노력요소 : 육체적 · 정신적 노력 등

13 ③

인사 담당자가 정책을 실현할 때에는 제도적 측면, 인간적 측면 어느 한쪽으로 치우쳐서는 안 된다.

14 직무전문화

직무를 보다 세분화하여 각자가 비교적 줄어든 공정을 수행하도록 하고 있기 때문에, 직무전문화에 대한 설명으로 볼 수 있다.

15 ②

오답 피하기

- ① 신뢰성(Reliability) : 측정하고자 하는 평가내용(항목)이 얼마나 정확하게 반영되었느냐에 관한 것
- ③ 실용성(Practicability) : 기업이 인사 평가제도가 비용보다 효과가 큰지를 검토하는 것
- ④ 수용성(Acceptability) : 인사 평가제도에 대한 피평가자가 적법하고 필요한 것이라고 믿고, 평가가 공정하게 이루어지며, 평가결과가 활용되는 목적에 동의하는 정도

16 ④

훈련기관 위탁, 연수원, 훈련원 등은 직장 외 훈련(Off-the-Job Training) 내용이다.

17 ①

오답 피하기

- ② 사례연구 : 특정 주제에 관한 실제 사례를 작성하여 배부하고 이를 토론하는 방법
- ③ 감수성훈련 : 경영자의 능력개발을 위해 많이 활용되며, 자기 자신을 객관화하도록 하는 방법
- ④ 상호작용분석 : 피교육자의 행동은 부모, 성인, 유아의 세 가지 자아상태에서 형성된다고 가정하고, 성인으로서의 성숙한 행동을 유도해 나가는 방법

18 ④

오답 피하기

- ① 관리 전문가 : 일상적 인적자원관리, 하부구조의 효율적 운영
- ② 변화 촉진자 : 변화를 주도하고 변화를 촉진
- ③ 종업원 조력자 : 인간관계관리, 고충처리, 구성원 문제를 경청

19 ④

능력주의는 이익공동체적 풍토에 해당하며, 운명공동체적 풍토는 연공주의 사회문화적 전통에 해당한다.

20 대용

대용승진은 직무내용이나 임금에 대한 변동이 없고, 직급명칭 또는 자격명칭만 변경되는 형식적인 승진을 의미한다.
※ 복수정답 : 준, 건조

21 ①

부가적 임금에는 퇴직금과 복리후생이 있으며, 상여금을 포함하기도 한다.

오답 피하기

임금체계에는 기준 내 임금, 기준 외 임금, 상여금, 부가적 임금이 있다.

22 ④

집단자극임금제는 개인별 임금제도와 달리, 일정한 기준에 따라 분류한 집단별로 임금을 산정하여 지급하는 제도이다.

23 ④

정치적 목적에는 정부의 기업에 대한 영향력 감소 등이 있다.

오답 피하기

- ① 사회적 목적 : 인간관계 형성 지원, 국가 사회복지 보완 등
- ② 윤리적 목적 : 종업원 생계지원 등
- ③ 경제적 목적 : 성과향상, 이직률 감소, 노동시장 경쟁력 제고 등

24 ③

위탁아동 공제는 기초공제에 해당한다.

오답 피하기

추가공제에는 경로우대자 공제, 장애인 공제, 부녀자 공제, 한부모 공제가 해당한다.

25 ②

- 일용직 소득세 = 15만원 초과분 × 2.7%
- 100,000 × 2.7% = 2,700원

26 1

「고용보험법」 제2조 제6호에 따라 '일용근로자'란 1개월 미만 동안 고용되는 사람을 말한다.

27 원천징수영수증

원천징수영수증은 원천징수 의무자(회사)가 소득을 받는 사람(종업원)에게 소득을 지급했다는 것을 증명하기 위해 소득자에게 주는 서류를 말한다.

28 ①

집중근무제는 4/40 스케줄로 일컬어지는데, 주당 근무일수를 줄이는 대신 근로자들이 하루 10시간씩 4일만 근무하고, 추가 휴일을 하루 더 가질 수 있도록 선택권을 부여하는 제도를 의미한다.

29 ①

단체교섭은 '교섭준비 → 예비교섭 → 본교섭 → 마무리교섭 → 교섭의 평가'의 순서로 이루어진다.

30 ④

- 황견계약 : 근로자가 어느 노동조합에 가입하지 아니할 것 또는 탈퇴할 것을 고용조건으로 하거나 특정한 노동조합의 조합원이 될 것을 고용조건으로 하는 행위를 부당 노동행위로 규정하고 이러한 고용조건에 따라 고용계약을 체결하는 경우
- 단체교섭 거부 : 노동조합의 대표자 또는 노동조합으로부터 위임을 받은 자와의 단체협약 체결, 기타의 단체교섭을 정당한 이유 없이 거부하거나 해태하는 행위에 해당하는 부당 노동행위

31 ②

노사협의제에서 노동자 또는 노동조합은 경영에 영향을 주는 행위를 할 수 있지만, 최종결정은 경영자에 의해 이루어진다.

32 25

연차유급휴가의 휴가일수는 25일을 한도로 한다.

33 유연근무

유연근무제는 근로자가 근무시간 · 근무일 · 근무장소 등을 탄력적으로 조정하여 일과 생활의 균형(Work–Life Balance)을 높이는 제도로, 시차출퇴근제, 선택적 근로시간제, 재택근무제 등이 여기에 해당한다.
※ 복수 정답 : 유연근무제, 유연근무제도

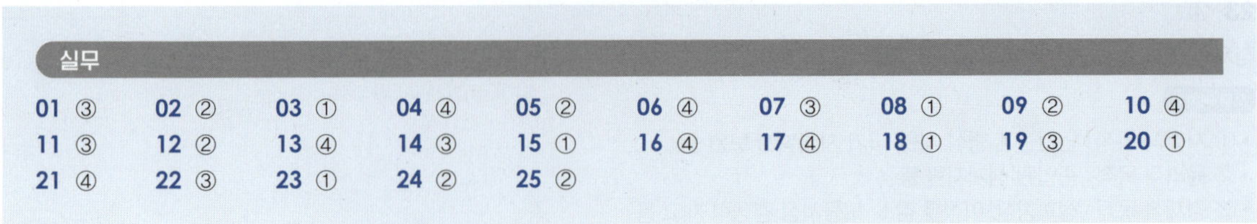

실무

01 ③

③ : 〈3000.인사1급 부산지점〉 사업장의 주업종코드는 '729000.정보통신업'이며, 사업자단위과세 신고 시 〈1000.인사1급 회사본사〉 사업
   장의 종사업장으로 포함하여 신고한다. (×)
   → 〈3000.인사1급 부산지점〉은 주사업장이다.

메뉴 길잡이

[시스템관리]→[회사등록정보]→[사업장등록]

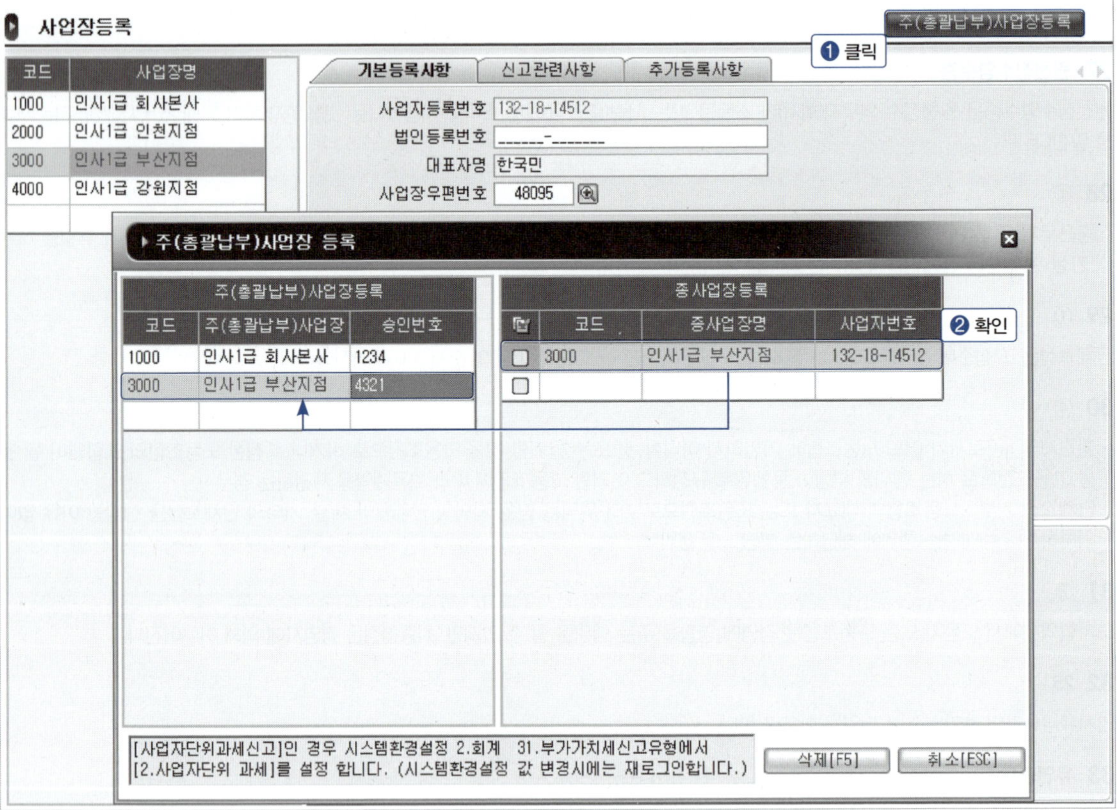

02 ②

② : [1000.관리부문]에 속한 부서 중 현재 사용하지 않는 부서는 4개이다. (×)
  → 현재 사용하지 않는 부서는 3개이다.

[시스템관리]–[회사등록정보]–[부서등록]

부서등록 · 부문등록

부서코드	부서명	사업장코드	사업장명	부문코드	부문명	사용기간	사용기간
1100	총무부	1000	인사1급 회사본사	1000	관리부문	2008/01/01	
1200	경리부	1000	인사1급 회사본사	1000	관리부문	2008/01/01	
1300	인사부	1000	인사1급 회사본사	1000	관리부문	2012/01/01	2020/12/31
1400	영업부	1000	인사1급 회사본사	2000	영업부문	2008/01/01	2020/12/31
1500	관리부	1000	인사1급 회사본사	1000	관리부문	2008/01/01	2019/12/31
2100	국내영업부	1000	인사1급 회사본사	2000	영업부문	2008/01/01	
2200	해외영업부	1000	인사1급 회사본사	2000	영업부문	2008/01/01	
3100	관리부	2000	인사1급 인천지점	1000	관리부문	2008/01/01	2020/12/31
3200	관리부	4000	인사1급 강원지점	1000	관리부문	2021/01/01	
4100	생산부	2000	인사1급 인천지점	4000	생산부문	2008/01/01	
4200	교육부	4000	인사1급 강원지점	7000	교육부문	2021/01/01	
5100	자재부	2000	인사1급 인천지점	5000	자재부문	2008/01/01	
6100	영업부	2000	인사1급 인천지점	2000	영업부문	2008/01/01	2010/12/31
7000	연구개발부	3000	인사1급 부산지점	6000	연구부문	2018/01/01	
8100	영업부	3000	인사1급 부산지점	2000	영업부문	2020/01/01	

확인

---

03 ①

① : 퇴사자의 경우 급여계산 시, '20일' 초과 근무 시, 월 급여를 정상 지급한다. (×)
  → '25일' 초과 근무 시, 월 급여를 정상 지급한다.

[인사/급여관리]–[기초환경설정]–[인사/급여환경설정]

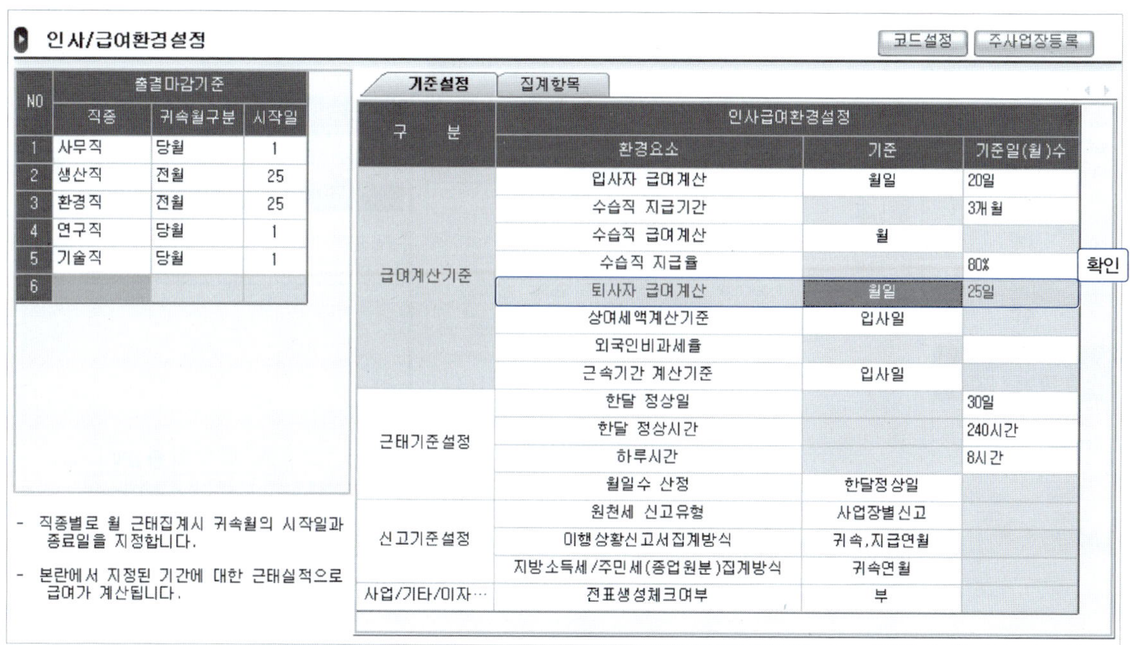

4호봉 기준의 '호봉합계'는 2,902,289원이다.

메뉴 길잡이

[인사/급여관리]–[기초환경설정]–[호봉테이블등록]
① 대리 직급의 '적용시작연월'을 2022/01로 입력하고 오른쪽 상단의 **[호봉복사]** 버튼을 클릭하여 [900.대리] 직급의 2022/01 호봉이력
을 선택한다.

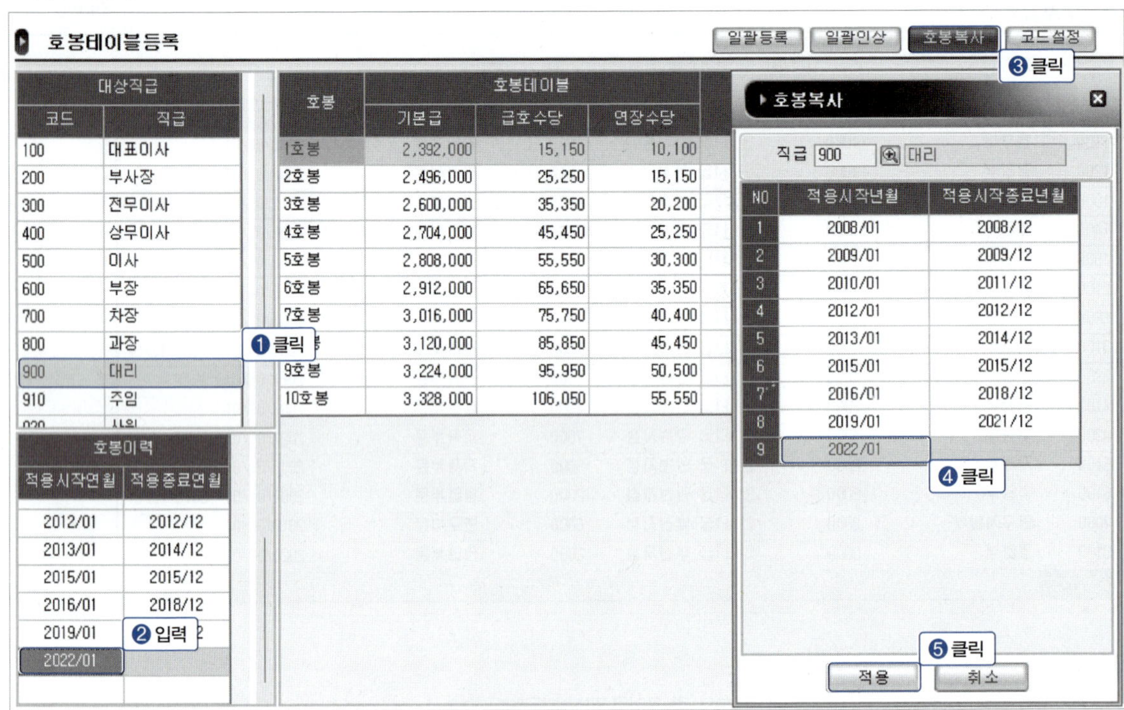

② 오른쪽 상단의 **[일괄인상]** 버튼을 눌러 먼저 정률인상을 적용한 후 이어서 정액인상을 적용한다. 조회된 화면에서 4호봉 기준의 '호봉
합계(2,902,289원)'를 확인한다.

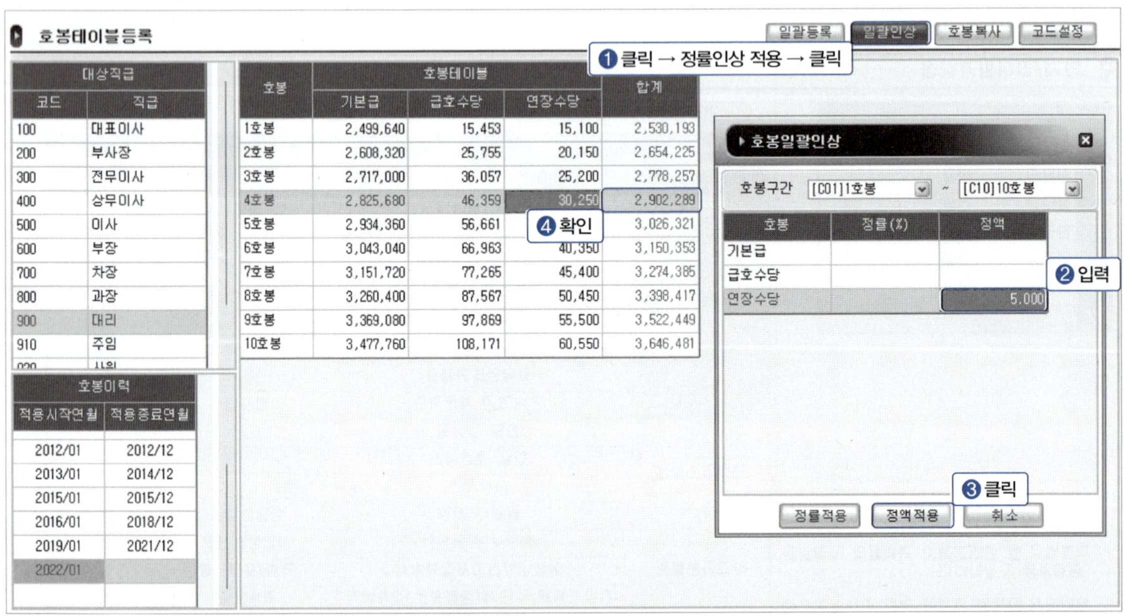

② : '급여'의 '지급직종및급여형태'에 반영된 정보와 일치하지 않는 대상자는 [상용직급여입력및계산] 메뉴에서 직접 대상자 선정을 진행
　　하여 추가 반영할 수 있다. (×)
　　　→ 본 메뉴에서 추가해야 한다.

메뉴 길잡이

[인사/급여관리]─[기초환경설정]─[급/상여지급일자등록]

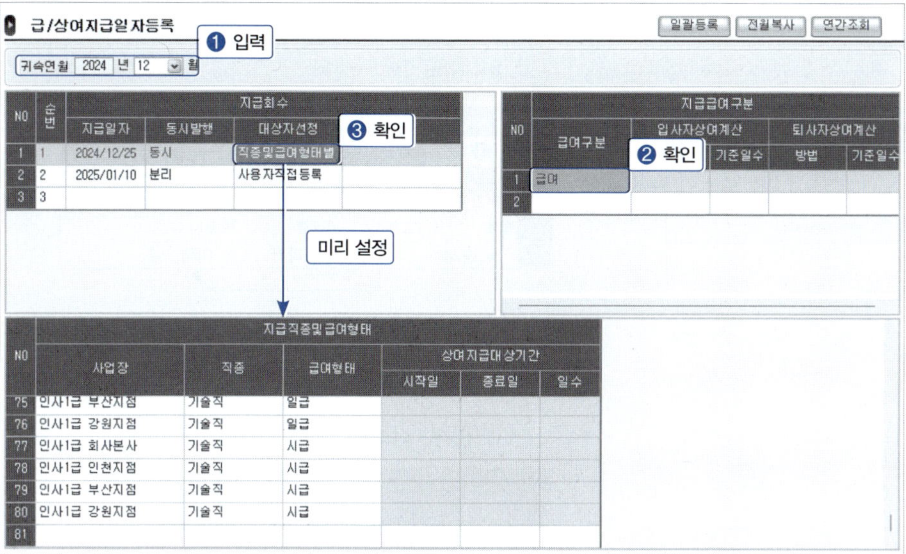

06 ④

④ : [P55.영업촉진비]는 '국내영업부'와 '해외영업부'에 속한 직원들에게 100,000원을 지급한다. (×)
　　　→ '해외영업부'는 150,000원을 지급한다.

메뉴 길잡이

[인사/급여관리]─[기초환경설정]─[지급공제항목등록]

[마감취소] 버튼으로 마감을 먼저 취소한 후, 급여구분(급여), 지급/공제구분(지급), 귀속연도(2025년)를 입력한다. 조회된 화면에서 영업
촉진비의 부서별 지급 금액(국내영업부 100,000원, 해외영업부 150,000원)을 확인한다.

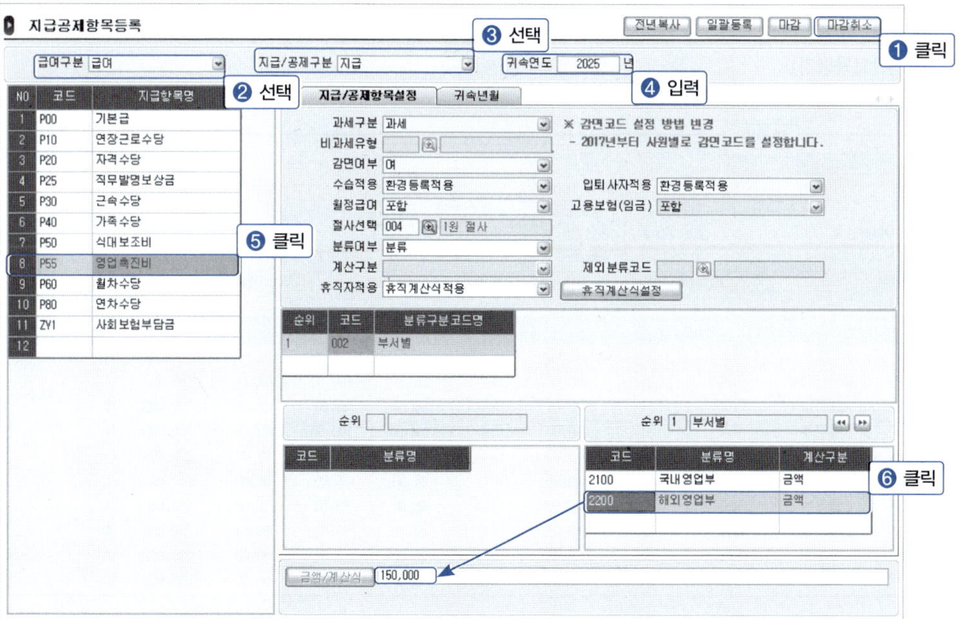

③ : '안종남' 사원의 현재 부서는 '국내영업부'이고, 발령 후 호봉은 '7호봉'으로 변경된다. (×)
　　→ '안종남' 사원의 현재 부서는 '해외영업부'이다.

메뉴 길잡이

[인사/급여관리]−[인사관리]−[인사발령(사원별)]

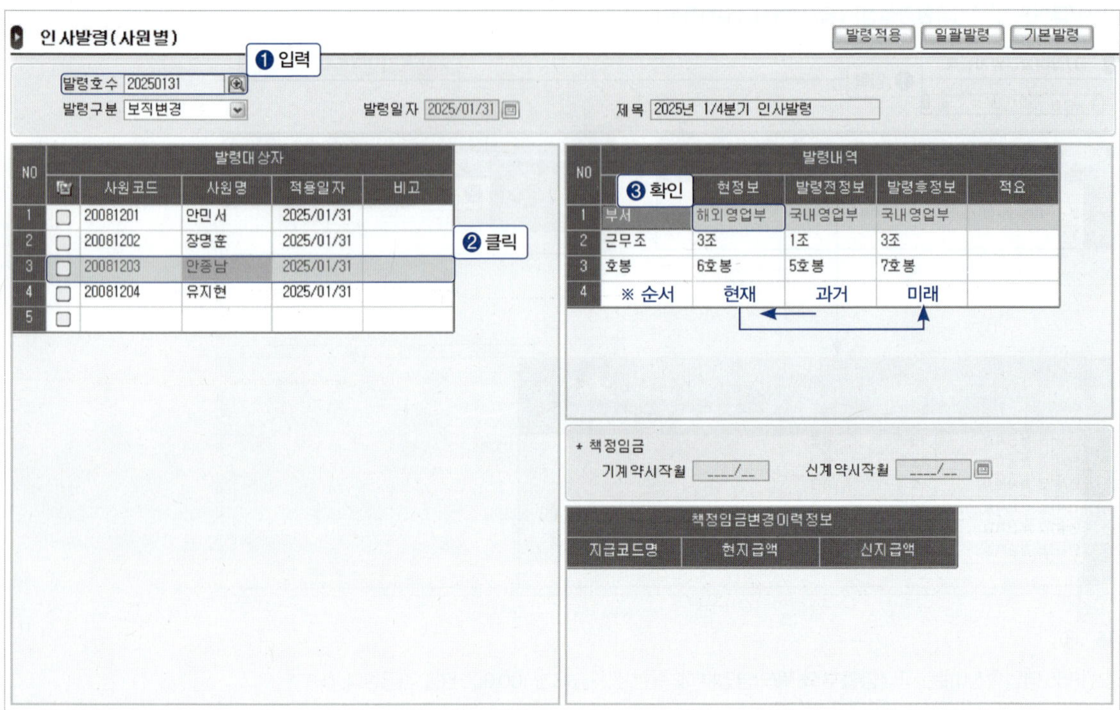

• 교육평가 A등급 4명 : 150,000원 × 4 = 600,000원
• 교육평가 B등급 3명 : 100,000원 × 3 = 300,000원
• 총 지급액 : 600,000원 + 300,000원 = 900,000원

메뉴 길잡이

[인사/급여관리]−[인사관리]−[교육평가]

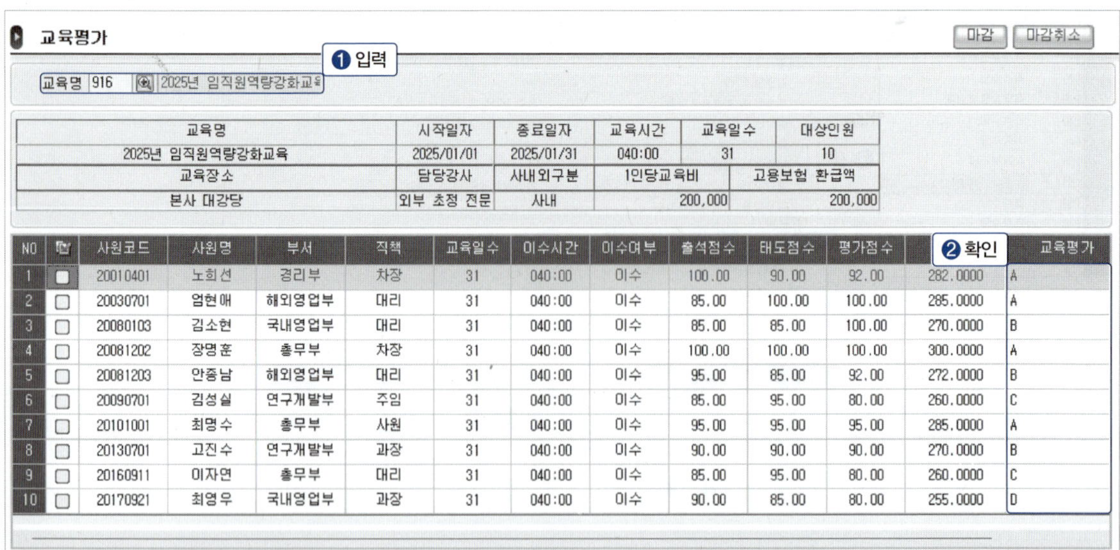

09 ②

- 근속년수 15년 이상자 근속수당 : 100,000원 × 대상자 6명 : 600,000원
- 근속년수 20년 이상자 근속수당 : 300,000원 × 대상자 9명 : 2,700,000원
- 총 특별근속수당 = 600,000원 + 2,700,000원 = 3,300,000원

메뉴 길잡이

[인사/급여관리]—[인사관리]—[근속년수현황]

① 기준일, 퇴사자, 년수기준, 경력포함을 입력한 후, 조회된 화면에서 15년 이상~20년 미만 근속수당 대상자(6명)를 확인한다.

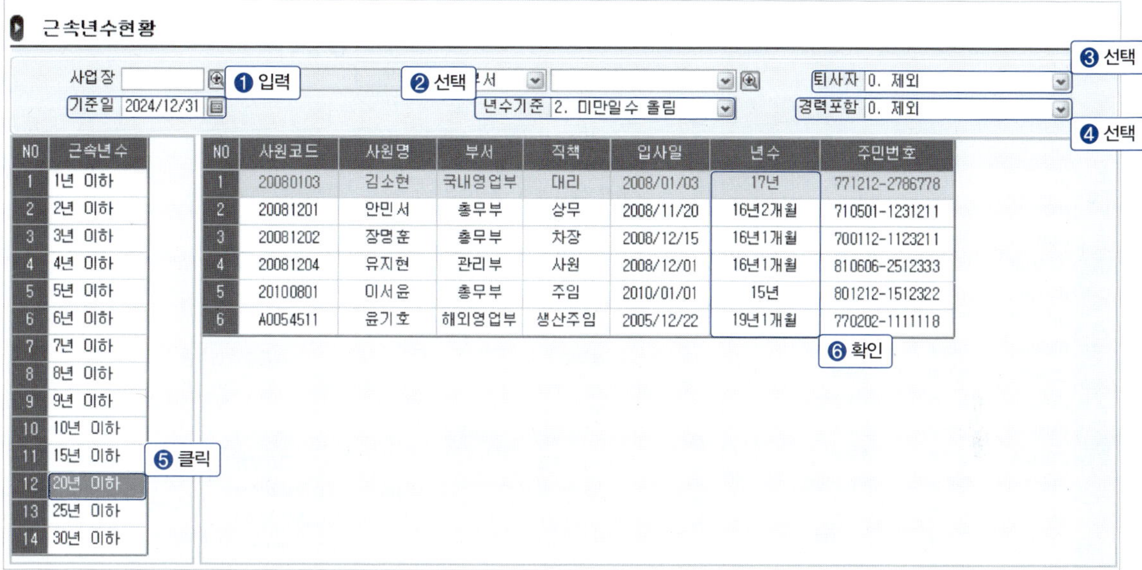

② 20년 이상 근속수당 대상자(9명)를 확인한다.

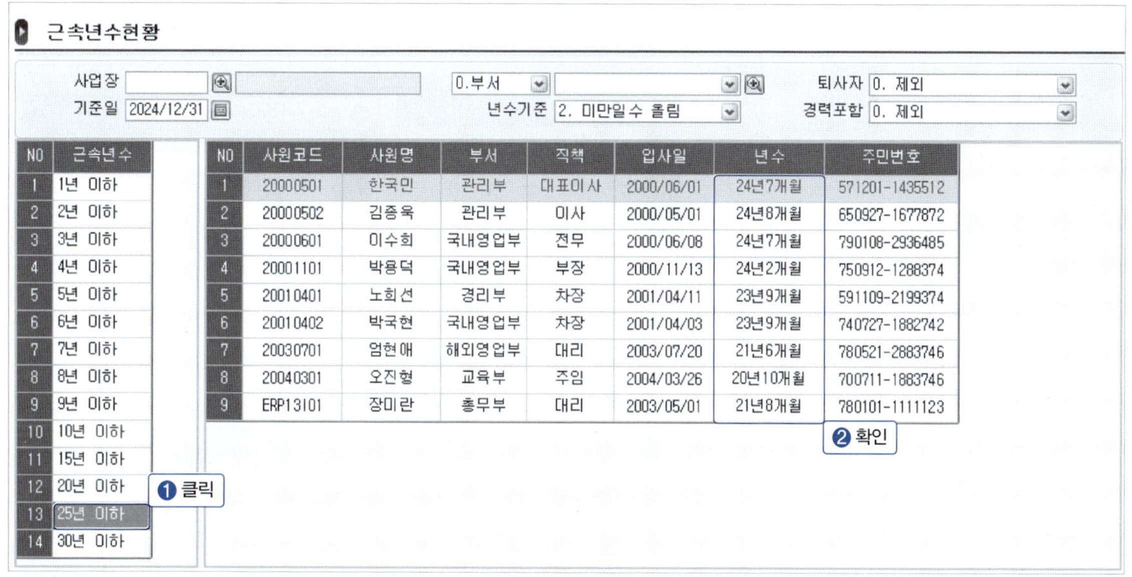

④ : [20160911.이자연] 사원은 국외소득이 존재하지 않으며, 현재 책정된 임금의 '연봉'은 26,500,000원이다. (×)
　　→ 현재 책정된 임금의 '연봉'은 32,350,700원이다.

메뉴 길잡이

[인사/급여관리]–[인사관리]–[인사정보등록]
이자연 사원을 선택하고 [급여정보] 탭의 가장 하단의 책정임금에서 ＊ 금액 부분을 클릭하고, Ctrl + F3을 눌러 조회된 연봉 금액
(32,350,700원)을 확인한다.

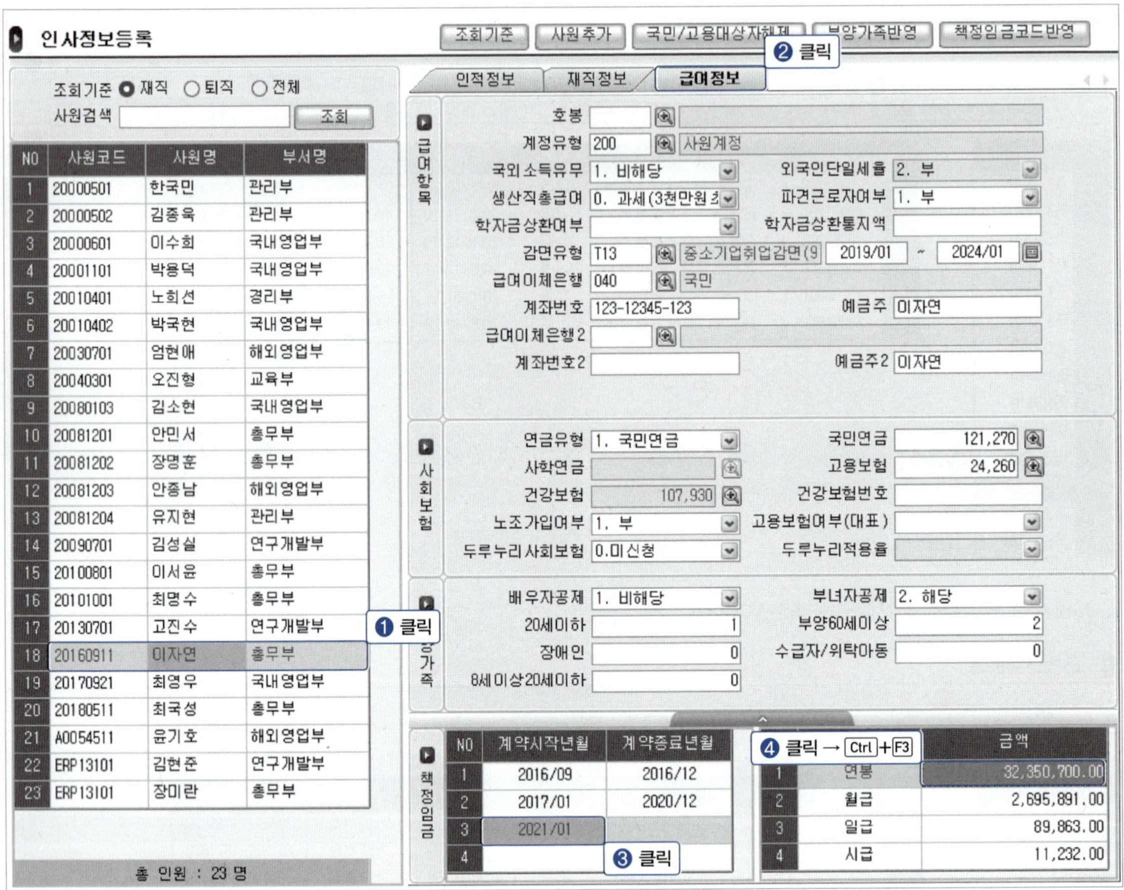

'과세'총액은 60,693,190원이다.

(1) 휴직 설정

메뉴 길잡이

[인사/급여관리]–[인사관리]–[인사정보등록]

이서윤 사원을 선택하고 [재직정보] 탭에서 휴직 관련 사항을 등록(휴직사유와 퇴직기간적용은 F2를 눌러 선택한다)한 후 메뉴를 닫는다.

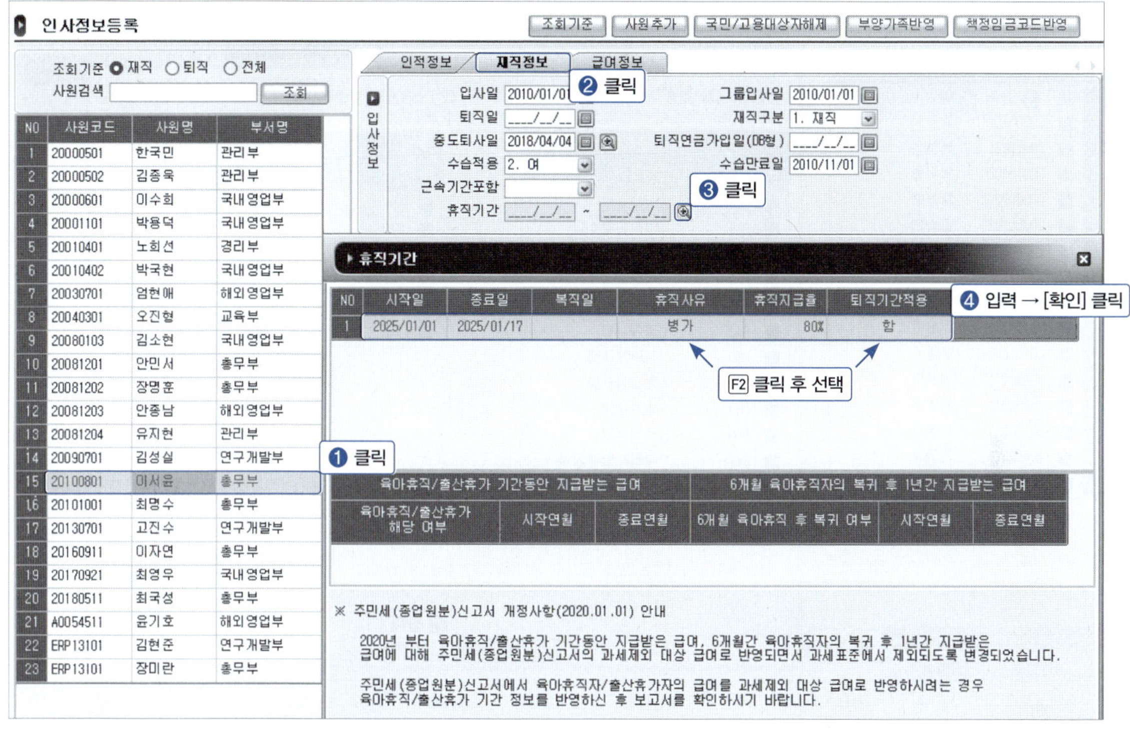

(2) 급여계산

[인사/급여관리]-[급여관리]-[상용직급여입력및계산]

급여계산 후 하단의 [급여총액] 탭을 눌러 과세 금액(60,693,190원)을 확인한다.

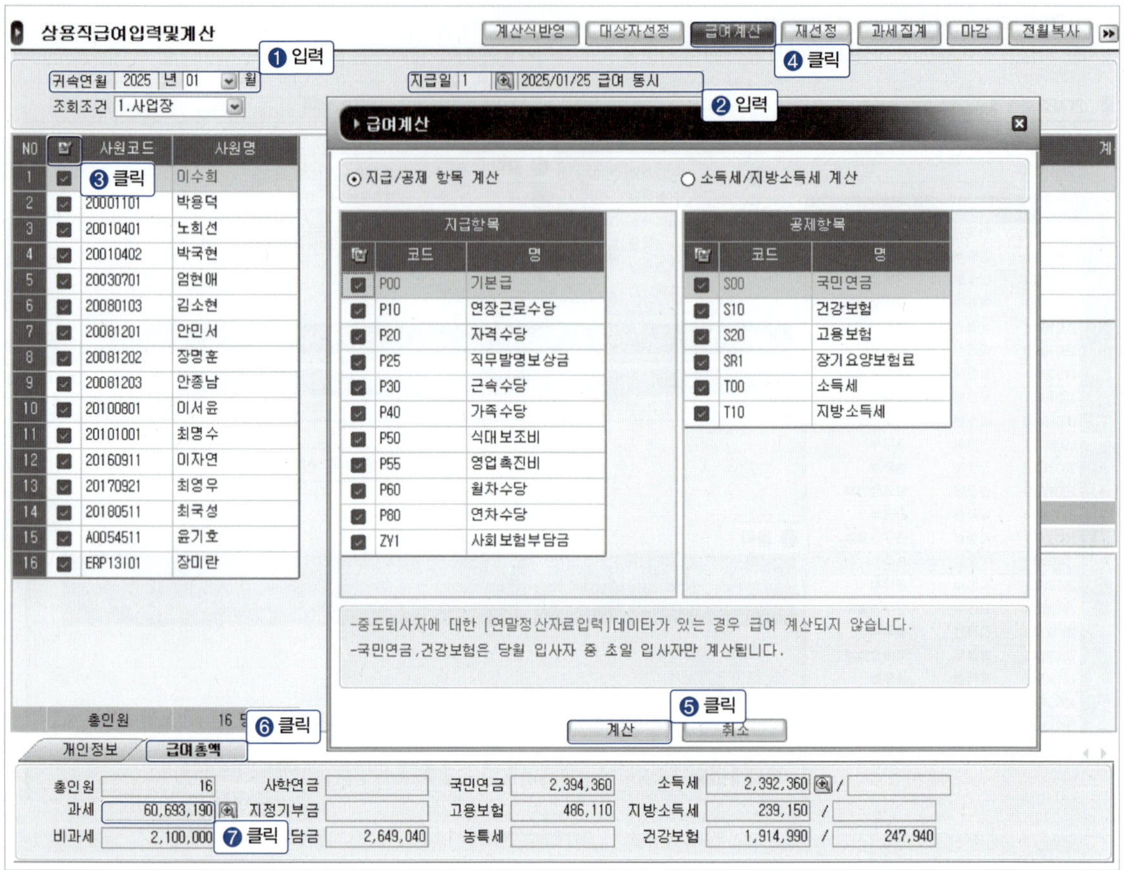

② : 해당 지급일자의 지급인원은 모두 7명이고, 장기요양보험료의 총합계는 155,140원이다. (×)
→ 장기요양보험료의 총 합계는 141,070원이다.

(1) 지급일자 등록

메뉴 길잡이

[인사/급여관리]–[기초환경설정]–[급/상여지급일자등록]

① **귀속연월**을 입력하고 (순번 2) **지급일자, 동시발행(F2), 대상자선정**을 등록한 후, 오른쪽으로 옮겨가서 **F2**를 눌러 **특별급여**를 선택한다.

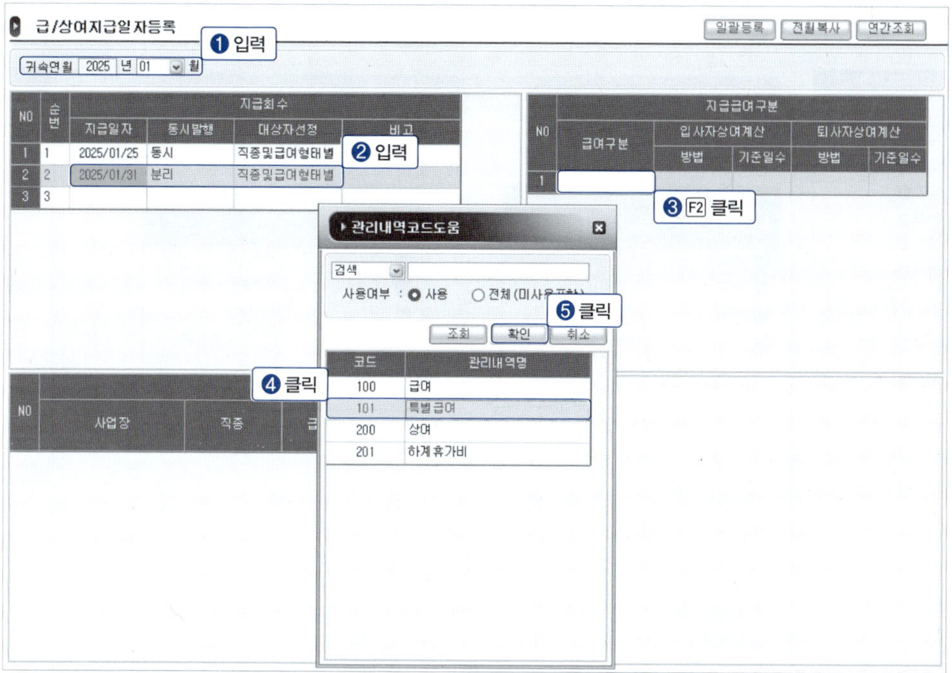

② 오른쪽 상단의 **[일괄등록]** 버튼을 눌러 **전체 사원**을 선택하고, 사업장은 **회사본사를 제외하고 모두** 선택한다. 설정을 마친 후에는 메뉴를 닫는다.

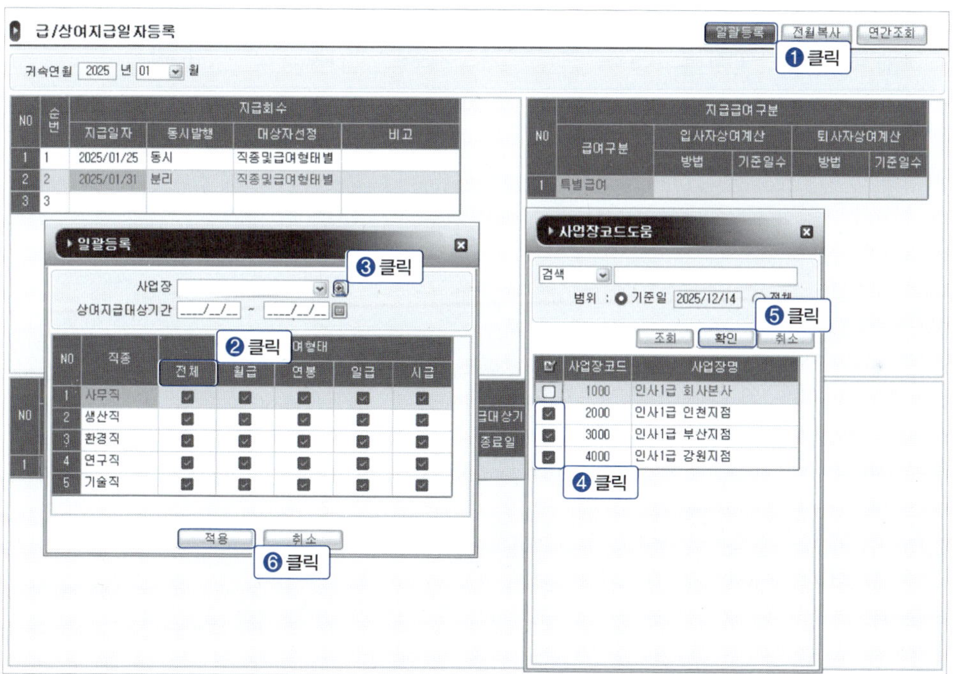

(2) 급여계산

[인사/급여관리]-[급여관리]-[상용직급여입력및계산]

귀속연월과 지급일(특별급여)을 입력하고 상단의 [조회] 버튼을 누른다. 전체 사원을 선택한 후 오른쪽 상단의 [급여계산] 버튼을 클릭하여 급여를 계산한다. [급여총액] 탭을 클릭하여 장기요양보험료의 총 합계(141,070원)를 확인한다.

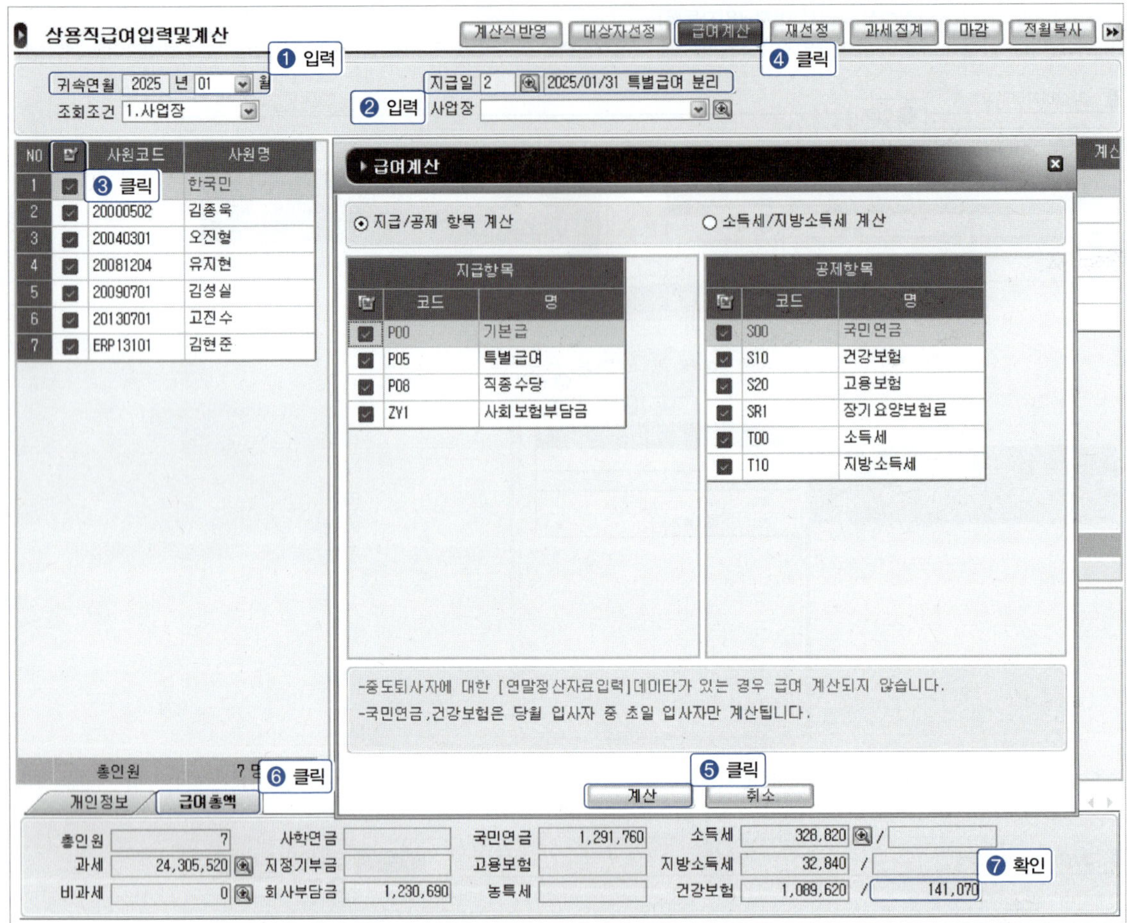

13 ④

④ : '20040301.오진형' 사원에게 이체된 금액은 현금으로 급여를 지급받는 사원에게 지급된 금액보다 적다. (×)

→ '20040301.오진형' 사원에게 이체된 금액 : 3,869,620원 / 현금으로 급여를 지급받는 사원에게 지급된 금액 : 3,486,450원

메뉴 길잡이

[인사/급여관리]-[급여관리]-[급/상여이체현황]

급/상여이체현황

소득구분 1.급상여 / 귀속연월 2024 년 12 월 / 지급일 1 2024/12/25 급여 동시

무급자 1.제외 / 은행코드 / 조회조건 1.사업장 선택전체

은행	사원코드	사원명	계좌번호	예금주명	실지급액	지급일자
국민	20000502	김종욱	155401-01-65300	김종욱	5,525,410	2024/12/25
국민	ERP13101	김현준	155401-01-32123	김현준	3,649,510	2024/12/25
은행 소계					9,174,920	
은행 누계					9,174,920	
신한	20000501	한국민	110-322-123456	한국민	5,868,030	2024/12/25
은행 소계					5,868,030	
은행 누계					15,042,950	
카카오뱅크	20040301	오진형	188398-49-30912	오진형	3,869,620	2024/12/25
카카오뱅크	20130701	고진수	880-10-12345	김순자	3,571,310	2024/12/25
은행 소계					7,440,930	
은행 누계					22,483,880	
한국	20081204	유지현	956-63-68648	유지현	4,384,960	2024/12/25
은행 소계					4,384,960	
은행 누계					26,868,840	
현금	20090701	김성실		김성실	3,486,450	2024/12/25
은행 소계					3,486,450	
은행 누계					30,355,290	
총계	7명				30,355,290	

14 ③

③ : 직종 : 연구직 / 고용보험 : 104,730원 (×)

→ 고용보험 : 186,780원

메뉴 길잡이

[인사/급여관리]-[급여관리]-[항목별급상여지급현황]

항목별급상여지급현황

귀속연월 2024 년 10 월 ~ 2024 년 12 월 / 지급구분 100 급여

사업장 1000 인사1급 회사본사 / 집계구분 2.직종별

항목	합계	사무직	생산직	환경직	연구직	기술직
기본급	164,550,150	101,241,330	21,312,480	9,600,000	20,757,480	11,638,860
연장근로수당	600,000		600,000			
자격수당	900,000	390,000	330,000		180,000	
직무발명보상금	1,800,000		1,800,000			
근속수당	14,400,000	9,450,000	2,250,000	375,000	1,950,000	375,000
가족수당	840,000	420,000		330,000	90,000	
식대보조비	4,800,000	3,000,000	600,000	300,000	600,000	300,000
영업촉진비	2,850,000	1,650,000	600,000	300,000	300,000	
월차수당						
연차수당						
사회보험부담금	7,947,120	4,856,370	1,031,340	470,790	1,017,870	570,750
지급합계	190,740,150	116,151,330	27,492,480	10,905,000	23,877,480	12,313,860
합계	198,687,270	121,007,700	28,523,820	11,375,790	24,895,350	12,884,610
국민연금	7,183,080	4,347,180	946,350	432,000	933,900	523,650
건강보험	5,744,970	3,510,690	745,560	340,320	735,810	[illegible],590
고용보험	1,458,330	891,150	189,270	86,400	186,780	104,730
장기요양보험료	743,820	454,530	96,510	44,070	95,280	53,430
소득세	7,433,280	4,749,120	1,327,230	83,280	685,770	587,880

[20130701.고진수] 사원의 '초과근무수당'은 527,790원이다.

(1) 책정임금 조회

메뉴 길잡이

[인사/급여관리]-[인사관리]-[인사정보등록]
고진수 사원을 선택한 후 [급여정보] 탭 하단의 책정임금 란에서 * 금액을 클릭하고 Ctrl+F3을 눌러 시급을 조회한다. 조회된 화면에서 시급 금액(14,973원)을 확인한다.

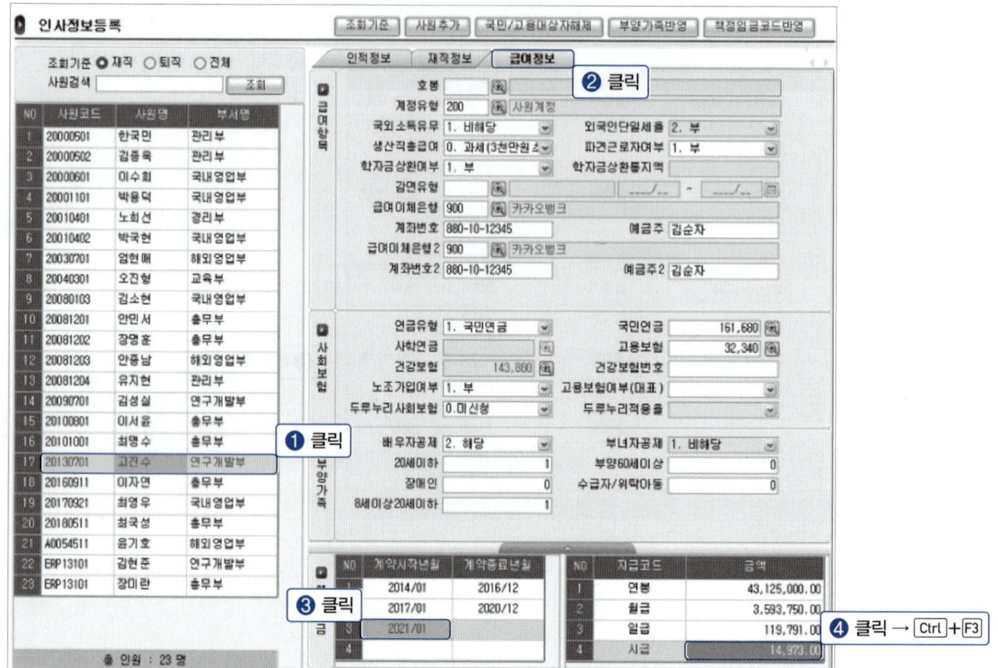

(2) 근무시간 조회

메뉴 길잡이

[인사/급여관리]-[급여관리]-[근태결과입력]
- 1유형 근무수당 : (6.25 + 5.75) × 2 × 14,973원 = 359,350원
- 2유형 근무수당 : (2.5 + 2) × 2.5 × 14,973원 = 168,440원
- 초과근무수당 : 359,350원 + 168,440원 = 527,790원

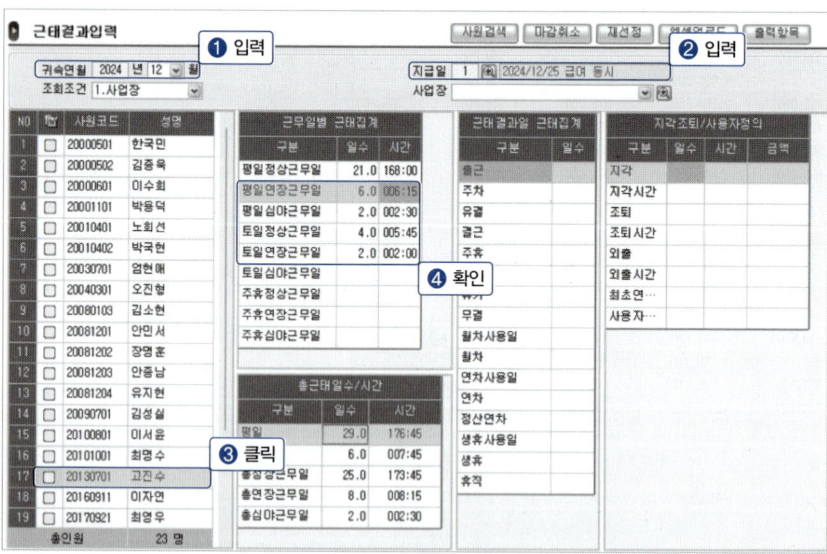

16 ④

④ : 해당 지급일자의 회사부담금 총액은 1,393,350원이고, 모든 사원은 건강보험이 공제되었다. (×)
　　→ [1014.주희정] 사원은 건강보험이 공제되지 않았다.

(1) 일용직 사원 추가

메뉴 길잡이

[인사/급여관리]-[일용직관리]-[일용직급여지급일자등록]

귀속연월과 지급일을 입력하고 총무부의 시급인 사원을 검색한다. 전체 사원을 체크하고 가운데의 [추가] 버튼을 클릭하여 오른쪽으로 이동해 준 후 메뉴를 닫는다.

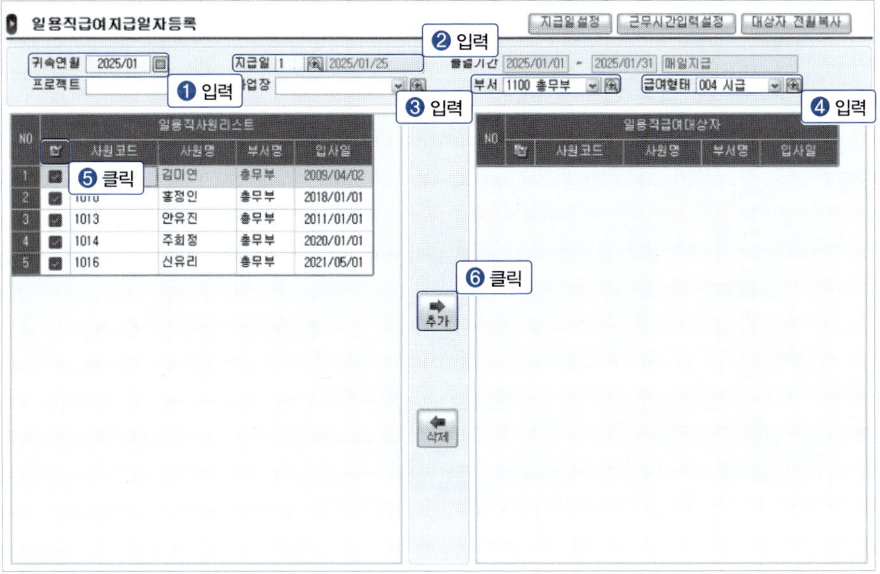

(2) 일용직 급여계산

메뉴 길잡이

[인사/급여관리]-[일용직관리]-[일용직급여입력및계산]

귀속연월과 지급일을 입력하고, 조회된 화면에서 전체 사원을 클릭하고 오른쪽 상단의 [일괄적용] 버튼을 눌러 평일과 토요일의 급여를 각각 계산한 후 내역을 확인한다. 주희정 사원은 건강보험이 공제되지 않았다.

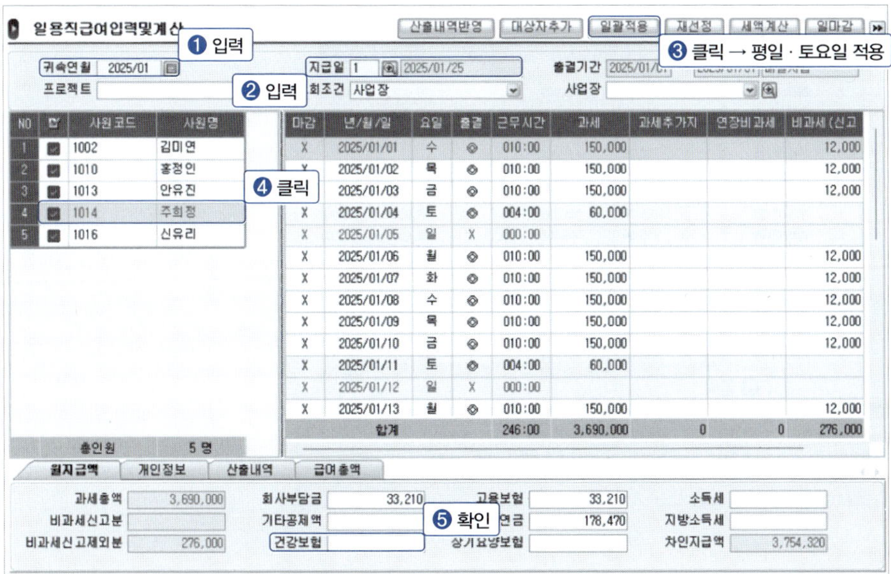

실지급액의 총계는 48,677,940원이다.

(1) 일용직 사원 정보 변경

메뉴 길잡이

[인사/급여관리]–[일용직관리]–[일용직사원등록]

이민구 사원을 선택한 후 급여, 시간단가, 생산직비과세적용, 국민연금 · 건강보험여부를 변경하고 메뉴를 닫는다.

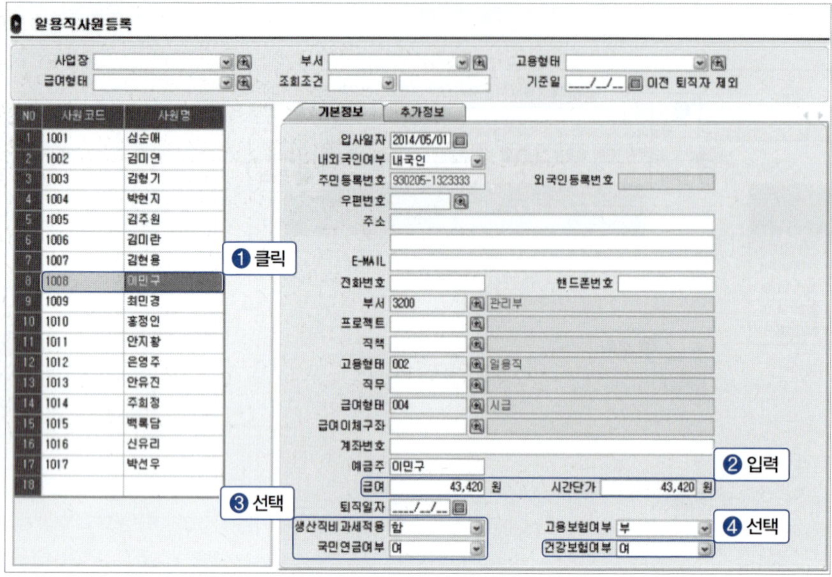

(2) 일용직 급여계산

메뉴 길잡이

[인사/급여관리]–[일용직관리]–[일용직급여입력및계산]

귀속연월과 지급일을 입력하고, 조회된 화면에서 전체 사원을 클릭하고 오른쪽 상단의 [일괄적용] 버튼을 눌러 평일의 급여를 계산한다. 하단의 [급여총액] 탭에서 차인지급액 금액(48,677,940원)을 확인한다.

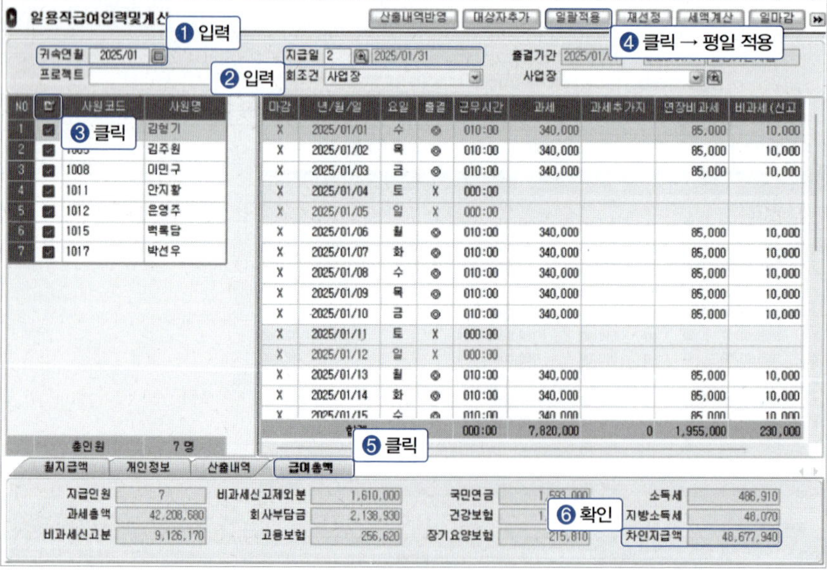

'T10.지방소득세'가 가장 적게 공제된 사원은 [20010402.박국현]이다.

메뉴 길잡이

[인사/급여관리]─[급여관리]─[수당별연간급여현황]

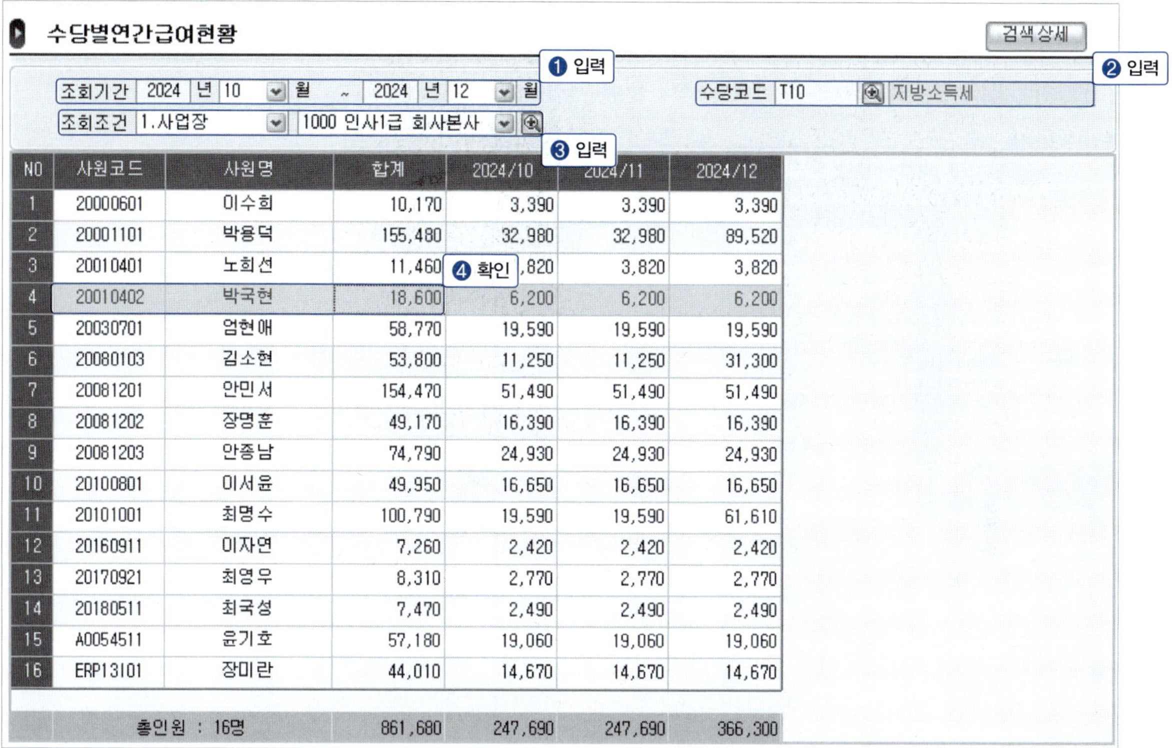

NO	사원코드	사원명	합계	2024/10	2024/11	2024/12
1	20000601	이수희	10,170	3,390	3,390	3,390
2	20001101	박용덕	155,480	32,980	32,980	89,520
3	20010401	노희선	11,460	3,820	3,820	3,820
4	20010402	박국현	18,600	6,200	6,200	6,200
5	20030701	엄현애	58,770	19,590	19,590	19,590
6	20080103	김소현	53,800	11,250	11,250	31,300
7	20081201	안민서	154,470	51,490	51,490	51,490
8	20081202	장명훈	49,170	16,390	16,390	16,390
9	20081203	안종남	74,790	24,930	24,930	24,930
10	20100801	이서윤	49,950	16,650	16,650	16,650
11	20101001	최명수	100,790	19,590	19,590	61,610
12	20160911	이자연	7,260	2,420	2,420	2,420
13	20170921	최영우	8,310	2,770	2,770	2,770
14	20180511	최국성	7,470	2,490	2,490	2,490
15	A0054511	윤기호	57,180	19,060	19,060	19,060
16	ERP13I01	장미란	44,010	14,670	14,670	14,670
	총인원 : 16명		861,680	247,690	247,690	366,300

한선생님의 노하우

'ㅇㅇ수당을 가장 많이 지급받은 사원은 누구인가?', 'ㅇㅇ세금을 가장 적게 낸 사람은 누구인가?'처럼 수당·세금별로 '최대/최소' 대상을 묻는 문제가 나오면 [수당별연간급여현황] 메뉴에서 확인합니다.

③ : 퇴직금 계산 시, 산정된 기본급의 합계는 14,837,490원이다. (×)
　　→ 산정된 기본급의 합계는 13,112,490원이다.

(1) 퇴직금 지급 기준 설정

메뉴 길잡이

[인사/급여관리]–[퇴직정산관리]–[퇴직기준설정]

오른쪽 상단의 [마감취소] 버튼을 눌러 마감을 취소하고, [기본설정] 버튼을 눌러 평균임금을 **일평균** 임금으로 설정한다. [지급항목설정] 버튼을 눌러 **기본급, 연장근로수당, 근속수당, 식대보조비, 상여**를 체크하고 메뉴를 닫는다.

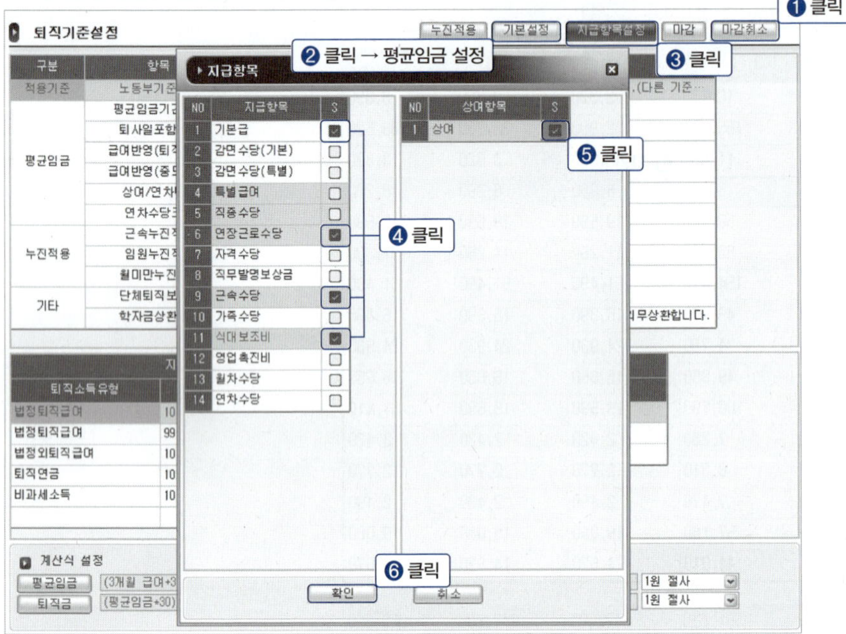

(2) 퇴직금 산정

메뉴 길잡이

[인사/급여관리]–[퇴직정산관리]–[퇴직금산정]

① 신고귀속, 귀속연도를 2025로 입력하고, 사업장은 **회사본사**를 선택한다. 정산구분은 **1.중도정산**으로 선택하고 상단의 [조회] 버튼을 클릭한다. 아직 대상자가 없기 때문에 상단의 [대상자선정] 버튼을 눌러 **귀속연월, 재직기준, 지급일자, 퇴직일자, 신청일자, 사원코드**를 입력한다.

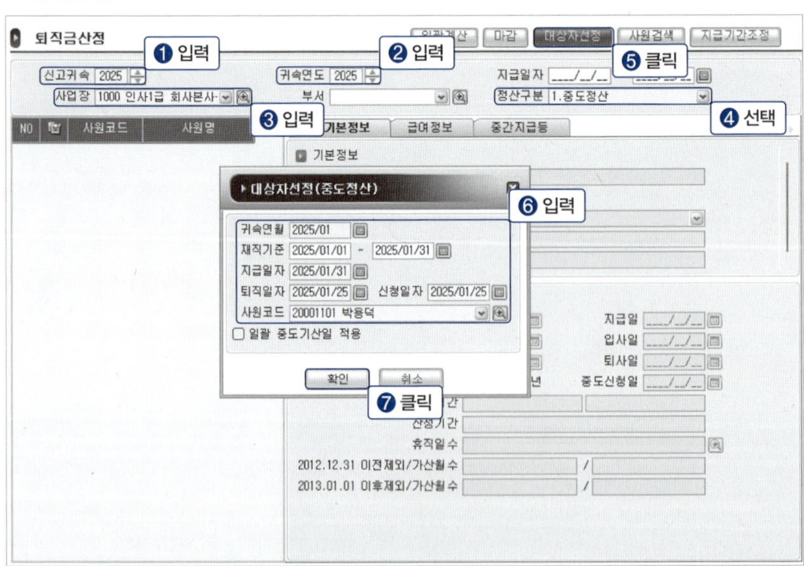

② [급여정보] 탭에서 [퇴직급계산] 버튼을 눌러 퇴직금을 계산한다.

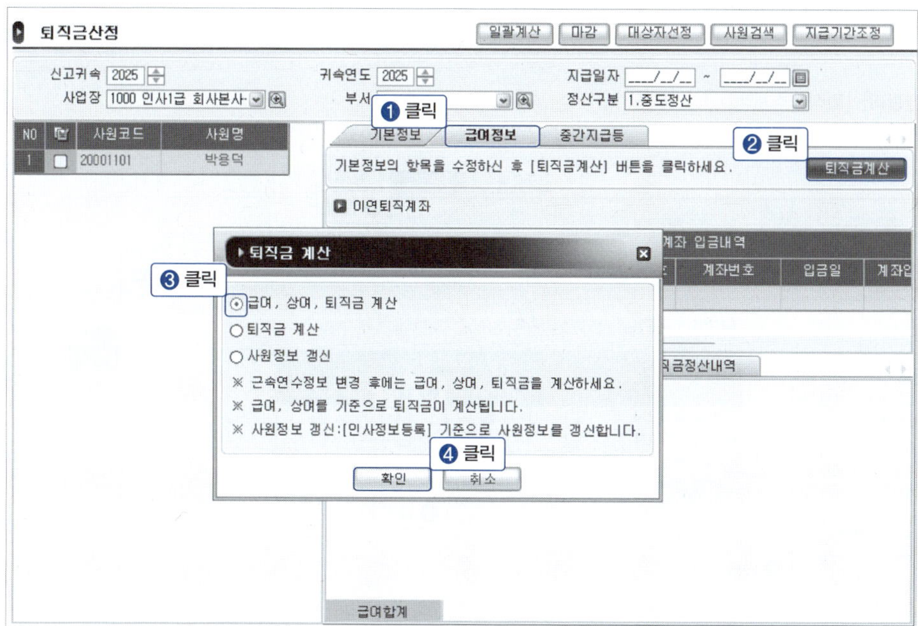

③ 조회된 화면에서 기본급의 합계(13,112,490원)를 확인한다.

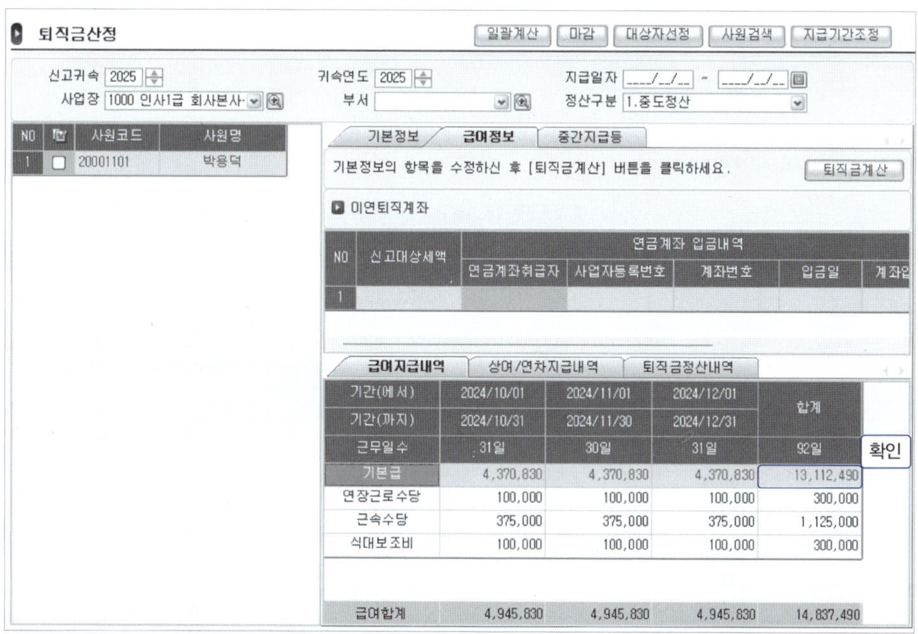

NO	신고대상세액	연금계좌 입금내역				
		연금계좌취급자	사업자등록번호	계좌번호	입금일	계좌입
1						

급여지급내역	상여/연차지급내역	퇴직금정산내역		
기간(에서)	2024/10/01	2024/11/01	2024/12/01	합계
기간(까지)	2024/10/31	2024/11/30	2024/12/31	
근무일수	31일	30일	31일	92일
기본급	4,370,830	4,370,830	4,370,830	13,112,490
연장근로수당	100,000	100,000	100,000	300,000
근속수당	375,000	375,000	375,000	1,125,000
식대보조비	100,000	100,000	100,000	300,000
급여합계	4,945,830	4,945,830	4,945,830	14,837,490

한선생님의 노하우

기본급 합계와 급여합계는 서로 다른 금액입니다. 기본급 합계는 기본급만 합산한 값이고, 급여합계는 기본급 + 각종 수당 등 급여항목을 포함한 합계입니다.

20 ①

'퇴직급여충당부채'는 339,148,960원이다.

[인사/급여관리]–[퇴직정산관리]–[퇴직금추계액]
① 오른쪽 상단의 [추계코드] 버튼을 눌러 추계코드(명), 기준연월, 대상 사업장(계정)을 등록한다.

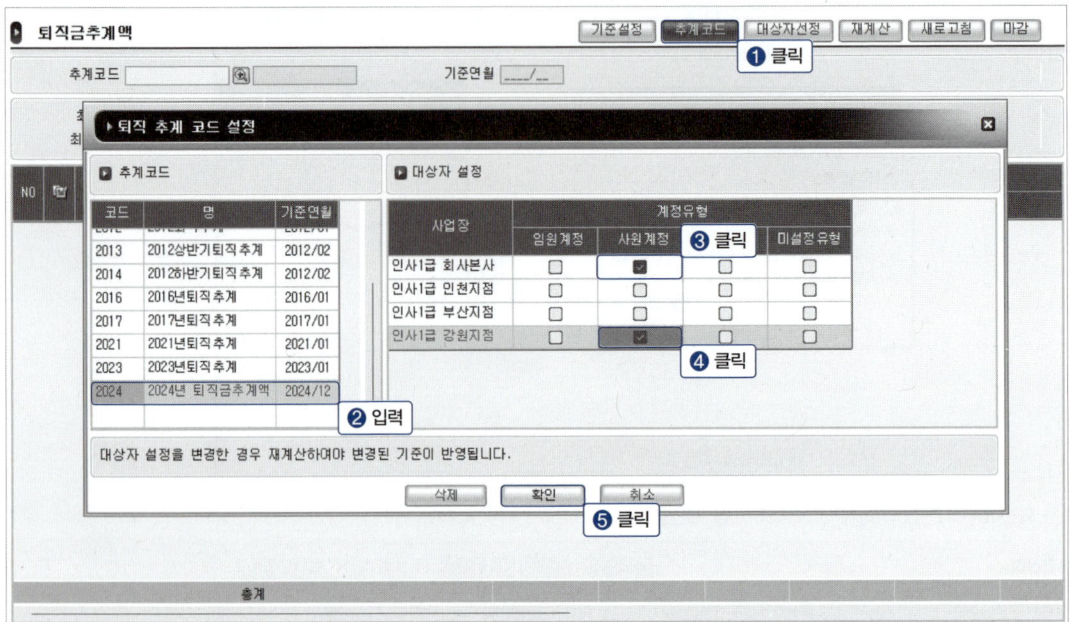

② 왼쪽 상단에서 추계코드를 클릭하고 2024.2024년 퇴직금추계액를 선택하여 내역을 조회한다. 퇴직급여충당부채는 퇴직추계액의 합계액 847,872,410원 × 40% = 339,148,960원이다.

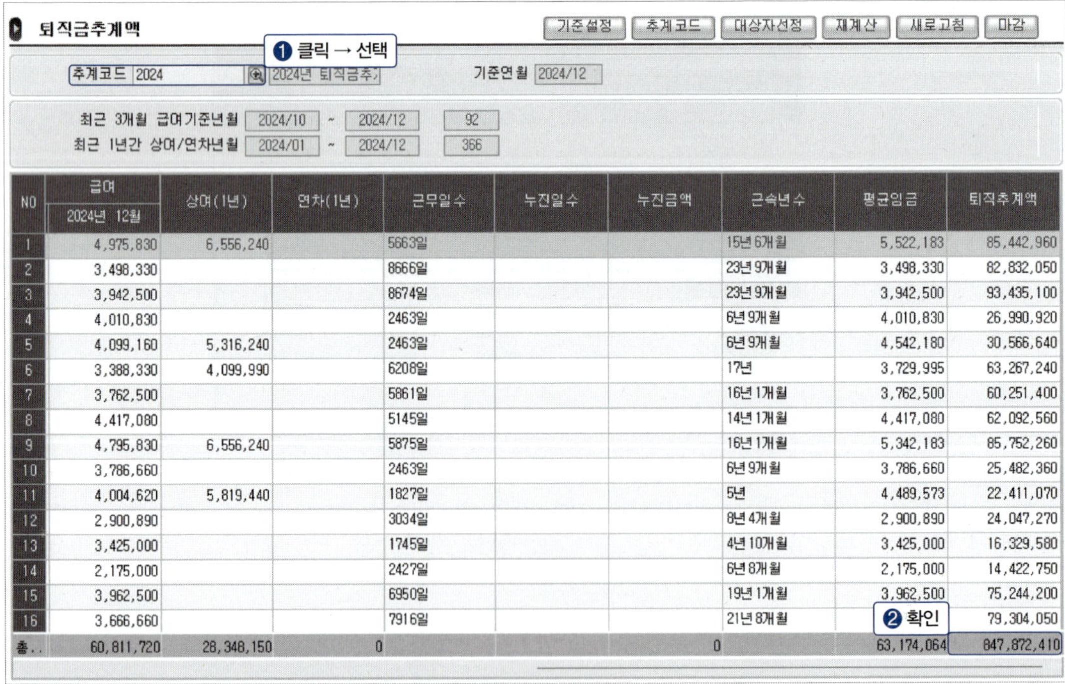

NO	급여 2024년 12월	상여(1년)	연차(1년)	근무일수	누진일수	누진금액	근속년수	평균임금	퇴직추계액
1	4,975,830	6,556,240		5663일			15년 6개월	5,522,183	85,442,960
2	3,498,330			8666일			23년 9개월	3,498,330	82,832,050
3	3,942,500			8674일			23년 9개월	3,942,500	93,435,100
4	4,010,830			2463일			6년 9개월	4,010,830	26,990,920
5	4,099,160	5,316,240		2463일			6년 9개월	4,542,180	30,566,640
6	3,388,330	4,099,990		6208일			17년	3,729,995	63,267,240
7	3,762,500			5861일			16년 1개월	3,762,500	60,251,400
8	4,417,080			5145일			14년 1개월	4,417,080	62,092,560
9	4,795,830	6,556,240		5875일			16년 1개월	5,342,183	85,752,260
10	3,786,660			2463일			6년 9개월	3,786,660	25,482,360
11	4,004,620	5,819,440		1827일			5년	4,489,573	22,411,070
12	2,900,890			3034일			8년 4개월	2,900,890	24,047,270
13	3,425,000			1745일			4년 10개월	3,425,000	16,329,580
14	2,175,000			2427일			6년 8개월	2,175,000	14,422,750
15	3,962,500			6950일			19년 1개월	3,962,500	75,244,200
16	3,666,660			7916일			21년 8개월	❷ 확인	79,304,050
총..	60,811,720	28,348,150	0			0		63,174,064	847,872,410

21 ④

소득세 : 2,342,740원 / 연금보험 : 2,359,800원

[인사/급여관리]-[연말정산관리]-[근로소득원천징수부]

귀속연도는 2024, 사업장은 강원지점으로 선택한 후, 조회된 화면에서 유지현 사원을 클릭하여 차감원천징수액(2,342,740원)과 연금보험
(2,359,800원)을 확인한다.

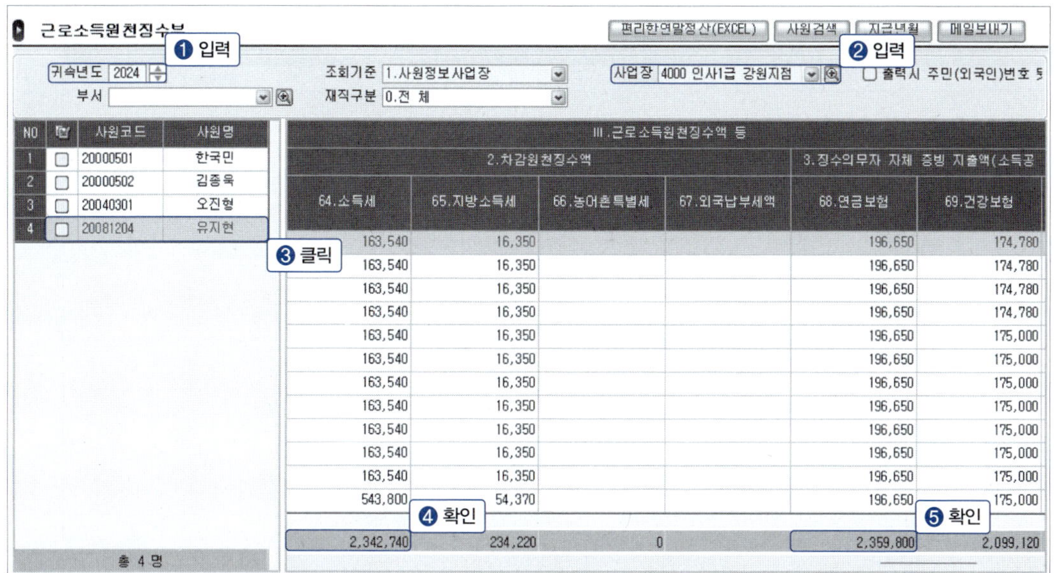

64.소득세	65.지방소득세	66.농어촌특별세	67.외국납부세액	68.연금보험	69.건강보험
163,540	16,350			196,650	174,780
163,540	16,350			196,650	174,780
163,540	16,350			196,650	174,780
163,540	16,350			196,650	174,780
163,540	16,350			196,650	175,000
163,540	16,350			196,650	175,000
163,540	16,350			196,650	175,000
163,540	16,350			196,650	175,000
163,540	16,350			196,650	175,000
163,540	16,350			196,650	175,000
163,540	16,350			196,650	175,000
543,800	54,370			196,650	175,000
2,342,740	234,220	0		2,359,800	2,099,120

실제 원천징수한 금액은 '차감원천징수액'입니다.

22 ③

총지급액 : 123,621,090원 / 소득세 : 5,555,290원

(1) 인사/급여환경설정 변경

[인사/급여관리]-[기초환경설정]-[인사/급여환경설정]

원천세 신고유형(본점일괄신고)과 이행상황신고서집계방식(귀속연월)을 변경한 후 메뉴를 닫는다.

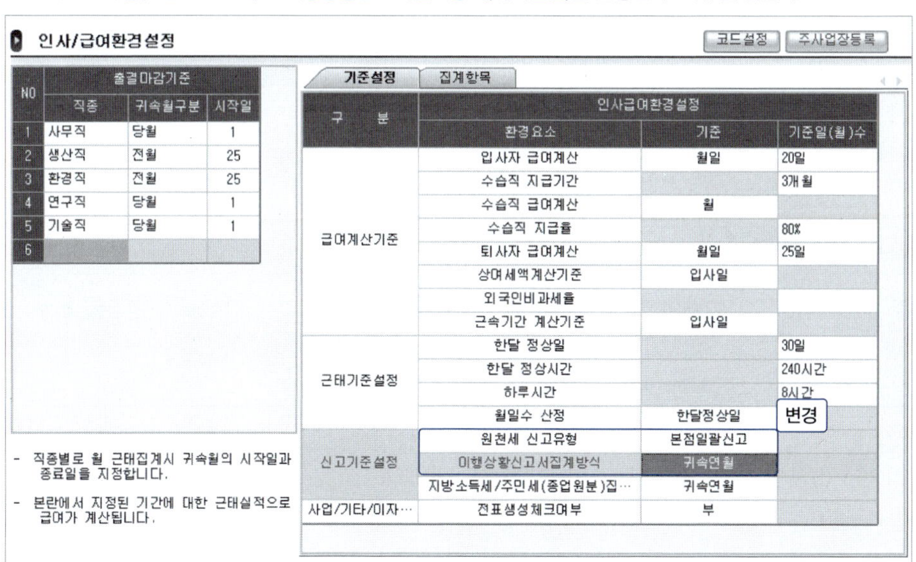

(2) 원천징수이행상황신고서 생성

[인사/급여관리]–[세무관리]–[원천징수이행상황신고서]
① 제출연도를 2025로 입력하고, 신고사업장을 **회사본사**로 선택한 후 [신고서추가] 버튼을 눌러 새로운 화면을 불러온다.

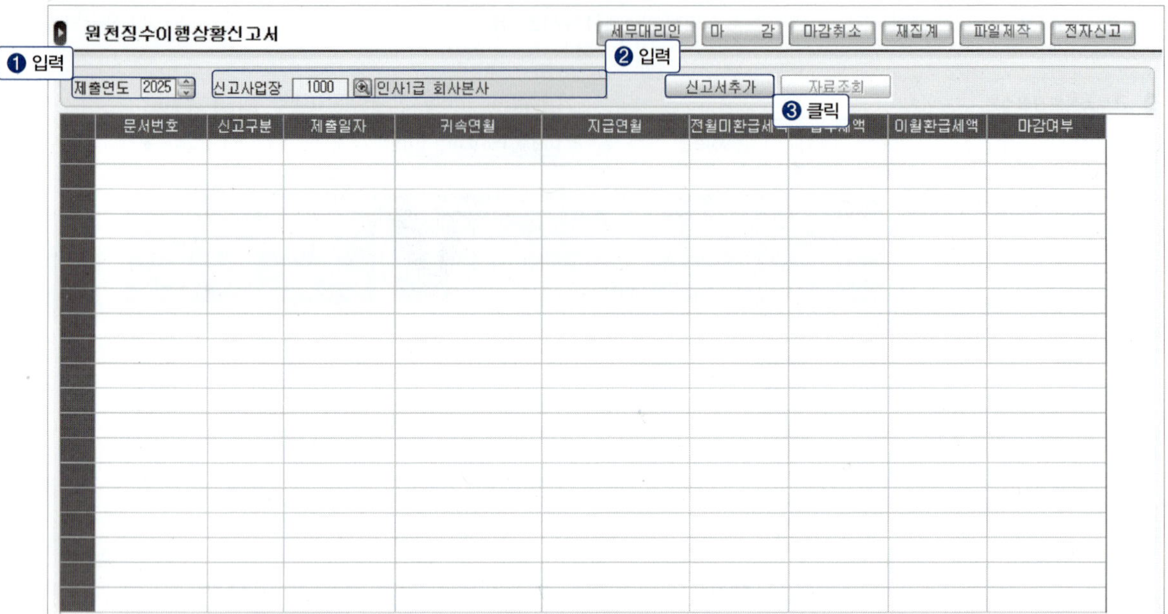

② **귀속년월, 지급년월, 제출일자**를 입력하고, '근로소득 데이터 반영기준' 창에서 일반 데이터 반영은 **매월 징수분(전체)**, 연말정산 소득세, 농특세 반영은 **미적용**을 선택하여 신고서를 작성한다. 조회된 화면에서 근로소득의 총지급액(123,621,090원)과 소득세(5,555,290원)를 확인한다.

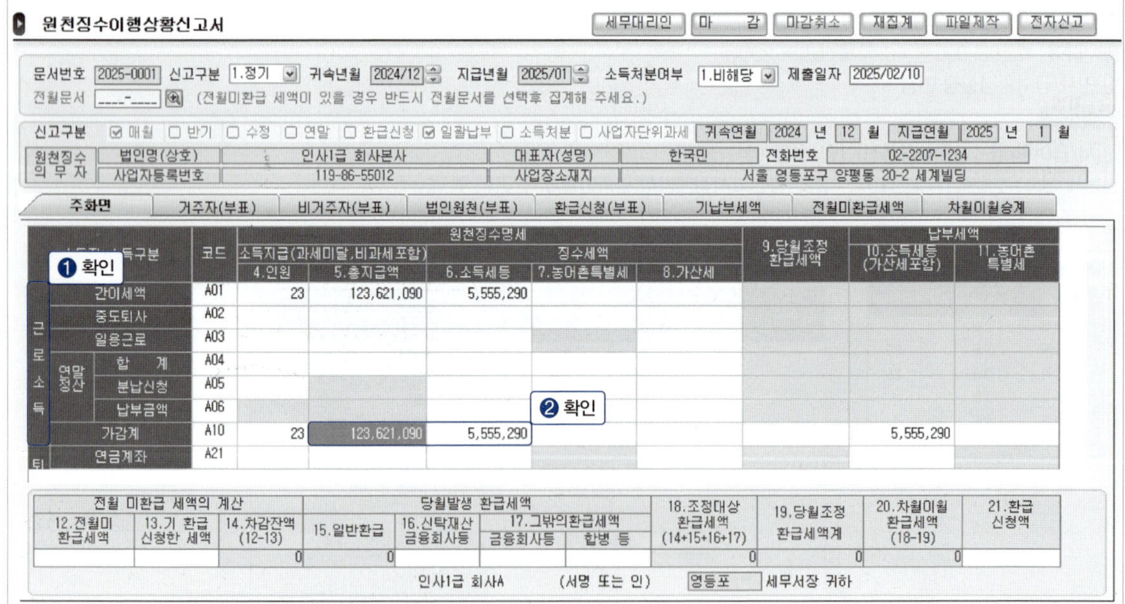

① : [20101001.최명수] – 과세표준 : 616,200원 (×)
    → 과세표준 : 195,960원

(1) 인사/급여환경설정 변경

메뉴 길잡이

[인사/급여관리]–[기초환경설정]–[인사/급여환경설정]

'지방소득세/주민세(종업원분)집계방식'을 **귀속,지급연월**로 변경하고 메뉴를 닫는다.

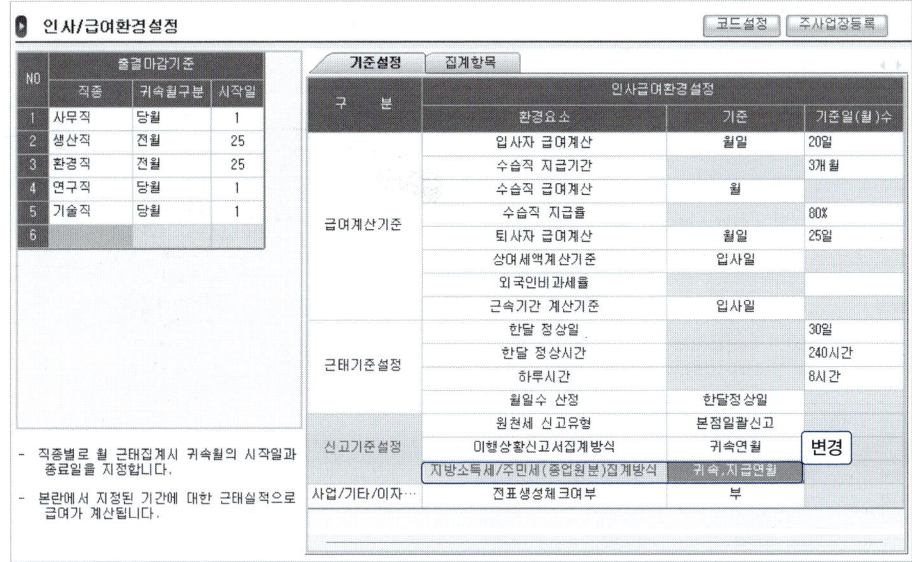

(2) 지방소득세특별징수명세 신고서 생성

메뉴 길잡이

[인사/급여관리]–[세무관리]–[지방소득세특별징수명세/납부서]

① 오른쪽 상단의 [신고서생성] 버튼을 눌러 신고서 생성기준, 매월/반기 구분, 신고사업장, 신고구분 등 제시된 자료를 입력한다.

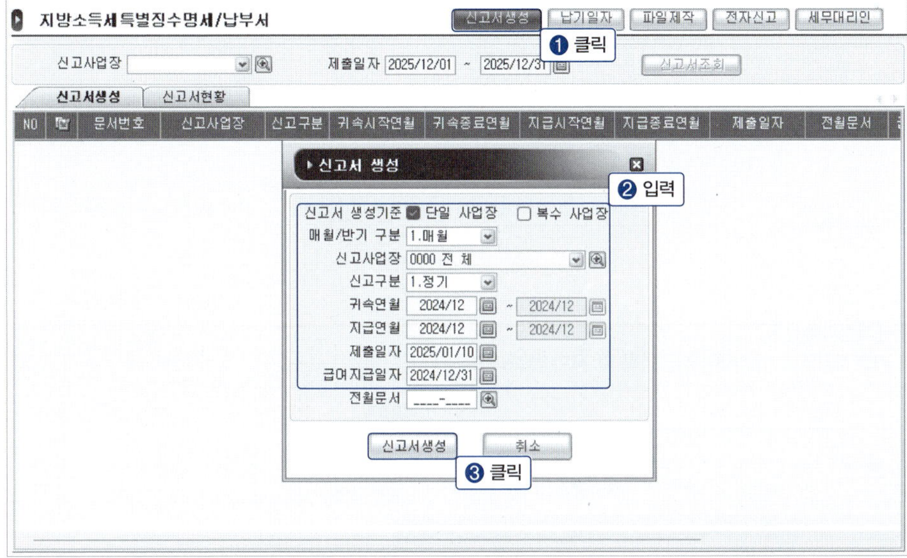

② 상단의 제출일자(노란색 바탕)를 2025/01/10로 제대로 고치면 자료가 조회되며, [신고서조회] 버튼을 클릭한다.

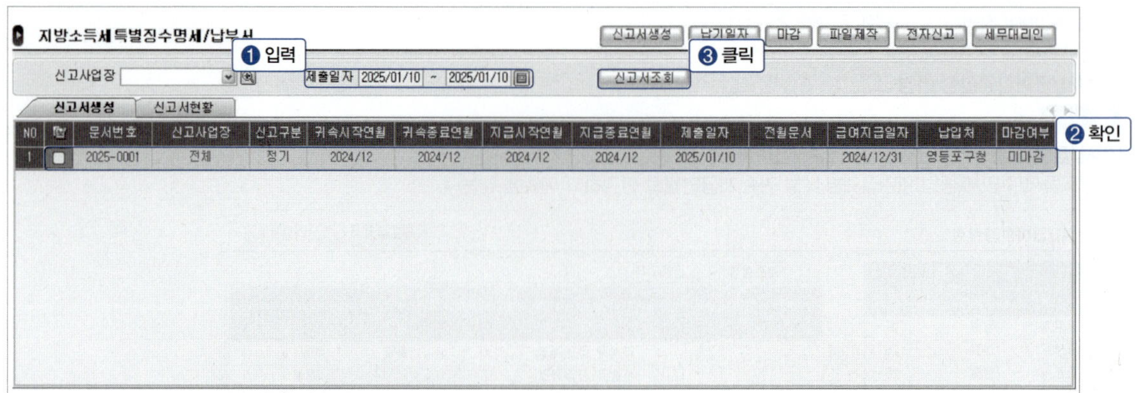

③ [징수 및 조정명세서] 탭에서 소득구분을 **4.근로소득**으로 변경하면 사원별 내역이 조회된다(자료가 나오지 않으면 왼쪽 탭을 클릭했다가 다시 돌아오면 조회된다). 최명수 사원의 과세표준은 195,960원이다.

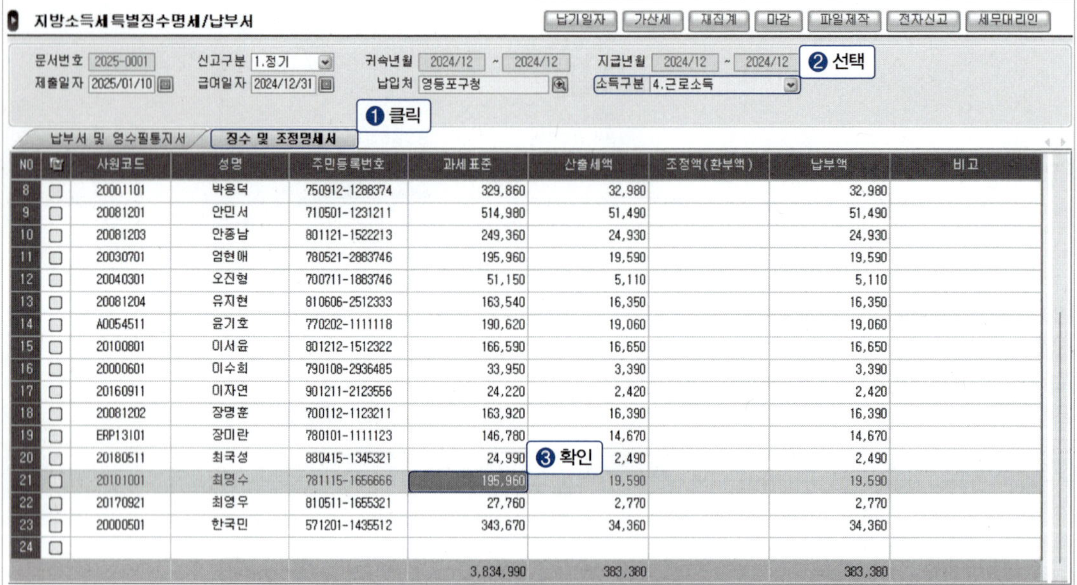

24 ②

② : 비과세소득 – 60900.퇴직급여 (×)
　　→ '70900.퇴직급여'

[인사/급여관리]–[전표관리]–[계정과목설정]

[퇴직금] 탭에서 계정유형을 **사원계정**으로 선택하여 지급항목 및 공제항목을 조회한다.

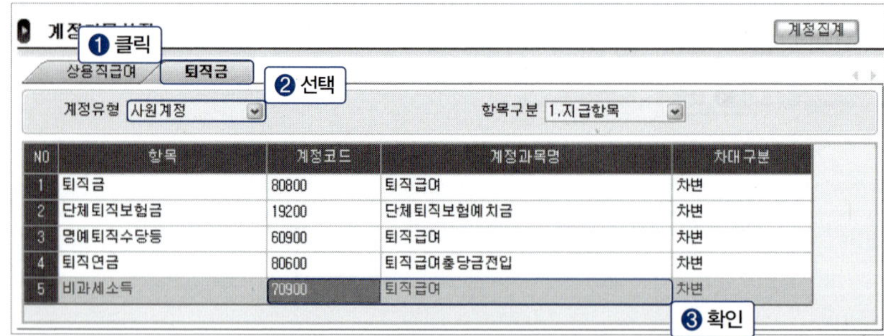

② : 생산직 – 직무발명보상금 : 1,450,000원 (×)
　　→ 직무발명보상금 : 1,200,000원

메뉴 길잡이

[인사/급여관리]–[급여관리]–[급여대장]
① 귀속연월, 지급일(1번), 집계(6.직종별)를 입력한다. 항목을 세분화해서 보기 위해 상단의 [출력항목] 버튼을 누른 후 전체 클릭하여 조회한다.

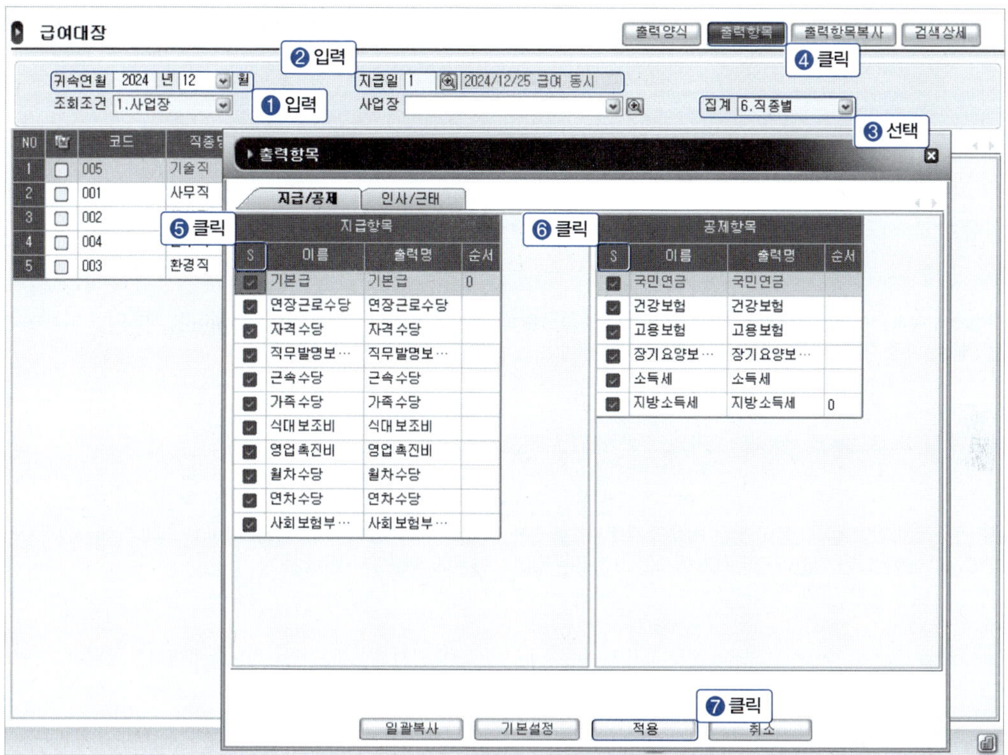

② 조회된 화면에서 직종별 지급/공제항목의 금액을 확인한다. 생산직의 직무발명보상금은 1,200,000원이다.

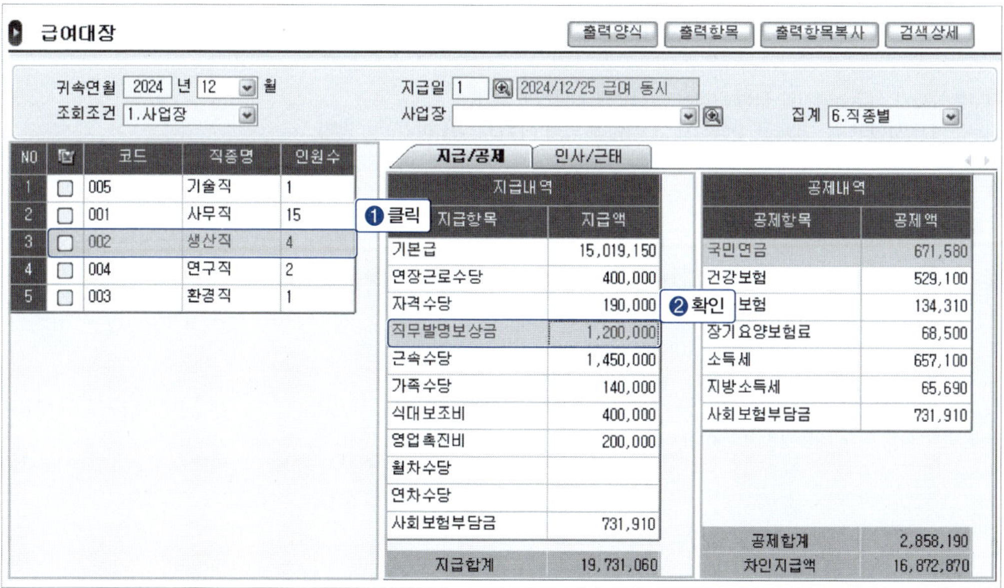

이론

01 ④	02 ①	03 ③	04 ③	05 ③	06 ①	07 ④	08 ①	09 ③	10 ②
11 ②	12 ①	13 ③	14 직무충실화		15 ①	16 ④	17 ②	18 ③	19 ④
20 매트릭스		21 ②	22 ②	23 ④	24 ④	25 ①	26 45	27 임금피크제	
28 ④	29 ③	30 ①	31 ④	32 1	33 단결				

이론

01 ④

기계학습 모델의 유형에는 지도형 학습, 비지도형 학습, 준지도형 학습, 강화학습의 네 가지가 있다.

02 ①

RPA(Robotic Process Automation)는 사람이 수행하던 반복적인 업무를 로봇이 대신 처리하도록 하는 것을 말하며, 사람이 수행하는 복잡한 의사결정을 내리는 수준까지 발전한 단계는 인지자동화 단계이다.

03 ③

기존 정보시스템은 수직적으로 업무를 처리하고, ERP는 수평적으로 업무를 처리한다.

04 ③

'Best Practice'란 선진화된 기업들이 만들어 놓은 최적의 프로세스를 ERP 도입을 통해 받아들이는 것을 말한다. 그러나 기존 업무처리에 따라 ERP 패키지를 수정한다면 기존의 업무처리 방식을 고집하는 것이기 때문에 적절하지 못하다.

05 ③

총소유비용(Total Cost of Ownership)은 시스템의 전체 라이프사이클(Life-cycle)에 걸쳐 발생하는 모든 비용을 계량화한 개념이다.

06 ①

직무관리, 인적자원계획은 인적자원관리의 기본 기능에 해당한다. 확보 기능에는 채용, 배치, 인사행정이 있다.

07 ④

직무수행에 있어서 성공과 실패를 결정할 수 있는 특수한 작업행동의 사례정보를 수집 및 활용하는 방법은 중요사건기록법이다.

오답 피하기
- ① 관찰법 : 직무분석자가 직무수행자를 직접 관찰하고 결과를 기록하는 방법
- ② 체험법 : 직무분석자 자신이 직무활동을 수행하고 그 경험에 의해 직무 지식을 파악하는 방법
- ③ 질문지법 : 표준화된 질문지를 작성한 후 근로자에게 배부하여 스스로 기입하게 하는 방법

08 ①

오답 피하기
- ② 추세분석법 : 시간의 흐름에 따른 추세에 따라 분석하여 의사를 결정하는 방법
- ③ 델파이 기법 : 전문가에게 여러 차례 설문을 실시하여 의사를 결정하는 방법
- ④ 브레인스토밍 : 창의적인 결론이 필요한 경우 최대한 많은 의견을 비판 없이 모으는 방법

09 ③

사내공모제, 기능목록표 활용 등은 내부모집 방법이다.

10 ②

다수의 면접자가 1명의 지원자를 평가하는 면접 방식은 패널면접에 해당한다.

11 ②

예측 타당성은 선발시험에 합격한 지원자의 시험성적(예측치)과 입사 후의 직무성과(표준치)를 비교하여 선발시험의 타당성을 측정하는 방법이다.

12 ①

능력주의 원칙은 종업원의 능력, 즉 직무수행능력과 실적을 기준으로 일정한 직무나 직위에 적정하게 배치하는 원칙이다.

13 ③

- ① 실행 : 사기유발, 노사분규해결
- ② 계획 : 모집홍보, 선발면접, 배치
- ④ 계획 : 인력공급추이 파악, 임금기준 파악, 인사평가, 경력개발

14 직무충실화

허즈버그의 2요인 이론(Two-factor Theory)에서 위생요인(급여)은 부족하면 불만이 생기지만 많다고 적극적으로 일하게 되는 않는다. 반면 동기요인(만족감, 창의성)은 부족해도 문제가 없지만 발현되면 종업원이 열심히 일하게 되는 요인이다. 직무충실화는 종업원에게 책임과 권한을 부여하여 동기요인을 충족시키는 직무설계 방법이다.

15 ①

서술식고과법에는 자유기술법, 중요사건기록법 등이 있다.

16 ④

경향 오류를 줄이기 위해서는 평가기간을 늘리고, 다양한 평가자료를 확보해야 한다.

17 ②

- ① 그리드훈련 : 훌륭한 관리자의 요건인 사람에 대한 관심과 일에 대한 관심을 둘 다 갖도록 하는 훈련 방식
- ③ 감수성훈련 : 경영자가 자기 자신을 객관적으로 성찰할 수 있도록 돕는 훈련 방식
- ④ 인바스켓훈련 : 특정한 상황을 가정하여 메모한 종이를 뽑아서 상황에 맞게 대처하도록 하는 훈련 방식

18 ③

슈퍼 리더십은 리더가 먼저 리더의 행동을 보임으로써 부하직원들이 따라올 수 있도록 모범이 되어 주는 리더십이다.

19 ④

학습 지향은 지식을 창출하고 체계적으로 관리하는 것이다.

- ① 고객 지향 : 고객 입장에서 고객의 욕구를 충족시키려고 하는 것
- ② 개인 지향 : 개인의 창의성과 자율성을 중시하는 것
- ③ 공생 지향 : 거래처 등 외부조직과의 신뢰 관계를 구축하는 것

20 매트릭스

매트릭스 조직은 특정 프로젝트를 수행하기 위하여 기존 부서에서 인력을 차출하여 새롭게 묶는 형태로 만들어진다. 예를 들어 ERP 도입 시 인사, 회계, 생산, 물류 등 부서에서 최고의 엘리트 사원들을 차출하여 임시조직을 만드는 것이 매트릭스 조직의 사례이다.

21 ②

임금수준은 임금관리의 적정성과 관련이 있다.

22 ②

각종 수당은 통상임금을 기준으로 지급하며, 휴업수당만 평균임금을 기준으로 한다.

23 ④

지불능력의 원칙은 복리후생 설계의 원칙이다.

오답 피하기

- ① 적정성의 원칙 : 복리후생 비용이 다른 기업과 유사한 정도가 좋으며, 기업에게 부담이 되어서는 안 됨
- ② 합리성의 원칙 : 국가나 지역사회에서 제공되는 것과 유사한 복리후생을 제공해서는 안 됨
- ③ 협력성의 원칙 : 기업과 노조가 협력하여 복리후생을 제공해야 함

24 ④

원천징수이행상황신고서는 기업이 종업원의 급여 등을 지급하면서 세금을 원천징수한 경우 세무서에 제출하는 서류이다.

25 ①

럭커 플랜은 기업이 달성한 부가가치를 기준으로 임금배분액을 계산하는 제도이다.

오답 피하기

- ② 스캔론 플랜 : 절약된 인건비를 종업원에게 분배하는 제도
- ③ 이윤분배제 : 주주의 몫인 이익(이윤)을 종업원에게도 분배하는 제도
- ④ 임프로쉐어 플랜 : 표준노동시간 대비 절약된 노동시간분을 성과급으로 배분하는 제도

26 45

종합소득이 10억원을 초과하는 경우 기본세율 45%가 적용된다.

27 임금피크제

일정한 연령에 이른 근로자의 임금을 삭감하는 제도는 임금피크제에 해당한다.

28 ④

오답 피하기

- ① 선택제 근로시간제 : 종업원들이 일정한 제약조건 내에서 자유롭게 출퇴근 시간을 정해놓고 근무하는 제도를 말함
- ② 파트타임제 : 1일 근로시간을 정규직 근로자와 달리 4~7시간 정도 일하며 임금은 직무에 따른 시간급을 지급함
- ③ 직무분할제 : 두 사람 이상의 시간제 근무자가 직무시간 교대를 통해서 일주일 40시간의 근무를 나누어 수행하도록 하는 제도를 말함

29 ③

기업별 노동조합의 단위조합 또는 지부가 산업별의 상부 노동단체와 공동으로 당해 기업의 사용자 대표와 교섭하는 방식은 공동교섭이다.

30 ①

사용자의 조업계속은 사용자 측의 노동쟁의에 해당한다.

31 ④

간접참가는 종업원에게 주식을 보유하도록 하는 방법이다. 여기에는 종업원지주제와 스톡옵션제도(주식매수선택권)가 포함된다.

32 1

사용자는 근로시간이 4시간인 경우에는 30분 이상, 8시간인 경우에는 1시간 이상의 휴게시간을 근로시간 도중에 주어야 한다(「근로기준법」 제54조 제1항).

33 단결

노동조건의 유지 · 개선과 기타 경제적 지위향상을 위해 단결하는 권리를 단결권이라 한다.

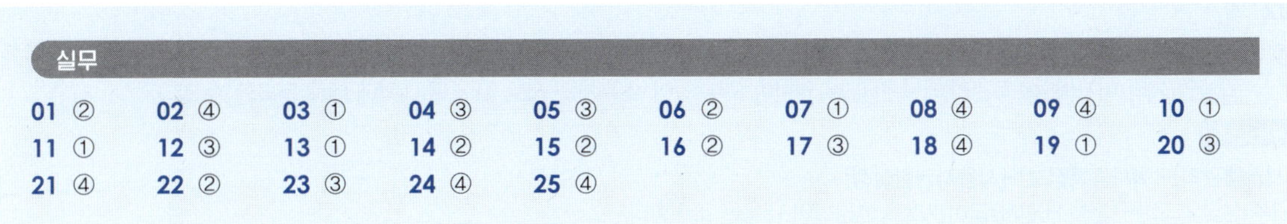

실무

01 ②

② : [2000.인사1급 인천지점] 사업장은 당 회사에 등록된 사업장 중 유일하게 '반기'로 이행상황신고서를 작성하는 사업장이다. (×)
→ '반기'로 이행상황신고서를 작성하는 사업장은 [3000.인사1급 대구지점] 사업장이다.

메뉴 길잡이

[시스템관리]-[회사등록정보]-[사업장등록]

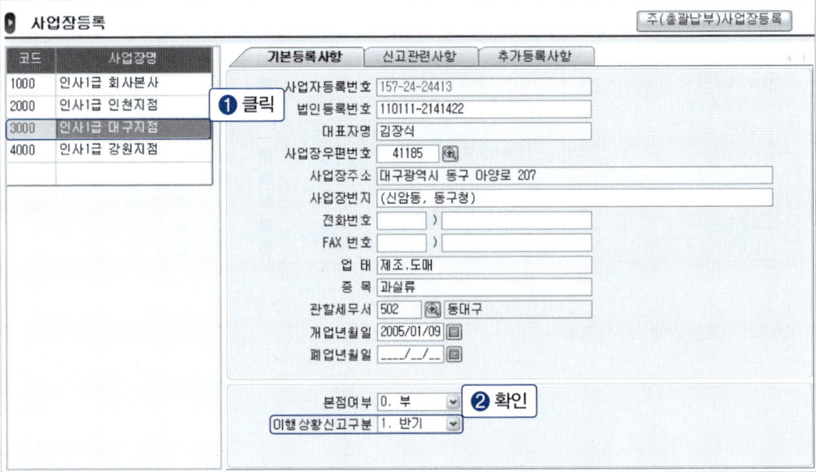

오답 피하기

③ : [3000.인사1급 대구지점] 사업장은 [1000.인사1급 회사본사] 사업장에 속한 종사업장이며, [1000.인사1급 회사본사] 사업장에 속한 종사업장은 [4000.인사1급 강원지점]을 제외한 모든 사업장이 등록되어 있다. (○)
→ 오른쪽 상단의 [주(총괄납부)사업장등록] 버튼을 눌러 확인할 수 있다.

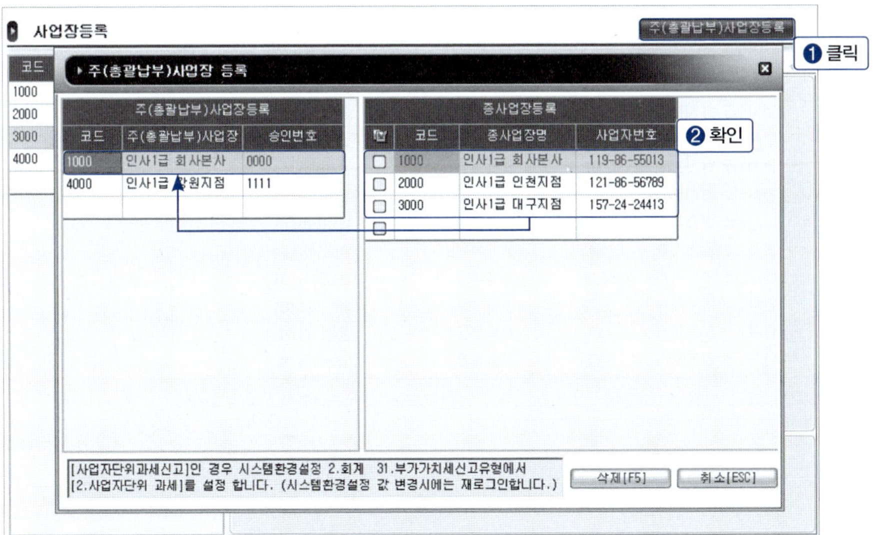

④ : [사업/기타/이자배당소득관리]에 속한 메뉴 권한이 없어, 소득자들의 정보와 소득 내역을 등록할 수 없다. (×)
　　→ [사업/기타/이자배당소득관리]에 속한 메뉴 권한이 모두 있어, 소득자의 정보 및 소득 내역에 대해 등록할 수 있다.

메뉴 길잡이

[시스템관리]-[회사등록정보]-[사용자권한설정]
왼쪽 상단의 모듈구분을 H.인사/급여관리로 변경하여 내용을 조회한다.

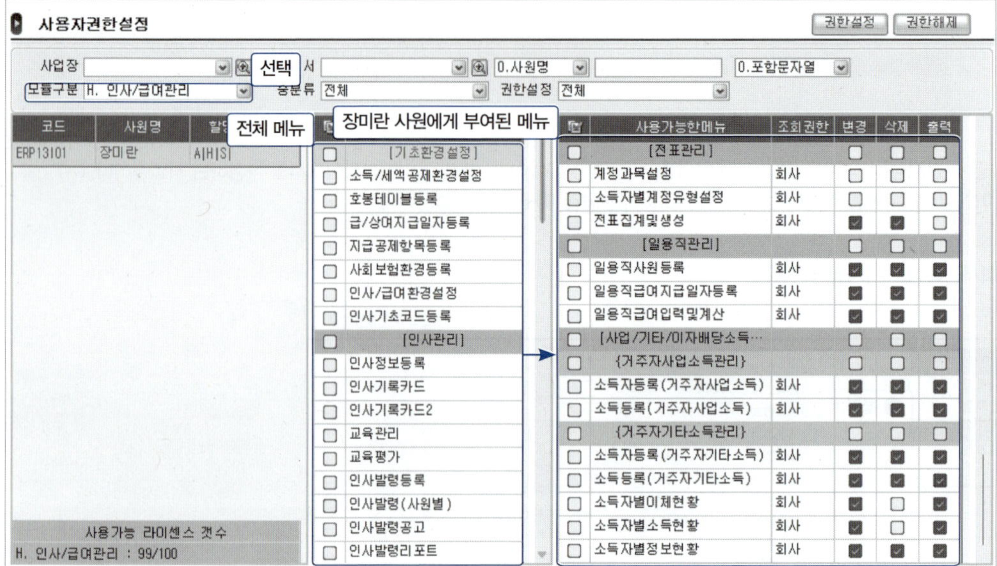

한선생님의 노하우

해당 사원(장미란)에게 부여된 권한(메뉴)은 화면 오른쪽에 표시됩니다.

03 ①

① : 현재 사용 중인 부서는 총 11개이다. (○)

메뉴 길잡이

[시스템관리]-[회사등록정보]-[부서등록]
상단의 조회기준일 적용을 클릭하고, 기준일자를 입력하여 조회한 후 현재 사용 중인 부서(11개)를 확인한다.

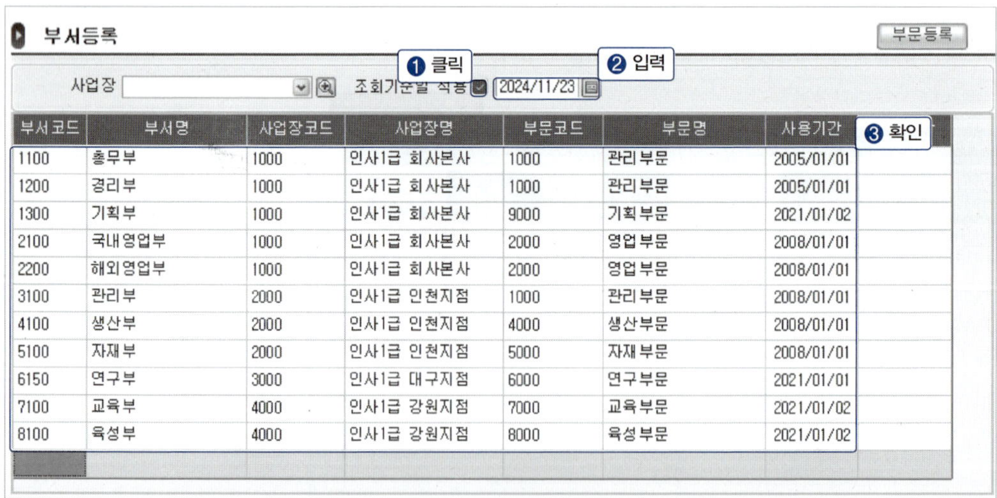

부서코드	부서명	사업장코드	사업장명	부문코드	부문명	사용기간
1100	총무부	1000	인사1급 회사본사	1000	관리부문	2005/01/01
1200	경리부	1000	인사1급 회사본사	1000	관리부문	2005/01/01
1300	기획부	1000	인사1급 회사본사	9000	기획부문	2021/01/02
2100	국내영업부	1000	인사1급 회사본사	2000	영업부문	2008/01/01
2200	해외영업부	1000	인사1급 회사본사	2000	영업부문	2008/01/01
3100	관리부	2000	인사1급 인천지점	1000	관리부문	2008/01/01
4100	생산부	2000	인사1급 인천지점	4000	생산부문	2008/01/01
5100	자재부	2000	인사1급 인천지점	5000	자재부문	2008/01/01
6150	연구부	3000	인사1급 대구지점	6000	연구부문	2021/01/01
7100	교육부	4000	인사1급 강원지점	7000	교육부문	2021/01/02
8100	육성부	4000	인사1급 강원지점	8000	육성부문	2021/01/02

04 ③

옳지 않은 설명은 [보기]의 1, 4로 2개이다.

메뉴 길잡이

[인사/급여관리]-[기초환경설정]-[인사/급여환경설정]

- 1 : 퇴사자의 급여는 25일 이상 근무한 경우에만 급여를 모두 지급하고 그렇지 않은 경우엔 일할 지급한다. (×)
  → 20일 이상 근무한 경우에만 급여를 모두 지급하고 그렇지 않은 경우엔 일할 지급한다.
- 2 : 수습직은 지급하기로 한 급여의 75%를 3개월간 지급한다. (○)
- 3 : 당 회사에 등록된 직종 중 생산직의 출결시작일은 전월 25일이며, 그 외 직종은 모두 당월 1일이다. (○)
- 4 : 지방소득세특별징수명세서는 '귀속연월' 또는 '지급연월'이 같은 데이터만 집계한다. (×)
  → '귀속연월'과 '지급연월'이 같은 데이터를 집계한다.

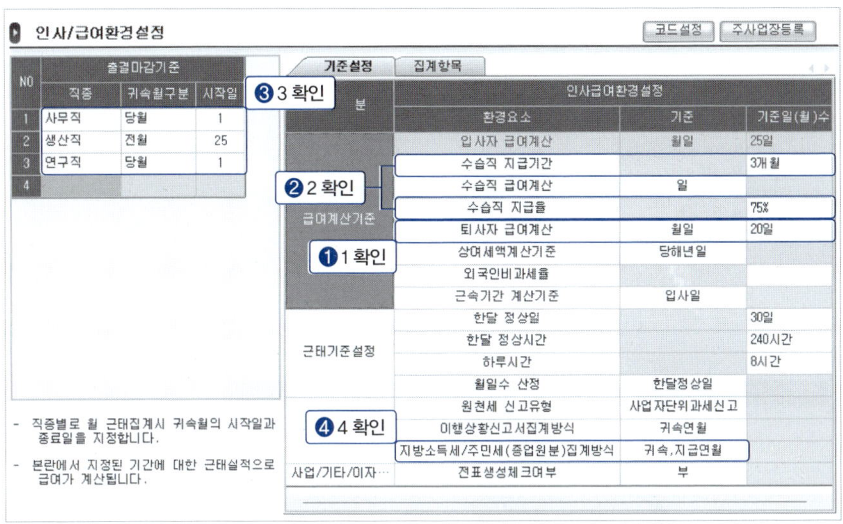

05 ③

5호봉 기준의 '기본급'은 4,048,035원이다.

메뉴 길잡이

[인사/급여관리]-[기초환경설정]-[호봉테이블등록]

과장 직급 호봉이력의 '적용시작연월'을 2024/01로 입력한 후, [일괄등록] 버튼으로 초기치를 등록하고, [일괄인상] 버튼으로 정률인상과 정액인상을 각각 실시한다. 조회된 화면에서 5호봉 기준의 기본급(4,048,035원)을 확인한다.

② : [P10.연장근로수당]은 직종별로 지급되며, 모든 직종이 [책정임금의 월급]*0.1로 계산하여 지급된다. (×)
　　→ 사무직은 [책정임금의 월급]*0.1, 생산직은 [총연장근무시간]*[시급]*1.5로 계산하여 지급된다.

메뉴 길잡이

[인사/급여관리]-[기초환경설정]-[지급공제항목등록]

① [마감취소] 버튼으로 마감을 취소한 후, 급여구분은 **급여**, 지급/공제구분은 **지급**을 선택하고 귀속연도는 **2024년**으로 입력한다. 사무직은 [책정임금의 월급]*0.1로 계산하여 지급된다.

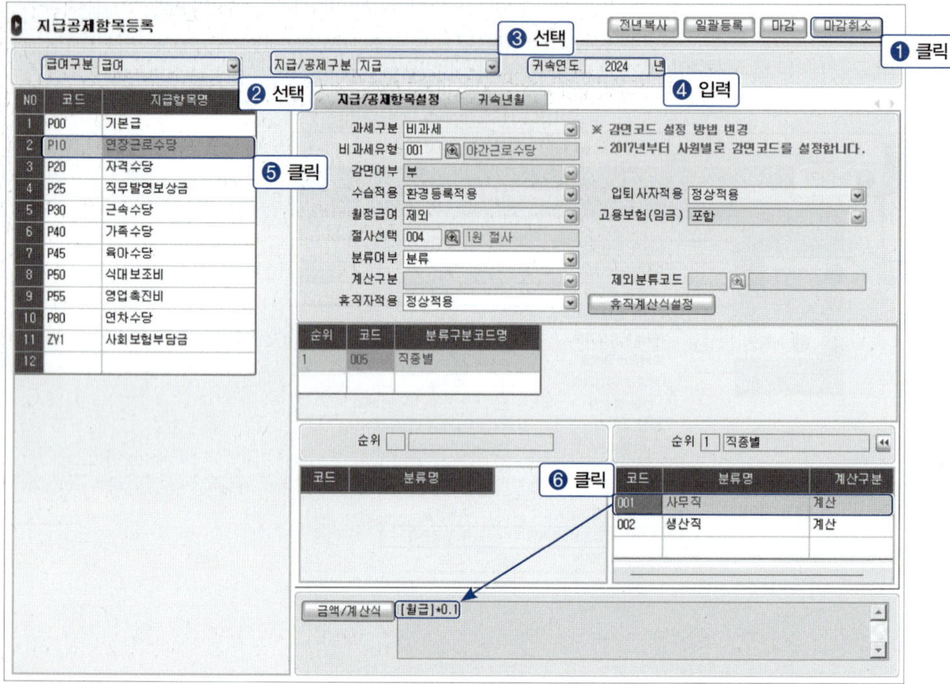

② 생산직은 [총연장근무시간]*[시급]*1.5로 계산하여 지급된다.

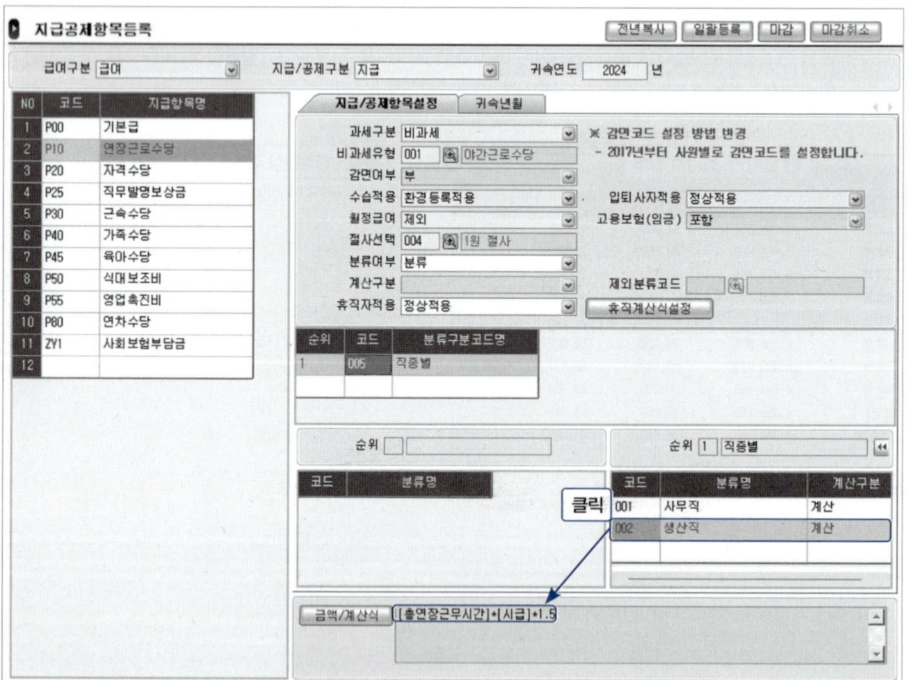

① : [20040301.오진형] 사원의 입사일자와 그룹입사일자는 다르다. (○)

메뉴 길잡이

[인사/급여관리]─[인사관리]─[인사정보등록]

오진형 사원을 클릭한 후 [재직정보] 탭을 확인한다. 입사일자(2004/03/26)와 그룹입사일자(2003/01/01)는 다르다.

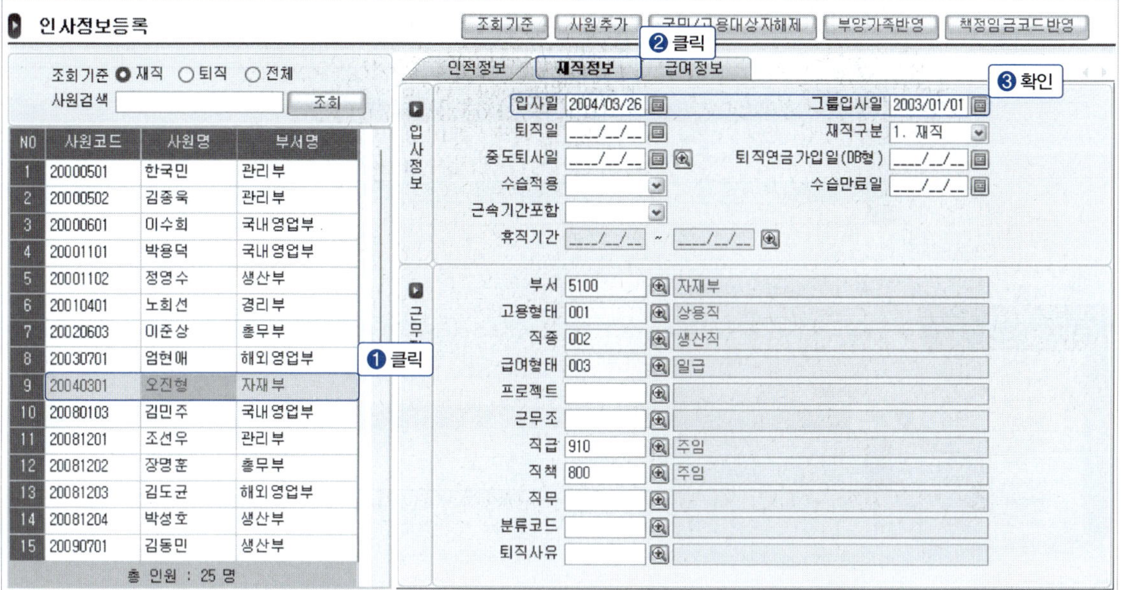

④ : [G2.직종]의 기초코드 중 생산직 연장근로 비과세 적용 대상이 되는 코드는 [002.생산직], [003.연구직]이다. (○)

메뉴 길잡이

[인사/급여관리]─[기초환경설정]─[인사기초코드등록]

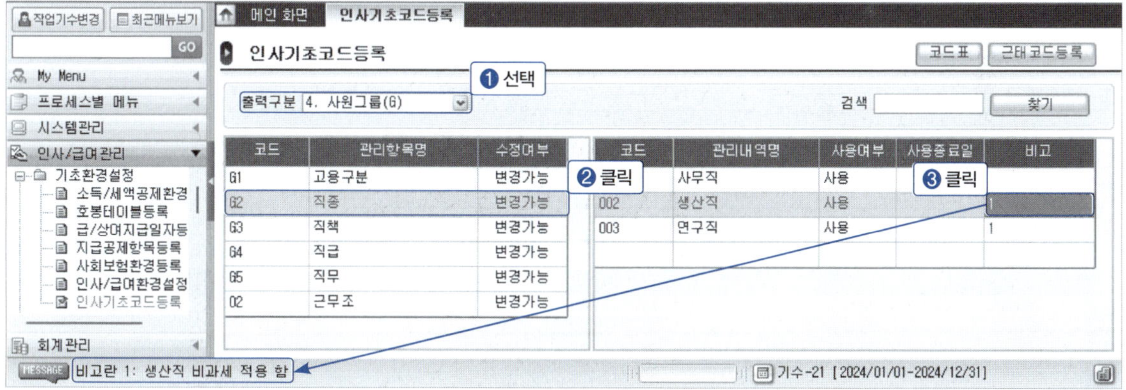

④ : 연말정산 자녀공제를 받을 수 있는 나이요건이 만 8세 이상부터 만 20세 이하까지 해당할 때, 2024년 현재 해당 사원이 부양하고 있는 가족 중 자녀공제에 해당하는 구성원은 존재하지 않는다. (×)
→ '최현준'은 2010년생이기 때문에 자녀공제를 받을 수 있다.

메뉴 길잡이

[인사/급여관리]─[인사관리]─[인사기록카드]

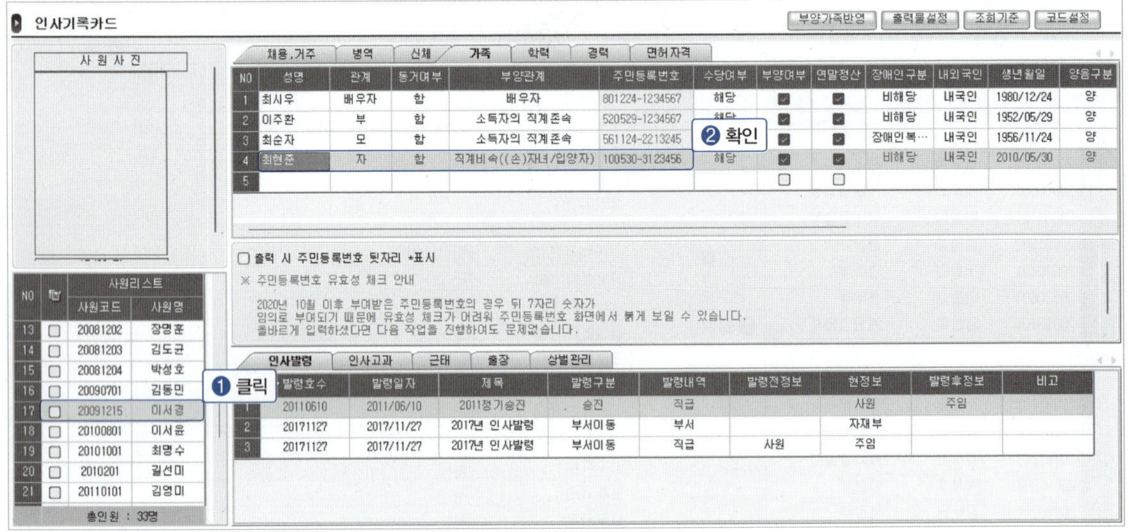

한선생님의 노하우

나이는 현재연도 – 출생연도로 계산합니다.
예 현재연도 2024 – 출생연도 2010 = 14세

10 ①

이수 여부가 다른 대상자는 [20080103.김민주]이다.

메뉴 길잡이

[인사/급여관리]─[인사관리]─[교육평가]

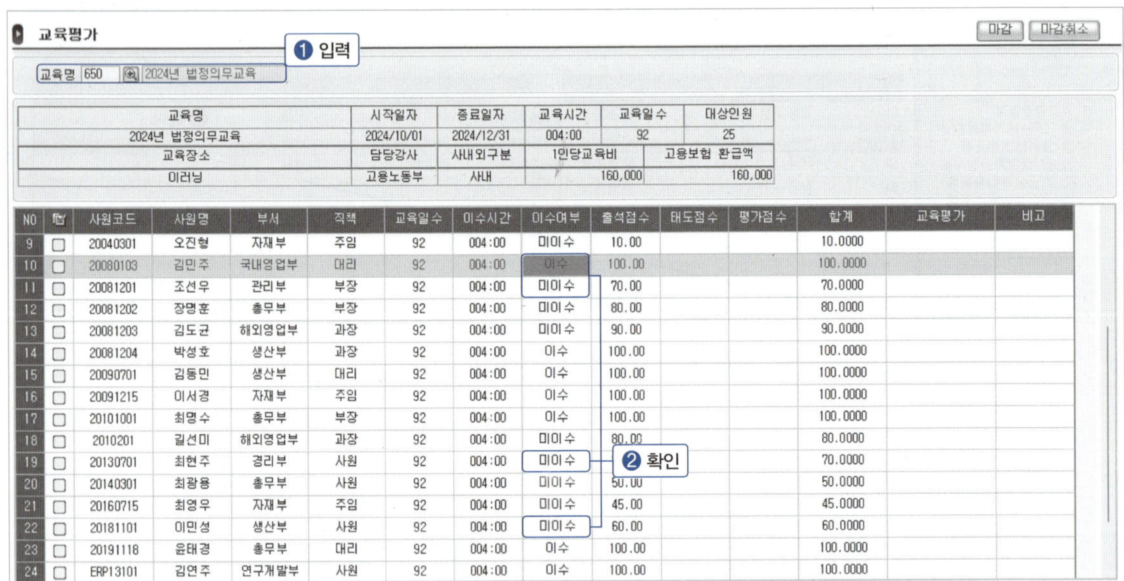

'과세'총액은 126,440,940원이다.

(1) 휴직 신청

메뉴 길잡이

[인사/급여관리]-[인사관리]-[인사정보등록]

조선우 사원을 선택하고 [재직정보] 탭을 클릭하여 휴직 관련 사항을 등록(휴식사유와 퇴직기간적용 여부는 F2 를 눌러 선택한다)한 후 메뉴를 닫는다.

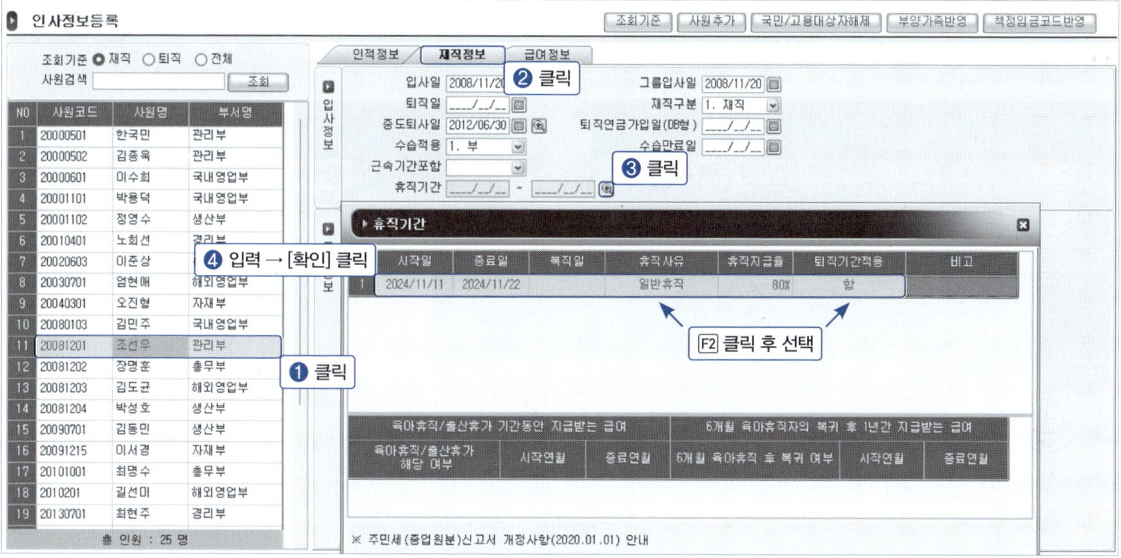

(2) 급여계산

메뉴 길잡이

[인사/급여관리]-[급여관리]-[상용직급여입력및계산]

귀속연월과 지급일을 입력하고 조회한 후 전체 사원을 체크한다. 오른쪽 상단의 [급여계산] 버튼을 눌러 급여를 계산하고, 하단의 [급여총액] 탭에서 과세총액(126,440,940원)을 확인한다.

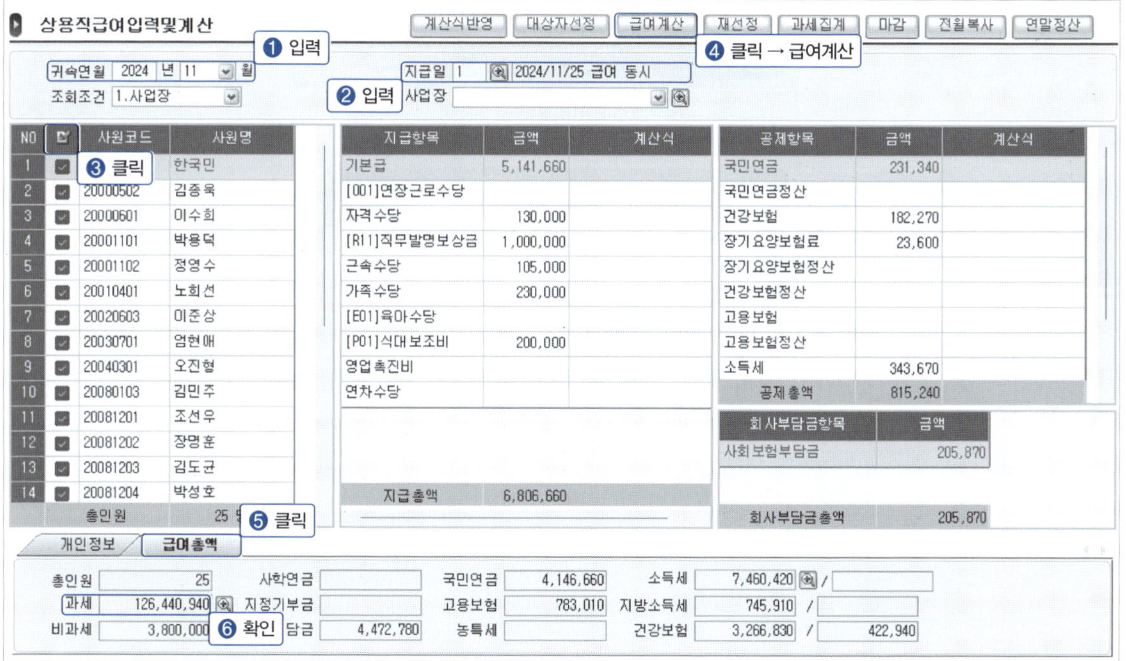

③ : [20081203.김도균] : 4,762,690원 (×)

　　　→ 5,625,000원

(1) 지급일자 추가

메뉴 길잡이

[인사/급여관리]–[기초환경설정]–[급/상여지급일자등록]

① **귀속연월**을 입력하고 순번 2에 **지급일자**, **동시발행**(F2), **대상자선정**을 순서대로 입력한 후, 오른쪽에서 F2를 눌러 상여를 선택한다.

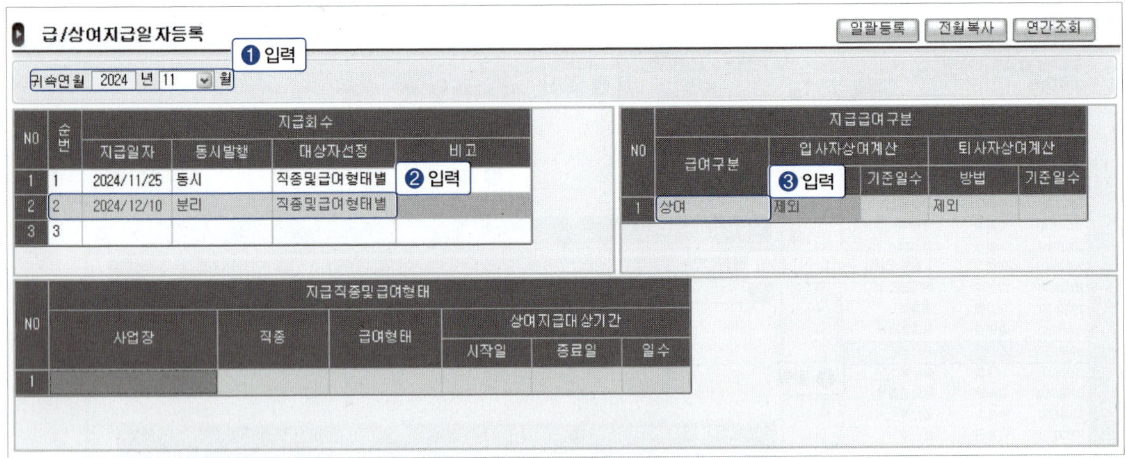

② 오른쪽 상단의 [일괄등록] 버튼을 눌러 **모든 사업장**으로 등록하고, **상여지급대상기간**을 입력한 후 **생산직과 연구직의 급여란**을 선택하고 메뉴를 닫는다.

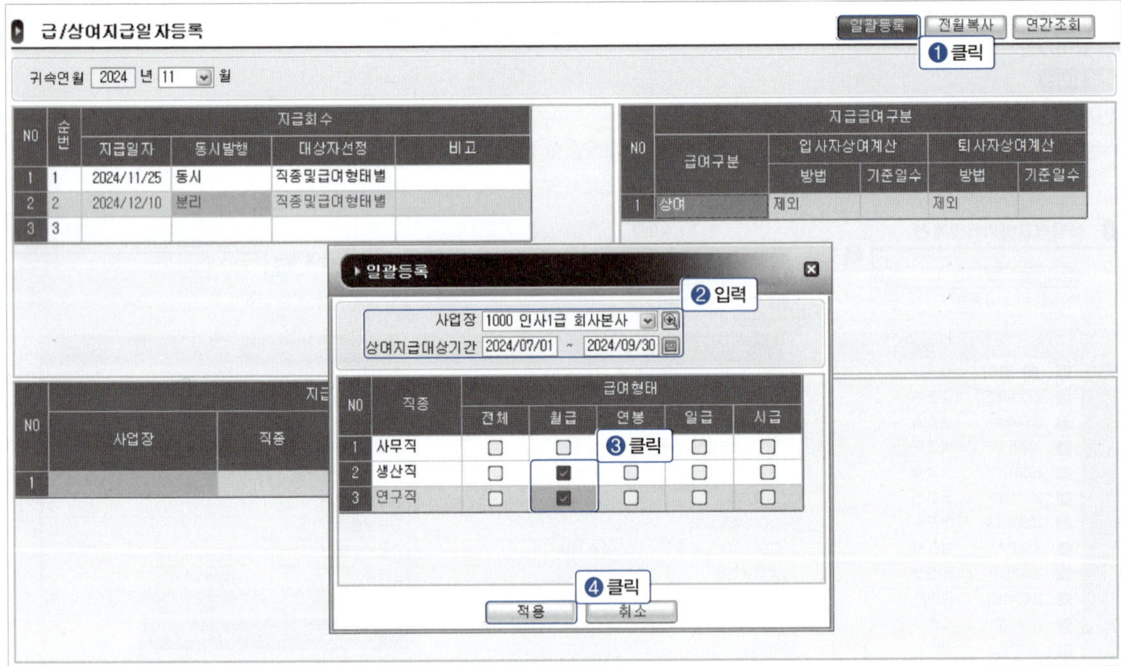

(2) 급여계산

[인사/급여관리]–[급여관리]–[상용직급여입력및계산]

귀속연월과 지급일을 입력하고 상단의 [조회] 버튼을 누른다. 전체 사원을 선택한 후 오른쪽 상단의 [급여계산] 버튼을 클릭하여 상여를 계산한다. 김도균 사원을 클릭하여 상여 금액(5,625,000원)을 확인한다.

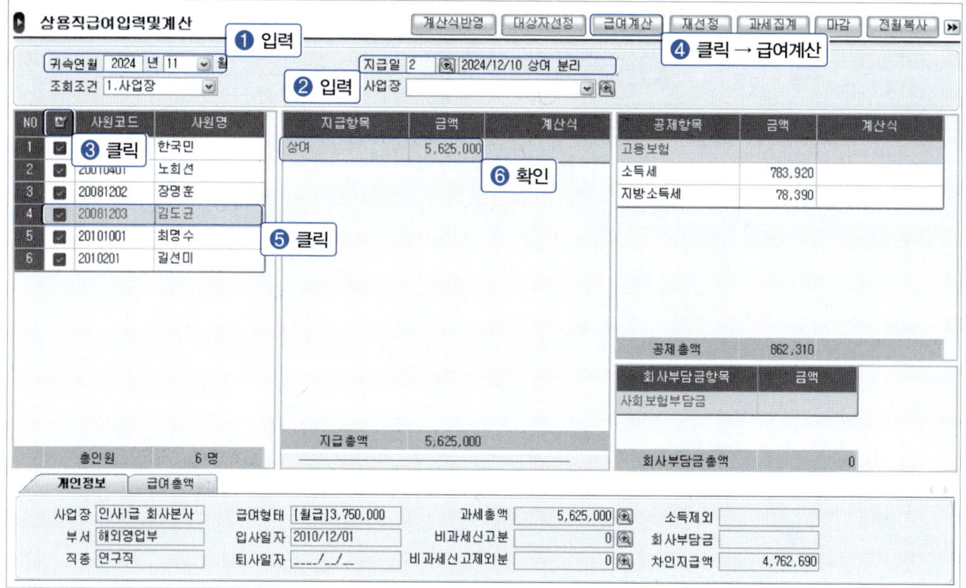

13 ①

① : 근로자의 계좌로 이체되는 총 급여는 57,092,130원이다. (×)
  → 은행 계좌로 이체되는 총 급여는 47,917,980원이다.

[인사/급여관리]–[급여관리]–[급/상여이체현황]

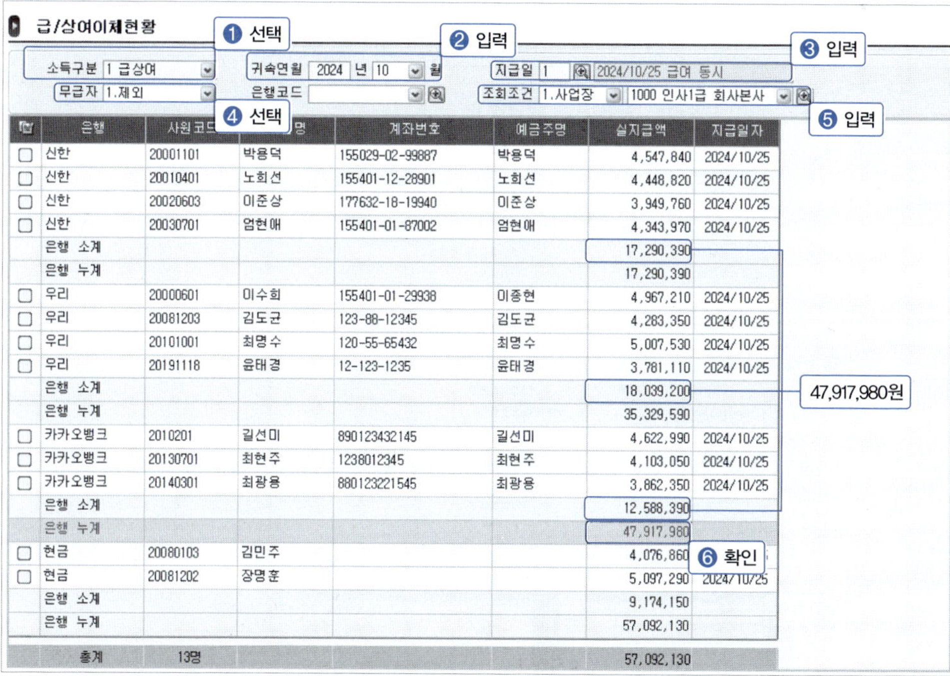

14 ②

생산직의 근속수당 : 910,000원

메뉴 길잡이

[인사/급여관리]-[급여관리]-[항목별급상여지급현황]

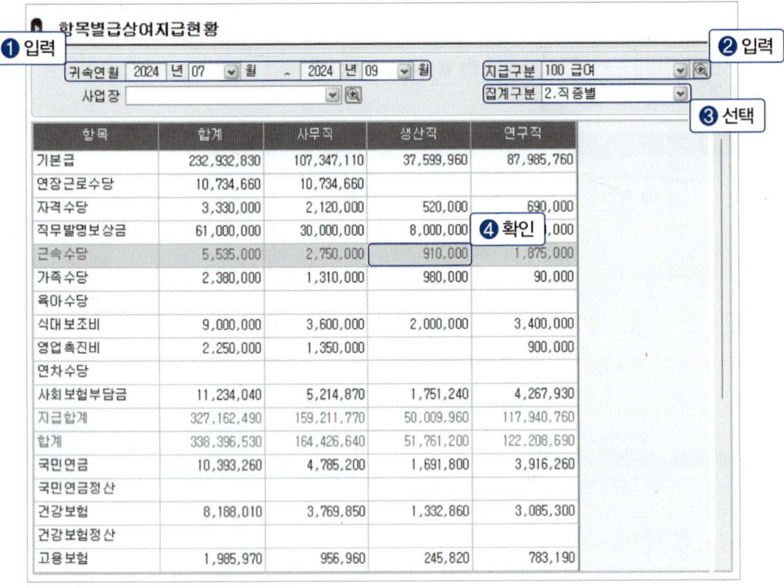

항목	합계	사무직	생산직	연구직
기본급	232,932,830	107,347,110	37,599,960	87,985,760
연장근로수당	10,734,660	10,734,660		
자격수당	3,330,000	2,120,000	520,000	690,000
직무발명보상금	61,000,000	30,000,000	8,000,000	,000
근속수당	5,535,000	2,750,000	910,000	1,875,000
가족수당	2,380,000	1,310,000	980,000	90,000
육아수당				
식대보조비	9,000,000	3,600,000	2,000,000	3,400,000
영업촉진비	2,250,000	1,350,000		900,000
연차수당				
사회보험부담금	11,234,040	5,214,870	1,751,240	4,267,930
지급합계	327,162,490	159,211,770	50,009,960	117,940,760
합계	338,396,530	164,426,640	51,761,200	122,208,690
국민연금	10,393,260	4,785,200	1,691,800	3,916,260
국민연금정산				
건강보험	8,188,010	3,769,850	1,332,860	3,085,300
건강보험정산				
고용보험	1,985,970	956,960	245,820	783,190

15 ②

'기본급 공제액'을 계산한 결과는 63,260원이다.

(1) 책정임금 시급 조회

메뉴 길잡이

[인사/급여관리]-[인사관리]-[인사정보등록]

장명훈 사원을 선택하고 [급여정보] 탭 하단의 '책정임금'란에서 오른쪽의 * 금액 부분을 클릭한 후 Ctrl+F3을 눌러 금액을 조회한다(암호는 입력하지 않는다). 장영훈 사원의 시급 금액(19,618원)을 확인한다.

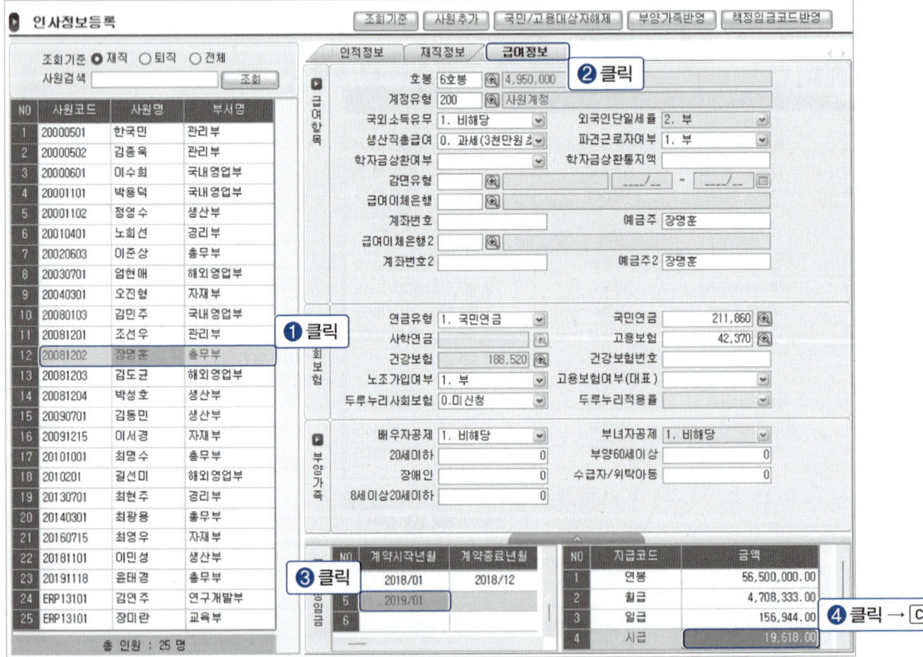

(2) 공제 시간 조회
- 1유형 공제액 : (1.25 + 0.5) × 1.2 × 19,618원 = 41,190원
- 2유형 공제액 : (0.75) × 1.5 × 19,618원 = 22,070원
- 기본급 공제액 : 41,190원 + 22,070원 = 63,260원

[인사/급여관리]-[급여관리]-[근태결과입력]

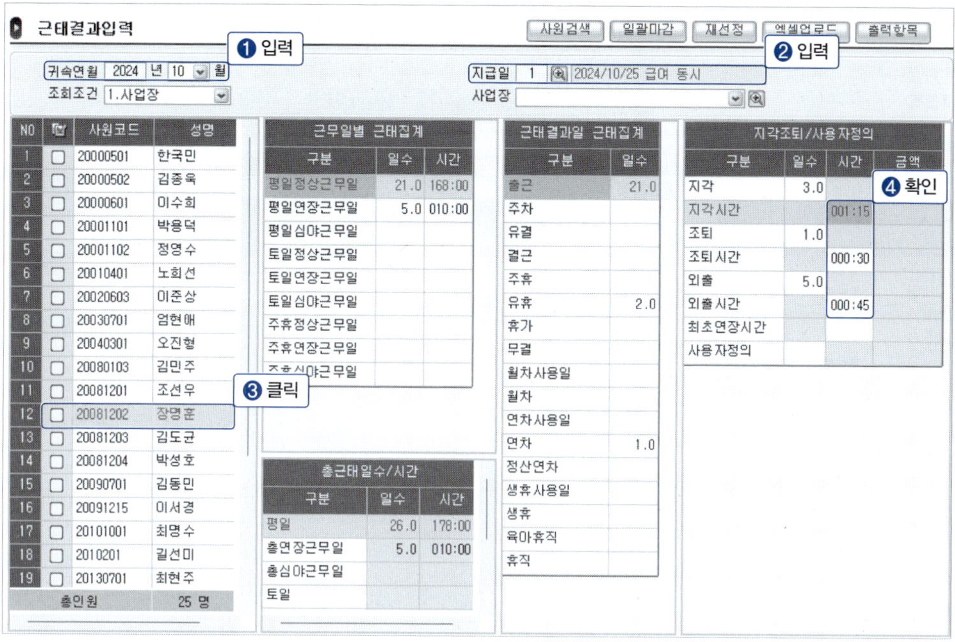

16 ②

② : 주임 – 과세총액 : 70,620,700원 / 비과세총액 : 15,600,000원 (×)
→ 과세총액 : 70,620,700원 / 비과세총액 : 9,600,000원

[인사/급여관리]-[급여관리]-[연간급여현황]

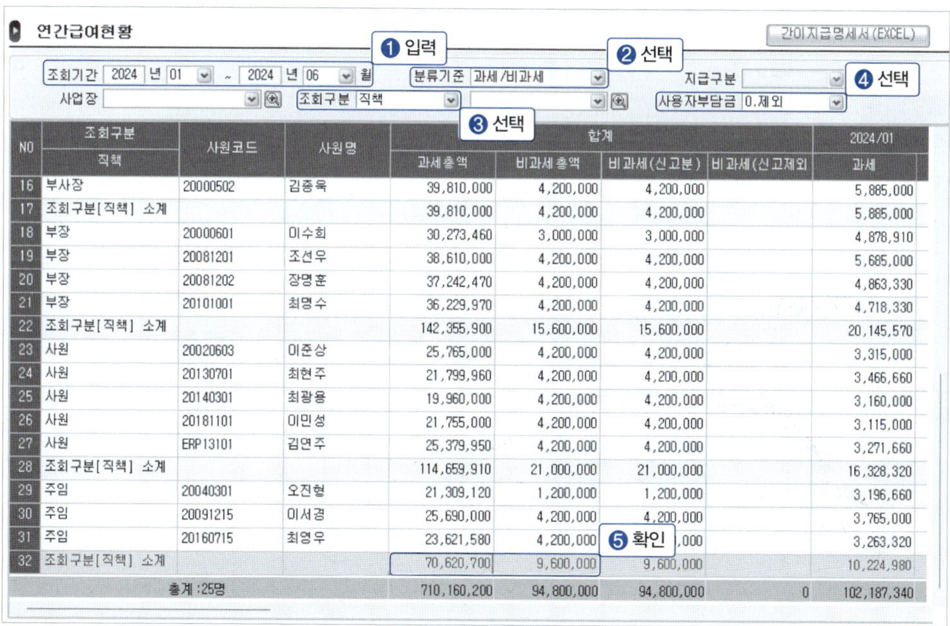

③ : 모든 사원들은 소득세를 공제하고 급여를 지급받는다. (×)
　　→ 심순애, 박현지, 김유라 사원은 소득세를 공제하지 않는다.

(1) 일용직 대상자 추가

메뉴 길잡이

[인사/급여관리]─[일용직관리]─[일용직급여지급일자등록]
귀속연월과 지급일을 입력하고 시급직인 총무부 사원을 조회한다. 전체 사원을 체크하고 가운데 [추가] 버튼을 눌러 오른쪽으로 이동한
후 메뉴를 닫는다.

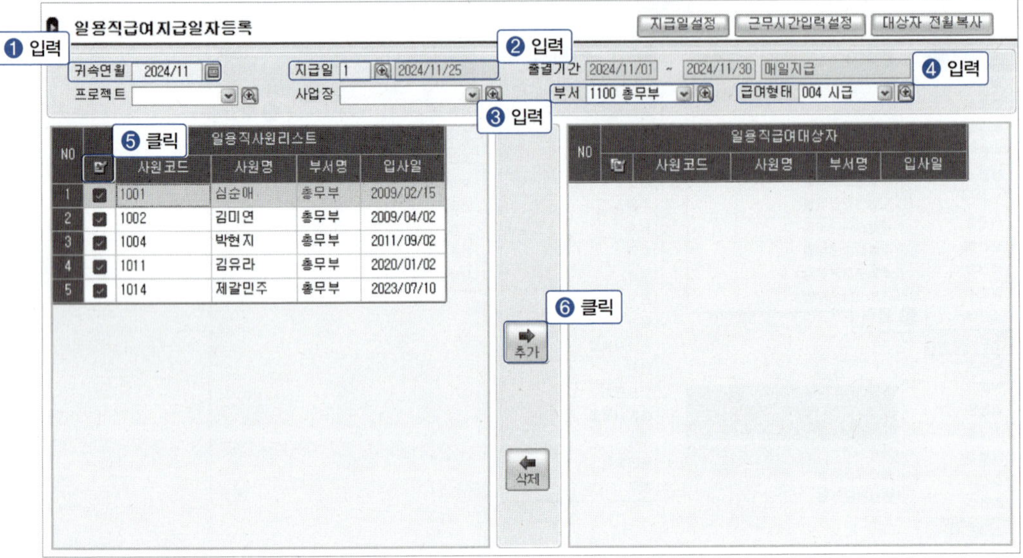

(2) 일용직 급여계산

메뉴 길잡이

[인사/급여관리]─[일용직관리]─[일용직급여입력및계산]
귀속연월과 지급일을 입력하여 조회한 후, 전체 사원을 체크하고 상단의 [일괄적용] 버튼을 눌러 평일과 토요일의 급여를 각각 계산한다.
심순애, 박현지, 김유라 사원은 소득세를 공제하지 않는다.

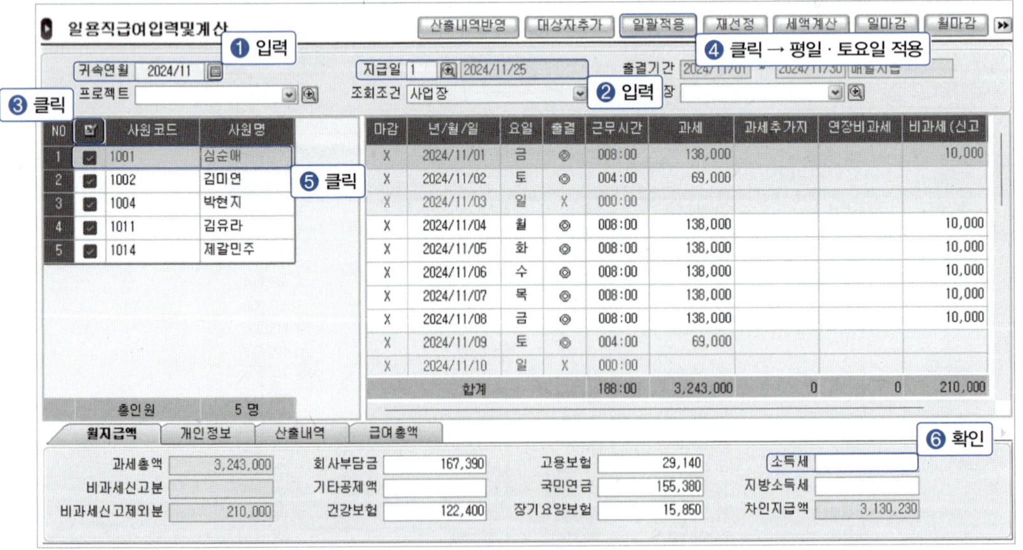

실지급액의 총계는 12,434,640원이다.

(1) 일용직 사원 등록

메뉴 길잡이

[인사/급여관리]-[일용직관리]-[일용직사원등록]

현단비 사원을 입력한 후, 오른쪽 [기본정보]에 문제에 제시된 사원정보를 등록하고 메뉴를 닫는다.

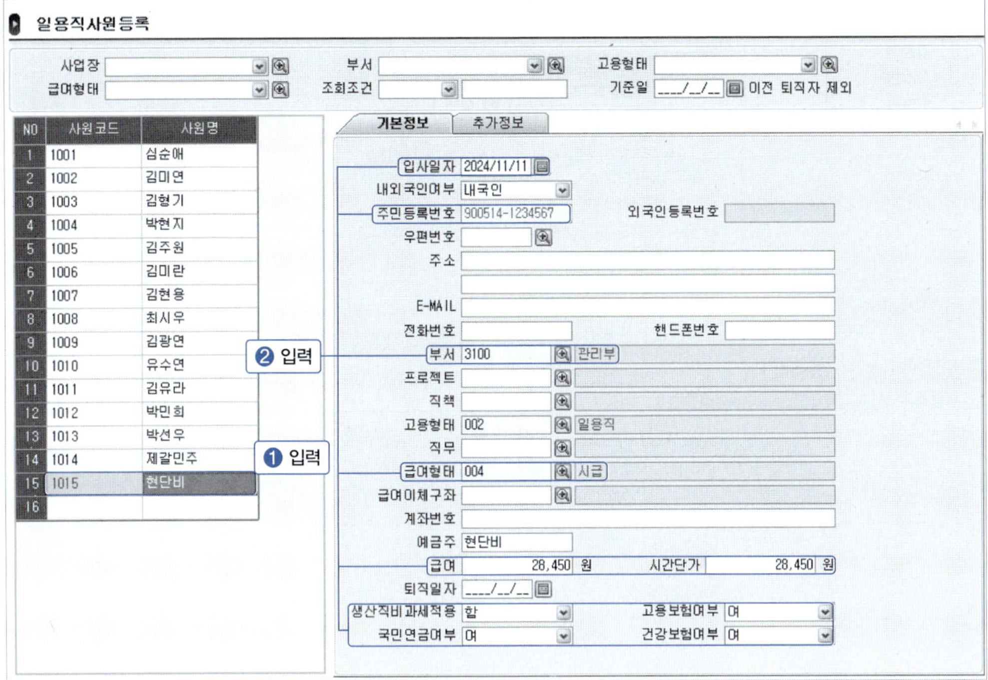

(2) 일용직 급여계산

메뉴 길잡이

[인사/급여관리]-[일용직관리]-[일용직급여입력및계산]

① 귀속연월과 지급일(일정기간지급)을 입력하여 대상자를 불러온 후, 아직 대상자가 없기 때문에 상단의 [대상자추가] 버튼을 클릭하여 현단비 사원을 추가한다.

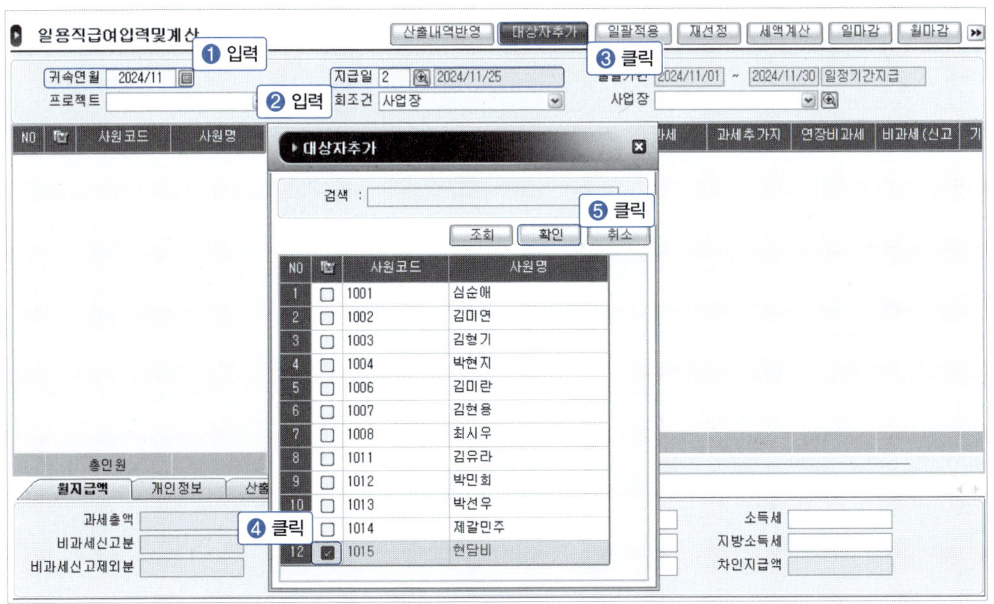

② **전체 사원**을 선택하고 상단의 **[일괄적용]** 버튼을 클릭하여 평일의 급여를 계산한 후, 하단의 **[급여총액]** 탭에서 차인지급액(12,434,640원)을 확인한다.

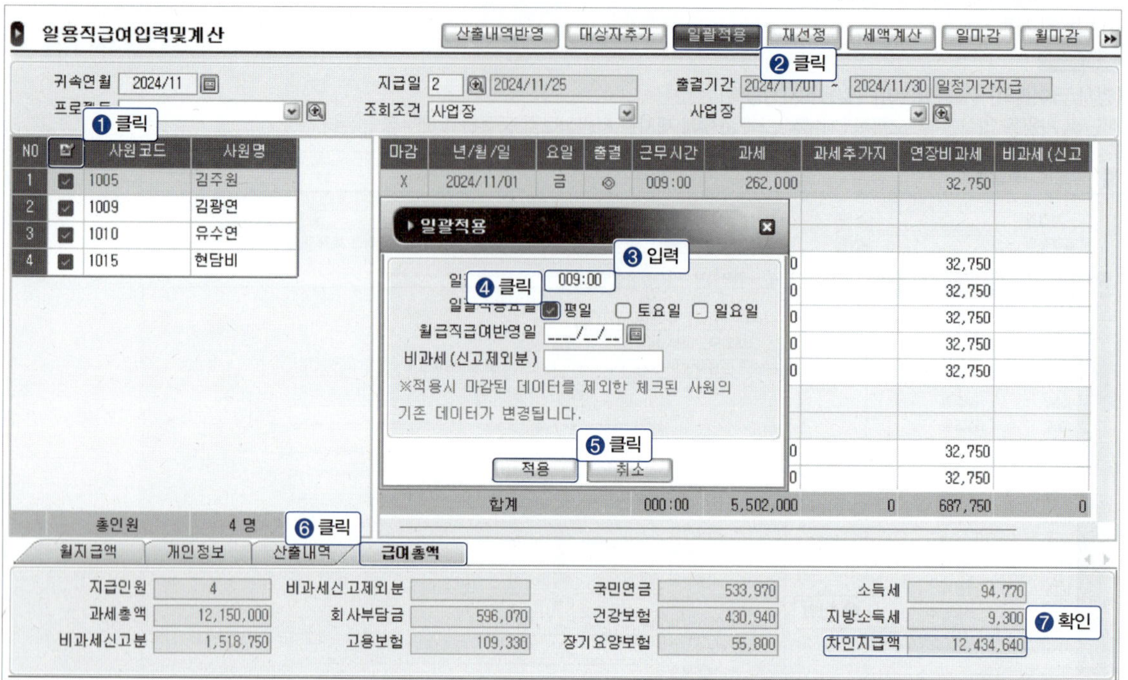

올바르게 설명한 [보기] 내용은 A로 1개이다.

메뉴 길잡이

[인사/급여관리]-[퇴직정산관리]-[퇴직기준설정]

[마감취소] 버튼으로 마감을 취소한 후, [지급항목설정]과 [누진적용] 버튼을 클릭하여 조회한다.

- A : 평균임금 기간 산정 시 전월을 기준으로 3개월을 산정하며, 퇴직금 계산식은 '일할'로 설정되어 있다. (○)
- B : 퇴직자의 급여는 해당 월의 급여를 '일할' 계산하여 반영하며, 퇴직금 계산항목은 상여 지급 항목을 제외한 급여 지급 항목만 조회하고 선택하여 사용할 수 있다. (×)
  → 급/상여 지급 항목을 모두 선택하여 사용할 수 있다.
- C : 평균임금기간 산정 시 퇴사일을 포함하며, 평균임금 계산 시 10원 단위 절사 처리한다. (×)
  → 1원 단위 절사 처리한다.
- D : 임원누진만 적용하고 있으며, 해당 누진항목의 적용유형은 [001.기간]이고 적용방식은 [000.가산율]이다. (×)
  → 적용방식은 [001.가산일수]이다.

③ : 해당 사원이 중도정산을 신청한 기산일로부터 중도퇴직일자까지의 근속기간은 1800일이다. (×)
    → 중도퇴직일자까지의 근속기간은 1804일이다.

(1) 퇴직기준 설정

메뉴 길잡이

[인사/급여관리]─[퇴직정산관리]─[퇴직기준설정]

[마감취소] 버튼으로 마감을 취소하고, 오른쪽 상단의 [기본설정] 버튼을 누른 후 평균임금을 일평균 임금으로 설정한다. 오른쪽 상단의 [지급항목설정] 버튼을 눌러 기본급, 직무발명보상금, 근속수당을 추가하고 메뉴를 닫는다.

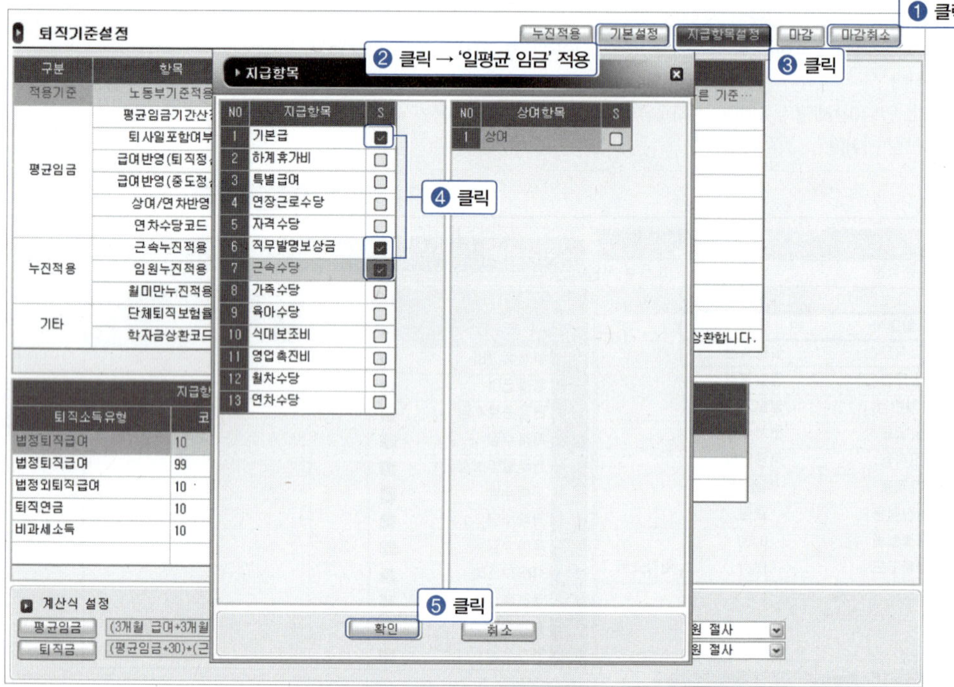

(2) 퇴직금 계산

메뉴 길잡이

[인사/급여관리]─[퇴직정산관리]─[퇴직금산정]

① 신고귀속, 귀속연도, 사업장, 정산구분을 입력한 후 상단의 [조회] 버튼을 누른다. 아직 대상자가 없기 때문에 상단의 [대상자선정] 버튼을 눌러 귀속연월, 재직기준, 지급일자, 퇴직일자, 신청일자, 사원코드를 입력한다.

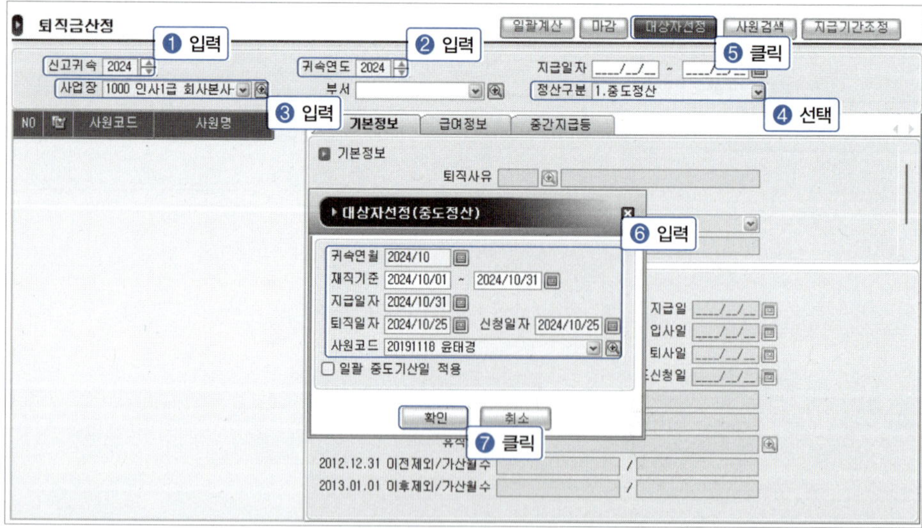

② [급여정보] 탭의 [퇴직금계산] 버튼을 눌러 퇴직금을 계산한다.

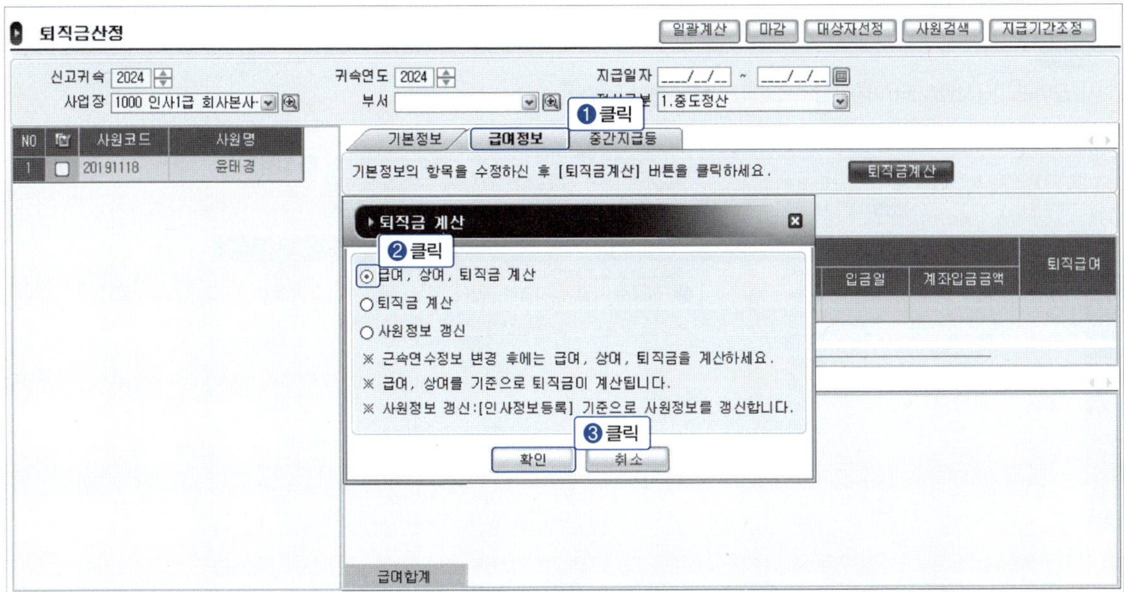

③ [기본정보] 탭을 클릭하여 해당 사원이 중도정산을 신청한 기산일로부터 중도퇴직일자까지의 근속기간(1804일)을 확인한다.

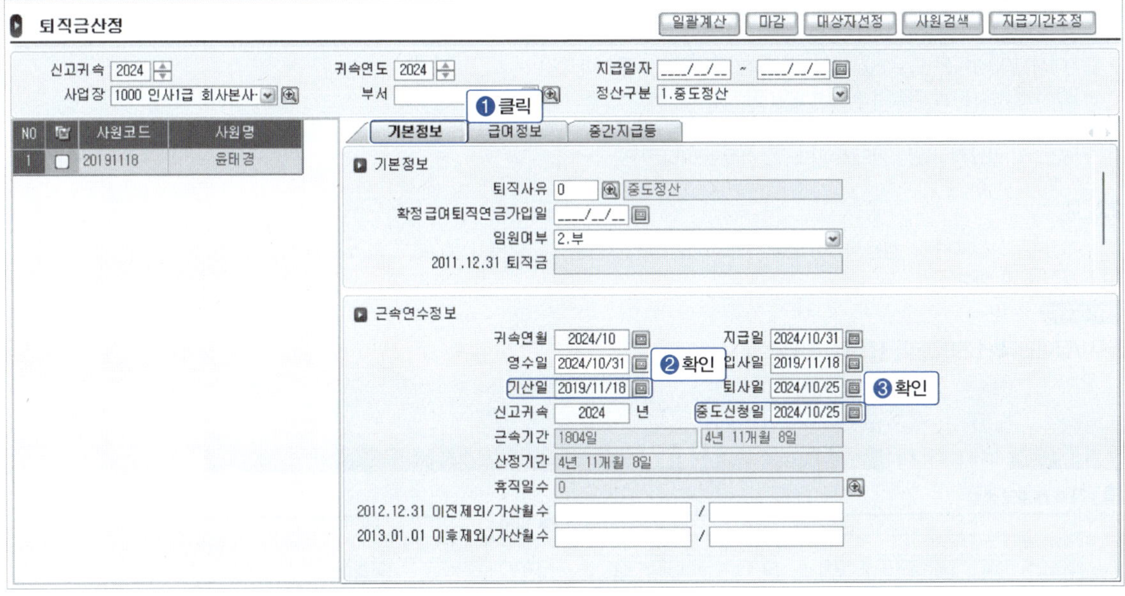

④ : 가장 많은 실지급액이 발생한 소득자는 [20180312.정용주]이며, 총 7,040,640원이 발생했다. (○)

메뉴 길잡이

[인사/급여관리]-[사업/기타/이자배당소득관리]-[소득자별소득현황]

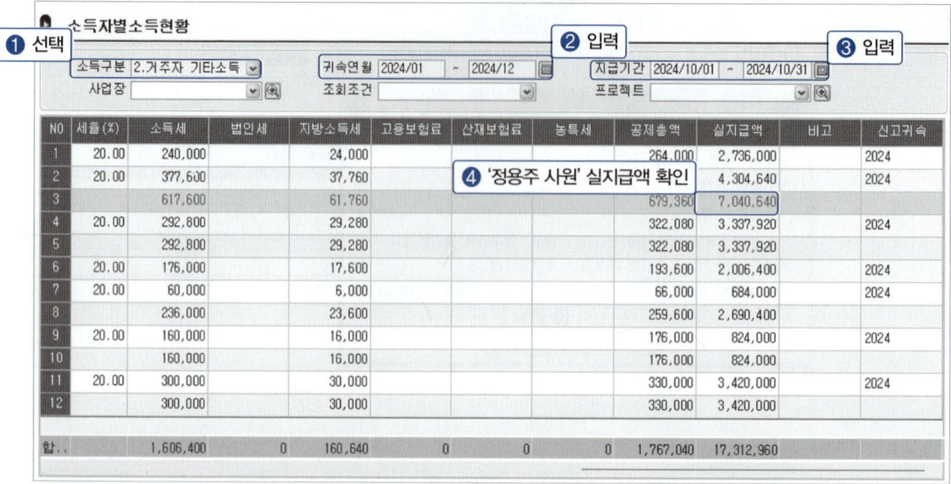

오답 피하기

- ① : 대상자는 모두 5명이 조회되고, 총 소득금액의 합은 19,080,000원이다. (×)
  → 총 소득금액의 합은 8,032,000원이다.
- ② : 대상자의 소득은 모두 2024년 10월 귀속에 발생한 소득이다. (×)
  → 2024년 9월, 10월 귀속의 소득이 같이 발생했다.
- ③ : [2000.인사1급 인천지점] 사업장에서 발생한 소득구분은 모두 [79.자문료]이다. (×)
  → [62.그외 필요경비있는 기타소득]과 [79.자문료]이다.

② : [계정과목설정] 메뉴의 상용직급여 탭에서 조회되는 계정유형별 지급항목의 계정코드 중 누락된 계정코드를 설정한다. (○)

(1) 전표집계 및 생성

메뉴 길잡이

[인사/급여관리]-[전표관리]-[전표집계및생성]

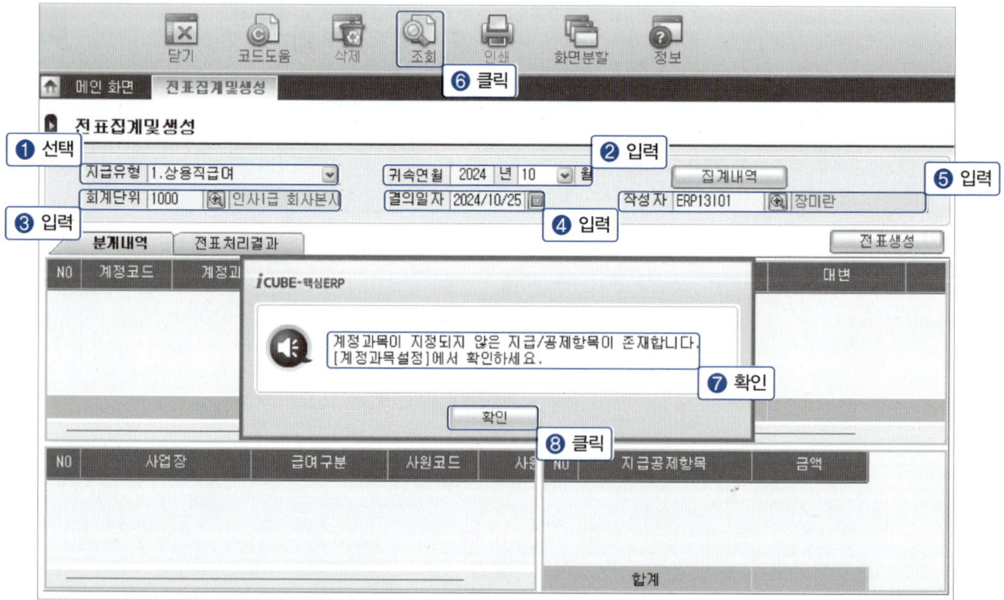

(2) 계정과목 설정

[인사/급여관리]-[전표관리]-[계정과목설정]

계정유형을 **사원유형**으로, 항목구분을 **1.지급항목**으로 선택하면 근속수당의 코드가 누락된 것을 알 수 있다.

23 ③

'퇴직급여충당부채'는 373,697,860원이다.

[인사/급여관리]-[퇴직정산관리]-[퇴직금추계액]

① 오른쪽 상단의 [추계코드] 버튼을 눌러 추계코드(명), 기준연월, 대상 사업장(계정)을 먼저 등록한다.

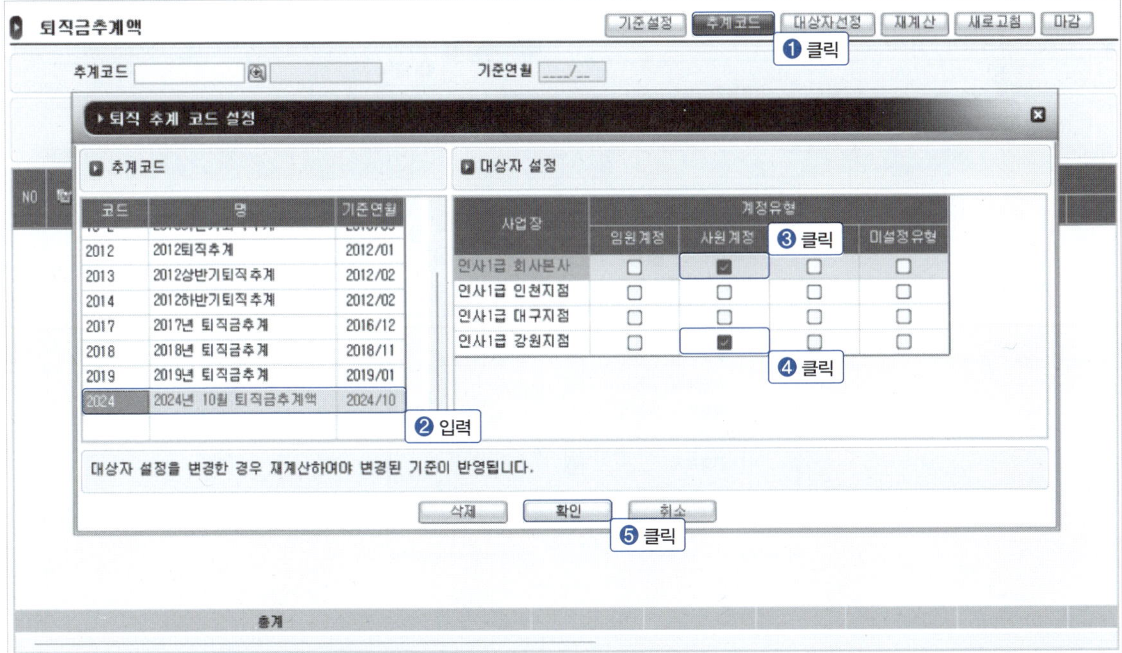

② 왼쪽 상단의 **추계코드**를 클릭하여 등록한 2024.2024년 10월 **퇴직금추계액** 추계코드를 불러온다. 퇴직급여충당부채는 934,244,660원
　 × 40% = 373,697,860원이다.

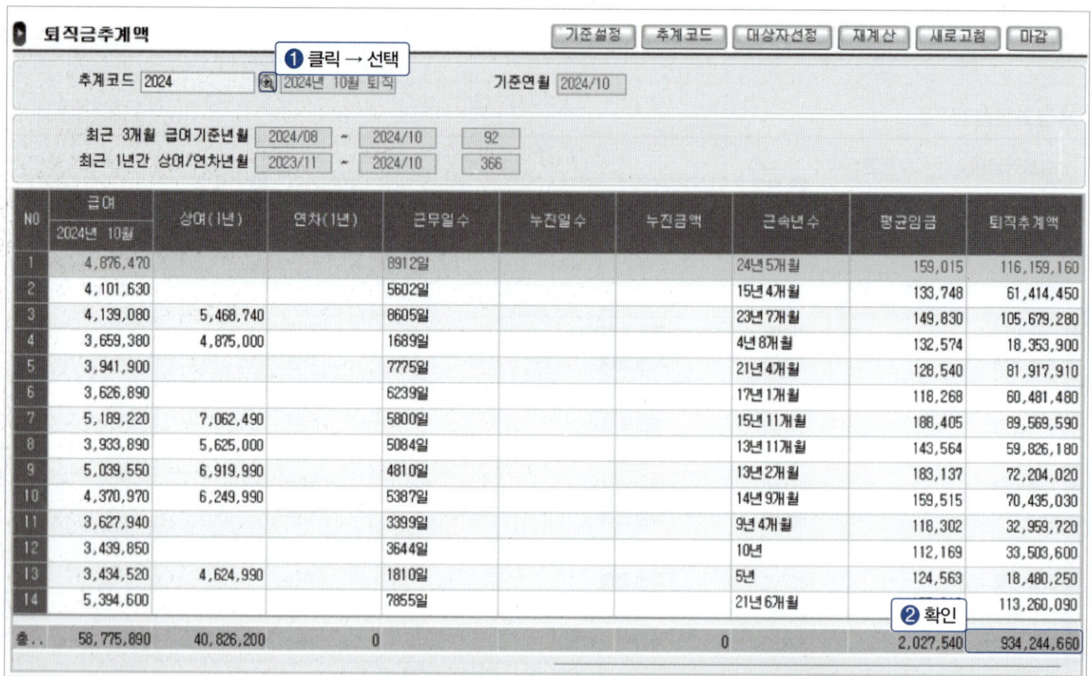

NO	급여 2024년 10월	상여(1년)	연차(1년)	근무일수	누진일수	누진금액	근속년수	평균임금	퇴직추계액
1	4,876,470			8912일			24년 5개월	159,015	116,159,160
2	4,101,630			5602일			15년 4개월	133,748	61,414,450
3	4,139,080	5,468,740		8605일			23년 7개월	149,830	105,679,280
4	3,659,380	4,875,000		1689일			4년 8개월	132,574	18,353,900
5	3,941,900			7775일			21년 4개월	128,540	81,917,910
6	3,626,890			6239일			17년 1개월	118,268	60,481,480
7	5,189,220	7,062,490		5800일			15년 11개월	188,405	89,569,590
8	3,933,890	5,625,000		5084일			13년 11개월	143,564	59,826,180
9	5,039,550	6,919,990		4810일			13년 2개월	183,137	72,204,020
10	4,370,970	6,249,990		5387일			14년 9개월	159,515	70,435,030
11	3,627,940			3399일			9년 4개월	118,302	32,959,720
12	3,439,850			3644일			10년	112,169	33,503,600
13	3,434,520	4,624,990		1810일			5년	124,563	18,480,250
14	5,394,600			7855일			21년 6개월		113,260,090
총..	58,775,890	40,826,200	0			0		2,027,540	934,244,660

24 ④

④ : [20180601.이준성] − 과세표준 : 137,850원 / 산출세액 : 13,780원 (×)
　　 → 과세표준 : 107,850원 / 산출세액 : 10,780원

메뉴 길잡이

[인사/급여관리]−[세무관리]−[지방소득세특별징수명세/납부서]
① 오른쪽 상단의 [신고서생성] 버튼을 눌러 신고서 생성기준, 매월/반기 구분, 신고 사업장, 신고구분 등 제시된 내용을 입력한다.

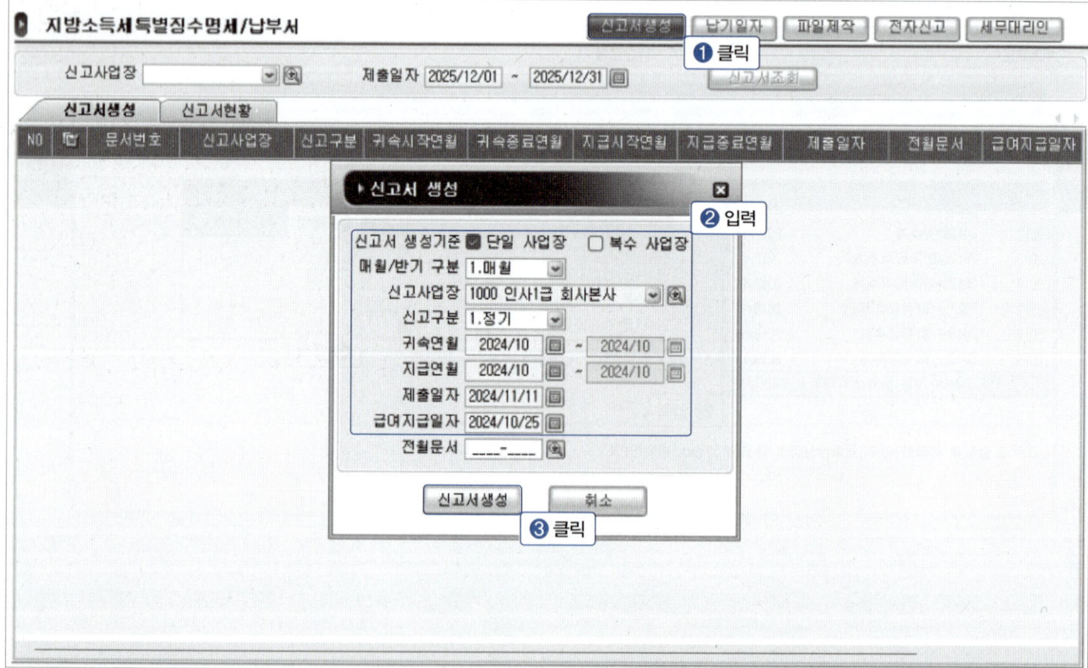

② 상단의 제출일자를 2024/11/11로 변경한 후 [신고서조회] 버튼을 누르고, [징수 및 조정명세서] 탭을 클릭하여 소득구분에서 3.사업소득을 선택한다(자료가 나오지 않으면 왼쪽 탭에 들어갔다가 돌아온다).

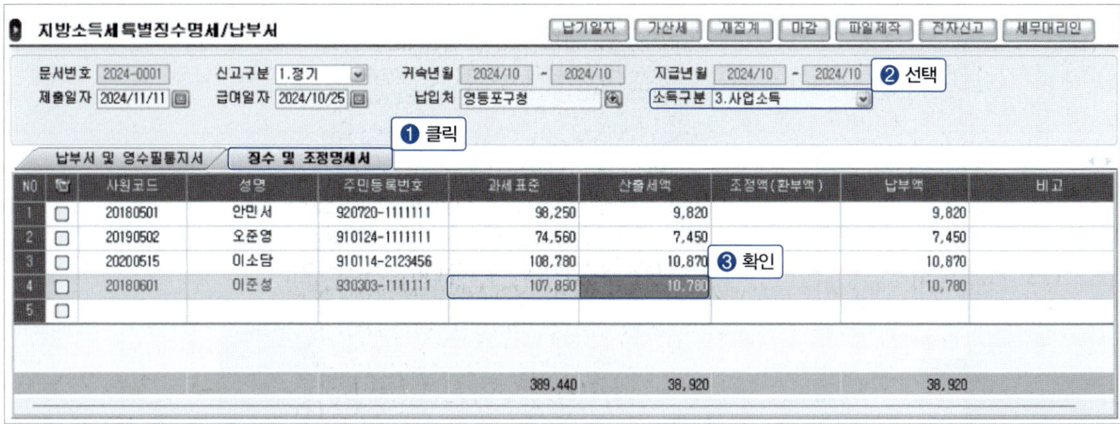

25 ④

④ : 해당 신고서에 집계된 '5.총지급액'의 합은 92,849,310원이며, 집계된 소득 중 근로소득의 '5.총지급액'이 가장 많이 집계되었다. (○)

(1) 인사/급여환경 설정

메뉴 길잡이

[인사/급여관리]-[기초환경설정]-[인사/급여환경설정]

원천세 신고유형(사업장별신고)과 이행상황신고서집계방식(지급연월)을 변경하고 메뉴를 닫는다.

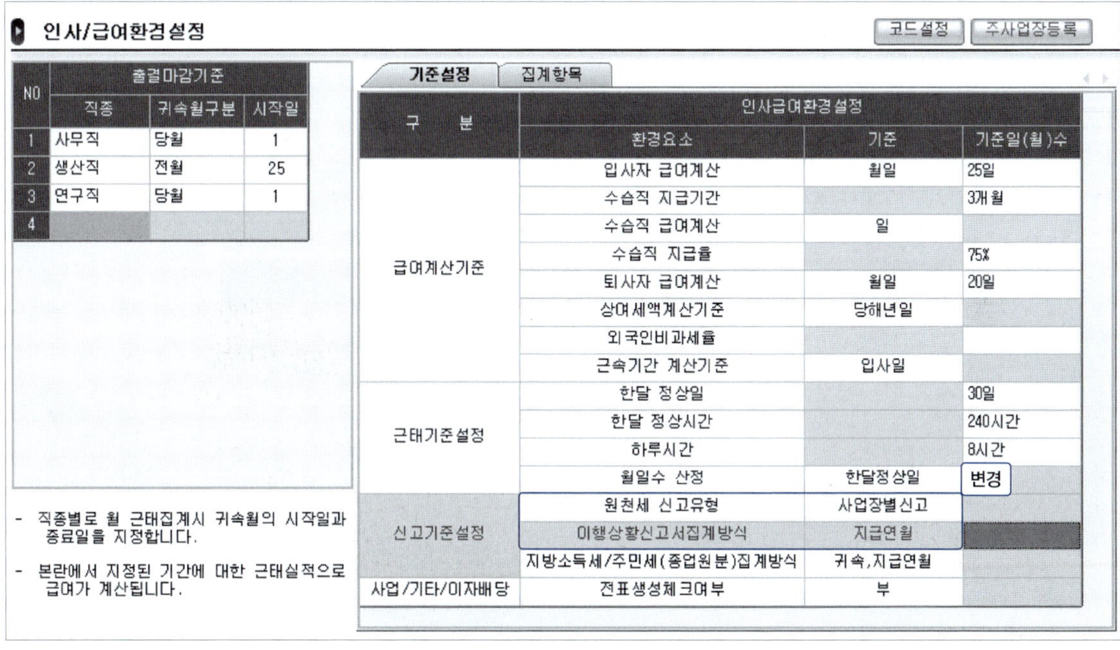

(2) 원천징수이행상황신고서 작성

[인사/급여관리]-[세무관리]-[원천징수이행상황신고서]

① 제출연도는 2024, 신고사업장으로 회사본사를 선택하고 [신고서추가] 버튼을 누른 후 귀속년월, 지급년월, 제출일자를 입력한다(만약 안내 문구가 나오면 무시한다). '근로소득 데이터 반영기준' 창에서 일반 데이터 반영은 매월 징수분(전체), 연말정산 소득세, 농특세 반영은 미적용을 선택한 후 [적용]을 클릭한다.

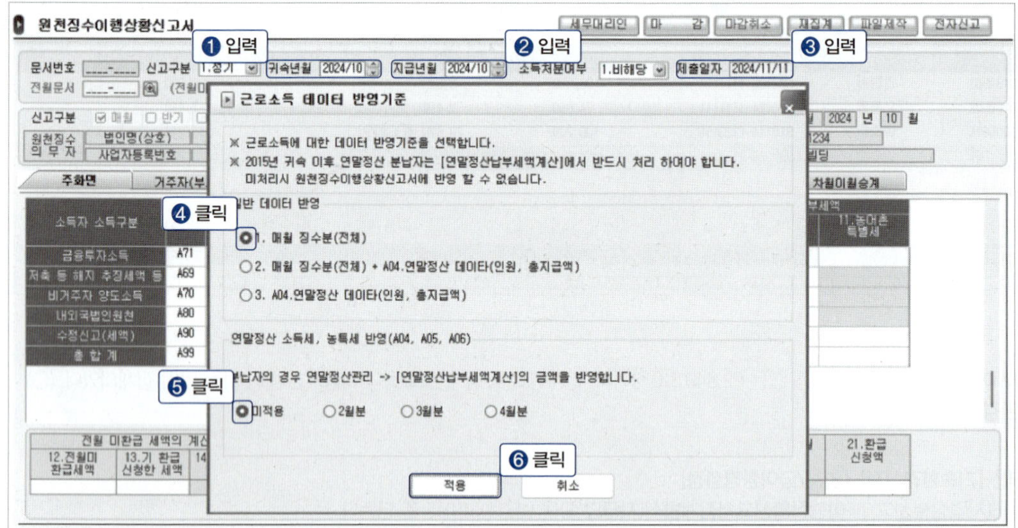

② 조회된 화면에서 '5.총지급액'의 합은 92,849,310원이며, 집계된 소득 중 근로소득의 '5.총지급액'이 가장 많이 집계되었다.

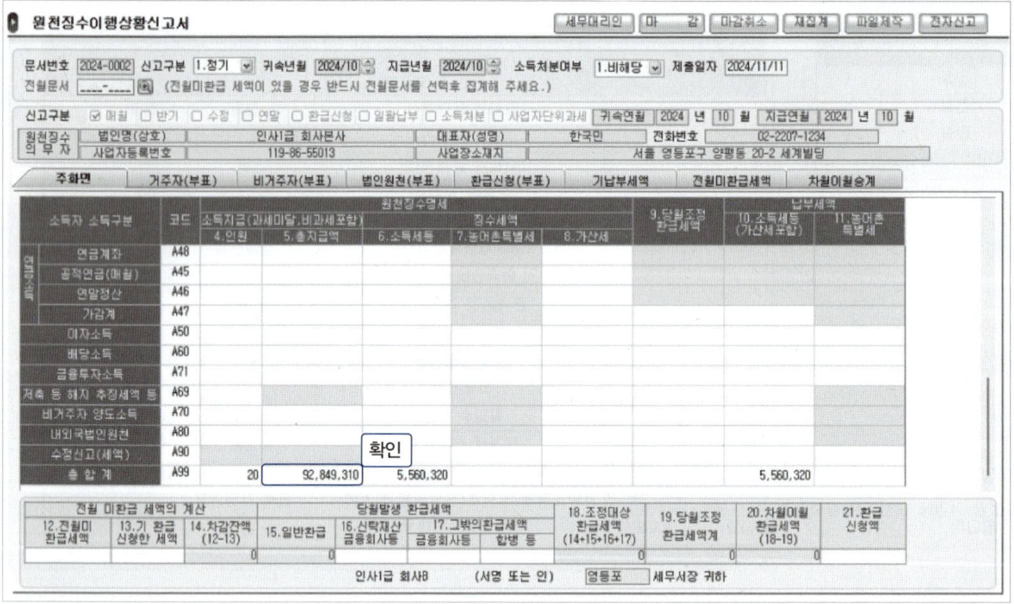

- ① : 해당 신고서에 집계된 소득은 근로소득과 사업소득이며, 총 18명이 집계되었다. (×)
  → 근로소득과 사업소득, 기타소득이며, 총 20명이 집계되었다.
- ② : 근로소득의 일용근로(A03) 항목의 데이터는 [일용직급여입력] 메뉴에서 입력한 데이터를 집계하며, 직접 입력 및 수정이 불가한 항목이다. (×)
  → 직접 수정이 가능한 항목이다.
- ③ : 사업소득에 집계된 세무코드는 A25이며, 해당 항목의 '5.총지급액'은 '주화면' 탭에서 직접 수정이 가능하다. (×)
  → '거주자(부표)' 탭에서 수정하여 관리하는 항목이다.

이론

01 ④	02 ①	03 ②	04 ③	05 ①	06 ②	07 ②	08 ③	09 ②	10 ④
11 ④	12 ④	13 ③	14 마코브	15 ②	16 ②	17 ①	18 ④	19 ④	20 확립
21 ③	22 ④	23 ③	24 ①	25 ①	26 7.09	27 2,700	28 ①	29 ③	30 ③
31 ①	32 원격근무제도		33 일괄공제						

이론

01 ④

기업경영의 핵심과 과정을 전면 개편함으로 경영성과를 향상시키는 방법은 리엔지니어링(BPR)이다.

02 ①

비즈니스 애널리틱스는 구조화된 데이터뿐 아니라, 비구조화된 데이터도 분석대상으로 한다.

03 ②

ERP 도입 시 커스터마이징이 최소화되도록 지원해야 한다.

04 ③

오답 피하기

- ① 회사 A : 현재 업무 방식이 최대한 반영될 수 있도록 업무 단위에 맞추어 ERP 도입을 추진 중이다. → 현재의 업무 방식에서 벗어나 혁신을 가져와야 함
- ② 회사 B : 시스템의 전문지식이 풍부한 IT 및 전산 관련 부서 구성원으로 도입 TFT를 결성하였다. → IT 중심이 아니라, 경영전략적인 시각에서 접근해야 함
- ④ 회사 D : ERP 도입 과정에서 부서 간 갈등 발생 시, 최고 경영층의 개입이 최소화될 수 있도록 하향식(Top–Down) 의사결정을 배제한다. → ERP의 의사결정 방식은 하향식(Top–Down) 방식임

05 ①

데이터베이스 클라우드 서비스와 스토리지 클라우드 서비스, 즉 인프라를 제공하는 형태를 IaaS라고 한다.

06 ②

보상 기능에는 임금관리와 복리후생관리가 있다.

07 ②

직무관리의 절차는 '직무분석 → 직무기술서 작성 → 직무명세서 작성 → 직무평가'의 순서이다.

08 ③

오답 피하기

- ① 작업요건 : 위험도, 작업시간, 작업환경, 작업위험 등
- ② 노력요소 : 육체적 · 정신적 노력 등
- ④ 숙련요소 : 도전성, 교육, 경험, 몰입, 창의성 등

09 ②

오답 피하기

- ③ 사내벤처 : 기업이 새로운 시장으로 진출하거나 신제품을 개발하기 위해 별도의 임시조직을 만드는 것
- ④ 소사장제 : 생산라인 및 공정의 책임자에게 도급을 주고 독립된 사업단위의 자격을 부여해 운영하는 방식

10 ④

사내공개모집제도, 관리자 및 기능목록 작성은 내부모집 방법에 해당한다.

11 ④

선발 도구는 신뢰성, 타당성, 효용성을 갖추고 있어야 한다.

12 ④

- ① 적성검사 : 주로 미래의 학습능력을 측정하는 데 유용
- ② 지능검사 : 이해능력과 추리능력 등의 일반적인 특성 측정에 유용
- ③ 흥미검사 : 직무에 대한 지원자의 흥미와 관심여부를 조사

13 ③

적재적소의 원칙은 종업원의 적정배치를 위한 기본원칙이다.

14 마코브

시간이 경과함에 따라 한 직급에서 다른 직급으로 이동해 나가는 확률을 기술하면서 공급을 예측하는 방법은 마코브분석이다.

15 ②

다면평가는 본인을 포함하여 동료, 상사, 부하, 고객 등을 고과자로 참여시켜 피고과자에 대한 정보를 여러 측면에서 얻는 평가 방법이다.

16 ②

- ① 현혹효과 : 하나의 평가요소에 대한 호의적 혹은 비호의적인 인상이 다른 모든 평가요소에도 영향을 미쳐 동일하게 평가하려는 경향
- ③ 상동적 태도 : 타인에 대한 평가를 그가 속한 사회적 집단에 대한 지각을 기초로 하여 판단하려는 경향
- ④ 중심화 경향 : 피고과자의 대다수 평가항목을 중간 정도로 판단하는 경향

17 ①

- ② 감수성훈련 : 다른 사람이 생각하고 느끼는 것을 정확하게 감지하고, 이에 대응하여 유연한 태도와 행동을 취할 수 있는 능력을 배양하기 위한 방법
- ③ 그리드훈련 : 리더의 행동을 생산중심과 인간중심의 복수연장선 개념하에 행동유형을 정립하고, 가장 이상적인 리더는 생산과 인간의 관점 모두를 극대화할 수 9.9형이라고 전제하는 교육훈련 방법
- ④ 역할연기법 : 특정 상황을 설정하여 피훈련자에게 그 상황 속의 특정 역할을 맡기고 그 역할에 관한 행동을 실행하도록 하는 방법

18 ④

역직승진은 주임, 계장, 과장, 부장 등 라인체계구조상의 승진이다.

19 ④

적재적소배치의 원칙은 종업원의 적성 · 지식 · 경험 · 기타 능력과 조직 목표 달성에 필요한 직무를 잘 맞추어 배치하자는 것이다.

20 확립

홀(D. T. Hall)의 경력단계모형에 대한 설명으로, 탐색단계 – 확립단계 – 유지단계 – 쇠퇴단계 중에서 확립단계에 대한 설명이다.

21 ③

생산원가의 요소, 기업경쟁력의 요인, 종업원 유치와 유지의 요인은 임금의 성격 중 기업에 대한 특성에 해당한다.

22 ④

'휴일'의 '야간근로' 시 통상임금의 100분의 100 이상을 가산한 임금을 지급하여야 한다.

23 ③

이윤분배제(Profit Sharing System)는 기본적 보상 외에 영업 수익(이익)의 일부를 근로자에게 지급하는 임금 제도이다.

24 ①

복리후생은 근로자에게는 사기 · 동기부여, 자아실현 효과가 크고, 사용자 입장에서는 기업 이미지 개선, 우수 인력 확보 등의 효과가 나타난다.

25 ①

산재보험사업에 소요되는 재원인 보험료는 원칙적으로 사업주가 전액 부담한다.

26 7.09

2024년 건강보험료율은 7.09%이며, 근로자와 사용자가 50%씩 부담한다.

2026년 건강보험료율은 7.19%이다.

27 2,700

- 일용직 소득세 = 15만원 초과분 × 2.7%
- 100,000 × 2.7% = 2,700원

28 ①

간주 근로시간제는 근로자가 출장, 기타의 사유로 인하여 근로시간의 전부 또는 일부를 사업장 밖에서 업무를 수행하는 경우에 적용하며, 근로시간 산정이 어려운 경우 근로시간에 관계없이 일정 합의시간을 근로시간으로 본다.

29 ③

- ① 집중근무제 : 하루의 근로시간대에서 일정의 근로시간을 정하여 특정의 고유 업무에만 집중하도록 하는 근무제도
- ② 파견근무제 : 근로자가 본사나 영업소로 출근하지 않고 현장의 거래처로 직행하여 업무를 수행하고 일이 끝나면 곧바로 귀가하게 하는 등의 근무형태
- ④ 간주 근로시간제 : 근로자가 출장, 기타의 사유로 인하여 근로시간의 전부 또는 일부를 사업장 밖에서 근로하여 근로시간 산정이 어려운 경우 근로시간에 관계없이 일정 합의시간을 근로시간으로 보는 제도

30 ③

클로즈드 숍(Closed Shop)은 노동조합의 조합원만 사용자에게 고용될 수 있는 제도이다.

31 ①

권리분쟁이란 법령 · 단체협약 · 취업규칙 · 근로계약 등으로 이미 확정된 권리를 둘러싸고 노사 간에 그 해석 · 적용 · 준수 등을 두고 발생하는 분쟁이다.

32 원격근무제도

원격근무제도는 회사 사무실이 아닌 곳(집, 카페, 공유오피스 등)에서 컴퓨터, 통신기기 등을 이용하여 근무하는 형태이다.
※ 복수 정답 : 원격근무, 원격근무제, 원격근로, 원격근로제

33 일괄공제

일괄공제제도란 사용자가 급여를 지급할 때 근로자의 임금에서 조합비를 일괄공제하여, 그 금액을 대신 노동조합에 전달해 주는 징수방식이다.
※ 복수 정답 : (조합비) 일괄공제, 체크오프

실무

01 ③

③ : 〈3000.인사1급 부산지점〉 사업장의 지방세신고지 행정동은 '2635056000.해운대구청'이며, 사업자단위과세 신고 시 〈1000.인사1급 회사본사〉 사업장의 종사업장으로 포함하여 신고한다. (×)
→ 〈3000.인사1급 부산지점〉 사업장은 사업자단위과세 신고 시, 주사업장으로 신고한다.

메뉴 길잡이

[시스템관리]-[회사등록정보]-[사업장등록]

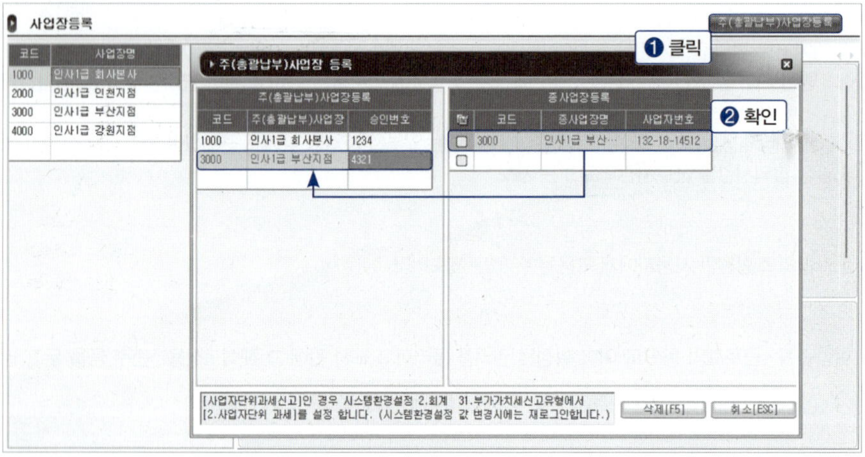

02 ③

③ : [4000.생산부문]에 속한 부서는 모두 사용 중이다. (○)

메뉴 길잡이

[시스템관리]-[회사등록정보]-[부서등록]

부서코드	부서명	사업장코드	사업장명	부문코드	부문명	사용기간	사용기간
1100	총무부	1000	인사1급 회사본사	1000	관리부문	2008/01/01	
1200	경리부	1000	인사1급 회사본사	1000	관리부문	2008/01/01	
1300	인사부	1000	인사1급 회사본사	1000	관리부문	2012/01/01	2020/12/31
1400	영업부	1000	인사1급 회사본사	2000	영업부문	2008/01/01	2020/12/31
1500	관리부	1000	인사1급 회사본사	1000	관리부문	2008/01/01	2019/12/31
2100	국내영업부	1000	인사1급 회사본사	2000	영업부문	2008/01/01	
2200	해외영업부	1000	인사1급 회사본사	2000	영업부문	2008/01/01	
3100	관리부	2000	인사1급 인천지점	1000	관리부문	2008/01/01	2020/12/31
3200	관리부	4000	인사1급 강원지점	1000	관리부문	2021/01/01	
4100	생산부	2000	인사1급 인천지점	4000	생산부문	2008/01/01	
4200	교육부	4000	인사1급 강원지점	7000	교육부문	2021/01/01	
5100	자재부	2000	인사1급 인천지점	5000	자재부문	2008/01/01	
6100	영업부	2000	인사1급 인천지점	2000	영업부문	2008/01/01	2010/12/31
7000	연구개발부	3000	인사1급 부산지점	6000	연구부문	2018/01/01	
8100	영업부	3000	인사1급 부산지점	2000	영업부문	2020/01/01	

- ① : 〈2000.인사1급 인천지점〉 사업장에 속한 부서는 모두 사용 중이다. (×)
  → 〈2000.인사1급 인천지점〉 사업장에 속한 부서 중 '3100.관리부', '6100.영업부'는 현재 사용하지 않는다.
- ② : '3100.관리부'는 현재는 사용하지 않는 부서이며, 사용종료일은 '2022/12/31'이다. (×)
  → '3100.관리부'는 현재는 사용하지 않는 부서이며, 사용종료일은 '2020/12/31'이다.
- ④ : [2000.영업부문]에 속한 부서 중 현재 사용 중인 부서는 2개이다. (×)
  → [2000.영업부문]에 속한 부서 중 현재 사용 중인 부서는 3개이다.

03 ②

올바르게 설명한 [보기] 내용은 A, B로 2개이다.
- A : '환경직' 직종의 출결마감 기준일은 전월 25일에서 당월 24일까지이다. (○)
- B : 퇴사자의 경우 급여계산 시, 지정한 '기준일수' 미만 근무 시 월 급여를 '일할' 지급한다. (○)
- C : 생산직 비과세를 적용하는 직종으로 '002.생산직', '003.환경직'만 등록되어 있다. (×)
  → 생산직 비과세를 적용하는 직종으로 '002.생산직', '003.환경직', '005.기술직'이 등록되어 있다.
- D : 회사의 '월일수 산정' 기준은 '당월일'이며, 일수는 30일이다. (×)
  → 회사의 '월일수 산정' 기준은 '한달정상일'이며, 일수는 30일이다.

[인사/급여관리]-[기초환경설정]-[인사/급여환경설정]

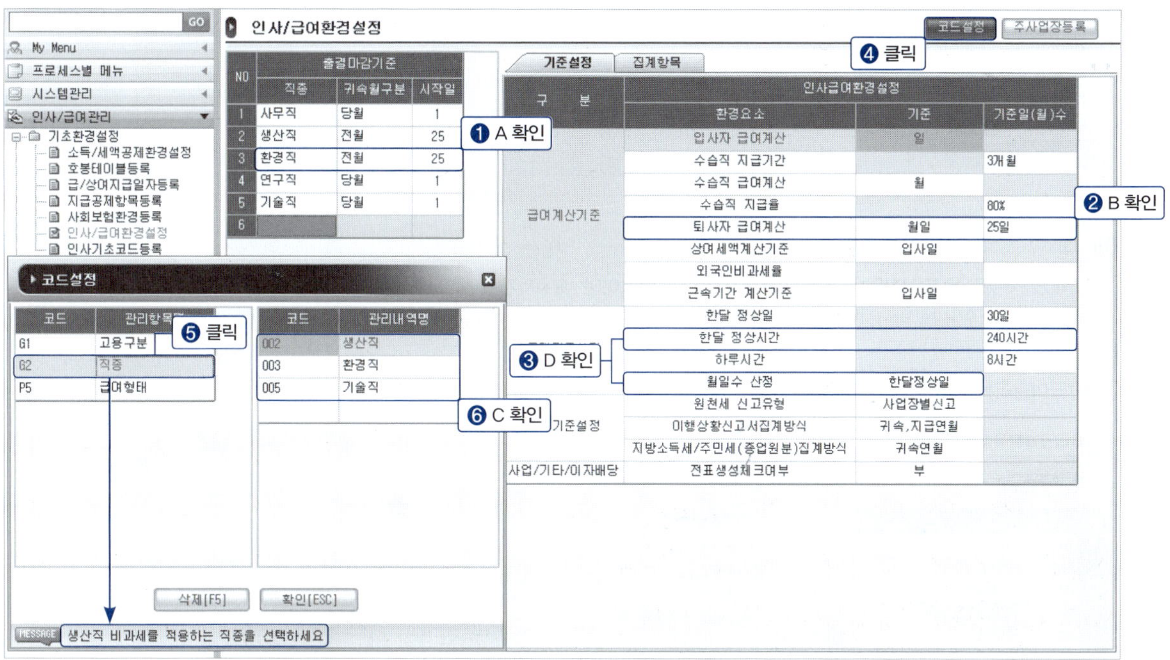

04 ②

6호봉 기준의 '호봉합계'는 3,269,950원이다.

[인사/급여관리]-[기초환경설정]-[호봉테이블등록]

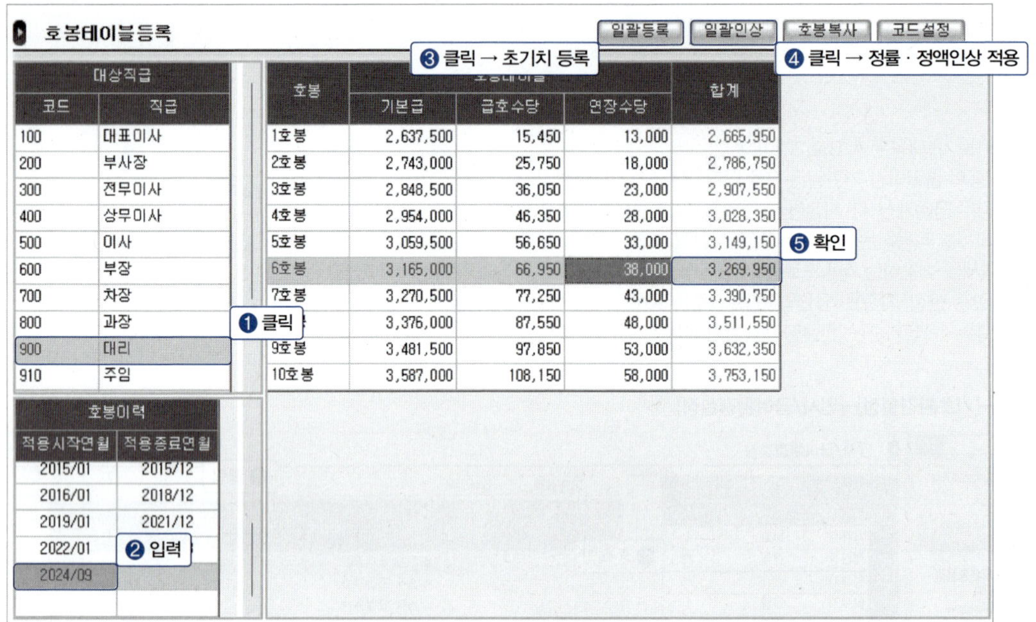

05 ③

③ : [P40.가족수당]은 입사자인 경우에는 지급하지 않는 항목이며, 배우자가 존재할 때 50,000원을 지급한다. (×)
   → [P40.가족수당]은 퇴사자인 경우에는 지급하지 않는 항목이다.

[인사/급여관리]-[기초환경설정]-[지급공제항목등록]

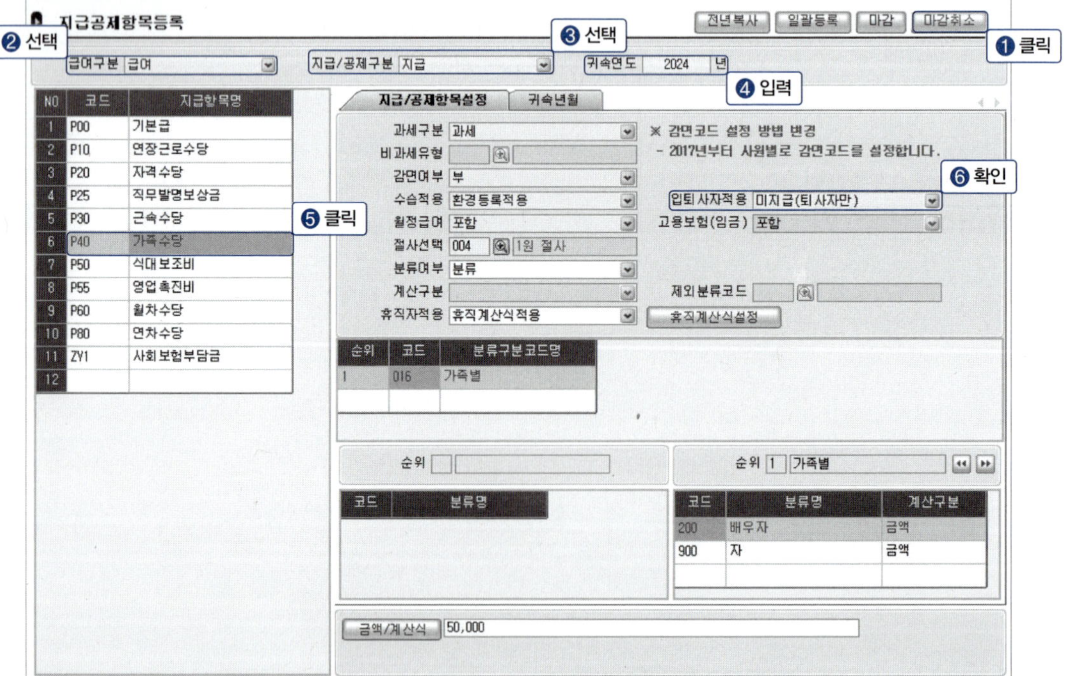

④ : '상여지급대상기간'은 상여지급 대상자를 선정하는 기준으로, 상여세액 계산과는 관련이 없다. (○)

메뉴 길잡이

[인사/급여관리]–[기초환경설정]–[급/상여지급일자등록]

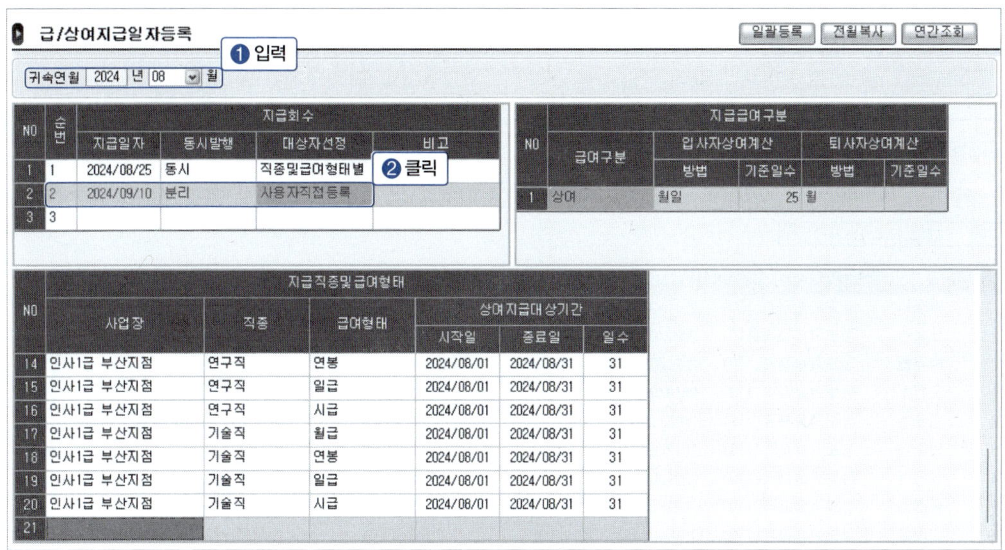

오답 피하기

- ① : 퇴사자의 경우 '상여' 지급 시, 근무일수에 상관없이 '일할'로 지급한다. (×)
  → 퇴사자의 경우 '상여' 지급 시, 근무일수에 상관없이 '월할'로 지급한다.
- ② : '급여'의 '지급직종및급여형태'에 반영된 정보와 일치하지 않는 대상자도 [상용직급여입력및계산] 메뉴에서 임의로 조회하여 추가
  할 수 있다. (×)
  → '급여'의 '지급직종및급여형태'에 반영된 정보와 일치하지 않는 대상자는 임의로 조회하여 추가할 수 없다.
- ③ : '상여지급대상기간' 내 기술직 근로자에 대해서만 상여를 지급한다. (×)
  → '상여지급대상기간' 내 '3000.인사1급 부산지점' 사업장의 모든 직종에 대해서 상여를 지급한다.

07 ①

- 교육평가 S등급 2명 : 200,000원 × 2 = 400,000원
- 교육평가 A등급 3명 : 100,000원 × 3 = 300,000원
- 총 지급금액 : 400,000원 + 300,000원 = 700,000원

메뉴 길잡이

[인사/급여관리]–[인사관리]–[교육평가]

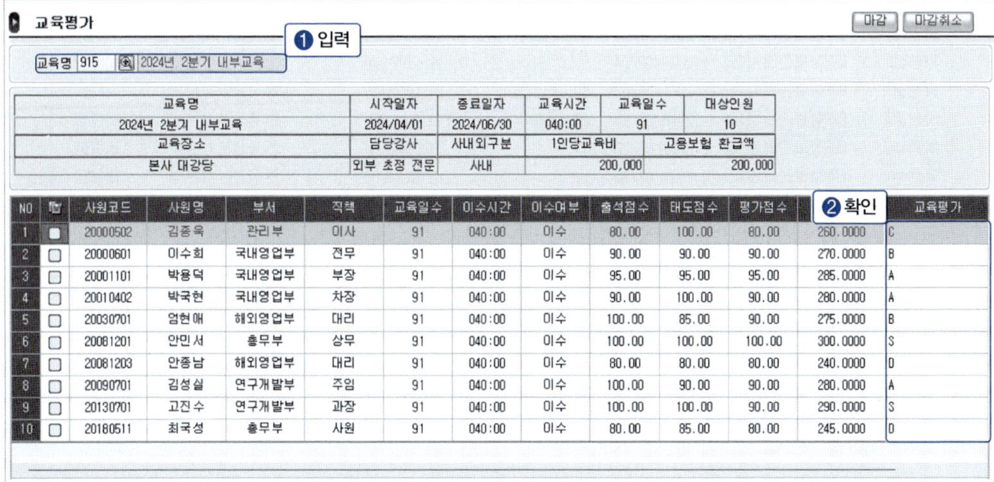

- 정보기술자격(ITQ) : 30,000원 × 수당 해당인원 3명 = 90,000원
- ERP정보관리사1급 : 50,000원 × 수당 해당인원 3명 = 150,000원
- 특별자격수당 지급액 : 90,000원 + 150,000원 = 240,000원

메뉴 길잡이

[인사/급여관리]─[인사관리]─[사원정보현황]

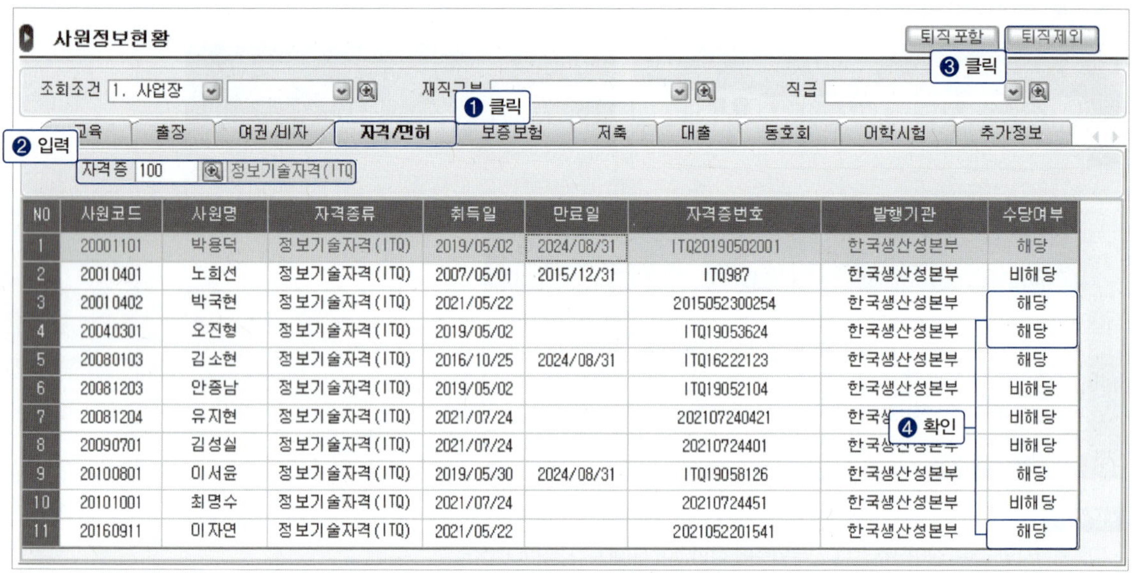

NO	사원코드	사원명	자격종류	취득일	만료일	자격증번호	발행기관	수당여부
1	20001101	박용덕	정보기술자격(ITQ)	2019/05/02	2024/08/31	ITQ20190502001	한국생산성본부	해당
2	20010401	노희선	정보기술자격(ITQ)	2007/05/01	2015/12/31	ITQ987	한국생산성본부	비해당
3	20010402	박국현	정보기술자격(ITQ)	2021/05/22		2015052300254	한국생산성본부	해당
4	20040301	오진형	정보기술자격(ITQ)	2019/05/02		ITQ19053624	한국생산성본부	해당
5	20080103	김소현	정보기술자격(ITQ)	2016/10/25	2024/08/31	ITQ16222123	한국생산성본부	해당
6	20081203	안종남	정보기술자격(ITQ)	2019/05/02		ITQ19052104	한국생산성본부	비해당
7	20081204	유지현	정보기술자격(ITQ)	2021/07/24		202107240421	한국생산성본부	비해당
8	20090701	김성실	정보기술자격(ITQ)	2021/07/24		20210724401	한국생산성본부	비해당
9	20100801	이서윤	정보기술자격(ITQ)	2019/05/30	2024/08/31	ITQ19058126	한국생산성본부	해당
10	20101001	최명수	정보기술자격(ITQ)	2021/07/24		20210724451	한국생산성본부	비해당
11	20160911	이자연	정보기술자격(ITQ)	2021/05/22		2021052201541	한국생산성본부	해당

NO	사원코드	사원명	자격종류	취득일	만료일	자격증번호	발행기관	수당여부
1	20000501	한국민	ERP정보관리사1급	2011/11/15	2015/12/31	12345	한국생산성본부	해당
2	20000502	김종욱	ERP정보관리사1급	2019/05/30		ERPA190530001	한국생산성본부	해당
3	20000601	이수희	ERP정보관리사1급	2007/09/30	2015/12/31	9852174563	한국생산성본부	비해당
4	20010402	박국현	ERP정보관리사1급	2010/09/01	2015/12/31	1234567890	한국생산성본부	비해당
5	20030701	엄현애	ERP정보관리사1급	2021/07/24		20210701245	한국생산성본부	해당
6	20040301	오진형	ERP정보관리사1급	2021/07/24		202107240751	한국생산성본부	해당
7	20080103	김소현	ERP정보관리사1급	2018/03/22	2024/08/31	ERP18123321	한국생산성본부	해당
8	20081201	안민서	ERP정보관리사1급	2012/01/09	2015/12/31	7891234560	한국생산성본부	해당
9	20081203	안종남	ERP정보관리사1급	2021/07/24		20210724045	한국생산성본부	비해당
10	20090701	김성실	ERP정보관리사1급	2011/09/03	2016/12/31	0120120120	한국생산성본부	해당
11	20100801	이서윤	ERP정보관리사1급	2018/03/22	2024/08/31	ERP180322001	한국생산성본부	비해당
12	20101001	최명수	ERP정보관리사1급	2021/05/22		20210522015	한국생산성본부	비해당
13	20130701	고진수	ERP정보관리사1급	2021/07/24		202107240001	한국생산성본부	비해당

09 ③

③ : [20010402.박국현] 사원의 근무조는 '3조'이며, 생산직총급여 비과세 대상자로 설정되어 있다. (×)
　　→ [20010402.박국현] 사원의 근무조는 '3조'이며, 생산직총급여 과세 대상자로 설정되어 있다.

메뉴 길잡이

[인사/급여관리]–[인사관리]–[인사정보등록]

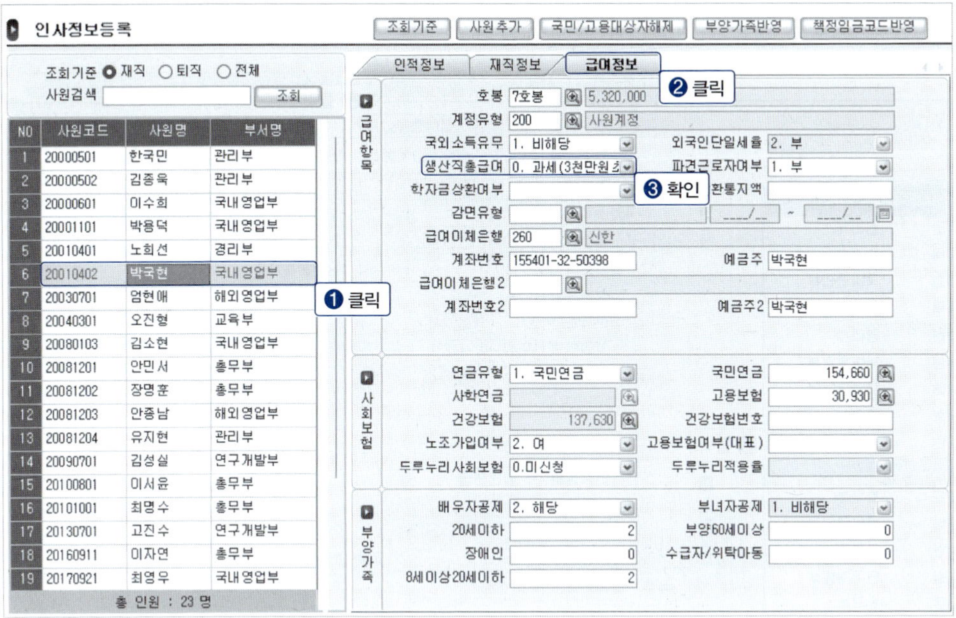

10 ①

총 특별근속수당은 3,050,000원이다.

- 근속년수 10년 이상~15년 미만 : 100,000원 × 대상자 5명 = 500,000원
- 근속년수 15년 이상~20년 미만 : 150,000원 × 대상자 5명 = 750,000원
- 근속년수 20년 이상 : 200,000원 × 대상자 9명 = 1,800,000원
- 총 특별근속수당 : 500,000원 + 750,000원 + 1,800,000원 = 3,050,000원

메뉴 길잡이

[인사/급여관리]–[인사관리]–[근속년수현황]

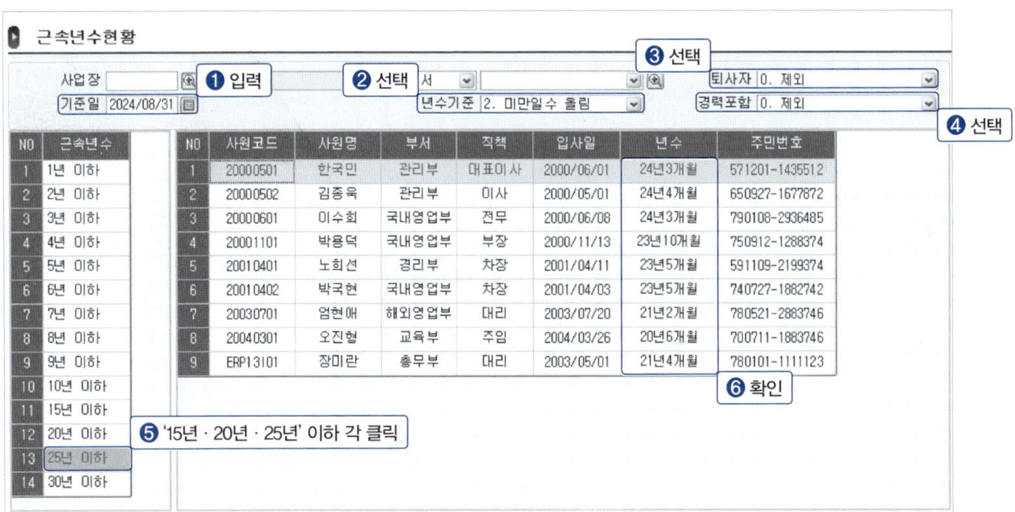

'과세'총액은 61,963,390원이다.

(1) 책정임금 설정

메뉴 길잡이

[인사/급여관리]─[인사관리]─[인사정보등록]

안민서 사원을 클릭한 후 [급여정보] 탭에서 하단 책정임금의 계약시작년월(2024/09)을 입력한다. 오른쪽 연봉의 * 금액 부분을 클릭하고 Ctrl +F3을 눌러 금액이 '0'으로 보이도록 한 후, 연봉을 75,000,000원으로 입력하고 메뉴를 닫는다.

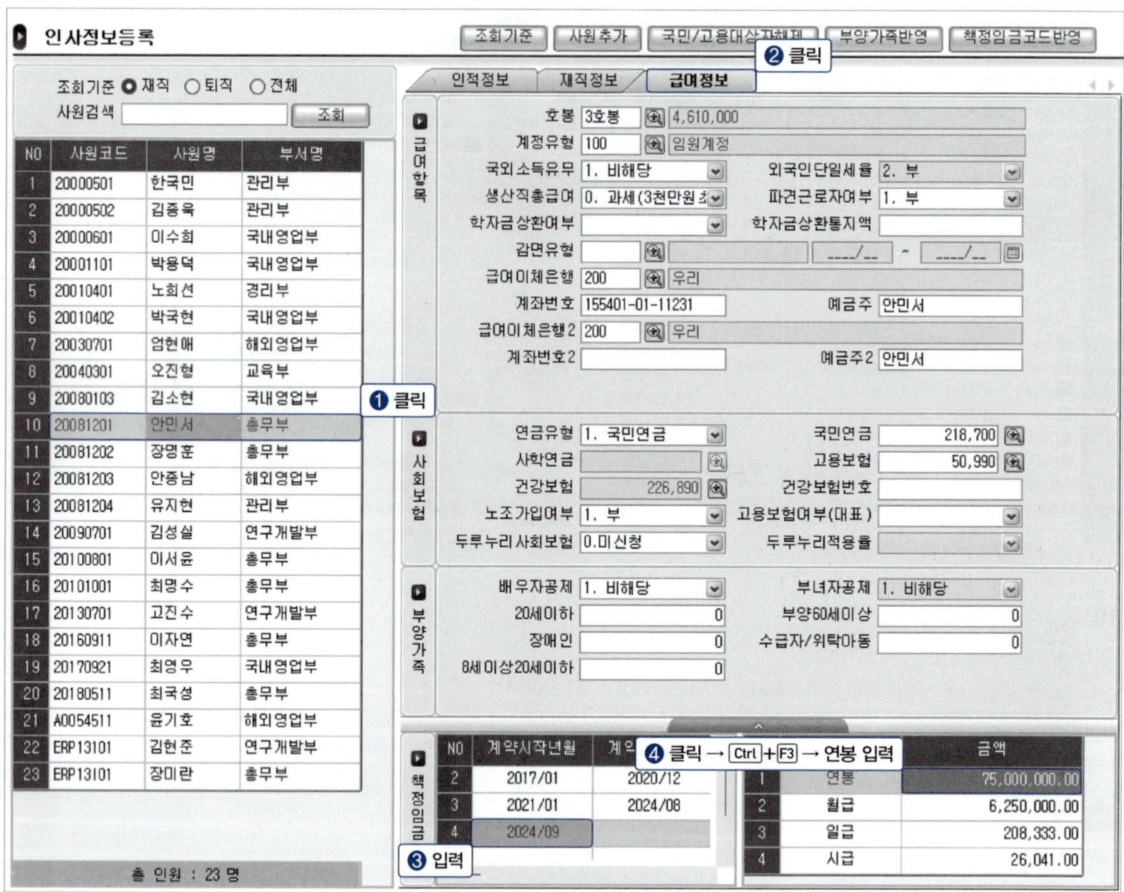

(2) 급여계산

[인사/급여관리]-[급여관리]-[상용직급여입력및계산]

귀속연월과 지급일을 입력하고 조회한 후 전체 사원을 체크한다. 오른쪽 상단의 [급여계산] 버튼을 눌러 급여를 계산하고, 하단의 [급여총액] 탭에서 과세총액(61,963,390원)을 확인한다.

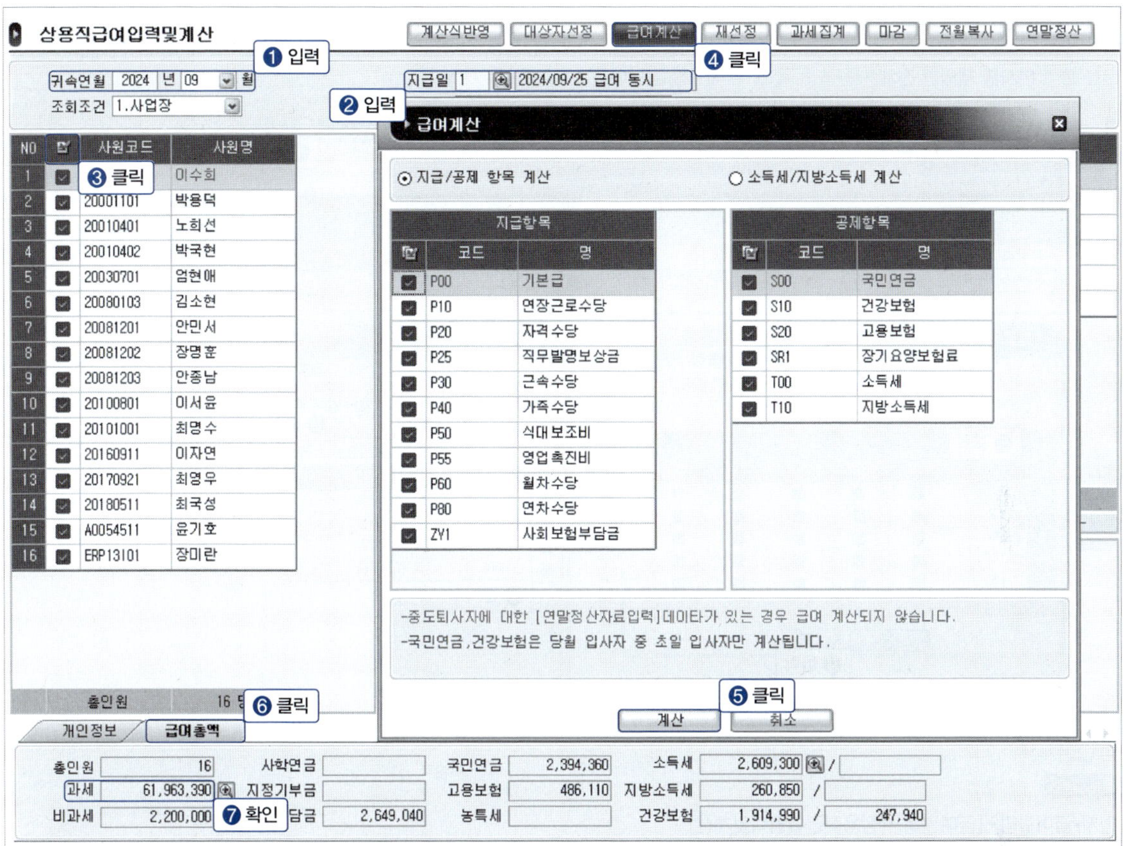

② : 해당 지급일자의 직종수당은 '직종별'로 지급되었고, [20090701.김성실] 사원의 직종수당은 책정임금의 월급/30*0.2로 계산된 금액
이 지급되었다. (○)

(1) 지급일자 등록

메뉴 길잡이

[인사/급여관리]–[기초환경설정]–[급/상여지급일자등록]

귀속연월을 2024년 09월로 입력하고, **지급일자**, **동시발행**(**F2**), 대상자선정을 입력하여 **특별급여**(**F2**)를 등록한다. 상단의 [일괄등록] 버
튼을 눌러 본사를 제외한 전체 사원을 등록한 후 메뉴를 닫는다.

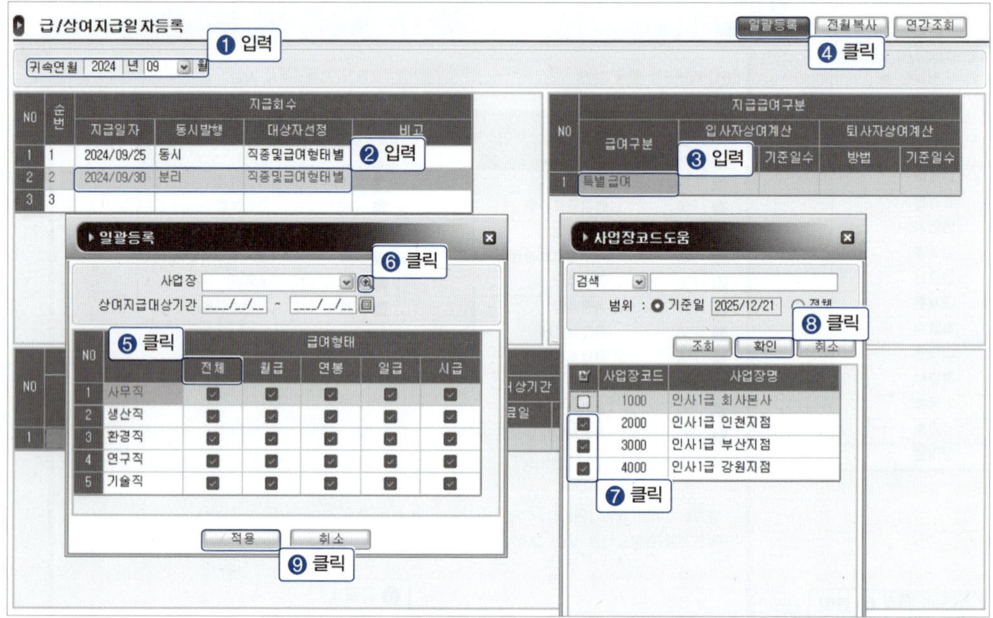

(2) 급여계산

메뉴 길잡이

[인사/급여관리]–[급여관리]–[상용직급여입력및계산]

귀속연월과 지급일을 입력하고 조회한 후, 김성실 사원의 [개인정보] 탭에서 직종(사무직)을 확인한다.

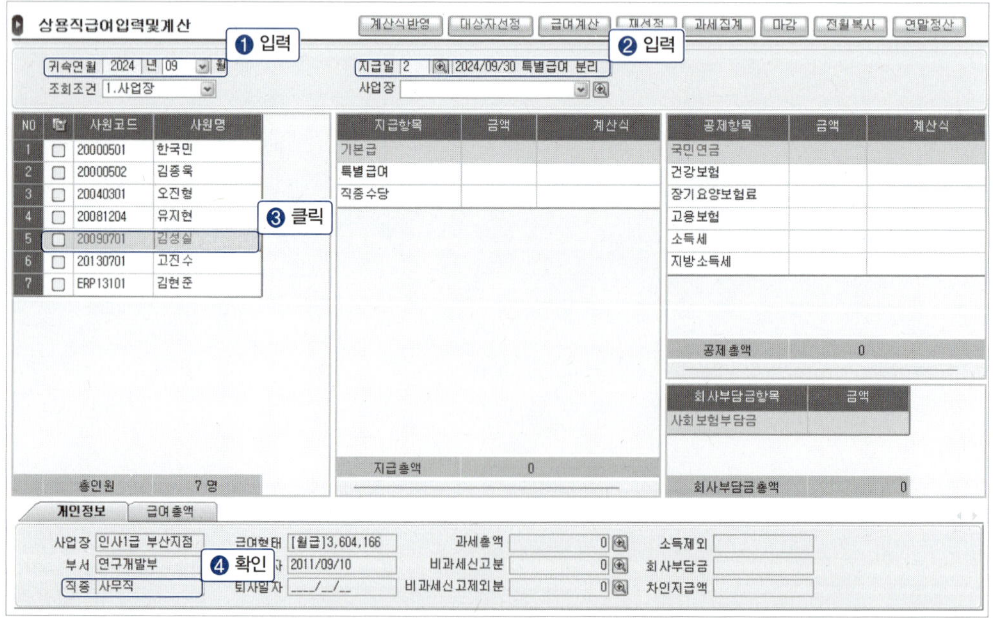

(3) 직종수당 기준 조회

메뉴 길잡이

[인사/급여관리]-[기초환경설정]-[지급공제항목등록]

직종수당은 '직종별'로 지급되며, 사무직의 수당은 책정임금의 '월급/30*0.2'로 계산된다.

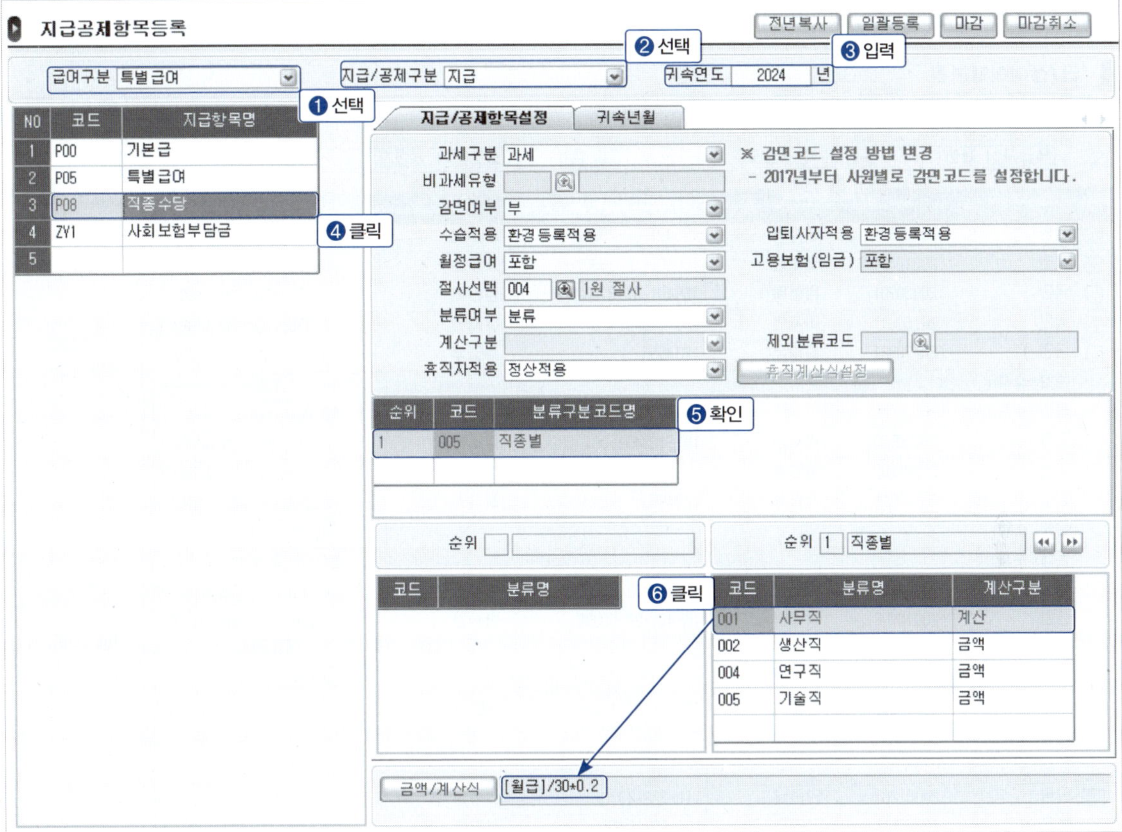

오답 피하기

- ① : 해당 지급일자의 과세총액은 24,305,520원이며, 실제 지급액이 가장 적은 사원은 [20130701.고진수]이다. (×)
  - → 실제 지급액이 가장 적은 사원은 김성실이다.
- ③ : 해당 지급일자의 지급인원은 모두 소득세가 공제되었고, 모두 동일한 금액의 특별급여를 지급받았다. (×)
  - → 특별급여 금액은 10만원 또는 20만원을 지급받았다.
- ④ : 해당 지급일자의 회사부담금의 총합계는 1,291,760원이고, 비과세 항목은 지급되지 않았다. (×)
  - → 회사부담금의 총 합계는 1,230,690원이다.

13 ④

④ : 해당 조회조건의 급여는 2024/08/25에 지급되었고, 총 이체 금액은 55,211,200원이다. (×)
  → 총 이체 금액은 45,015,170원이다.

[인사/급여관리]─[급여관리]─[급/상여이체현황]

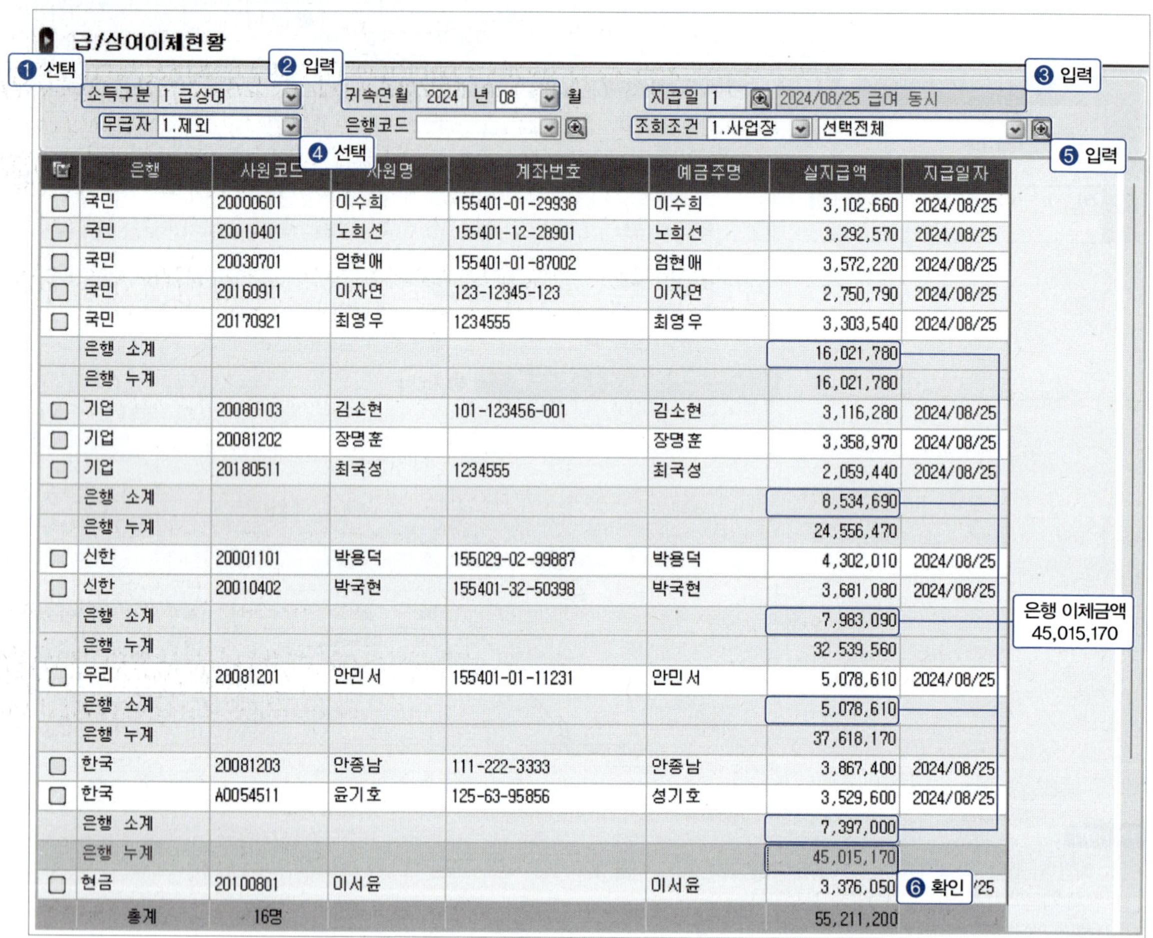

은행	사원코드	사원명	계좌번호	예금주명	실지급액	지급일자
국민	20000601	이수희	155401-01-29938	이수희	3,102,660	2024/08/25
국민	20010401	노희선	155401-12-28901	노희선	3,292,570	2024/08/25
국민	20030701	엄현애	155401-01-87002	엄현애	3,572,220	2024/08/25
국민	20160911	이자연	123-12345-123	이자연	2,750,790	2024/08/25
국민	20170921	최영우	1234555	최영우	3,303,540	2024/08/25
은행 소계					16,021,780	
은행 누계					16,021,780	
기업	20080103	김소현	101-123456-001	김소현	3,116,280	2024/08/25
기업	20081202	장명훈		장명훈	3,358,970	2024/08/25
기업	20180511	최국성	1234555	최국성	2,059,440	2024/08/25
은행 소계					8,534,690	
은행 누계					24,556,470	
신한	20001101	박용덕	155029-02-99887	박용덕	4,302,010	2024/08/25
신한	20010402	박국현	155401-32-50398	박국현	3,681,080	2024/08/25
은행 소계					7,983,090	
은행 누계					32,539,560	
우리	20081201	안민서	155401-01-11231	안민서	5,078,610	2024/08/25
은행 소계					5,078,610	
은행 누계					37,618,170	
한국	20081203	안종남	111-222-3333	안종남	3,867,400	2024/08/25
한국	A0054511	윤기호	125-63-95856	성기호	3,529,600	2024/08/25
은행 소계					7,397,000	
은행 누계					45,015,170	
현금	20100801	이서윤		이서윤	3,376,050	'25
총계	16명				55,211,200	

[20081202.장명훈] 사원의 '초과근무수당'은 836,040원이다.

(1) 책정임금 시급 조회

메뉴 길잡이

[인사/급여관리]-[인사관리]-[인사정보등록]

장명훈 사원을 선택하고 [급여정보] 탭에서 하단의 '책정임금'란을 확인한다. 책정임금의 * 금액 부분을 클릭하고 Ctrl + F3 을 눌러 시급 금액(14,322원)을 확인한다(암호는 비워두고 [확인]을 클릭한다).

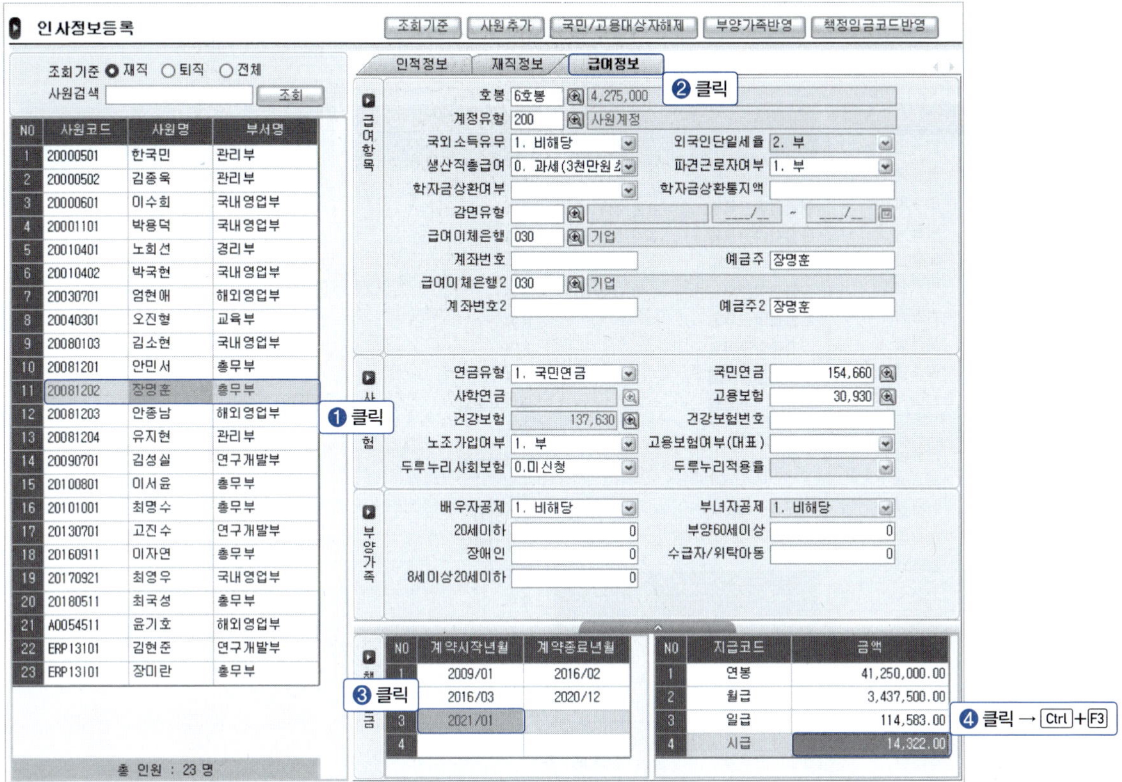

(2) 공제 시간 조회

[인사/급여관리]-[급여관리]-[근태결과입력]

- 1유형 근무수당 : 18.25 × 14,322원 × 2 = 522,750원
- 2유형 근무수당 : 8.75 × 14,322원 × 2.5 = 313,290원
- 초과근무수당 : 522,750원 + 313,290원 = 836,040원

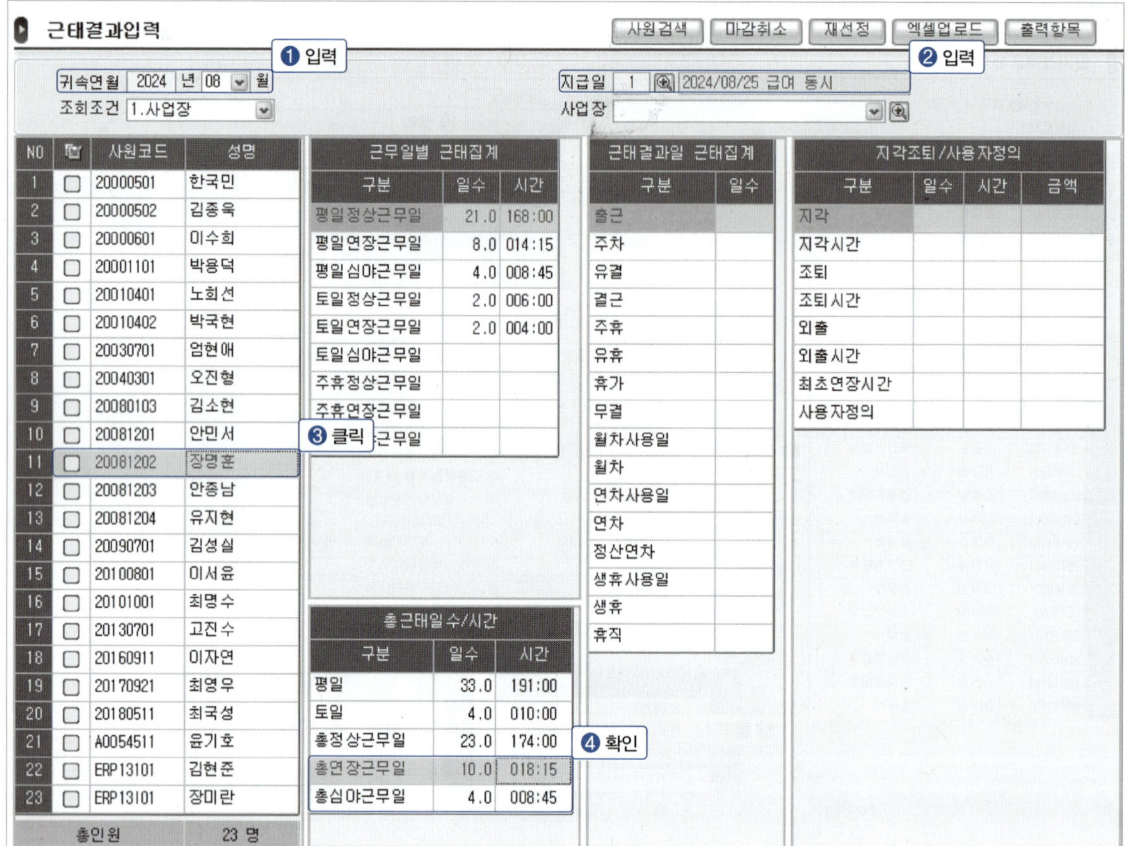

NO		사원코드	성명
1	☐	20000501	한국민
2	☐	20000502	김종욱
3	☐	20000601	이수희
4	☐	20001101	박용덕
5	☐	20010401	노희선
6	☐	20010402	박국현
7	☐	20030701	엄현애
8	☐	20040301	오진형
9	☐	20080103	김소현
10	☐	20081201	안민서
11	☐	20081202	장명훈
12	☐	20081203	안종남
13	☐	20081204	유지현
14	☐	20090701	김성실
15	☐	20100801	이서윤
16	☐	20101001	최명수
17	☐	20130701	고진수
18	☐	20160911	이자연
19	☐	20170921	최영우
20	☐	20180511	최국성
21	☐	A0054511	윤기호
22	☐	ERP13101	김현준
23	☐	ERP13101	장미란
총인원			23 명

15 ④

④ : 직종 : 기술직 / 공제합계 : 2,698,820원 (×)
   → 공제합계 : 1,736,970원

메뉴 길잡이

[인사/급여관리]-[급여관리]-[항목별급상여지급현황]

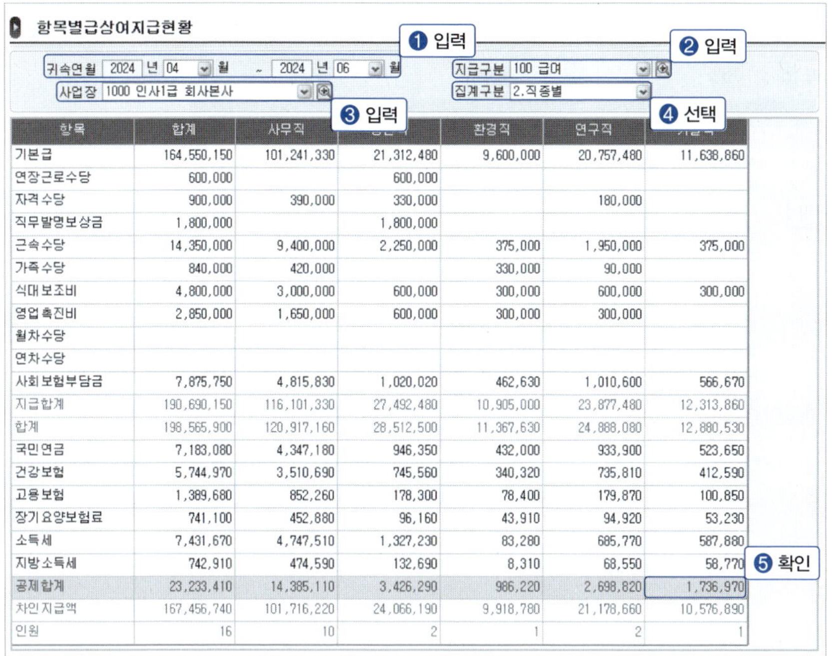

16 ④

④ : 해당 지급일자의 대상자 중 소득세가 가장 적게 공제된 대상자는 [1017.박선우] 사원으로 35,700원이 공제되었다. (×)
   → 소득세가 가장 적게 공제된 대상자는 [1011.안지황] 사원으로 30,450원이 공제되었다.

(1) 일용직 대상자 추가

메뉴 길잡이

[인사/급여관리]-[일용직관리]-[일용직급여지급일자등록]

귀속연월과 지급일을 입력한 후 관리부, 생산부의 시급인 사원을 조회한다. 전체 사원을 체크하고 가운데 [추가] 버튼을 눌러 오른쪽으로
추가한 후 메뉴를 닫는다.

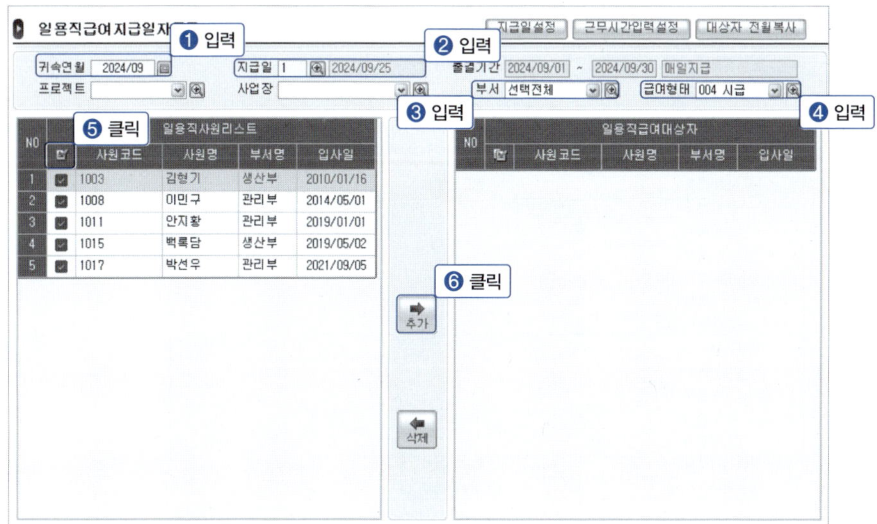

(2) 일용직 급여계산

메뉴 길잡이

[인사/급여관리]-[일용직관리]-[일용직급여입력및계산]
귀속연월과 지급일을 입력하고, 전체 사원을 체크하고 오른쪽 상단의 [일괄적용] 버튼을 눌러 평일과 토요일의 급여를 각각 계산한 후 내역을 확인한다. 해당 지급일자의 대상자 중 소득세가 가장 적게 공제된 대상자는 [1011.안지황] 사원으로 30,450원이 공제되었다.

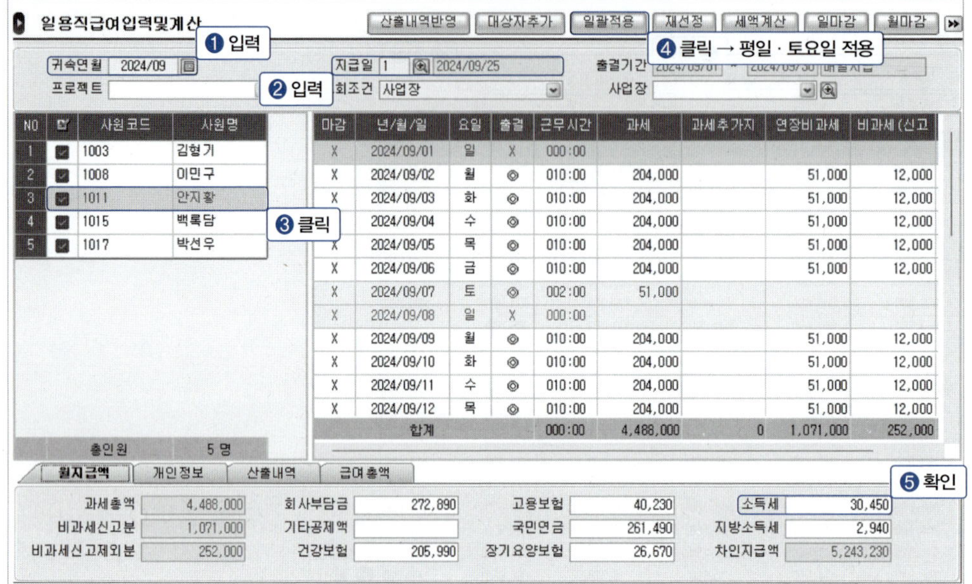

17 ①

실제 지급한 금액의 총합계는 45,275,710원이다.

(1) 일용직 사원 등록

메뉴 길잡이

[인사/급여관리]-[일용직관리]-[일용직사원등록]
문제에 제시된 [1018.정용빈] 사원의 사원정보를 등록하고 메뉴를 닫는다.

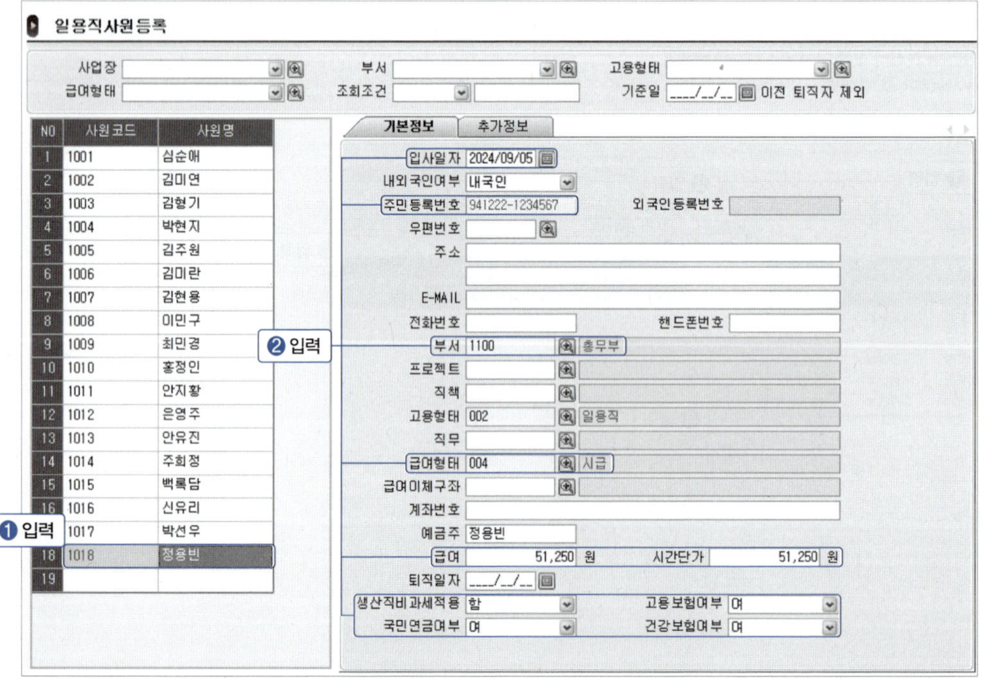

(2) 일용직 급여계산

메뉴 길잡이

[인사/급여관리]-[일용직관리]-[일용직급여입력및계산]

① 귀속연월과 지급일(일정기간지급)을 입력하여 대상자를 불러온 후, 상단의 [대상자추가] 버튼을 클릭하여 정용빈 사원을 추가한다.

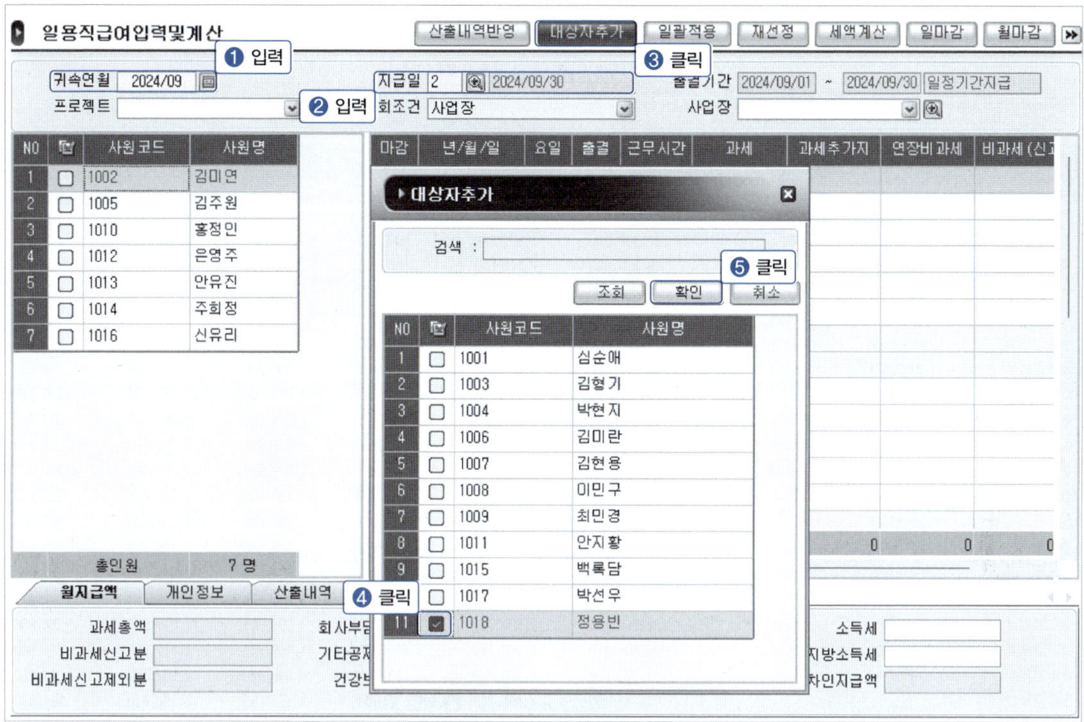

② 전체 사원을 선택하고 상단의 [일괄적용] 버튼을 클릭하여 평일의 급여를 계산한 후, 하단의 [급여총액] 탭에서 차인지급액(45,275,710원)을 확인한다.

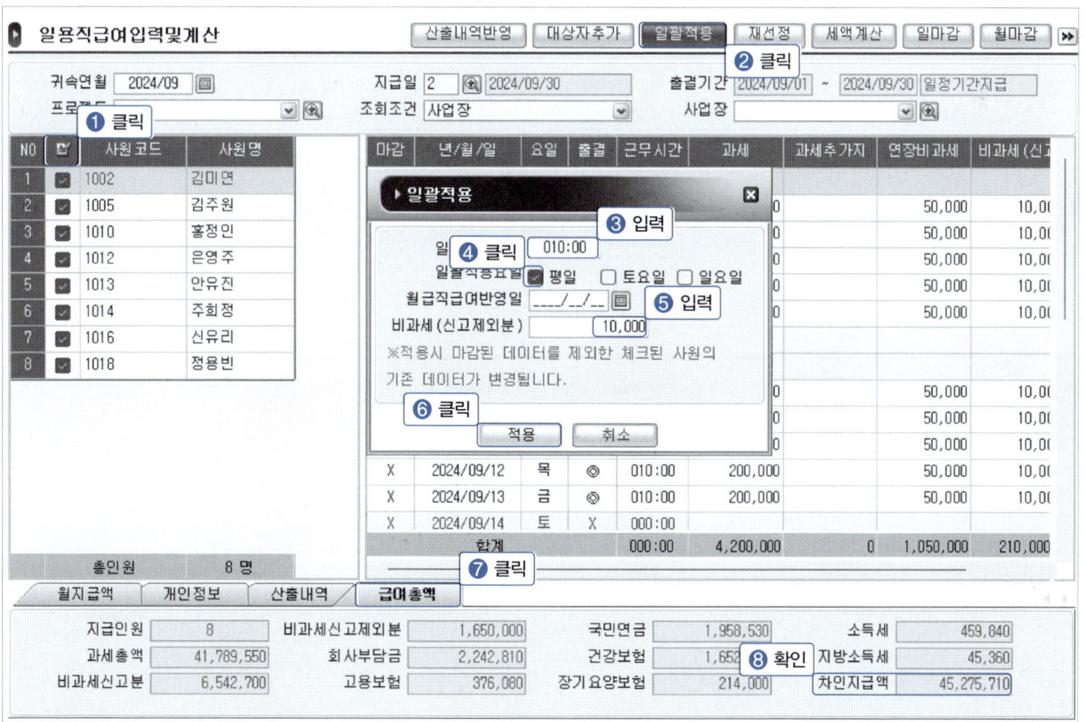

과세총액 : 368,080,300원 / 비과세총액 : 28,808,760원

메뉴 길잡이

[인사/급여관리]-[급여관리]-[연간급여현황]

NO	조회구분 부서	사원코드	사원명	합계 과세총액	비과세 총액	비과세(신고분)	비과세(신고제외)	2024/01 과세	비과세
1	경리부	20010401	노회선	21,169,980	1,505,820	600,000	905,820	3,528,330	249,880
2	조회구분[부서] 소계			21,169,980	1,505,820	600,000	905,820	3,528,330	249,880
3	국내영업부	20000601	이수회	19,329,960	1,148,640	600,000	548,640	3,221,660	189,800
4	국내영업부	20001101	박용덕	29,854,980	3,667,620	2,400,000	1,267,620	4,975,830	609,740
5	국내영업부	20010402	박국현	23,835,000	1,596,920	600,000	996,920	3,972,500	264,950
6	국내영업부	20080103	김소현	20,329,980	3,149,780	2,400,000	749,780	3,388,330	522,720
7	국내영업부	20170921	최영우	21,210,000	1,508,940	600,000	908,940	3,535,000	248,770
8	조회구분[부서] 소계			114,559,920	11,071,900	6,600,000	4,471,900	19,093,320	1,835,980
9	총무부	20081201	안민서	36,249,960	2,243,520	600,000	1,643,520	6,041,660	371,940
10	총무부	20081202	장명훈	22,575,000	1,596,920	600,000	996,920	3,762,500	264,950
11	총무부	20100801	이서윤	22,719,960	1,609,740	600,000	1,009,740	3,786,660	267,070
12	총무부	20101001	최명수	24,027,720	1,725,180	600,000	1,125,180	4,004,620	286,170
13	총무부	20160911	이자연	17,585,340	1,381,820	600,000	781,820	2,930,890	229,360
14	총무부	20180511	최국성	12,850,000	1,168,080	600,000	568,080	2,125,000	192,980
15	총무부	ERP13101	장미란	21,999,960	1,554,620	600,000	954,620	3,666,660	257,950
16	조회구분[부서] 소계			158,007,940	11,279,880	4,200,000	7,079,880	26,317,990	1,870,420
17	해외영업부	20030701	엄현애	24,064,980	1,596,500	600,000	996,500	4,010,830	264,880
18	해외영업부	20081203	안종남	26,502,480	1,757,740	600,000	1,157,740	4,417,080	291,560
19	해외영업부	A0054511	윤기호	23,775,000	1,596,920	600,000	996,920	3,962,500	264,950
20	조회구분[부서] 소계			74,342,460	4,951,160	1,800,000	3,151,160	12,390,410	821,390
	총계 : 16명			368,080,300	28,808,760	13,200,000	15,608,760	61,330,050	4,777,670

올바르게 설명한 [보기] 내용은 A로 1개이다.

메뉴 길잡이

[인사/급여관리]–[퇴직정산관리]–[퇴직기준설정]
오른쪽 상단의 [마감취소] 버튼을 눌러 마감을 취소한 후 조회한다.
- A : 평균임금 기간 산정 시 전월을 기준으로 3개월을 산정하고, 노동부기준은 적용하지 않는다. (○)
- B : 비과세 항목도 퇴직금 계산 시 사용할 수 있으며, 중도정산자인 경우 급여반영 시 월할로 계산한다. (×)
  → 중도정산자인 경우 급여반영 시 일할로 계산한다.
- C : 근속누진만 적용하고 있으며, 적용유형은 [001.기간]이고 적용방식은 [001.가산일수]이며 근무년수가 5년 이상인 대상자인 경우에
  만 근속누진이 적용된다. (×)
  → 적용방식은 [000.가산율]이다.
- D : 퇴직금 계산식은 '일할'로 설정되어 있고, 연차수당코드는 [P80.연차수당]을 사용한다. (×)
  → 연차수당코드는 [P60.월차수당]을 사용한다.

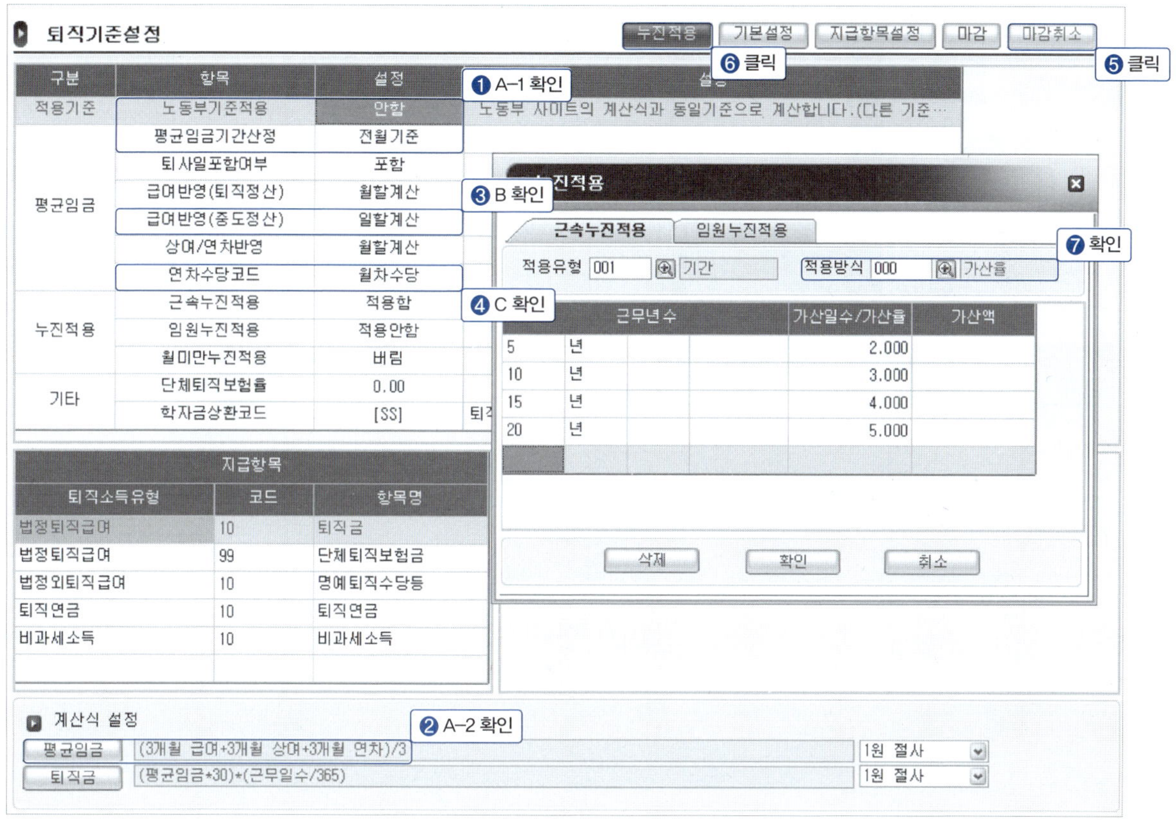

② : [20130701.고진수] 사원의 퇴직금 계산 시 산정된 급여내역은 2024/06/01~2024/08/31까지의 기간이며, 퇴직금계산 기간 내 지급된 상여금은 존재하지 않는다. (×)
→ 퇴직금계산 기간 내 지급된 상여금이 존재한다.

(1) 퇴직기준 설정

메뉴 길잡이

[인사/급여관리]–[퇴직정산관리]–[퇴직기준설정]
오른쪽 상단의 [마감취소] 버튼으로 마감을 취소하고, [기본설정] 버튼을 누른 후 평균임금 계산식을 **일평균 임금**으로 설정한다. [지급항목설정] 버튼을 눌러 **기본급, 근속수당, 가족수당, 상여**를 추가한 후 메뉴를 닫는다.

(2) 퇴직금 계산

[인사/급여관리]–[퇴직정산관리]–[퇴직금산정]

① 신고귀속, 귀속연도, 사업장, 정산구분을 입력한 후 상단의 [조회] 버튼을 누른다. 아직 대상자가 없기 때문에 상단의 [대상자선정] 버튼을 눌러 귀속연월, 재직기준, 지급일자, 퇴직일자, 신청일자, 사원코드를 입력한다.

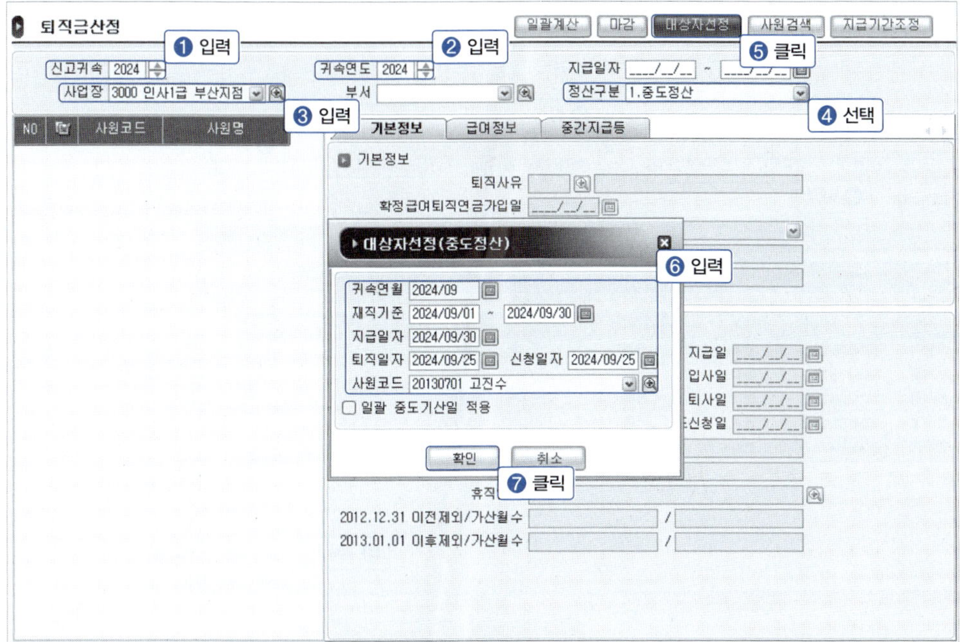

② [급여정보] 탭의 [퇴직금계산] 버튼을 눌러 퇴직금을 계산한 후, [상여/연차지급내역] 탭을 클릭하여 퇴직금계산 기간 내 지급된 상여금이 존재하는 것을 확인한다.

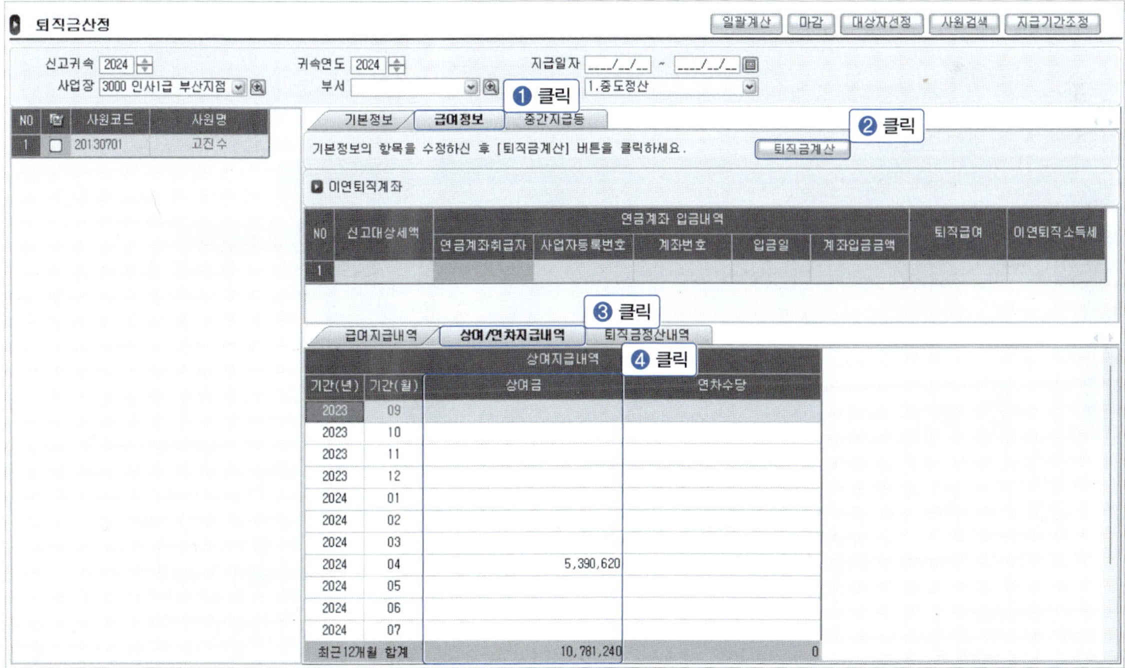

③ : 선납세금 : 3,254,900원 (×)
　　→ 5,732,480원

메뉴 길잡이

[인사/급여관리]-[전표관리]-[전표집계및생성]
① 지급유형, 귀속연월, 회계단위, 결의일자, 작성자를 입력한 후 [집계내역] 버튼을 눌러 회사본사와 부산지점의 급여, 상여를 체크하고
　 [확인] 버튼을 누른다.

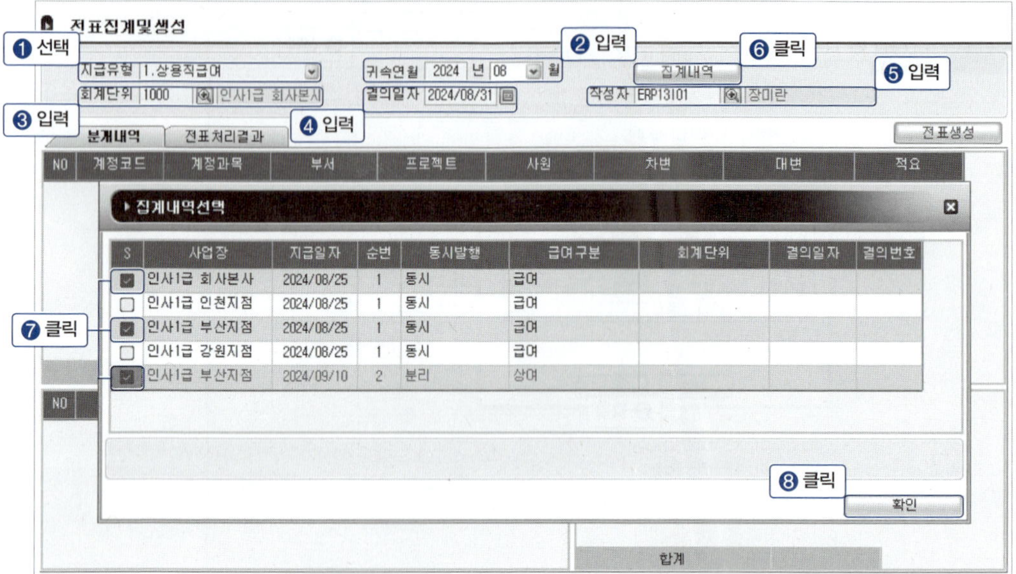

② [전표생성] 버튼을 눌러 전표를 생성하고, [전표처리결과] 탭에서 상단의 [조회]를 클릭한 후 내역을 확인한다. 선납세금은 5,732,480원
　 이다.

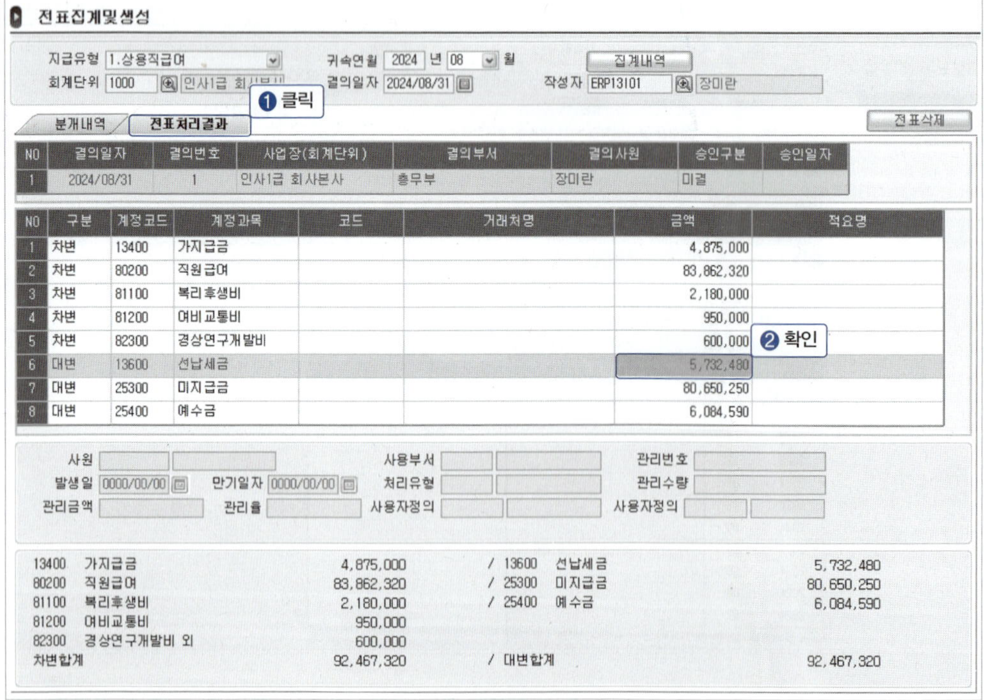

총지급액 : 115,382,300원 / 소득세 : 6,087,350원

(1) 인사/급여환경설정 변경

메뉴 길잡이

[인사/급여관리]-[기초환경설정]-[인사/급여환경설정]
원천세 신고유형(본점일괄신고)과 이행상황신고서집계방식(귀속연월)을 변경하고 메뉴를 닫는다.

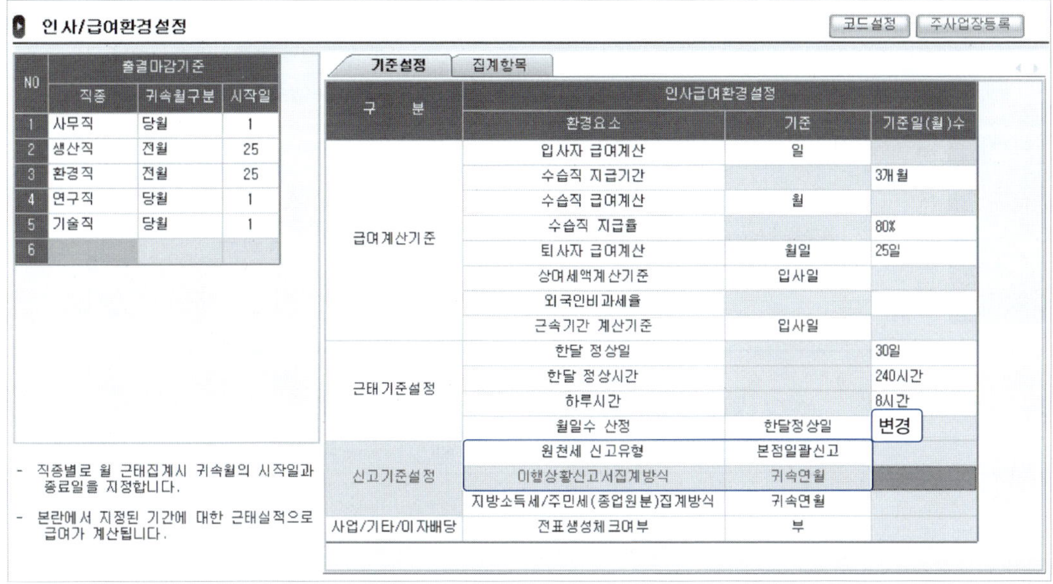

(2) 원천징수이행상황신고서 생성

메뉴 길잡이

[인사/급여관리]-[세무관리]-[원전징수이행상황신고서]
① 제출연도를 2024로 입력하고, 신고사업장으로 **회사본사**를 선택하고 [신고서추가] 버튼을 눌러 **귀속년월, 지급년월, 제출일자**를 입력한다(만약 안내 문구가 나오면 무시한다). '근로소득 데이터 반영기준' 창에서 일반 데이터 반영은 **매월 징수분(전체)**, 연말정산 소득세, 농특세 반영은 **미적용**을 선택한 후 [적용]을 클릭한다.

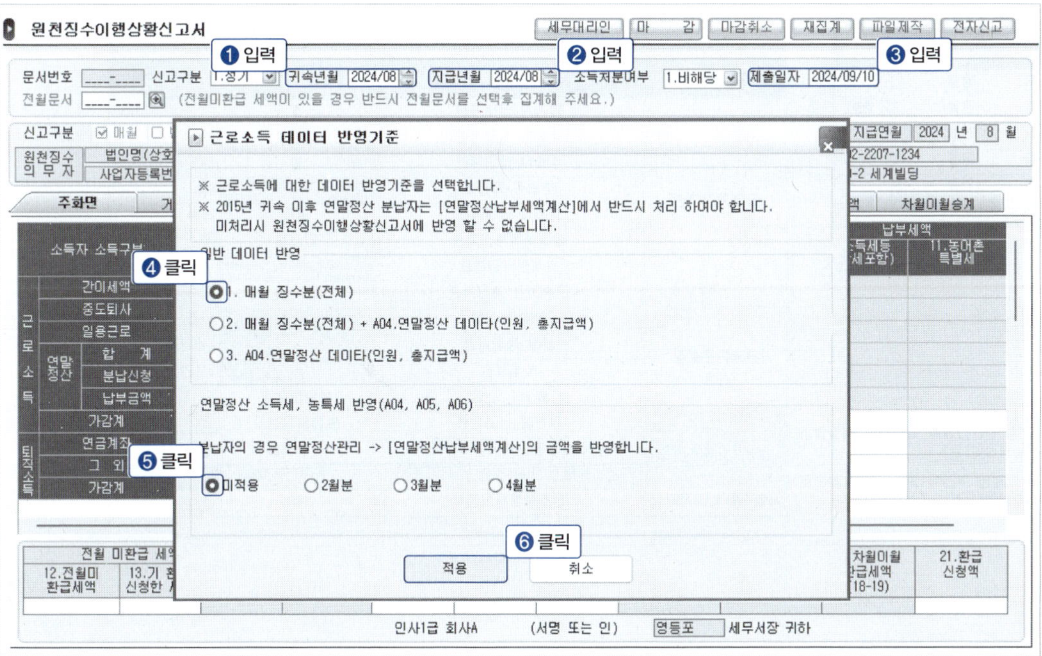

② 조회된 화면에서 근로소득의 총지급액(115,382,300원)과 소득세(6,087,350원)를 확인한다.

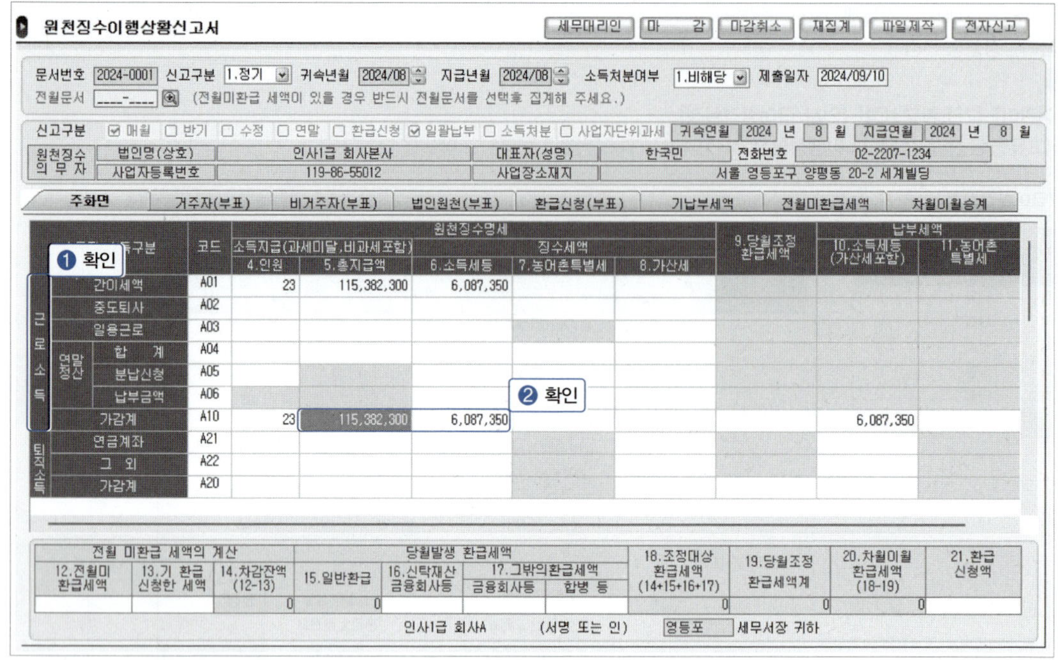

23 ②

② : [20090701.김성실] – 과세표준 : 943,120원 (×)

　　　　→ 과세표준 : 185,280원

(1) 인사/급여환경설정 변경

메뉴 길잡이

[인사/급여관리]–[기초환경설정]–[인사/급여환경설정]

'지방소득세/주민세(종업원분)집계방식'을 귀속,지급연월로 변경하고 메뉴를 닫는다.

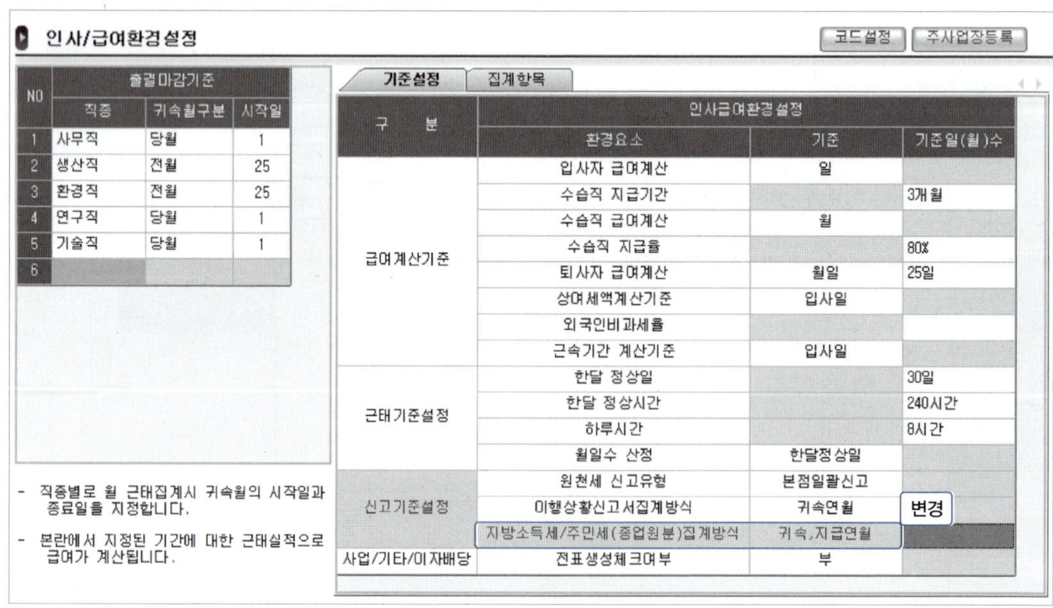

(2) 지방소득세특별징수명세 신고서 생성

메뉴 길잡이

[인사/급여관리]–[세무관리]–[지방소득세특별징수명세/납부서]

① 오른쪽 상단의 [신고서생성] 버튼을 눌러 신고서 생성기준, 매월/반기 구분, 신고 사업장, 신고구분 등 주어진 자료를 입력한다.

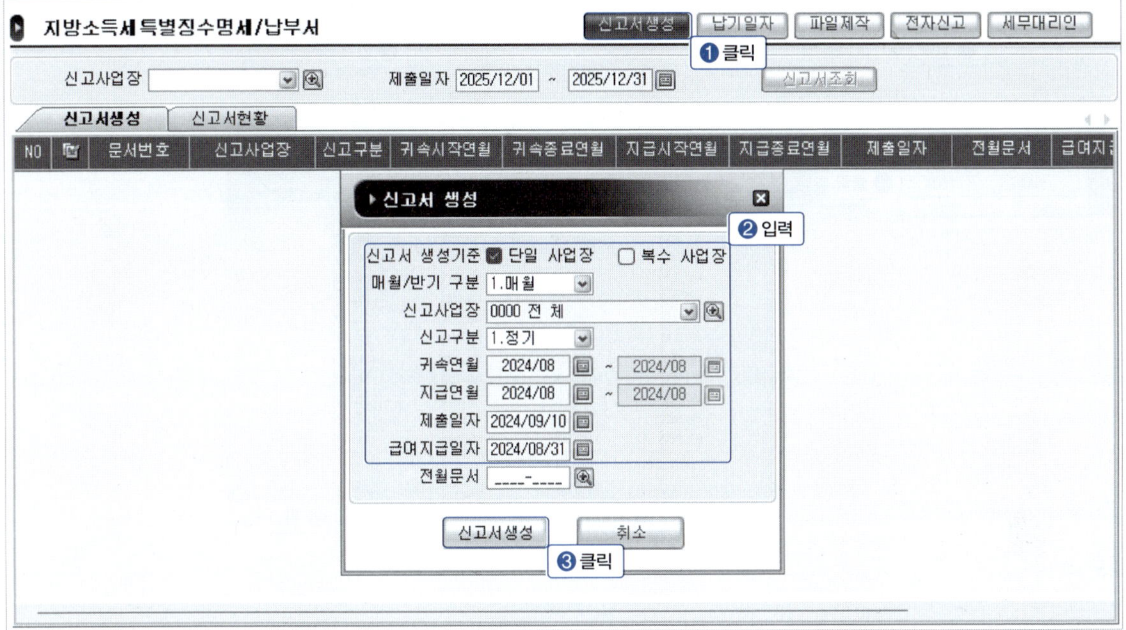

② 상단의 제출일자를 2024/09/10로 수정한 후 [신고서조회] 버튼을 누르고, [징수 및 조정명세서] 탭에서 소득구분을 4.근로소득으로 변경하면 사원별 내역이 조회된다(자료가 나오지 않으면 왼쪽 탭을 클릭했다가 다시 돌아오면 조회된다). 김성실 사원의 과세표준은 185,280원이다.

NO		사원코드	성명	주민등록번호	과세표준	산출세액	조정액(환부액)	납부액
1	☐	20130701	고진수	871212-1123111	81,400	8,140		8,140
2	☐	20090701	김성실	940524-1111111	185,280	18,520		18,520
3	☐	20080103	김소현	771212-2786778	112,550	11,250		11,250
4	☐	20000502	김종욱	650927-1677872	317,540	31,750		31,750
5	☐	ERP13101	김현준	750501-2523121	214,650	21,460		21,460
6	☐	20010401	노희선	591109-2199374	38,260	3,820		3,820
7	☐	20010402	박국현	740727-1882742	62,000	6,200		6,200
8	☐	20001101	박용덕	750912-1288374	329,860	32,980		32,980
9	☐	20081201	안민서	710501-1231211	514,980	51,490		51,490
10	☐	20081203	안종남	801121-1522213	249,360	24,930		24,930
11	☐	20030701	엄현애	780521-2883746	195,960	19,590		19,590
12	☐	20040301	오진형	700711-1883746	51,150	5,110		5,110
13	☐	20081204	유지현	810606-2512333	163,540	16,350		16,350
					3,834,990	383,380		383,380

24 ④

지급명세서 작성 대상 비과세 소득 : 4,800,000원 / 고용보험 : 423,890원

메뉴 길잡이

[인사/급여관리]—[연말정산관리]—[근로소득원천징수부]

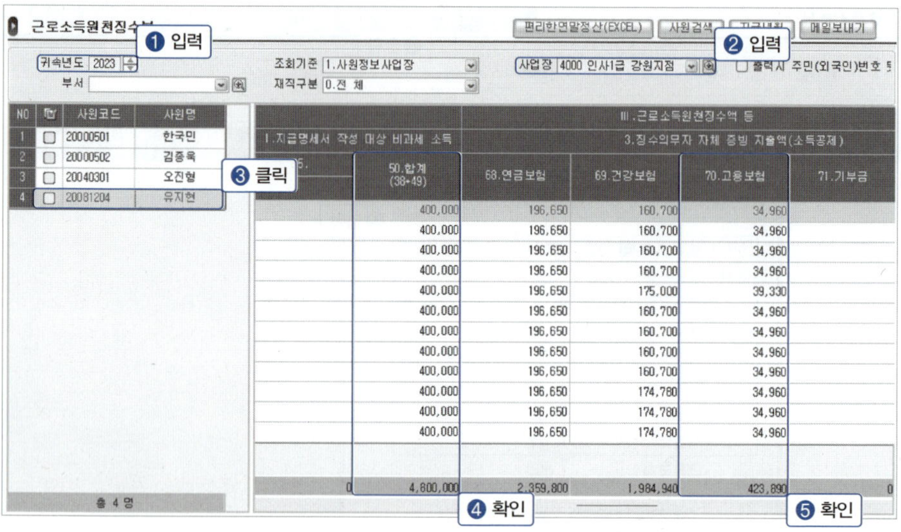

25 ①

① : 관리부 − 소득세 : 736,160원 (×)
　　→ 소득세 : 824,750원

메뉴 길잡이

[인사/급여관리]—[급여관리]—[급여대장]

① **귀속연월, 지급일(1번), 집계(2.부서별)**를 입력한다. 상단의 [출력항목] 버튼을 눌러 전체 클릭하여 적용하면 내역을 자세하게 볼 수 있다.

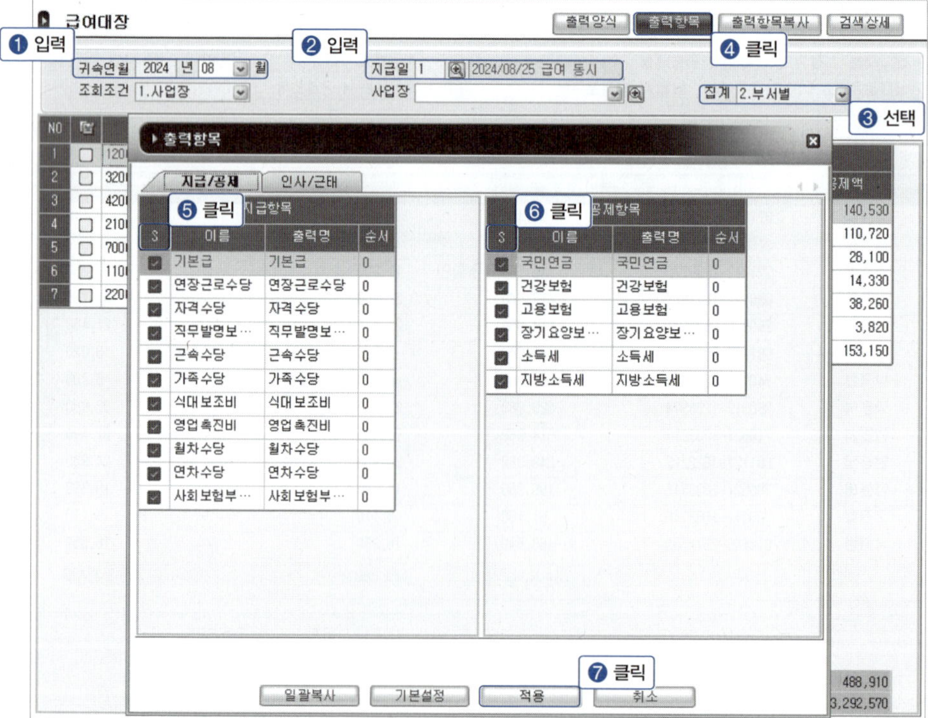

② 조회된 화면에서 직종별 지급/공제항목의 금액을 확인한다. 관리부의 소득세는 824,750원이다.

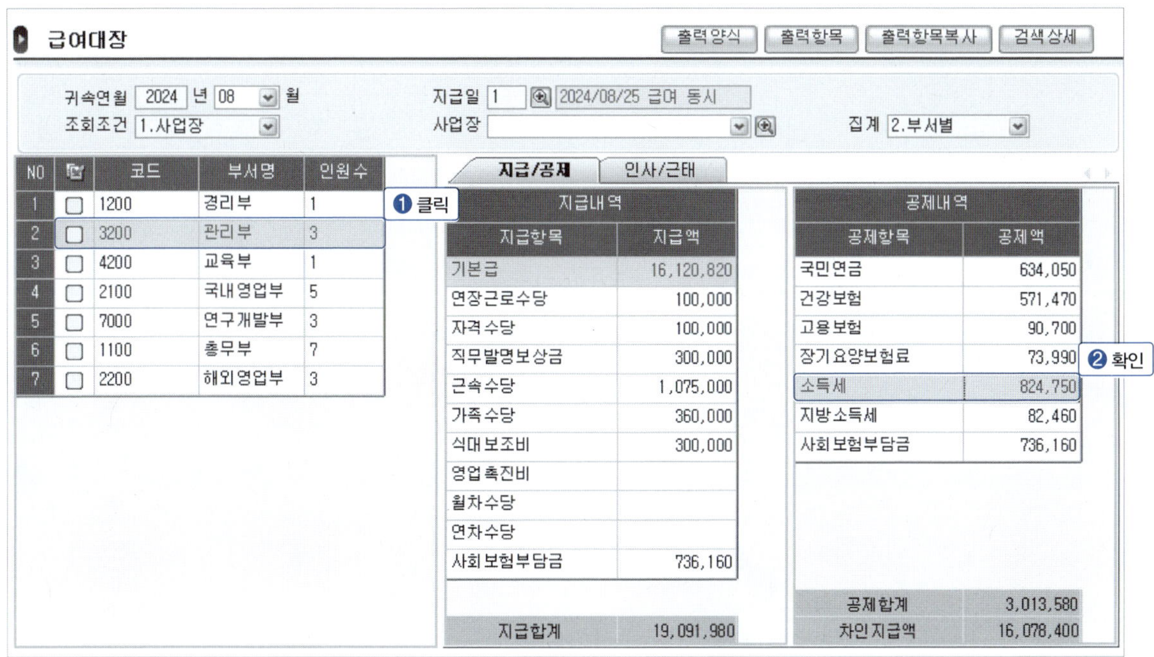

이기적과 함께 또, 기적
또, 합격